新訂朱子全書

附外編

6

[宋]朱熹 撰
朱傑人 嚴佐之 劉永翔 主編

上海古籍出版社

本册書目

四書章句集注……一
四書或問……四八九

四書章句集注

徐德明 校點

校點説明

四書章句集注是朱熹最有代表性的著作之一。朱熹祖述二程之説，奉論語、孟子、大學、中庸四書爲儒經中的獨立專門，并分别爲之作注，大學、中庸的注釋稱「章句」，論語、孟子的注釋因引用二程、程門弟子及他人之説較多，故稱「集注」。後人合稱之爲四書章句集注，簡稱四書集注。四書章句集注是對二程倡導的四書學的一個歷史總結，是程、朱學派四書體系的核心，在朱熹理學思想中占有重要地位，對後世産生了巨大的影響。

朱熹傾其一生用大量心血撰寫和反覆修改四書注釋，先後完成了論語要義、論語訓蒙口義、語孟精義、大學章句、中庸章句、論語集注、論語或問、孟子集注、孟子或問、大學或問、中庸或問、中庸輯略等，直到紹熙元年（一一九〇）在知漳州時他纔把大學章句、論語集注、中庸章句、孟子集注四書合編刊印，他稱之爲「四子」之書。這時，朱熹自己恐怕都還没有意識到，一部後來被冠名爲四書章句集注的儒家新經典就此誕生了。「四書」被合編刊刻後，朱子一直在對這部經典進行修改。史載，他在去世前一日依然在修改大學誠意章。

四書章句集注是朱熹著作中刊印次數最多，流行最廣的一種。朱熹生前的刻本已不可見。其身後所刻的宋本現存兩種：一爲當塗郡齋刻本，二十八卷。其中論語集注十卷序説一卷，孟子集注十四卷序説一卷，刻於宋嘉定十年（一二一七年），嘉熙四年（一二四〇年）、淳祐八年（一二四八年）、十二年（一二五二年）遞修；大學章句一卷、中庸章句一卷刻於淳祐十二年（一二五二年）。左右雙欄，半葉八行，行十五字，雙魚尾，魚尾上記字數，下記刻工姓名，經注均爲大字，經文頂格，注文另行低一格，避宋諱弘、殷、匡、恒、讓、貞、桓等字。大學章句正文首頁有「瞿紹基藏書之印」、「罟里瞿鏞」、「鐵琴銅劍樓」三印，附葉有淳祐十二年金華馬光祖跋一則。該本爲瞿氏鐵琴銅劍樓舊物，現藏國家圖書館（以下簡稱當塗郡齋本）。另一宋刻爲論語集注十卷序説一卷孟子集注十四卷序説一卷。左右雙欄，半葉七行，行十二字，雙行夾注小字行十五字，雙魚尾，小黑口，今亦藏國家圖書館。又臺灣中央研究院藏宋刻大學章句一卷，行款同上，與國家圖書館藏本同樣鈐有「鄉嬛妙境」、「南陽居士」、「百柳塘主人」等藏書印。該本原爲鄧邦述群碧樓舊藏，據鄧跋云，有中庸半部，已爲他人取去。因此可以確定兩處所藏原爲一刻，唯中庸章句不知所歸（以下統稱殘宋本）。此外，還有清康熙中内府仿元刻本（世人多以爲原本爲宋刻本，據陶湘考原本大學序後跋文，「至正」被挖改作「淳祐」，元刻本冒充作宋刻本。詳見陶湘清代殿板書目。以下簡稱仿元本）。是本行款與當塗郡齋本相同，版式字體幾無二致，唯版心不記字數、刻工。惜元本未見，幸賴仿元本可見其下一等真迹。

現存元刻本有以下幾種：一爲上海圖書館藏三十卷本（多大學或問二卷、中庸或問二卷，少論語序説一卷、孟子序説一卷）。左右雙欄，半葉十一行，行二十字，雙行夾注小字行二十二字，細黑口，三魚尾，有明魏校批、近人袁克文跋（以下簡稱元甲本）。一爲南京圖書館藏二十八卷本（孟子集注卷三、四配清咸豐九年抄本）。左右雙欄，半葉七行，行十五字，雙行夾注小字行十五字，雙魚尾，白口，魚尾上有字數，每卷後附音考。中國古籍善本書目著録有清蔣培澤、高望曾、丁丙跋，現僅見蔣、丁二跋（以下簡稱元乙本）。一爲山東省博物館藏十九卷本，即大學章句或問一卷中庸章句或問一卷論語集注十卷孟子集注七卷，元至正二十二年（一三六二年）沈氏尚德堂刻本（以下簡稱至正本）。據查校，朱熹晚年編纂的儀禮經傳通解多同至正本，且明初刻四書集注大全、正統司禮監刻本（以下簡稱司禮監本）均源出於此，影響甚大。

明、清兩代，官府、私家、坊肆競刻朱注四書，數不勝數，優劣各异，要之皆源出於宋、元諸刻，唯清嘉慶間吴縣吴英、吴志忠父子校刻本，用多種舊本及宋、元人疏釋本相較，力求恢復四書集注定本原貌，頗有可取之處（以下簡稱吴本）。

經仔細校比，確定宋當塗郡齋刻本是現存刻印最早、錯誤最少的一個善本，且此本秘藏久之，向無翻刻，故此次點校即以當塗郡齋本爲底本。現存其他宋、元本亦各有優異處，一般不易獲見，故又取殘宋本（包括國家圖書館與臺灣中央研究院藏本）、元乙本、元甲本、仿元本一一對校。另擇取源出至正本的明正統司禮監本與清吳志忠校刻本（以下簡稱吳本）參校。

一九九六年八月　徐德明

目録

大學章句……一一
大學章句序……一一
大學章句……一四
中庸章句……二七
中庸章句序……二七
中庸章句……三〇
論語集注……五九
讀論語孟子法……五九
論語序説……六一
卷第一……六五
學而第一……六五
爲政第二……七二

卷第二……………………………………………………………………八一
八佾第三……………………………………………………………………八一
里仁第四……………………………………………………………………九〇
卷第三……………………………………………………………………九七
公治長第五……………………………………………………………………九七
雍也第六……………………………………………………………………一〇六
卷第四……………………………………………………………………一一八
述而第七……………………………………………………………………一一八
泰伯第八……………………………………………………………………一二八
卷第五……………………………………………………………………一三七
子罕第九……………………………………………………………………一三七
鄉黨第十……………………………………………………………………一四六
卷第六……………………………………………………………………一五五
先進第十一……………………………………………………………………一五五
顔淵第十二……………………………………………………………………一六五

卷第七……一七六
子路第十三……一七六
憲問第十四……一八五
卷第八……二〇〇
衛靈公第十五……二〇〇
季氏第十六……二〇九
卷第九……二一六
陽貨第十七……二一六
微子第十八……二二四
卷第十……二三一
子張第十九……二三一
堯曰第二十……二三七
孟子集注……二四〇
孟子序説……二四〇
卷第一……二四四

梁惠王章句上……二四四
卷第二……二五八
梁惠王章句下……二五八
卷第三……二七五
公孫丑章句上……二七五
卷第四……二九二
公孫丑章句下……二九二
卷第五……三〇四
滕文公章句上……三〇四
卷第六……三二〇
滕文公章句下……三二〇
卷第七……三三四
離婁章句上……三三四
卷第八……三五一
離婁章句下……三五一

卷第九……三六六
萬章章句上……三六六
卷第十……三八〇
萬章章句下……三八〇
卷第十一……三九三
告子章句上……三九三
卷第十二……四〇九
告子章句下……四〇九
卷第十三……四二三
盡心章句上……四二三
卷第十四……四四二
盡心章句下……四四二
附録一　序跋……四五九
附録二　著録……四七〇

大學章句序

大學之書，古之大學所以教人之法也。蓋自天降生民，則既莫不與之以仁義禮智之性矣〔一〕。然其氣質之稟或不能齊，是以不能皆有以知其性之所有而全之也。一有聰明睿智能盡其性者出於其間，則天必命之以爲億兆之君師，使之治而教之，以復其性。此伏羲、神農、黄帝、堯、舜所以繼天立極，而司徒之職、典樂之官所由設也。

三代之隆，其法寖備，然後王宫、國都以及閭巷，莫不有學。人生八歲，則自王公以下，至於庶人之子弟，皆入小學，而教之以灑掃、應對、進退之節，禮樂、射御、書數之文。及其十有五年，則自天子之元子、衆子，以至公、卿、大夫、元士之適子，與凡民之俊秀，皆入大學，而教之以窮理、正心、修己、治人之道。此又學校之教、大小之節所以分也。

夫以學校之設，其廣如此，教之之術，其次第節目之詳又如此，而其所以爲教，則又皆本之人君躬行心得之餘，不待求之民生日用彜倫之外，是以當世之人無不學。其學焉者，無不有以知其性分之所固有，職分之所當爲，而各俛焉以盡其力。此古昔盛時所以治隆於上，俗美於下，而非後世之所能及也！

及周之衰，賢聖之君不作，學校之政不修，教化陵夷，風俗頹敗，時則有若孔子之聖，而不得君師之位以行其政教，於是獨取先王之法，誦而傳之，以詔後世。若曲禮、少儀、內則、弟子職諸篇，固小學之支流餘裔，而此篇者，則因小學之成功以著大學之明法，外有以極其規模之大，而內有以盡其節目之詳者也。三千之徒，蓋莫不聞其說，而曾氏之傳獨得其宗，於是作爲傳義，以發其意。及孟子没而其傳泯焉，則其書雖存，而知者鮮矣！

自是以來，俗儒記誦詞章之習，其功倍於小學而無用；異端虛無寂滅之教，其高過於大學而無實。其他權謀術數，一切以就功名之説，與夫百家衆技之流，所以惑世誣民、充塞仁義者，又紛然雜出乎其間。使其君子不幸而不得聞大道之要，其小人不幸而不得蒙至治之澤，晦盲否塞，反覆沈痼，以及五季之衰，而壞亂極矣！

天運循環，無往不復。宋德隆盛，治教休明。於是河南程氏兩夫子出，而有以接乎孟氏之傳，實始尊信此篇而表章之，既又爲之次其簡編，發其歸趣，然後古者大學教人之法、聖經賢傳之指，粲然復明於世。雖以熹之不敏，亦幸私淑而與有聞焉。顧其爲書猶頗放失，是以忘其固陋，采而輯之，間亦竊附己意，補其闕略，以俟後之君子。極知僭踰，無所逃罪，然於國家化民成俗之意、學者修己治人之方，則未必無小補云。淳熙己酉二月甲子，新安朱熹序。

校勘記

〔一〕則既莫不與之以仁義禮智之性矣　「矣」字原脱，據司禮監本、吳本補。

大學章句

大，舊音泰，今讀如字。

子程子曰：「大學，孔氏之遺書，而初學入德之門也。」於今可見古人爲學次第者，獨賴此篇之存，而論、孟次之。學者必由是而學焉，則庶乎其不差矣。

大學之道，在明明德，在親民，在止於至善。程子曰：「親，當作新。」○大學者，大人之學也。明，明之也。明德者，人之所得乎天，而虚靈不昧，以具衆理而應萬事者也。但爲氣稟所拘，人欲所蔽，則有時而昏；然其本體之明，則有未嘗息者。故學者當因其所發而遂明之，以復其初也。新者，革其舊之謂也，言既自明其明德，又當推以及人，使之亦有以去其舊染之污也。止者，必至於是而不遷之意。至善，則事理當然之極也。言明明德、新民，皆當止於至善之地而不遷〔一〕。蓋必其有以盡夫天理之極，而無一毫人欲之私也。此三者，大學之綱領也。知止而后有定，定而后能靜，靜而后能安，安而后能慮，慮而后能得。后，與後同，後放此。○止者，所當止之地，即至善之所在也。知之，則志有定向。靜，謂心不妄動。安，謂所處而安。慮，謂處事精詳。得，謂得其所止。物有本末，事有終始，知所先後，則近道矣。明德爲本，新民爲末。知止爲始，能得爲終。本始所先，末終所後。此結上文兩節之意。古之欲明明德於天下者，先治其國；欲治其國者，先齊其家；欲齊其家者，先脩其身；欲脩其身者，先正其心；欲正其心者，先誠其意；欲誠其意者，先致其知；致知在格物。治，平聲，後放此。○明明德於天下者，使天下之人皆有以明其明德也。心者，身之所主也。誠，實也。意者，心之所發也。實其心之所發，欲其一於善而無自欺也〔二〕。致，推極也。知，猶識也。推極吾之知識，欲其所知無不盡也。格，至也。物，猶事也。窮至事物之理，欲其極處無不到也。此八者，大學之條目也。物格而后知至，知至而后意誠，意誠而后心正，心正而后身脩，身脩而后家齊，家齊而后國治，國治而后天下平。治，去聲，後放此。○物格者，物理之極處無不到也。知至者，吾心之所知無不盡也。知既盡，則意可得而實矣，意既實，則心可得而正矣。脩身以上，明明德之事也。齊家以下，新民之事也。物格知至，則知所止矣。意誠以下，則皆得所止之序也。自天子以至於庶人，壹是皆以脩身爲本。壹是，一切也。正心以上，皆所以脩身也。齊家以下，則舉此而錯之耳。其本亂而末治者，否矣。其所厚者薄，而其所薄者厚，未之有也！本，謂身也。所厚，謂家也。此兩節結上文兩節之意。

右經一章，蓋孔子之言，而曾子述之。凡二百五字。其傳十章，則曾子之意而門人記之也。舊本頗有錯簡，今因程子所定，而更考經文，別爲序次如左。凡千五百四十六字。○凡傳文，雜引經傳，若無統紀，然文理接續，血脈貫通，深淺始終，至爲精密。熟讀詳味，久當見之，今不盡釋也。

康誥曰：「克明德。」康誥，周書。克，能也。大甲曰：「顧諟天之明命。」大，讀作泰。諟，古是字。○大甲，商書。顧，謂常目在之也。諟，猶此也，或曰審也。天之明命，即天之所以與我，而我之所以爲德者也。常目在之，則無時不明矣。帝典曰：「克明峻德。」峻，書作俊。○帝典，堯典，虞書。峻，大也。皆自明也。結所引書，皆言自明己德之意。

右傳之首章。釋明明德。此通下三章至止於信，舊本誤在没世不忘之下。

湯之盤銘曰：「苟日新，日日新，又日新。」盤，沐浴之盤也。銘，名其器以自警之辭也。苟，誠也。湯以人之洗濯其心以去惡，如沐浴其身以去垢。故銘其盤，言誠能一日有以滌其舊染之汚而自新，則當因其已新者，而日日新之，又日新之，不可略有間斷也。康誥曰：「作新民。」鼓之舞之之謂作。言振起其自新之民也。詩曰：「周雖舊邦，其命惟新。」詩，大雅文王之篇。言周國雖舊，至於文王，能新其德以及於民，而始受天命也。是故君子無所不用其極。自新、新民，皆欲止於至善也。

右傳之二章。釋新民。

詩云：「邦畿千里，惟民所止。」詩，商頌玄鳥之篇。邦畿，王者之都也。止，居也，言物各有所當止之處也。詩云：「緡蠻黄鳥，止于丘隅。」子曰：「於止，知其所止，可以人而不如鳥乎！」緡，詩作綿。○詩，小雅綿蠻之篇。緡蠻，鳥聲。丘隅，岑蔚之處。子曰以下，孔子說詩之辭。言人當知所當止之處也。詩云：「穆穆文王，於緝熙敬止！」爲人君，止於仁；爲人臣，止於敬；爲人子，止於孝；爲人父，止於慈；與國人交，止於信。於緝之於，音烏。○詩，文王之篇。穆穆，深遠之意。於，歎美辭。緝，繼續也。熙，光明也。敬止，言其無不敬而安所止也。引此而言聖人之止，無非至善。五者乃其目之大者也。學者於此，究其精微之蘊，而又推類以盡其餘，則於天下之事，皆有以知其所止而無疑矣。詩云：「瞻彼淇澳，菉竹猗猗。有斐君子，如切如磋，如琢如磨。瑟兮僩兮，赫兮喧兮。有斐君子，終不可諠兮！」如切如磋者，道學也。如琢如磨者，自脩也。瑟兮僩兮者，恂慄也。赫兮喧兮者，威儀也。有斐君子，終不可諠兮者，道盛德至善，民之不能忘也。澳，於六反。菉，詩作綠。猗，叶韻，音阿。僩，下版反。喧，詩作咺；諠，詩作諼；並況晚反。恂，鄭氏讀作峻。○詩，衛風淇澳之篇。淇，水名。澳，隈也。猗猗，美盛貌。興也。斐，文貌。切以刀鋸，琢以椎鑿，皆裁物使成形質也。磋以鑢鍚，磨以沙石，皆治物使其滑澤也。治骨角者，既切而復磋之。治玉石者，既琢而復磨之。皆言其治之有緒，而益致其精也。瑟，嚴密之貌。僩，武毅之貌。赫喧，宣著盛大之貌。諠，忘也。道，言也。學，謂講習討論之事。自脩者，省察克治之功。恂慄，戰懼也。威，可畏也。儀，可象也。引詩而釋之，以明明德者之止於至善。道學、自脩，言其所以得之之由。恂慄、威儀，言其德容表裏之盛。卒乃指其實而歎美之也。詩云：「於戲，前王不忘！」君子賢其賢而親其親，小人樂其樂而利其利，此以没世不忘也。於戲，音嗚呼。樂，音洛。○詩，周頌烈文之篇。於戲，歎辭。前王，謂文、武也。君子，謂其後賢後王。小人，謂後民也。此言前王所以新民者止於至善，能使天下後世無一物不得其所，所以既没世而人思慕之，愈久而不忘也。此兩節詠歎淫泆〔三〕，其味深長，當熟玩之。

右傳之三章。釋止於至善。此章内自引淇澳詩以下，舊本誤在誠意章下。

子曰：「聽訟，吾猶人也，必也使無訟乎！」無情者不得盡其辭。大畏民志，此謂知本。猶人，不異於人也。情，實也。引夫子之言，而言聖人能使無實之人不敢盡其虚誕之辭。蓋我之明德既明，自然有以畏服民之心志，故訟不待聽而自無也。觀於此言，可以知本末之先後矣。

右傳之四章。釋本末。此章舊本誤在止於信下。

此謂知本。程子曰：衍文也。此謂知之至也。此句之上别有闕文，此特其結語耳。

右傳之五章。蓋釋格物、致知之義，而今亡矣。此章舊本通下章，誤在經文之下。閒嘗竊取程子之意以補之曰：「所謂致知在格物者，言欲致吾之知，在即物而窮其理也。蓋人心之靈莫不有知，而天下之物莫不有理，惟於理有未窮，故其知有不盡也。是以大學始教，必使學者即凡天下之物，莫不因其已知之理而益窮之，以求至乎其極。至於用力之久，而一旦豁然貫通焉，則衆物之表裏精粗無不到，而吾心之全體大用無不明矣。此謂物格，此謂知之至也。」

所謂誠其意者，毋自欺也。如惡惡臭，如好好色，此之謂自謙。故君子必慎其獨也！惡、好，上字皆去聲。謙，讀爲慊，苦劫反。○誠其意者，自脩之首也。毋者，禁止之辭。自欺云者，知爲善以去惡，而心之所發有未實也。慊〔四〕，快也，足也。獨者，人所不知而己所獨知之地也。言欲自脩者知爲善以去其惡，則當實用其力，而禁止其自欺。使其惡惡則如惡惡臭，好善則如好好色，皆務決去，而求必得之，以自快足於己，不可徒苟且以徇外而爲人也。然其實與不實，蓋有他人所不及知而己獨知之者，故必謹之於此以審其幾焉。小人閒居爲不善，無所不至，見君子而后厭然，揜其不善，而著其善。人之視己，如見其肺肝然，則何益矣。此謂誠於中，形於外，故君子必慎其獨也。閒，音閑。厭，鄭氏讀爲黶。○閒居，獨處也。厭然，消沮閉藏之貌。此言小人陰爲不善，而陽欲揜之，則是非不知善之當爲與惡之當去也，但不能實用其力以至此耳。然欲揜其惡而卒不可揜，欲詐爲善而卒不可詐，則亦何益之有哉！此君子所以重以爲戒，而必謹其獨也。曾子曰：「十目所視，十手所指，其嚴乎！」引此以明上文之意。言雖幽獨之中，而其善惡之不可揜如此，可畏之甚也。富潤屋，德潤身，心廣體胖，故君子必誠其意。胖，步丹反。○胖，安舒也。言富則能潤屋矣，德則能潤身矣，故心無愧怍，則廣大寬平，而體常舒泰，德之潤身者然也。蓋善之實於中而形於外者如此，故又言此以結之。

右傳之六章。釋誠意。經曰：「欲誠其意，先致其知。」又曰：「知至而后意誠。」蓋心體之明有所未盡，則其所發必有不能實用其力，而苟焉以自欺者。然或已明而不謹乎此，則其所明又非己有，而無以爲進德之基。故此章之指，必承上章而通考之，然後有以見其用力之始終，其序不可亂而功不可闕如此云。

所謂脩身在正其心者：身有所忿懥，則不得其正；有所恐懼，則不得其正；有所好樂，則不得其正；有所憂患，則不得其正。程子曰：「身有之身，當作心。」忿，弗粉反。懥，敕值反。好、樂，並去聲。○忿懥，怒也。蓋是四者，皆心之用，而人所不能無者。然一有之而不能察，則欲動情勝，而其用之所行，或不能不失其正矣。心不在焉，視而不見，聽而不聞，食而不知其味。心有不存，則無以檢其身，是以君子必察乎此而敬以直之，然後此心常存而身無不脩也。此謂脩身在正其心。

右傳之七章。釋正心、脩身。此亦承上章以起下章。蓋意誠則真無惡而實有善矣，所以能存是心以檢其身。然或但知誠意，而不能密察此心之存否，則又無以直內而脩身也。○自此以下，並以舊文爲正。

所謂齊其家在脩其身者：人之其所親愛而辟焉，之其所賤惡而辟焉，之其所畏敬而辟焉，之其所哀矜而辟焉，之其所敖惰而辟焉。故好而知其惡，惡而知其美者，天下鮮矣！辟，讀爲僻。惡而之惡、敖、好，並去聲。鮮，上聲。○人，謂衆人。之，猶於也。辟，猶偏也。五者，在人本有當然之則，然常人之情惟其所向而不加審焉，則必陷於一偏而身不脩矣。故諺有之曰：「人莫知其子之惡，莫知其苗之碩。」諺，音彥。碩，叶韻，時若反。○諺，俗語也。溺愛者不明，貪得者無厭，是則偏之爲害，而家之所以不齊也。此謂身不脩不可以齊其家。

右傳之八章。釋脩身齊家。

所謂治國必先齊其家者，其家不可教而能教人者，無之。故君子不出家而成教於國：孝者，所以事君也；弟者，所以事長也；慈者，所以使衆也。弟，去聲。長，上聲。○身脩，則家可教矣；孝、弟、慈，所以脩身而教於家者也；然而國之所以事君、事長、使衆之道，不外乎此。此所以家齊於上，而教成於下也。康誥曰「如保赤子」，心誠求之，雖不中，不遠矣。未有學養子而后嫁者也！中，去聲。○此引書而釋之，又明立教之本不假强爲，在識其端而推廣之耳。一家仁，一國興仁；一家讓，一國興讓；一人貪戾，一國作亂；其機如此。此謂一言僨事，一人定國。僨，音奮。○一人，謂君也。機，發動所由也。僨，覆敗也。此言教成於國之效。堯、舜帥天下以仁，而民從之；桀、紂帥天下以暴，而民從之；其所令反其所好，而民不從。是故君子有諸己而后求諸人，無諸己而后非諸人〔五〕。所藏乎身不恕，而能喻諸人者，未之有也。好，去聲。○此又承上文一人定國而言。有善於己，然後可以責人之善；無惡於己，然後可以正人之惡。皆推己以及人，所謂恕也。不如是，則所令反其所好，而民不從矣。喻，曉也。故治國在齊其家。通結上文。

詩云：「桃之夭夭，其葉蓁蓁；之子于歸，宜其家人。」宜其家人，而后可以教國人。夭，平聲。蓁，音臻。○詩，周南桃夭之篇。夭夭，少好貌。蓁蓁，美盛貌。興也。之子，猶言是子，此指女子之嫁者而言也。婦人謂嫁曰歸。宜，猶善也。詩云：「宜兄宜弟。」宜兄宜弟，而后可以教國人。

詩，小雅蓼蕭篇。詩云：「其儀不忒，正是四國。」其爲父子兄弟足法，而后民法之也。詩，曹風鳲鳩篇。忒，差也。此謂治國在齊其家。此三引詩，皆以詠歎上文之事，而又結之如此。其味深長，最宜潛玩。

右傳之九章。釋齊家、治國。

所謂平天下在治其國者：上老老而民興孝，上長長而民興弟，上恤孤而民不倍，是以君子有絜矩之道也。長，上聲。弟，去聲。倍與背同。絜，胡結反。○老老，所謂老吾老也。興，謂有所感發而興起也。孤者，幼而無父之稱。絜，度也。矩，所以爲方也。言此三者，上行下效，捷於影響，所謂家齊而國治也。亦可以見人心之所同，而不可使有一夫之不獲矣。是以君子必當因其所同，推以度物，使彼我之間各得分願，則上下四旁均齊方正，而天下平矣。所惡於上，毋以使下；所惡於下，毋以事上；所惡於前，毋以先後；所惡於後，毋以從前；所惡於右，毋以交於左；所惡於左，毋以交於右：此之謂絜矩之道。惡、先，並去聲。○此覆解上文「絜矩」二字之義。如不欲上之無禮於我，則必以此度下之心，而亦不敢以此無禮使之。不欲下之不忠於我，則必以此度上之心，而亦不敢以此不忠事之。至於前後左右，無不皆然，則身之所處，上下四旁，長短廣狹，彼此如一，而無不方矣。彼同有是心而興起焉者，又豈有一夫之不獲哉？所操者約，而所及者廣，此平天下之要道也。故章内之意，皆自此而推之。詩云：「樂只君子，民之父母。」民之所好好之，民之所惡惡之，此之謂民之父母。樂，音洛。只，音紙。好、惡，並去聲，下並同。○詩，小雅南山有臺之篇。只，語助辭。言能絜矩而以民心爲己心，則是愛民如子，而民愛之如父母矣。詩云：「節彼南山，維石巖巖。赫赫師尹，民具爾瞻。」有國者不可以不慎，辟則爲天下僇矣。節，讀爲截。辟，讀爲僻。僇與戮同。○詩，小雅節南山之篇。節，截然高大貌。師尹，周太師尹氏也。具，俱也。辟，偏也。言在上者人所瞻仰，不可不謹。若不能絜矩而好惡徇於一己之偏，則身弒國亡，爲天下之大戮矣。詩云：「殷之未喪師，克配上帝。儀監于殷，峻命不易。」道得衆則得國，失衆則失國。喪，去聲。儀，詩作宜。峻，詩作駿。易，去聲。○詩，文王篇。師，衆也。配，對也。配上帝，言其爲天下君，而對乎上帝也。監，視也。峻，大也。不易，言難保也。道，言也。引詩而言此，以結上文兩節之意。有天下者，能存此心而不失，則所以絜矩而與民同欲者，自不能已矣。是故君子先慎乎德。有德此有人，有人此有土，有土此有財，有財此有用。先謹乎德，承上文不可不謹而言。德，即所謂明德。有人，謂得衆。有土，謂得國。有國，則不患無財用矣。德者，本也；財者，末也。本上文而言。外本內末，爭民施奪。人君以德爲外，以財爲內，則是爭鬭其民，而施之以劫奪之教也。蓋財者人之所同欲，不能絜矩而欲專之，則民亦起而爭奪矣。是故財聚則民散，財散則民聚。外本內末故財聚，爭民施奪故民散。反是，則有德而有人矣。是故言悖而出者，亦悖而入；貨悖而入者，亦悖而出。悖，布內反。○悖，逆也。此以言之出入，明貨之出入也。自先謹乎德以下至此，又因財貨以明能絜矩與不能者之得失也。康誥曰：「惟命不于常！」道善則得之，不善則失之矣。道，言也。因上文引文王詩之意而申言之，其丁寧反覆之意益深切矣。楚書曰：「楚國無以爲寶，惟善以爲寶。」楚書，楚語。言不寶金玉而寶善人也。舅犯曰：「亡人無以爲寶，仁親以爲寶。」舅犯，晋文公舅狐偃，字子犯。亡人，文公時爲公子，出亡在外也。仁，愛也。事見檀弓。此兩節又明不外本而内末之意。秦誓曰：「若有一个臣，斷斷兮無他技，其心休休焉，其如有容焉。人之有技，若己有之，人之彦聖，其心好之，不啻若自其口出，寔能容之，以能保我子孫黎民，尚亦有利哉。人之有技，媢疾以惡之，人之彦聖，而違之俾不通，寔不能容，以不能保我子孫黎民，亦曰殆哉。」个，古賀反，書作介。斷，丁亂反。媢，音冒。○秦誓，周書。斷斷，誠一之貌。彦，美士也。聖，通明也。尚，庶幾也。媢，忌也。違，拂戾也。殆，危也。唯仁人放流之，迸諸四夷，不與同中國。此謂唯仁人爲能愛人，能惡人。迸，讀爲屏，古字通用。○迸，猶逐也。言有此媢疾之人，妨賢而病國，則仁人必深惡而痛絶之。以其至公無私，故能得好惡之正如此也。見賢而不能舉，舉而不能先，命也；見不善而不能退，退而不能遠，過也。命，鄭氏云當作慢，程子云當作怠，未詳孰是。遠，去聲。○若此者，知所愛惡矣，而未能盡愛惡之道，蓋君子而未仁者也。好人之所惡，惡人之所好，是謂拂人之性，菑必逮夫身。菑，古災字。夫，音扶。○拂，逆也。好善而惡惡，人之性也。至於拂人之性，則不仁之甚者也。自秦誓至此，又皆以申言好惡公私之極，以明上文所引南山有臺、節南山之意。是故君子有大道，必忠信以得之，驕泰以失之。君子，以位言之。道，謂居其位而脩己治人之術。發己自盡爲忠，循物無違謂信。驕者矜高，泰者侈肆。此因上所引文王、康誥之意而言。章内三言得失，而語益加切，蓋至此而天理存亡之幾決矣。生財有大道，生之者衆，食之者寡，爲之者疾，用之者舒，則財恒足矣。恒，胡登反。○吕氏曰：「國無遊民，則生者衆矣；朝無幸位，則食者寡矣；不奪農時，則爲之疾矣；量入爲出，則用之舒矣。」愚按：此因有土有財而言，以明足國之道在乎務本而節用，非必外本内末而後財可聚也。自此以至終篇，皆一意也。仁者以財發身，不仁者以身發財。發，猶起也。仁者散財以得民，不仁者亡身以殖貨。未有上好仁而下不好義者也，未有好義其事不終者也，未有府庫財非其財者也。上好仁以愛其下，則下好義以忠其上。所以事必有終，而府庫之財無悖出之患也。孟獻子曰：「畜馬乘，不察於雞豚；伐冰之家，不畜牛羊；百乘之家，不畜聚斂之臣。與其有聚斂之臣，寧有盜臣。」此謂國不以利爲利，以義爲利也。畜，許六反。乘、斂，並去聲。○孟獻子，魯之賢大夫仲孫蔑也。畜馬乘，士初試爲大夫者也。伐冰之家，卿大夫以上，喪祭用冰者也。百乘之家，有采地者也。君子寧亡己之財，而不忍傷民之力，故寧有盜臣，而不畜聚斂之臣。此謂以下，釋獻子之言也。

長國家而務財用者，必自小人矣。彼爲善之，小人之使爲國家，災害並至。雖有善者，亦無如之何矣！此謂國不以利爲利，以義爲利也。長，上聲。「彼爲善之」，此句上下，疑有闕文誤字。○自，由也，言由小人導之也。此一節，深明以利爲利之害，而重言以結之，其丁寧之意切矣。

右傳之十章。釋治國、平天下。

此章之義，務在與民同好惡而不專其利，皆推廣絜矩之意也。能如是，則親賢樂利各得其所，而天下平矣。

凡傳十章：前四章統論綱領指趣，後六章細論條目功夫。其第五章乃明善之要，第六章乃誠身之本，在初學尤爲當務之急，讀者不可以其近而忽之也。

校勘記

〔一〕皆當止於至善之地而不遷　「止」原作「至」，據元甲本、司禮監本及正文改。

〔二〕欲其一於善而無自欺也　「欲其一於善」，司禮監本作「欲其必自慊」。

〔三〕此兩節詠歎淫泆　「泆」，仿元本作「液」。

〔四〕慊　「慊」，吳本作「謙」。

〔五〕無諸己而后非諸人　上八字原脱，據元甲本、司禮監本、仿元本、吳本補。

中庸章句序

中庸何爲而作也？子思子憂道學之失其傳而作也。蓋自上古聖神繼天立極，而道統之傳有自來矣。其見於經，則「允執厥中」者，堯之所以授舜也；「人心惟危，道心惟微，惟精惟一，允執厥中」者，舜之所以授禹也。堯之一言，至矣，盡矣！而舜復益之以三言者，則所以明夫堯之一言，必如是而后可庶幾也。

蓋嘗論之，心之虛靈知覺，一而已矣。而以爲有人心、道心之異者，則以其或生於形氣之私，或原於性命之正，而所以爲知覺者不同，是以或危殆而不安，或微妙而難見耳。然人莫不有是形，故雖上智不能無人心，亦莫不有是性，故雖下愚不能無道心。二者雜於方寸之間，而不知所以治之，則危者愈危，微者愈微，而天理之公卒無以勝夫人欲之私矣。精則察夫二者之間而不雜也，一則守其本心之正而不離也。從事於斯，無少間斷，必使道心常爲一身之主，而人心每聽命焉，則危者安，微者著，而動靜云爲自無過不及之差矣。

夫堯、舜、禹，天下之大聖也。以天下相傳，天下之大事也。以天下之大聖，行天下之大事，而其授受之際，丁寧告戒，不過如此，則天下之理，豈有以加於此哉？　自是以來，聖聖相承，若成湯、文、武之爲君，皋陶、伊、傅、周、召之爲臣，既皆以此而接夫道統之傳，若吾夫子，則雖不得其位，而所以繼往聖、開來學，其功反有賢於堯、舜者。　然當是時，見而知之者，惟顏氏、曾氏之傳得其宗。　及曾氏之再傳，而復得夫子之孫子思，則去聖遠而異端起矣。子思懼夫愈久而愈失其真也，於是推本堯、舜以來相傳之意，質以平日所聞父師之言，更互演繹，作爲此書，以詔後之學者。　蓋其憂之也深，故其言之也切；其慮之也遠，故其説之也詳。　其曰「天命率性」，則道心之謂也；其曰「擇善固執」，則精一之謂也；其曰「君子時中」，則執中之謂也。　世之相後，千有餘年，而其言之不異，如合符節。　歷選前聖之書，所以提挈綱維，開示緼奥，未有若是之明且盡者也〔一〕。　自是而又再傳以得孟氏，爲能推明是書，以承先聖之統，及其没而遂失其傳焉。　則吾道之所寄，不越乎言語文字之間，而異端之説日新月盛，以至於老、佛之徒出，則彌近理而大亂真矣。　然而尚幸此書之不泯，故程夫子兄弟者出，得有所考，以續夫千載不傳之緒；得有所據，以斥夫二家似是之非。　蓋子思之功於是爲大，而微程夫子，則亦莫能因其語而得其心也。　惜乎其所以爲説者不傳，而凡石氏之所輯録，僅出於其門人之所記，是以大義雖明，而微言未析。　至其門人所自爲説，則雖頗詳盡而多所發明，然倍其師説而淫於老、佛者，亦有之矣。

熹自蚤歲即嘗受讀而竊疑之，沉潛反復，蓋亦有年，一旦怳然似有以得其要領者，然後乃敢會衆說而折其中，既爲定著章句一篇，以竢後之君子。而一二同志復取石氏書，删其繁亂，名以輯略，且記所嘗論辯取舍之意，别爲或問，以附其後。然後此書之旨，支分節解，脈絡貫通，詳略相因，巨細畢舉，而凡諸説之同異得失，亦得以曲暢旁通，而各極其趣。雖於道統之傳，不敢妄議，然初學之士，或有取焉，則亦庶乎行遠升高之一助云爾〔二〕。淳熙己酉春三月戊申，新安朱熹序。

校勘記

〔一〕未有若是之明且盡者也　「之」原作「其」，據司禮監本、吴本改。

〔二〕則亦庶乎行遠升高之一助云爾　「行遠升高」，司禮監本作「升高行遠」。

中庸章句

中者，不偏不倚、無過不及之名。庸，平常也。

子程子曰：「不偏之謂中，不易之謂庸。中者，天下之正道；庸者，天下之定理。」此篇乃孔門傳授心法，子思恐其久而差也，故筆之於書，以授孟子。其書始言一理，中散爲萬事，末復合爲一理，「放之則彌六合，卷之則退藏於密」，其味無窮，皆實學也。善讀者玩索而有得焉，則終身用之，有不能盡者矣。

天命之謂性，率性之謂道，脩道之謂教。

命，猶令也。性，即理也。天以陰陽五行化生萬物，氣以成形，而理亦賦焉，猶命令也。於是人物之生，因各得其所賦之理，以爲健順五常之德，所謂性也。率，循也。道，猶路也。人物各循其性之自然，則其日用事物之間，莫不各有當行之路，是則所謂道也。脩，品節之也。性道雖同，而氣稟或異，故不能無過不及之差，聖人因人物之所當行者而品節之，以爲法於天下，則謂之教，若禮、樂、刑、政之屬是也。蓋人之所以爲人，道之所以爲道，聖人之所以爲教，原其所自，無一不本於天而備於我。學者知之，則其於學，知所用力而自不能已矣〔一〕。故子思於此首發明之，讀者所宜深體而默識也〔二〕。

道也者，不可須臾離也，可離非道也。是故君子戒慎乎其所不睹，恐懼乎其所不聞。

離，去聲。○道者，日用事物當行之理，皆性之德而具於心，無物不有，無時不然，所以不可須臾離也。若其可離，則爲外物而非道矣〔三〕。是以君子之心常存敬畏，雖不見聞，亦不敢忽，所以存天理之本然，而不使離於須臾之頃也。**莫見乎隱，莫顯乎微，故君子慎其獨也。**見，音現。○隱，暗處也。微，細事也。獨者，人所不知而己所獨知之地也。言幽暗之中，細微之事，迹雖未形而幾則已動，人雖不知而己獨知之，則是天下之事無有著見明顯而過於此者。是以君子既常戒懼，而於此尤加謹焉，所以遏人欲於將萌，而不使其滋長於隱微之中〔四〕，以至離道之遠也。**喜怒哀樂之未發，謂之中；發而皆中節，謂之和。中也者，天下之大本也；和也者，天下之達道也。**樂，音洛。中節之中，去聲。○喜怒哀樂，情也。其未發，則性也，無所偏倚，故謂之中。發皆中節，情之正也，無所乖戾，故謂之和。大本者，天命之性，天下之理皆由此出，道之體也。達道者，循性之謂，天下古今之所共由，道之用也。此言性情之德，以明道不可離之意。**致中和，天地位焉，萬物育焉。**致，推而極之也。位者，安其所也。育者，遂其生也。自戒懼而約之，以至於至靜之中無少偏倚，而其守不失，則極其中而天地位矣。自謹獨而精之，以至於應物之處無少差謬，而無適不然，則極其和而萬物育矣。蓋天地萬物，本吾一體，吾之心正，則天地之心亦正矣；吾之氣順，則天地之氣亦順矣，故其效驗至於如此。此學問之極功、聖人之能事，初非有待於外，而脩道之教亦在其中矣。是其一體一用雖有動靜之殊，然必其體立而後用有以行，則其實亦非有兩事也。故於此合而言之，以結上文之意。

右第一章。子思述所傳之意以立言：首明道之本原出於天而不可易，其實體備於己而不可離，次言存養省察之要，終言聖神功化之極。蓋欲學者於此反求諸身而自得之，以去夫外誘之私，而充其本然之善，楊氏所謂一篇之體要是也。其下十章，蓋子思引夫子之言，以終此章之義。

仲尼曰：「君子中庸，小人反中庸。中庸者，不偏不倚、無過不及而平常之理，乃天命所當然，精微之極致也。唯君子爲能體之，小人反是。君子之中庸也，君子而時中；小人之中庸也，小人而無忌憚也。」王肅本作「小人之反中庸也」，程子亦以爲然。今從之。○君子之所以爲中庸者，以其有君子之德，而又能隨時以處中也。小人之所以反中庸者，以其有小人之心，而又無所忌憚也。蓋中無定體，隨時而在，是乃平常之理也。君子知其在我，故能戒謹不睹、恐懼不聞，而無時不中。小人不知有此，則肆欲妄行，而無所忌憚矣。

右第二章。此下十章，皆論中庸以釋首章之義。文雖不屬，而意實相承也。變和言庸者，游氏曰「以性情言之，則曰中和；以德行言之，則曰中庸」是也。然中庸之中，實兼中和之義。

子曰：「中庸其至矣乎！民鮮能久矣！」鮮，上聲，下同。○過則失中，不及則未至，故惟中庸之德爲至。然亦人所同得，初無難事，但世教衰，民不興行，故鮮能之，今已久耳〔五〕。論語無能字。

右第三章。

子曰：「道之不行也，我知之矣，知者過之，愚者不及也；道之不明也，我知之矣，賢者過之，不肖者不及也。知者之知，去聲。○道者，天理之當然，中而已矣。知愚賢不肖之過不及，則生稟之異而失其中也。知者知之過，既以道爲不足行；愚者不及知，又不知所以行，此道之所以常不行也。賢者行之過，既以道爲不足知；不肖者不及行，又不求所以知，此道之所以常不明也。人莫不飲食也，鮮能知味也。」道不可離，人自不察，是以有過不及之弊。

右第四章。

子曰：「道其不行矣夫！」夫，音扶。○由不明，故不行。

右第五章。此章承上章而舉其不行之端，以起下章之意。

子曰：「舜其大知也與！舜好問而好察邇言，隱惡而揚善，執其兩端，用其中於民，其斯以爲舜乎！」知，去聲。與，平聲。好，去聲。○舜之所以爲大知者，以其不自用而取諸人也。邇言者，淺近之言，猶必察焉，其無遺善可知。然於其言之未善者則隱而不宣，其善者則播而不匿，其廣大光明又如此，則人孰不樂告以善哉？兩端，謂衆論不同之極致。蓋凡物皆有兩端，如小大、厚薄之類。於善之中又執其兩端而量度以取中，然後用之，則其擇之審而行之至矣。然非在我之權度精切不差，何以與此？此知之所以無過不及，而道之所以行也。

右第六章。

子曰：「人皆曰『予知』，驅而納諸罟擭陷阱之中，而莫之知辟也。人皆曰『予知』，擇乎中庸而不能期月守也。」予知之知，去聲。罟，音古。擭，胡化反。阱，才性反。辟、避同。期，居之反。○罟，網也；擭，機檻也；陷阱，坑坎也，皆所以掩取禽獸者也。擇乎中庸，辨別衆理，以求所謂中庸，即上章好問、用中之事也。期月，匝一月也。言知禍而不知辟，以況能擇而不能守，皆不得爲知也。

右第七章。承上章大知而言，又舉不明之端，以起下章也。

子曰：「回之爲人也，擇乎中庸，得一善，則拳拳服膺而弗失之矣。」回，孔子弟子顔淵名。拳拳，奉持之貌。服，猶著也。膺，胸也。奉持而著之心胸之間，言能守也。顔子蓋真知之，故能擇能守如此，此行之所以無過不及，而道之所以明也。

右第八章。

子曰：「天下國家可均也，爵禄可辭也，白刃可蹈也，中庸不可能也。」均，平治也。三者亦知、仁、勇之事，天下之至難也，然不必其合於中庸，則質之近似者皆能以力爲之。若中庸，則雖不必皆如三者之難〔六〕，然非義精仁熟而無一毫人欲之私者，不能及也。三者難而易，中庸易而難，此民之所以鮮能也。

右第九章。亦承上章以起下章。

子路問强。子路，孔子弟子仲由也。子路好勇，故問强。子曰：「南方之强與？北方之强與？抑而强與？與，平聲。○抑，語辭。而，汝也。寬柔以教，不報無道，南方之强也，君子居之。寬柔以教，謂含容巽順以誨人之不及也。不報無道，謂横逆之來，直受之而不報也。南方風氣柔弱，故以含忍之力勝人爲强，君子之道也。衽金革，死而不厭，北方之强也，而强者居之。衽，席也。金，戈兵之屬。革，甲胄之屬。北方風氣剛勁，故以果敢之力勝人爲强，强者之事也。故君子和而不流，强哉矯！中立而不倚，强哉矯！國有道，不變塞焉，强哉矯！國無道，至死不變，强哉矯！」此四者，汝之所當强也。矯，强貌，詩曰「矯矯虎臣」是也。倚，偏著也。塞，未達也。國有道，不變未達之所守；國無道，不變平生之所守也。此則所謂中庸之不可能者，非有以自勝其人欲之私，不能擇而守也。君子之强，孰大於是？夫子以是告子路者，所以抑其血氣之剛，而進之以德義之勇也。

右第十章。

子曰：「素隱行怪，後世有述焉，吾弗爲之矣。素，按漢書當作索，蓋字之誤也。索隱行怪，言深求隱僻之理，而過爲詭異之行也。然以其足以欺世而盜名，故後世或有稱述之者。此知之過而不擇乎善，行之過而不用其中，不當强而强者也，聖人豈爲之哉！君子遵道而行，半塗而廢，吾弗能已矣。遵道而行，則能擇乎善矣〔七〕；半塗而廢，則力之不足也。此其知雖足以及之，而行有不逮，當强而不强者也。已，止也。聖人於此，非勉焉而不敢廢，蓋至誠無息，自有所不能止也。君子依乎中庸，遯世不見知而不悔，唯聖者能之。」不爲索隱行怪，則依乎中庸而已。不能半塗而廢，是以遯世不見知而不悔也。此中庸之成德，知之盡、仁之至、不賴勇而裕如者，正吾夫子之事，而猶不自居也。故曰「唯聖者能之」而已。

右第十一章。子思所引夫子之言，以明首章之義者止此。蓋此篇大旨，以知、仁、勇三達德爲入道之門。故於篇首，即以大舜、顔淵、子路之事明之。舜，知也；顔淵，仁也；子路，勇也。三者廢其一，則無以造道而成德矣。餘見第二十章。

君子之道費而隱。費，符味反。○費，用之廣也。隱，體之微也。夫婦之愚，可以與知焉，及其至也，雖聖人亦有所不知焉；夫婦之不肖，可以能行焉，及其至也，雖聖人亦有所不能焉。天地之大也，人猶有所憾。故君子語大，天下莫能載焉；語小，天下莫能破焉。與，去聲。○君子之道，近自夫婦居室之間，遠而至於聖人天地之所不能盡，其大無外，其小無内，可謂費矣。然其理之所以然，則隱而莫之見也。蓋可知可能者，道中之一事。及其至而聖人不知不能，則舉全體而言，聖人固有所不能盡也。侯氏曰：「聖人所不知，如孔子問禮、問官之類；所不能，如孔子不得位、堯舜病博施之類。」愚謂人所憾於天地，如覆載生成之偏，及寒暑災祥之不得其正者。詩云：「鳶飛戾天，魚躍于淵。」言其上下察也。鳶，余專反。○詩，大雅旱麓之篇。鳶，鴟類。戾，至也。察，著也。子思引此詩以明化育流行，上下昭著，莫非此理之用，所謂費也。然其所以然者，則非見聞所及，所謂隱也。故程子曰：「此一節，子思喫緊爲人處，活潑潑地。」讀者其致思焉。君子之道，造端乎夫婦，及其至也，察乎天地。結上文。

右第十二章。子思之言，蓋以申明首章道不可離之意也。其下八章，雜引孔子之言以明之。

子曰：「道不遠人。人之爲道而遠人，不可以爲道。道者，率性而已，固衆人之所能知能行者也，故常不遠於人。若爲道者，厭其卑近以爲不足爲，而反務爲高遠難行之事，則非所以爲道矣。詩云：『伐柯伐柯，其則不遠。』執柯以伐柯，睨而視之，猶以爲遠。故君子以人治人，改而止。詩，豳風伐柯之篇。柯，斧柄。則，法也。睨，邪視也。言人執柯伐木以爲柯者，彼柯長短之法，在此柯耳。然猶有彼此之別，故伐者視之猶以爲遠也。若以人治人，則所以爲人之道，各在當人之身，初無彼此之別。故君子之治人也，即以其人之道，還治其人之身。其人能改，即止不治。蓋責之以其所能知能行，非欲其遠人以爲道也。張子所謂「以衆人望人，則易從」是也。忠恕違道不遠，施諸己而不願，亦勿施於人。盡己之心爲忠，推己及人爲恕。違，去也，如春秋傳齊師「違穀七里」之違。言自此至彼，相去不遠，非背而去之之謂也。道，即其不遠人者是也。施諸己而不願，亦勿施於人，忠恕之事也。以己之心度人之心，未嘗不同，則道之不遠於人者可見。故己之所不欲，則勿以施之於人，亦不遠人以爲道之事。張子所謂「以愛己之心愛人，則盡仁」是也。君子之道四，丘未能一焉：所求乎子，以事父，未能也；所求乎臣，以事君，未能也；所求乎弟，以事兄，未能也；所求乎朋友，先施之，未能也。庸德之行，庸言之謹，有所不足，不敢不勉，有餘不敢盡。言顧行，行顧言，君子胡不慥慥爾！」子、臣、弟、友，四字絶句。○求，猶責也。道不遠人，凡己之所以責人者，皆道之所當然也，故反之以自責而自脩焉。庸，平常也。行者，踐其實。謹者，擇其可。德不足而勉，則行益力；言有餘而訒，則謹益至。謹之至則言顧行矣，行之力則行顧言矣。慥慥，篤實貌。言君子之言行如此，豈不慥慥乎！贊美之也。凡此皆不遠人以爲道之事。張子所謂「以責人之心責己，則盡道」是也。

右第十三章。「道不遠人」者，夫婦所能，「丘未能一」者，聖人所不能，皆費也。而其所以然者，則至隱存焉。下章放此。

君子素其位而行，不願乎其外。素，猶見在也。言君子但因見在所居之位而爲其所當爲，無慕乎其外之心也。素富貴，行乎富貴；素貧賤，行乎貧賤；素夷狄，行乎夷狄；素患難，行乎患難，君子無入而不自得焉。難，去聲。○此言素其位而行也。在上位不陵下，在下位不援上，正己而不求於人則無怨。上不怨天，下不尤人。援，平聲。○此言不願乎其外也。故君子居易以俟命，小人行險以徼幸。易，去聲。○易，平地也。居易，素位而行也。俟命，不願乎外也。徼，求也。幸，謂所不當得而得者。子曰：「射有似乎君子，失諸正鵠，反求諸其身。」正，音征。鵠，工毒反。○畫布曰正，棲皮曰鵠，皆侯之中、射之的也。子思引此孔子之言，以結上文之意。

右第十四章。子思之言也。凡章首無「子曰」字者放此。

君子之道，辟如行遠必自邇，辟如登高必自卑。辟、譬同。詩曰：「妻子好合，如鼓瑟琴。兄弟既翕，和樂且耽。宜爾室家，樂爾妻帑。」好，去聲。耽，詩作湛，亦音耽。樂，音洛。○

詩，小雅常棣之篇。鼓瑟琴，和也。翕，亦合也。耽，亦樂也。帑，子孫也。子曰：「父母其順矣乎！」夫子誦此詩而贊之曰：人能和於妻子、宜於兄弟如此，則父母其安樂之矣。子思引詩及此語，以明行遠自邇、登高自卑之意。

右第十五章。

子曰：「鬼神之爲德，其盛矣乎！程子曰：「鬼神，天地之功用，而造化之迹也。」張子曰：「鬼神者，二氣之良能也。」愚謂以二氣言，則鬼者陰之靈也，神者陽之靈也。以一氣言，則至而伸者爲神，反而歸者爲鬼，其實一物而已。爲德，猶言性情功效。視之而弗見，聽之而弗聞，體物而不可遺。鬼神無形與聲，然物之終始，莫非陰陽合散之所爲，是其爲物之體，而物所不能遺也。其言體物，猶易所謂「幹事」。使天下之人齊明盛服，以承祭祀。洋洋乎！如在其上，如在其左右。齊，側皆反。○齊之爲言齊也，所以齊不齊而致其齊也。明，猶潔也。洋洋，流動充滿之意。能使人畏敬奉承，而發見昭著如此，乃其「體物而不可遺」之驗也。孔子曰：「其氣發揚于上爲昭明，焄蒿悽愴。此百物之精也，神之著也。」正謂此爾。詩曰：『神之格思，不可度思，矧可射思！』度，待洛反。射，音亦，詩作斁。○詩，大雅抑之篇。格，來也。矧，況也。射，厭也，言厭怠而不敬也。思，語辭。夫微之顯，誠之不可掩如此夫！」夫，音扶。○誠者，真實無妄之謂。陰陽合散，無非實者。故其發見之不可掩如此。

右第十六章。不見不聞，隱也。體物如在，則亦費矣。此前三章，以其費之小者而言。此後三章，以其費之大者而言。此一章，兼費隱、包大小而言。

子曰：「舜其大孝也與！德爲聖人，尊爲天子，富有四海之内，宗廟饗之，子孫保之。與，平聲。○子孫，謂虞思、陳胡公之屬。故大德必得其位，必得其禄，必得其名，必得其壽。舜年百有十歲。故天之生物，必因其材而篤焉。故栽者培之，傾者覆之。材，質也。篤，厚也。栽，植也。氣至而滋息爲培，氣反而遊散則覆。詩曰：『嘉樂君子，憲憲令德。宜民宜人，受禄于天。保佑命之，自天申之。』詩，大雅假樂之篇。假，當依此作嘉。憲，當依詩作顯。申，重也。故大德者必受命。」受命者，受天命爲天子也。

右第十七章。此由庸行之常，推之以極其至，見道之用廣也。而其所以然者，則爲體微矣。後二章亦此意。

子曰：「無憂者，其惟文王乎！以王季爲父，以武王爲子，父作之，子述之。此言文王之事。書言「王季其勤王家」，蓋其所作，亦積功累仁之事也。武王纘大王、王季、文王之緒，壹戎衣而有天下，身不失天下之顯名。尊爲天子，富有四海之内，宗廟饗之，子孫保之。大，音泰，下同。○此言武王之事。纘，繼也。大王，王季之父也。書云「大王肇基王迹」，詩云「至于大王，實始翦商」。緒，業也。戎衣，甲胄之屬。壹戎衣，武成文，言一著戎衣以伐紂也。武王末受命，周公成文、武之德，追王大王、王季，上祀先公以天子之禮。斯禮也，達乎諸侯、大夫，及士、庶人。父爲大夫，子爲士，葬以大夫，祭以士。父爲士，子爲大夫，葬以士，祭以大夫。期之喪，達乎大夫。三年之喪，達乎天子。父母之喪，無貴賤，一也。」追王之王，去聲。○此言周公之事。末，猶老也。追王，蓋推文、武之意，以及乎王迹之所起也。先公，組紺以上至后稷也。上祀先公以天子之禮，又推大王、王季之意，以及於無窮也。制爲禮法，以及天下，使葬用死者之爵，祭用生者之禄。喪服自期以下，諸侯絶，大夫降；而父母之喪，上下同之，推己以及人也。

右第十八章。

子曰：「武王、周公，其達孝矣乎！達，通也。承上章而言武王、周公之孝，乃天下之人通謂之孝，猶孟子之言達尊也。夫孝者，善繼人之志，善述人之事者也。上章言武王纘大王、王季、文王之緒以有天下，而周公成文、武之德以追崇其先祖，此繼志、述事之大者也。下文又以其所制祭祀之禮，通于上下者言之。春秋脩其祖廟，陳其宗器，設其裳衣，薦其時食。祖廟：天子七，諸侯五，大夫三，適士二，官師一。宗器，先世所藏之重器，若周之赤刀、大訓、天球、河圖之屬也。裳衣，先祖之遺衣服，祭則設之以授尸也。時食，四時之食，各有其物，如春行羔、豚、膳、膏、香之類是也。宗廟之禮，所以序昭穆也。序爵，所以辨貴賤也；序事，所以辨賢也。旅酬，下爲上，所以逮賤也；燕毛，所以序齒也。昭，如字。爲，去聲。○宗廟之次：左爲昭，右爲穆，而子孫亦以爲序。有事於太廟，則子姓、兄弟、羣昭、羣穆咸在而不失其倫焉。爵，公、侯、卿、大夫也。事，宗祝有司之職事也。旅，衆也。酬，導飲也。旅酬之禮，賓弟子、兄弟之子各舉觶於其長而衆相酬。蓋宗廟之中，以有事爲榮，故逮及賤者，使亦得以申其敬也。燕毛，祭畢而燕，則以毛髮之色别長幼，爲坐次也。齒，年數也。踐其位，行其禮，奏其樂，敬其所尊，愛其所親，事死如事生，事亡如事存，孝之至也。踐，猶履也。其，指先王也。所尊、所親，先王之祖考、子孫、臣庶也。始死謂之死，既葬則曰反而亡焉，皆指先王也。此結上文兩節，皆繼志、述事之意也。郊社之禮，所以事上帝也，宗廟之禮，所以祀乎其先也。明乎郊社之禮、禘嘗之義，治國其如示諸掌乎！」郊，祀天。社，祭地。不言后土者，省文也。禘，天子宗廟之大祭，追祭太祖之所自出於太廟，而以太祖配之也。嘗，秋祭也。四時皆祭，舉其一耳。禮必有義，對舉之，互文也。示，與視同。視諸掌，言易見也。此與論語文意大同小異，記有詳略耳。

右第十九章。

哀公問政。哀公，魯君，名蔣。子曰：「文、武之政，布在方策。其人存，則其政舉；其人亡，則其政息。方，版也。策，簡也。息，猶滅也。有是君，有是臣，則有是政矣。人道敏政，地道敏樹。夫政也者，蒲盧也。夫，音扶。○敏，速也。蒲盧，沈括以爲蒲葦是也。以人立政，猶以地種樹，其成速矣，而蒲葦又易生之物，其成尤速也。言人存政舉，其易如此。故爲政在人，取人以身，脩身以道，脩道以仁。此承上文人道敏政而言也。爲政在人，家語作「爲政在於得人」，語意尤備。人，謂賢臣。身，指君身。道者，天下之達道。仁者，天地生物之心，而人得以生者，所謂「元者善之長」也。言人君爲政在於得人，而取人之則又在脩身。能仁其身〔八〕，則有君有臣，而政無不舉矣。仁者，人也，親親爲大。義者，宜也，尊賢爲大。親親之殺，尊賢之等，禮所生也。殺，去聲。○人，指人身而言。具此生理，自然便有惻怛慈愛之意，深體味之可見。宜者，分別事理，各有所宜也。禮，則節文斯二者而已。在下位不獲乎上，民不可得而治矣！鄭氏曰：「此句在下，誤重在此。」故君子不可以不脩身；思脩身，不可以不事親；思事親，不可以不知人；思知人，不可以不知天。「爲政在人，取人以身」，故不可以不脩身。「脩身以道，脩道以仁」，故思脩身，不可以不事親。欲盡親親之仁，必由尊賢之義，故又當知人。親親之殺，尊賢之等，皆天理也，故又當知天。天下之達道五，所以行之者三。曰君臣也，父子也，夫婦也，昆弟也，朋友之交也，五者天下之達道也。知、仁、勇三者，天下之達德也。所以行之者一也。知，去聲。○達道者，天下古今所共由之路，即書所謂五典，孟子所謂「父子有親，君臣有義，夫婦有別，長幼有序，朋友有信」是也。知，所以知此也。仁，所以體此也。勇，所以强此也。謂之達德者，天下古今所同得之理也。一，則誠而已矣。達道雖人所共由，然無是三德，則無以行之。達德雖人所同得，然一有不誠，則人欲間之，而德非其德矣。程子曰：「所謂誠者，止是誠實此三者。三者之外，更別無誠。」或生而知之，或學而知之，或困而知之，及其知之，一也。或安而行之，或利而行之，或勉强而行之，及其成功，一也。」强，上聲。○知之者之所知，行之者之所行，謂達道也。以其分而言，則所以知者知也，所以行者仁也，所以至於知之、成功而一者勇也。以其等而言，則生知、安行者知也，學知、利行者仁也，困知、勉行者勇也。蓋人性雖無不善，而氣稟有不同者，故聞道有蚤莫，行道有難易，然能自强不息，則其至一也。呂氏曰：「所入之塗雖異，而所至之域則同，此所以爲中庸。若乃企生知、安行之資爲不可幾及，輕困知、勉行謂不能有成，此道之所以不明不行也。」子曰：「好學近乎知，力行近乎仁，知耻近乎勇。」「子曰」二字，衍文。好、近乎知之知，並去聲。○此言未及乎達德而求以入德之事。通上文三知爲知，三行爲仁，則此三近者，勇之次也。呂氏曰：「愚者自是而不求，自私者徇人欲而忘反，懦者甘爲人下而不辭。故好學非知，然足以破愚；力行非仁，然足以忘私；知耻非勇，然足以起懦。」知斯三者，則知所以脩身；知所以脩身，則知所以治人；知所以治人，則知所以治天下國家矣。斯三者，指三近而言。人者，對己之稱。天下國家，則盡乎人矣。言此以結上文脩身之意，起下文九經之端也。凡爲天下國家有九經，曰脩身也，尊賢也，親親也，敬大臣也，體羣臣也，子庶民也，來百工也，柔遠人也，懷諸侯也。經，常也。體，謂設以身處其地而察其心也。子，如父母之愛其子也。柔遠人，所謂無忘賓旅者也。此列九經之目也。呂氏曰：「天下國家之本在身，故脩身爲九經之本。然必親師友，然後脩身之道進，故尊賢次之。道之所進，莫先其家，故親親次之。由家以及朝廷，故敬大臣、體羣臣次之。由朝廷以及其國，故子庶民、來百工次之。由其國以及天下，故柔遠人、懷諸侯次之。此九經之序也。」視羣臣猶吾四體，視百姓猶吾子，此視臣、視民之別也。脩身則道立，尊賢則不惑，親親則諸父昆弟不怨，敬大臣則不眩，體羣臣則士之報禮重，子庶民則百姓勸，來百工則財用足，柔遠人則四方歸之，懷諸侯則天下畏之。

此言九經之效也。道立，謂道成於己而可爲民表，所謂「皇建其有極」是也〔九〕。不惑，謂不疑於理。不眩，謂不迷於事。敬大臣，則信任專，而小臣不得以間之，故臨事而不眩也。來百工，則通功易事，農末相資，故財用足。柔遠人，則天下之旅皆悅而願出於其塗，故四方歸。懷諸侯，則德之所施者博，而威之所制者廣矣，故曰「天下畏之」。

齊明盛服，非禮不動，所以脩身也；去讒遠色，賤貨而貴德，所以勸賢也；尊其位，重其禄，同其好惡，所以勸親親也；官盛任使，所以勸大臣也；忠信重禄，所以勸士也；時使薄斂，所以勸百姓也；日省月試，既稟稱事，所以勸百工也；送往迎來，嘉善而矜不能，所以柔遠人也；繼絶世，舉廢國，治亂持危，朝聘以時，厚往而薄來，所以懷諸侯也。

齊，側皆反。去，上聲。遠、好、惡、斂，並去聲。既，許氣反。稟，彼錦、力錦二反。稱，去聲。朝，音潮。○此言九經之事也。官盛任使，謂官屬衆盛，足任使令也，蓋大臣不當親細事，故所以優之者如此。忠信重禄，謂待之誠而養之厚，蓋以身體之，而知其所賴乎上者如此也。既，讀曰餼。餼稟，稍食也。稱事，如周禮稾人職曰「考其弓弩，以上下其食」是也。往則爲之授節以送之，來則豐其委積以迎之。朝，謂諸侯見於天子。聘，謂諸侯使大夫來獻。王制：「比年一小聘，三年一大聘，五年一朝。」厚往薄來，謂燕賜厚而納貢薄。

凡爲天下國家有九經，所以行之者一也。

一者，誠也。一有不誠，則是九者皆爲虛文矣。此九經之實也。

凡事豫則立，不豫則廢。

言前定則不跲，事前

定則不困，行前定則不疚，道前定則不窮。跲，其劫反。行，去聲。○凡事，指達道、達德、九經之屬。豫，素定也。跲，躓也。疚，病也。此承上文，言凡事皆欲先立乎誠，如下文所推是也。在下位不獲乎上，民不可得而治矣；獲乎上有道，不信乎朋友，不獲乎上矣；信乎朋友有道，不順乎親，不信乎朋友矣；順乎親有道，反諸身不誠，不順乎親矣；誠身有道，不明乎善，不誠乎身矣。此又以在下位者，推言素定之意。反諸身不誠，謂反求諸身而所存所發未能真實而無妄也。不明乎善，謂未能察於人心天命之本然，而真知至善之所在也。誠者，天之道也；誠之者，人之道也。誠者，不勉而中，不思而得，從容中道，聖人也。誠之者，擇善而固執之者也。中，並去聲。從，七容反。○此承上文「誠身」而言。誠者，真實無妄之謂，天理之本然也。誠之者，未能真實無妄，而欲其真實無妄之謂，人事之當然也。聖人之德，渾然天理，真實無妄，不待思勉而從容中道，則亦天之道也。未至於聖，則不能無人欲之私，而其爲德不能皆實。故未能不思而得，則必擇善，然後可以明善；未能不勉而中，則必固執，然後可以誠身，此則所謂人之道也。不思而得，生知也。不勉而中，安行也。擇善，學知以下之事。固執，利行以下之事也。博學之，審問之，慎思之，明辨之，篤行之。此「誠之」之目也。學、問、思、辨，所以擇善而爲知，學而知也。篤行，所以固執而爲仁，利而行也。程子曰：「五者廢其一，非學也。」有弗學，學之弗能弗措也；有弗問，問之弗知弗措也；有弗思，思之弗得弗措也；有弗辨，辨之弗明弗措也；有弗行，行之弗篤弗措也。人一能之，己百

之；人十能之，己千之。君子之學，不爲則已，爲則必要其成，故常百倍其功。此困而知、勉而行者也，勇之事也。**果能此道矣，雖愚必明，雖柔必强。」**明者，擇善之功。强者，固執之效。呂氏曰：「君子所以學者，爲能變化氣質而已。德勝氣質，則愚者可進於明，柔者可進於强。不能勝之，則雖有志於學，亦愚不能明，柔不能立而已矣。蓋均善而無惡者，性也，人所同也；昏明强弱之稟不齊者，才也，人所異也。誠之者，所以反其同而變其異也。夫以不美之質，求變而美，非百倍其功，不足以致之。今以鹵莽滅裂之學，或作或輟，以變其不美之質，及不能變，則曰天質不美，非學所能變。是果於自棄，其爲不仁甚矣！」

右第二十章。此引孔子之言，以繼大舜、文、武、周公之緒，明其所傳之一致，舉而措之，亦猶是耳。蓋包費隱，兼小大，以終十二章之意。章内語誠始詳，而所謂誠者，實此篇之樞紐也。又按：孔子家語亦載此章，而其文尤詳。成功一也之下，有「公曰：子之言美矣！至矣！寡人實固，不足以成之也。」故其下復以子曰起答辭。今無此問詞，而猶有「子曰」二字，蓋子思刪其繁文以附于篇，而所刪有不盡者，今當爲衍文也。博學之以下，家語無之，意彼有闕文，抑此或子思所補也歟？

自誠明，謂之性；自明誠，謂之教。誠則明矣，明則誠矣。自，由也。德無不實而明無不照者，聖人之德，所性而有者也，天道也。先明乎善而後能實其善者，賢人之學，由教而入者也，人道也。誠則無不明矣，明則可以至於誠矣。

右第二十一章。子思承上章夫子天道、人道之意而立言也。自此以下十二章，皆子思之言，以反覆推明此章之意。

唯天下至誠，爲能盡其性；能盡其性，則能盡人之性；能盡人之性，則能盡物之性；能盡物之性，則可以贊天地之化育；可以贊天地之化育，則可以與天地參矣。天下至誠，謂聖人之德之實，天下莫能加也。盡其性者，德無不實，故無人欲之私，而天命之在我者，察之由之，巨細精粗，無毫髮之不盡也。人物之性，亦我之性，但以所賦形氣不同而有異耳。能盡之者，謂知之無不明而處之無不當也。贊，猶助也。與天地參，謂與天地並立爲三也。此自誠而明者之事也。

右第二十二章。言天道也。

其次致曲。曲能有誠，誠則形，形則著，著則明，明則動，動則變，變則化。唯天下至誠爲能化。其次，通大賢以下凡誠有未至者而言也。致，推致也。曲，一偏也。形者，積中而發外。著，則又加顯矣。明，則又有光輝發越之盛也。動者，誠能動物。變者，物從而變。化，則有不知其所以然者。蓋人之性無不同，而氣則有異，故惟聖人能舉其性之全體而盡之。其次，則必自其善端發見之偏，而悉推致之，以各造其極也。曲無不致，則德無不實，而形、著、動、變之功自不能已。積而至於能化，則其至誠之妙，亦不異於聖人矣。

右第二十三章。言人道也。

至誠之道，可以前知。國家將興，必有禎祥；國家將亡，必有妖孽；見乎蓍龜，動乎四體。禍福將至：善，必先知之；不善，必先知之。故至誠如神。見，音現。○禎祥者，福之兆。妖孽者，禍之萌。著，所以筮。龜，所以卜。四體，謂動作威儀之間，如執玉高卑，其容俯仰之類。凡此皆理之先見者也。然唯誠之至極，而無一毫私僞留於心目之間者，乃能有以察其幾焉。神，謂鬼神。

右第二十四章。言天道也。

誠者自成也，而道自道也。道也之道，音導。○言誠者物之所以自成，而道者人之所當自行也。誠以心言，本也；道以理言，用也。誠者物之終始，不誠無物。是故君子誠之爲貴。天下之物，皆實理之所爲，故必得是理，然後有是物。所得之理既盡，則是物亦盡而無有矣。故人之心一有不實，則雖有所爲，亦如無有，而君子必以誠爲貴也。蓋人之心能無不實，乃爲有以自成，而道之在我者亦無不行矣。誠者非自成己而已也，所以成物也。成己，仁也；成物，知也。性之德也，合外内之道也，故時措之宜也。知，去聲。○誠雖所以成己，然既有以自成，則自然及物，而道亦行於彼矣。仁者體之存，智者用之發，是皆吾性之固有，而無内外之殊。既得於己，則見於事者以時措之，而皆得其宜也。

右第二十五章。言人道也。

故至誠無息。既無虛假，自無間斷。不息則久，久則徵，久，常於中也。徵，驗於外也。徵則悠遠，悠遠則博厚，博厚則高明。此皆以其驗於外者言之。鄭氏所謂「至誠之德，著於四方」者是也。存諸中者既久，則驗於外者益悠遠而無窮矣。悠遠，故其積也廣博而深厚。博厚，故其發也高大而光明。博厚，所以載物也；高明，所以覆物也；悠久，所以成物也。悠久，即悠遠，兼内外而言之也。本以悠遠致高厚，而高厚又悠久也。此言聖人與天地同用。博厚配地，高明配天，悠久無疆。此言聖人與天地同體。如此者，不見而章，不動而變，無爲而成。見，音現。○見，猶示也。不見而章，以配地而言也。不動而變，以配天而言也。無爲而成，以無疆而言也。天地之道，可一言而盡也：其爲物不貳，則其生物不測。此以下，復以天地明至誠無息之功用。天地之道，可一言而盡，不過曰「誠」而已。不貳，所以誠也。誠故不息，而生物之多，有莫知其所以然者。天地之道：博也，厚也，高也，明也，悠也，久也。言天地之道，誠一不貳，故能各極其盛，而有下文生物之功。今夫天，斯昭昭之多，及其無窮也，日月星辰繫焉，萬物覆焉。今夫地，一撮土之多，及其廣厚，載華嶽而不重，振河海而不洩，萬物載焉。今夫山，一卷石之多，及其廣大，草木生之，禽獸居之，寶藏興焉。今夫水，一勺之多，及其不測，黿鼉、鮫龍、魚鼈生焉，貨財殖焉。夫，音扶。華、藏，並去聲。卷，平聲。勺，市若反。○昭昭，猶耿耿，小明也。此指其一處而言之。及其無窮，猶十二章「及其至也」之意，蓋舉全體而言也。振，收也。卷，區也。此四條，皆以發明由其不貳不息，以致盛大而能生物之意。然天、地、山、川，實非由積累而後大，讀者不以辭害意可也。詩云：「維天之命，於穆不已！」蓋曰天之所以爲天也。「於乎不顯，文王之德之純！」蓋曰文王之所以爲文也，純亦不已。於，音烏。乎，音呼。○詩，周頌維天之命篇。於，歎辭。穆，深遠也。不顯，猶言豈不顯也。純，純一不雜也。引此以明至誠無息之意。程子曰：「天道不已，文王純於天道，亦不已。純則無二無雜，不已則無間斷先後。」

右第二十六章。言天道也。

大哉聖人之道！包下文兩節而言。洋洋乎！發育萬物，峻極于天。峻，高大也。此言道之極於至大而無外也。優優大哉！禮儀三百，威儀三千。優優，充足有餘之意。禮儀，經禮也。威儀，曲禮也。此言道之入於至小而無間也。待其人而後行。總結上兩節。故曰：苟不至德，至道不凝焉。至德，謂其人。至道，指上兩節而言也。凝，聚也，成也。故君子尊德性而道問學，致廣大而盡精微，極高明而道中庸，温故而知新，敦厚以崇禮。尊者，恭敬奉持之意。德性者，吾所受於天之正理。道，由也。温，猶燖温之温，謂故學之矣，復時習之也。敦，加厚也。尊德性，所以存心而極乎道體之大也。道問學，所以致知而盡乎道體之細也。二者，修德凝道之大端也。不以一毫私意自蔽，不以一毫私欲自累，涵泳乎其所已知，敦篤乎其所已能，此皆存心之屬也。析理則不使有毫釐之差，處事則不使有過不及之謬，理義則日知其所未知，節文則日謹其所未謹，此皆致知之屬也。蓋非存心無以致知，而存心者又不可以不致知。故此五句，大小相資，首尾相應，聖賢所示入德之方，莫詳於此，學者宜盡心焉。是故居上不驕，爲下不倍。國有道，其言足以興；國無道，其默足以容。

詩曰：「既明且哲，以保其身。」其此之謂與！倍，與背同。與，平聲。○興，謂興起在位也。詩，大雅烝民之篇。

右第二十七章。言人道也。

子曰：「愚而好自用，賤而好自專，生乎今之世，反古之道。如此者，烖及其身者也。」好，去聲。烖，古災字。○以上孔子之言，子思引之。反，復也。非天子，不議禮，不制度，不考文。此以下，子思之言。禮，親疏貴賤相接之體也。度，品制。文，書名。今天下車同軌，書同文，行同倫。行，去聲。○今，子思自謂當時也。軌，轍迹之度。倫，次序之體。三者皆同，言天下一統也。雖有其位，苟無其德，不敢作禮樂焉；雖有其德，苟無其位，亦不敢作禮樂焉。鄭氏曰：「言作禮樂者，必聖人在天子之位。」子曰：「吾說夏禮，杞不足徵也；吾學殷禮，有宋存焉；吾學周禮，今用之，吾從周。」此又引孔子之言。杞，夏之後。徵，證也。宋，殷之後。三代之禮，孔子皆嘗學之而能言其意，但夏禮既不可考證，殷禮雖存，又非當世之法，惟周禮乃時王之制，今日所用。孔子既不得位，則從周而已。

右第二十八章。承上章爲下不倍而言，亦人道也。

王天下有三重焉，其寡過矣乎！王，去聲。○呂氏曰：「三重，謂議禮、制度、考文。惟天子得以行之，則國不異政，家不殊俗，而人得寡過矣。」上焉者雖善無徵，無徵不信，不信民弗從；下焉者雖善不尊，不尊不信，不信民弗從。上焉者，謂時王以前，如夏、商之禮雖善，而皆不可考。下焉者，謂聖人在下，如孔子雖善於禮，而不在尊位也。故君子之道，本諸身，徵諸庶民，考諸三王而不繆，建諸天地而不悖，質諸鬼神而無疑，百世以俟聖人而不惑。此君子，指王天下者而言。其道，即議禮、制度、考文之事也。本諸身，有其德也。徵諸庶民，驗其所信從也。建，立也，立於此而參於彼也。天地者，道也。鬼神者，造化之迹也。百世以俟聖人而不惑，所謂聖人復起，不易吾言者也。質諸鬼神而無疑，知天也；百世以俟聖人而不惑，知人也。知天、知人，知其理也。是故君子動而世爲天下道，行而世爲天下法，言而世爲天下則。遠之則有望，近之則不厭。動，兼言、行而言。道，兼法、則而言。法，法度也。則，準則也。詩曰：「在彼無惡，在此無射。庶幾夙夜，以永終譽！」君子未有不如此而蚤有譽於天下者也。惡，去聲。射，音妒，詩作斁。○詩，周頌振鷺之篇。射，厭也。所謂此者，指本諸身以下六事而言。

右第二十九章。承上章居上不驕而言，亦人道也。

仲尼祖述堯、舜，憲章文、武，上律天時，下襲水土。祖述者，遠宗其道。憲章者，近守其法。律天時者，法其自然之運。襲水土者，因其一定之理。皆兼內外該本末而言也。辟如天地之無不持載，無不覆幬，辟如四時之錯行，如日月之代明。辟，音譬。幬，徒報反。○錯，猶迭也。此言聖人之德。萬物並育而不相害，道並行而不相悖，小德川流，大德敦化，此天地之所以爲大也。

悖，猶背也。天覆地載，萬物並育於其間而不相害；四時日月，錯行代明而不相悖。所以不害不悖者，小德之川流；所以並育並行者，大德之敦化。小德者，全體之分；大德者，萬殊之本。川流者，如川之流，脈絡分明而往不息也。敦化者，敦厚其化，根本盛大而出無窮也。此言天地之道，以見上文取辟之意也。

右第三十章。言天道也。

唯天下至聖，爲能聰明睿知，足以有臨也；寬裕溫柔，足以有容也；發强剛毅，足以有執也；齊莊中正，足以有敬也；文理密察，足以有別也。知，去聲。齊，側皆反。別，彼列反。○聰明睿知，生知之質。臨，謂居上而臨下也。其下四者，乃仁、義、禮、知之德。文，文章也。理，條理也。密，詳細也。察，明辯也。溥博淵泉，而時出之。溥博，周徧而廣闊也。淵泉，靜深而有本也。出，發見也。言五者之德，充積於中，而以時發見於外也。溥博如天，淵泉如淵。見而民莫不敬，言而民莫不信，行而民莫不說。見，音現。說，音悅。○言其充積極其盛，而發見當其可也。是以聲名洋溢乎中國，施及蠻貊。舟車所至，人力所通，天之所覆，地之所載，日月所照，霜露所隊，凡有血氣者，莫不尊親，故曰配天。施，去聲。隊，音墜。○舟車所至以下，蓋極言之。配天，言其德之所及，廣大如天也。

右第三十一章。承上章而言小德之川流，亦天道也。

唯天下至誠，爲能經綸天下之大經，立天下之大本，知天地之化育。夫焉有所倚？夫，音扶。焉，於虔反。○經、綸，皆治絲之事。經者，理其緒而分之；綸者，比其類而合之也。經，常也。大經者，五品之人倫。大本者，所性之全體也。惟聖人之德極誠無妄，故於人倫各盡其當然之實，而皆可以爲天下後世法，所謂經綸之也。其於所性之全體，無一毫人欲之僞以雜之，而天下之道千變萬化皆由此出，所謂立之也。其於天地之化育，則亦其極誠無妄者有默契焉，非但聞見之知而已。此皆至誠無妄，自然之功用，夫豈有所倚著於物而後能哉？肫肫其仁！淵淵其淵！浩浩其天！肫，之純反。○肫肫，懇至貌，以經綸而言也。淵淵，靜深貌，以立本而言也。浩浩，廣大貌，以知化而言也。其淵、其天，則非特如之而已。苟不固聰明聖知達天德者，其孰能知之？聖知之知，去聲。○固，猶實也。鄭氏曰：「唯聖人能知聖人也。」

右第三十二章。承上章而言大德之敦化，亦天道也。前章言至聖之德，此章言至誠之道。然至誠之道，非至聖不能知；至聖之德，非至誠不能爲，則亦非二物矣。此篇言聖人天道之極致，至此而無以加矣。

詩曰「衣錦尚絅」，惡其文之著也。故君子之道，闇然而日章；小人之道，的然而日亡。君子之道，淡而不厭，簡而文，溫而理，知遠之近，知風之自，知微之顯，可與入德矣。衣，去聲。絅，口迥反。惡，去聲。闇，於感反。○前章言聖人之德，極其盛矣。此復自下學立心之始言之，而下文又推之以至其極也。詩，國風衛碩人、鄭之丰，皆作「衣錦褧衣」。褧、絅同，禪衣也。尚，加也。古之學者爲己，故其立心如此。尚絅，故闇然；衣錦，故有日章之實。淡、簡、温，絅之襲於外也，不厭而文且理焉，錦之美在中也。小人反是，則暴於外而無實以繼之，是以的然而日亡也。遠之近，見於彼者由於此也。風之自，著乎外者本乎內也。微之顯，有諸內者形諸外也。有爲己之心，而又知此三者，則知所謹而可入德矣。故下文引詩言謹獨之事。詩云：「潛雖伏矣，亦孔之昭！」故君子內省不疚，無惡於志。君子之所不可及者，其唯人之所不見乎。惡，去聲。○詩，小雅正月之篇。承上文言莫見乎隱、莫顯乎微也。疚，病也。無惡於志，猶言無愧於心，此君子謹獨之事也。詩云：「相在爾室，尚不愧于屋漏。」故君子不動而敬，不言而信。相，去聲。○詩，大雅抑之篇。相，視也。屋漏，室西北隅也。承上文又言君子之戒謹恐懼，無時不然，不待言動而後敬信，則其爲己之功益加密矣。故下文引詩并言其效。詩曰：「奏假無言，時靡有爭。」是故君子不賞而民勸，不怒而民威於鈇鉞。假、格同。鈇，音夫。○詩，商頌烈祖之篇。奏，進也。承上文而遂及其效，言進而感格於神明之際，極其誠敬，無有言説而人自化之也。威，畏也。鈇，莝斫刀也。鉞，斧也。詩曰：「不顯惟德！百辟其刑之。」是故君子篤恭而天下平。詩，周頌烈文之篇。不顯，説見二十六章，此借引以爲幽深玄遠之意。承上文言天子有不顯之德，而諸侯法之，則其德愈深而效愈遠矣。篤，厚也。篤恭，言不顯其敬也。篤恭而天下平，乃聖人至德淵微，自然之應，中庸之極功也。詩云：「予懷明德，不大聲以色。」子曰：「聲色之於以化民，末也。」詩曰「德輶如毛」，毛猶有倫。「上天之載，無聲無臭」，至矣！　輶，由、酉二音。○詩，大雅皇矣之篇。引之以明上文所謂不顯之德者，正以其不大聲與色也。又引孔子之言，以爲聲色乃化民之末務。今但言不大之而已，則猶有聲色者存，是未足以形容不顯之妙。不若烝民之詩所言「德輶如毛」，則庶乎可以形容矣。而又自以爲謂之毛，則猶有可比者，是亦未盡其妙。不若文王之詩所言「上天之事〔一〇〕，無聲無臭」，然後乃爲不顯之至耳。蓋聲臭有氣無形，在物最爲微妙，而猶曰無之，故唯此可以形容不顯、篤恭之妙。非此德之外，又別有是三等，然後爲至也。

右第三十三章。子思因前章極致之言，反求其本，復自下學爲己謹獨之事推而言之，以馴致乎篤恭而天下平之盛。又贊其妙，至於無聲無臭而後已焉。蓋舉一篇之要而約言之，其反復丁寧示人之意，至深切矣，學者其可不盡心乎！

校勘記

〔一〕蓋人之所以爲人道之所以爲道聖人之所以爲教原其所自無一不本於天而備於我學者知之則其於學知所用力而自不能已矣　以上五十二字，司禮監本作「蓋人知己之有性而不知其出於天知事之有道而不知其由於性知聖人之有教而不知其因吾之所固有者裁之也」。

〔二〕讀者所宜深體而默識也　以上十字，司禮監本作「而董子所謂道之大原出於天亦此意也」。

〔三〕則爲外物而非道矣　以上八字，司禮監本作「則豈率性之謂哉」。

〔四〕而不使其滋長於隱微之中　「滋長」，司禮監本作「潛滋暗長」。

〔五〕今已久耳　「耳」，司禮監本、吳本均作「矣」。

〔六〕然不必其合於中庸則質之近似者皆能以力爲之若中庸則雖不必皆如三者之難　以上三十三字，司禮監本作「然皆倚於一偏故資之近而力能勉者皆足以能之至於中庸雖若易能」。

〔七〕則能擇乎善矣　以上六字，司禮監本作「則能擇而行矣」。

〔八〕能仁其身　「仁」，仿元本作「脩」。

〔九〕所謂皇建其有極是也　「皇」字原脱，據司禮監本、吳本補。

〔一〇〕上天之事　「事」，司禮監本作「載」。

讀論語孟子法

程子曰：「學者當以論語、孟子爲本。論語、孟子既治，則六經可不治而明矣。讀書者當觀聖人所以作經之意，與聖人所以用心，聖人之所以至於聖人，而吾之所以未至者，所以未得者。句句而求之，晝誦而味之，中夜而思之，平其心，易其氣，闕其疑，則聖人之意可見矣。」

程子曰：「凡看文字，須先曉其文義，然後可以求其意。未有不曉文義而見意者也。」

程子曰：「學者須將論語中諸弟子問處便作自己問，聖人答處便作今日耳聞，自然有得。雖孔、孟復生，不過以此教人。若能於語、孟中深求玩味，將來涵養成甚生氣質！」

程子曰：「凡看語、孟，且須熟讀玩味。須將聖人言語切己，不可只作一場話說。人只看得此二書切己，終身儘多也。」

程子曰：「論、孟只剩讀着，便自意足。學者須是玩味。若以語言解着，意便不足。」

或問：「且將論、孟緊要處看，如何？」程子曰：「固是好，但終是不浹洽耳。」

程子曰：「孔子言語句句是自然，孟子言語句句是事實。」

程子曰：「學者先讀論語、孟子，如尺度權衡相似，以此去量度事物，自然見得長短輕重。」

程子曰：「讀論語、孟子而不知道，所謂『雖多，亦奚以爲』。」

論語序說

史記世家曰：「孔子名丘，字仲尼。其先宋人。父叔梁紇，母顏氏。以魯襄公二十二年庚戌之歲十一月庚子，生孔子於魯昌平鄉陬邑。爲兒嬉戲，常陳俎豆，設禮容。及長，爲委吏，料量平；委吏，本作季氏史。索隱云：「一本作委吏，與孟子合。」今從之。爲司職吏，畜蕃息。職，見周禮牛人，讀爲樴，義與杙同，蓋繫養犧牲之所。此官即孟子所謂乘田。適周，問禮於老子。既反，而弟子益進。昭公二十五年甲申，孔子年三十五，而昭公奔齊，魯亂。於是適齊，爲高昭子家臣，以通乎景公。有聞韶、問政二事。公欲封以尼谿之田，晏嬰不可，公惑之。有季孟、吾老之語。孔子遂行，反乎魯。定公元年壬辰，孔子年四十三，而季氏强僭，其臣陽虎作亂專政。故孔子不仕，而退修詩、書、禮、樂，弟子彌衆。九年庚子，孔子年五十一。公山不狃以費畔季氏，召孔子，欲往，而卒不行。有答子路東周語。定公以孔子爲中都宰，一年，四方則之，遂爲司空，又爲大司寇。十年辛丑，相定公會齊侯于夾谷，齊人歸魯侵地。十二年癸卯，使仲由爲季氏宰，墮三都，收其甲兵。孟氏不肯墮成，圍之不克。十四年乙已，孔子年五十六，攝行相事，誅少正卯，與聞國政。三月，魯國大治。齊人歸女樂以沮之，季桓子受之。郊又不致膰俎於大夫，孔子行。魯世家以此以上皆爲十二年事。適衛，主於子路妻兄顔濁鄒家。孟子作顔讎由。適陳，過匡，匡人以爲陽虎而拘之。有顔淵後及文王既没之語。既解，還衛，主蘧伯玉家，見南子。有矢子路及未見好德之語。去，適宋，司馬桓魋欲殺之。有天生德語及微服過宋事。又去，適陳，主司城貞子家。居三歲而反于衛，靈公不能用。有三年有成之語。晉趙氏家臣佛肸以中牟畔，召孔子，孔子欲往，亦不果。有答子路堅白語及荷蕢過門事。將西見趙簡子，至河而反，又主蘧伯玉家。靈公問陳，不對而行，復如陳。據論語，則絶糧當在此時。季桓子卒，遺言謂康子必召孔子，其臣止之，康子乃召冉求。史記以論語歸與之歎爲在此時，又以孟子所記歎詞爲主司城貞子時語，疑不然。蓋語、孟所記，本皆此一時語，而所記有異同耳。孔子如蔡及葉。有葉公問答，子路不對，沮、溺耦耕，荷蓧丈人等事。史記云：「於是楚昭王使人聘孔子，孔子將往拜禮，而陳、蔡大夫發徒圍之，故孔子絶糧於陳、蔡之間。」有愠見及告子貢一貫之語。按：是時陳、蔡臣服於楚，若楚王來聘孔子，陳、蔡大夫安敢圍之？且據論語，絶糧當在去衛如陳之時。楚昭王將以書社地封孔子，令尹子西不可，乃止。史記云「書社地七百里」，恐無此理。時則有接輿之歌。又反乎衛，時靈公已卒，衛君輒欲得孔子爲政。有魯、衛兄弟及答子貢夷齊、子路正名之語。而冉求爲季氏將，與齊戰有功，康子乃召孔子，而孔子歸魯，實哀公之十一年丁巳，而孔子年六十八矣。有對哀公及康子語。然魯終不能用孔子，孔子亦不求仕，乃敘書傳、禮記，有杞宋、損益、從周等語。删詩正樂，有語太師及樂正等語。序易彖、繫、象、説卦、文言。有假我數年之語。弟子蓋三千焉，身通六藝者七十二人。弟子顏回最賢，蚤死，後唯曾參得傳孔子之道。十四年庚申，魯西狩獲麟，有莫我知之歎。孔子作春秋。有知我、罪我等語，論語請討陳恒事亦在是年。明年辛酉，子路死於衛。十六年壬戌四月己丑，孔子卒，年七十三，葬魯城北泗上。弟子皆服心喪三年而去，唯子貢廬於冢上，凡六年。孔子生鯉，字伯魚，先卒。伯魚生伋，字子思，作中庸。」子思學於曾子，而孟子受業子思之門人。

何氏曰：「魯論語二十篇。齊論語別有問王、知道，凡二十二篇，其二十篇中章句，頗多於魯論。古論出孔氏壁中，分堯曰下章『子張問』以爲一篇，有兩子張，凡二十一篇，篇次不與齊、魯論同。」

程子曰：「論語之書，成於有子、曾子之門人，故其書獨二子以子稱。」

程子曰：「讀論語，有讀了全然無事者，有讀了後其中得一兩句喜者，有讀了後知好之者，有讀了後直有不知手之舞之足之蹈之者。」

程子曰：「今人不會讀書。如讀論語，未讀時是此等人，讀了後又只是此等人，便是不曾讀。」

程子曰：「頤自十七八讀論語，當時已曉文義。讀之愈久，但覺意味深長〔一〕。」

校勘記

〔一〕但覺意味深長　「意」，原作「氣」，據司禮監本、吳本改。

論語集注卷第一

學而第一

此爲書之首篇，故所記多務本之意，乃入道之門、積德之基、學者之先務也。凡十六章。

子曰：「學而時習之，不亦説乎？說、悦同。○學之爲言效也。人性皆善，而覺有先後，後覺者必效先覺之所爲，乃可以明善而復其初也。習，鳥數飛也。學之不已，如鳥數飛也。悦，喜意也。既學而又時時習之，則所學者熟，而中心喜説，其進自不能已矣。○程子曰：「習，重習也。時復思繹，浹洽於中，則説也。」又曰：「學者，將以行之也。時習之，則所學者在我，故説。」○謝氏曰：「時習者，無時而不習。坐如尸，坐時習也；立如齊，立時習也。」有朋自遠方來，不亦樂乎？樂，音洛。○朋，同類也。自遠方來，則近者可知。○程子曰：「以善及人，而信從者衆，故可樂。」又曰：「悦在心，樂主發散在外。」人不知而不愠，不亦君子乎？」愠，紆問反。○愠，含怒意。君子，成德之名。○尹氏曰：「學在己，知不知在人，何愠之有？」○程子曰：「雖樂於及人，不見是而無悶，乃所謂君子。」愚謂及人而樂者順而易，不知而不愠者逆而難，故惟成德者能之。然德之所以成，亦曰學之正、習之熟、説之深而不已焉耳。○程子曰：「樂由説而後得，非樂不足以語君子。」

有子曰：「其爲人也孝弟，而好犯上者，鮮矣；不好犯上，而好作亂者，未之有也。弟、好，皆去聲。鮮，上聲，下同。○有子，孔子弟子，名若。善事父母爲孝，善事兄長爲弟。犯上，謂干犯在上之人。鮮，少也。作亂，則爲悖逆爭鬬之事矣。此言人能孝弟，則其心和順，少好犯上，必不好作亂也。君子務本，本立而道生。孝弟也者，其爲仁之本與！」與，平聲。○務，專力也。本，猶根也。仁者，愛之理，心之德也。爲仁，猶曰行仁。與者，疑詞，謙退不敢質言也。言君子凡事專用力於根本，根本既立，則其道自生。若上文所謂孝弟，乃是爲仁之本，學者務此，則仁道自此而生也。○程子曰：「孝弟，順德也，故不好犯上，豈復有逆理亂常之事？德有本，本立則其道充大。孝弟行於家，而後仁愛及於物，所謂親親而仁民也。故爲仁以孝弟爲本。論性，則以仁爲孝弟之本。」或問：「孝弟爲仁之本，此是由孝弟可以至仁否？」曰：「非也。謂行仁自孝弟始，孝弟是仁之一事。謂之行仁之本則可，謂是仁之本則不可。蓋仁是性也，孝弟是用也，性中只有箇仁、義、禮、智四者而已，曷嘗有孝弟來？然仁主於愛，愛莫大於愛親，故曰：『孝弟也者，其爲仁之本與！』」

子曰：「巧言令色，鮮矣仁！」〔一〕巧，好。令，善也。好其言，善其色，致飾於外，務以悦人，則人欲肆而本心之德亡矣。聖人詞不迫切，專言鮮，則絶無可知，學者所當深戒也。○程子曰：「知巧言令色之非仁，則知仁矣。」

曾子曰：「吾日三省吾身：爲人謀而不忠乎？與朋友交而不信乎？傳不習乎？」省，悉井反。爲，去聲。傳，平聲。○曾子，孔子弟子，名參，字子輿。盡己之謂忠。以實之謂信。傳謂受之於師，習謂熟之於己。曾子以此三者日省其身，有則改之，無則加勉，其自治誠切如此，可謂得爲學之本矣。而三者之序，則又以忠信爲傳習之本也。○尹氏曰：「曾子守約，故動必求諸身。」○謝氏曰：「諸子之學，皆出於聖人，其後愈遠而愈失其真。獨曾子之學，專用心於内，故傳之無弊，觀於子思、孟子可見矣。惜乎其嘉言善行，不盡傳於世也。其幸存而未泯者，學者其可不盡心乎！」

子曰：「道千乘之國：敬事而信，節用而愛人，使民以時。」道、乘，皆去聲。○道，治也。馬氏云：「八百家出車一乘。」千乘，諸侯之國，其地可出兵車千乘者也。敬者，主一無適之謂。敬事而信者，敬其事而信於民也。時，謂農隙之時。言治國之要，在此五者，亦務本之意也。○程子曰：「此言至淺，然當時諸侯果能此，亦足以治其國矣。聖人言雖至近，上下皆通。此三言者，若推其極，堯、舜之治亦不過此。若常人之言近，則淺近而已矣。」○楊氏曰：「上不敬則下慢，不信則下疑，下慢而疑，事不立矣。敬事而信，以身先之也。易曰：『節以制度，不傷財，不害民。』蓋侈用則傷財，傷財必至於害民，故愛民必先於節用。然使之不以其時，則力本者不獲自盡，雖有愛人之心，而人不被其澤矣。然此特論其所存而已，未及爲政也。苟無是心，則雖有政，不行焉。」○胡氏曰：「凡此數者，又皆以敬爲主。」愚謂五者反復相因，各有次第，讀者宜細推之。

子曰：「弟子入則孝，出則弟，謹而信，汎愛衆，而親仁。行有餘力，則以學文。」弟子之弟，上聲。則弟之弟，去聲。○謹者，行之有常也。信者，言之有實也。泛，廣也。衆，謂衆人。親，近也。仁，謂仁者。餘力，猶言暇日。以，用也。文，謂詩、書六藝之文。○程子曰：「爲弟子之職，力有餘則學文，不修其職而先文，非爲己之學也。」○尹氏曰：「德行，本也。文藝，末也。窮其本末，知所先後，可以入德矣。」○洪氏曰：「未有餘力而學文，則文滅其質；有餘力而不學文，則質勝而野。」愚謂力行而不學文，則無以考聖賢之成法，識事理之當然，而所行或出於私意，非但失之於野而已。

子夏曰：「賢賢易色，事父母能竭其力，事君能致其身，與朋友交言而有信。雖曰未學，吾必謂之學矣。」子夏，孔子弟子，姓卜，名商。賢人之賢，而易其好色之心，好善有誠也。致，猶委也。委致其身，謂不有其身也。四者皆人倫之大者，而行之必盡其誠，學求如是而已。故子夏言有能如是之人，苟非生質之美，必其務學之至，雖或以爲未嘗爲學，我必謂之已學也。○游氏曰：「三代之學，皆所以明人倫也。能是四者，則於人倫厚矣。學之爲道，何以加此？子夏以文學名，而其言如此，則古人之所謂學者可知矣。故學而一篇，大抵皆在於務本。」○吴氏曰：「子夏之言，其意善矣。然詞氣之間，抑揚太過，其流之弊，將或至於廢學。必若上章夫子之言，然後爲無弊也。」

子曰：「君子不重則不威，學則不固。重，厚重。威，威嚴。固，堅固也。輕乎外者，必不能堅乎内，故不厚重則無威嚴，而所學亦不堅固也。主忠信。人不忠信，則事皆無實，爲惡則易，爲善則難，故學者必以是爲主焉。○程子曰：「人道唯在忠信，不誠則無物，且出入無時，莫知其鄉者，人心也。若無忠信，豈復有物乎？」無友不如己者。無、毋通，禁止辭也。友所以輔仁，不如己，則無益而有損。

過則勿憚改。」勿，亦禁止之辭。憚，畏難也。自治不勇，則惡日長，故有過則當速改，不可畏難而苟安也。○程子曰：「學問之道無他也，知其不善，則速改以從善而已。」○程子曰：「君子自修之道當如是也。」○游氏曰：「君子之道，以威重爲質，而學以成之。學之道，必以忠信爲主，而以勝己者輔之。然或吝於改過，則終無以入德，而賢者亦未必樂告以善道，故以過勿憚改終焉。」

曾子曰：「慎終追遠，民德歸厚矣。」謹終者，喪盡其禮。追遠者，祭盡其誠。民德歸厚，謂下民化之，其德亦歸於厚。蓋終者，人之所易忽也，而能謹之；遠者，人之所易忘也，而能追之，厚之道也。故以此自爲，則己之德厚，下民化之，則其德亦歸於厚也。

子禽問於子貢曰：「夫子至於是邦也，必聞其政。求之與？抑與之與？」之與之與，平聲，下同。○子禽，姓陳，名亢。子貢，姓端木，名賜。皆孔子弟子。或曰：「亢，子貢弟子。」未知孰是。抑，反語辭。子貢曰：「夫子温、良、恭、儉、讓以得之。夫子之求之也，其諸異乎人之求之與？」温，和厚也。良，易直也。恭，莊敬也。儉，節制也。讓，謙遜也。五者，夫子之盛德光輝接於人者也。其諸，語辭也。人，他人也。言夫子未嘗求之，但其德容如是，故時君敬信，自以其政就而問之耳，非若他人必求之而後得也。聖人過化存神之妙，未易窺測，然即此而觀，則其德盛禮恭而不願乎外，亦可見矣。學者所當潛心而勉學也。○謝氏曰：「學者觀於聖人威儀之間，亦可以進德矣。若子貢亦可謂善觀聖人矣，亦可謂善言德行矣。今去聖人千五百年，以此五者想見其形容，尚能使人興起，而況於親炙之者乎？」張敬夫曰：「夫子至是邦必聞其政，而未有能委國而授之以政者。蓋見聖人之儀形而樂告之者，秉彝好德之良心也，而私欲害之，是以終不能用耳。」

子曰：「父在，觀其志；父没，觀其行；三年無改於父之道，可謂孝矣。」行，去聲。○父在，子不得自專，而志則可知。父没，然後其行可見，故觀此足以知其人之善惡。然又必能三年無改於父之道，乃見其孝。不然，則所行雖善，亦不得爲孝矣。○尹氏曰：「如其道，雖終身無改可也。如其非道，何待三年？然則三年無改者，孝子之心有所不忍故也。」○游氏曰：「三年無改，亦謂在所當改而可以未改者耳。」

有子曰：「禮之用，和爲貴。先王之道，斯爲美，小大由之。禮者，天理之節文，人事之儀則也。和者，從容不迫之意。蓋禮之爲體雖嚴，而皆出於自然之理，故其爲用，必從容而不迫，乃爲可貴。先王之道，此其所以爲美，而小事大事無不由之也。有所不行，知和而和，不以禮節之，亦不可行也。」承上文而言，如此而復有所不行者，以其徒知和之爲貴而一於和，不復以禮節之，則亦非復理之本然矣，所以流蕩忘反，而亦不可行也。○程子曰：「禮勝則離，故禮之用和爲貴。先王之道以斯爲美，而小大由之。樂勝則流，故有所不行者，知和而和，不以禮節之，亦不可行。」○范氏曰：「凡禮之體主於敬，而其用則以和爲貴。敬者，禮之所以立也；和者，樂之所由生也。若有子可謂達禮樂之本矣。」愚謂嚴而泰，和而節，此理之自然，禮之全體也。毫釐有差，則失其中正，而各倚於一偏，其不可行均矣。

有子曰：「信近於義，言可復也；恭近於禮，遠恥辱也；因不失其親，亦可宗也。」近、遠，皆去聲。○信，約信也。義者，事之宜也。復，踐言也。恭，致敬也。禮，節文也。因，猶依也。宗，猶主也。言約信而合其宜，則言必可踐矣。致恭而中其節，則能遠耻辱矣。所依者不失其可親之人，則亦可以宗而主之矣。此言人之言行交際，皆當謹之於始而慮其所終。不然，則因仍苟且之間，將有不勝其自失之悔者矣。

子曰：「君子食無求飽，居無求安，敏於事而慎於言，就有道而正焉，可謂好學也已。」好，去聲。○不求安飽者，志有在而不暇及也。敏於事者，勉其所不足。謹於言者，不敢盡其所有餘也。然猶不敢自是，而必就有道之人，以正其是非，則可謂好學矣。凡言道者，皆謂事物當然之理，人之所共由者也。○尹氏曰：「君子之學，能是四者，可謂篤志力行者矣。然不取正於有道，未免有差，如楊、墨學仁義而差者也，其流至於無父無君，謂之好學，可乎？」

子貢曰：「貧而無諂，富而無驕，何如？」子曰：「可也。未若貧而樂，富而好禮者也。」樂，音洛。好，去聲。○諂，卑屈也。驕，矜肆也。常人溺於貧富之中，而不知所以自守，故必有二者之病。無諂無驕，則知自守矣，而未能超乎貧富之外也。凡曰「可」者，僅可而有所未盡之辭也。樂則心廣體胖而忘其貧，好禮則安處善，樂循理，亦不自知其富矣。子貢貨殖，蓋先貧後富，而嘗用力於自守者，故以此爲問。而夫子答之如此，蓋許其所已能，而勉其所未至也。子貢曰：「詩云：『如切如磋，如琢如磨。』其斯之謂與？」磋，七多反。與，平聲。○詩，衛風淇澳之篇。言治骨角者，既切之而復磋之；治玉石者，既琢之而復磨之。治之已精，而益求其精也。子貢自以無諂無驕爲至矣，聞夫子之言，又知義理之無窮，雖有得焉，而未可遽自足也，故引是詩以明之。子曰：「賜也，始可與言詩已矣！

告諸往而知來者。」往者，其所已言者。來者，其所未言者。○愚按：此章問答，其淺深高下，固不待辨説而明矣。然不切則磋無所施，不琢則磨無所措。故學者雖不可安於小成而不求造道之極致，亦不可騖於虛遠而不察切己之實病也。

子曰：「不患人之不己知，患不知人也。」尹氏曰：「君子求在我者，故不患人之不己知。不知人，則是非邪正或不能辨，故以爲患也。」

爲政第二　凡二十四章。

子曰：「爲政以德，譬如北辰，居其所而衆星共之。」共，音拱，亦作拱。○政之爲言正也，所以正人之不正也。德之爲言得也，得於心而不失之謂也〔二〕。北辰，北極，天之樞也。居其所，不動也。共，向也，言衆星四面旋繞而歸向之也。爲政以德，則無爲而天下歸之，其象如此。○程子曰：「爲政以德，然後無爲。」○范氏曰：「爲政以德，則不動而化，不言而信，無爲而成。所守者至簡而能御煩，所處者至靜而能制動，所務者至寡而能服衆。」

子曰：「詩三百，一言以蔽之，曰思無邪。」詩三百十一篇，言三百者，舉大數也。蔽，猶蓋也。思無邪，魯頌駉篇之辭。凡詩之言，善者可以感發人之善心，惡者可以懲創人之逸志，其用歸於使人得其情性之正而已。然其言微婉，且或各因一事而發，求其直指全體，則未有若此之明且盡者。故夫子言詩三百篇，而惟此一言足以盡蓋其義，其示人之意亦深切矣。○程子曰：「思無邪者，誠也。」○范氏曰：「學者必務知要，知要則能守約，守約則足以盡博矣。經禮三百，曲禮三千，亦可以一言蔽之〔三〕，曰毋不敬。」

子曰：「道之以政，齊之以刑，民免而無耻。道，音導，下同。○道，猶引導，謂先之也。政，謂法制禁令也。齊，所以一之也。道之而不從者，有刑以一之也。免而無耻，謂苟免刑罰而無所羞愧，蓋雖不敢爲惡，而爲惡之心未嘗亡也。道之以德，齊之以禮，有耻且格。」禮，謂制度品節也。格，至也。言躬行以率之，則民固有所觀感而興起矣，而其淺深厚薄之不一者，又有禮以一之，則民耻於不善，而又有以至於善也。一說：格，正也。書曰：「格其非心。」○愚謂政者爲治之具，刑者輔治之法，德、禮則所以出治之本，而德又禮之本也。此其相爲終始，雖不可以偏廢，然政、刑能使民遠罪而已，德、禮之效，則有以使民日遷善而不自知。故治民者不可徒恃其末，又當深探其本也。

子曰：「吾十有五而志于學，古者十五而入大學。心之所之謂之志。此所謂學，即大學之道也。志乎此，則念念在此而爲之不厭矣。三十而立，有以自立，則守之固而無所事志矣。四十而不惑，於事物之所當然，皆無所疑，則知之明而無所事守矣。五十而知天命，天命，即天道之流行而賦於物者，乃事物所以當然之故也。知此則知極其精，而不惑又不足言矣。六十而耳順，聲入心通，無所違逆，知之之至，不思而得也。七十而從心所欲，不踰矩。」從，如字。○從，隨也。矩，法度之器，所以爲方者也。隨其心之所欲，而自不過於法度，安而行之，不勉而中也。○程子曰：「孔子生而知之也〔四〕，言亦由學而至，所以勉進後人也。立，能自立於斯道也。不惑，則無所疑矣。知天命，窮理盡性也。耳順，所聞皆通也。從心所欲，不踰矩，則不勉而中矣。」又曰：「孔子自言其進德之序如此者，聖人未必然，但爲學者立法，使之盈科而後進，成章而後達耳。」○胡氏曰：「聖人之教亦多術，然其要，使人不失其本心而已。欲得此心者，惟志乎聖人所示之學，循其序而進焉。至於一疵不存、萬理明盡之後，則其日用之間，本心瑩然，隨所意欲，莫非至理。蓋心即體，欲即用，體即道，用即義，聲爲律而身爲度矣。」又曰：「聖人言此，一以示學者當優游涵泳，不可躐等而進。二以示學者當日就月將，不可半途而廢也。」愚謂聖人生知安行，固無積累之漸，然其心未嘗自謂已至此也。是其日用之間，必有獨覺其進而人不及知者。故因其近似以自名，欲學者以是爲則而自勉，非心實自聖而姑爲是退託也。後凡言謙詞之屬，意皆放此。

孟懿子問孝。子曰：「無違。」孟懿子，魯大夫仲孫氏，名何忌。無違，謂不背於理。樊遲御，子告之曰：「孟孫問孝於我，我對曰無違。」樊遲，孔子弟子，名須。御，爲孔子御車也。孟孫，即仲孫也。夫子以懿子未達而不能問，恐其失指，而以從親之令爲孝，故語樊遲以發之。樊遲曰：「何謂也？」子曰：「生，事之以禮；死，葬之以禮，祭之以禮。」生事、葬祭，事親之始終具矣。禮，即理之節文也。人之事親，自始至終，一於禮而不苟，其尊親也至矣。是時三家僭禮，故夫子以是警之。然語意渾然，又若不專爲三家發者，所以爲聖人之言也。○胡氏曰：「人之欲孝其親，心雖無窮，而分則有限。得爲而不爲，與不得爲而爲之，均於不孝。所謂以禮者，爲其所得爲者而已矣。」

孟武伯問孝。子曰：「父母惟其疾之憂。」武伯，懿子之子，名彘。言父母愛子之心，無所不至，惟恐其有疾病，常以爲憂也。人子體此，而以父母之心爲心，則凡所以守其身者，自不容於不謹矣，豈不可以爲孝乎？舊説人子能使父母不以其陷於不義爲憂，而獨以其疾爲憂，乃可謂孝。亦通。

子游問孝。子曰：「今之孝者，是謂能養。至於犬馬，皆能有養；不敬，何以別乎？」養，去聲。別，彼列反。○子游，孔子弟子，姓言，名偃。養，謂飲食供奉也。犬馬待人而食，亦若養然。言人畜犬馬，皆能有以養之，若能養其親而敬不至，則與養犬馬者何異？甚言不敬之罪，所以深警之也。○胡氏曰：「世俗事親，能養足矣。狎恩恃愛，而不知其漸流於不敬，則非小失也。子游聖門高弟，未必至此，聖人直恐其愛踰於敬，故以是深警發之也。」

子夏問孝。子曰：「色難。有事，弟子服其勞；有酒食，先生饌，曾是以爲孝乎？」食，音嗣。○色難，謂事親之際，惟色爲難也。食，飯也。先生，父兄也。饌，飲食之也。曾，猶嘗也。蓋孝子之有深愛者必有和氣，有和氣者必有愉色，有愉色者必有婉容。故事親之際，惟色爲難耳，服勞奉養，未足爲孝也。舊説承順父母之色爲難。亦通。○程子曰：「告懿子，告衆人者也。對武伯者〔五〕，以其人多可憂之事。子游能養而或失於敬，子夏能直義而或少温潤之色。各因其材之高下，與其所失而告之，故不同也。」

子曰：「吾與回言終日，不違如愚。退而省其私，亦足以發。回也不愚。」回，孔子弟子，姓顏，字子淵。不違者，意不相背，有聽受而無問難也。私，謂燕居獨處，非進見請問之時。發，謂發明所言之理。愚聞之師曰：「顏子深潛淳粹，其於聖人體段已具。其聞夫子之言，默識心融，觸處洞然，自有條理。故終日言，但見其不違如愚人而已。及退省其私，則見其日用動静語默之間，皆足以發明夫子之道，坦然由之而無疑，然後知其不愚也。」

子曰：「視其所以，以，爲也。爲善者爲君子，爲惡者爲小人。觀其所由，觀，比視爲詳矣。由，從也。事雖爲善，而意之所從來者有未善焉，則亦不得爲君子矣。或曰：「由，行也。謂所以行其所爲者也。」察其所安。察，則又加詳矣。安，所樂也。所由雖善，而心所樂者不在於是，則亦僞耳，豈能久而不變哉？人焉廋哉？人焉廋哉？」焉，於虔反。廋，所留反。○焉，何也。廋，匿也。重言以深明之。○程子曰：「在己者能知言窮理，則能以此察人如聖人也。」

子曰：「温故而知新，可以爲師矣。」温，尋繹也。故者，舊所聞。新者，今所得。言學能時習舊聞，而每有新得，則所學在我，而其應不窮，故可以爲人師。若夫記問之學，則無得於心，而所知有限，故學記譏其「不足以爲人師」，正與此意互相發也。

子曰：「君子不器。」器者，各適其用而不能相通。成德之士，體無不具，故用無不周，非特爲一才一藝而已。

子貢問君子。子曰：「先行其言而後從之。」周氏曰：「先行其言者，行之於未言之前；而後從之者，言之於既行之後。」○范氏曰：「子貢之患，非言之艱而行之艱，故告之以此。」

子曰：「君子周而不比，小人比而不周。」周〔六〕，普徧也。比，偏黨也。皆與人親厚之意，但周公而比私耳。○君子小人所爲不同，如陰陽晝夜，每每相反。然究其所以分，則在公私之際，毫釐之差耳。故聖人於周比、和同、驕泰之屬，常對擧而互言之，欲學者察乎兩閒，而審其取舍之幾也。

子曰：「學而不思則罔，思而不學則殆。」不求諸心，故昏而無得。不習其事，故危而不安。○程子曰：「博學、審問、謹思、明辨、篤行五者，廢其一，非學也。」

子曰：「攻乎異端，斯害也已！」范氏曰：「攻，專治也，故治木石金玉之工曰攻。異端，非聖人之道，而別爲一端，如楊、墨是也。其率天下至於無父無君，專治而欲精之，爲害甚矣！」○程子曰：「佛氏之言，比之楊、墨，尤爲近理，所以其害爲尤甚。學者當如淫聲美色以遠之，不爾，則駸駸然入於其中矣。」

子曰：「由！誨女知之乎！知之爲知之，不知爲不知，是知也。」女，音汝。○由，孔子弟子，姓仲，字子路。子路好勇，蓋有强其所不知以爲知者。故夫子告之曰：我教女以知之之道乎！但所知者則以爲知，所不知者則以爲不知。如此，則雖或不能盡知，而無自欺之蔽，亦不害其爲知矣。況由此而求之，又有可知之理乎？

子張學干祿。子張，孔子弟子，姓顓孫，名師。干，求也。祿，仕者之奉也。子曰：「多聞闕疑，愼言其餘，則寡尤；多見闕殆，愼行其餘，則寡悔。言寡尤，行寡悔，祿在其中矣。」行寡之行，去聲。○呂氏曰：「疑者，所未信。殆者，所未安。」○程子曰：「尤，罪自外至者也。悔，理自内出者也。」愚謂多聞見者學之博，闕疑殆者擇之精，謹言行者守之約。凡言「在其中」者，皆不求而自至之辭。言此以救子張之失而進之也。○程子曰：「修天爵則人爵至，君子言行能謹，得祿之道也。子張學干祿，故告之以此，使定其心而不爲利祿動，若顏、閔則無此問矣。或疑如此亦有不得祿者，孔子蓋曰『耕也餒在其中』，惟理可爲者爲之而已矣。」

哀公問曰：「何爲則民服？」孔子對曰：「舉直錯諸枉，則民服；舉枉錯諸直，則民不服。」哀公，魯君，名蔣。凡君問，皆稱「孔子對曰」者，尊君也。錯，舍置也。諸，衆也。○程子曰：「舉錯得義〔七〕，則人心服。」○謝氏曰：「好直而惡枉，天下之至情也。順之則服，逆之則去，必然之理也。然或無道以照之，則以直爲枉、以枉爲直者多矣。是以君子大居敬而貴窮理也。」

季康子問：「使民敬、忠以勸，如之何？」子曰：「臨之以莊則敬，孝慈則忠，舉善而教不能則勸。」季康子，魯大夫季孫氏，名肥。莊，謂容貌端嚴也。臨民以莊，則民敬於己。孝於親，慈於衆，則民忠於己。善者舉之，而不能者教之，則民有所勸而樂於爲善。○張敬夫曰：「此皆在我所當爲，非爲欲使民敬、忠以勸而爲之也。然能如是，則其應蓋有不期然而然者矣〔八〕。」

或謂孔子曰：「子奚不爲政？」定公初年，孔子不仕，故或人疑其不爲政也。子曰：「書云孝乎：『惟孝，友于兄弟，施於有政。』是亦爲政，奚其爲爲政？」書，周書君陳篇。書云孝乎者，言書之言孝如此也。善兄弟曰友。書言君陳能孝於親，友於兄弟，又能推廣此心，以爲一家之政。孔子引之，言如此則是亦爲政矣，何必居位乃爲爲政乎？蓋孔子之不仕，有難以語或人者，故託此以告之，要之至理亦不外是。

子曰：「人而無信，不知其可也。大車無輗，小車無軏，其何以行之哉？」輗，五兮反。軏，音月。○大車，謂平地任載之車。輗，轅端横木，縛軛以駕牛者。小車，謂田車、兵車、乘車。軏，轅端上曲，鈎衡以駕馬者。車無此二者，則不可以行，人而無信，亦猶是也。

子張問：「十世可知也？」陸氏曰：「也，一作乎。」○王者易姓受命爲一世。子張問自此以後十世之事，可前知乎？子曰：「殷因於夏禮，所損益，可知也；周因於殷禮，所損益，可知也；其或繼周者，雖百世可知也。」馬氏曰：「所因，謂三綱五常。所損益，謂文質三統。」愚按：三綱，謂君爲臣綱，父爲子綱，夫爲妻綱。五常，謂仁、義、禮、智、信。文質，謂夏尚忠，商尚質，周尚文。三統，謂夏正建寅爲人統，商正建丑爲地統，周正建子爲天統。三綱五常，禮之大體，三代相繼，皆因之而不能變。其所損益，不過文章制度小過不及之間，而其已然之迹，今皆可見。則自今以往，或有繼周而王者，雖百世之遠，所因所革，亦不過此，豈但十世而已乎！聖人所以知來者蓋如此，非若後世讖緯術數之學也。○胡氏曰：「子張之問，蓋欲知來，而聖人言其既往者以明之也。夫自修身以至於爲天下，不可一日而無禮。天敘天秩，人所共由，禮之本也。商不能改乎夏，周不能改乎商，所謂天地之常經也。若乃制度文爲，或太過則當損，或不足則當益。益之損之，與時宜之，而所因者不壞，是古今之通義也。因往推來，雖百世之遠，不過如此而已矣。」

子曰：「非其鬼而祭之，諂也。非其鬼，謂非其所當祭之鬼。諂，求媚也。見義不爲，無勇也。」知而不爲，是無勇也。

校勘記

〔一〕鮮矣仁 「仁」下，元甲本有「鮮上聲」三字。

〔二〕得於心而不失之謂也 以上九字，司禮監本作「行道而有得於心也」。「之謂」，殘宋本、元甲本、吳本均無之。

〔三〕一言蔽之 「言」下，司禮監本、吳本均有「以」字。

〔四〕孔子生而知之也 「之」，司禮監本作「者」。

〔五〕對武伯者 「對」，司禮監本、吳本均作「告」。

〔六〕周 「周」上，元甲本、司禮監本均有「比必二反」四字。

〔七〕舉錯得義 「義」，司禮監本作「宜」。

〔八〕則其應蓋有不期然而然者矣 上「然」字原脱，據司禮監本、吳本補。

論語集注卷第二

八佾第三

凡二十六章。通前篇末二章，皆論禮樂之事。

孔子謂季氏：「八佾舞於庭，是可忍也，孰不可忍也？」佾，音逸。○季氏，魯大夫季孫氏也。佾，舞列也，天子八、諸侯六、大夫四、士二。每佾人數，如其佾數。或曰：「每佾八人。」未詳孰是。季氏以大夫而僭用天子之樂，孔子言其此事尚忍爲之，則何事不可忍爲。或曰：「忍，容忍也。」蓋深疾之之辭。○范氏曰：「樂舞之數，自上而下，降殺以兩而已，故兩之間，不可以毫髮僭差也。孔子爲政，先正禮樂，則季氏之罪不容誅矣。」○謝氏曰：「君子於其所不當爲不敢須臾處，不忍故也。而季氏忍此矣，則雖弒父與君，亦何所憚而不爲乎？」

三家者以雍徹。子曰：「『相維辟公，天子穆穆』，奚取於三家之堂？」徹，直列反。相，去聲。○三家，魯大夫孟孫、叔孫、季孫之家也。雍，周頌篇名。徹，祭畢而收其俎也。天子宗廟之祭，則歌雍以徹，是時三家僭而用之。相，助也。辟公，諸侯也。穆穆，深遠之意，天子之容也。此雍詩之詞，孔子引之，言三家之堂非有此事，亦何取於此義而歌之乎？譏其無知妄作，以取僭竊之罪。○程子曰：「周公之功固大矣，皆臣子之分所當爲，魯安得獨用天子禮樂哉？成王之賜，伯禽之受，皆非也。其因襲之弊，遂使季氏僭八佾，三家僭雍徹，故仲尼譏之。」

子曰：「人而不仁，如禮何？人而不仁，如樂何？」游氏曰：「人而不仁，則人心亡矣，其如禮樂何哉？言雖欲用之，而禮樂不爲之用也。」○程子曰：「仁者，天下之正理。失正理，則無序而不和。」○李氏曰：「禮樂待人而後行，苟非其人，則雖玉帛交錯，鐘鼓鏗鏘，亦將如之何哉？然記者序此於八佾、雍徹之後，疑其爲僭禮樂者發也。」

林放問禮之本。林放，魯人。見世之爲禮者專事繁文，而疑其本之不在是也，故以爲問。子曰：「大哉問！孔子以時方逐末，而放獨有志於本，故大其問。蓋得其本，則禮之全體無不在其中矣。禮，與其奢也，寧儉；喪，與其易也，寧戚。」易，去聲。○易，治也。孟子曰：「易其田疇。」在喪禮，則節文習熟，而無哀痛慘怛之實者也。戚則一於哀，而文不足耳。禮貴得中，奢、易則過於文，儉、戚則不及而質，二者皆未合禮〔一〕。然凡物之理，必先有質而後有文，則質乃禮之本也。○范氏曰：「夫祭，與其敬不足而禮有餘也，不若禮不足而敬有餘也。喪，與其哀不足而禮有餘也，不若禮不足而哀有餘也。禮失之奢，喪失之易，皆不能反本而隨其末故也。禮奢而備，不若儉而不備之愈也。喪易而文，不若戚而不文之愈也。儉者物之質，戚者心之誠，故爲禮之本。」○楊氏曰：「禮始諸飲食，故汙尊而抔飲，爲之簠簋籩豆罍爵之飾，所以文之也，則其本儉而已。喪不可以徑情而直行，爲之衰麻哭踊之數，所以節之也，則其本戚而已。周衰，世方以文滅質，而林放獨能問禮之本，故夫子大之，而告之以此。」

子曰：「夷狄之有君，不如諸夏之亡也。」吴氏曰：「亡，古無字，通用。」○程子曰：「夷狄且有君長，不如諸夏之僭亂，反無上下之分也。」○尹氏曰：「孔子傷時之亂而歎之也。亡，非實亡也，雖有之，不能盡其道爾。」

季氏旅於泰山。子謂冉有曰：「女弗能救與？」對曰：「不能。」子曰：「嗚呼！曾謂泰山，不如林放乎？」女，音汝。與，平聲。○旅，祭名。泰山，山名，在魯地。禮，諸侯祭封内山川，季氏祭之，僭也。冉有，孔子弟子，名求，時爲季氏宰。救，謂救其陷於僭竊之罪。嗚呼，歎辭。言神不享非禮，欲季氏知其無益而自止，又進林放以厲冉有也。○范氏曰：「冉有從季氏，夫子豈不知其不可告也，然而聖人不輕絶人，盡己之心，安知冉有之不能救、季氏之不可諫也？既不能正，則美林放以明泰山之不可誣，是亦教誨之道也。」

子曰：「君子無所爭，必也射乎！揖讓而升，下而飲，其爭也君子。」飲，去聲。○揖遜而升者，大射之禮，耦進三揖而後升堂也。下而飲，謂射畢揖降，以俟衆耦皆降，勝者乃揖，不勝者升，取觶立飲也。言君子恭遜不與人爭，惟於射而後有爭。然其爭也，雍容揖遜乃如此，則其爭也君子，而非若小人之爭矣。

子夏問曰：「『巧笑倩兮，美目盼兮，素以爲絢兮』，何謂也？」倩，七練反。盼，普莧反。絢，呼縣反。○此逸詩也。倩，好口輔也。盼，目黑白分也。素，粉地，畫之質也。絢，采色，畫之飾也。

言人有此倩盼之美質，而又加以華采之飾，如有素地而加采色也。子夏疑其反謂以素爲飾，故問之。子曰：「繪事後素。」繪，胡對反。○繪事，繪畫之事也。後素，後於素也。考工記曰：「繪畫之事後素功。」謂先以粉地爲質，而後施五采，猶人有美質，然後可加文飾。曰：「禮後乎？」子曰：「起予者商也！始可與言詩已矣。」禮必以忠信爲質，猶繪事必以粉素爲先。起，猶發也。起予，言能起發我之志意。○謝氏曰：「子貢因論學而知詩，子夏因論詩而知學，故皆可與言詩。」○楊氏曰：「『甘受和，白受采，忠信之人，可以學禮。苟無其質，禮不虛行。』此繪事後素之説也。孔子曰繪事後素，而子夏曰禮後乎，可謂能繼其志矣。非得之言意之表者能之乎？商、賜可與言詩者以此。若夫玩心於章句之末，則其爲詩也固而已矣。所謂起予，則亦相長之義也。」

子曰：「夏禮，吾能言之，杞不足徵也；殷禮，吾能言之，宋不足徵也。文獻不足故也。足，則吾能徵之矣。」杞，夏之後。宋，商之後。徵，證也。文，典籍也。獻，賢也。言二代之禮，我能言之，而二國不足取以爲證，以其文獻不足故也。文獻若足，則我能取之以證吾言矣。

子曰：「禘，自既灌而往者，吾不欲觀之矣。」禘，大計反。○趙伯循曰：「禘，王者之大祭也。王者既立始祖之廟，又推始祖所自出之帝，祀之於始祖之廟，而以始祖配之也。成王以周公有大勳勞，賜魯重祭。故得禘於周公之廟，以文王爲所出之帝，而周公配之，然非禮矣。」灌者，方祭之始，用鬱鬯之酒灌地，以降神也。魯之君臣，當此之時，誠意未散，猶有可觀，自此以後，則浸以懈怠而無足觀矣。蓋魯祭非禮，孔子本不欲觀，至此而失禮之中又失禮焉，故發此歎也。○謝氏曰：「夫子嘗曰：『我欲觀夏道，是故之杞，而不足證也；我欲觀商道，是故之宋，而不足證也。』又曰：『我觀周道，幽、厲傷之，吾舍魯何適矣？魯之郊禘非禮也，周公其衰矣！』考之杞、宋已如彼，考之當今又如此，孔子所以深歎也。」

或問禘之說。子曰：「不知也。知其說者之於天下也，其如示諸斯乎！」指其掌。先王報本追遠之意，莫深於禘。非仁孝誠敬之至，不足以與此，非或人之所及也。而不王不禘之法，又魯之所當諱者，故以不知答之。示，與視同。指其掌，弟子記夫子言此而自指其掌，言其明且易也。蓋知禘之說，則理無不明，誠無不格，而治天下不難矣。聖人於此，豈真有所不知也哉？

祭如在，祭神如神在。程子曰：「祭，祭先祖也。祭神，祭外神也。祭先主於孝，祭神主於敬。」愚謂此門人記孔子祭祀之誠意。子曰：「吾不與祭，如不祭。」與，去聲。○又記孔子之言以明之。言己當祭之時，或有故不得與，而使它人攝之，則不得致其如在之誠。故雖已祭，而此心缺然，如未嘗祭也。○范氏曰：「君子之祭，七日戒，三日齋，必見所祭者，誠之至也。是故郊則天神格，廟則人鬼享，皆由己以致之也。有其誠則有其神，無其誠則無其神，可不謹乎？吾不與祭，如不祭，誠爲實，禮爲虛也。」

王孫賈問曰：「『與其媚於奧，寧媚於竈』，何謂也？」王孫賈，衛大夫。媚，親順也。室西南隅爲奧。竈者，五祀之一，夏所祭也。凡祭五祀，皆先設主而祭於其所，然後迎尸而祭於奧，略如祭宗廟之儀。如祀竈，則設主於竈陘，祭畢，而更設饌於奧，以迎尸也。故時俗之語，因以奧有常尊，而非祭之主；竈雖卑賤，而當時用事。喻自結於君，不如阿附權臣也。賈，衛之權臣，故以諷孔子。子曰：「不然，獲罪於天，無所禱也。」天，即理也，其尊無對，非奧、竈之可比也。逆理，則獲罪於天矣，豈媚於奧、竈所能禱而免乎？言但當順理，非特不當媚竈，亦不可媚於奧也。○謝氏曰：「聖人之言，遜而不迫。使王孫賈而知此意，不爲無益；使其不知，亦非所以取禍。」

子曰：「周監於二代，郁郁乎文哉！吾從周。」郁，於六反。○監，視也。二代，夏、商也。言其視二代之禮而損益之。郁郁，文盛貌。○尹氏曰：「三代之禮，至周大備，夫子美其文而從之。」

子入大廟，每事問。或曰：「孰謂鄹人之子知禮乎？入大廟，每事問。」子聞之，曰：「是禮也。」大，音泰。鄹，側留反。○大廟，魯周公廟。此蓋孔子始仕之時，入而助祭也。鄹，魯邑名。孔子父叔梁紇嘗爲其邑大夫。孔子自少以知禮聞，故或人因此而譏之。孔子言是禮者，敬謹之至，乃所以爲禮也。○尹氏曰：「禮者，敬而已矣。雖知亦問，謹之至也，其爲敬莫大於此。謂之不知禮者，豈足以知孔子哉？」

子曰：「射不主皮，爲力不同科，古之道也。」爲，去聲。○射不主皮，鄉射禮文。爲力不同科，孔子解禮之意如此也。皮，革也。布侯而棲革於其中以爲的，所謂鵠也。科，等也。古者射以觀德，但主於中，而不主於貫革，蓋以人之力有强弱，不同等也。記曰：「武王克商，散軍郊射，而貫革之射息。」正謂此也。周衰禮廢，列國兵爭，復尚貫革，故孔子歎之。○楊氏曰：「中可以學而能，力不可以强而至。聖人言古之道，所以正今之失。」

子貢欲去告朔之餼羊。去，起吕反。告，古篤反。餼，許氣反。○告朔之禮：古者天子常以季冬頒來歲十二月之朔于諸侯，諸侯受而藏之祖廟。月朔，則以特羊告廟，請而行之。餼，生牲也。魯自文公始不視朔，而有司猶供此羊，故子貢欲去之。子曰：「賜也，爾愛其羊，我愛其禮。」愛，猶惜也。子貢蓋惜其無實而妄費。然禮雖廢，羊存，猶得以識之而可復焉。若并去其羊，則此禮遂亡矣。孔子所以惜之。○楊氏曰：「告朔，諸侯所以禀命於君親，禮之大者。魯不視朔矣，然羊存則告朔之名未泯，而其實因可舉。此夫子所以惜之也。」

子曰：「事君盡禮，人以爲諂也。」黄氏曰：「孔子於事君之禮，非有所加也，如是而後盡爾。時人不能，反以爲諂，故孔子言之，以明禮之當然也。」○程子曰：「聖人事君盡禮，當時以爲諂。若他人言之，必曰我事君盡禮，小人以爲諂，而孔子之言止於如此。聖人道大德宏，此亦可見。」

定公問：「君使臣，臣事君，如之何？」孔子對曰：「君使臣以禮，臣事君以忠。」定公，魯君，名宋。二者皆理之當然，各欲自盡而已。○呂氏曰：「使臣不患其不忠，患禮之不至；事君不患其無禮，患忠之不足。」○尹氏曰：「君臣，以義合者也。故君使臣以禮，則臣事君以忠。」

子曰：「關雎，樂而不淫，哀而不傷。」樂，音洛。○關雎，周南國風，詩之首篇也。淫者，樂之過而失其正者也。傷者，哀之過而害於和者也。關雎之詩，言后妃之德，宜配君子。求之未得，則不能無寤寐反側之憂；求而得之，則宜其有琴瑟鐘鼓之樂。蓋其憂雖深而不害於和，其樂雖盛而不失其正，故夫子稱之如此。欲學者玩其辭，審其音，而有以識其性情之正也。

哀公問社於宰我。宰我對曰：「夏后氏以松，殷人以柏，周人以栗，曰使民戰栗。」宰我，孔子弟子，名予。三代之社不同者，古者立社，各樹其土之所宜木以爲主也。戰栗，恐懼貌。宰我又言周所以用栗之意如此。豈以古者戮人於社，故附會其説與？　子聞之，曰：「成事不説，遂事不諫，既往不咎。」遂事，謂事雖未成而勢不能已者。孔子以宰我所對，非立社之本意，又啓時君殺伐之心，而其言已出，不可復救，故歷言此以深責之，欲使謹其後也。○尹氏曰：「古者各以所宜木名其社，非取義於木也。宰我不知而妄對，故夫子責之。」

子曰：「管仲之器小哉！」管仲，齊大夫，名夷吾，相威公霸諸侯。器小，言其不知聖賢大學之道，故局量褊淺、規模卑狹，不能正身脩德以致主於王道。或曰：「管仲儉乎？」曰：「管氏有三歸，官事不攝，焉得儉？」焉，於虔反。○或人蓋疑器小之爲儉。三歸，臺名，事見説苑。攝，兼也。家臣不能具官，一人常兼數事，管仲不然。皆言其侈。「然則管仲知禮乎？」曰：「邦君樹塞門，管氏亦樹塞門；邦君爲兩君之好有反坫，管氏亦有反坫，管氏而知禮，孰不知禮？」好，去聲。坫，丁念反。○或人又疑不儉爲知禮。屏，謂之樹。塞，猶蔽也。設屏於門，以蔽内外也。好，謂好會。坫，在兩楹之間，獻酬飲畢，則反爵於其上。此皆諸侯之禮，而管仲僭之，不知禮也。○愚謂孔子譏管仲之器小，其旨深矣。或人不知而疑其儉，故斥其奢以明其非儉。或又疑其知禮，故又斥其僭以明其不知禮。蓋雖不復明言小器之所以然，而其所以小者，於此亦可見矣。故程子曰：「奢而犯禮，其器之小可知。蓋器大，則自知禮而無此失矣。」此言當深味也。○蘇氏曰：「自脩身正家以及於國，則其本深，其及者遠，是謂大器。揚雄所謂『大器猶規矩準繩，先自治而後治人』者是也。管仲三歸、反坫，威公内嬖六人，而霸天下，其本固已淺矣。管仲死，威公薨，天下不復宗齊。」○楊氏曰：「夫子大管仲之功而小其器。蓋非王佐之才，雖能合諸侯、正天下，其器不足稱也。道學不明，而王霸之略混爲一途。故聞管仲之器小，則疑其爲儉，以不儉告之，則又疑其知禮。蓋世方以詭遇爲功，而不知爲之範，則不悟其小，宜矣。」

子語魯大師樂，曰：「樂其可知也：始作，翕如也；從之，純如也，皦如也，繹如也，以成。」語，去聲。大，音泰。從，音縱。○語，告也。大師，樂官名。時音樂廢缺，故孔子教之。翕，合也。從，放也。純，和也。皦，明也。繹，相續不絶也。成，樂之一終也。○謝氏曰：「五音六律不具，不足以爲樂。翕如〔二〕，言其合也。五音合矣，清濁高下，如五味之相濟而後和，故曰純如。合而和矣，欲其無相奪倫，故曰皦如。然豈宫自宫而商自商乎？不相反而相連，如貫珠可也，故曰繹如也，以成。」

儀封人請見，曰：「君子之至於斯也，吾未嘗不得見也。」從者見之。出曰：「二三子，何患於喪乎？天下之無道也久矣，天將以夫子爲木鐸。」請見、見之之見，賢遍反。從、喪，皆去聲。○儀，衛邑。封人，掌封疆之官，蓋賢而隱於下位者也。君子，謂當時賢者。至此皆得見之，自言其平日不見絶於賢者，而求以自通也。見之，謂通使得見。喪，謂失位去國，禮曰「喪欲速貧」是也。木鐸，金口木舌，施政教時所振，以警衆者也。言亂極當治，天必將使夫子得位設教，不久失位也。封人一見夫子而遽以是稱之，其所得於觀感之間者深矣。或曰：「木鐸所以徇于道路，言天使夫子失位，周流四方以行其教，如木鐸之徇于道路也。」

子謂韶：「盡美矣，又盡善也。」謂武：「盡美矣，未盡善也。」韶，舜樂。武，武王樂。美者，聲容之盛。善者，美之實也。舜紹堯致治，武王伐紂救民，其功一也，故其樂皆盡美。然舜之德，性之也，又以揖遜而有天下；武王之德，反之也，又以征誅而得天下，故其實有不同者。○程子曰：「成湯放桀，惟有慚德，武王亦然，故未盡善。堯、舜、湯、武，其揆一也。征伐非其所欲，所遇之時然爾。」

子曰：「居上不寬，爲禮不敬，臨喪不哀，吾何以觀之哉？」居上主於愛人，故以寬爲本。爲禮以敬爲本，臨喪以哀爲本。既無其本，則以何者而觀其所行之得失哉？

里仁第四 凡二十六章。

子曰：「里仁爲美。擇不處仁，焉得知？」處，上聲。焉，於虔反。知，去聲。○里有仁厚之俗爲美。擇里而不居於是焉，則失其是非之本心，而不得爲知矣。

子曰：「不仁者不可以久處約，不可以長處樂。仁者安仁，知者利仁。」樂，音洛。知，去聲。○約，窮困也。利，猶貪也，蓋深知篤好而必欲得之也。不仁之人，失其本心，久約必濫，久樂必淫。惟仁者則安其仁而無適不然，知者則利於仁而不易所守，蓋雖深淺之不同，然皆非外物所能奪矣。○謝氏曰：「仁者心無内外遠近精粗之間，非有所存而自不亡，非有所理而自不亂，如目視而耳聽，手持而足行也。知者謂之有所見則可，謂之有所得則未可。有所存斯不亡，有所理斯不亂，未能無意也。安仁則一，利仁則二。安仁者非顔、閔以上，去聖人爲不遠，不知此味也。諸子雖有卓越之才，謂之見道不惑則可，然未免於利之也。」

子曰：「唯仁者能好人，能惡人。」好、惡，皆去聲[三]。○唯之爲言獨也。蓋無私心，然後好惡當於理，程子所謂得其公正是也。○游氏曰：「好善而惡惡，天下之同情，然人每失其正者，心有所繫而不能自克也。惟仁者無私心，所以能好惡也。」

子曰：「苟志於仁矣，無惡也。」惡，如字。○苟，誠也。志者，心之所之也。其心誠在於仁，則必無爲惡之事矣。○楊氏曰：「苟志於仁，未必無過舉也，然而爲惡則無矣。」

子曰：「富與貴，是人之所欲也，不以其道得之，不處也。貧與賤，是人之所惡也，不以其道得之，不去也。惡，去聲。○不以其道得之，謂不當得而得之。然於富貴則不處，於貧賤則不去，君子之審富貴而安貧賤也如此。君子去仁，惡乎成名？惡，平聲。○言君子所以爲君子，以其仁也。若貪富貴而厭貧賤，則是自離其仁，而無君子之實矣，何所成其名乎？君子無終食之間違仁，造次必於是，顛沛必於是。」造，七到反。沛，音貝。○終食者，一飯之頃。造次，急遽苟且之時。顛沛，傾覆流離之際。蓋君子之不去乎仁如此，不但富貴、貧賤取舍之間而已也。○言君子爲仁，自富貴、貧賤取舍之間，以至於終食、造次、顛沛之頃，無時無處而不用其力也。然取舍之分明，然後存養之功密；存養之功密，則其取舍之分益明矣。

子曰：「我未見好仁者、惡不仁者。好仁者，無以尚之；惡不仁者，其爲仁矣，不使不仁者加乎其身。好、惡，皆去聲〔四〕。○夫子自言未見好仁者、惡不仁者。蓋好仁者真知仁之可好，故天下之物無以加之。惡不仁者真知不仁之可惡，故其所以爲仁者，必能絶去不仁之事，而不使少有及於其身。此皆成德之事，故難得而見之也。有能一日用其力於仁矣乎？我未見力不足者。言好仁、惡不仁者，雖不可見，然或有人果能一旦奮然用力於仁，則我又未見其力有不足者。蓋爲仁在己，欲之則是，而志之所至，氣必至焉。故仁雖難能，而至之亦易也。蓋有之矣，我未之見也。」蓋，疑詞。有之，謂有用力而力不足者。蓋人之氣質不同，故疑亦容或有此昏弱之甚、欲進而不能者，但我偶未之見耳。蓋不敢終以爲易，而又歎人之莫肯用力於仁也。○此章言仁之成德，雖難其人，然學者苟能實用其力，則亦無不可至之理。但用力而不至者，今亦未見其人焉，此夫子所以反覆而歎惜之也。

子曰：「人之過也，各於其黨。觀過，斯知仁矣。」黨，類也。○程子曰：「人之過也，各於其類。君子常失於厚，小人常失於薄；君子過於愛，小人過於忍。」○尹氏曰：「於此觀之，則人之仁不仁可知矣。」○吴氏曰：「後漢吴祐謂『掾以親故，受汙辱之名』，所謂觀過知仁是也。」愚按：此亦但言人雖有過，猶可即此而知其厚薄，非謂必俟其有過，而後賢否可知也。

子曰：「朝聞道，夕死可矣。」道者，事物當然之理。苟得聞之，則生順死安，無復遺恨矣。朝夕，所以甚言其時之近。○程子曰：「言人不可以不知道，苟得聞道，雖死可也。」又曰：「皆實理也，人知而信者爲難。死生亦大矣，非誠有所得，豈以夕死爲可乎？」

子曰：「士志於道，而恥惡衣惡食者，未足與議也。」心欲求道，而以口體之奉不若人爲恥，其識趣之卑陋甚矣，何足與議於道哉？○程子曰：「志於道而心役乎外，何足與議也？」

子曰：「君子之於天下也，無適也，無莫也，義之與比。」適，丁歷反。比，必二反。○適，專主也。春秋傳曰「吾誰適從」是也。莫，不肯也。比，從也。○謝氏曰：「適，可也。莫，不可也。無可無不可，苟無道以主之，不幾於猖狂自恣乎？此佛、老之學，所以自謂心無所住而能應變，而卒得罪於聖人也。聖人之學不然，於無可無不可之間，有義存焉。然則君子之心，果有所倚乎？」

子曰：「君子懷德，小人懷土；君子懷刑，小人懷惠。」懷，思念也。懷德，謂存其固有之善。懷土，謂溺其所處之安。懷刑，謂畏法。懷惠，謂貪利。君子、小人趣向不同，公私之間而已。○尹氏曰：「樂善惡不善，所以爲君子。苟安務得，所以爲小人。」

子曰：「放於利而行，多怨。」放，上聲。○孔氏曰：「放，依也。多怨，謂多取怨。」○程子曰：「欲利於己，必害於人，故多怨。」

子曰：「能以禮讓爲國乎？何有？不能以禮讓爲國，如禮何？」遜者，禮之實也。何有，言不難也。言有禮之實以爲國，則何難之有？不然，則其禮文雖具，亦且無如之何矣，而況於爲國乎？

子曰：「不患無位，患所以立；不患莫己知，求爲可知也。」所以立，謂所以立乎其位者。可知，謂可以見知之實。○程子曰：「君子求其在己者而已矣。」

子曰：「參乎！吾道一以貫之。」曾子曰：「唯。」參，所金反。唯，上聲。○參乎者，呼曾子之名而告之。貫，通也。唯者，應之速而無疑者也。聖人之心，渾然一理，而泛應曲當，用各不同。曾子於其用處，蓋已隨事精察而力行之，但未知其體之一爾。夫子知其真積力久，將有所得，是以呼而告之。曾子果能默契其指，即應之速而無疑也。子出。門人問曰：「何謂也？」曾子曰：「夫子之道，忠恕而已矣。」盡己之謂忠，推己之謂恕。而已矣者，竭盡而無餘之詞也。夫子之一理渾然而泛應曲當，譬則天地之至誠無息，而萬物各得其所也。自此之外，固無餘法，而亦無待於推矣。曾子有見於此而難言之，故借學者盡己、推己之目以著明之，欲人之易曉也。蓋至誠無息者，道之體也，萬殊之所以一本也；萬物各得其所者，道之用也，一本之所以萬殊也。以此觀之，一以貫之之實可見矣。或曰：「中心爲忠，如心爲恕。」於義亦通。○程子曰：「以己及物，仁也；推己及物，恕也，違道不遠是也。忠恕一以貫之：忠者天道，恕者人道；忠者無妄，恕者所以行乎忠也；忠者體，恕者用，大本達道也。此與違道不遠異者，動以天爾。」又曰：「『維天之命，於穆不已』，忠也；『乾道變化，各正性命』，恕也。」又曰：「聖人教人各因其才，『吾道一以貫之』，惟曾子爲能達此，孔子所以告之也。曾子告門人曰『夫子之道，忠恕而已矣』，亦猶夫子之告曾子也。中庸所謂『忠恕違道不遠』，斯乃下學上達之義。」

子曰：「君子喻於義，小人喻於利。」喻，猶曉也。義者，天理之所宜。利者，人情之所欲。○程子曰：「君子之於義，猶小人之於利也。唯其深喻，是以篤好。」楊氏曰：「君子有舍生而取義者。以利言之，則人之所欲無甚於生，所惡無甚於死，孰肯舍生而取義哉？其所喻者義而已，不知利之爲利故也。小人反是。」

子曰：「見賢思齊焉，見不賢而内自省也。」省，悉井反。○思齊者，冀己亦有是善。内自省者，恐己亦有是惡。○胡氏曰：「見人之善惡不同，而無不反諸身者，則不徒羨人而甘自棄，不徒責人而忘自責矣。」

子曰：「事父母幾諫，見志不從，又敬不違，勞而不怨。」此章與内則之言相表裏。幾，微也。微諫，所謂「父母有過，下氣怡色，柔聲以諫」也。見志不從，又敬不違，所謂「諫若不入，起敬起孝，悦則復諫」也。勞而不怨，所謂「與其得罪於鄉黨州閭，寧熟諫。父母怒不悦，而撻之流血，不敢疾怨，起敬起孝」也。

子曰：「父母在，不遠遊，遊必有方。」遠遊，則去親遠而爲日久，定省曠而音問疏，不惟己之思親不置，亦恐親之念我不忘也。遊必有方，如已告云之東，即不敢更適西，欲親必知己之所在而無憂，召己則必至而無失也。范氏曰：「子能以父母之心爲心，則孝矣。」

子曰：「三年無改於父之道，可謂孝矣。」胡氏曰：「已見首篇，此蓋復出而逸其半也。」

子曰：「父母之年，不可不知也。一則以喜，一則以懼。」知，猶記憶也。常知父母之年，則既喜其壽，又懼其衰，而於愛日之誠，自有不能已者。

子曰：「古者言之不出，耻躬之不逮也。」言古者，以見今之不然。逮，及也。行不及言，可耻之甚。古者所以不出其言，爲此故也。○范氏曰：「君子之於言也，不得已而後出之，非言之難，而行之難也。人唯其不行也，是以輕言之。言之如其所行，行之如其所言，則出諸其口必不易矣。」

子曰：「以約失之者鮮矣。」鮮，上聲。○謝氏曰：「不侈然以自放之謂約。」○尹氏曰：「凡事約則鮮失，非止謂儉約也。」

子曰：「君子欲訥於言而敏於行。」行，去聲。○謝氏曰：「放言易，故欲訥；力行難，故欲敏。」○胡氏曰：「自吾道一貫至此十章，疑皆曾子門人所記也。」

子曰：「德不孤，必有鄰。」鄰，猶親也。德不孤立，必以類應。故有德者，必有其類從之，如居之有鄰也。

子游曰：「事君數，斯辱矣；朋友數，斯疏矣。」數，色角反。○程子曰：「數，煩數也。」○胡氏曰：「事君，諫不行，則當去；導友，善不納，則當止。至於煩瀆，則言者輕，聽者厭矣，是以求榮而反辱，求親而反疏也。」○范氏曰：「君臣朋友，皆以義合，故其事同也。」

校勘記

〔一〕二者皆未合禮　「禮」，原作「理」，據司禮監本、吳本改。

〔二〕翕如　「如」，原作「然」，據吳本和正文改。

〔三〕皆去聲　「皆」，元甲本作「並」。

〔四〕皆去聲　「皆」，元甲本、元乙本均作「並」。

論語集注卷第三

公冶長第五

此篇皆論古今人物賢否得失，蓋格物窮理之一端也。凡二十七章。胡氏以爲疑多子貢之徒所記云。

子謂公冶長，「可妻也。雖在縲絏之中，非其罪也」。以其子妻之。妻，去聲，下同。縲，力追反。絏，息列反。○公冶長，孔子弟子。妻，爲之妻也。縲，黑索也。絏，攣也。古者獄中以黑索拘攣罪人。長之爲人無所考，而夫子稱其可妻，其必有以取之矣。又言其人雖嘗陷於縲絏之中，而非其罪，則固無害於可妻也。夫有罪無罪，在我而已，豈以自外至者爲榮辱哉？

子謂南容，「邦有道，不廢；邦無道，免於刑戮。」以其兄之子妻之。南容，孔子弟子，居南宮，名縚，又名括〔一〕，字子容，謚敬叔，孟懿子之兄也。不廢，言必見用也。以其謹於言行，故能見用於治朝，免禍於亂世也。事又見第十一篇。○或曰：「公冶長之賢不及南容，故聖人以其子妻長，而以兄子妻容，蓋厚於兄而薄於己也。」○程子曰：「此以己之私心窺聖人也。凡人避嫌者，皆內不足也。聖人自至公，何避嫌之有？况嫁女必量其才而求配，尤不當有所避也。若孔子之事，則其年之長幼、時之先後皆不可知，唯以爲避嫌則大不可。避嫌之事，賢者且不爲，况聖人乎？」

子謂子賤，「君子哉若人！魯無君子者，斯焉取斯？」焉，於虔反。○子賤，孔子弟子，姓宓，名不齊。上斯斯此人，下斯斯此德。子賤蓋能尊賢取友以成其德者，故夫子既歎其賢，而又言若魯無君子，則此人何所取以成此德乎？因以見魯之多賢也。○蘇氏曰：「稱人之善，必本其父兄師友，厚之至也。」

子貢問曰：「賜也何如？」子曰：「女，器也。」曰：「何器也？」曰：「瑚璉也。」女，音汝。瑚，音胡。璉，力展反。○器者，有用之成材。夏曰瑚，商曰璉，周曰簠簋，皆宗廟盛黍稷之器而飾以玉，器之貴重而華美者也。子貢見孔子以君子許子賤，故以己爲問，而孔子告之以此。然則子貢雖未至於不器，其亦器之貴者歟？

或曰：「雍也仁而不佞。」雍，孔子弟子，姓冉，字仲弓。佞，口才也。仲弓爲人重厚簡默，而時人以佞爲賢，故美其優於德，而病其短於才也。子曰：「焉用佞？禦人以口給，屢憎於人。不知其仁。焉用佞？」焉，於虔反。○禦，當也，猶應答也。給，辨也[二]。憎，惡也。言何用佞乎？佞人所以應答人者，但以口取辨而無情實，徒多爲人所憎惡爾。我雖未知仲弓之仁，然其不佞乃所以爲賢，不足以爲病也。再言焉用佞，所以深曉之。○或疑仲弓之賢而夫子不許其仁，何也？曰：「仁道至大，非全體而不息者，不足以當之。如顔子亞聖，猶不能無違於三月之後，况仲弓雖賢，未及顔子，聖人固不得而輕許之也。」

子使漆雕開仕。對曰：「吾斯之未能信。」子説。説，音悦。○漆雕開，孔子弟子，字子若。斯，指此理而言。信，謂真知其如此，而無毫髮之疑也。開自言未能如此，未可以治人，故夫子悦其篤志。○程子曰：「漆雕開已見大意，故夫子説之。」又曰：「古人見道分明，故其言如此。」○謝氏曰：「開之學無可考。然聖人使之仕，必其材可以仕矣。至於心術之微，則一毫不自得，不害其爲未信。此聖人所不能知，而開自知之。其材可以仕，而其器不安於小成，他日所就，其可量乎？夫子所以説之也。」

子曰：「道不行，乘桴浮于海。從我者，其由與？」子路聞之喜。子曰：「由也好勇過我，無所取材。」桴，音孚。從、好，並去聲。與，平聲。材，與裁同，古字借用。○桴，筏也。○程子曰：「浮海之歎，傷天下之無賢君也。子路勇於義，故謂其能從己，皆假設之言耳。子路以爲實然，而喜夫子之與己，故夫子美其勇，而譏其不能裁度事理，以適於義也。」

孟武伯問：「子路仁乎？」子曰：「不知也。」子路之於仁，蓋日月至焉者，或在或亡，不能必其有無，故以不知告之。又問。子曰：「由也，千乘之國，可使治其賦也，不知其仁也。」乘，去聲。○賦，兵也。古者以田賦出兵，故謂兵爲賦，春秋傳所謂「悉索敝賦」是也。言子路之才，可見者如此，仁則不能知也。「求也何如？」子曰：「求也，千室之邑，百乘之家，可使爲之宰也，不知其仁也。」千室，大邑。百乘，卿大夫之家。宰，邑長、家臣之通號。「赤也何如？」子曰：「赤也，束帶立於朝，可使與賓客言也，不知其仁也。」朝，音潮。○赤，孔子弟子，姓公西，字子華。

子謂子貢曰：「女與回也孰愈？」女，音汝，下同。○愈，勝也。對曰：「賜也何敢望回。回也聞一以知十，賜也聞一以知二。」一，數之始。十，數之終。二者，一之對也。顏子明睿所照，即始而見終；子貢推測而知，因此而識彼。「無所不悦，告往知來」，是其驗矣。子曰：「弗如也！吾與女弗如也。」與，許也。○胡氏曰：「子貢方人，夫子既語以不暇，又問其與回孰愈，以觀其自知之如何。聞一知十，上知之資，生知之亞也。聞一知二，中人以上之資，學而知之之才也。子貢平日以己方回，見其不可企及，故喻之如此。夫子以其自知之明，而又不難於自屈，故既然之，又重許之。此其所以終聞性與天道，不特聞一知二而已也。」

宰予晝寢。子曰：「朽木不可雕也，糞土之墻不可杇也，於予與何誅？」朽，許久反。杇，音汙。與，平聲，下同。○晝寢，謂當晝而寐。朽，腐也。雕，刻畫也。杇，鏝也。言其志氣昏惰，教無所施也。與，語辭。誅，責也。言不足責，乃所以深責之。子曰：「始吾於人也，聽其言而信其行；今吾於人也，聽其言而觀其行。於予與改是。」行，去聲。○宰予能言而行不逮，故孔子自言於予之事而改此失，亦以重警之也。○胡氏曰：「『子曰』疑衍文，不然，則非一日之言也。」○范氏曰：「君子之於學，惟日孜孜，斃而後已，惟恐其不及也。宰予晝寢，自棄孰甚焉？故夫子責之。」○胡氏曰：「宰予不能以志帥氣，居然而倦。是宴安之氣勝，儆戒之志惰也。古之聖賢未嘗不以懈惰荒寧爲懼，勤勵不息自强，此孔子所以深責宰予也。聽言觀行，聖人不待是而後能，亦非緣此而盡疑學者。特因此立教，以警羣弟子，使謹於言而敏於行耳。」

子曰：「吾未見剛者。」或對曰：「申棖。」子曰：「棖也欲，焉得剛？」焉，於虔反。○剛，堅强不屈之意，最人所難能者，故夫子歎其未見。申棖，弟子姓名。欲，多嗜欲也。多嗜欲，則不得爲剛矣。○程子曰：「人有欲則無剛，剛則不屈於欲。」○謝氏曰：「剛與欲正相反。能勝物之謂剛，故常伸於萬物之上；爲物揜之謂欲，故常屈於萬物之下。自古有志者少，無志者多，宜夫子之未見也。棖之欲不可知，其爲人得非悻悻自好者乎？故或者疑以爲剛，然不知此其所以爲欲爾。」

子貢曰：「我不欲人之加諸我也，吾亦欲無加諸人。」子曰：「賜也，非爾所及也。」子貢言我所不欲人加於我之事，我亦不欲以此加之於人。此仁者之事，不待勉强，故夫子以爲非子貢所及。○程子曰：「我不欲人之加諸我，吾亦欲無加諸人，仁也。施諸己而不願，亦勿施於人，恕也。恕則子貢或能勉之，仁則非所及矣。」愚謂無者自然而然，勿者禁止之謂，此所以爲仁恕之别。

子貢曰：「夫子之文章，可得而聞也；夫子之言性與天道，不可得而聞也。」文章，德之見乎外者，威儀、文辭皆是也。性者，人所受之天理；天道者，天理自然之本體，其實一理也。言夫子之文章，日見乎外，固學者所共聞；至於性與天道，則夫子罕言之，而學者有不得聞者。蓋聖門教不躐等，子貢至是始得聞之，而歎其美也。○程子曰：「此子貢聞夫子之至論而歎美之言也。」

子路有聞，未之能行，唯恐有聞。前所聞者，既未及行，故恐復有所聞而行之不給也。○范氏曰：「子路聞善，勇於必行，門人自以爲弗及也，故著之。若子路，可謂能用其勇矣。」

子貢問曰：「孔文子何以謂之『文』也？」子曰：「敏而好學，不恥下問，是以謂之『文』

也。」好，去聲。○孔文子，衛大夫，名圉。凡人性敏者多不好學，位高者多耻下問。故謚法有以「勤學好問」爲「文」者，蓋亦人所難也。孔圉得謚爲「文」，以此而已。○蘇氏曰：「孔文子使太叔疾出其妻而妻之。疾通於初妻之娣，文子怒，將攻之。訪於仲尼，仲尼不對，命駕而行。疾奔宋，文子使疾弟遺室孔姞。其爲人如此而謚曰『文』，此子貢之所以疑而問也。孔子不没其善，言能如此，亦足以爲『文』矣，非經天緯地之『文』也。」

子謂子産，「有君子之道四焉：其行己也恭，其事上也敬，其養民也惠，其使民也義。」

子産，鄭大夫公孫僑。恭，謙遜也。敬，謹恪也。惠，愛利也。使民義，如都鄙有章、上下有服、田有封洫、廬井有伍之類。○吴氏曰：「數其事而責之者，其所善者多也，臧文仲不仁者三、不知者三是也。數其事而稱之者，猶有所未至也，子産有君子之道四焉是也。今或以一言蓋一人，一事蓋一時，皆非也。」

子曰：「晏平仲善與人交，久而敬之。」晏平仲，齊大夫，名嬰。○程子曰：「人交久則敬衰，久而能敬，所以爲善。」

子曰：「臧文仲居蔡，山節藻梲，何如其知也？」梲，章悦反。知，去聲。○臧文仲，魯大夫臧孫氏，名辰。居，猶藏也。蔡，大龜也。節，柱頭斗栱也。藻，水草名。梲，梁上短柱也。蓋爲藏龜之室，而刻山於節、畫藻於梲也。當時以文仲爲知，孔子言其不務民義，而諂瀆鬼神如此，安得爲知？春秋傳所謂「作虛器」，即此事也。○張子曰：「山節藻梲爲藏龜之室，祀爰居之義，同歸於不知，宜矣。」

子張問曰：「令尹子文三仕爲令尹，無喜色；三已之，無愠色。舊令尹之政，必以告新令尹。何如？」子曰：「忠矣。」曰：「仁矣乎？」曰：「未知，焉得仁？」知，如字。焉，於虔反。○令尹，官名，楚上卿執政者也。子文，姓鬬，名穀於菟。其爲人也，喜怒不形，物我無間，知有其國而不知有其身，其忠盛矣，故子張疑其仁。然其所以三仕三已而告新令尹者，未知其皆出於天理而無人欲之私也，是以夫子但許其忠，而未許其仁也。「崔子弒齊君，陳文子有馬十乘，棄而違之。至於他邦，則曰：『猶吾大夫崔子也。』違之。之一邦，則又曰：『猶吾大夫崔子也。』違之。何如？」子曰：「清矣。」曰：「仁矣乎？」曰：「未知，焉得仁？」乘，去聲。○崔子，齊大夫，名杼。齊君，莊公，名光。陳文子，亦齊大夫，名須無。十乘，四十匹也。違，去也。文子潔身去亂，可謂清矣。然未知其心果見義理之當然，而能脱然無所累乎？抑不得已於利害之私，而猶未免於怨悔也。故孔子特許其清〔三〕，而不許其仁。○愚聞之師曰：「當理而無私心，則仁矣。」今以是而觀二子之事，雖其制行之高若不可及，然皆未有以見其必當於理而真無私心也。子張未識仁體，而悦於苟難，遂以小者信其大者，夫子之不許也宜哉。讀者於此，更以上章不知其仁、後篇仁則吾不知之語并與三仁、夷、齊之事觀之，則彼此交盡，而仁之爲義可識矣。今以它書考之，子文之相楚，所謀者無非僭王猾夏之事。文子之仕齊，既失正君討賊之義，又不數歲而復反於齊焉，則其不仁亦可見矣。

季文子三思而後行。子聞之，曰：「再，斯可矣。」三，去聲。○季文子，魯大夫，名行父。每事必三思而後行，若使晉而求遭喪之禮以行，亦其一事也。斯，語詞。○程子曰：「爲惡之人，未嘗知有思，有思則爲善矣。然至於再則已審，三則私意起而反惑矣，故夫子譏之。」○愚按：季文子慮事如此，可謂詳審，而宜無過舉矣。而宣公篡立，文子乃不能討，反爲之使齊而納賂焉，豈非程子所謂私意起而反惑之驗與？是以君子務窮理而貴果斷，不徒多思之爲尚。

子曰：「甯武子，邦有道則知，邦無道則愚。其知可及也，其愚不可及也。」知，去聲。○甯武子，衛大夫，名俞。按春秋傳，武子仕衛，當文公、成公之時。文公有道，而武子無事可見，此其知之可及也。成公無道，至於失國，而武子周旋其間，盡心竭力，不避艱險。凡其所處，皆智巧之士所深避而不肯爲者，而能卒保其身以濟其君，此其愚之不可及也。○程子曰：「邦無道，能沈晦以免患，故曰不可及也。亦有不當愚者，比干是也。」

子在陳，曰：「歸與！歸與！吾黨之小子狂簡，斐然成章，不知所以裁之。」與，平聲。斐，音匪。○此孔子周流四方，道不行而思歸之歎也。吾黨小子，指門人之在魯者。狂簡，志大而略於事也。斐，文貌。成章，言其文理成就，有可觀者。裁，割正也。夫子初心，欲行其道於天下，至是而知其終不用也。於是始欲成就後學，以傳道於來世。又不得中行之士而思其次，以爲狂士志意高遠，猶或可與進於道也。但恐其過中失正，而或陷於異端耳，故欲歸而裁之也。

子曰：「伯夷、叔齊，不念舊惡，怨是用希。」伯夷、叔齊，孤竹君之二子。孟子稱其「不立於惡人之朝，不與惡人言」，「與鄉人立，其冠不正，望望然去之，若將浼焉」。其介如此，宜若無所容矣；然其所惡之人，能改即止，故人亦不甚怨之也。○程子曰：「不念舊惡，此清者之量。」又曰：「二子之心，非夫子孰能知之？」

子曰：「孰謂微生高直？或乞醯焉，乞諸其鄰而與之。」醯，呼西反。○微生姓，高名，魯人，素有直名者。醯，醋也。人來乞時，其家無有，故乞諸鄰家以與之。夫子言此，譏其曲意徇物，掠美市恩，不得爲直也。○程子曰：「微生高所枉雖小，害直爲大。」○范氏曰：「是曰是，非曰非，有謂有，無謂無，曰直。聖人觀人於其一介之取予，而千駟萬鍾從可知焉。故以微事斷之，所以教人不可不謹也。」

子曰：「巧言、令色、足恭，左丘明恥之，丘亦恥之。匿怨而友其人，左丘明恥之，丘亦恥之。」足，將樹反。○足，過也。○程子曰：「左丘明，古之聞人也。」○謝氏曰：「二者之可恥，有甚於穿窬也。左丘明恥之，其所養可知矣。夫子自言丘亦恥之，蓋竊比老彭之意。又以深戒學者，使察乎此而立心以直也。」

顔淵、季路侍。子曰：「盍各言爾志？」盍，音合。○盍，何不也。子路曰：「願車馬、衣輕裘，與朋友共，敝之而無憾。」衣，去聲。○衣，服之也。裘，皮服。敝，壞也。憾，恨也。顔淵曰：「願無伐善，無施勞。」伐，誇也。善，謂有能。施，亦張大之意。勞，謂有功，易曰「勞而不伐」是也。或曰：「勞，勞事也。勞事非己所欲，故亦不欲施之於人。」亦通。子路曰：「願聞子之志。」子曰：「老者安之，朋友信之，少者懷之。」老者養之以安，朋友與之以信，少者懷之以恩。一說：安之，安我也；信之，信我也；懷之，懷我也。亦通。○程子曰：「夫子安仁，顔淵不違仁，子路求仁。」又曰：「子路、顔淵、孔子之志，皆與物共者也，但有小大之差爾。」又曰：「子路勇於義者，觀其志，豈可以勢利拘之哉？亞於浴沂者也。顔子不自私己，故無伐善；知同於人，故無施勞。其志可謂大矣，然未免出於有意也。至於夫子，則如天地之化工，付與萬物而己不勞焉，此聖人之所爲也。今夫羈靮以御馬而不以制牛，人皆知羈靮之作在乎人，而不知羈靮之生由於馬。聖人之化，亦猶是也。先觀二子之言，後觀聖人之言，分明天地氣象。凡看論語，非但欲理會文字，須要識得聖賢氣象。」

子曰：「已矣乎！吾未見能見其過而内自訟者也。」已矣乎者，恐其終不得見而歎之也。内自訟者，口不言而心自咎也。人有過而能自知者鮮矣，知過而能内自訟者爲尤鮮。能内自訟，則其悔悟深切而能改必矣。夫子自恐終不得見而歎之，其警學者深矣。

子曰：「十室之邑，必有忠信如丘者焉，不如丘之好學也。」焉，如字，屬上句。好，去聲。〇十室，小邑也。忠信如聖人，生質之美者也。夫子生知，而未嘗不好學，故言此以勉人。言美質易得，至道難聞，學之至則可以爲聖人，不學則不免爲鄉人而已。可不勉哉？

雍也第六

凡二十八章。篇内第十四章以前，大意與前篇同。

子曰：「雍也可使南面。」南面者，人君聽治之位。言仲弓寬洪簡重，有人君之度也。仲弓問子桑伯子。子曰：「可也簡。」子桑伯子，魯人，胡氏以爲疑即莊周所稱子桑戶者是也。仲弓以夫子許己南面，故問伯子如何。可者，僅可而有所未盡之辭。簡者，不煩之謂。仲弓曰：「居敬而行簡，以臨其民，不亦可乎？居簡而行簡，無乃大簡乎？」大，音泰。○言自處以敬，則中有主而自治嚴，如是而行簡以臨民，則事不煩而民不擾，所以爲可。若先自處以簡，則中無主而自治疏矣，而所行又簡，豈不失之大簡，而無法度之可守乎？家語記伯子不衣冠而處，夫子譏其欲同人道於牛馬。然則伯子蓋大簡者，而仲弓疑夫子之過許與？子曰：「雍之言然。」仲弓蓋未喻夫子可字之意，而其所言之理，有默契焉者，故夫子然之。○程子曰：「子桑伯子之簡，雖可取而未盡善，故夫子云可也。仲弓因言內主於敬而簡，則爲要直；內存乎簡而簡，則爲疏略，可謂得其旨矣。」又曰：「居敬則心中無物，故所行自簡；居簡則先有心於簡，而多一簡字矣，故曰大簡。」

哀公問：「弟子孰爲好學？」孔子對曰：「有顏回者好學，不遷怒，不貳過。不幸短命死矣！今也則亡，未聞好學者也。」好，去聲。亡，與無同。○遷，移也。貳，復也。怒於甲者，不移於乙；過於前者，不復於後。顏子克己之功至於如此，可謂真好學矣。短命者，顏子三十二而卒也。既云今也則亡，又言未聞好學者，蓋深惜之，又以見真好學者之難得也。○程子曰：「顏子之怒，在物不在己，故不遷。有不善，未嘗不知，知之未嘗復行，不貳過也。」又曰：「喜怒在事，則理之當喜怒者也，不在血氣則不遷。若舜之誅四凶也，可怒在彼，己何與焉？如鑑之照物，妍媸在彼，隨物應之而已，何遷之有？」又曰：「如顏子地位，豈有不善？所謂不善，只是微有差失。才差失便能知之，才知之便更不萌作。」○張子曰：「慊於己者，不使萌於再。」或曰：「詩、書六藝，七十子非不習而通也，而夫子獨稱顏子爲好學。顏子之所好，果何學歟？」○程子曰：「學以至乎聖人之道也。」「學之道奈何？」曰：「天地儲精，得五行之秀者爲人。其本也真而静。其未發也，五性具焉，曰仁、義、禮、智、信。形既生矣，外物觸其形而動於中矣。其中動而七情出焉，曰喜、怒、哀、懼、愛、惡、欲。情既熾而益蕩，其性鑿矣。故覺者約其情使合於中，正其心，養其性而已。然必先明諸心，知所往，然後力行以求至焉。若顔子之非禮勿視聽言動，不遷怒、貳過者，則其好之篤而學之得其道也。然其未至於聖人者，守之也，非化之也。假之以年，則不日而化矣。今人乃謂聖本生知，非學可至，而所以爲學者不過記誦文辭之間，其亦異乎顔子之學矣。」

子華使於齊，冉子爲其母請粟。子曰：「與之釜。」請益。曰：「與之庾。」冉子與之粟五秉。使、爲，並去聲。○子華，公西赤也。使，爲孔子使也。釜，六斗四升。庾，十六斗。秉，十六斛。

子曰：「赤之適齊也，乘肥馬，衣輕裘。吾聞之也，君子周急不繼富。」衣，去聲。○乘肥馬、衣輕裘，言其富也。急，窮迫也。周者，補不足。繼者，續有餘。原思爲之宰，與之粟九百，辭。原思，孔子弟子，名憲。孔子爲魯司寇時，以思爲宰。粟，宰之禄也。九百，不言其量，不可考。子曰：「毋！以與爾鄰里鄉黨乎！」毋，禁止辭。五家爲鄰，二十五家爲里，萬二千五百家爲鄉，五百家爲黨。言常禄不當辭，有餘自可推之以周貧乏，蓋鄰里鄉黨有相周之義。○程子曰：「夫子之使子華，子華之爲夫子使，義也。而冉子乃爲之請。聖人寬容，不欲直拒人，故與之少，所以示不當與也。請益，而與之亦少，所以示不當益也。求未達而自與之多，則已過矣，故夫子非之。蓋赤苟至乏，則夫子必自周之，不待請矣。原思爲宰，則有常禄。思辭其多，故又教以分諸鄰里之貧者，蓋亦莫非義也。」○張子曰：「於斯二者，可見聖人之用財矣。」

子謂仲弓，曰：「犂牛之子騂且角，雖欲勿用，山川其舍諸？」犂，利之反。騂，息營反。舍，上聲。○犂，雜文。騂，赤色。周人尚赤，牲用騂。角，角周正，中犧牲也。用，用以祭也。山川，山川之神也。言人雖不用，神必不舍也。仲弓父賤而行惡，故夫子以此譬之。言父之惡不能廢其子之善，如仲弓之賢，自當見用於世也。然此論仲弓云爾，非與仲弓言也。○范氏曰：「以瞽瞍爲父而有舜，以鯀爲父而有禹，古之聖賢不係於世類，尚矣。子能改父之過，變惡以爲美，則可謂孝矣。」

子曰：「回也，其心三月不違仁，其餘則日月至焉而已矣。」三月，言其久。仁者，心之德。心不違仁者，無私欲而有其德也。日月至焉者，或日一至焉，或月一至焉，能造其域而不能久也。○程子曰：「三月，天道小變之節，言其久也，過此則聖人矣。不違仁，只是無纖毫私欲。少有私欲，便是不仁。」○尹氏曰：「此顏子於聖人，未達一間者也，若聖人則渾然無間斷矣。」張子曰：「始學之要，當知『三月不違』與『日月至焉』內外賓主之辨。使心意勉勉循循而不能已，過此幾非在我者。」

季康子問：「仲由可使從政也與？」子曰：「由也果，於從政乎何有？」曰：「賜也可使從政也與？」曰：「賜也達，於從政乎何有？」曰：「求也可使從政也與？」曰：「求也藝，於從政乎何有？」與，平聲。○從政，謂爲大夫。果，有決斷。達，通事理。藝，多才能。○程子曰：「季康子問三子之才可以從政乎，夫子答以各有所長。非惟三子，人各有所長。能取其長，皆可用也。」

季氏使閔子騫爲費宰。閔子騫曰：「善爲我辭焉。如有復我者，則吾必在汶上矣。」

費，音秘。爲，去聲。汶，音問。○閔子騫，孔子弟子，名損。費，季氏邑。汶，水名，在齊南魯北竟上。閔子不欲臣季氏，令使者善爲己辭，言若再來召我，則當去之齊。○程子曰：「仲尼之門，能不仕大夫之家者，閔子、曾子數人而已。」○謝氏曰：「學者能少知内外之分，皆可以樂道而忘人之勢。況閔子得聖人爲之依歸，彼其視季氏不義之富貴，不啻犬彘。又從而臣之，豈其心哉？在聖人則有不然者，蓋居亂邦、見惡人，在聖人則可；自聖人以下，剛則必取禍，柔則必取辱。閔子豈不能早見而豫待之乎？如由也不得其死，求也爲季氏附益，夫豈其本心哉？蓋既無先見之知，又無克亂之才故也。然則閔子其賢乎！」

伯牛有疾，子問之，自牖執其手，曰：「亡之，命矣夫！斯人也而有斯疾也！斯人也而有斯疾也！」夫，音扶。○伯牛，孔子弟子，姓冉，名耕。有疾，先儒以爲癩也。牖，南牖也。禮，病者居北牖下。君視之，則遷於南牖下，使君得以南面視己。時伯牛家以此禮尊孔子，孔子不敢當，故不入其室，而自牖執其手，蓋與之永訣也。命，謂天命。言此人不應有此疾，而今乃有之，是乃天之所命也。然則非其不能謹疾而有以致之，亦可見矣。○侯氏曰：「伯牛以德行稱，亞於顔、閔。故其將死也，孔子尤痛惜之。」

子曰：「賢哉，回也！一簞食，一瓢飲，在陋巷。人不堪其憂，回也不改其樂。賢哉，回也！」食，音嗣。樂，音洛。○簞，竹器。食，飯也。瓢，瓠也。顔子之貧如此，而處之泰然，不以害其樂，故夫子再言「賢哉回也」以深歎美之。○程子曰：「顔子之樂，非樂簞瓢陋巷也，不以貧窶累其心而改其所樂也，故夫子稱其賢。」又曰：「簞瓢陋巷非可樂，蓋自有其樂爾。『其』字當玩味，自有深意。」又曰：「昔受學於周茂叔，每令尋仲尼、顏子樂處，所樂何事？」愚按：程子之言，引而不發，蓋欲學者深思而自得之。今亦不敢妄爲之説。學者但當從事於博文約禮之誨，以至於欲罷不能而竭其才，則庶乎有以得之矣。

冉求曰：「非不説子之道，力不足也。」子曰：「力不足者，中道而廢。今女畫。」説，音悦。女，音汝。○力不足者，欲進而不能。畫者，能進而不欲。謂之畫者，如畫地以自限也。○胡氏曰：「夫子稱顏回不改其樂，冉求聞之，故有是言。然使求説夫子之道，誠如口之説芻豢，則必將盡力以求之，何患力之不足哉？畫而不進，則日退而已矣，此冉求之所以局於藝也。」

子謂子夏曰：「女爲君子儒，無爲小人儒。」儒，學者之稱。○程子曰：「君子儒爲己，小人儒爲人。」○謝氏曰：「君子、小人之分，義與利之間而已。然所謂利者，豈必殖貨財之謂？以私滅公，適己自便，凡可以害天理者皆利也。子夏文學雖有餘，然意其遠者大者或昧焉，故夫子語之以此。」

子游爲武城宰。子曰：「女得人焉爾乎？」曰：「有澹臺滅明者，行不由徑，非公事，未嘗至於偃之室也。」女，音汝。澹，徒甘反。○武城，魯下邑。澹臺姓，滅明名，字子羽。徑，路之小而捷者。公事，如飲射讀法之類。不由徑，則動必以正，而無見小欲速之意可知。非公事不見邑宰，則其有以自守，而無枉己徇人之私可見矣。○楊氏曰：「爲政以人才爲先，故孔子以得人爲問。如滅明者，觀其二事之小，而其正大之情可見矣。後世有不由徑者，人必以爲迂；不至其室，人必以爲簡。非孔氏之徒，其孰能知而取之？」愚謂持身以滅明爲法，則無苟賤之羞；取人以子游爲法，則無邪媚之惑。

子曰：「孟之反不伐，奔而殿，將入門，策其馬，曰：『非敢後也，馬不進也。』」殿，去聲。○孟之反，魯大夫，名側。○胡氏曰：「反即莊周所稱孟子反者是也。」伐，誇功也。奔，敗走也。軍後曰殿。策，鞭也。戰敗而還，以後爲功。反奔而殿，故以此言自揜其功也。事在哀公十一年。○謝氏曰：「人能操無欲上人之心，則人欲日消，天理日明，而凡可以矜己夸人者，皆無足道矣。然不知學者欲上人之心無時而忘也，若孟之反，可以爲法矣。」

子曰：「不有祝鮀之佞，而有宋朝之美，難乎免於今之世矣！」鮀，徒河反。○祝，宗廟之官。鮀，衛大夫，字子魚，有口才。朝，宋公子，有美色。言衰世好諛悦色，非此難免，蓋傷之也。

子曰：「誰能出不由户？何莫由斯道也？」言人不能出不由户，何故乃不由此道耶？怪而歎之之辭。○洪氏曰：「人知出必由户，而不知行必由道。非道遠人，人自遠爾。」

子曰：「質勝文則野，文勝質則史。文質彬彬，然後君子。」野，野人，言鄙略也。史，掌文書，多聞習事，而誠或不足也。彬彬，猶班班，物相雜而適均之貌。言學者當損有餘，補不足，至於成德，則不期然而然矣。○楊氏曰：「文質不可以相勝。然質之勝文，猶言甘可以受和〔四〕，白可以受采也。文勝而至於滅質，則其本亡矣。雖有文，將安施乎？然則與其史也，寧野。」

子曰：「人之生也直，罔之生也幸而免。」程子曰：「生理本直。罔，不直也，而亦生者，幸而免爾。」

子曰：「知之者不如好之者，好之者不如樂之者。」好，去聲。樂，音洛。○尹氏曰：「知之者，知有此道也。好之者，好而未得也。樂之者，有所得而樂之也。」○張敬夫曰：「譬之五穀，知者知其可食者也，好者食而嗜之者也，樂者嗜之而飽者也。知而不能好，則是知之未至也；好之而未及於樂，則是好之未至也。此古之學者所以自强而不息者與？」

子曰：「中人以上，可以語上也；中人以下，不可以語上也。」以上之上，上聲。語，去聲。○語，告也。言教人者當隨其高下而告語之，則其言易入而無躐等之弊也。○張敬夫曰：「聖人之道，精粗雖無二致，但其施教，則必因其材而篤焉。蓋中人以下之質，驟而語之太高，非惟不能以入，且將妄意躐等，而有不切於身之弊，亦終於下而已矣。故就其所及而語之，是乃所以使之切問近思，而漸進於高遠也。」

樊遲問知。子曰：「務民之義，敬鬼神而遠之，可謂知矣。」問仁。曰：「仁者先難而後獲，可謂仁矣。」知、遠，皆去聲。○民，亦人也。獲，謂得也。專用力於人道之所宜，而不惑於鬼神之不可知，知者之事也。先其事之所難，而後其效之所得，仁者之心也。此必因樊遲之失而告之。○程子曰：「人多信鬼神，惑也。而不信者又不能敬。能敬能遠，可謂知矣。」又曰：「先難，克己也。以所難爲先，而不計所獲，仁也。」呂氏曰：「當務爲急，不求所難知；力行所知，不憚所難爲。」

子曰：「知者樂水，仁者樂山；知者動，仁者靜；知者樂，仁者壽。」知，去聲。樂，上二字並五教反，下一字音洛。○樂，喜好也。知者達於事理而周流無滯，有似於水，故樂水。仁者安於義理而厚重不遷，有似於山，故樂山。動静以體言，樂壽以效言也。動而不括故樂，静而有常故壽。○程子曰：「非體仁、知之深者，不能如此形容之。」

子曰：「齊一變，至於魯；魯一變，至於道。」孔子之時，齊俗急功利，喜夸詐，乃霸政之餘習。魯則重禮教，崇信義，猶有先王之遺風焉，但人亡政息，不能無廢墜爾。道，則先王之道也。言二國之政俗有美惡，故其變而之道有難易。○程子曰：「夫子之時，齊强魯弱，孰不以爲齊勝魯也，然魯猶存周公之法制。齊由威公之霸，爲從簡尚功之治，太公之遺法變易盡矣，故一變乃能至魯。魯則修舉廢墜而已，一變則至於先王之道也。」愚謂二國之俗，惟夫子爲能變之而不得試。然因其言以考之，則其施爲緩急之序，亦略可見矣。

子曰：「觚不觚，觚哉！觚哉！」觚，音孤。○觚，棱也，或曰酒器，或曰木簡，皆器之有棱者也。不觚者，蓋當時失其制而不爲棱也。觚哉觚哉，言不得爲觚也。○程子曰：「觚而失其形制，則非觚也。舉一器，而天下之物莫不皆然。故君而失其君之道，則爲不君；臣而失其臣之職，則爲虚位。」○范氏曰：「人而不仁則非人，國而不治則不國矣。」

宰我問曰：「仁者，雖告之曰『井有仁焉』，其從之也？」子曰：「何爲其然也？君子可逝也，不可陷也；可欺也，不可罔也。」劉聘君曰：「有仁之仁當作人。」今從之。從，謂隨之於井而救之也。宰我信道不篤，而憂爲仁之陷害〔五〕，故有此問。逝，謂使之往救。陷，謂陷之於井。欺，謂誑之以理之所有。罔，謂昧之以理之所無。蓋身在井上，乃可以救井中之人，若從之於井，則不復能救之矣。

此理甚明，人所易曉。仁者雖切於救人而不私其身，然不應如此之愚也。

子曰：「君子博學於文，約之以禮，亦可以弗畔矣夫！」夫，音扶。○約，要也。畔，背也。君子學欲其博，故於文無不考；守欲其要，故其動必以禮。如此，則可以不背於道矣。○程子曰：「博學於文而不約之以禮，必至於汗漫。博學矣，又能守禮而由於規矩，則亦可以不畔道矣。」

子見南子，子路不說。夫子矢之曰：「予所否者，天厭之！天厭之！」說，音悦。否，方九反。○南子，衛靈公之夫人，有淫行。孔子至衛，南子請見，孔子辭謝，不得已而見之。蓋古者仕於其國，有見其小君之禮。而子路以夫子見此淫亂之人爲辱，故不悦。矢，誓也。所，誓辭也，如云「所不與崔、慶者」之類。否，謂不合於禮，不由其道也。厭，棄絶也。聖人道大德全，無可不可。其見惡人，固謂在我有可見之禮，則彼之不善，我何與焉。然此豈子路所能測哉？故重言以誓之，欲其姑信此而深思以得之也。

子曰：「中庸之爲德也，其至矣乎！民鮮久矣。」鮮，上聲。○中者，無過無不及之名也〔六〕。庸，平常也。至，極也。鮮，少也。言民少此德，今已久矣。○程子曰：「不偏之謂中，不易之謂庸。中者天下之正道，庸者天下之定理。自世教衰，民不興於行，少有此德久矣。」

子貢曰：「如有博施於民而能濟衆，何如？可謂仁乎？」子曰：「何事於仁，必也聖乎！堯、舜其猶病諸！施，去聲。○博，廣也。仁以理言，通乎上下。聖以地言，則造其極之名也。乎者，疑而未定之辭。病，心有所不足也。言此何止於仁，必也聖人能之乎！則雖堯、舜之聖，其心猶有所不足於此也。以是求仁，愈難而愈遠矣。夫仁者，己欲立而立人，己欲達而達人。夫，音扶。○以己及人，仁者之心也。於此觀之，可以見天理之周流而無間矣。狀仁之體，莫切於此。能近取譬，可謂仁之方也已。」譬，喻也。方，術也。近取諸身，以己所欲譬之他人，知其所欲亦猶是也。然後推其所欲以及於人，則恕之事而仁之術也。於此勉焉，則有以勝其人欲之私，而全其天理之公矣。○程子曰：「醫書以手足痿痺爲不仁，此言最善名狀。仁者以天地萬物爲一體，莫非己也。認得爲己，何所不至；若不屬己，自與己不相干。如手足之不仁，氣已不貫，皆不屬己。故博施濟衆，乃聖人之功用。仁至難言，故止曰：『己欲立而立人，己欲達而達人，能近取譬，可謂仁之方也已。』欲令如是觀仁，可以得仁之體。」又曰：「論語言堯、舜其猶病諸者二。夫博施者，豈非聖人之所欲？然必五十乃衣帛，七十乃食肉。聖人之心，非不欲少者亦衣帛食肉也，顧其養有所不贍爾，此病其施之不博也。濟衆者，豈非聖人之所欲？然治不過九州。聖人非不欲四海之外亦兼濟也，顧其治有所不及爾，此病其濟之不衆也。推此以求脩己以安百姓，則爲病可知。苟以吾治已足，則便不是聖人。」○呂氏曰：「子貢有志於仁，徒事高遠，未知其方。孔子教以於己取之，庶近而可入。是乃爲仁之方，雖博施濟衆，亦由此進。」

校勘記

〔一〕又名括　「括」，元乙本、司禮監本、吳本均作「适」。

〔二〕辨也　「辨」，原作「辦」，據殘宋本、吳本改。下同。

〔三〕故孔子特許其清　「孔」，司禮監本、吳本均作「夫」。

〔四〕猶言甘可以受和　「言」，殘宋本、元甲本、元乙本、司禮監本、吳本均作「之」。

〔五〕而憂爲仁之陷害　「陷」，原作「蹈」，據司禮監本、吳本改。

〔六〕無不及之名也　「也」字原脱，據元乙本、司禮監本、吳本補。

論語集注卷第四

述而第七

此篇多記聖人謙己誨人之辭及其容貌行事之實。凡三十七章。

子曰：「述而不作，信而好古，竊比於我老彭。」好，去聲。○述，傳舊而已。作，則創始也。故作非聖人不能，而述則賢者可及。竊比，尊之之辭。我，親之之辭。老彭，商賢大夫，見大戴禮，蓋信古而傳述者也。孔子删詩、書，定禮、樂，贊周易，修春秋，皆傳先王之舊，而未嘗有所作也，故其自言如此。蓋不唯不敢當作者之聖，而亦不敢顯然自附於古之賢人。蓋其德愈盛而心愈下，不自知其辭之謙也。然當是時，作者略備，夫子蓋集羣聖之大成而折衷之。其事雖述，而功則倍於作矣，此又不可不知也。

子曰：「默而識之，學而不厭，誨人不倦，何有於我哉？」識，音志，又如字。○識，記也。默識，謂不言而存諸心也。一說：識，知也，不言而心解也。前説近是。何有於我，言何者能有於我也。三者已非聖人之極至，而猶不敢當，則謙而又謙之辭也。

子曰：「德之不脩，學之不講，聞義不能徙，不善不能改，是吾憂也。」尹氏曰：「德必脩而後成，學必講而後明，見善能徙，改過不吝，此四者，日新之要也。苟未能之，聖人猶憂，況學者乎？」

子之燕居，申申如也，夭夭如也。燕居，閒暇無事之時。○楊氏曰：「申申，其容舒也。夭夭，其色愉也。」○程子曰：「此弟子善形容聖人處也，爲申申字說不盡，故更著夭夭字。今人燕居之時，不怠惰放肆，必太嚴厲。嚴厲時著此四字不得，怠惰放肆時亦著此四字不得，唯聖人便自有中和之氣。」

子曰：「甚矣吾衰也！久矣吾不復夢見周公！」復，扶又反。○孔子盛時，志欲行周公之道，故夢寐之間，如或見之。至其老而不能行也，則無復是心，而亦無復是夢矣，故因此而自歎其衰之甚也。○程子曰：「孔子盛時，寤寐常存行周公之道。及其老也，則志慮衰而不可以有爲矣。蓋存道者心，無老少之異；而行道者身，老則衰也。」

子曰：「志於道，志者，心之所之之謂。道，則人倫日用之間所當行者是也。知此而心必之焉，則所適者正，而無他歧之惑矣。據於德，據者〔一〕，執守之意。德，則行道而有得於心而不失之謂也〔二〕。得之於心而守之不失，則終始惟一，而有日新之功矣。依於仁，依者，不違之謂。仁，則私欲盡去而心德之全也。功夫至此而無終食之違，則存養之熟，無適而非天理之流行矣。游於藝。」游者，玩物適情之謂。藝，則禮樂之文，射御書數之法，皆至理所寓，而日用之不可闕者也。朝夕游焉，以博其義理之趣，則應務有餘，而心亦無所放矣。○此章言人之爲學當如是也，蓋學莫先於立志。志道，則心存於正而不他；據德，則道得於心而不失；依仁，則德性常用而物欲不行；游藝，則小物不遺而動息有養。學者於此，有以不失其先後之序、輕重之倫焉，則本末兼該，内外交養，日用之間，無少間隙，而涵泳從容，忽不自知其入於聖賢之域矣。

子曰：「自行束脩以上，吾未嘗無誨焉。」脩，脯也。十脡爲束。古者相見，必執贄以爲禮，束脩其至薄者。蓋人之有生，同具此理，故聖人之於人，無不欲其入於善。但不知來學，則無往教之禮，故苟以禮來，則無不有以教之也。

子曰：「不憤不啓，不悱不發，舉一隅不以三隅反，則不復也。」憤，房粉反。悱，芳匪反。復，扶又反。○憤者，心求通而未得之意。悱者，口欲言而未能之貌。啓，謂開其意。發，謂達其辭。物之有四隅者，舉一可知其三。反者，還以相證之義。復，再告也。上章已言聖人誨人不倦之意，因并記此，欲學者勉於用力，以爲受教之地也。○程子曰：「憤、悱，誠意之見於色辭者也。待其誠至而後告之。既告之，又必待其自得，乃復告爾。」又曰：「不待憤、悱而發，則知之不能堅固；待其憤、悱而後發，則沛然矣。」

子食於有喪者之側，未嘗飽也。臨喪哀，不能甘也。子於是日哭，則不歌。哭，謂弔哭。一日之内，餘哀未忘，自不能歌也。○謝氏曰：「學者於此二者，可見聖人情性之正也。能識聖人之情性，然後可以學道。」

子謂顔淵曰：「用之則行，舍之則藏，唯我與爾有是夫！」舍，上聲。夫，音扶。○尹氏曰：「用舍無與於己，行藏安於所遇，命不足道也。顔子幾於聖人，故亦能之。」子路曰：「子行三軍，則誰與？」萬二千五百人爲軍，大國三軍。子路見孔子獨美顏淵，自負其勇，意夫子若行三軍，必與己同。子曰：「暴虎馮河，死而無悔者，吾不與也。必也臨事而懼，好謀而成者也。」馮，皮冰反。好，去聲。○暴虎，徒搏。馮河，徒涉。懼，謂敬其事。成，謂成其謀。言此皆以抑其勇而教之，然行師之要實不外此，子路蓋不知也。○謝氏曰：「聖人於行藏之間，無意無必。其行非貪位，其藏非獨善也。若有欲心，則不用而求行，舍之而不藏矣，是以惟顏子爲可以與於此。子路雖非有欲心者，然未能無固必也，至以行三軍爲問，則其論益卑矣。夫子之言，蓋因其失而救之。夫不謀無成，不懼必敗，小事尚然，而況於行三軍乎？」

子曰：「富而可求也，雖執鞭之士，吾亦爲之。如不可求，從吾所好。」好，去聲。○執鞭，賤者之事。設言富若可求，則雖身爲賤役以求之，亦所不辭。然有命焉，非求之可得也，則安於義理而已矣，何必徒取辱哉？○蘇氏曰：「聖人未嘗有意於求富也，豈問其可不可哉？爲此語者，特以明其決不可求爾。」○楊氏曰：「君子非惡富貴而不求，以其在天，無可求之道也。」

子之所慎：齊，戰，疾。齊，側皆反。○齊之爲言齊也，將祭而齊其思慮之不齊者，以交於神明也。誠之至與不至，神之饗與不饗，皆決於此。戰，則衆之死生、國之存亡繫焉；疾，又吾身之所以死生存亡者，皆不可以不謹也。○尹氏曰：「夫子無所不謹，弟子記其大者耳。」

子在齊聞韶，三月不知肉味，曰：「不圖爲樂之至於斯也！」史記三月上有學之二字。不知肉味，蓋心一於是而不及乎他也。曰不意舜之作樂至於如此之美，則有以極其情文之備，而不覺其歎息之深也。蓋非聖人不足以及此。○范氏曰：「韶盡美又盡善，樂之無以加此也。故學之三月，不知肉味，而歎美之如此。誠之至，感之深也。」

冉有曰：「夫子爲衛君乎？」子貢曰：「諾。吾將問之。」爲，去聲。○爲，猶助也。衛君，出公輒也。靈公逐其世子蒯聵，公薨，而國人立蒯聵之子輒，於是晉納蒯聵而輒拒之。時孔子居衛，衛人以蒯聵得罪於父，而輒嫡孫當立，故冉有疑而問之。諾，應辭也。入，曰：「伯夷、叔齊何人也？」曰：「古之賢人也。」曰：「怨乎？」曰：「求仁而得仁，又何怨？」出，曰：「夫子不爲也。」伯夷、叔齊，孤竹君之二子。其父將死，遺命立叔齊。父卒，叔齊遜伯夷。伯夷曰：「父命也。」遂逃去。叔齊亦不立而逃之，國人立其中子。其後武王伐紂，夷、齊扣馬而諫。武王滅商，夷、齊恥食周粟，去，隱於首陽山，遂餓而死。怨，猶悔也。君子居是邦，不非其大夫，況其君乎？故子貢不斥衛君，而以夷、齊爲問。夫子告之如此，則其不爲衛君可知矣。蓋伯夷以父命爲尊，叔齊以天倫爲重。其遜國也，皆求所以合乎天理之正，而即乎人心之安。既而各得其志焉，則視棄其國猶敝蹝爾，何怨之有？若衛輒之據國拒父而惟恐失之，其不可同年而語明矣。○程子曰：「伯夷、叔齊遜國而逃，諫伐而餓，終無怨悔，夫子以爲賢，故知其不與輒也。」

子曰：「飯疏食，飲水，曲肱而枕之，樂亦在其中矣。不義而富且貴，於我如浮雲。」飯，符晚反。食，音嗣。枕，去聲。樂，音洛。○飯，食之也。疏食，粗飯也。聖人之心，渾然天理，雖處困極，而樂亦無不在焉。其視不義之富貴，如浮雲之無有，漠然無所動於其中也。○程子曰：「非樂疏食飲水也，雖疏食飲水不能改其樂也。不義之富貴，視之輕如浮雲然。」又曰：「須知所樂者何事。」

子曰：「加我數年，五十以學易，可以無大過矣。」劉聘君見元城劉忠定公，自言嘗讀他論加作假，五十作卒。蓋加、假聲相近而誤讀，卒與五十字相似而誤分也。愚按：此章之言，史記作「假我數年，若是我於易則彬彬矣」，加正作假，而無五十字。蓋是時，孔子年已幾七十矣，五十字誤無疑也。學易，則明乎吉凶消長之理，進退存亡之道，故可以無大過。蓋聖人深見易道之無窮，而言此以教人，使知其不可不學，而又不可以易而學也。

子所雅言，詩、書、執禮，皆雅言也。雅，常也。執，守也。詩以理情性，書以道政事，禮以謹節文，皆切於日用之實，故常言之。禮獨言執者，以人所執守而言，非徒誦說而已也。○程子曰：「孔子雅素之言，止於如此。若性與天道，則有不可得而聞者，要在默而識之也。」○謝氏曰：「此因學易之語而類記之。」

葉公問孔子於子路，子路不對。葉，舒涉反。○葉公，楚葉縣尹沈諸梁，字子高，僭稱公也。葉公不知孔子，必有非所問而問者，故子路不對。抑亦以聖人之德，實有未易名言者與？子曰：「女奚不曰，其爲人也，發憤忘食，樂以忘憂，不知老之將至云爾。」未得〔三〕，則發憤而忘食；已得，則樂之而忘憂。以是二者俛焉日有孳孳，而不知年數之不足，但自言其好學之篤耳。然深味之，則見其全體至極純亦不已之妙，有非聖人不能及者。蓋凡夫子之自言類如此，學者宜致思焉。

子曰：「我非生而知之者，好古，敏以求之者也。」好，去聲。○生而知之者，氣質清明，義理昭著，不待學而知也。敏，速也，謂汲汲也。○尹氏曰：「孔子以生知之聖，每云好學者，非惟勉人也，蓋生而可知者義理爾，若夫禮樂名物、古今事變，亦必待學而後有以驗其實也。」

子不語怪、力、亂、神。怪異、勇力、悖亂之事，非理之正，固聖人所不語。鬼神造化之迹，雖非不正，然非窮理之至，有未易明者，故亦不輕以語人也。○謝氏曰：「聖人語常而不語怪，語德而不語力，語治而不語亂，語人而不語神。」

子曰：「三人行，必有我師焉。擇其善者而從之，其不善者而改之。」三人同行，其一我也。彼二人者，一善一惡，則我從其善而改其惡焉。是二人者，皆我師也。○尹氏曰：「見賢思齊，見不賢而內自省，則善惡皆我之師，進善其有窮乎？」

子曰：「天生德於予，桓魋其如予何？」魋，徒雷反。○桓魋，宋司馬向魋也。出於桓公，故又稱桓氏。魋欲害孔子，孔子言天既賦我以如是之德，則桓魋其柰我何？言必不能違天害己。

子曰：「二三子以我爲隱乎？吾無隱乎爾。吾無行而不與二三子者，是丘也。」諸弟子以夫子之道高深不可幾及，故疑其有隱，而不知聖人作止語默無非教也，故夫子以此言曉之。與，猶示也。○程子曰：「聖人之道猶天然，門弟子親炙而冀及之，然後知其高且遠也。使誠以爲不可及，則趨向之心不幾於怠乎？故聖人之教，常俯而就之如此，非獨使資質庸下者勉思企及，而才氣高邁者亦不敢躐易而進也。」○呂氏曰：「聖人體道無隱，與天象昭然，莫非至教。常以示人，而人自不察。」

子以四教：文、行、忠、信。行，去聲。○程子曰：「教人以學文脩行而存忠信也。忠信，本也。」

子曰：「聖人，吾不得而見之矣；得見君子者，斯可矣。」聖人，神明不測之號。君子，才德出衆之名。子曰：「善人，吾不得而見之矣；得見有恒者，斯可矣。恒，胡登反。○「子曰」字，疑衍文。恒，常久之意。○張子曰：「有常者，不貳其心。善人者，志於仁而無惡。」亡而爲有，虚而爲盈，約而爲泰，難乎有恒矣。」亡，讀爲無。○三者皆虚夸之事，凡若此者，必不能守其常也。○張敬夫曰：「聖人、君子以學言，善人、有恒者以質言。」愚謂有恒者之與聖人，高下固懸絶矣，然未有不自有恒而能至於聖者也。故章末申言有恒之義，其示人入德之門，可謂深切而著明矣。

子釣而不綱，弋不射宿。射，食亦反。○綱，以大繩屬網，絶流而漁者也。弋，以生絲繫矢而射也。宿，宿鳥。○洪氏曰：「孔子少貧賤，爲養與祭，或不得已而釣弋，如獵較是也。然盡物取之，出其不意，亦不爲也。此可見仁人之本心矣。待物如此，待人可知；小者如此，大者可知。」

子曰：「蓋有不知而作之者，我無是也。多聞擇其善者而從之，多見而識之，知之次也。」識，音志。○不知而作，不知其理而妄作也。孔子自言未嘗妄作，蓋亦謙辭，然亦可見其無所不知也。識，記也。所從不可不擇，記則善惡皆當存之，以備參考。如此者雖未能實知其理，亦可以次於知之者也。

互鄉難與言，童子見，門人惑。見，賢遍反。○互鄉，鄉名。其人習於不善，難與言善。惑者，疑夫子不當見之也。子曰：「與其進也，不與其退也，唯何甚？人潔己以進，與其潔也，不保其往也。」疑此章有錯簡。「人潔」至「往也」十四字，當在「與其進也」之前。潔，修治也。與，許也。往，前日也。言人潔己而來，但許其能自潔耳，固不能保其前日所爲之善惡也；但許其進而來見耳，非許其既退而爲不善也。蓋不追其既往，不逆其將來，以是心至，斯受之耳。「唯」字上下，疑又有闕文，大抵亦不爲已甚之意。○程子曰：「聖人待物之洪如此。」

子曰：「仁遠乎哉？我欲仁，斯仁至矣。」仁者，心之德，非在外也。放而不求，故有以爲遠者。反而求之，則即此而在矣，夫豈遠哉？○程子曰：「爲仁由己，欲之則至，何遠之有？」

陳司敗問：「昭公知禮乎？」孔子曰：「知禮。」陳，國名。司敗，官名，即司寇也。昭公，魯君，名稠〔四〕。習於威儀之節，當時以爲知禮。故司敗以爲問，而孔子答之如此。孔子退，揖巫馬期而進之，曰：「吾聞君子不黨，君子亦黨乎？君取於吳爲同姓，謂之吳孟子。君而知禮，孰不知禮？」取，七住反。○巫馬，姓；期，字，孔子弟子，名施。司敗揖而進之也。相助匿非曰黨。禮不娶同姓，而魯與吳皆姬姓。謂之吳孟子者，諱之，使若宋女子姓者然。巫馬期以告。子曰：「丘也幸，苟有過，人必知之。」孔子不可自謂諱君之惡，又不可以娶同姓爲知禮，故受以爲過而不辭。○吳氏曰：「魯蓋夫子父母之國。昭公，魯之先君也。司敗又未嘗顯言其事，而遽以知禮爲問，其對之宜如此也。及司敗以爲有黨，而夫子受以爲過，蓋夫子之盛德，無所不可也。然其受以爲過也，亦不正言其所以過，初若不知孟子之事者，可以爲萬世之法矣。」

子與人歌而善，必使反之，而後和之。和，去聲。○反，復也。必使復歌者，欲得其詳而取其善也。而後和之者，喜得其詳而與其善也。此見聖人氣象從容，誠意懇至，而其謙遜審密，不掩人善又如此。蓋一事之微，而衆善之集，有不可勝既者焉，讀者宜詳味之。

子曰：「文，莫吾猶人也。躬行君子，則吾未之有得。」莫，疑辭。猶人，言不能過人，而尚可以及人。未之有得，則全未有得，皆自謙之詞。而足以見言行之難易緩急，欲人之勉其實也。○謝氏曰：「文，雖聖人，無不與人同，故不遜；能躬行君子，斯可以入聖，故不居。猶言君子道者三，我無能焉。」

子曰：「若聖與仁，則吾豈敢？抑爲之不厭，誨人不倦，則可謂云爾已矣。」公西華曰：「正唯弟子不能學也。」此亦夫子之謙辭也。聖者，大而化之。仁，則心德之全而人道之備也。爲之，謂爲仁聖之道。誨人，亦謂以此教人也。然不厭不倦，非己有之則不能，所以弟子不能學也。○晁氏曰：「當時有稱夫子聖且仁者，以故夫子辭之。苟辭之而已焉，則無以進天下之材，率天下之善，將使聖與仁爲虛器，而人終莫能至矣。故孔子雖不居仁聖〔五〕，而必以爲之不厭、誨人不倦自處也。」可謂云爾已矣者，無他之辭也。公西華仰而歎之，其亦深知夫子之意矣。

子疾病，子路請禱。子曰：「有諸？」子路對曰：「有之。誄曰：『禱爾於上下神祇。』」子曰：「丘之禱久矣。」誄，力軌反。○禱，謂禱於鬼神。有諸，問有此理否。誄者，哀死而述其行之詞也。上下，謂天地。天曰神，地曰祇。禱者，悔過遷善，以祈神之佑也。無其理則不必禱，既曰有之，則聖人未嘗有過，無善可遷。其素行固已合於神明，故曰「丘之禱久矣」。又士喪禮，疾病行禱五祀，蓋臣子迫切之至情，有不能自已者，初不請於病者而後禱也。故孔子之於子路，不直拒之，而但告以無所事禱之意。

子曰：「奢則不孫，儉則固。與其不孫也，寧固。」孫，去聲。○孫，順也。固，陋也。奢、儉俱失中，而奢之害大。○晁氏曰：「不得已而救時之弊也。」

子曰：「君子坦蕩蕩，小人長戚戚。」坦，平也。蕩蕩，寬廣貌。○程子曰：「君子循理，故常舒泰；小人役於物，故多憂戚。」○程子曰：「君子坦蕩蕩，心廣體胖。」

子温而厲，威而不猛，恭而安。厲，嚴肅也。人之德性本無不備，而氣質所賦鮮有不偏。惟聖人全體渾然，陰陽合德，故其中和之氣見於容貌之間者如此。門人熟察而詳記之，亦可見其用心之密矣。抑非知足以知聖人而善言德行者不能記〔六〕，故程子以爲曾子之言。學者所宜反復而玩心也。

泰伯第八　凡二十一章。

子曰：「泰伯，其可謂至德也已矣！三以天下讓，民無得而稱焉。」泰伯，周大王之長子。至德，謂德之至極，無以復加者也。三讓，謂固遜也。無得而稱，其遜隱微，無迹可見也。蓋大王三子：

長泰伯，次仲雍，次季歷。大王之時，商道寖衰，而周日彊大。季歷又生子昌，有聖德。大王因有翦商之志，而泰伯不從，大王遂欲傳位季歷以及昌。泰伯知之，即與仲雍逃之荆蠻。於是大王乃立季歷，傳國至昌，而三分天下有其二，是爲文王。文王崩，子發立，遂克商而有天下，是爲武王。夫以泰伯之德，當商、周之際，固足以朝諸侯有天下矣，乃棄不取而又泯其迹焉，則其德之至極爲何如哉〔七〕！蓋其心即夷、齊扣馬之心，而事之難處有甚焉者，宜夫子之歎息而贊美之也。泰伯不從，事見春秋傳。

子曰：「恭而無禮則勞，愼而無禮則葸，勇而無禮則亂，直而無禮則絞。葸，絲里反。絞，古卯反。○葸，畏懼貌。絞，急切也。無禮則無節文，故有四者之弊。君子篤於親，則民興於仁，故舊不遺，則民不偷。」君子，謂在上之人也。興，起也。偷，薄也。○張子曰：「人道知所先後，則恭不勞、謹不葸、勇不亂、直不絞，民化而德厚矣。」○吴氏曰：「君子以下，當自爲一章，乃曾子之言也。」愚按：此一節與上文不相蒙，而與首篇謹終追遠之意相類，吴説近是。

曾子有疾，召門弟子曰：「啟予足！啟予手！詩云『戰戰兢兢，如臨深淵，如履薄冰』，而今而後，吾知免夫！小子！」夫，音扶。○啓，開也。曾子平日以爲身體受於父母，不敢毁傷，故於此使弟子開其衾而視之。詩，小旻之篇。戰戰，恐懼。兢兢，戒謹。臨淵，恐墜；履冰，恐陷也。曾子以其所保之全示門人，而言其所以保之之難如此，至於將死，而後知其得免於毁傷也。小子，門人也。語畢而又呼之，以致反復丁寧之意，其警之也深矣。○程子曰：「君子曰終，小人曰死。君子保其身以没，爲終其事也，故曾子以全歸爲免矣。」○尹氏曰：「父母全而生之，子全而歸之。曾子臨終而啓手足，爲是故也。非有得於道，能如是乎？」○范氏曰：「身體猶不可虧也，況虧其行以辱其親乎？」

曾子有疾，孟敬子問之。孟敬子，魯大夫仲孫氏，名捷。問之者，問其疾也。曾子言曰：「鳥之將死，其鳴也哀；人之將死，其言也善。言，自言也。鳥畏死，故鳴哀。人窮反本，故言善。此曾子之謙辭，欲敬子知其所言之善而識之也。君子所貴乎道者三：動容貌，斯遠暴慢矣；正顏色，斯近信矣；出辭氣，斯遠鄙倍矣。籩豆之事，則有司存。」遠、近，並去聲。○貴，猶重也。容貌，舉一身而言。暴，粗厲也。慢，放肆也。信，實也。正顏色而近信，則非色莊也。辭，言語。氣，聲氣也。鄙，凡陋也。倍，與背同，謂背理也。籩，竹豆。豆，木豆。言道雖無所不在，然君子所重者，在此三事而已。是皆脩身之要，爲政之本，學者所當操存省察，而不可有造次顛沛之違者也。若夫籩豆之事，器數之末，道之全體固無不該，然其分則有司之守，而非君子之所重矣。○程子曰：「動容貌，舉一身而言也。周旋中禮，暴慢斯遠矣。正顏色則不妄，斯近信矣。出辭氣，正由中出，斯遠鄙倍。三者正身而不外求，故曰籩豆之事則有司存。」○尹氏曰：「養於中則見於外，曾子蓋以脩己爲爲政之本。若乃器用事物之細，則有司存焉。」

曾子曰：「以能問於不能，以多問於寡；有若無，實若虛，犯而不校，昔者吾友嘗從事於斯矣。」校，計校也。友，馬氏以爲顏淵是也。顏子之心，惟知義理之無窮，不見物我之有間，故能如此。○謝氏曰：「不知有餘在我〔八〕，不足在人，不必得爲在己，失爲在人，非幾於無我者不能也。」

曾子曰：「可以託六尺之孤，可以寄百里之命，臨大節而不可奪也，君子人與？君子人也。」與，平聲。○其才可以輔幼君、攝國政，其節至於死生之際而不可奪，可謂君子矣。與，疑詞。也，決詞。設爲問答，所以深著其必然也。○程子曰：「節操如是，可謂君子矣。」

曾子曰：「士不可以不弘毅，任重而道遠。洪，寬廣也〔九〕。毅，强忍也。非洪不能勝其重，非毅無以致其遠。仁以爲己任，不亦重乎？死而後已，不亦遠乎？」仁者，人心之全德，而必欲以身體而力行之，可謂重矣。一息尚存，此志不容少懈，可謂遠矣。○程子曰：「洪而不毅，則無規矩而難立；毅而不洪，則隘陋而無以居之。」又曰：「洪大剛毅，然後能勝重任而遠到。」

子曰：「興於詩，興，起也。詩本性情〔一〇〕，有邪有正，其爲言既易知，而吟詠之間，抑揚反復，其感人又易入。故學者之初，所以興起其好善惡惡之心，而不能自已者，必於是而得之〔一一〕。立於禮，禮以恭敬辭遜爲本，而有節文度數之詳，可以固人肌膚之會、筋骸之束。故學者之中，所以能卓然自立，而不爲事物之所搖奪者，必於此而得之。成於樂。」樂有五聲十二律，更唱迭和，以爲歌舞八音之節，可以養人之情性〔一二〕，而蕩滌其邪穢，消融其查滓。故學者之終，所以至於義精仁熟而自和順於道德者，必於此而得之，是學之成也。○按內則，十年學幼儀，十三學樂誦詩，二十而後學禮。則此三者，非小學傳授之次，乃大學終身所得之難易、先後、淺深也。○程子曰：「天下之英才不爲少矣，特以道學不明，故不得有所成就。夫古人之詩，如今之歌曲，雖閭里童稚，皆習聞之而知其說，故能興起。今雖老師宿儒，尚不能曉其義，況學者乎？是不得興於詩也。古人自灑掃應對，以至冠昏喪祭，莫不有禮。今皆廢壞，是以人倫不明，治家無法，是不得立於禮也。古人之樂，聲音所以養其耳，采色所以養其目，歌詠所以養其性情，舞蹈所以養其血脈。今皆無之，是不得成於樂也。是以古之成材也易，今之成材也難。」

子曰：「民可使由之，不可使知之。」民可使之由於是理之當然，而不能使之知其所以然也。○程子曰：「聖人設教，非不欲人家喻而户曉也，然不能使之知，但能使之由之爾。若曰聖人不使民知，則是後世朝四暮三之術也，豈聖人之心乎？」

子曰：「好勇疾貧，亂也。人而不仁，疾之已甚，亂也。」好，去聲。○好勇而不安分，則必作亂。惡不仁之人而使之無所容，則必致亂。二者之心，善惡雖殊，然其生亂則一也〔一三〕。

子曰：「如有周公之才之美，使驕且吝，其餘不足觀也已。」才美，謂智能技藝之美。驕，矜夸。吝，鄙嗇也。○程子曰：「此甚言驕吝之不可也。蓋有周公之德，則自無驕吝；若但有周公之才而驕吝焉，亦不足觀矣。」又曰：「驕，氣盈。吝，氣歉。」愚謂驕吝雖有盈歉之殊，然其勢常相因。蓋驕者吝之枝葉，吝者驕之本根。故嘗驗之天下之人，未有驕而不吝，吝而不驕者也。

子曰：「三年學，不至於穀，不易得也。」易，去聲。○穀，禄也。至，疑當作志。爲學之久而不求禄，如此之人，不易得也。○楊氏曰：「雖子張之賢，猶以干禄爲問，况其下者乎？然則三年學而不至於穀，宜不易得也。」

子曰：「篤信好學，守死善道。好，去聲。○篤，厚而力也。不篤信，則不能好學；然篤信而不好學，則所信或非其正。不守死，則不能以善其道；然守死而不足以善其道，則亦徒死而已。蓋守死者篤信之效，善道者好學之功。危邦不入，亂邦不居。天下有道則見，無道則隱。見，賢遍反。○

君子見危授命，則仕危邦者無可去之義，在外則不入可也。亂邦未危，而刑政紀綱紊矣，故潔其身而去之。天下，舉一世而言。無道，則隱其身而不見也。此惟篤信好學、守死善道者能之。邦有道，貧且賤焉，恥也；邦無道，富且貴焉，恥也。」世治而無可行之道，世亂而無能守之節，碌碌庸人，不足以爲士矣，可恥之甚也。○晁氏曰：「有學有守，而去就之義潔，出處之分明，然後爲君子之全德也。」

子曰：「不在其位，不謀其政。」程子曰：「不在其位，則不任其事也。若君大夫問而告者，則有矣。」

子曰：「師摯之始，關雎之亂，洋洋乎盈耳哉！」摯，音至。雎，七余反。○師摯，魯樂師，名摯也。亂，樂之卒章也。史記曰：「關雎之亂以爲風始。」洋洋，美盛意。孔子自衛反魯而正樂，適師摯在官之初，故樂之美盛如此。

子曰：「狂而不直，侗而不愿，悾悾而不信，吾不知之矣。」侗，音通。悾，音空。○侗，無知貌。愿，謹厚也。悾悾，無能貌。吾不知之者，甚絶之之辭，亦不屑之教誨也。○蘇氏曰：「天之生物，氣質不齊。其中材以下，有是德則有是病，有是病必有是德，故馬之蹄齧者必善走，其不善者必馴。有是病而無是德，則天下之棄才也。」

子曰：「學如不及，猶恐失之。」言人之爲學，既如有所不及矣，而其心猶竦然，惟恐其或失之，警學者當如是也。○程子曰：「學如不及，猶恐失之，不得放過。才説姑待明日，便不可也。」

子曰：「巍巍乎！舜、禹之有天下也，而不與焉。」與，去聲。○巍巍，高大之貌。不與，猶言不相關，言其不以位爲樂也。

子曰：「大哉堯之爲君也！巍巍乎！唯天爲大，唯堯則之。蕩蕩乎！民無能名焉。唯，猶獨也。則，猶準也。蕩蕩，廣遠之稱也。言物之高大，莫有過於天者，而獨堯之德能與之準。故其德之廣遠，亦如天之不可以言語形容也。巍巍乎其有成功也！煥乎其有文章！」成功，事業也。煥，光明之貌。文章，禮樂法度也。堯之德不可名，其可見者此爾。○尹氏曰：「天道之大，無爲而成。唯堯則之以治天下，故民無得而名焉。所可名者，其功業文章巍然煥然而已。」

舜有臣五人而天下治。治，去聲。○五人[一四]，禹、稷、契、皋陶、伯益。武王曰：「予有亂臣十人。」書泰誓之辭。○馬氏曰：「亂，治也。」十人，謂周公旦、召公奭、太公望、畢公、榮公、太顛、閎夭、散宜生、南宫适，其一人謂文母。劉侍讀以爲子無臣母之義，蓋邑姜也。九人治外，邑姜治内。或曰：「亂本作乿，古治字也。」孔子曰：「才難，不其然乎？唐、虞之際，於斯爲盛。有婦人焉，九人而已。稱孔子者，上係武王君臣之際，記者謹之。才難，蓋古語，而孔子然之也。才者，德之用也。唐、虞，堯、舜有天下之號。際，交會之間。言周室人才之多，惟唐、虞之際，乃盛於此。降自夏、商，皆不能及，然猶但有此數人爾，是才之難得也。三分天下有其二，以服事殷。周之德，其可謂至德也已矣。」春秋傳曰：文王率商之畔國以事紂。蓋天下歸文王者六州，荆、梁、雍、豫、徐、揚也。惟青、兖、冀，尚屬紂耳。○范氏曰：「文王之德，足以代商。天與之，人歸之，乃不取而服事焉，所以爲至德也。孔子因武王之言而及文王之德，且與泰伯，皆以至德稱之，其指微矣。」或曰：「宜斷三分以下，别以孔子曰起之，而自爲一章。」

子曰：「禹，吾無間然矣。菲飲食，而致孝乎鬼神；惡衣服，而致美乎黻冕；卑宫室，而盡力乎溝洫。禹，吾無間然矣。」間，去聲。菲，音匪。黻，音弗。洫，呼域反。○間，罅隙也，謂指其罅隙而非議之也。菲，薄也。致孝鬼神，謂享祀豐潔。衣服，常服。黻，蔽膝也，以韋爲之。冕，冠也。皆祭服也。溝洫，田間水道，以正疆界、備旱潦者也。或豐或儉，各適其宜，所以無罅隙之可議也，故再言以深美之。○楊氏曰：「薄於自奉，而所勤者民之事，所致飾者宗廟朝廷之禮，所謂有天下而不與也，夫何間然之有？」

校勘記

〔一〕據者　「據」上，司禮監本有「據音倨」三字。

〔二〕德則行道而有得於心而不失之謂也　以上十五字，殘宋本、元甲本、元乙本、吳本均作「德者得也得其道於心而不失之謂也」，司禮監本作「德則行道而有得於心者也」。

〔三〕未得　「未」上，元甲本有「女音汝」三字。

〔四〕名稠　「稠」，仿元本、吳本均作「裯」。

〔五〕故孔子雖不居仁聖　「孔」，司禮監本、吳本均作「夫」。

〔六〕而善言德行者不能記　「者」字原脱，據司禮監本、吳本補。

〔七〕則其德之至極爲何如哉　「何如」，原作「如何」，據司禮監本、吳本乙正。

〔八〕不知有餘在我　「我」，司禮監本、吳本均作「己」。

〔九〕寬廣也　「也」字原脱，據司禮監本、吳本補。

〔一〇〕詩本性情　「性」，原作「人」，據殘宋本、元甲本、元乙本、司禮監本、吳本改。

〔一一〕必於是而得之　「是」，元乙本、司禮監本、吳本均作「此」。

〔一二〕可以養人之情性　「情性」，元乙本、司禮監本、吳本均乙倒。

〔一三〕然其生亂則一也　「則」字原脱，據司禮監本、吳本補。

〔一四〕五人　以上二字原脱，據司禮監本、仿元本、吳本補。

論語集注卷第五

子罕第九

凡三十章。

子罕言利與命與仁。罕，少也。○程子曰：「計利則害義，命之理微，仁之道大，皆夫子所罕言也。」

達巷黨人曰：「大哉孔子！博學而無所成名。」達巷，黨名。其人姓名不傳。博學無所成名，蓋美其學之博而惜其不成一藝之名也。子聞之，謂門弟子曰：「吾何執？執御乎？執射乎？吾執御矣。」執，專執也。射、御皆一藝，而御爲人僕，所執尤卑。言欲使我何所執以成名乎？然則吾將執御矣。聞人譽己，承之以謙也。○尹氏曰：「聖人道全而德備，不可以偏長目之也。達巷黨人見孔子之大，意其所學者博，而惜其不以一善得名於世，蓋慕聖人而不知者也。故孔子曰，欲使我何所執而得爲名乎？然則吾將執御矣。」

子曰：「麻冕，禮也；今也純，儉。吾從衆。麻冕，緇布冠也。純，絲也。儉，謂省約。緇布冠，以三十升布爲之，升八十縷，則其經二千四百縷矣。細密難成，不如用絲之省約。拜下，禮也；今拜乎上，泰也。雖違衆，吾從下。」臣與君行禮，當拜於堂下。君辭之，乃升成拜。泰，驕慢也。○程子曰：「君子處世，事之無害於義者，從俗可也；害於義，則不可從也。」

子絶四：毋意，毋必，毋固，毋我。絶，無之盡者。毋，史記作無，是也。意，私意也。必，期必也。固，執滯也。我，私己也。四者相爲終始，起於意，遂於必，留於固，而成於我也。蓋意、必常在事前，固、我常在事後，至於我又生意，則物欲牽引，循環不窮矣。○程子曰：「此毋字，非禁止之辭。聖人絶此四者，何用禁止？」張子曰：「四者有一焉，則與天地不相似。」○楊氏曰：「非知足以知聖人，詳視而默識之，不足以記此。」

子畏於匡，畏者，有戒心之謂。匡，地名。史記云：「陽虎曾暴於匡，夫子貌似陽虎，故匡人圍之。」曰：「文王既没，文不在兹乎？道之顯者謂之文，蓋禮樂制度之謂。不曰道而曰文，亦謙辭也。兹，此也，孔子自謂。天之將喪斯文也，後死者不得與於斯文也；天之未喪斯文也，匡人其如予何？」喪、與，皆去聲〔一〕。○馬氏曰：「文王既没，故孔子自謂後死者。言天若欲喪此文，則必不使我得與於此文。今我既得與於此文，則是天未欲喪此文也。天既未欲喪此文，則匡人其奈我何？言必不能違天害己也。」

大宰問於子貢曰：「夫子聖者與？何其多能也？」大，音泰。與，平聲。○孔氏曰：「大宰，官名。或吳或宋，未可知也。」與者，疑辭。大宰蓋以多能爲聖也。子貢曰：「固天縱之將聖，又多能也。」縱，猶肆也，言不爲限量也。將，殆也，謙若不敢知之辭。聖無不通，多能乃其餘事，故言又以兼之。子聞之，曰：「大宰知我乎！吾少也賤，故多能鄙事。君子多乎哉？不多也。」言由少賤故多能，而所能者鄙事爾，非以聖而無不通也。且多能非所以率人，故又言君子不必多能以曉之。牢曰：「子云『吾不試，故藝』。」牢，孔子弟子，姓琴，字子開，一字子張。試，用也。言由不爲世用，故得以習於藝而通之。○吳氏曰：「弟子記夫子此言之時，子牢因言昔之所聞有如此者，其意相近，故并記之。」

子曰：「吾有知乎哉？無知也。有鄙夫問於我，空空如也，我叩其兩端而竭焉。」叩，音口。○孔子謙言己無知識，但其告人，雖於至愚，不敢不盡耳。叩，發動也。兩端，猶言兩頭。言終始本末上下精粗，無所不盡。○程子曰：「聖人之教人，俯就之若此，猶恐衆人以爲高遠而不親也。聖人之道，必降而自卑，不如此則人不親。賢人之言，則引而自高，不如此則道不尊。觀於孔子、孟子，則可見矣。」○尹氏曰：「聖人之言，上下兼盡。即其近，衆人皆可與知；極其至，則雖聖人亦無以加焉，是之謂兩端。如答樊遲之問仁、知，兩端竭盡，無餘蘊矣。若夫語上而遺下，語理而遺物，則豈聖人之言哉？」

子曰：「鳳鳥不至，河不出圖，吾已矣夫！」夫，音扶。○鳳，靈鳥，舜時來儀，文王時鳴於岐山。河圖，河中龍馬負圖，伏羲時出，皆聖王之瑞也。已，止也。○張子曰：「鳳至圖出，文明之祥。伏羲、舜、文之瑞不至，則夫子之文章，知其已矣。」

子見齊衰者、冕衣裳者與瞽者，見之，雖少必作；過之，必趨。齊，音咨。衰，七雷反。少，去聲。○齊衰，喪服。冕，冠也。衣，上服。裳，下服。冕而衣裳，貴者之盛服也。瞽，無目者。作，起也。趨，疾行也。或曰：「少，當作坐。」○范氏曰：「聖人之心，哀有喪，尊有爵，矜不成人。其作與趨，蓋有不期然而然者。」○尹氏曰：「此聖人之誠心，内外一者也。」

顏淵喟然歎曰：「仰之彌高，鑽之彌堅。瞻之在前，忽焉在後。喟，苦位反。鑽，祖官反。○喟，歎聲。仰彌高，不可及。鑽彌堅，不可入。在前在後，怳惚不可爲象。此顏淵深知夫子之道無窮盡，無方體，而歎之也。夫子循循然善誘人，博我以文，約我以禮。循循，有次序貌。誘，引進也。博文、約禮，教之序也。言夫子道雖高妙，而教人有序也。侯氏曰：「博我以文，致知格物也。約我以禮，克己復禮也。」○程子曰：「此顏子稱聖人最切當處，聖人教人，惟此二事而已。」欲罷不能，既竭吾才，如有所立卓爾。雖欲從之，末由也已。」卓，立貌。末，無也。此顏子自言其學之所至也。蓋悦之深而力之盡，所見益親，而又無所用其力也。○吳氏曰：「所謂卓爾，亦在乎日用行事之間，非所謂窈冥昏默者。」○程子曰：「到此地位，功夫尤難，直是峻絶，又大段着力不得。」○楊氏曰：「自可欲之謂善，充而至於大，力行之積也。大而化之，則非力行所及矣，此顏子所以未達一間也。」○程子曰：「此顏子所以爲深知孔子而善學之者也。」○胡氏曰：「無上事而喟然歎，此顏子學既有得，故述其先難之故、後得之由，而歸功於聖人也。高、堅、前、後，語道體也。仰、鑽、瞻、忽，未領其要也。惟夫子循循善誘，先博我以文，使我知古今，達事變；然後約我以禮，使我尊所聞，行所知。如行者之赴家，食者之求飽，是以欲罷而不能，盡心盡力，不少休廢。然後見夫子所立之卓然，雖欲從之，末由也已。是蓋不怠所從，必欲至乎卓立之地也〔二〕。抑斯歎也，其在請事斯語之後，三月不違之時乎？」

子疾病，子路使門人爲臣。夫子時已去位，無家臣。子路欲以家臣治其喪，其意實尊聖人，而未知所以尊也。病間，曰：「久矣哉，由之行詐也！無臣而爲有臣。吾誰欺？欺天乎？間，如字。○病間，少差也。病時不知，既差乃知其事，故言我之不當有家臣，人皆知之，不可欺也。而爲有臣，則是欺天而已。人而欺天，莫大之罪。引以自歸，其責子路深矣。且予與其死於臣之手也，無寧死於二三子之手乎！且予縱不得大葬，予死於道路乎？」無寧，寧也。大葬，謂君臣禮葬。死於道路，謂棄而不葬。又曉之以不必然之故。○范氏曰：「曾子將死，起而易簀，曰：『吾得正而斃焉，斯已矣。』子路欲尊夫子，而不知無臣之不可爲有臣，是以陷於行詐，罪至欺天。君子之於言動，雖微不可不謹。夫子深懲子路，所以警學者也。」○楊氏曰：「非知至而意誠，則用智自私，不知行其所無事，往往自陷於行詐欺天而莫之知也。其子路之謂乎？」

子貢曰：「有美玉於斯，韞匵而藏諸？求善賈而沽諸？」子曰：「沽之哉！沽之哉！我待賈者也。」韞，紆粉反。匵，徒木反。賈，音嫁。○韞，藏也。匵，匱也。沽，賣也。子貢以孔子有道不仕，故設此二端以問也。孔子言固當賣之，但當待賈，而不當求之耳。○范氏曰：「君子未嘗不欲仕也，又惡不由其道。士之待禮，猶玉之待賈也。若伊尹之耕於野，伯夷、太公之居於海濱，世無成湯、文王，則終焉而已，必不枉道以從人，衒玉而求售也。」

子欲居九夷。東方之夷有九種。欲居之者，亦乘桴浮海之意。或曰：「陋，如之何？」子曰：「君子居之，何陋之有？」君子所居則化，何陋之有？

子曰：「吾自衛反魯，然後樂正，雅、頌各得其所。」魯哀公十一年冬，孔子自衛反魯。是時周禮在魯，然詩、樂亦頗殘缺失次。孔子周流四方，參互考訂，以知其説。晚知道終不行，故歸而正之。

子曰：「出則事公卿，入則事父兄，喪事不敢不勉，不爲酒困，何有於我哉？」説見第七篇，然此則其事愈卑而意愈切矣。

子在川上，曰：「逝者如斯夫！不舍晝夜。」夫，音扶。舍，上聲。○天地之化，往者過，來者續，無一息之停，乃道體之本然也。然其可指而易見者，莫如川流。故於此發以示人，欲學者時時省察，而無毫髮之間斷也。○程子曰：「此道體也。天運而不已，日往則月來，寒往則暑來，水流而不息，物生而不窮，皆與道爲體，運乎晝夜，未嘗已也。是以君子法之，自强不息。及其至也，純亦不已焉。」又曰：「自漢以來，儒者皆不識此義。此見聖人之心，純亦不已也。純亦不已，乃天德也。有天德，便可語王道，其要只在謹獨。」愚按：自此至篇終，皆勉人進學不已之辭。

子曰：「吾未見好德如好色者也。」好，去聲。○謝氏曰：「好好色，惡惡臭，誠也。好德如好色，斯誠好德矣，然民鮮能之。」○史記：「孔子居衛，靈公與夫人同車，使孔子爲次乘，招摇市過之。」孔子醜之，故有是言。

子曰：「譬如爲山，未成一簣，止，吾止也。譬如平地，雖覆一簣，進，吾往也。」簣，求位反。覆，芳服反。○簣，土籠也。書曰：「爲山九仞，功虧一簣。」夫子之言，蓋出於此。言山成而但少一簣，其止者，吾自止耳。平地而方覆一簣，其進者，吾自往耳。蓋學者自强不息，則積少成多；中道而止，則前功盡棄。其止其往，皆在我而不在人也。

子曰：「語之而不惰者，其回也與！」語，去聲。與，平聲。○惰，懈怠也。○范氏曰：「顏子聞夫子之言，而心解力行，造次顛沛，未嘗違之。如萬物得時雨之潤，發榮滋長，何有於惰？此羣弟子所不及也。」

子謂顏淵，曰：「惜乎！吾見其進也，未見其止也。」「進」「止」二字，説見上章。顏子既死而孔子惜之，言其方進而未已也。

子曰：「苗而不秀者有矣夫！秀而不實者有矣夫！」夫，音扶。○穀之始生曰苗，吐華曰秀，成穀曰實。蓋學而不至於成，有如此者，是以君子貴自勉也。

子曰：「後生可畏，焉知來者之不如今也？四十、五十而無聞焉，斯亦不足畏也已。」焉知之焉，於虔反。○孔子言後生年富力强，足以積學而有待，其勢可畏，安知其將來不如我之今日乎？然或不能自勉，至於老而無聞，則不足畏矣。言此以警人，使及時勉學也。曾子曰：「五十而不以善聞，則不聞矣。」蓋述此意。○尹氏曰：「少而不勉，老而無聞，則亦已矣。自少而進者，安知其不至於極乎？是可畏也。」

子曰：「法語之言，能無從乎？改之爲貴。巽與之言，能無説乎？繹之爲貴。説而不繹，從而不改，吾末如之何也已矣。」法語者，正言之也。巽言者，婉而導之也。繹，尋其緒也。法言人所敬憚，故必從；然不改，則面從而已。巽言無所乖忤，故必説；然不繹，則又不足以知其微意之所在也。○楊氏曰：「法言，若孟子論行王政之類是也。巽言，若其論好貨、好色之類是也。語之而未達〔三〕，拒之而不受，猶之可也。其或喻焉，則尚庶幾其能改、繹矣。從且説矣，而不改、繹焉，則是終不改、繹也已，雖聖人其如之何哉？」

子曰：「主忠信，毋友不如己者，過則勿憚改。」重出而逸其半。

子曰：「三軍可奪帥也，匹夫不可奪志也。」侯氏曰：「三軍之勇在人，匹夫之志在己。故帥可奪而志不可奪，如可奪，則亦不足謂之志矣。」

子曰：「衣敝縕袍，與衣狐貉者立，而不耻者，其由也與？衣，去聲。縕，紆粉反。貉，胡各反。與，平聲。○敝，壞也。縕，枲著也。袍，衣有著者也，蓋衣之賤者。狐貉，以狐貉之皮爲裘，衣之貴者。子路之志如此，則能不以貧富動其心，而可以進於道矣，故夫子稱之。『不忮不求，何用不臧？』」忮，之豉反。○忮，害也。求，貪也。臧，善也。言能不忮不求，則何爲不善乎？此衛風雄雉之篇〔四〕，孔子引之，以美子路也。吕氏曰：「貧與富交，强者必忮，弱者必求。」子路終身誦之。子曰：「是道也，何足以臧？」終身誦之，則自喜其能，而不復求進於道矣，故夫子復言此以警之。○謝氏曰：「耻惡衣惡食，學者之大病。善心不存，蓋由於此。子路之志如此，其過人遠矣。然以衆人而能此，則可以爲善矣。子路之賢，宜不止此，而終身誦之，則非所以進於日新也，故激而進之。」

子曰：「歲寒，然後知松柏之後彫也。」范氏曰：「小人之在治世，或與君子無異。惟臨利害，遇事變，然後君子之所守可見也。」○謝氏曰：「士窮見節義，世亂識忠臣。欲學者必周于德。」

子曰：「知者不惑，仁者不憂，勇者不懼。」明足以燭理，故不惑。理足以勝私，故不憂。氣足以配道義，故不懼。此學之序也。

子曰：「可與共學，未可與適道；可與適道，未可與立；可與立，未可與權。」可與者，言其可與共爲此事也。○程子曰：「可與共學，知所以求之也。可與適道，知所往也。可與立者，篤志固執而不變也。權，稱錘也，所以稱物而知輕重者也。可與權，謂能權輕重，使合義也。」○楊氏曰：「知爲己，則可與共學矣。學足以明善，然後可與適道。信道篤，然後可與立。知時措之宜，然後可與權。」○洪氏曰：「易九卦，終於巽以行權。權者，聖人之大用。未能立而言權，猶人未能立而欲行，鮮不仆矣。」○程子曰：「漢儒以反經合道爲權，故有權變、權術之論，皆非也。權只是經也。自漢以下，無人識權字。」愚按：先儒誤以此章連下文偏其反而爲一章，故有反經合道之說。程子非之，是矣。然以孟子嫂溺，援之以手之義推之，則權與經，亦當有辨。

「唐棣之華，偏其反而。豈不爾思？室是遠而。」棣，大計反。○唐棣，郁李也。偏，晉書作翩。然則反亦當與翻同，言華之搖動也。而，語助也。此逸詩也，於六義屬興。上兩句無意義，但以起下兩句之辭耳。其所謂爾，亦不知其何所指也。子曰：「未之思也，夫何遠之有？」夫，音扶。○夫子借其言而反之，蓋前篇仁遠乎哉之意。○程子曰：「聖人未嘗言易以驕人之志，亦未嘗言難以阻人之進。但曰未之思也，夫何遠之有？此言極有涵蓄，意思深遠。」

鄉黨第十

楊氏曰：「聖人之所謂道者，不離乎日用之間也。故夫子之平日，一動一静，門人皆審視而詳記之。」○尹氏曰：「甚矣，孔門諸子之嗜學也！於聖人之容色言動，無不謹書而備録之，以貽後世。今讀其書，即其事，宛然如聖人之在目也。雖然，聖人豈拘拘而爲之者哉？蓋盛德之至，動容周旋，自中乎禮耳。學者欲潛心於聖人，宜於此求焉。」舊説凡一章，今分爲十七節。

孔子於鄉黨，恂恂如也，似不能言者。恂，相倫反。○恂恂，信實之貌。似不能言者，謙卑遜順，不以賢知先人也。鄉黨，父兄宗族之所在，故孔子居之，其容貌詞氣如此。

其在宗廟朝廷，便便言，唯謹爾。朝，直遥反，下同。便，旁連反。○便便，辯也。宗廟，禮法之所在；朝廷，政事之所出，言不可以不明辯。故必詳問而極言之，但謹而不放爾。○此一節，記孔子在鄉黨、宗廟、朝廷言貌之不同。

朝，與下大夫言，侃侃如也；與上大夫言，誾誾如也。侃，苦旦反。誾，魚巾反。○此君未視朝時也。王制：諸侯上大夫卿，下大夫五人。許氏説文：「侃侃，剛直也。誾誾，和悦而諍也。」君在，踧踖如也，與與如也。踧，子六反。踖，子亦反。與，平聲，或如字。○君在，視朝也。踧踖，恭敬不寧之貌。與與，威儀中適之貌。○張子曰：「與與，不忘向君也。」亦通。○此一節，記孔子在朝廷事上接下之不同也。

君召使擯，色勃如也，足躩如也。擯，必刃反。躩，驅若反。○擯，主國之君所使出接賓者。勃，變色貌。躩，盤辟貌。皆敬君命故也。揖所與立，左右手，衣前後，襜如也。襜，赤占反。○所與立，謂同爲擯者也。擯用命數之半，如上公九命，則用五人，以次傳命。揖左人，則左其手；揖右人，則右其手。襜，整貌。趨進，翼如也。疾趨而進，張拱端好，如鳥舒翼。賓退，必復命曰：「賓不顧矣。」紓君，敬也。○此一節，記孔子爲君擯相之容。

入公門，鞠躬如也，如不容。鞠躬，曲身也。公門高大而若不容，敬之至也。立不中門，行不履閾。閾，于逼反。○中門，中於門也。謂當棖闑之間，君出入處也。閾，門限也。禮：士大夫出入君門，由闑右，不踐閾。○謝氏曰：「立中門則當尊，行履閾則不恪。」過位，色勃如也，足躩如也，其言似不足者。位，君之虚位。謂門屏之間，人君宁立之處，所謂宁也。君雖不在，過之必敬，不敢以虚位而慢之也。言似不足，不敢肆也。攝齊升堂，鞠躬如也，屏氣似不息者。齊，音咨。○攝，摳也。齊，衣下縫也。禮：將升堂，兩手摳衣，使去地尺，恐躡之而傾跌失容也。屏，藏也。息，鼻息出入者也。近至尊，氣容肅也。出，降一等，逞顔色，怡怡如也。没階，趨，翼如也。復其位，踧踖如也。

陸氏曰：「趨下本無進字，俗本有之，誤也。」○等，階之級也。逞，放也。漸遠所尊，舒氣解顔。怡怡，和説也。没階，下盡階也。趨，走就位也。復位踧踖，敬之餘也。○此一節，記孔子在朝之容。

執圭，鞠躬如也，如不勝。上如揖，下如授。勃如戰色，足蹜蹜，如有循。勝，平聲。蹜，色六反。○圭，諸侯命圭。聘問鄰國，則使大夫執以通信。如不勝，執主器，執輕如不克，敬謹之至也。上如揖，下如授，謂執圭平衡，手與心齊，高不過揖，卑不過授也。戰色，戰而色懼也。蹜蹜，舉足促狹也。如有循，記所謂舉前曳踵，言行不離地，如緣物也。享禮，有容色。享，獻也。既聘而享，用圭璧，有庭實。有容色，和也。儀禮曰：「發氣滿容。」私覿，愉愉如也。私覿，以私禮見也。愉愉，則又和矣。○此一節，記孔子爲君聘於鄰國之禮也。晁氏曰：「孔子，定公九年仕魯，至十三年適齊，其間絶無朝聘往來之事。疑使擯、執圭兩條，但孔子嘗言其禮當如此爾。」

君子不以紺緅飾。紺，古暗反。緅，側由反。○君子，謂孔子。紺，深青揚赤色，齊服也。緅，絳色。三年之喪，以飾練服也。飾，領緣也。紅紫不以爲褻服。紅紫，間色不正，且近於婦人女子之服也。褻服，私居服也。言此，則不以爲朝祭之服可知。當暑，袗絺綌，必表而出之。袗，單也。葛之精者曰絺，粗者曰綌。表而出之，謂先著裏衣，表絺綌而出之於外，欲其不見體也。詩所謂「蒙彼縐絺」是也。緇衣，羔裘；素衣，麑裘；黄衣，狐裘。麑，研奚反。○緇，黑色。羔裘，用黑羊皮。麑，鹿子，色白。狐，色黄。衣以裼裘，欲其相稱。褻裘長，短右袂。長，欲其温。短右袂，所以便作事。必有寢衣，長一身有半。長，去聲。○齊主於敬，不可解衣而寢，又不可著明衣而寢，故別有寢衣，其半蓋以覆足。○程子曰：「此錯簡，當在『齊，必有明衣，布』之下。」愚謂如此則此條與明衣、變食既得以類相從，而褻裘、狐貉亦得以類相從矣。狐貉之厚以居。狐貉，毛深溫厚，私居取其適體。去喪，無所不佩。去，上聲。○君子無故，玉不去身。觿礪之屬，亦皆佩也。非帷裳，必殺之。殺，去聲。○朝祭之服，裳用正幅如帷〔五〕，要有襞積〔六〕，而旁無殺縫。其餘若深衣，要半下，齊倍要，則無襞積而有殺縫矣。羔裘玄冠不以弔。喪主素，吉主玄。弔必變服，所以哀死。吉月，必朝服而朝。吉月，月朔也。孔子在魯致仕時如此。○此一節，記孔子衣服之制。○蘇氏曰：「此孔氏遺書，雜記曲禮，非特孔子事也。」

齊，必有明衣，布。齊，側皆反。○齊，必沐浴，浴竟，即著明衣，所以明潔其體也，以布爲之。此下脱前章「寢衣」一簡。齊，必變食，居必遷坐。變食，謂不飲酒，不茹葷。遷坐，易常處也。○此一節，記孔子謹齊之事。○楊氏曰：「齊所以交神，故致潔變常以盡敬。」

食不厭精，膾不厭細。食，音嗣。○食，飯也。精，鑿也。牛羊與魚之腥，聶而切之爲膾。食精則能養人，膾粗則能害人。不厭，言以是爲善，非謂必欲如是也。食饐而餲，魚餒而肉敗，不食。色惡，不食。臭惡，不食。失飪，不食。不時，不食。食饐之食，音嗣。饐，於冀反。餲，烏邁反。飪，而甚反。○饐，飯傷熱濕也。餲，味變也。魚爛曰餒。肉腐曰敗。色惡、臭惡，未敗而色、臭變也。

飪，烹調生熟之節也。不時，五穀不成，果實未熟之類。此數者皆足以傷人，故不食。割不正，不食。割肉不方正者不食，造次不離於正也。漢陸續之母，切肉未嘗不方，斷葱以寸爲度，蓋其質美，與此暗合也。不得其醬，不食。食肉用醬，各有所宜，不得則不食，惡其不備也。此二者，無害於人，但不以嗜味而苟食耳。肉雖多，不使勝食氣。惟酒無量，不及亂。食，音嗣。量，去聲。○食以穀爲主，故不使肉勝食氣。酒以爲人合歡，故不爲量，但以醉爲節而不及亂耳。○程子曰：「不及亂者，非唯不使亂志，雖血氣亦不可使亂，但浹洽而已可也。」沽酒市脯，不食。沽、市，皆買也。恐不精潔，或傷人也。與不嘗康子之藥同意。不撤薑食。薑，通神明，去穢惡，故不撤。不多食。適可而止，無貪心也。祭於公，不宿肉。祭肉不出三日。出三日，不食之矣。助祭於公，所得胙肉，歸即頒賜。不俟經宿者，不留神惠也。家之祭肉，則不過三日，皆以分賜。蓋過三日，則肉必敗，而人不食之，是褻鬼神之餘也。但比君所賜胙，可少緩耳。食不語，寢不言。答述曰語。自言曰言。○范氏曰：「聖人存心不他，當食而食，當寢而寢，言語非其時也。」○楊氏曰：「肺爲氣主而聲出焉，寢食則氣窒而不通，語言恐傷之也。」亦通。雖疏食菜羹，瓜祭，必齊如也。食，音嗣。○陸氏曰：「魯論瓜作必。」○古人飲食，每種各出少許，置之豆間之地，以祭先代始爲飲食之人，不忘本也。齊，嚴敬貌。孔子雖薄物必祭，其祭必敬，聖人之誠也。○此一節，記孔子飲食之節。○謝氏曰：「聖人飲食如此，非極口腹之欲，蓋養氣、體，不以傷生，當如此。然聖人之所不食，窮口腹者或反食之，欲心勝而不暇擇也。」

席不正，不坐。謝氏曰：「聖人心安於正，故於位之不正者，雖小不處。」

鄉人飲酒，杖者出，斯出矣。杖者，老人也。六十杖於鄉，未出不敢先，既出不敢後。鄉人儺，朝服而立於阼階。儺，乃多反。○儺，所以逐疫，周禮方相氏掌之。阼階，東階也。儺雖古禮而近於戲，亦必朝服而臨之者，無所不用其誠敬也。或曰：「恐其驚先祖五祀之神，欲其依己而安也。」○此一節，記孔子居鄉之事。

問人於他邦，再拜而送之。拜送使者，如親見之，敬也。康子饋藥，拜而受之。曰：「丘未達，不敢嘗。」范氏曰：「凡賜食，必嘗以拜。藥未達，則不敢嘗。受而不飲，則虛人之賜，故告之如此。然則可飲而飲，不可飲而不飲，皆在其中矣。」○楊氏曰：「大夫有賜，拜而受之，禮也。未達不敢嘗，謹疾也。必告之，直也。」○此一節，記孔子與人交之誠意。

廄焚。子退朝，曰：「傷人乎？」不問馬。非不愛馬，然恐傷人之意多，故未暇問。蓋貴人賤畜，理當如此。

君賜食，必正席先嘗之；君賜腥，必熟而薦之；君賜生，必畜之。食恐或餕餘，故不以薦。正席先嘗，如對君也。言先嘗，則餘當以頒賜矣。腥，生肉。熟而薦之祖考，榮君賜也。畜之者，仁君之惠，無故不敢殺也。侍食於君，君祭，先飯。飯，扶晚反。○周禮：「王日一舉，膳夫授祭品嘗食，王乃食。」故侍食者，君祭，則己不祭而先飯，若爲君嘗食然，不敢當客禮也。疾，君視之，東首，加朝服，拖紳。首，去聲。拖，徒我反。○東首，以受生氣也。病卧不能著衣束帶，又不可以褻服見君，故加朝服於身，又引大帶於上也。君命召，不俟駕行矣。急趨君命，行出而駕車隨之。○此一節，記孔子事君之禮。

入太廟，每事問。重出。

朋友死，無所歸，曰：「於我殯。」朋友以義合，死無所歸，不得不殯。朋友之饋，雖車馬，非祭肉，不拜。朋友有通財之義，故雖車馬之重，不拜。祭肉則拜者，敬其祖考，同於己親也。○此一節，記孔子交朋友之義。

寢不尸，居不容。尸，謂偃卧似死人也。居，居家。容，容儀。范氏曰：「寢不尸，非惡其類於死也。惰慢之氣不設於身體，雖舒布其四體，而亦未嘗肆耳。居不容，非惰也。但不若奉祭祀、見賓客而已。申申、夭夭是也。」見齊衰者，雖狎，必變。見冕者與瞽者，雖褻，必以貌。狎，謂素親狎。褻，謂燕見。貌，謂禮貌。餘見前篇。凶服者，式之。式負版者。式，車前横木。有所敬，則俯而憑之。負版，持邦國圖籍者。式此二者，哀有喪，重民數也。人惟萬物之靈，而王者之所天也，故周禮「獻民數於王，王拜受之」。况其下者，敢不敬乎？有盛饌，必變色而作。敬主人之禮，非以其饌也。迅雷風烈，必變。迅，疾也。烈，猛也。必變者，所以敬天之怒。記曰：「若有疾風、迅雷、甚雨則必變，雖夜必興，衣服冠而坐。」○此一節，記孔子容貌之變。升車，必正立執綏。綏，挽以上車之索也。○范氏曰：「正立執綏，則心體無不正，而誠意肅恭矣。蓋君子莊敬無所不在，升車則見於此也。」車中，不内顧，不疾言，不親指。内顧，回視也。禮曰：「顧不過轂。」三者皆失容，且惑人。○此一節，記孔子升車之容。

色斯舉矣，翔而後集。言鳥見人之顔色不善，則飛去，回翔審視而後下止。人之見幾而作，審擇所處，亦當如此。然此上下，必有闕文矣。曰：「山梁雌雉，時哉！時哉！」子路共之，三嗅而作。共，九用反，又居勇反。嗅，許又反。○邢氏曰：「梁，橋也。時哉，言雉之飲啄得其時。子路不達，以爲時物而共具之。孔子不食，三嗅其氣而起。」○晁氏曰：「石經嗅作戞，謂雉鳴也。」劉聘君云：「嗅，當作臭，古闃反。張兩翅也。見爾雅。」愚按：如後兩説，則「共」字當爲拱執之義。然此必有闕文，不可强爲之説。姑記所聞，以俟知者。

校勘記

〔一〕皆去聲　「皆」，司禮監本作「並」。

〔二〕必欲至乎卓立之地也　「欲」，司禮監本作「求」。

〔三〕語之而未達　「未」，司禮監本作「不」。

〔四〕此衛風雄雉之篇　「篇」，司禮監本、吳本均作「詩」。
〔五〕裳用正幅如帷　「裳用」，仿元本乙倒。
〔六〕要有襞積　「積」，元甲本、仿元本均作「襀」。

論語集注卷第六

先進第十一

此篇多評弟子賢否，凡二十五章。胡氏曰：「此篇記閔子騫言行者四，而其一直稱閔子，疑閔氏門人所記也。」

子曰：「先進於禮樂，野人也；後進於禮樂，君子也。先進、後進，猶言前輩、後輩。野人，謂郊外之民。君子，謂賢士大夫也。○程子曰：「先進於禮樂，文質得宜，今反謂之質朴，而以爲野人。後進之於禮樂，文過其質，今反謂之彬彬，而以爲君子。蓋周末文勝，故時人之言如此，不自知其過於文也。」如用之，則吾從先進。」用之，謂用禮樂。孔子既述時人之言，又自言其如此，蓋欲損過以就中也。

子曰：「從我於陳、蔡者，皆不及門也。」從，去聲。○孔子嘗厄於陳、蔡之間，弟子多從之者，此時皆不在門。故孔子思之，蓋不忘其相從於患難之中也。德行：顏淵、閔子騫、冉伯牛、仲弓。言語：宰我、子貢。政事：冉有、季路。文學：子游、子夏。行，去聲。○弟子因孔子之言，記此十人，而并目其所長，分爲四科。孔子教人各因其材，於此可見。○程子曰：「四科乃從夫子於陳、蔡者爾，門人之賢者固不止此。曾子傳道而不與焉，故知十哲世俗論也。」

子曰：「回也非助我者也，於吾言無所不説。」説，音悦。○助我，若子夏之起予，因疑問而有以相長也。顔子於聖人之言，默識心通，無所疑問，故夫子云然。其辭若有憾焉，其實乃深喜之。○胡氏曰：「夫子之於回，豈真以助我望之。蓋聖人之謙德，又以深贊顔氏云爾〔一〕。」子曰：「孝哉閔子騫！人不間於其父母昆弟之言。」間，去聲。○胡氏曰：「父母兄弟稱其孝友，人皆信之無異詞者，蓋其孝友之實，有以積於中而著於外，故夫子歎而美之。」

南容三復白圭，孔子以其兄之子妻之。三、妻，並去聲。○詩大雅抑之篇曰：「白圭之玷，尚可磨也；斯言之玷，不可爲也。」南容一日三復此言，事見家語，蓋深有意於謹言也。此邦有道所以不廢，邦無道所以免禍，故孔子以兄子妻之。○范氏曰：「言者行之表，行者言之實，未有易其言而能謹於行者。南容欲謹其言如此，則必能謹其行矣。」

季康子問：「弟子孰爲好學？」孔子對曰：「有顔回者好學，不幸短命死矣！今也則亡。」好，去聲。○范氏曰：「哀公、康子問同而對有詳略者，臣之告君，不可不盡。若康子者，必待其能問乃告之，此教誨之道也。」

顔淵死，顔路請子之車以爲之椁。顔路，淵之父，名無繇。少孔子六歲，孔子始教而受學焉。椁，外棺也。請爲椁，欲賣車以買椁也。子曰：「才不才，亦各言其子也。鯉也死，有棺而無椁。

吾不徒行以爲之椁。以吾從大夫之後，不可徒行也。」鯉，孔子之子伯魚也，先夫子卒〔二〕。言鯉之才雖不及顏淵，然己與顏路以父視之，則皆子也。孔子時已致仕，尚從大夫之列，言「後」，謙辭。○胡氏曰：「孔子遇舊館人之喪，嘗脱驂以賻之矣。今乃不許顏路之請，何耶？葬可以無椁，驂可以脱而復求，大夫不可以徒行，命車不可以與人而鬻諸市也。且爲所識窮乏者得我，而勉强以副其意，豈誠心與直道哉？或者以爲君子行禮，視吾之有無而已。夫君子之用財，視義之可否，豈獨視有無而已哉？」

顏淵死。子曰：「噫！天喪予！天喪予！」喪，去聲。○噫，傷痛聲。悼道無傳，若天喪己也。

顏淵死，子哭之慟。從者曰：「子慟矣。」從，去聲。○慟，哀過也。曰：「有慟乎？哀傷之至，不自知也。非夫人之爲慟而誰爲！」夫，音扶。爲，去聲。○夫人，謂顏淵。言其死可惜，哭之宜慟，非他人之比也。○胡氏曰：「痛惜之至，施當其可，皆情性之正也。」

顏淵死，門人欲厚葬之，子曰：「不可。」喪具稱家之有無，貧而厚葬，不循理也，故夫子止之。門人厚葬之。蓋顏路聽之。子曰：「回也視予猶父也，予不得視猶子也。非我也，夫二三子也。」歎不得如葬鯉之得宜，以責門人也。

季路問事鬼神。子曰：「未能事人，焉能事鬼？」「敢問死。」曰：「未知生，焉知死？」焉，於虔反。○問事鬼神，蓋求所以奉祭祀之意。而死者人之所必有，不可不知，皆切問也。然非誠敬足以事人，則必不能事神；非原始而知所以生，則必不能反終而知所以死。蓋幽明始終，初無二理，但學之有序，不可躐等，故夫子告之如此。○程子曰：「晝夜者，死生之道也。知生之道，則知死之道。盡事人之道，則盡事鬼之道。死、生，人、鬼，一而二，二而一者也。或言夫子不告子路，不知此乃所以深告之也。」

閔子侍側，誾誾如也；子路，行行如也；冉有、子貢，侃侃如也。子樂。誾、侃，音義見前篇。行，胡浪反。樂，音洛。行行，剛强之貌。子樂者，樂得英材而教育之。「若由也，不得其死然。」尹氏曰：「子路剛强，有不得其死之理，故因以戒之。其後子路卒死於衛孔悝之難。」○洪氏曰：「漢書引此句，上有『曰』字。」或云：「上文『樂』字，即『曰』字之誤。」

魯人爲長府。長府，藏名。藏貨財曰府。爲，蓋改作之。閔子騫曰：「仍舊貫，如之何？何必改作？」仍，因也。貫，事也。○王氏曰：「改作勞民傷財，在於得已，則不如仍舊貫之善。」子曰：「夫人不言，言必有中。」夫，音扶。中，去聲。○言不妄發，發必當理，惟有德者能之。

子曰：「由之瑟，奚爲於丘之門？」程子曰：「言其聲之不和，與己不同也。」家語云：「子路鼓瑟，有北鄙殺伐之聲。」蓋其氣質剛勇，而不足於中和，故其發於聲者如此。門人不敬子路。子曰：「由也升堂矣，未入於室也。」門人以夫子之言，遂不敬子路，故夫子釋之。升堂入室，喻入道之次第。言子路之學，已造乎正大高明之域，特未深入精微之奧耳，未可以一事之失而遽忽之也。

子貢問：「師與商也孰賢？」子曰：「師也過，商也不及。」子張才高意廣，而好爲苟難，故常過中。子夏篤信謹守，而規模狹隘，故常不及。曰：「然則師愈與？」與，平聲。○愈，猶勝也。子曰：「過猶不及。」道以中庸爲至。賢智之過，雖若勝於愚不肖之不及，然其失中則一也。○尹氏曰：「中庸之爲德也，其至矣乎！夫過與不及，均也。差之毫氂，繆以千里。故聖人之教，抑其過，引其不及，歸於中道而已。」

季氏富於周公，而求也爲之聚斂而附益之。爲，去聲。○周公以王室至親，有大功，位冢宰，其富宜矣。季氏以諸侯之卿，而富過之，非攘奪其君、刻剝其民，何以得此？冉有爲季氏宰，又爲之急賦稅以益其富。子曰：「非吾徒也。小子鳴鼓而攻之，可也。」非吾徒，絕之也。小子鳴鼓而攻之，使門人聲其罪以責之也。聖人之惡黨惡而害民也如此。然師嚴而友親，故已絕之，而猶使門人正之，又見其愛人之無已也。○范氏曰：「冉有以政事之才，施於季氏，故爲不善至於如此，由其心術不明，不能反求諸身，而以仕爲急故也。」

柴也愚，柴，孔子弟子，姓高，字子羔。愚者，知不足而厚有餘。家語記其「足不履影，啓蟄不殺，方長不折。執親之喪，泣血三年，未嘗見齒。避難而行，不徑不竇」。可以見其爲人矣。參也魯，魯，鈍也。○程子曰：「參也竟以魯得之。」又曰：「曾子之學，誠篤而已。聖門學者，聰明才辨，不爲不多，而卒傳其道，乃質魯之人爾。故學以誠實爲貴也。」○尹氏曰：「曾子之才魯，故其學也確，所以能深造乎道也。」師也辟，辟，婢亦反。○辟，便辟也。謂習於容止，少誠實也。由也喭。喭，五旦反。○喭，粗俗也。傳稱喭者，謂俗論也。○楊氏曰：「四者性之偏，語之使知自勵也。」○吳氏曰：「此章之首，脫

『子曰』二字。或疑下章『子曰』當在此章之首，而通爲一章。」

子曰：「回也其庶乎，屢空。庶，近也。言近道也。屢空，數至空匱也。不以貧窶動心而求富，故屢至於空匱也。言其近道，又能安貧也。賜不受命，而貨殖焉，億則屢中。」中，去聲。○命，謂天命。貨殖，貨財生殖也。億，意度也。言子貢不如顔子之安貧樂道，然其才識之明，亦能料事而多中也。○程子曰：「子貢之貨殖，非若後人之豐財，但此心未忘耳。然此亦子貢少時事，至聞性與天道，則不爲此矣。」○范氏曰：「屢空者，簞食瓢飲屢絶而不改其樂也。天下之物，豈有可動其中者哉？貧富在天，而子貢以貨殖爲心，則是不能安受天命矣。其言而多中者，億而已，非窮理樂天者也。夫子嘗曰『賜不幸言而中，是使賜多言也』，聖人之不貴言也如是。」

子張問善人之道。子曰：「不踐迹，亦不入於室。」善人，質美而未學者也。○程子曰：「踐迹，如言循途守轍。善人雖不必踐舊迹而自不爲惡，然亦不能入聖人之室也。」○張子曰：「善人欲仁而未志於學者也。欲仁，故雖不踐成法，亦不蹈於惡，有諸己也。由不學，故無自而入聖人之室也。」

子曰：「論篤是與，君子者乎？色莊者乎？」與，如字。○言但以其言論篤實而與之，則未知其爲君子者乎？爲色莊者乎？言不可以言貌取人也。

子路問：「聞斯行諸？」子曰：「有父兄在，如之何其聞斯行之？」冉有問：「聞斯行諸？」子曰：「聞斯行之。」公西華曰：「由也問『聞斯行諸』，子曰『有父兄在』；求也問『聞斯行諸』，子曰『聞斯行之』。赤也惑，敢問。」子曰：「求也退，故進之；由也兼人，故退之。」

兼人，謂勝人也。○張敬夫曰：「聞義固當勇爲，然有父兄在，則有不可得而專者。若不稟命而行，則反傷於義矣。子路有聞，未之能行，惟恐有聞，則於所當爲不患其不能爲矣，特患爲之之意或過，而於所當稟命者有闕耳。若冉求之資稟失之弱，不患其不稟命也，患其於所當爲者逡巡畏縮，而爲之不勇耳。聖人一進之，一退之，所以約之於義理之中，而使之無過不及之患也。」

子畏於匡，顏淵後。子曰：「吾以女爲死矣。」曰：「子在，回何敢死？」女，音汝。○後，謂相失在後。何敢死，謂不赴鬬而必死也。○胡氏曰：「先王之制，民生於三，事之如一。惟其所在，則致死焉。況顏淵之於孔子，恩義兼盡，又非他人之爲師弟子者而已。即孔子不幸而遇難[三]，回必捐生以赴之矣。捐生以赴之，幸而不死，則必上告天子，下告方伯，請討以復讎，不但已也。夫子而在，則回何爲而不愛其死，以犯匡人之鋒乎？」

季子然問：「仲由、冉求可謂大臣與？」與，平聲。○子然，季氏子弟。自多其家得臣二子，故問之。子曰：「吾以子爲異之問，曾由與求之問。異，非常也。曾，猶乃也。輕二子以抑季然也。所謂大臣者，以道事君，不可則止。以道事君者，不從君之欲。不可則止者，必行己之志。今由與求也，可謂具臣矣。」具臣，謂備臣數而已。曰：「然則從之者與？」與，平聲。○意二子既非大臣，則從季氏之所爲而已。子曰：「弑父與君，亦不從也。」言二子雖不足於大臣之道，然君臣之義則聞之熟矣，弑逆大故，必不從之。蓋深許二子以死難不可奪之節，而又以陰折季氏不臣之心也。○尹氏曰：「季氏專權僭竊，二子仕其家而不能正也，知其不可而不能止也，可謂具臣矣。是時季氏已有無君之心，故自多其得人。意其可使從己也，故曰弒父與君，亦不從也，其庶乎二子可免矣。」

子路使子羔爲費宰。子路爲季氏宰而舉之也。子曰：「賊夫人之子。」夫，音扶，下同。○賊，害也。言子羔質美而未學，遽使治民，適以害之。子路曰：「有民人焉，有社稷焉，何必讀書，然後爲學？」言治民、事神皆所以爲學。子曰：「是故惡夫佞者。」惡，去聲。○治民、事神，固學者事，然必學之已成，然後可仕以行其學。若初未嘗學，而使之即仕以爲學，其不至於慢神而虐民者幾希矣。子路之言，非其本意，但理屈詞窮，而取辨於口以禦人耳〔四〕。故夫子不斥其非，而特惡其佞也。○范氏曰：「古者學而後入政，未聞以政學者也。蓋道之本在於脩身，而後及於治人，其說具於方册。讀而知之，然後能行，何可以不讀書也？子路乃欲使子羔以政爲學，失先後本末之序矣。不知其過而以口給禦人，故夫子惡其佞也。」

子路、曾皙、冉有、公西華侍坐。坐，才卧反。○皙，曾參父，名點。子曰：「以吾一日長乎爾，毋吾以也。長，上聲。○言我雖年少長於女，然女勿以我長而難言。蓋誘之盡言以觀其志，而聖人和氣謙德，於此亦可見矣。居則曰：『不吾知也！』如或知爾，則何以哉？」言女平居，則言人不知我。如或有人知汝，則汝將何以爲用也？子路率爾而對曰：「千乘之國，攝乎大國之間，加之以師旅，因之以饑饉；由也爲之，比及三年，可使有勇，且知方也。」夫子哂之。乘，去聲。饑，音機。饉，音僅。比，必二反，下同。哂，詩忍反。○率爾，輕遽之貌。攝，管束也。二千五百人爲師，五百人爲旅。因，仍也。穀不熟曰饑，菜不熟曰饉。方，向也，謂向義也。民向義，則能親其上、死其長矣。哂，微笑也。「求！爾何如？」對曰：「方六七十，如五六十，求也爲之，比及三年，可使足民。如其禮樂，以俟君子。」「求，爾何如？」孔子問也，下放此。方六七十里，小國也。如，猶或也。五六十里，則又小矣。足，富足也。俟君子，言非己所能。冉有謙退，又以子路見哂，故其詞益遜。

「赤！爾何如？」對曰：「非曰能之，願學焉。宗廟之事，如會同，端章甫，願爲小相焉。」相，去聲。○公西華志於禮樂之事，嫌以君子自居。故將言己志而先爲遜詞，言未能而願學也〔五〕。宗廟之事，謂祭祀。諸侯時見曰會，衆覜曰同。端，元端服。章甫，禮冠。相，贊君之禮者。言「小」，亦謙辭。

「點！爾何如？」鼓瑟希，鏗爾，舍瑟而作，對曰：「異乎三子者之撰。」子曰：「何傷乎？亦各言其志也。」曰：「莫春者，春服既成，冠者五六人，童子六七人，浴乎沂，風乎舞雩，詠而歸。」夫子喟然歎曰：「吾與點也！」鏗，苦耕反。舍，上聲。撰，士免反。莫、冠，並去聲。沂，魚依反。雩，音于。○四子侍坐，以齒爲序，則點當次對。以方鼓瑟，故孔子先問求、赤而後及點也。希，間歇也。作，起也。撰，具也。莫春，和煦之時〔六〕。春服，單袷之衣。浴，盥濯也，今上巳祓除是也。沂，水名，在魯城南，地志以爲有温泉焉，理或然也。風，乘凉也。舞雩，祭天禱雨之處，有壇墠樹木也。詠，歌也。曾點之學，蓋有以見夫人欲盡處，天理流行，隨處充滿，無少欠缺。故其動靜之際，從容如此。而其言志，則又不過即其所居之位，樂其日用之常，初無舍己爲人之意。而其胸次悠然，直與天地萬物上下同流，各得其所之妙，隱然自見於言外。視三子規規於事爲之末者，氣象不侔矣〔七〕，故夫子歎息而深許之〔八〕。而門人記其本末獨加詳焉，蓋亦有以識此矣。三子者出，曾皙後。曾皙曰：「夫三子者之言何如？」子曰：「亦各言其志也已矣。」夫，音扶。

曰：「夫子何哂由也？」點以子路之志，乃所優爲，而夫子哂之，故請其説。曰：「爲國以禮，其言不讓，是故哂之。」夫子蓋許其能，特哂其不遜。「唯求則非邦也與？」「安見方六七十如五六十而非邦也者？」與，平聲，下同。○曾點以冉求亦欲爲國而不見哂，故微問之。而夫子之答無貶詞，蓋亦許之。「唯赤則非邦也與？」「宗廟會同，非諸侯而何？赤也爲之小，孰能爲之大？」此亦曾皙問而夫子答也。孰能爲之大，言無能出其右者，亦許之之詞。○程子曰：「古之學者，優柔厭飫，有先後之序。如子路、冉有、公西赤言志如此，夫子許之。亦以此自是實事。後之學者好高，如人游心千里之外，然自身却只在此。」又曰：「孔子與點，蓋與聖人之志同，便是堯、舜氣象也。誠異三子者之撰，特行有不掩焉耳，此所謂狂也。子路等所見者小，子路只爲不達爲國以禮道理，是以哂之。若達，却便是這氣象也。」又曰：「三子皆欲得國而治之，故孔子不取〔九〕。曾點，狂者也，未必能爲聖人之事，而能知夫子之志。故曰浴乎沂，風乎舞雩，詠而歸，言樂而得其所也。孔子之志，在於老者安之，朋友信之，少者懷之，使萬物莫不遂其性。曾點知之，故孔子喟然歎曰『吾與點也』。」又曰：「曾點、漆雕開，已見大意。」

顔淵第十二

凡二十四章。

顔淵問仁。子曰：「克己復禮爲仁。一日克己復禮，天下歸仁焉。爲仁由己，而由人乎哉？」仁者，本心之全德。克，勝也。己，謂身之私欲也。復，反也。禮者，天理之節文也。爲仁者，所以全其心之德也。蓋心之全德，莫非天理，而亦不能不壞於人欲。故爲仁者必有以勝私欲而復於禮，則事皆天理，而本心之德復全於我矣。歸，猶與也。又言一日克己復禮，則天下之人皆與其仁，極言其效之甚速而至大也。又言爲仁由己而非他人所能預，又見其機之在我而無難也。日日克之，不以爲難，則私欲淨盡，天理流行，而仁不可勝用矣。○程子曰：「非禮處便是私意。既是私意，如何得仁？須是克盡己私，皆歸於禮，方始是仁。」又曰：「克己復禮，則事事皆仁，故曰天下歸仁。」○謝氏曰：「克己，須從性偏難克處克將去。」顔淵曰：「請問其目。」子曰：「非禮勿視，非禮勿聽，非禮勿言，非禮勿動。」顔淵曰：「回雖不敏，請事斯語矣。」目，條件也。顔淵聞夫子之言，則於天理人欲之際，已判然矣，故不復有所疑問，而直請其條目也。非禮者，己之私也。勿者，禁止之辭。是人心之所以爲主，而勝私復禮之機也。私勝，則動容周旋無不中禮，而日用之間莫非天理之流行矣。事，如事事之事。請事斯語，顔子默識其理，又自知其力有以勝之，故直以爲己任而不疑也。○程子曰：「顔淵問克己復禮之目，子曰『非禮勿視，非禮勿聽，非禮勿言，非禮勿動』四者，身之用也。由乎中而應乎外，制於外所以養其中也。顔淵事斯語，所以進於聖人。後之學聖人者，宜服膺而勿失也。」因箴以自警，其視箴曰：「心兮本虚，應物無迹。操之有要，視爲之則。蔽交於前，其中則遷。制之於外，以安其内。克己復禮，久而誠矣。」其聽箴曰：「人有秉彝，本乎天性。知誘物化，遂亡其正。卓彼先覺，知止有定。閑邪存誠，非禮勿聽。」其言箴曰：「人心之動，因言以宣。發禁躁妄，内斯静專。矧是樞機，興戎出好。吉凶榮辱，惟其所召。傷易則誕，傷煩則支。己肆物忤，出悖來違。非法不道，欽哉訓辭！」其動箴曰：「哲人知幾，誠之於思。志士勵行，守之於爲。順理則裕，從欲惟危。造次克念，戰兢自持。習與性成，聖賢同歸。」愚按：此章問答，乃傳授心法切要之言。非至明不能察其幾，非至健不能致其決。故惟顔子得聞之，而凡學者亦不可以不勉也。程子之箴，發明親切，學者尤宜深玩。

仲弓問仁。子曰：「出門如見大賓，使民如承大祭。己所不欲，勿施於人。在邦無怨，在家無怨。」仲弓曰：「雍雖不敏，請事斯語矣。」敬以持己，恕以及物，則私意無所容而心德全矣。内外無怨，亦以其效言之，使以自考也。○程子曰：「孔子言仁，只説出門如見大賓，使民如承大祭。看其氣象，便須心廣體胖，動容周旋中禮。惟謹獨，便是守之之法。」或問：「出門、使民之時，如此可也；未出門、使民之時，如之何？」曰：「此儼若思時也，有諸中而後見於外。觀其出門、使民之時，其敬如此，則前乎此者敬可知矣。非因出門、使民，然後有此敬也。」愚按：克己復禮，乾道也；主敬行恕，坤道也。顔、冉之學，其高下淺深，於此可見。然學者誠能從事於敬恕之間而有得焉，亦將無己之可克矣。

司馬牛問仁。司馬牛，孔子弟子，名犂，向魋之弟。子曰：「仁者其言也訒。」訒，音刃。○訒，忍也，難也。仁者心存而不放，故其言若有所忍而不易發，蓋其德之一端也。夫子以牛多言而躁，故告之以此。使其於此而謹之，則所以爲仁之方，不外是矣。曰：「其言也訒，斯謂之仁已乎？」子曰：「爲之難，言之得無訒乎？」牛意仁道至大，不但如夫子之所言，故夫子又告之以此。蓋心常存，故事不苟；事不苟，故其言自有不得而易者，非强閉之而不出也。○楊氏曰：「觀此及下章再問之語，牛之易其言可知。」○程子曰：「雖爲司馬牛多言故及此，然聖人之言，亦止此爲是。」愚謂牛之爲人如此，若不告之以其病之所切，而泛以爲仁之大概語之，則以彼之躁，必不能深思以去其病，而終無自以入德矣。故其告之如此。蓋聖人之言，雖有高下大小之不同，然其切於學者之身，而皆爲入德之要，則又初不異也。讀者其致思焉。

司馬牛問君子。子曰：「君子不憂不懼。」向魋作亂，牛常憂懼，故夫子告之以此。曰：「不憂不懼，斯謂之君子已乎？」子曰：「内省不疚，夫何憂何懼？」夫，音扶。○牛之再問，猶前章之意，故復告之以此。疚，病也。言由其平日所爲無愧於心，故能内省不疚，而自無憂懼，未可遽以爲易而忽之也。○晁氏曰：「不憂不懼，由乎德全而無疵。故無入而不自得，非實有憂懼而强排遣之也。」

司馬牛憂曰：「人皆有兄弟，我獨亡。」牛有兄弟而云然者，憂其爲亂而將死也。子夏曰：「商聞之矣：蓋聞之夫子。死生有命，富貴在天。命禀於有生之初，非今所能移；天莫之爲而爲，非我所能必，但當順受而已。君子敬而無失，與人恭而有禮。四海之内，皆兄弟也。君子何患乎無兄弟也？」既安於命，又當脩其在己者。故又言苟能持己以敬而不間斷，接人以恭而有節文，則天下之人皆愛敬之，如兄弟矣。蓋子夏欲以寬牛之憂，而爲是不得已之辭〔一〇〕，讀者不以辭害意可也。○胡氏曰：「子夏四海皆兄弟之言，特以廣司馬牛之意，意圓而語滯者也，惟聖人則無此病矣。且子夏知此而以哭子喪明，則以蔽於愛而昧於理，是以不能踐其言爾。」

子張問明。子曰：「浸潤之譖，膚受之愬，不行焉，可謂明也已矣。浸潤之譖，膚受之愬，不行焉，可謂遠也已矣。」譖，莊蔭反。愬，蘇路反。○浸潤，如水之浸灌滋潤，漸漬而不驟也。譖，毁人之行也。膚受，謂肌膚所受，利害切身。如易所謂「剥牀以膚，切近災」者也。愬，愬己之冤也。毁人者漸漬而不驟，則聽者不覺其入，而信之深矣。愬冤者急迫而切身，則聽者不及致詳，而發之暴矣。二者難察而能察之，則可見其心之明而不蔽於近矣。此亦必因子張之失而告之，故其詞繁而不殺，以致丁寧之意云。○楊氏曰：「驟而語之，與利害不切於身者，不行焉，有不待明者能之也。故浸潤之譖、膚受之愬不行，然後謂之明，而又謂之遠，遠則明之至也。書曰：『視遠惟明。』」

子貢問政。子曰：「足食，足兵，民信之矣。」言倉廩實而武備脩，然後教化行，而民信於我，不離叛也。子貢曰：「必不得已而去，於斯三者何先？」曰：「去兵。」去，上聲，下同。○言食足而信孚，則無兵而守固矣。子貢曰：「必不得已而去，於斯二者何先？」曰：「去食。自古皆有死，民無信不立。」民無食必死，然死者人之所必不免。無信，則雖生而無以自立，不若死之爲安。故寧死而不失信於民，使民亦寧死而不失信於我也。○程子曰：「孔門弟子善問，直窮到底，如此章者，非子貢不能問，非聖人不能答也。」愚謂以人情而言，則兵食足而後吾之信可以孚於民。以民德而言，則信本人之所固有，非兵食所得而先也。是以爲政者，當身率其民而以死守之，不以危急而可棄也。

棘子成曰：「君子質而已矣，何以文爲？」棘子成，衛大夫。疾時人文勝，故爲此言。子貢曰：「惜乎！夫子之説，君子也。駟不及舌。言子成之言，乃君子之意。然言出於舌，則駟馬不能追之，又惜其失言也。文猶質也，質猶文也。虎豹之鞟猶犬羊之鞟。」鞟，其郭反。○鞟，皮去毛者也。言文質等耳，不可相無。若必盡去其文而獨存其質，則君子小人無以辨矣。夫棘子成矯當時之弊，固失之過；而子貢矯子成之弊，又無本末輕重之差，胥失之矣。

哀公問於有若曰：「年饑，用不足，如之何？」稱有若者，君臣之詞。用，謂國用。公意蓋欲加賦以足用也。有若對曰：「盍徹乎？」徹，通也，均也。周制：一夫受田百畝，而與同溝共井之人通力合作，計畝均收。大率民得其九，公取其一，故謂之徹。魯自宣公税畝，又逐畝什取其一，則爲什而取二矣。故有若請但專行徹法，欲公節用以厚民也。曰：「二，吾猶不足，如之何其徹也？」二，即所謂什二也。公以有若不諭其旨，故言此以示加賦之意。對曰：「百姓足，君孰與不足？百姓不足，君孰與足？」民富則君不至獨貧，民貧則君不能獨富。有若深言君民一體之意，以止公之厚斂，爲人上者所宜深念也。○楊氏曰：「仁政必自經界始。經界正，而後井地均、穀禄平，而軍國之須皆量是以爲出焉〔一一〕。故一徹而百度舉矣，上下寧憂不足乎？以二猶不足而教之徹，疑若迂矣。然什一，天下之中正。多則桀，寡則貉，不可改也。後世不究其本而唯末之圖，故征斂無藝，費出無經，而上下困矣。

又惡知盍徹之當務而不爲迂乎?」

子張問崇德、辨惑。子曰:「主忠信,徙義,崇德也。主忠信,則本立。徙義,則日新。愛之欲其生,惡之欲其死。既欲其生,又欲其死,是惑也。惡,去聲。○愛惡,人之常情也。然人之生死有命,非可得而欲也。以愛惡而欲其生死,則惑矣。既欲其生,又欲其死,則惑之甚也。『誠不以富,亦祇以異。』」此詩小雅我行其野之詞也。舊說:夫子引之,以明欲其生死者不能使之生死。如此詩所言,不足以致富而適足以取異也。○程子曰:「此錯簡,當在第十六篇齊景公有馬千駟之上。因此下文亦有齊景公字而誤也。」○楊氏曰:「堂堂乎張也,難與並爲仁矣。則非誠善補過、不蔽於私者,故告之如此。」

齊景公問政於孔子。齊景公,名杵臼。魯昭公末年,孔子適齊。孔子對曰:「君君,臣臣,父父,子子。」此人道之大經,政事之根本也。是時景公失政,而大夫陳氏厚施於國。景公又多内嬖,而不立太子。其君臣父子之間,皆失其道,故夫子告之以此。公曰:「善哉!信如君不君,臣不臣,父不父,子不子,雖有粟,吾得而食諸?」景公善孔子之言而不能用,其後果以繼嗣不定,啟陳氏弑君篡國之禍。○楊氏曰:「君之所以君,臣之所以臣,父之所以父,子之所以子,是必有道矣。景公知善夫子之言,而不知反求其所以然,蓋悦而不繹者,齊之所以卒於亂也。」

子曰:「片言可以折獄者,其由也與?」折,之舌反。與,平聲。○片言,半言。折,斷也。子路忠信明決，故言出而人信服之，不待其辭之畢也。子路無宿諾。宿，留也，猶宿怨之宿。急於踐言，不留其諾也。記者因夫子之言而記此，以見子路之所以取信於人者，由其養之有素也。○尹氏曰：「小邾射以句繹奔魯，曰：『使季路要我，吾無盟矣。』千乘之國，不信其盟，而信子路之一言，其見信於人可知矣。一言而折獄者，信在言前，人自信之故也。不留諾，所以全其信也。」

子曰：「聽訟，吾猶人也，必也使無訟乎！」范氏曰：「聽訟者，治其末，塞其流也。正其本，清其源，則無訟矣。」○楊氏曰：「子路片言可以折獄，而不知以禮遜爲國，則未能使民無訟者也。故又記孔子之言，以見聖人不以聽訟爲難，而以使民無訟爲貴。」

子張問政。子曰：「居之無倦，行之以忠。」居，謂存諸心。無倦，則始終如一。行，謂發於事。以忠，則表裏如一。○程子曰：「子張少仁。無誠心愛民，則必倦而不盡心，故告之以此。」

子曰：「博學於文，約之以禮，亦可以弗畔矣夫！」重出。

子曰：「君子成人之美，不成人之惡。小人反是。」成者，誘掖獎勸以成其事也。君子小人，所存既有厚薄之殊，而其所好又有善惡之異。故其用心不同如此。

季康子問政於孔子。孔子對曰：「政者，正也。子帥以正，孰敢不正？」范氏曰：「未有己不正而能正人者。」○胡氏曰：「魯自中葉，政由大夫，家臣效尤，據邑背叛，不正甚矣。故孔子以是告之，欲康子以正自克，而改三家之故。惜乎康子之溺於利欲而不能也。」

季康子患盜，問於孔子。孔子對曰：「苟子之不欲，雖賞之不竊。」言子不貪欲，則雖賞民使之爲盗，民亦知恥而不竊。○胡氏曰：「季氏竊柄，康子奪嫡，民之爲盗，固其所也。盍亦反其本耶？孔子以不欲啓之，其旨深矣。」奪嫡事見春秋傳。

季康子問政於孔子，曰：「如殺無道，以就有道，何如？」孔子對曰：「子爲政，焉用殺？子欲善，而民善矣。君子之德風，小人之德草。草上之風，必偃。」焉，於虔反。○爲政者，民所視效，何以殺爲？欲善則民善矣。上，一作尚，加也。偃，仆也。○尹氏曰：「殺之爲言，豈爲人上之語哉？以身教者從，以言教者訟，而況於殺乎？」

子張問：「士何如，斯可謂之達矣？」達者，德孚於人而行無不得之謂。子曰：「何哉，爾所謂達者？」子張務外，夫子蓋已知其發問之意，故反詰之，將以發其病而藥之也。子張對曰：「在邦必聞，在家必聞。」言名譽著聞也。子曰：「是聞也，非達也。聞與達相似而不同，乃誠僞之所以分，學者不可不審也。故夫子既明辨之，下文又詳言之。夫達也者，質直而好義，察言而觀色，慮以下人。在邦必達，在家必達。夫，音扶，下同。好、下，皆去聲。○内主忠信，而所行合宜，審於接物，而卑以自牧，皆自脩於内，不求人知之事。然德脩於己而人信之，則所行自無窒礙矣。夫聞也者，色取仁而行違，居之不疑。在邦必聞，在家必聞。」行，去聲。○善其顔色以取於仁，而行實背之，又自以爲是而無所忌憚。此不務實而專務求名者，故虚譽雖隆而實德則病矣。○程子曰：「學者須是務實，不要近名。有意近名，大本已失，更學何事？爲名而學，則是僞也。今之學者，大抵爲名。爲名與爲利，雖清濁不同，然其利心則一也。」○尹氏曰：「子張之學，病在乎不務實。故孔子告之，皆篤實之事，充乎内而發乎外者也。當時門人親受聖人之教，而差失有如此者，況後世乎？」

樊遲從遊於舞雩之下，曰：「敢問崇德、脩慝、辨惑。」慝，吐得反。○胡氏曰：「慝之字從心從匿，蓋惡之匿於心者。脩者，治而去之。」子曰：「善哉問！善其切於爲己。先事後得，非崇德與？攻其惡，無攻人之惡，非脩慝與？一朝之忿，忘其身，以及其親，非惑與？」與，平聲。○先事後得，猶言先難後獲也。爲所當爲而不計其功，則德日積而不自知矣。專於治己而不責人，則己之惡無所匿矣。知一朝之忿爲甚微，而禍及其親爲甚大，則有以辨惑而懲其忿矣。樊遲粗鄙近利，故告之以此，三者皆所以救其失也。○范氏曰：「先事後得，上義而下利也。人惟有利欲之心，故德不崇。惟不自省己過而知人之過，故慝不脩。感物而易動者莫如忿，忘其身以及其親，惑之甚者也。惑之甚者必起於細微，能辨之於早，則不至於大惑矣。故懲忿所以辨惑也。」

樊遲問仁。子曰：「愛人。」問知。子曰：「知人。」上「知」字，去聲；下如字〔一二〕。○愛人，仁之施。知人，知之務。樊遲未達。曾氏曰：「遲之意，蓋以愛欲其周，而知有所擇，故疑二者之相悖爾。」子曰：「舉直錯諸枉，能使枉者直。」舉直錯枉者，知也。使枉者直，則仁矣。如此，則二者不惟不相悖，而反相爲用矣。樊遲退，見子夏，曰：「鄉也吾見於夫子而問『知』，子曰『舉直錯諸枉，能使枉者直』，何謂也？」鄉，去聲。見，賢徧反。○遲以夫子之言，專爲知者之事。又未達所以能使枉者直之理。子夏曰：「富哉言乎！歎其所包者廣，不止言知。舜有天下，選於衆，舉皋陶，不仁者遠矣。湯有天下，選於衆，舉伊尹，不仁者遠矣。」選，息戀反。陶，音遥。遠，如字。○伊尹，湯之相也。不仁者遠，言人皆化而爲仁，不見有不仁者，若其遠去爾，所謂使枉者直也。子夏蓋有以知夫子之兼仁、知而言矣。○程子曰：「聖人之語，因人而變化。雖若有淺近者，而其包含無所不盡，觀於此章可見矣。非若他人之言，語近則遺遠，語遠則不知近也。」○尹氏曰：「學者之問也，不獨欲聞其説，又必欲知其方；不獨欲知其方，又必欲爲其事。如樊遲之問仁、知也，夫子告之盡矣。樊遲未達，故又問焉，而猶未知其何以爲之也。及退而問諸子夏，然後有以知之。使其未喻，則必將復問矣。既問於師，又辯諸友，當時學者之務實也如是。」

子貢問友。子曰：「忠告而善道之，不可則止，無自辱焉。」告，工毒反。道，去聲。○友所以輔仁，故盡其心以告之，善其説以道之。然以義合者也，故不可則止。若以數而見疏，則自辱矣。

曾子曰：「君子以文會友，以友輔仁。」講學以會友，則道益明；取善以輔仁，則德日進。

校勘記

〔一〕又以深贊顔氏云爾　「氏」，司禮監本作「子」。

〔二〕先夫子卒　「夫」，司禮監本、吴本均作「孔」。

〔三〕即孔子不幸而遇難　「即」，原作「耶」，據元甲本、元乙本、司禮監本、吳本改。「孔」，司禮監本、仿元本、吳本均作「夫」。
〔四〕而取辨於口以禦人耳　「辨」，原作「辦」，據吳本及上文改。
〔五〕言未能而願學也　「也」，元甲本作「焉」。
〔六〕莫春和煦之時　以上六字原脱，據司禮監本補。
〔七〕氣象不侔矣　「氣」上，司禮監本、吳本均有「其」字。
〔八〕故夫子歎息而深許之　「故」，原作「所以」，據司禮監本、吳本改。
〔九〕故孔子不取　「孔」，吳本作「夫」。
〔一〇〕而爲是不得已之辭　「而」，元甲本、司禮監本、吳本均作「故」。
〔一一〕而軍國之須皆量是以爲出焉　「須」，司禮監本、吳本均作「需」。
〔一二〕下如字　「如字」，原作「同」，據吳本及正文改。

論語集注卷第七

子路第十三　凡三十章。

子路問政。子曰：「先之，勞之。」勞，如字。○蘇氏曰：「凡民之行，以身先之，則不令而行。凡民之事，以身勞之，則雖勤不怨。」請益。曰：「無倦。」無，古本作毋。○吴氏曰：「勇者喜於有爲而不能持久，故以此告之。」○程子曰：「子路問政，孔子既告之矣。及請益，則曰無倦而已，未嘗復有所告，姑使之深思也。」

仲弓爲季氏宰，問政。子曰：「先有司，赦小過，舉賢才。」有司，衆職也。宰兼衆職，然事必先之於彼，而後考其成功，則己不勞而事畢舉矣。過，失誤也。大者於事或有所害，不得不懲；小者赦之，則刑不濫而人心悦矣。賢，有德者。才，有能者。舉而用之，則有司皆得其人而政益脩矣。曰：「焉知賢才而舉之？」曰：「舉爾所知。爾所不知，人其舍諸？」焉，於虔反。舍，上聲。○仲弓慮無以盡知一時之賢才，故孔子告之以此。○程子曰：「人各親其親，然後不獨親其親。仲弓曰『焉知賢才而舉之』，子曰『舉爾所知。爾所不知，人其舍諸』，便見仲弓與聖人用心之大小。推此義，則一心可以興邦，一心可以喪邦，只在公私之間爾。」○范氏曰：「不先有司，則君行臣職矣；不赦小過，則下無全人矣；不舉賢才，則百職廢矣。失此三者，不可以爲季氏宰，況天下乎？」

子路曰：「衛君待子而爲政，子將奚先？」衛君，謂出公輒也。是時魯哀公之十年，孔子自楚反乎衛。子曰：「必也正名乎！」是時出公不父其父而禰其祖，名實紊矣，故孔子以正名爲先。○謝氏曰：「正名雖爲衛君而言，然爲政之道，皆當以此爲先。」子路曰：「有是哉，子之迂也！奚其正？」迂，謂遠於事情，言非今日之急務也。子曰：「野哉由也！君子於其所不知，蓋闕如也。野，謂鄙俗。責其不能闕疑，而率爾妄對也。名不正，則言不順；言不順，則事不成；楊氏曰：「名不當其實，則言不順。言不順，則無以考實而事不成。」事不成，則禮樂不興；禮樂不興，則刑罰不中；刑罰不中，則民無所措手足。中，去聲。○范氏曰：「事得其序之謂禮，物得其和之謂樂。事不成則無序而不和，故禮樂不興。禮樂不興，則施之政事皆失其道，故刑罰不中。」故君子名之必可言也，言之必可行也。君子於其言，無所苟而已矣。」程子曰：「名實相須，一事苟，則其餘皆苟矣。」○胡氏曰：「衛世子蒯聵耻其母南子之淫亂，欲殺之，不果而出奔。靈公欲立公子郢，郢辭。公卒，夫人立之，又辭。乃立蒯聵之子輒，以拒蒯聵。夫蒯聵欲殺母，得罪於父，而輒據國以拒父，皆無父之人也，其不可有國也明矣。夫子爲政，而以正名爲先，必將具其事之本末，告諸天王，請于方伯，命公子郢而立之。則人倫正，天理得，名正言順而事成矣。夫子告之之詳如此，而子路終不喻也。故事輒不去，卒死其難。徒知食焉不避其難之爲義，而不知食輒之食爲非義也。」

樊遲請學稼。子曰：「吾不如老農。」請學爲圃。曰：「吾不如老圃。」種五穀曰稼，種蔬菜曰圃。樊遲出。子曰：「小人哉，樊須也！小人，謂細民，孟子所謂小人之事者也。上好禮，則民莫敢不敬；上好義，則民莫敢不服；上好信，則民莫敢不用情。夫如是，則四方之民襁負其子而至矣，焉用稼？」好，去聲。夫，音扶。襁，居丈反。焉，於虔反。○禮、義、信，大人之事也。好義，則事合宜。情，誠實也。敬、服、用情，蓋各以其類而應也。襁，織縷爲之，以約小兒於背者。○楊氏曰：「樊須遊聖人之門，而問稼圃，志則陋矣，辭而闢之可也。待其出而後言其非，何也？蓋於其問也，自謂農圃之不如，則拒之者至矣。須之學疑不及此，而不能問，不能以三隅反矣，故不復。及其既出，則懼其終不喻也，求老農老圃而學焉，則其失愈遠矣。故復言之，使知前所言者意有在也。」

子曰：「誦詩三百，授之以政，不達；使於四方，不能專對；雖多，亦奚以爲？」使，去聲。○專，獨也。詩本人情，該物理，可以驗風俗之盛衰，見政治之得失。其言溫厚和平，長於風喻。故誦之者，必達於政而能言也。○程子曰：「窮經將以致用也。世之誦詩者，果能從政而專對乎？然則其所學者，章句之末耳，此學者之大患也。」

子曰：「其身正，不令而行；其身不正，雖令不從。」

子曰：「魯、衛之政，兄弟也。」魯，周公之後。衛，康叔之後。本兄弟之國，而是時衰亂，政亦相似，故孔子歎之。

子謂衛公子荆，「善居室。始有，曰苟合矣。少有，曰苟完矣。富有，曰苟美矣」。公子荆，衛大夫。苟，聊且粗略之意。合，聚也。完，備也。言其循序而有節，不以欲速盡美累其心。○楊氏曰：「務爲全美，則累物而驕吝之心生。公子荆皆曰苟而已，則不以外物爲心，其欲易足故也。」

子適衛，冉有僕。僕，御車也。子曰：「庶矣哉！」庶，衆也。冉有曰：「既庶矣，又何加焉？」曰：「富之。」庶而不富，則民生不遂，故制田里，薄賦斂以富之。曰：「既富矣，又何加焉？」曰：「教之。」富而不教，則近於禽獸。故必立學校，明禮義以教之。○胡氏曰：「天生斯民，立之司牧，而寄以三事。然自三代之後，能舉此職者，百無一二。漢之文、明，唐之太宗，亦云庶且富矣，西京之教無聞焉。明帝尊師重傅，臨雍拜老，宗戚子弟莫不受學；唐太宗大召名儒，增廣生員，教亦至矣，然而未知所以教也。三代之教，天子公卿躬行於上，言行政事皆可師法。彼二君者，其能然乎？」

子曰：「苟有用我者，期月而已可也，三年有成。」期月，謂周一歲之月也。可者，僅辭，言綱紀布也。有成，治功成也。○尹氏曰：「孔子歎當時莫能用己也，故云然。」愚按史記，此蓋爲衛靈公不能用而發。

子曰：「善人爲邦百年，亦可以勝殘去殺矣。誠哉是言也！」勝，平聲。去，上聲。○爲邦百年，言相繼而久也。勝殘，化殘暴之人，使不爲惡也。去殺，謂民化於善，可以不用刑殺也。蓋古有是言，而夫子稱之。○程子曰：「漢自高、惠至于文、景，黎民醇厚，幾致刑措，庶乎其近之矣。」○尹氏曰：

「勝殘去殺，不爲惡而已，善人之功如是。若夫聖人，則不待百年，其化亦不止此。」

子曰：「如有王者，必世而後仁。」王者，謂聖人受命而興也。三十年爲一世。仁，謂教化浹也。○程子曰：「周自文、武至于成王，而後禮樂興，即其效也。」○或問：「三年、必世，遲速不同，何也？」程子曰：「三年有成，謂法度紀綱有成而化行也。漸民以仁，摩民以義，使之浹於肌膚，淪於骨髓，而禮樂可興，所謂仁也。此非積久，何以能致？」

子曰：「苟正其身矣，於從政乎何有？不能正其身，如正人何？」

冉有退朝〔二〕。子曰：「何晏也？」對曰：「有政。」子曰：「其事也。如有政，雖不吾以，吾其與聞之。」朝，音潮。與，去聲。○冉有時爲季氏宰。朝，季氏之私朝也。晏，晚也。政，國政。事，家事。以，用也。禮：大夫雖不治事，猶得與聞國政。是時季氏專魯，其於國政，蓋有不與同列議於公朝，而獨與家臣謀於私室者。故夫子爲不知者而言，此必季氏之家事耳。若是國政，我嘗爲大夫，雖不見用，猶當與聞。今既不聞，則是非國政也。語意與魏徵獻陵之對略相似。其所以正名分，抑季氏，而教冉有之意深矣。

定公問：「一言而可以興邦，有諸？」孔子對曰：「言不可以若是其幾也。幾，期也。詩曰：『如幾如式。』言一言之間，未可以如此而必期其效。人之言曰：『爲君難，爲臣不易。』易，去聲。○當時有此言也。如知爲君之難也，不幾乎一言而興邦乎？」因此言而知爲君之難，則必戰戰兢兢，臨深履薄，而無一事之敢忽。然則此言也，豈不可以必期於興邦乎？爲定公言，故不及臣也。

曰：「一言而喪邦，有諸？」孔子對曰：「言不可以若是其幾也。人之言曰：『予無樂乎爲君，唯其言而莫予違也。』喪，去聲，下同。樂，音洛。○言他無所樂，惟樂此耳。如其善而莫之違也，不亦善乎？如不善而莫之違也，不幾乎一言而喪邦乎？」范氏曰：「言不善而莫之違，則忠言不至於耳。君日驕而臣日諂，未有不喪邦者也。」○謝氏曰：「知爲君之難，則必敬謹以持之。惟其言而莫予違，則讒諂面諛之人至矣。邦未必遽興喪也，而興喪之源分於此。然此非識微之君子，何足以知之？」

葉公問政。音義並見第七篇。子曰：「近者說，遠者來。」說，音悦。○被其澤則悦，聞其風則來。然必近者悦，而後遠者來也。

子夏爲莒父宰，問政。子曰：「無欲速，無見小利。欲速則不達，見小利則大事不成。」父，音甫。○莒父，魯邑名。欲事之速成，則急遽無序，而反不達。見小者之爲利，則所就者小，而所失者大矣。○程子曰：「子張問政，子曰：『居之無倦，行之以忠。』子夏問政，子曰：『無欲速，無見小利。』子張常過高而未仁，子夏之病常在近小，故各以切己之事告之。」

葉公語孔子曰：「吾黨有直躬者，其父攘羊，而子證之。」語，去聲。○直躬，直身而行者。有因而盗曰攘。孔子曰：「吾黨之直者異於是：父爲子隱，子爲父隱，直在其中矣。」爲，去聲。○父子相隱，天理人情之至也。故不求爲直，而直在其中。○謝氏曰：「順理爲直。父不爲子隱，子不爲父隱，於理順邪？瞽瞍殺人，舜竊負而逃，遵海濱而處。當是時，愛親之心勝，其於直不直，何暇計哉？」

樊遲問仁。子曰：「居處恭，執事敬，與人忠。雖之夷狄，不可棄也。」恭主容，敬主事。恭見於外，敬主乎中。之夷狄不可棄，勉其固守而勿失也。○程子曰：「此是徹上徹下語。聖人初無二語也，充之則睟面盎背，推而達之則篤恭而天下平矣。」○胡氏曰：「樊遲問仁者三：此最先，先難次之，愛人其最後乎？」

子貢問曰：「何如斯可謂之士矣？」子曰：「行己有耻，使於四方，不辱君命，可謂士矣。」使，去聲。○此其志有所不爲，而其材足以有爲者也。子貢能言，故以使事告之。蓋爲使之難，不獨貴於能言而已。曰：「敢問其次。」曰：「宗族稱孝焉，鄉黨稱弟焉。」弟，去聲。○此本立而材不足者，故爲其次。曰：「敢問其次。」曰：「言必信，行必果，硜硜然小人哉！抑亦可以爲次矣。」行，去聲。硜，苦耕反。○果，必行也。硜，小石之堅確者。小人，言其識量之淺狹也。此其本末皆無足觀，然亦不害其爲自守也，故聖人猶有取焉。下此則市井之人，不復可爲士矣。曰：「今之從政者何如？」子曰：「噫！斗筲之人，何足算也？」筲，所交反。算，亦作筭，悉亂反。○今之從政者，蓋如魯三家之屬。噫，心不平聲。斗，量名，容十升。筲，竹器，容斗二升。斗筲之人，言鄙細也。算，數也。子貢之問每下，故夫子以是警之。○程子曰：「子貢之意，蓋欲爲皎皎之行，聞於人者。夫子告之，皆篤實自得之事。」

子曰：「不得中行而與之，必也狂狷乎！狂者進取，狷者有所不爲也。」狷，音絹。○行，道也。狂者，志極高而行不掩。狷者，知未及而守有餘。蓋聖人本欲得中道之人而教之，然既不可得，而徒得謹厚之人，則未必能自振拔而有爲也。故不若得此狂狷之人，猶可因其志節，而激厲裁抑之以進於道，非與其終於此而已也。○孟子曰：「孔子豈不欲中道哉？不可必得，故思其次也。如琴張、曾晳、牧皮者，孔子之所謂狂也。其志嘐嘐然，曰：『古之人！古之人！』夷考其行而不掩焉者也。狂者又不可得，欲得不屑不潔之士而與之，是狷也，是又其次也。」

子曰：「南人有言曰：『人而無恒，不可以作巫醫。』善夫！」恒，胡登反。夫，音扶。○南人，南國之人。恒，常久也。巫所以交鬼神，醫所以寄死生，故雖賤役，而尤不可以無常〔二〕，孔子稱其言而善之。「不恒其德，或承之羞。」此易恒卦九三爻辭。承，進也。子曰：「不占而已矣。」復加「子曰」，以別易文也，其義未詳。○楊氏曰：「君子於易苟玩其占，則知無常之取羞矣。其爲無常也，蓋亦不占而已矣。」意亦略通。

子曰：「君子和而不同，小人同而不和。」和者，無乖戾之心。同者，有阿比之意。○尹氏曰：「君子尚義，故有不同。小人尚利，安得而和？」

子貢問曰：「鄉人皆好之，何如？」子曰：「未可也。」「鄉人皆惡之，何如？」子曰：「未可也。不如鄉人之善者好之，其不善者惡之。」好、惡，並去聲。○一鄉之人，宜有公論矣，然其間亦各以類自爲好惡也。故善者好之而惡者不惡，則必其有苟合之行。惡者惡之而善者不好，則必其無可好之實。

子曰：「君子易事而難説也：説之不以道，不説也；及其使人也，器之。小人難事而易説也：説之雖不以道，説也；及其使人也，求備焉。」易，去聲。説，音悦。○器之，謂隨其材器而使之也。君子之心公而恕，小人之心私而刻。天理人欲之間，每相反而已矣。

子曰：「君子泰而不驕，小人驕而不泰。」君子循理，故安舒而不矜肆。小人逞欲，故反是。

子曰：「剛、毅、木、訥，近仁。」程子曰：「木者，質樸。訥者，遲鈍。四者，質之近乎仁者也。」○楊氏曰：「剛、毅則不屈於物欲，木、訥則不至於外馳，故近仁。」

子路問曰：「何如斯可謂之士矣？」子曰：「切切、偲偲，怡怡如也，可謂士矣。朋友切切、偲偲，兄弟怡怡。」胡氏曰：「切切，懇到也。偲偲，詳勉也。怡怡，和説也。皆子路所不足，故告之。又恐其混於所施，則兄弟有賊恩之禍，朋友有善柔之損，故又别而言之。」

子曰：「善人教民七年，亦可以即戎矣。」教民者，教之孝悌忠信之行，務農講武之法。即，就也。戎，兵也。民知親其上，死其長，故可以即戎。○程子曰：「七年云者，聖人度其時可矣。如云期月、三年、百年、一世、大國五年、小國七年之類，皆當思其作爲如何乃有益。」

子曰：「以不教民戰，是謂棄之。」以，用也。言用不教之民以戰，必有敗亡之禍，是棄其民也。

憲問第十四

胡氏曰：「此篇疑原憲所記。」凡四十七章。

憲問恥。子曰：「邦有道，穀；邦無道，穀，恥也。」憲，原思名。穀，禄也。邦有道不能有爲，邦無道不能獨善，而但知食禄，皆可恥也。憲之狷介，其於「邦無道，穀」之可恥，固知之矣；至於「邦有道，穀」之可恥，則未必知也。故夫子因其問而并言之，以廣其志，使知所以自勉而進於有爲也。

「克、伐、怨、欲不行焉，可以爲仁矣？」此亦原憲以其所能而問也。克，好勝。伐，自矜。怨，忿恨。欲，貪欲。子曰：「可以爲難矣，仁則吾不知也。」有是四者而能制之，使不得行，可謂難矣。仁則天理渾然，自無四者之累，不行不足以言之也。○程子曰：「人而無克、伐、怨、欲，惟仁者能之。有之而能制其情，使不行，斯亦難能也。謂之仁則未也。此聖人開示之深，惜乎憲之不能再問也。」或曰：「四者不行，固不得爲仁矣。然亦豈非所謂克己之事，求仁之方乎？」曰：「克去己私以復乎禮，則私欲不留，而天理之本然者得矣。若但制而不行，則是未有拔去病根之意，而容其潛藏隱伏於胸中也。豈克己求仁之謂哉？學者察於二者之間，則其所以求仁之功，益親切而無滲漏矣。」

子曰：「士而懷居，不足以爲士矣。」居，謂意所便安處也。

子曰：「邦有道，危言危行；邦無道，危行言孫。」行、孫，並去聲。○危，高峻也。孫，卑順殆哉?」也。尹氏曰:「君子之持身不可變也,至於言則有時而不敢盡,以避禍也。然則爲國者使士言孫,豈不殆哉?」

子曰:「有德者必有言,有言者不必有德;仁者必有勇,勇者不必有仁。」有德者,和順積中,英華發外。能言者,或便佞口給而已。仁者,心無私累,見義必爲。勇者,或血氣之强而已。○尹氏曰:「有德者必有言,徒能言者未必有德也。仁者志必勇,徒能勇者未必有仁也。」

南宫适問於孔子曰:「羿善射,奡盪舟,俱不得其死然。禹、稷躬稼,而有天下。」夫子不答。南宫适出,子曰:「君子哉若人!尚德哉若人!」适,古活反。羿,音詣。奡,五報反。盪,土浪反。○南宫适,即南容也。羿,有窮之君,善射,滅夏后相而篡其位。其臣寒浞又殺羿而代之。奡,春秋傳作「澆」,浞之子也,力能陸地行舟,後爲夏后少康所誅。禹平水土暨稷播種,身親稼穡之事。禹受舜禪而有天下,稷之後至周武王亦有天下。适之意,蓋以羿、奡比當世之有權力者,而以禹、稷比孔子也。故孔子不答。然适之言如此,可謂君子之人,而有尚德之心矣,不可以不與。故俟其出而贊美之。

子曰:「君子而不仁者有矣,夫未有小人而仁者也。」夫,音扶。○謝氏曰:「君子志於仁矣,然毫忽之間,心不在焉,則未免爲不仁也。」

子曰:「愛之,能勿勞乎?忠焉,能勿誨乎?」蘇氏曰:「愛而勿勞,禽犢之愛也。忠而勿誨,婦寺之忠也。愛而知勞之,則其爲愛也深矣。忠而知誨之,則其爲忠也大矣。」

子曰:「爲命,裨諶草創之,世叔討論之,行人子羽脩飾之,東里子産潤色之。」裨,婢之反。諶，時林反。○裨諶以下四人，皆鄭大夫。草，略也。創，造也，謂造爲草稿也。世叔，游吉也，春秋傳作子太叔。討，尋究也。論，講議也。行人，掌使之官。子羽，公孫揮也。脩飾，謂增損之。東里，地名，子産所居也。潤色，謂加以文采也。鄭國之爲辭命，必更此四賢之手而成，詳審精密，各盡所長。是以應對諸侯，鮮有敗事。孔子言此，蓋善之也。

或問子産。子曰：「惠人也。」子産之政，不專於寬，然其心則一以愛人爲主。故孔子以爲惠人，蓋舉其重而言也。問子西。曰：「彼哉！彼哉！」子西，楚公子申，能遜楚國，立昭王，而改紀其政，亦賢大夫也。然不能革其僭王之號。昭王欲用孔子，又沮止之。其後卒召白公以致禍亂，則其爲人可知矣。彼哉者，外之之詞。問管仲。曰：「人也。奪伯氏駢邑三百，飯疏食，没齒無怨言。」人也，猶言此人也。伯氏，齊大夫。駢邑，地名。齒，年也。蓋威公奪伯氏之邑以與管仲，伯氏自知己罪，而心服管仲之功，故窮約以終身而無怨言。荀卿所謂「與之書社三百，而富人莫之敢拒」者，即此事也。○或問：「管仲、子産孰優？」曰：「管仲之德，不勝其才。子産之才，不勝其德。然於聖人之學，則概乎其未有聞也。」

子曰：「貧而無怨難，富而無驕易。」易，去聲。○處貧難，處富易，人之常情。然人當勉其難，而不可忽其易也。

子曰：「孟公綽爲趙、魏老則優，不可以爲滕、薛大夫。」公綽，魯大夫。趙、魏，晉卿之家。老，家臣之長。大家勢重，而無諸侯之事；家老望尊，而無官守之責。優，有餘也。滕、薛，二國名。大夫，任國政者。滕、薛國小政繁，大夫位高責重。然則公綽蓋廉静寡欲，而短於才者也。○楊氏曰〔三〕：「知之弗豫，枉其才而用之，則爲棄人矣。此君子所以患不知人也。言此，則孔子之用人可知矣。」

子路問成人。子曰：「若臧武仲之知，公綽之不欲，卞莊子之勇，冉求之藝，文之以禮樂，亦可以爲成人矣。」知，去聲。○成人，猶言全人。武仲，魯大夫，名紇。莊子，魯卞邑大夫。言兼此四子之長，則知足以窮理，廉足以養心，勇足以力行，藝足以泛應。而又節之以禮，和之以樂，使德成於内，而文見乎外。則材全德備，渾然不見一善成名之迹；中正和樂，粹然無復偏倚駁雜之蔽，而其爲人也亦成矣。然「亦」之爲言，非其至者，蓋就子路之所可及而語之也。若論其至，則非聖人之盡人道，不足以語此。曰：「今之成人者何必然？見利思義，見危授命，久要不忘平生之言，亦可以爲成人矣。」復加「曰」字者，既答而復言也。授命，言不愛其生，持以與人也。久要，舊約也。平生，平日也。有是忠信之實，則雖其才知禮樂有所未備，亦可以爲成人之次也。○程子曰：「知之明，信之篤，行之果，天下之達德也。若孔子所謂成人，亦不出此三者。武仲，知也；公綽，仁也；卞莊子，勇也；冉求，藝也〔四〕。須是合此四人之能，文之以禮樂，亦可以爲成人矣。然而論其大成，則不止於此。若今之成人，有忠信而不及於禮樂，則又其次者也。」又曰：「臧武仲之知，非正也。若文之以禮樂，則無不正矣。」又曰：「語成人之名，非聖人孰能之？孟子曰：『惟聖人然後可以踐形。』如此方可以稱成人之名。」○胡氏曰：「今之成人以下，乃子路之言。蓋不復聞斯行之之勇，而有終身誦之之固矣。未詳是否？」

子問公叔文子於公明賈曰：「信乎夫子不言、不笑、不取乎？」公叔文子，衛大夫公孫拔也〔五〕。公明，姓；賈，名；亦衛人。文子爲人，其詳不可知，然必廉静之士，故當時以三者稱之。公明賈對曰：「以告者過也。夫子時然後言，人不厭其言；樂然後笑，人不厭其笑；義然後取，人不厭其取。」子曰：「其然，豈其然乎？」厭者，苦其多而惡之之辭。事適其可，則人不厭，而不覺其有是矣。是以稱之或過，而以爲不言、不笑、不取也。然此言也，非禮義充溢於中、得時措之宜者不能。文子雖賢，疑未及此，但君子與人爲善，不欲正言其非也。故曰「其然，豈其然乎」，蓋疑之也。

子曰：「臧武仲以防求爲後於魯，雖曰不要君，吾不信也。」要，平聲。○防，地名，武仲所封邑也。要，有挾而求也。武仲得罪奔邾，自邾如防，使請立後而避邑，以示若不得請，則將據邑以叛，是要君也。○范氏曰：「要君者無上，罪之大者也。武仲之邑，受之於君。得罪出奔，則立後在君，非己所得專也。而據邑以請，由其好智而不好學也。」○楊氏曰：「武仲卑辭請後，其迹非要君者，而意實要之。夫子之言，亦春秋誅意之法也。」

子曰：「晉文公譎而不正，齊桓公正而不譎。」譎，古穴反。○晉文公，名重耳。齊威公，名小白。譎，詭也。二公皆諸侯盟主，攘夷狄以尊周室者也。雖其以力假仁，心皆不正，然威公伐楚，仗義執言，不由詭道，猶爲彼善於此。文公則伐衛以致楚，而陰謀以取勝，其譎甚矣。二君他事亦多類此，故夫子言此以發其隱。

子路曰：「桓公殺公子糾，召忽死之，管仲不死。」曰：「未仁乎？」糾，居黝反。召，音邵。

○按春秋傳，齊襄公無道，鮑叔牙奉公子小白奔莒。及無知弑襄公，管夷吾、召忽奉公子糾奔魯。魯人納之，未克，而小白入，是爲威公。使魯殺子糾而請管、召，召忽死之，管仲請囚。鮑叔牙言於威公以爲相。子路疑管仲忘君事讎，忍心害理，不得爲仁也。子曰：「桓公九合諸侯，不以兵車，管仲之力也。如其仁！如其仁！」九，春秋傳作糾，督也，古字通用。不以兵車，言不假威力也。如其仁，言誰如其仁者，又再言以深許之。蓋管仲雖未得爲仁人，而其利澤及人，則有仁之功矣。

子貢曰：「管仲非仁者與？桓公殺公子糾，不能死，又相之。」與，平聲。相，去聲。○子貢意不死猶可，相之則已甚矣。子曰：「管仲相桓公，霸諸侯，一匡天下，民到于今受其賜。微管仲，吾其被髮左衽矣。被，皮寄反。衽〔六〕，而審反。○霸，與伯同，長也。匡，正也。尊周室，攘夷狄，皆所以正天下也。微，無也。衽，衣衿也。被髮左衽，夷狄之俗也。豈若匹夫匹婦之爲諒也，自經於溝瀆而莫之知也。」諒，小信也。經，縊也。莫之知，人不知也。後漢書引此文，「莫」字上有「人」字。○程子曰：「威公，兄也。子糾，弟也。仲私於所事，輔之以爭國，非義也。威公殺之雖過，而糾之死實當。仲始與之同謀，遂與之同死，可也；知輔之爭爲不義，將自免以圖後功，亦可也。故聖人不責其死而稱其功。若使威弟而糾兄，管仲所輔者正，威奪其國而殺之，則管仲之與威，不可同世之讎也。若計其後功而與其事威，聖人之言，無乃害義之甚，啓萬世反覆不忠之亂乎？如唐之王珪、魏徵，不死建成之難，而從太宗，可謂害於義矣。後雖有功，何足贖哉？」愚謂管仲有功而無罪，故聖人獨稱其功；王、魏先有罪而後有功，則不以相掩可也。

公叔文子之臣大夫僎，與文子同升諸公。僎，士免反。○臣，家臣。公，公朝。謂薦之與己同進爲公朝之臣也。子聞之曰：「可以爲文矣。」文者，順理而成章之謂。謚法亦有所謂「錫民爵位曰文」者。○洪氏曰：「家臣之賤而引之使與己並，有三善焉：知人，一也；忘己，二也；事君，三也。」

子言衛靈公之無道也，康子曰：「夫如是，奚而不喪？」夫，音扶。喪，去聲。○喪，失位也。孔子曰：「仲叔圉治賓客，祝鮀治宗廟，王孫賈治軍旅。夫如是，奚其喪？」仲叔圉，即孔文子也。三人皆衛臣，雖未必賢，而其才可用。靈公用之，又各當其才。○尹氏曰：「衛靈公之無道，宜喪也，而能用此三人，猶足以保其國。而况有道之君，能用天下之賢才者乎？詩曰：『無競維人，四方其訓之。』」

子曰：「其言之不怍，則爲之也難。」大言不慚，則無必爲之志，而不自度其能否矣。欲踐其言，豈不難哉？

陳成子弑簡公。成子，齊大夫，名恒。簡公，齊君，名壬。事在春秋哀公十四年。孔子沐浴而朝，告於哀公曰：「陳恒弑其君，請討之。」朝，音潮。○是時孔子致事居魯，沐浴齊戒以告君，重其事而不敢忽也。臣弑其君，人倫之大變，天理所不容，人人得而誅之，况鄰國乎？故夫子雖已告老，而猶請哀公討之。公曰：「告夫三子！」夫，音扶，下「告夫」同。○三子，三家也。時政在三家，哀公不得自專，故使孔子告之。孔子曰：「以吾從大夫之後，不敢不告也。君曰告夫三子者？」孔子出而自言如此。意謂弒君之賊，法所必討，大夫謀國，義所當告，君乃不能自命三子，而使我告之耶？之三子告，不可。孔子曰：「以吾從大夫之後，不敢不告也。」以君命往告，而三子魯之强臣，素有無君之心，實與陳氏聲勢相倚，故沮其謀。而夫子復以此應之，其所以警之者深矣。○程子曰：「左氏記孔子之言曰：『陳恒弒其君，民之不予者半。以魯之衆，加齊之半，可克也。』此非孔子之言。誠若此言，是以力不以義也。若孔子之志，必將正名其罪，上告天子，下告方伯，而率與國以討之。至於所以勝齊者，孔子之餘事也，豈計魯人之衆寡哉？當是時，天下之亂極矣，因是足以正之，周室其復興乎？魯之君臣，終不從之，可勝惜哉！」○胡氏曰：「春秋之法：弒君之賊，人得而討之。仲尼此舉，先發後聞可也。」

子路問事君。子曰：「勿欺也，而犯之。」犯，謂犯顔諫爭。○范氏曰：「犯非子路之所難也，而以不欺爲難。故夫子教以先勿欺而後犯也。」

子曰：「君子上達，小人下達。」君子循天理〔七〕，故日進乎高明；小人徇人欲，故日究乎汙下。

子曰：「古之學者爲己，今之學者爲人。」爲，去聲。○程子曰：「爲己，欲得之於己也。爲人，欲見知於人也。」○程子曰：「古之學者爲己，其終至於成物。今之學者爲人，其終至於喪己。」愚按：聖賢論學者用心得失之際，其説多矣，然未有如此言之切而要者。於此明辨而日省之，則庶乎其不昧於所從矣。

蘧伯玉使人於孔子。使，去聲，下同。○蘧伯玉，衛大夫，名瑗。孔子居衛，嘗主於其家。既而反魯，故伯玉使人來也。孔子與之坐而問焉，曰：「夫子何爲？」對曰：「夫子欲寡其過而未能也。」使者出，子曰：「使乎！使乎！」與之坐，敬其主以及其使也。夫子，指伯玉也。言其但欲寡過而猶未能，則其省身克己，常若不及之意可見矣。使者之言愈自卑約，而其主之賢益彰，亦可謂深知君子之心而善於詞令者矣。故夫子再言「使乎」以重美之。按：莊周稱「伯玉行年五十而知四十九年之非」。又曰：「伯玉行年六十而六十化。」蓋其進德之功，老而不倦。是以踐履篤實，光輝宣著，不惟使者知之，而夫子亦信之也。

子曰：「不在其位，不謀其政。」重出。

曾子曰：「君子思不出其位。」此艮卦之象辭也〔八〕。曾子蓋嘗稱之，記者因上章之語而類記之也。○范氏曰：「物各止其所，而天下之理得矣。故君子所思不出其位，而君臣、上下、大小，皆得其職也。」

子曰：「君子恥其言而過其行。」行，去聲。○恥者，不敢盡之意。過者，欲有餘之詞。

子曰：「君子道者三，我無能焉：仁者不憂，知者不惑，勇者不懼。」知，去聲。○自責以勉人也。子貢曰：「夫子自道也。」道，言也。自道，猶云謙辭。○尹氏曰：「成德以仁爲先，進學以知爲先。故夫子之言，其序有不同者以此。」

子貢方人。子曰：「賜也賢乎哉？夫我則不暇。」夫，音扶。○方，比也。乎哉，疑辭。比方人物而較其短長，雖亦窮理之事，然專務爲此，則心馳於外，而所以自治者疏矣。故褒之而疑其詞，復自貶以深抑之。○謝氏曰：「聖人責人，辭不迫切而意已獨至如此。」

子曰：「不患人之不己知，患其不能也。」凡章指同而文不異者，一言而重出也。文小異者，屢言而各出也。此章凡四見，而文皆有異，則聖人於此一事，蓋屢言之，其丁寧之意亦可見矣。

子曰：「不逆詐，不億不信，抑亦先覺者，是賢乎！」逆，未至而迎之也。億，未見而意之也。詐，謂人欺己。不信，謂人疑己。抑，反語辭。言雖不逆不億，而於人之情僞，自然先覺，乃爲賢也。○楊氏曰：「君子一於誠而已，然未有誠而不明者。故雖不逆詐、不億不信，而常先覺也。若夫不逆不億而卒爲小人所罔焉，斯亦不足觀也已。」

微生畝謂孔子曰：「丘何爲是栖栖者與？無乃爲佞乎？」與，平聲。○微生，姓；畝，名也。畝名呼夫子而辭甚倨，蓋有齒德而隱者。栖栖，依依也。爲佞，言其務爲口給以悅人也。孔子曰：「非敢爲佞也，疾固也。」疾，惡也。固，執一而不通也。聖人之於達尊，禮恭而言直如此，其警之亦深矣。

子曰：「驥不稱其力，稱其德也。」驥，善馬之名。德，謂調良也。○尹氏曰：「驥雖有力，其稱在德。人有才而無德，則亦奚足尚哉？」

或曰：「以德報怨，何如？」或人所稱，今見老子書。德，謂恩惠也。子曰：「何以報德？言於其所怨，既以德報之矣，則人之有德於我者，又將何以報之乎？以直報怨，以德報德。」於其所怨者，愛憎取舍，一以至公而無私，所謂直也。於其所德者，則必以德報之，不可忘也。○或人之言，可謂厚矣。然以聖人之言觀之，則見其出於有意之私，而怨德之報皆不得其平也。必如夫子之言，然後二者之報各得其所。然怨有不讎，而德無不報，則又未嘗不厚也。此章之言，明白簡約，而其指意曲折反復，如造化之簡易易知，而微妙無窮，學者所宜詳玩也。

子曰：「莫我知也夫！」夫，音扶。○夫子自歎，以發子貢之問也。子貢曰：「何爲其莫知子也？」子曰：「不怨天，不尤人，下學而上達。知我者其天乎！」不得於天而不怨天，不合於人而不尤人，但知下學而自然上達。此但自言其反己自修，循序漸進耳，無以甚異於人而致其知也。然深味其語意，則見其中自有人不及知而天獨知之之妙。蓋在孔門，惟子貢之智幾足以及此，故特語以發之。惜乎其猶有所未達也！○程子曰：「不怨天，不尤人，在理當如此。」又曰：「下學上達，意在言表。」又曰：「學者須守下學上達之語，乃學之要。蓋凡下學人事，便是上達天理。然習而不察，則亦不能以上達矣。」

公伯寮愬子路於季孫。子服景伯以告，曰：「夫子固有惑志於公伯寮，吾力猶能肆諸市朝。」朝，音潮。○公伯寮，魯人。子服，氏；景，謚；伯，字。魯大夫子服何也。夫子，指季孫。言其有疑於寮之言也。肆，陳尸也。言欲誅寮。子曰：「道之將行也與？命也。道之將廢也與？命也。公伯寮其如命何！」與，平聲。○謝氏曰：「雖寮之愬行，亦命也。其實寮無如之何。」愚謂言此以曉景伯，安子路，而警伯寮耳。聖人於利害之際，則不待決於命而後泰然也。

子曰：「賢者辟世，辟，去聲，下同。○天下無道而隱，若伯夷、太公是也。其次辟地，去亂國，適治邦。其次辟色，禮貌衰而去。其次辟言。」有違言而後去也。○程子曰：「四者雖以大小次第言之，然非有優劣也，所遇不同爾。」

子曰：「作者七人矣。」李氏曰：「作，起也。言起而隱去者，今七人矣。不可知其誰何。必求其人以實之，則鑿矣。」

子路宿於石門。晨門曰：「奚自？」子路曰：「自孔氏。」曰：「是知其不可而爲之者與？」舉，平聲。○石門，地名。晨門，掌晨啓門，蓋賢人隱於抱關者也。自，從也，問其何所從來也。胡氏曰：「晨門知世之不可而不爲，故以是譏孔子。然不知聖人之視天下，無不可爲之時也。」

子擊磬於衛，有荷蕢而過孔氏之門者，曰：「有心哉！擊磬乎！」荷，去聲。○磬，樂器。荷，擔也。蕢，草器也。此荷蕢者，亦隱士也。聖人之心未嘗忘天下，此人聞其磬聲而知之，則亦非常人矣。既而曰：「鄙哉！硜硜乎！莫己知也，斯已而已矣。深則厲，淺則揭。」硜，苦耕反。莫己之己，音紀，餘音以。揭，起例反。○硜硜，石聲，亦專確之意。以衣涉水曰厲，攝衣涉水曰揭。此兩句，衛風匏有苦葉之詩也。譏孔子人不知己而不止，不能適淺深之宜。子曰：「果哉！末之難矣。」果哉，歎其果於忘世也。末，無也。聖人心同天地，視天下猶一家，中國猶一人，不能一日忘也。故聞荷蕢之言，而歎其果於忘世。且言人之出處，若但如此，則亦無所難矣。

子張曰：「書云：『高宗諒陰，三年不言。』何謂也？」高宗，商王武丁也。諒陰，天子居喪之名，未詳其義。子曰：「何必高宗，古之人皆然。君薨，百官總己以聽於冢宰三年。」言君薨，則諸侯亦然。總己，謂總攝己職。冢宰，大宰也。百官聽於冢宰，故君得以三年不言也。○胡氏曰：「位有貴賤，而生於父母無以異者。故三年之喪，自天子達於庶人〔九〕。子張非疑此也，殆以爲人君三年不言，則臣下無所禀令，禍亂或由以起也。孔子告以聽於冢宰，則禍亂非所憂矣。」

子曰：「上好禮，則民易使也。」好、易，皆去聲。○謝氏曰：「禮達而分定，故民易使。」

子路問君子。子曰：「脩己以敬。」曰：「如斯而已乎？」曰：「脩己以安人。」曰：「如斯而已乎？」曰：「脩己以安百姓。脩己以安百姓，堯、舜其猶病諸！」脩己以敬，夫子之言至矣盡矣。而子路少之，故再以其充積之盛、自然及物者告之，無他道也。人者，對己而言。百姓，則盡乎人矣。堯、舜猶病，言不可以有加於此。以抑子路，使反求諸近也。蓋聖人之心無窮，世雖極治，然豈能必知四海之内，果無一物不得其所哉？故堯、舜猶以安百姓爲病。若曰吾治已足，則非所以爲聖人矣。○程子曰：「君子脩己以安百姓，篤恭而天下平。唯上下一於恭敬，則天地自位，萬物自育，氣無不和，而四靈畢至矣。此體信達順之道，聰明睿知皆由是出，以此事天饗帝。」

原壤夷俟。子曰：「幼而不孫弟，長而無述焉，老而不死，是爲賊！」以杖叩其脛。孫、弟，並去聲。長，上聲。叩，音口。脛，其定反。○原壤，孔子之故人，母死而歌，蓋老氏之流，自放於禮法之外者。夷，蹲踞也。俟，待也。言見孔子來而蹲踞以待之也。述，猶稱也。賊者，害人之名。以其自幼至長，無一善狀，而久生於世，徒足以敗常亂俗，則是賊而已矣。脛，足骨也。孔子既責之，而因以所曳之杖微擊其脛，若使勿蹲踞然。

闕黨童子將命。或問之曰：「益者與？」與，平聲。○闕黨，黨名。童子，未冠者之稱。將命，謂傳賓主之言。或人疑此童子學有進益，故孔子使之傳命以寵異之也。子曰：「吾見其居於位也，見其與先生並行也。非求益者也，欲速成者也。」禮，童子當隅坐隨行。孔子言吾見此童子不循此禮，非能求益，但欲速成爾。故使之給使令之役，觀長少之序，習揖遜之容。蓋所以抑而教之，非寵而異之也。

校勘記

〔一〕冉有退朝　「有」，殘宋本、元甲本、司禮監本、吳本均作「子」。

〔二〕而尤不可以無常　「尤」，吳本作「猶」。

〔三〕楊氏曰　「楊」，吳本作「胡」。

〔四〕冉求藝也　以上四字原脱，據元甲本補。「藝也」，殘宋本、司禮監本、吳本均作「之藝」。

〔五〕衛大夫公孫拔也　「拔」，原作「枝」，據仿元本、吳本、禮記檀弓鄭注改。

〔六〕衽　「衽」，原作「任」，據殘宋本、元甲本、元乙本、司禮監本、吳本改。

〔七〕君子循天理　「循」，原作「反」，據殘宋本、元甲本、司禮監本、吳本改。

〔八〕此艮卦之象辭也　「辭也」二字原脱，據司禮監本、吳本補。

〔九〕自天子達於庶人　「於庶人」三字原脱，據元甲本、司禮監本補。

論語集注卷第八

衛靈公第十五 凡四十一章。

衛靈公問陳於孔子。孔子對曰：「俎豆之事，則嘗聞之矣；軍旅之事，未之學也。」明日遂行。陳，去聲。○陳，謂軍師行伍之列。俎豆，禮器。尹氏曰：「衛靈公，無道之君也，復有志於戰伐之事，故答以未學而去之。」在陳絶糧，從者病，莫能興。從，去聲。○孔子去衛適陳。興，起也。子路慍見，曰：「君子亦有窮乎？」子曰：「君子固窮，小人窮斯濫矣。」見，賢徧反。○何氏曰：「濫，溢也。言君子固有窮時，不若小人窮則放溢爲非。」程子曰：「固窮者，固守其窮。」亦通。○愚謂聖人當行而行，無所顧慮，處困而亨，無所怨悔，於此可見。學者宜深味之。

子曰：「賜也，女以予爲多學而識之者與？」女，音汝。識，音志。與，平聲，下同。○子貢之學，多而能識矣。夫子欲其知所本也，故問以發之。對曰：「然。非與？」方信而忽疑，蓋其積學功至，而亦將有得也。曰：「非也。予一以貫之。」説見第四篇。然彼以行言，而此以知言也。○謝氏曰：「聖人之道大矣，人不能徧觀而盡識，宜其以爲多學而識之也。然聖人豈務博者哉？如天之於衆形，匪物物刻而雕之也。故曰：『予一以貫之。』『德輶如毛，毛猶有倫。上天之載，無聲無臭。』至矣！」尹氏曰：「孔子之於曾子，不待其問而直告之以此，曾子復深喻之曰『唯』。若子貢，則先發其疑而後告之，而子貢終亦不能如曾子之『唯』也。二子所學之淺深，於此可見。」愚按：夫子之於子貢，屢有以發之，而他人不與焉。則顔、曾以下諸子所學之淺深，又可見矣。

子曰：「由！知德者鮮矣。」鮮，上聲。○由，呼子路之名而告之也。德，謂義理之得於己者。非己有之，不能知其意味之實也。○自第一章至此，疑皆一時之言。此章蓋爲愠見發也。

子曰：「無爲而治者，其舜也與？夫何爲哉？恭己正南面而已矣。」與，平聲。夫，音扶。○無爲而治者，聖人德盛而民化，不待其有所作爲也。獨稱舜者，紹堯之後，而又得人以任衆職，故尤不見其有爲之迹也。恭己者，聖人敬德之容。既無所爲，則人之所見如此而已。

子張問行。猶問達之意也。子曰：「言忠信，行篤敬，雖蠻貊之邦行矣；言不忠信，行不篤敬，雖州里行乎哉？行篤、行不之行，去聲。貊，亡百反。○子張意在得行於外，故夫子反於身而言之，猶答干禄問達之意也。篤，厚也。蠻，南蠻。貊，北狄。二千五百家爲州。立，則見其參於前也；在輿，則見其倚於衡也。夫然後行。」參，七南反。夫，音扶。○其者，指忠信、篤敬而言。參，讀如「毋往參焉」之「參」，言與我相參也。衡，軛也。言其於忠信、篤敬念念不忘，隨其所在，常若有見，雖欲頃刻離之而不可得。然後一言一行，自然不離於忠信、篤敬，而蠻貊可行也。子張書諸紳。紳，大帶之垂者。書之，欲其不忘也。○程子曰：「學要鞭辟近裏，著己而已。博學而篤志，切問而近思；言忠信，行篤敬；立則見其參於前，在輿則見其倚於衡；只此是學〔一〕。質美者明得盡，查滓便渾化，却與天地同體。其次惟莊敬以持養之，及其至則一也。」

子曰：「直哉史魚！邦有道，如矢；邦無道，如矢。史，官名。魚，衛大夫，名鰌。如矢，言直也。史魚自以不能進賢退不肖，既死猶以尸諫，故夫子稱其直。事見家語。君子哉蘧伯玉！邦有道，則仕；邦無道，則可卷而懷之。」伯玉出處，合於聖人之道，故曰君子。卷，收也。懷，藏也。如於孫林父、甯殖放弑之謀，不對而出，亦其事也。○楊氏曰：「史魚之直，未盡君子之道。若蘧伯玉，然後可免於亂世。若史魚之如矢，則雖欲卷而懷之，有不可得也。」

子曰：「可與言而不與之言，失人；不可與言而與之言，失言。知者不失人，亦不失言。」知，去聲。

子曰：「志士仁人，無求生以害仁，有殺身以成仁。」志士，有志之士。仁人，則成德之人也。理當死而求生，則於其心有不安矣，是害其心之德也。當死而死，則心安而德全矣。○程子曰：「實理得之於心自别。實理者，實見得是，實見得非也。古人有捐軀隕命者，若不實見得，惡能如此？須是實見得生不重於義，生不安於死也。故有殺身以成仁者，只是成就一箇是而已。」

子貢問爲仁。子曰：「工欲善其事，必先利其器。居是邦也，事其大夫之賢者，友其士之仁者。」賢以事言，仁以德言。夫子嘗謂子貢悦不若己者，故以是告之。欲其有所嚴憚切磋以成其德也。○程子曰：「子貢問爲仁，非問仁也，故孔子告之以爲仁之資而已。」

顏淵問爲邦。顏子王佐之才，故問治天下之道。曰爲邦者，謙辭。子曰：「行夏之時，夏時，謂以斗柄初昏建寅之月爲歲首也。天開於子，地闢於丑，人生於寅，故斗柄建此三辰之月，皆可以爲歲首。而三代迭用之，夏以寅爲人正，商以丑爲地正，周以子爲天正也。然時以作事，則歲月自當以人爲紀。故孔子嘗曰「吾得夏時焉」，而説者以爲謂夏小正之屬。蓋取其時之正與其令之善，而於此又以告顏子也。乘殷之輅，輅，音路，亦作路。○商輅，木輅也。輅者，大車之名。古者以木爲車而已，至商而有輅之名，蓋始異其制也。周人飾以金玉，則過侈而易敗，不若商輅之朴素渾堅而等威已辨，爲質而得其中也。服周之冕，周冕有五，祭服之冠也。冠上有覆，前後有旒。黄帝以來，蓋已有之，而制度儀等，至周始備。然其爲物小，而加於衆體之上，故雖華而不爲靡，雖費而不及奢。夫子取之，蓋亦以爲文而得其中也。樂則韶舞。取其盡善盡美。放鄭聲，遠佞人。鄭聲淫，佞人殆。」遠，去聲。○放，謂禁絶之。鄭聲，鄭國之音。佞人，卑諂辨給之人。殆，危也。○程子曰：「問政多矣，惟顏淵告之以此。蓋三代之制，皆因時損益，及其久也，不能無弊。周衰，聖人不作，故孔子斟酌先王之禮，立萬世常行之道，發此以爲之兆爾。由是求之，則餘皆可考也。」張子曰：「禮樂，治之法也。放鄭聲，遠佞人，法外意也。一日不謹，則法壞矣。虞、夏君臣更相飭戒，意蓋如此。」又曰：「法立而能守，則德可久，業可大。鄭聲佞人，能使人喪其所守，故放遠之。」尹氏曰：「此所謂百王不易之大法。孔子之作春秋，蓋此意也。孔、顏雖不得行之於時，然其爲治之法，可得而見矣。」

子曰：「人無遠慮，必有近憂。」蘇氏曰：「人之所履者，容足之外，皆爲無用之地，而不可廢也。故慮不在千里之外，則患在几席之下矣。」

子曰：「已矣乎！吾未見好德如好色者也。」好，去聲。○已矣乎，歎其終不得而見也。

子曰：「臧文仲其竊位者與？知柳下惠之賢，而不與立也。」者與之與，平聲。○竊位，言不稱其位而有愧於心，如盜得而陰據之也。柳下惠，魯大夫展獲，字禽，食邑柳下，謚曰惠。與立，謂與之並立於朝。范氏曰：「臧文仲爲政於魯，若不知賢，是不明也；知而不舉，是蔽賢也。不明之罪小，蔽賢之罪大。故孔子以爲不仁，又以爲竊位。」

子曰：「躬自厚而薄責於人，則遠怨矣。」遠，去聲。○責己厚，故身益脩；責人薄，故人易從。所以人不得而怨之。

子曰：「不曰『如之何，如之何』者，吾末如之何也已矣。」如之何，如之何者，熟思而審處之辭也。不如是而妄行，雖聖人亦無如之何矣。

子曰：「羣居終日，言不及義，好行小慧，難矣哉！」好，去聲。○小慧，私智也。言不及義，則放辟邪侈之心滋。好行小慧，則行險僥倖之機熟。難矣哉者，言其無以入德，而將有患害也。

子曰：「君子義以爲質，禮以行之，孫以出之，信以成之。君子哉！」孫，去聲。○義者制事之本，故以爲質幹。而行之必有節文，出之必以退遜，成之必在誠實，乃君子之道也。○程子曰：「義以爲質，如質幹然；禮行此，孫出此，信成此。此四句只是一事，以義爲本。」又曰：「敬以直內，則義以方外。義以爲質，則禮以行之，孫以出之，信以成之。」

子曰：「君子病無能焉，不病人之不己知也。」

子曰：「君子疾沒世而名不稱焉。」范氏曰：「君子學以爲己，不求人知。然沒世而名不稱焉，則無爲善之實可知矣。」

子曰：「君子求諸己，小人求諸人。」謝氏曰：「君子無不反求諸己，小人反是。此君子小人所以分也。」○楊氏曰：「君子雖不病人之不己知，然亦疾沒世而名不稱也。雖疾沒世而名不稱，然所以求者，亦反諸己而已。小人求諸人，故違道干譽，無所不至。三者文不相蒙，而義實相足，亦記言者之意。」

子曰：「君子矜而不爭，羣而不黨。」莊以持己曰矜。然無乖戾之心，故不爭。和以處衆曰羣。然無阿比之意，故不黨。

子曰：「君子不以言舉人，不以人廢言。」

子貢問曰：「有一言而可以終身行之者乎？」子曰：「其恕乎！己所不欲，勿施於人。」推己及物，其施不窮，故可以終身行之。○尹氏曰：「學貴於知要。子貢之問，可謂知要矣。孔子告以求仁之方也。推而極之，雖聖人之無我，不出乎此。終身行之，不亦宜乎？」

子曰：「吾之於人也，誰毀誰譽？如有所譽者，其有所試矣。譽，平聲。○毀者，稱人之惡而損其真。譽者，揚人之善而過其實。夫子無是也。然或有所譽者，則必嘗有以試之，而知其將然矣。聖人善善之速，而無所苟如此。若其惡惡，則已緩矣。是以雖有以前知其惡，而終無所毁也。斯民也，三代之所以直道而行也。」斯民者，今此之人也。三代，夏、商、周也。直道，無私曲也。言吾之所以無所毁譽者，蓋以此民，即三代之時所以善其善、惡其惡而無所私曲之民。故我今亦不得而枉其是非之實也。○尹氏曰：「孔子之於人也，豈有意於毁譽之哉？其所以譽之者，蓋試而知其美故也。斯民也，三代所以直道而行，豈得容私於其間哉？」

子曰：「吾猶及史之闕文也，有馬者借人乘之。今亡已夫！」夫，音扶。○楊氏曰：「史闕文、馬借人，此二事孔子猶及見之。今亡已夫，悼時之益偷也。」愚謂此必有爲而言。蓋雖細故，而時變之大者可知矣。○胡氏曰：「此章義疑，不可强解。」

子曰：「巧言亂德，小不忍則亂大謀。」巧言，變亂是非，聽之使人喪其所守。小不忍，如婦人之仁、匹夫之勇皆是。

子曰：「衆惡之，必察焉；衆好之，必察焉。」好、惡，並去聲。○楊氏曰：「惟仁者能好惡人。衆好惡之而不察，則或蔽於私矣。」

子曰：「人能弘道，非道弘人。」弘，廓而大之也。人外無道，道外無人。然人心有覺，而道體無爲，故人能大其道，道不能大其人也。○張子曰：「心能盡性，人能弘道也；性不知檢其心，非道弘人也。」

子曰：「過而不改，是謂過矣。」過而能改，則復於無過。惟不改，則其過遂成，而將不及改矣。

子曰：「吾嘗終日不食，終夜不寢，以思，句。無益，句。不如學也。」此爲思而不學者言之。蓋勞心以必求，不如遜志而自得也。○李氏曰：「夫子非思而不學者，特垂語以教人爾。」

子曰：「君子謀道不謀食。耕也，餒在其中矣；學也，祿在其中矣。君子憂道不憂貧。」餒，奴罪反。○耕所以謀食，而未必得食。學所以謀道，而祿在其中。然其學也，憂不得乎道而已，非爲憂貧之故，而欲爲是以得祿也。○尹氏曰：「君子治其本而不恤其末，豈以在外者爲憂樂哉？」

子曰：「知及之，仁不能守之，雖得之，必失之。知，去聲。○知足以知此理，而私欲間之，則無以有之於身矣。知及之，仁能守之，不莊以涖之，則民不敬。涖，臨也。謂臨民也。知此理而無私欲以間之，則所知者在我而不失矣。然猶有不莊者，蓋氣習之偏，或有厚於内而不嚴於外者，是以民不見其可畏而慢易之。下句放此。知及之，仁能守之，莊以涖之，動之不以禮，未善也。」動之，動民也。猶曰鼓舞而作興之云爾。禮，謂義理之節文。○愚謂學至於仁，則善有諸己而大本立矣。涖之不莊，動之不以禮，乃其氣稟學問之小疵，然亦非盡善之道也。故夫子歷言之，使知德愈全則責愈備，不可以爲小節而忽之也。

子曰：「君子不可小知，而可大受也；小人不可大受，而可小知也。」此言觀人之法。知，我知之也。受，彼所受也。蓋君子於細事未必可觀，而材德足以任重；小人雖器量淺狹，而未必無一長可取。

子曰：「民之於仁也，甚於水火。水火，吾見蹈而死者矣，未見蹈仁而死者也。」民之於水火，所賴以生，不可一日無。其於仁也亦然。但水火外物，而仁在己。無水火，不過害人之身，而不仁則失其心。是仁有甚於水火，而尤不可以一日無也〔二〕。況水火或有時而殺人，仁則未嘗殺人，亦何憚而不爲哉？○李氏曰：「此夫子勉人爲仁之語。」下章放此。

子曰：「當仁，不讓於師。」當仁，以仁爲己任也。雖師亦無所遜，言當勇往而必爲也。蓋仁者，人所自有而自爲之，非有爭也，何遜之有？○程子曰：「爲仁在己，無所與遜。若善名在外，則不可不遜。」

子曰：「君子貞而不諒。」貞，正而固也。諒，則不擇是非而必於信。

子曰：「事君，敬其事而後其食。」後，與後獲之後同。○食，禄也。君子之仕也，有官守者修其職，有言責者盡其忠。皆以敬吾之事而已，不可先有求禄之心也。

子曰：「有教無類。」人性皆善，而其類有善惡之殊者，氣習之染也。故君子有教，則人皆可以復於善，而不當復論其類之惡矣。

子曰：「道不同，不相爲謀。」爲，去聲。○不同，如善惡邪正之異。

子曰：「辭達而已矣。」辭，取達意而止，不以富麗爲工。

師冕見，及階，子曰：「階也。」及席，子曰：「席也。」皆坐，子告之曰：「某在斯，某在斯。」見，賢徧反。○師，樂師，瞽者。冕，名。再言某在斯，歷舉在坐之人以詔之。

師冕出。子張問曰：「與師言之道與？」與，平聲。○聖門學者，於夫子之一言一動，無不存心省察如此。子曰：「然。固相師之道也。」相，去聲。○相，助也。古者瞽必有相，其道如此。蓋聖人於此，非作意而爲之，但盡其道而已。○尹氏曰：「聖人處己爲人，其心一致，無不盡其誠故也。有志於學者，求聖人之心，於斯亦可見矣。」○范氏曰：「聖人不侮鰥寡，不虐無告，可見於此。推之天下，無一物不得其所矣。」

季氏第十六

洪氏曰：「此篇或以爲齊論。」凡十四章。

季氏將伐顓臾。顓，音專。臾，音俞。○顓臾，國名，魯附庸也。冉有、季路見於孔子曰：「季氏將有事於顓臾。」見，賢徧反。○按左傳、史記，二子仕季氏不同時。此云爾者，疑子路嘗從孔子自衛反魯，再仕季氏，不久而復之衛也。孔子曰：「求！無乃爾是過與？與，平聲。○冉求爲季氏聚斂，尤用事。故夫子獨責之。夫顓臾，昔者先王以爲東蒙主，且在邦域之中矣，是社稷之臣也。何以伐爲？」夫，音扶。○東蒙，山名。先王封顓臾於此山之下，使主其祭，在魯地七百里之中。社稷，猶云公家。是時四分魯國，季氏取其二，孟孫、叔孫各有其一。獨附庸之國尚爲公臣，季氏又欲取以自益。故孔子言顓臾乃先王封國，則不可伐；在邦域之中，則不必伐；是社稷之臣，則非季氏所當伐也。此事理之至當，不易之定體，而一言盡其曲折如此，非聖人不能也。冉有曰：「夫子欲之，吾二臣者皆不欲也。」夫子，指季孫。冉有實與謀，以孔子非之，故歸咎於季氏。孔子曰：「求！周任有言曰：『陳力就列，不能者止。』危而不持，顛而不扶，則將焉用彼相矣？任，平聲。焉，於虔反。相，去聲，下同。○周任，古之良史。陳，布也。列，位也。相，瞽者之相也。言二子不欲則當諫，諫而不聽則當去也。且爾言過矣。虎兕出於柙，龜玉毁於櫝中，是誰之過與？」兕，徐履反。柙，户甲反。櫝，音獨。與，平聲。○兕，野牛也。柙，檻也。櫝，匱也。言在柙而逸，在櫝而毁，典守者不得辭其過。明二子居其位而不去，則季氏之惡，己不得不任其責也。冉有曰：「今夫顓臾，固而近於費。今不取，後世必爲子孫憂。」夫，音扶。○固，謂城郭完固。費，季氏之私邑。此則冉求之飾辭，然亦可見其實與季氏之謀矣。孔子曰：「求！君子疾夫舍曰欲之，而必爲之辭。夫，音扶。舍，上聲。○欲之，謂貪其利。丘也聞：有國有家者，不患寡而患不均，不患貧而患不安。蓋均無貧，和無寡，安無傾。寡，謂民少。貧，謂財乏。均，謂各得其分。安，謂上下相安。季氏之欲取顓臾，患寡與貧耳。然是時季氏據國，而魯公無民，則不均矣。君弱臣强，互生嫌隙，則不安矣。均則不患於貧而和，和則不患於寡而安，安則不相疑忌，而無傾覆之患。夫如是，故遠人不服，則脩文德以來之。既來之，則安之。夫，音扶。○内治脩，然後遠人服。有不服，則脩德以來之，亦不當勤兵於遠。今由與求也，相夫子，遠人不服而不能來也，邦分崩離析而不能守也。子路雖不與謀，而素不能輔之以義，亦不得爲無罪，故并責之。遠人，謂顓臾。分崩離析，謂四分公室，家臣屢叛。而謀動干戈於邦內。吾恐季孫之憂，不在顓臾，而在蕭牆之內也。」干，楯也。戈，戟也。蕭墻，屏也。言不均不和，內變將作。其後哀公果欲以越伐魯而去季氏。○謝氏曰：「當是時，三家强，公室弱，冉求又欲伐顓臾以附益之。夫子所以深罪之，爲其瘠魯以肥三家也。」○洪氏曰：「二子仕於季氏，凡季氏所欲爲，必以告於夫子。則因夫子之言而救止者，宜亦多矣。伐顓臾之事，不見於經傳，其以夫子之言而止也與？」

孔子曰：「天下有道，則禮樂征伐自天子出；天下無道，則禮樂征伐自諸侯出。自諸侯出，蓋十世希不失矣；自大夫出，五世希不失矣；陪臣執國命，三世希不失矣。先王之制，諸侯不得變禮樂，專征伐。陪臣，家臣也。逆理愈甚，則其失之愈速。大約世數，不過如此。天下有道，則政不在大夫。言不得專政。天下有道，則庶人不議。」上無失政，則下無私議。非箝其口使不敢言也。○此章通論天下之勢。

孔子曰：「禄之去公室，五世矣；政逮於大夫，四世矣；故夫三桓之子孫，微矣。」夫，音扶。○魯自文公薨，公子遂殺子赤，立宣公，而君失其政。歷成、襄、昭、定，凡五公。逮，及也。自季武子始專國政，歷悼、平、威子，凡四世，而爲家臣陽虎所執。三威，三家，皆威公之後。此以前章之説推之，而知其當然[三]。○此章專論魯事，疑與前章皆定公時語。○蘇氏曰：「禮樂征伐自諸侯出，宜諸侯之强也，而魯以失政，政逮於大夫，宜大夫之强也，而三威以微。何也？强生於安，安生於上下之分定。今諸侯、大夫皆陵其上，則無以令其下矣。故皆不久而失之也。」

孔子曰：「益者三友，損者三友。友直，友諒，友多聞，益矣。友便辟，友善柔，友便佞，損矣。」便，平聲。辟，婢亦反。○友直，則聞其過。友諒，則進於誠。友多聞，則進於明。便，習熟也。便辟，謂習於威儀而不直。善柔，謂工於媚説而不諒。便佞，謂習於口語，而無聞見之實。三者損益，正相反也。○尹氏曰：「自天子至於庶人，未有不須友以成者。而其損益有如是者，可不謹哉？」

孔子曰：「益者三樂，損者三樂。樂節禮樂，樂道人之善，樂多賢友，益矣。樂驕樂，樂佚遊，樂宴樂，損矣。」樂，五教反。禮樂之樂，音岳。驕樂、宴樂之樂，音洛。○節，謂辨其制度聲容之節。驕樂，則侈肆而不知節。佚遊，則惰慢而惡聞善。宴樂，則淫溺而狎小人。三者損益，亦相反也。○尹氏曰：「君子之於好樂，可不謹哉？」

孔子曰：「侍於君子有三愆：言未及之而言，謂之躁；言及之而不言，謂之隱；未見顏色而言，謂之瞽。」君子，有德位之通稱。愆，過也。瞽，無目，不能察言觀色。○尹氏曰：「時然後言，則無三者之過矣。」

孔子曰：「君子有三戒：少之時，血氣未定，戒之在色；及其壯也，血氣方剛，戒之在鬭；及其老也，血氣既衰，戒之在得。」血氣，形之所待以生者，血陰而氣陽也。得，貪得也。隨時知戒，以理勝之，則不爲血氣所使也。○范氏曰：「聖人同於人者血氣也，異於人者志氣也。血氣有時而衰，志氣則無時而衰也。少未定、壯而剛、老而衰者，血氣也。戒於色、戒於鬭、戒於得者，志氣也。君子養其志氣，故不爲血氣所動，是以年彌高而德彌卲也。」

孔子曰：「君子有三畏：畏天命，畏大人，畏聖人之言。畏者，嚴憚之意也。天命者，天所賦之正理也。知其可畏，則其戒謹恐懼，自有不能已者。而付畀之重，可以不失矣。大人、聖言，皆天命所當畏。知畏天命，則不得不畏之矣。小人不知天命而不畏也，狎大人，侮聖人之言。」侮，戲玩也。不知天命，故不識義理，而無所忌憚如此。○尹氏曰：「三畏者，脩己之誠當然也。小人不務脩身誠己，則何畏之有？」

孔子曰：「生而知之者，上也；學而知之者，次也；困而學之，又其次也；困而不學，民斯爲下矣。」困，謂有所不通。言人之氣質不同，大約有此四等。○楊氏曰：「生知、學知以至困學，雖其質不同，然及其知之一也。故君子惟學之爲貴。困而不學，然後爲下。」

孔子曰：「君子有九思：視思明，聽思聰，色思温，貌思恭，言思忠，事思敬，疑思問，忿思難，見得思義。」難，去聲。○視無所蔽，則明無不見。聽無所壅，則聰無不聞。色，見於面者。貌，舉身而言。思問，則疑不蓄。思難，則忿必懲。思義，則得不苟。○程子曰：「九思各專其一。」○謝氏曰：「未至於從容中道，無時而不自省察也，雖有不存焉者，寡矣。此之謂思誠。」

孔子曰：「見善如不及，見不善如探湯。吾見其人矣，吾聞其語矣。探，吐南反。○真知善惡而誠好惡之，顔、曾、閔、冉之徒，蓋能之矣。語，蓋古語也。隱居以求其志，行義以達其道。吾聞其語矣，未見其人也。」求其志，守其所達之道也。達其道，行其所求之志也。蓋惟伊尹、太公之流，可以當之。當時若顔子，亦庶乎此。然隱而未見，又不幸而蚤死，故夫子言然〔四〕。

齊景公有馬千駟，死之日，民無德而稱焉。伯夷、叔齊餓於首陽之下，民到于今稱之。駟，四馬也。首陽，山名。其斯之謂與？與，平聲。○胡氏曰：「程子以爲第十二篇錯簡『誠不以富，亦祇以異』，當在此章之首。今詳文勢，似當在此句之上。言人之所稱，不在於富，而在於異也。」愚謂此説近是，而章首當有「孔子曰」字，蓋闕文耳。大抵此書後十篇多闕誤。

陳亢問於伯魚曰：「子亦有異聞乎？」亢，音剛。○亢以私意窺聖人，疑必陰厚其子。對曰：「未也。嘗獨立，鯉趨而過庭。曰：『學詩乎？』對曰：『未也。』『不學詩，無以言。』鯉退而學詩。事理通達，而心氣和平，故能言。他日又獨立，鯉趨而過庭。曰：『學禮乎？』對曰：『未也。』『不學禮，無以立。』鯉退而學禮。品節詳明，而德性堅定，故能立。聞斯二者。」當獨立之時，所聞不過如此，其無異聞可知。陳亢退而喜曰：「問一得三，聞詩，聞禮，又聞君子之遠其子也。」遠，去聲。○尹氏曰：「孔子之教其子，無異於門人，故陳亢以爲遠其子。」

邦君之妻，君稱之曰夫人，夫人自稱曰小童；邦人稱之曰君夫人，稱諸異邦曰寡小君；異邦人稱之，亦曰君夫人。寡，寡德，謙辭。○吴氏曰：「凡語中所載如此類者，不知何謂。或古有之，或夫子嘗言之，不可考也。」

校勘記

〔一〕只此是學　「只」，司禮監本作「即」。

〔二〕而尤不可以一日無也　「無」下，司禮監本有「者」字。

〔三〕而知其當然　「然」下，司禮監本、吳本均有「也」字。

〔四〕故夫子言然　「言」，司禮監本、吳本均作「云」。

論語集注卷第九

陽貨第十七 凡二十六章。

陽貨欲見孔子，孔子不見，歸孔子豚。孔子時其亡也，而往拜之，遇諸塗。歸，如字，一作饋。○陽貨，季氏家臣，名虎。嘗囚季威子而專國政。欲令孔子來見己，而孔子不往。貨以禮「大夫有賜於士，不得受於其家，則往拜其門」，故瞰孔子之亡而歸之豚，欲令孔子來拜而見之也。謂孔子曰：「來！予與爾言。」曰：「懷其寶而迷其邦，可謂仁乎？」曰：「不可。」「好從事而亟失時，可謂知乎？」曰：「不可。」「日月逝矣，歲不我與。」孔子曰：「諾。吾將仕矣。」好、亟、知，並去聲。○懷寶迷邦，謂懷藏道德，不救國之迷亂。亟，數也。失時，謂不及事幾之會。將者，且然而未必之辭。貨語皆譏孔子而諷使速仕。孔子固未嘗如此，而亦非不欲仕也，但不仕於貨耳。故直據理答之，不復與辯，若不諭其意者。○陽貨之欲見孔子，雖其善意，然不過欲使助己爲亂耳。故孔子不見者，義也。其往拜者，禮也。必時其亡而往者，欲其稱也。遇諸塗而不避者，不終絶也。隨問而對者，理之直也。

對而不辯者，言之孫而亦無所詘也。○楊氏曰：「揚雄謂孔子於陽貨也，敬所不敬，爲詘身以信道。非知孔子者。蓋道外無身，身外無道。身詘矣而可以信道，吾未之信也。」

子曰：「性相近也，習相遠也。」此所謂性，兼氣質而言者也。氣質之性，固有美惡之不同矣。然以其初而言，則皆不甚相遠也。但習於善則善，習於惡則惡，於是始相遠耳。○程子曰：「此言氣質之性，非言性之本也。若言其本，則性即是理，理無不善，孟子之言性善是也。何相近之有哉？」

子曰：「惟上知與下愚不移。」知，去聲。○此承上章而言。人之氣質相近之中，又有美惡一定，而非習之所能移者。○程子曰：「人性本善，有不可移者，何也？語其性則皆善也，語其才則有下愚之不移。所謂下愚有二焉：自暴，自棄也。人苟以善自治，則無不可移，雖昏愚之至，皆可漸磨而進也。惟自暴者拒之以不信，自棄者絶之以不爲，雖聖人與居，不能化而入也，仲尼之所謂下愚也。然其質非必昏且愚也，往往彊戾而才力有過人者，商辛是也。聖人以其自絶於善，謂之下愚，然考其歸，則誠愚也。」或曰：「此與上章當合爲一，『子曰』二字，蓋衍文耳。」

子之武城，聞弦歌之聲。弦，琴瑟也。時子游爲武城宰，以禮樂爲教，故邑人皆弦歌也。夫子莞爾而笑，曰：「割雞焉用牛刀？」莞，華版反。焉，於虔反。○莞爾，小笑貌，蓋喜之也。因言其治小邑，何必用此大道也。子游對曰：「昔者偃也聞諸夫子曰：『君子學道則愛人，小人學道則易使也。』」易，去聲。○君子、小人，以位言之。子游所稱，蓋夫子之常言。言君子、小人，皆不可以不學。故武城雖小，亦必教以禮樂。子曰：「二三子！偃之言是也。前言戲之耳。」嘉子游之篤信，又以解門人之惑也。○治有大小，而其治之必用禮樂，則其爲道一也。但衆人多不能用，而子游獨行之。故夫子驟聞而深喜之，因反其言以戲之。而子游以正對，故復是其言，而自實其戲也。

公山弗擾以費畔，召，子欲往。弗擾，季氏宰。與陽貨共執威子，據邑以叛。子路不說，曰：「末之也已，何必公山氏之之也。」說，音悦。○末，無也。言道既不行，無所往矣，何必公山氏之往乎？子曰：「夫召我者，而豈徒哉？如有用我者，吾其爲東周乎？」夫，音扶。○豈徒哉，言必用我也。爲東周，言興周道於東方。○程子曰：「聖人以天下無不可有爲之人，亦無不可改過之人，故欲往。然而終不往者，知其必不能改故也。」

子張問仁於孔子。孔子曰：「能行五者於天下，爲仁矣。」請問之。曰：「恭、寬、信、敏、惠。恭則不侮，寬則得衆，信則人任焉，敏則有功，惠則足以使人。」行是五者，則心存而理得矣。於天下，言無適而不然，猶所謂雖之夷狄不可棄者。五者之目，蓋因子張所不足而言耳。任，倚仗也，又言其效如此。○張敬夫曰：「能行此五者於天下，則其心公平而周徧可知矣。然恭其本與？」李氏曰：「此章與六言、六蔽、五美、四惡之類，皆與前後文體大不相似。」

佛肸召，子欲往。佛，音弼。肸，許密反。○佛肸，晉大夫趙氏之中牟宰也。子路曰：「昔者由也聞諸夫子曰：『親於其身爲不善者，君子不入也。』佛肸以中牟畔，子之往也，如之何？」子路恐佛肸之浼夫子，故問此以止夫子之行。親，猶自也。不入，不入其黨也。子曰：「然。

有是言也。不曰堅乎，磨而不磷；不曰白乎，涅而不緇。磷，力刃反。涅，乃結反。○磷，薄也。涅，染皂物。言人之不善，不能浼己。○楊氏曰：「磨不磷，涅不緇，而後無可無不可。堅白不足，而欲自試於磨涅，其不磷緇也者幾希。」吾豈匏瓜也哉？焉能繫而不食？」焉，於虔反。○匏，瓠也。匏瓜繫於一處而不能飲食，人則不如是也。○張敬夫曰：「子路昔者之所聞，君子守身之常法。夫子今日之所言，聖人體道之大權也。然夫子於公山、佛肸之召皆欲往者，以天下無不可變之人，無不可爲之事也。其卒不往者，知其人之終不可變而事之終不可爲耳。一則生物之仁，一則知人之智也。」

子曰：「由也，女聞六言六蔽矣乎？」對曰：「未也。」女，音汝，下同。○蔽，遮掩也。「居！吾語女。語，去聲。○禮：君子問更端，則起而對。故孔子喻子路，使還坐而告之。好仁不好學，其蔽也愚；好知不好學，其蔽也蕩；好信不好學，其蔽也賊；好直不好學，其蔽也絞；好勇不好學，其蔽也亂；好剛不好學，其蔽也狂。」好、知，並去聲。○六言皆美德，然徒好之而不學以明其理，則各有所蔽。愚，若可陷可罔之類。蕩，謂窮高極廣而無所止。賊，謂傷害於物。勇者，剛之發。剛者，勇之體。狂，躁率也。○范氏曰：「子路勇於爲善，其失之者，未能好學以明之也，故告之以此。曰勇、曰剛、曰信、曰直，又皆所以救其偏也。」

子曰：「小子！何莫學夫詩？夫，音扶。○小子，弟子也。詩，可以興，感發志意。可以觀，考見得失。可以羣，和而不流。可以怨。怨而不怒。邇之事父，遠之事君。人倫之道，詩無不備，二者舉重而言。多識於鳥獸草木之名。」其緒餘又足以資多識。○學詩之法，此章盡之。讀是經者，所宜盡心也。

子謂伯魚曰：「女爲周南、召南矣乎？人而不爲周南、召南，其猶正牆面而立也與？」女，音汝。與，平聲。○爲，猶學也。周南、召南，詩首篇名。所言皆脩身齊家之事。正牆面而立，言即其至近之地，而一物無所見，一步不可行。

子曰：「禮云禮云，玉帛云乎哉？樂云樂云，鐘鼓云乎哉？」敬而將之以玉帛，則爲禮；和而發之以鐘鼓，則爲樂。遺其本而專事其末，則豈禮樂之謂哉？○程子曰：「禮只是一箇序，樂只是一箇和。只此兩字，含畜多少義理。天下無一物無禮樂。且如置此兩椅〔一〕，一不正，便是無序。無序便乖，乖便不和。又如賊盜至爲不道〔二〕，然亦有禮樂。蓋必有總屬，必相聽順，乃能爲盜。不然，則叛亂無統，不能一日相聚而爲盜也。禮樂無處無之，學者要須識得。」

子曰：「色厲而内荏，譬諸小人，其猶穿窬之盜也與？」荏，而審反。與，平聲。○厲，威嚴也。荏，柔弱也。小人，細民也。穿，穿壁。窬，踰牆。言其無實盜名，而常畏人知也。

子曰：「鄉原，德之賊也。」鄉者，鄙俗之意。原與愿同。荀子「原愨」，注讀作愿是也。鄉原，鄉人之愿者也。蓋其同流合汙以媚於世，故在鄉人之中，獨以愿稱。夫子以其似德非德，而反亂乎德，故以爲德之賊而深惡之。詳見孟子末篇。

子曰：「道聽而塗說，德之棄也。」雖聞善言，不爲己有，是自棄其德也。○王氏曰：「君子多識前言往行以畜其德，道聽塗説，則棄之矣。」

子曰：「鄙夫可與事君也與哉？與，平聲。○鄙夫，庸惡陋劣之稱。其未得之也，患得之；既得之，患失之。何氏曰：「患得之，謂患不能得之。」苟患失之，無所不至矣。」小則吮癰舐痔，大則弑父與君，皆生於患失而已。○胡氏曰：「許昌靳裁之有言曰：『士之品大概有三：志於道德者，功名不足以累其心；志於功名者，富貴不足以累其心；志於富貴而已者[三]，則亦無所不至矣。』志於富貴，即孔子所謂鄙夫也。」

子曰：「古者民有三疾，今也或是之亡也。氣失其平則爲疾，故氣稟之偏者亦謂之疾。昔所謂疾，今亦無之，傷俗之益衰也。古之狂也肆，今之狂也蕩；古之矜也廉，今之矜也忿戾；古之愚也直，今之愚也詐而已矣。」狂者，志願太高。肆，謂不拘小節。蕩，則踰大閑矣。矜者，持守太嚴。廉，謂稜角陗厲。忿戾，則至於爭矣。愚者，暗昧不明。直，謂徑行自遂。詐，則挾私妄作矣。○范氏曰：「末世滋僞。豈惟賢者不如古哉？民性之蔽，亦與古人異矣。」

子曰：「巧言令色，鮮矣仁。」重出。

子曰：「惡紫之奪朱也，惡鄭聲之亂雅樂也，惡利口之覆邦家者。」惡，去聲。覆，芳服反。○朱，正色。紫，間色。雅，正也。利口，捷給。覆，傾敗也。○范氏曰：「天下之理，正而勝者常少，不正而勝者常多，聖人所以惡之也。利口之人，以是爲非，以非爲是，以賢爲不肖，以不肖爲賢。人君苟悦而信之，則國家之覆也不難矣。」

子曰：「予欲無言。」學者多以言語觀聖人〔四〕，而不察其天理流行之實，有不待言而著者。是以徒得其言，而不得其所以言，故夫子發此以警之。子貢曰：「子如不言，則小子何述焉？」子貢正以言語觀聖人者，故疑而問之。子曰：「天何言哉？四時行焉，百物生焉，天何言哉？」四時行，百物生，莫非天理發見流行之實，不待言而可見。聖人一動一靜，莫非妙道精義之發，亦天而已，豈待言而顯哉？此亦開示子貢之切，惜乎其終不喻也。○程子曰：「孔子之道，譬如日星之明，猶患門人未能盡曉，故曰『予欲無言』。若顏子則便默識，其他則未免疑問，故曰『小子何述』。」又曰：「『天何言哉？四時行焉，百物生焉』，則可謂至明白矣。」愚按：此與前篇無隱之意相發，學者詳之。

孺悲欲見孔子，孔子辭以疾。將命者出户，取瑟而歌，使之聞之。孺悲，魯人，嘗學士喪禮於孔子。當是時，必有以得罪者，故辭以疾，而又使知其非疾，以警教之也。○程子曰：「此孟子所謂不屑之教誨，所以深教之也。」

宰我問：「三年之喪，期已久矣。期，音基，下同。○期，周年也。君子三年不爲禮，禮必壞；三年不爲樂，樂必崩。恐居喪不習而崩壞也。舊穀既没，新穀既升，鑽燧改火，期可已矣。」鑽，祖官反。○没，盡也。升，登也。燧，取火之木也。改火，春取榆柳之火，夏取棗杏之火，夏季取桑柘之火，秋取柞楢之火，冬取槐檀之火，亦一年而周也。已，止也。言期年則天運一周，時物皆變，喪至此可止也〔五〕。○尹氏曰：「短喪之説，下愚且恥言之。宰我親學聖人之門，而以是爲問者，有所疑於心而不敢强焉爾。」子曰：「食夫稻，衣夫錦，於女安乎？」曰：「安。」夫，音扶，下同。衣，去聲。

女，音汝，下同。○禮：父母之喪，既殯，食粥，粗衰。既葬，疏食、水飲，受以成布。期而小祥，始食菜果，練冠縓緣，要絰不除。無食稻、衣錦之理。夫子欲宰我反求諸心，自得其所以不忍者。故問之以此，而宰我不察也。「女安，則爲之！夫君子之居喪，食旨不甘，聞樂不樂，居處不安，故不爲也。今女安，則爲之！」樂，上如字，下音洛。○此夫子之言也。旨，亦甘也。初言女安則爲之，絶之之辭。又發其不忍之端，以警其不察，而再言女安則爲之以深責之。宰我出。子曰：「予之不仁也！子生三年，然後免於父母之懷。夫三年之喪，天下之通喪也。予也有三年之愛於其父母乎？」宰我既出，夫子懼其真以爲可安而遂行之，故深探其本而斥之，言由其不仁，故愛親之薄如此也。懷，抱也。又言君子所以不忍於親，而喪必三年之故。使之聞之，或能反求而終得其本心也。○范氏曰：「喪雖止於三年，然賢者之情則無窮也。特以聖人爲之中制而不敢過，故必俯而就之。非以三年之喪，爲足以報其親也。所謂三年而後免於父母之懷，特以責宰我之無恩，欲其有以跂而及之爾。」

子曰：「飽食終日，無所用心，難矣哉！不有博弈者乎？爲之，猶賢乎已。」博，局戲也。弈，圍棊也。已，止也。○李氏曰：「聖人非教人博弈也，所以甚言無所用心之不可爾。」

子路曰：「君子尚勇乎？」子曰：「君子義以爲上。君子有勇而無義爲亂，小人有勇而無義爲盜。」尚，上之也。君子爲亂，小人爲盜，皆以位而言者也。○尹氏曰：「義以爲尚，則其勇也大矣。子路好勇，故夫子以此救其失也。」○胡氏曰：「疑此子路初見孔子時問答也。」

子貢曰：「君子亦有惡乎？」子曰：「有惡：惡稱人之惡者，惡居下流而訕上者，惡勇而無禮者，惡果敢而窒者。」惡，去聲，下同。惟惡者之惡如字。訕，所諫反。○訕，謗毁也。窒，不通也。稱人惡則無仁厚之意，下訕上則無忠敬之心，勇無禮則爲亂，果而窒則妄作，故夫子惡之。曰：「賜也亦有惡乎？」「惡徼以爲知者，惡不孫以爲勇者，惡訐以爲直者。」徼，古堯反。知、孫，並去聲。訐，居謁反。○惡徼以下，子貢之言也。徼，伺察也。訐，謂攻發人之陰私。○楊氏曰：「仁者無不愛，則君子疑若無惡矣。子貢之有是心也，故問焉以質其是非。」○侯氏曰：「聖賢之所惡如此，所謂唯仁者能惡人也。」

子曰：「唯女子與小人爲難養也，近之則不孫，遠之則怨。」近、孫、遠，並去聲。○此小人，亦謂僕隸下人也。君子之於臣妾，莊以莅之，慈以畜之，則無二者之患矣。

子曰：「年四十而見惡焉，其終也已。」惡，去聲。○四十，成德之時，見惡於人，則止於此而已。勉人及時遷善改過也。○蘇氏曰：「此亦有爲而言，不知其爲誰也。」

微子第十八

此篇多記聖賢之出處。凡十一章。

微子去之，箕子爲之奴，比干諫而死。微、箕，二國名。子，爵也。微子，紂庶兄。箕子、比干，紂諸父。微子見紂無道，去之以存宗祀。箕子、比干皆諫，紂殺比干，囚箕子以爲奴，箕子因佯狂而受辱。孔子曰：「殷有三仁焉。」三人之行不同，而同出於至誠惻怛之意，故不咈乎愛之理，而有以全其心之德也。○楊氏曰：「此三人者，各得其本心，故同謂之仁。」

柳下惠爲士師，三黜。人曰：「子未可以去乎？」曰：「直道而事人，焉往而不三黜？枉道而事人，何必去父母之邦？」三，去聲。焉，於虔反。○士師，獄官。黜，退也。柳下惠三黜不去，而其辭氣雍容如此，可謂和矣。然其不能枉道之意，則有確乎其不可拔者。是則所謂必以其道，而不自失焉者也。○胡氏曰：「此必有孔子斷之之言，而亡之矣。」

齊景公待孔子，曰：「若季氏，則吾不能，以季、孟之間待之。」曰：「吾老矣，不能用也。」孔子行。魯三卿，季氏最貴，孟氏爲下卿。孔子去之，事見世家。然此言必非面語孔子，蓋自以告其臣，而孔子聞之爾。○程子曰：「季氏强臣，君待之之禮極隆，然非所以待孔子也。以季、孟之間待之，則禮亦至矣。然復曰『吾老矣，不能用也』，故孔子去之。蓋不繫待之輕重，特以不用而去爾。」

齊人歸女樂，季桓子受之，三日不朝，孔子行。歸，如字，或作饋。朝，音潮。○季桓子，魯大夫，名斯。按史記，「定公十四年，孔子爲魯司寇，攝行相事。齊人懼，歸女樂以沮之。」○尹氏曰：「受女樂而怠於政事如此，其簡賢棄禮，不足與有爲可知矣。夫子所以行也，所謂見幾而作，不俟終日者與？」○范氏曰：「此篇記仁賢之出處，而折中以聖人之行，所以明中庸之道也。」

楚狂接輿歌而過孔子，曰：「鳳兮！鳳兮！何德之衰？往者不可諫，來者猶可追。

已而！已而！今之從政者殆而！」接輿，楚人，佯狂辟世。夫子時將適楚，故接輿歌而過其車前也。鳳，有道則見，無道則隱。接輿以比孔子，而譏其不能隱爲德衰也。來者可追，言及今尚可隱去。已，止也。而，語助辭。殆，危也。接輿蓋知尊孔子而趨不同者也。孔子下，欲與之言。趨而辟之，不得與之言。辟，去聲。○孔子下車，蓋欲告之以出處之意。接輿自以爲是，故不欲聞而辟之也。

長沮、桀溺耦而耕，孔子過之，使子路問津焉。沮，七余反。溺，乃歷反。○二人，隱者。耦，並耕也。時孔子自楚反乎蔡。津，濟渡處。長沮曰：「夫執輿者爲誰？」子路曰：「爲孔丘。」曰：「是魯孔丘與？」曰：「是也。」曰：「是知津矣。」夫，音扶。與，平聲。○執輿，執轡在車也。蓋本子路御而執轡，今下問津，故夫子代之也。知津，言數周流，自知津處。問於桀溺，桀溺曰：「子爲誰？」曰：「爲仲由。」曰：「是魯孔丘之徒與？」對曰：「然。」曰：「滔滔者天下皆是也，而誰以易之？且而與其從辟人之士也，豈若從辟世之士哉？」耰而不輟。徒與之與，平聲。滔，吐刀反。辟，去聲。耰，音憂。○滔滔，流而不反之意。以，猶與也。言天下皆亂，將誰與變易之？而，汝也。辟人，謂孔子。辟世，桀溺自謂。耰，覆種也。亦不告以津處。子路行以告。夫子憮然曰：「鳥獸不可與同羣，吾非斯人之徒與而誰與？天下有道，丘不與易也。」憮，音武。與，如字。○憮然，猶悵然，惜其不喻己意也。言所當與同羣者，斯人而已，豈可絶人逃世以爲潔哉？天下若已平治，則我無用變易之。正爲天下無道，故欲以道易之耳。○程子曰：「聖人不敢有忘天下之心，故其言如此也。」○張子曰：「聖人之仁，不以無道必天下而棄之也。」

子路從而後，遇丈人，以杖荷蓧。子路問曰：「子見夫子乎？」丈人曰：「四體不勤，五穀不分。孰爲夫子？」植其杖而芸。蓧，徒弔反。植，音值。○丈人，亦隱者。蓧，竹器。分，辨也。五穀不分，猶言不辨菽麥爾，責其不事農業而從師遠遊也。植，立之也。芸，去草也。子路拱而立。知其隱者，敬之也。止子路宿，殺雞爲黍而食之，見其二子焉。食，音嗣。見，賢徧反。明日，子路行以告。子曰：「隱者也。」使子路反見之。至，則行矣。孔子使子路反見之，蓋欲告之以君臣之義。而丈人意子路必將復來，故先去之以滅其跡，亦接輿之意也。子路曰：「不仕無義。長幼之節，不可廢也；君臣之義，如之何其廢之？欲潔其身，而亂大倫。君子之仕也，行其義也。道之不行，已知之矣。」長，上聲。○子路述夫子之意如此。蓋丈人之接子路甚倨，而子路益恭，丈人因見其二子焉，則於長幼之節，固知其不可廢矣，故因其所明以曉之。倫，序也。人之大倫有五：父子有親，君臣有義，夫婦有別，長幼有序，朋友有信是也。仕所以行君臣之義，故雖知道之不行而不可廢。然謂之義，則事之可否，身之去就，亦自有不可苟者。是以雖不潔身以亂倫，亦非忘義以徇禄也。福州有國初時寫本，「路」下有「反子」二字，以此爲子路反而夫子言之也。未知是否？○范氏曰：「隱者爲高，故往而不反。仕者爲通，故溺而不止。不與鳥獸同羣，則決性命之情以饕富貴。此二者皆惑也，是以依乎中庸者爲難。惟聖人不廢君臣之義，而必以其正，所以或出或處而終不離於道也。」

逸民：伯夷、叔齊、虞仲、夷逸、朱張、柳下惠、少連。少，去聲，下同。○逸，遺逸。民者，無位之稱。虞仲，即仲雍，與大伯同竄荆蠻者。夷逸、朱張，不見經傳。少連，東夷人。子曰：「不降其志，不辱其身，伯夷、叔齊與！」與，平聲。謂：「柳下惠、少連，降志辱身矣。言中倫，行中慮，其斯而已矣。」中，去聲，下同。○柳下惠，事見上。倫，義理之次第也。慮，思慮也。中慮，言有意義合人心。少連事不可考，然記稱其「善居喪，三日不怠，三月不解，期悲哀，三年憂」。則行之中慮，亦可見矣。謂：「虞仲、夷逸，隱居放言，身中清，廢中權。仲雍居吴，斷髮文身，裸以爲飾。隱居獨善，合乎道之清。放言自廢，合乎道之權。我則異於是，無可無不可。」孟子曰：「孔子可以仕則仕，可以止則止，可以久則久，可以速則速。」所謂無可無不可也。○謝氏曰：「七人隱遯不汙則同，其立心造行則異。伯夷、叔齊，天子不得臣，諸侯不得友，蓋已遯世離羣矣，下聖人一等，此其最高與！柳下惠、少連，雖降志而不枉己，雖辱身而不求合，其心有不屑也。故言能中倫，行能中慮。虞仲、夷逸，隱居放言，則言不合先王之法者多矣，然清而不汙也，權而適宜也，與方外之士害義傷教而亂大倫者殊科。是以均謂之逸民。」○尹氏曰：「七人各守其一節，孔子則無可無不可〔六〕，此所以常適其可，而異於逸民之徒也。」揚雄曰：「觀乎聖人則見賢人。是以孟子語夷、惠，亦必以孔子斷之。」

大師摯適齊，大，音泰。○大師，魯樂官之長。摯，其名也。亞飯干適楚，三飯繚適蔡，四飯缺適秦。飯，扶晚反。繚，音了。○亞飯以下，以樂侑食之官。干、繚、缺，皆名也。鼓方叔入於河，鼓，擊鼓者。方叔，名。河，河内。播鼗武入於漢，鼗，徒刀反。○播，摇也。鼗，小鼓。兩旁有耳，持其柄而摇之，則旁耳還自擊。武，名也。漢，漢中。少師陽、擊磬襄入於海。少，去聲。○少師，樂官之佐。陽、襄，二人名。襄即孔子所從學琴者。海，海島也。此記賢人之隱遁以附前章，然未必夫子之言也。末章放此。○張子曰：「周衰樂廢，夫子自衛反魯，一嘗治之。其後，伶人賤工識樂之正。及魯益衰，三威僭妄，自大師以下，皆知散之四方，踰河蹈海以去亂。聖人俄頃之助，功化如此。如有用我，期月而可，豈虚語哉？」

周公謂魯公曰：「君子不施其親，不使大臣怨乎不以。故舊無大故，則不棄也。無求備於一人。」施，陸氏本作弛，詩紙反。福本同。○魯公，周公子伯禽也。弛，遺棄也。以，用也。大臣非其人則去之，在其位則不可不用。大故，謂惡逆。○李氏曰：「四者皆君子之事，忠厚之至也。」○胡氏曰：「此伯禽受封之國，周公訓戒之辭。魯人傳誦，久而不忘也。其或夫子嘗與門弟子言之歟？」

周有八士：伯達、伯适、仲突、仲忽、叔夜、叔夏、季隨、季騧。騧，烏瓜反。○或曰成王時人，或曰宣王時人。蓋一母四乳而生八子也，然不可考矣。○張子曰：「記善人之多也。」○愚按：此篇孔子於三仁、逸民、師摯、八士，既皆稱贊而品列之；於接輿、沮、溺、丈人，又每有惓惓接引之意。皆衰世之志也，其所感者深矣。在陳之歎，蓋亦如此。三仁則無間然矣，其餘數君子者，亦皆一世之高士。若使得聞聖人之道，以裁其所過而勉其所不及，則其所立，豈止於此而已哉？

校勘記

〔一〕且如置此兩椅　「椅」，原作「倚」，據殘宋本、元甲本、司禮監本、吳本改。

〔二〕又如賊盜至爲不道　「賊盜」，元甲本、司禮監本、吳本均乙倒。

〔三〕志於富貴而已者　「者」，原作「矣」，據元甲本、司禮監本、吳本及上文改。

〔四〕學者多以言語觀聖人　「言語」，原作「語言」，據司禮監本、吳本及下文乙正。

〔五〕喪至此可止也　「也」，元甲本、仿元本均作「矣」。

〔六〕孔子則無可無不可　「孔」上，司禮監本、吳本均有「而」字。

論語集注卷第十

子張第十九

此篇皆記弟子之言，而子夏爲多，子貢次之。蓋孔門自顏子以下，穎悟莫若子貢；自曾子以下，篤實無若子夏，故特記之詳焉。凡二十五章。

子張曰：「士見危致命，見得思義，祭思敬，喪思哀，其可已矣。」致命，謂委致其命，猶言授命也。四者立身之大節，一有不至，則餘無足觀。故言士能如此，則庶乎其可矣。

子張曰：「執德不弘，信道不篤，焉能爲有？焉能爲亡？」焉，於虔反。亡，讀作無，下同。○有所得而守之太狹，則德孤；有所聞而信之不篤，則道廢。焉能爲有亡，猶言不足爲輕重。

子夏之門人問交於子張。子張曰：「子夏云何？」對曰：「子夏曰：『可者與之，其不可者拒之。』」子張曰：「異乎吾所聞：君子尊賢而容衆，嘉善而矜不能。我之大賢與，於人何所不容？我之不賢與，人將拒我，如之何其拒人也？」賢與之與，平聲。○子夏之言迫狹，子張譏之是也。但其所言亦有過高之病〔一〕。蓋大賢雖無所不容，然大故亦所當絶；不賢固不可以拒人，然損友亦所當遠。學者不可不察。

子夏曰：「雖小道，必有可觀者焉；致遠恐泥，是以君子不爲也。」泥，去聲。○小道，如農圃醫卜之屬。泥，不通也。○楊氏曰：「百家衆技，猶耳目鼻口[一]，皆有所明而不能相通。非無可觀也，致遠則泥矣，故君子不爲也。」

子夏曰：「日知其所亡，月無忘其所能，可謂好學也已矣。」亡，讀作無。好，去聲。○亡，無也。謂己之所未有。○尹氏曰：「好學者日新而不失。」

子夏曰：「博學而篤志，切問而近思，仁在其中矣。」四者皆學問思辨之事耳，未及乎力行而爲仁也。然從事於此，則心不外馳，而所存自熟，故曰仁在其中矣。○程子曰：「博學而篤志，切問而近思，何以言仁在其中矣？學者要思得之。了此，便是徹上徹下之道。」又曰：「學不博則不能守約，志不篤則不能力行。切問近思在己者，則仁在其中矣。」又曰：「近思者以類而推。」○蘇氏曰：「博學而志不篤，則大而無成；泛問遠思，則勞而無功。」

子夏曰：「百工居肆以成其事，君子學以致其道。」肆，謂官府造作之處。致，極也。工不居肆，則遷於異物而業不精。君子不學，則奪於外誘而志不篤。○尹氏曰：「學所以致其道也。百工居肆，必務成其事。君子之於學，可不知所務哉？」愚按：二說相須，其義始備。

子夏曰：「小人之過也必文。」文，去聲。○文，飾之也。小人憚於改過，而不憚於自欺，故必文以重其過。

子夏曰：「君子有三變：望之儼然，即之也温，聽其言也厲。」儼然者，貌之莊。温者，色之和。厲者，辭之確。○程子曰：「他人儼然則不温，温則不厲，惟孔子全之。」○謝氏曰：「此非有意於變，蓋並行而不相悖也，如良玉温潤而栗然。」

子夏曰：「君子信而後勞其民；未信，則以爲厲己也。信而後諫；未信，則以爲謗己也。」信，謂誠意惻怛而人信之也。厲，猶病也。事上使下，皆必誠意交孚，而後可以有爲。

子夏曰：「大德不踰閑，小德出入可也。」大德、小德，猶言大節、小節。閑，闌也，所以止物之出入。言人能先立乎其大者，則小節雖或未盡合理，亦無害也。○吴氏曰：「此章之言，不能無弊。學者詳之。」

子游曰：「子夏之門人小子，當洒掃、應對、進退，則可矣。抑末也，本之則無。如之何？」洒，色賣反。掃，素報反。○子游譏子夏弟子，於威儀容節之間則可矣。然此小學之末耳，推其本，如大學正心誠意之事，則無有。子夏聞之，曰：「噫！言游過矣！君子之道，孰先傳焉？孰後倦焉？譬諸草木，區以别矣。君子之道，焉可誣也？有始有卒者，其惟聖人乎！」别，彼列反。焉，於虔反。○倦，如誨人不倦之倦。區，猶類也。言君子之道，非以其末爲先而傳之，非以其本爲後而倦教。但學者所至，自有淺深，如草木之有大小，其類固有别矣。若不量其淺深，不問其生熟，而概以高且遠者强而語之，則是誣之而已。君子之道，豈可如此？若夫始終本末一以貫之，則惟聖人爲然，豈可責之門人小子乎？○程子曰：「君子教人有序，先傳以小者近者，而後教以大者遠者。非先傳以近小，而後不教以遠大也。」又曰：「洒掃、應對，便是形而上者，理無大小故也。故君子只在慎獨。」又曰：「聖人之道，更無精粗，從洒掃、應對，與精義入神通貫，只一理。雖洒掃、應對，只看所以然如何。」又曰：「凡物有本末，不可分本末爲兩段事。洒掃、應對是其然，必有所以然。」又曰：「自洒掃、應對上，便可到聖人事。」愚按：程子第一條，説此章文意最爲詳盡，其後四條，皆以明精粗本末。其分雖殊，而理則一。學者當循序而漸進，不可厭末而求本。蓋與第一條之意，實相表裏，非謂末即是本，但學其末而本便在此也。

子夏曰：「仕而優則學，學而優則仕。」優，有餘力也。仕與學，理同而事異。故當其事者，必先有以盡其事，而後可及其餘。然仕而學，則所以資其仕者益深；學而仕，則所以驗其學者益廣。

子游曰：「喪致乎哀而止。」致，極其哀，不尚文飾也。○楊氏曰：「喪，與其易也寧戚〔三〕，不若禮不足而哀有餘之意。」愚按：「而止」二字，亦微有過於高遠而簡略細微之弊。學者詳之。

子游曰：「吾友張也，爲難能也，然而未仁。」子張行過高，而少誠實惻怛之意。

曾子曰：「堂堂乎張也，難與並爲仁矣。」堂堂，容貌之盛。言其務外自高，不可輔而爲仁，亦不能有以輔人之仁也。○范氏曰：「子張外有餘而内不足，故門人皆不與其爲仁。子曰：『剛、毅、木、訥近仁。』寧外不足而内有餘，庶可以爲仁矣。」

曾子曰：「吾聞諸夫子：人未有自致者也，必也親喪乎！」致，盡其極也。蓋人之真情所不能自已者。○尹氏曰：「親喪固所自盡也，於此不用其誠，惡乎用其誠？」

曾子曰：「吾聞諸夫子：孟莊子之孝也，其他可能也；其不改父之臣與父之政，是難能也。」孟莊子，魯大夫，名速。其父獻子，名蔑。獻子有賢德，而莊子能用其臣，守其政。故其他孝行雖有可稱，而皆不若此事之爲難。

孟氏使陽膚爲士師，問於曾子。曾子曰：「上失其道，民散久矣。如得其情，則哀矜而勿喜。」陽膚，曾子弟子。民散，謂情義乖離，不相維繫。○謝氏曰：「民之散也，以使之無道，教之無素。故其犯法也，非迫於不得已，則陷於不知也。故得其情，則哀矜而勿喜。」

子貢曰：「紂之不善，不如是之甚也。是以君子惡居下流，天下之惡皆歸焉。」惡居之惡，去聲。○下流，地形卑下之處，衆流之所歸。喻人身有汙賤之實，亦惡名之所聚也。子貢言此，欲人常自警省，不可一置其身於不善之地，非謂紂本無罪，而虚被惡名也。

子貢曰：「君子之過也，如日月之食焉：過也，人皆見之；更也，人皆仰之。」更，平聲。

衛公孫朝問於子貢曰：「仲尼焉學？」朝，音潮。焉，於虔反。○公孫朝，衛大夫。子貢曰：「文、武之道，未墜於地，在人。賢者識其大者，不賢者識其小者，莫不有文、武之道焉。夫子焉不學？而亦何常師之有？」識，音志。下焉字，於虔反。○文、武之道，謂文王、武王之謨訓功烈與凡周之禮樂文章，皆是也。在人，言人有能記之者。識，記也。

叔孫武叔語大夫於朝，曰：「子貢賢於仲尼。」語，去聲。朝，音潮。○武叔，魯大夫，名州仇。子服景伯以告子貢。子貢曰：「譬之宮牆，賜之牆也及肩，窺見室家之好。牆卑室淺。夫子之牆數仞，不得其門而入，不見宗廟之美、百官之富。七尺曰仞。不入其門，則不見其中之所有，言牆高而宮廣也。得其門者或寡矣。夫子之云，不亦宜乎！」此夫子，指武叔。

叔孫武叔毁仲尼。子貢曰：「無以爲也，仲尼不可毁也。他人之賢者，丘陵也，猶可踰也；仲尼，日月也，無得而踰焉。人雖欲自絶，其何傷於日月乎？多見其不知量也！」量，去聲。○無以爲，猶言無用爲此。土高曰丘，大阜曰陵。日月，喻其至高。自絶，謂以謗毁自絶於孔子。多，與祗同，適也。不知量，謂不自知其分量。

陳子禽謂子貢曰：「子爲恭也，仲尼豈賢於子乎？」爲恭，謂爲恭敬推遜其師也。子貢曰：「君子一言以爲知，一言以爲不知，言不可不慎也。知，去聲。○責子禽不謹言。夫子之不可及也，猶天之不可階而升也。階，梯也。大可爲也，化不可爲也，故曰不可階而升[四]。夫子之得邦家者，所謂立之斯立，道之斯行，綏之斯來，動之斯和。其生也榮，其死也哀。如之何其可及也？」道，去聲。○立之，謂植其生也。道，引也，謂教之也。行，從也。綏，安也。來，歸附也。動，謂鼓舞之也。和，所謂於變時雍，言其感應之妙，神速如此。榮，謂莫不尊親。哀，則如喪考妣。○程子曰：「此聖人之神化，上下與天地同流者也。」○謝氏曰：「觀子貢稱聖人語，乃知晚年進德，蓋極於高遠也。夫子之得邦家者，其鼓舞羣動，捷於桴鼓影響。人雖見其變化，而莫窺其所以變化也。蓋不離於聖，而有不可知者存焉〔五〕，此殆難以思勉及也。」

堯曰第二十

凡三章。

堯曰：「咨！爾舜！天之曆數在爾躬，允執其中。四海困窮，天禄永終。」此堯命舜，而禪以帝位之辭。咨，嗟歎聲。曆數，帝王相繼之次第，猶歲時氣節之先後也。允，信也。中者，無過不及之名。四海之人困窮，則君禄亦永絶矣，戒之也。舜亦以命禹。舜後遜位於禹，亦以此辭命之。今見於虞書大禹謨，比此加詳。曰：「予小子履，敢用玄牡，敢昭告于皇皇后帝：有罪不敢赦。帝臣不蔽，簡在帝心。朕躬有罪，無以萬方；萬方有罪，罪在朕躬。」此引商書湯誥之辭。蓋湯既放桀而告諸侯也。與書文大同小異。曰上當有湯字。履，蓋湯名。用玄牡，夏尚黑，未變其禮也。簡，閲也。言桀有罪，己不敢赦。而天下賢人，皆上帝之臣，己不敢蔽。簡在帝心，惟帝所命。此述其初請命而伐桀之詞也。又言君有罪，非民所致，民有罪，實君所爲，見其厚於責己、薄於責人之意。此其告諸侯之辭也。周有大賚，善人是富。賚，来代反。○此以下述武王事。賚，予也。武王克商，大賚于四海。見周書武成篇。此言其所富者，皆善人也。詩序云「賚，所以錫予善人」，蓋本於此。「雖有周親，不如仁人。百姓有過，在予一人。」此周書泰誓之詞。○孔氏曰：「周，至也。言紂至親雖多，不如周家之多仁人。」謹權量，審法度，修廢官，四方之政行焉。權，稱錘也。量，斗斛也。法度，禮樂、制度皆是也。興滅國，繼絶世，舉逸民，天下之民歸心焉。興滅繼絶，謂封黄帝、堯、舜、夏、商之後。舉逸民，謂釋箕子之囚，復商容之位。三者皆人心之所欲也。所重民：食、喪、祭。武成曰：「重民五教，惟食、喪、祭。」寬則得衆，信則民任焉，敏則有功，公則説。説，音悦。○此於武王之事無所見，恐或泛言帝王之道也。○楊氏曰：「論語之書，皆聖人微言，而其徒傳守之，以明斯道者也。故於終篇，具載堯、舜咨命之言，湯、武誓師之意，與夫施諸政事者，以明聖學之所傳者，一於是而已，所以著明二十篇之大旨也。孟子於終篇，亦歷叙堯、舜、湯、文、孔子相承之次，皆此意也。」

子張問於孔子曰：「何如斯可以從政矣？」子曰：「尊五美，屏四惡，斯可以從政矣。」子張曰：「何謂五美？」子曰：「君子惠而不費，勞而不怨，欲而不貪，泰而不驕，威而不猛。」費，芳味反。子張曰：「何謂惠而不費？」子曰：「因民之所利而利之，斯不亦惠而不費乎？擇可勞而勞之，又誰怨？欲仁而得仁，又焉貪？君子無衆寡，無小大，無敢慢，斯不亦泰而不驕乎？君子正其衣冠，尊其瞻視，儼然人望而畏之，斯不亦威而不猛乎？」焉，於虔反。子張曰：「何謂四惡？」子曰：「不教而殺謂之虐；不戒視成謂之暴；慢令致期謂之賊；猶之與人也，出納之吝，謂之有司。」出，去聲。○虐，謂殘酷不仁。暴，謂卒遽無漸。致期，刻期也。賊者，切害之意。緩於前而急於後，以誤其民，而必刑之，是賊害之也。猶之，猶言均之也，均之以物與人，而於其出納之際，乃或吝而不果，則是有司之事，而非爲政之體。所與雖多，人亦不懷其惠矣。項羽使人，有功當封，刻印刓，忍弗能予，卒以取敗，亦其驗也。○尹氏曰：「告問政者多矣，未有如此之備者也。故記之以繼帝王之治，則夫子之爲政可知也。」

子曰：「不知命，無以爲君子也。程子曰：「知命者，知有命而信之也。人不知命，則見害必避，見利必趨，何以爲君子？」不知禮，無以立也。不知禮，則耳目無所加，手足無所措。不知言，無以知人也。」言之得失，可以知人之邪正。○尹氏曰：「知斯三者，則君子之事備矣。弟子記此以終篇，得無意乎？學者少而讀之，老而不知一言爲可用，不幾於侮聖言者乎？夫子之罪人也，可不念哉？」

校勘記

〔一〕但其所言亦有過高之病　「病」，司禮監本作「弊」。

〔二〕猶耳目鼻口　「鼻口」，司禮監本乙倒。

〔三〕與其易也寧戚　「也」字原脱，據司禮監本、吴本補。

〔四〕故曰不可階而升　「升」下，司禮監本有「也」字。

〔五〕而有不可知者存焉　「焉」下，司禮監本有「聖而進於不可知之之神矣」十一字。

孟子序說

史記列傳曰：「孟軻，趙氏曰：「孟子，魯公族孟孫之後。」漢書注云：「字子車。」一說：「字子輿。」騶人也，騶，亦作鄒，本邾國也。受業子思之門人。子思，孔子之孫，名伋。索隱云王劭以人爲衍字，而趙氏注及孔叢子等書亦皆云孟子親受業於子思，未知是否。道既通，趙氏曰：「孟子通五經，尤長於詩、書。」程子曰：「孟子曰：『可以仕則仕，可以止則止，可以久則久，可以速則速。』『孔子，聖之時者也。』故知易者莫如孟子。又曰：『王者之迹熄而詩亡，詩亡然後春秋作。』又曰：『春秋無義戰。』又曰：『春秋，天子之事。』故知春秋者莫如孟子。」尹氏曰：「以此而言，則趙氏謂孟子長於詩、書而已，豈知孟子者哉？」游事齊宣王，宣王不能用。適梁，梁惠王不果所言，則見以爲迂遠而闊於事情。按史記：「梁惠王之三十五年乙酉，孟子始至梁。其後二十三年，當齊湣王之十年丁未，齊人伐燕，而孟子在齊。」故古史謂「孟子先事齊宣王，後乃見梁惠王、襄王、齊湣王。」獨孟子以伐燕爲宣王時事，與史記、荀子等書皆不合。而通鑑以伐燕之歲爲宣王十九年，則是孟子先游梁而後至齊見宣王矣。然考異亦無它據，又未知孰是也。當是之時，秦用商鞅，楚、魏用吳起，齊用孫子、田忌。天下方務於合從連衡，以攻伐爲賢。而孟軻乃述唐、虞、三代之德，是以所如者不合。退而與萬章之徒序詩、書，述仲尼之意，作孟子七篇。」趙氏曰：「凡二百六十一章，三萬四千六百八十五字。」韓子曰：「孟軻之書，非軻自著。軻既没，其徒萬章、公孫丑相與記軻所言焉耳。」愚按：二説不同，史記近是。

韓子曰：「堯以是傳之舜，舜以是傳之禹，禹以是傳之湯，湯以是傳之文、武、周公，文、武、周公傳之孔子，孔子傳之孟軻，軻之死不得其傳焉。荀與揚也，擇焉而不精，語焉而不詳。」程子曰：「韓子此語，非是蹈襲前人，又非鑿空撰得出，必有所見。若無所見，不知言所傳者何事。」○又曰：「孟氏醇乎醇者也。荀與揚，大醇而小疵。」程子曰：「韓子論孟子甚善，非見得孟子意，亦道不到。其論荀、揚則非也。荀子極偏駁，只一句『性惡』，大本已失。揚子雖少過，然亦不識性，更説甚道？」○又曰：「孔子之道大而能博，門弟子不能徧觀而盡識也，故學焉而皆得其性之所近。其後離散，分處諸侯之國，又各以其所能授弟子，源遠而末益分。惟孟軻師子思，而子思之學出於曾子。自孔子没，獨孟軻氏之傳得其宗。故求觀聖人之道者，必自孟子始。」程子曰：「孔子言參也魯，然顔子没後，終得聖人之道者，曾子也。觀其啓手足時之言，可以見矣。所傳者子思、孟子，皆其學也。」○又曰：「揚子雲曰：『古者楊、墨塞路，孟子辭而闢之，廓如也。』夫楊、墨行，正道廢。孟子雖賢聖，不得位，空言無施，雖切何補？然賴其言，而今之學者尚知宗孔氏，崇仁義，貴王賤霸而已。其大經大法，皆亡滅而不救，壞爛而不收。所謂存十一於千百，安在其能廓如也？然向無孟氏，則皆服左衽而言侏離矣。故愈嘗推尊孟氏，以爲功不在禹下者，爲此也。」

或問於程子曰：「孟子還可謂聖人否？」程子曰：「未敢便道他是聖人，然學已到至處。」愚按：「至」字，恐當作「聖」字。○程子又曰：「孟子有功於聖門，不可勝言。仲尼只説一箇『仁』字，孟子開口便説『仁義』。仲尼只説一箇『志』，孟子便説許多『養氣』出來。只此二字，其功甚多。」○又曰：「孟子有大功於世，以其言性善也。」○又曰：「孟子性善、養氣之論，皆前聖所未發。」○又曰：「學者全要識時。若不識時，不足以言學。顔子陋巷自樂，以有孔子在焉。若孟子之時，世既無人，安可不以道自任？」○又曰：「孟子有些英氣。才有英氣，便有圭角，英氣甚害事。如顔子便渾厚不同，顔子去聖人只毫髮間。孟子大賢，亞聖之次也。」或曰：「英氣見於甚處？」曰：「但以孔子之言比之，便可見。且如冰與水精非不光，比之玉，自是有温潤含蓄氣象，無許多光耀也。」

楊氏曰：「孟子一書，只是要正人心，教人存心養性，收其放心。至論仁、義、禮、智，則以惻隱、羞惡、辭遜、是非之心爲之端。論邪説之害，則曰：『生於其心，害於其政。』論事君，則曰『格君心之非』，『一正君而國定』。千變萬化，只説從心上來。人能正心，則事無足爲者矣。大學之修身、齊家、治國、平天下，其本只是正心、誠意而已。心得其正，然後知性之善。故孟子遇人便道性善。歐陽永叔却言『聖人之教人，性非所先』，可謂誤矣。人性上不可添一物，堯、舜所以爲萬世法，亦是率性而已。所謂率性，循天理是也。外邊用計用數，假饒立得功業，只是人欲之私，與聖賢作處，天地懸隔。」

孟子集注卷第一

梁惠王章句上 凡七章。

孟子見梁惠王。梁惠王，魏侯罃也。都大梁，僭稱王，謚曰惠。史記：「惠王三十五年，卑禮厚幣以招賢者，而孟軻至梁。」王曰：「叟，不遠千里而來，亦將有以利吾國乎？」叟，長老之稱。王所謂利，蓋富國强兵之類。孟子對曰：「王何必曰利？亦有仁義而已矣。仁者，心之德、愛之理。義者，心之制、事之宜也。此二句乃一章之大指，下文乃詳言之。後多放此。王曰『何以利吾國』？大夫曰『何以利吾家』？士庶人曰『何以利吾身』？上下交征利而國危矣。萬乘之國，弒其君者，必千乘之家；千乘之國，弒其君者，必百乘之家。萬取千焉，千取百焉，不爲不多矣。苟爲後義而先利，不奪不饜。乘，去聲。饜，於豔反。○此言求利之害，以明上文何必曰利之意也。征，取也。上取乎下，下取乎上，故曰交征。國危，謂將有弒奪之禍。乘，車數也。萬乘之國者，天子畿内地方千里，出車萬乘。千乘之家者，天子之公卿采地方百里，出車千乘也。千乘之國，諸侯之國。百乘之家，諸侯之大夫也。弒，下殺上也。饜，足也。言臣之於君，每十分而取其一分，亦已多矣。若又以義爲後而以利爲先，則不弒其君而盡奪之，其心未肯以爲足也。未有仁而遺其親者也，未有義而後其君者也。此言仁義未嘗不利，以明上文亦有仁義而已之意也。遺，猶棄也。後，不急也。言仁者必愛其親，義者必急其君。故人君躬行仁義而無求利之心，則其下化之，自親戴於己也。王亦曰仁義而已矣，何必曰利？」重言之，以結上文兩節之意。○此章言仁義根於人心之固有，天理之公也。利心生於物我之相形，人欲之私也。循天理，則不求利而自無不利；徇人欲，則求利未得而害已隨之。所謂毫釐之差，千里之繆。此孟子之書所以造端託始之深意，學者所宜精察而明辨也。○太史公曰：「余讀孟子書，至梁惠王問何以利吾國，未嘗不廢書而歎也。曰：嗟乎！利，誠亂之始也。夫子罕言利，常防其源也。故曰『放於利而行，多怨』。自天子以至於庶人，好利之弊，何以異哉？」○程子曰：「君子未嘗不欲利，但專以利爲心則有害。惟仁義則不求利而未嘗不利也。當是之時，天下之人惟利是求，而不復知有仁義。故孟子言仁義而不言利，所以拔本塞源而救其弊，此聖賢之心也。」

孟子見梁惠王。王立於沼上，顧鴻鴈麋鹿，曰：「賢者亦樂此乎？」樂，音洛，篇內同。○沼，池也。鴻，鴈之大者。麋，鹿之大者。孟子對曰：「賢者而後樂此，不賢者雖有此不樂也。此一章之大指。詩云：『經始靈臺，經之營之。庶民攻之，不日成之。經始勿亟，庶民子來。王在靈囿，麀鹿攸伏。麀鹿濯濯，白鳥鶴鶴。王在靈沼，於牣魚躍。』文王以民力爲臺爲沼，而民歡樂之，謂其臺曰靈臺，謂其沼曰靈沼，樂其有麋鹿魚鼈。古之人與民偕樂，故能樂也。亟，音棘。麀，音憂。鶴，詩作翯，户角反。於，音烏。○此引詩而釋之，以明賢者而後樂此之意。詩，大雅靈臺之篇。經，量度也。靈臺，文王臺名也。營，謀爲也。攻，治也。不日，不終日也。亟，速也。言文王戒以勿亟也。子來，如子來趨父事也。靈囿、靈沼，臺下有囿，囿中有沼也。麀，牝鹿也。伏，安其所，不驚動也。濯濯，肥澤貌。鶴鶴，潔白貌。於，歎美辭。牣，滿也。孟子言文王雖用民力，而民反歡樂之，既加以美名，而又樂其所有。蓋由文王能愛其民，故民樂其樂，而文王亦得以享其樂也。湯誓曰：『時日害喪？予及女偕亡。』民欲與之偕亡，雖有臺池鳥獸，豈能獨樂哉？」害，音曷。喪，去聲。女，音汝。○此引書而釋之，以明不賢者雖有此不樂之意也。湯誓，商書篇名。時，是也。日，指夏桀。害，何也。桀嘗自言：「吾有天下，如天之有日，日亡吾乃亡耳。」民怨其虐，故因其自言而目之曰：「此日何時亡乎？若亡，則我寧與之俱亡。」蓋欲其亡之甚也。孟子引此，以明君獨樂而不恤其民，則民怨之而不能保其樂也。

梁惠王曰：「寡人之於國也，盡心焉耳矣。河内凶，則移其民於河東，移其粟於河内。河東凶亦然。察鄰國之政，無如寡人之用心者。鄰國之民不加少，寡人之民不加多，何也？」寡人，諸侯自稱，言寡德之人也。河内、河東，皆魏地。凶，歲不熟也。移民以就食，移粟以給其老稚之不能移者。孟子對曰：「王好戰，請以戰喻。填然鼓之，兵刃既接，棄甲曳兵而走。或百步而後止，或五十步而後止。以五十步笑百步，則何如？」曰：「不可。直不百步耳，是亦走也。」曰：「王如知此，則無望民之多於鄰國也。好，去聲。填，音田。○填，鼓音也。兵以鼓進，以金退。直，猶但也。言此以譬鄰國不恤其民，惠王能行小惠，然皆不能行王道以養其民，不可以此而笑彼也。楊氏曰：「移民移粟，荒政之所不廢也。然不能行先王之道，而徒以是爲盡心焉，則末矣。」

不違農時，穀不可勝食也；數罟不入洿池，魚鼈不可勝食也；斧斤以時入山林，材木不可勝用也。穀與魚鼈不可勝食，材木不可勝用，是使民養生喪死無憾也。養生喪死無憾，王道之始也。勝，音升。數，音促。罟，音古。洿，音烏。○農時，謂春耕、夏耘、秋收之時。凡有興作，不違此時，至冬乃役之也。不可勝食，言多也。數，密也。罟，網也。洿，窊下之地，水所聚也。古者網罟必用四寸之目，魚不滿尺，市不得粥，人不得食。山林川澤，與民共之，而有厲禁。草木零落，然後斧斤入焉。此皆爲治之初，法制未備，且因天地自然之利，而撙節愛養之事也。然飲食宮室所以養生，祭祀棺槨所以送死，皆民所急而不可無者。今皆有以資之，則人無所恨矣。王道以得民心爲本，故以此爲王道之始。

五畝之宅，樹之以桑，五十者可以衣帛矣。雞豚狗彘之畜，無失其時，七十者可以食肉矣。百畝之田，勿奪其時，數口之家可以無飢矣。謹庠序之教，申之以孝悌之義，頒白者不負戴於道路矣。七十者衣帛食肉，黎民不飢不寒，然而不王者，未之有也。衣，去聲。畜，敕六反〔一〕。數，去聲。王，去聲。凡有天下者，人稱之曰王，則平聲；據其身臨天下而言曰王，則去聲。後皆放此。○五畝之宅，一夫所受，二畝半在田，二畝半在邑。田中不得有木，恐妨五穀，故於墻下植桑以供蠶事。五十始衰，非帛不煖；未五十者不得衣也。畜，養也。時，謂孕字之時，如孟春犧牲毋用牝之類也。七十非肉不飽，未七十者不得食也。百畝之田，亦一夫所受。至此則經界正，井地均，無不受田之家矣。庠，序，皆學名也。申，重也，丁寧反覆之意。善事父母爲孝，善事兄長爲悌。頒，與班同，老人頭半白黑者也。負，任在背。戴，任在首。夫民衣食不足，則不暇治禮義；而飽煖無教，則又近於禽獸。故既富而教以孝悌，則人知愛親敬長而代其勞，不使之負戴於道路矣。衣帛、食肉但言七十，舉重以見輕也。黎，黑也。黎民，黑髮之人，猶秦言黔首也。少壯之人，雖不得衣帛食肉，然亦不至於飢寒也。此言盡法制品節之詳，極財成輔相之道〔二〕，以左右民，是王道之成也。狗彘食人食而不知檢，塗有餓莩而不知發；人死，則曰：『非我也，歲也。』是何異於刺人而殺之，曰：『非我也，兵也。』王無罪歲，斯天下之民至焉。」莩，平表反。刺，七亦反。○檢，制也。莩，餓死人也。發，發倉廩以賑貸也。歲，謂歲之豐凶也。惠王不能制民之産，又使狗彘得以食人之食，則與先王制度品節之意異矣。至於民飢而死，猶不知發，則其所移特民間之粟而已。乃以民不加多，歸罪於歲凶，是知刃之殺人，而不知操刃者之殺人也。不罪歲，則必能自反而益修其政，天下之民至焉，則不但多於鄰國而已。○程子曰：「孟子之論王道，不過如此，可謂實矣。」又曰：「孔子之時，周室雖微，天下猶知尊周之爲義，故春秋以尊周爲本。至孟子時，七國爭雄，天下不復知有周，而生民之塗炭已極。當是時，諸侯能行王道，則可以王矣。此孟子所以勸齊、梁之君也。蓋王者，天下之義主也。聖賢亦何心哉？視天命之改與未改耳。」

梁惠王曰：「寡人願安承教。」承上章言願安意以受教。孟子對曰：「殺人以梃與刃，有以異乎？」曰：「無以異也。」梃，徒頂反。○梃，杖也。「以刃與政，有以異乎？」曰：「無以異也。」孟子又問而王答也。曰：「庖有肥肉，廄有肥馬，民有飢色，野有餓莩，此率獸而食人也。厚斂於民以養禽獸，而使民飢以死，則無異於驅獸以食人矣。獸相食，且人惡之。爲民父母，行政不免於率獸而食人，惡在其爲民父母也？惡之之惡，去聲。惡在之惡，平聲。○君者，民之父母也。惡在，猶言何在也。仲尼曰：『始作俑者，其無後乎！』爲其象人而用之也。如之何其使斯民飢而死也？」俑，音勇。爲，去聲。○俑，從葬木偶人也。古之葬者，束草爲人，以爲從衛，謂之芻靈，略似人形而已。中古易之以俑，則有面目機發，而太似人矣。故孔子惡其不仁，而言其必無後也。孟子言此作俑者，但用象人以葬，孔子猶惡之，況實使民飢而死乎？○李氏曰：「爲人君者，固未嘗有率獸食人之心。然徇一己之欲，而不恤其民，則其流必至於此。故以爲民父母告之。夫父母之於子，爲之就利避害，未嘗頃刻而忘於懷，何至視之不如犬馬乎？」

梁惠王曰：「晉國，天下莫强焉，叟之所知也。及寡人之身，東敗於齊，長子死焉；西喪地於秦七百里；南辱於楚。寡人恥之，願比死者一洒之，如之何則可？」長，上聲。喪，去聲。比，必二反。洒與洗同。○魏本晉大夫魏斯，與韓氏、趙氏共分晉地，號曰三晉，故惠王猶自謂晉國。惠王三十年，齊擊魏，破其軍，虜太子申。十七年，秦取魏少梁，後魏又數獻地於秦。又與楚將昭陽戰，敗，亡其七邑。比，猶爲也。言欲爲死者雪其恥也。孟子對曰：「地方百里而可以王。百里，小國也，然能行仁政，則天下之民歸之矣。王如施仁政於民，省刑罰，薄稅斂，深耕易耨。壯者以暇日修其孝悌忠信，入以事其父兄，出以事其長上，可使制梃以撻秦、楚之堅甲利兵矣。省，所梗反。斂、易，皆去聲。耨，奴豆反。長，上聲。○省刑罰，薄稅斂，此二者仁政之大目也。易，治也。耨，耘也。盡己之謂忠，以實之謂信。君行仁政，則民得盡力於農畝，而又有暇日以脩禮義，是以尊君親上而樂於效死也。彼奪其民時，使不得耕耨以養其父母，父母凍餓，兄弟妻子離散。養，去聲。○彼，謂敵國也。彼陷溺其民，王往而征之，夫誰與王敵？夫，音扶。○陷，陷於阱。溺，溺於水。暴虐之意。征，正也。以彼暴虐其民，而率吾尊君親上之民往正其罪，彼民方怨其上而樂歸於我，則誰與我爲敵哉？故曰：『仁者無敵。』王請勿疑！」「仁者無敵」，蓋古語也。百里可王，以此而已。恐王疑其迂闊，故勉使勿疑也。○孔氏曰：「惠王之志，在於報怨；孟子之論，在於救民。所謂惟天吏則可以伐之，蓋孟子之本意。」

孟子見梁襄王。襄王，惠王子，名赫。出，語人曰：「望之不似人君，就之而不見所畏焉。卒然問曰：『天下惡乎定？』吾對曰：『定于一。』語，去聲。卒，七没反。惡，平聲。○語，告也。不似人君，不見所畏，言其無威儀也。卒然，急遽之貌。蓋容貌詞氣，乃德之符，其外如此，則其中之所存者可知。王問列國分爭，天下當何所定。孟子對以必合于一，然後定也。『孰能一之？』王問也。對曰：『不嗜殺人者能一之。』嗜，甘也。『孰能與之？』王復問也。與，猶歸也。對曰：『天下莫不與也。王知夫苗乎？七、八月之間旱，則苗槁矣。天油然作雲，沛然下雨，則苗浡然興之矣。其如是，孰能禦之？今夫天下之人牧，未有不嗜殺人者也。如有不嗜殺人者，則天下之民皆引領而望之矣。誠如是也，民歸之，由水之就下，沛然誰能禦之？』」夫，音扶。浡，音勃。由，當作猶，古字借用。後多放此。○周七、八月，夏五、六月也。油然，雲盛貌。沛然，雨盛貌。浡然，興起貌。禦，禁止也。人牧，謂牧民之君也。領，頸也。蓋好生惡死，人心所同。故人君不嗜殺人，則天下悅而歸之。○蘇氏曰：「孟子之言，非苟爲大而已。然不深原其意而詳究其實，未有不以爲迂者矣。予觀孟子以來，自漢高祖及光武，及唐太宗，及我宋太祖皇帝〔三〕，能一天下者四君，皆以不嗜殺人致之。其餘殺人愈多，而天下愈亂。秦、晉及隋，力能合之，而好殺不已，故或合而復分，或遂以亡國。孟子之言，豈偶然而已哉！」

齊宣王問曰：「齊桓、晉文之事可得聞乎？」齊宣王，姓田氏，名辟彊，諸侯僭稱王也。齊威公、晉文公，皆霸諸侯者。孟子對曰：「仲尼之徒無道桓、文之事者，是以後世無傳焉。臣未之聞也。無以，則王乎？」道，言也。董子曰：「仲尼之門，五尺童子羞稱五伯。」爲其先詐力而後仁義也。」亦此意也。以、已通用。無已，必欲言之而不止也。王，謂王天下之道。曰：「德何如，則可以王矣？」曰：「保民而王，莫之能禦也。」保，愛護也。曰：「若寡人者，可以保民乎哉？」曰：「可。」曰：「何由知吾可也？」曰：「臣聞之胡齕曰，王坐於堂上，有牽牛而過堂下者，王見之，曰：『牛何之？』對曰：『將以釁鐘。』王曰：『舍之！吾不忍其觳觫，若無罪而就死地。』對曰：『然則廢釁鐘與？』曰：『何可廢也？以羊易之。』不識有諸？」齕，音核。舍，上聲。觳，音斛。觫，音速。與，平聲。○胡齕，齊臣也。釁鐘，新鑄鐘成，而殺牲取血以塗其釁郄也。觳觫，恐懼貌。孟子述所聞胡齕之語而問王，不知果有此事否？曰：「有之。」曰：「是心足以王矣。百姓皆以王爲愛也，臣固知王之不忍也。」王見牛之觳觫而不忍殺，即所謂惻隱之心，仁之端也。擴而充之，則可以保四海矣。故孟子指而言之，欲王察識於此而擴充之也。愛，猶吝也。王曰：「然。誠有百姓者。齊國雖褊小，吾何愛一牛？即不忍其觳觫，若無罪而就死地，故以羊易之也。」言以羊易牛，其迹似吝，實有如百姓所譏者。然我之心不如是也。曰：「王無異於百姓之以王爲愛也。以小易大，彼惡知之？王若隱其無罪而就死地，則牛羊何擇焉？」王笑曰：「是誠何心哉？我非愛其財而易之以羊也，宜乎百姓之謂我愛也。」惡，平聲。○異，怪也。隱，痛也。擇，猶分也。言牛羊皆無罪而死，何所分別而以羊易牛乎？孟子故設此難，欲王反求而得其本心。王不能然，故卒無以自解於百姓之言也。曰：「無傷也，是乃仁術也，見牛未見羊也。君子之於禽獸也，見其生，不忍見其死；聞其聲，不忍食其肉。是以君子遠庖厨也。」遠，去聲。○無傷，言雖有百姓之言，不爲害也。術，謂法之巧者。蓋殺牛既所不忍，釁鐘又不可廢，於此無以處之，則此心雖發而終不得施矣。然見牛則此心已發而不可遏，未見羊則其理未形而無所妨。故以羊易牛，則二者得以兩全而無害，此所以爲仁之術也。聲，謂將死而哀鳴也。蓋人之於禽獸，同生而異類。故用之以禮，而不忍之心施於見聞之所及。其所以必遠庖厨者，亦以預養是心而廣爲仁之術也。王說，曰：「詩云：『他人有心，予忖度之。』夫子之謂也。夫我乃行之，反而求之，不得吾心。夫子言之，於我心有戚戚焉。此心之所以合於王者，何也？」說，音悅。忖，七本反。度，待洛反。夫我之夫，音扶。○詩，小雅巧言之篇。戚戚，心動貌。王因孟子之言，而前日之心復萌，乃知此心不從外得，然猶未知所以反其本而推之也。曰：「有復於王者曰：『吾力足以舉百鈞，而不足以舉一羽；明足以察秋毫之末，而不見輿薪。』則王許之乎？」曰：「否。」「今恩足以及禽獸，而功不至於百姓者，獨何與？然則一羽之不舉，爲不用力焉；輿薪之不見，爲不用明焉；百姓之不見保，爲不用恩焉。故王之不王，不爲也，非不能也。」與，平聲。爲不之爲，去聲。○復，白也。鈞，三十斤。百鈞，至重難舉也。羽，鳥羽。一羽，至輕易舉也。秋毫之末，毛至秋而末銳，小而難見也。輿薪，以車載薪，大而易見也。許，猶可也。今恩以下，又孟子之言也。蓋天地之性，人爲貴。故人之與人，又爲同類而相親。是以惻隱之發，則於民切而於物緩；推廣仁術，則仁民易而愛物難。今王此心能及物矣，則其保民而王，非不能也，但自不肯爲耳。曰：「不爲者與不能者之形何以異？」曰：「挾太山以超北海，語人曰『我不能』，是誠不能也。爲長者折枝，語人曰『我不能』，是不爲也，非不能也。故王之不王，非挾太山以超北海之類也；王之不王，是折枝之類也。

語，去聲。爲長之爲，去聲。長，上聲。折，之舌反。○形，狀也。挾，以腋持物也。超，躍而過也。爲長者折枝，以長者之命，折草木之枝，言不難也。是心固有，不待外求，擴而充之，在我而已，何難之有？老吾老，以及人之老；幼吾幼，以及人之幼。天下可運於掌。詩云：『刑于寡妻，至于兄弟，以御于家邦。』言舉斯心加諸彼而已。故推恩足以保四海，不推恩無以保妻子。古之人所以大過人者，無他焉，善推其所爲而已矣。今恩足以及禽獸，而功不至於百姓者，獨何與？與，平聲。○老，以老事之也。吾老，謂我之父兄。人之老，謂人之父兄。幼，以幼畜之也。吾幼，謂我之子弟。人之幼，謂人之子弟。運於掌，言易也。詩，大雅思齊之篇。刑，法也。寡妻，寡德之妻，謙辭也。御，治也。不能推恩，則衆叛親離，故無以保妻子。蓋骨肉之親，本同一氣，又非但若人之同類而已。故古人必由親親推之，然後及於仁民；又推其餘，然後及於愛物。皆由近以及遠，自易以及難。今王反之，則必有故矣。故復推本而再問之。權，然後知輕重；度，然後知長短。物皆然，心爲甚。王請度之！度之之度，待洛反。○權，稱錘也。度，丈尺也。度之，謂稱量之也。言物之輕重長短，人所難齊，必以權度度之而後可見。若心之應物，則其輕重長短之難齊，而不可不度以本然之權度，又有甚於物者。今王恩及禽獸，而功不至於百姓，是其愛物之心重且長，而仁民之心輕且短，失其當然之序而不自知也。故上文既發其端，而於此請王度之也。抑王興甲兵，危士臣，構怨於諸侯，然後快於心與？」與，平聲。○抑，發語辭。士，戰士也。構，結也。孟子以王愛民之心所以輕且短者，必其以是三者爲快也。然三事實非人心之所快，有甚於殺觳觫之牛者。故指以問王，欲其以此而度之也。

王曰：「否。吾何快於是？將以求吾所大欲也。」不快於此者，心之正也；而必爲此者，欲誘之也。欲之所誘者獨在於是，是以其心尚明於他而獨暗於此。此其愛民之心所以輕短，而功不至於百姓也。曰：「王之所大欲可得聞與？」王笑而不言。曰：「爲肥甘不足於口與？輕煖不足於體與？抑爲采色不足視於目與？聲音不足聽於耳與？便嬖不足使令於前與？王之諸臣，皆足以供之，而王豈爲是哉？」曰：「否。吾不爲是也。」曰：「然則王之所大欲可知已。欲辟土地，朝秦、楚，莅中國而撫四夷也。以若所爲，求若所欲，猶緣木而求魚也。」與，平聲。爲肥、抑爲、豈爲、不爲之爲，皆去聲。便、令，皆平聲。辟，與闢同。朝，音潮。○便嬖，近習嬖幸之人也。已，語助辭。辟，開廣也。朝，致其來朝也。秦、楚，皆大國。莅，臨也。若，如此也。所爲，指興兵結怨之事。緣木求魚，言必不可得。王曰：「若是其甚與？」曰：「殆有甚焉。緣木求魚，雖不得魚，無後災。以若所爲，求若所欲，盡心力而爲之，後必有災。」曰：「可得聞與？」曰：「鄒人與楚人戰，則王以爲孰勝？」曰：「楚人勝。」曰：「然則小固不可以敵大，寡固不可以敵衆，弱固不可以敵彊。海内之地方千里者九，齊集有其一，以一服八，何以異於鄒敵楚哉？蓋亦反其本矣。甚與、聞與之與，平聲。○殆、蓋，皆發語辭。鄒，小國。楚，大國。齊集有其一，言集合齊地，其方千里，是有天下九分之一也。以一服八，必不能勝，所謂後災也。反本，說見下文。

今王發政施仁，使天下仕者皆欲立於王之朝，耕者皆欲耕於王之野，商賈皆欲藏於王之市，行旅皆欲出於王之塗，天下之欲疾其君者皆欲赴愬於王。其若是，孰能禦之？」朝，音潮。賈，音古。愬與訴同。○行貨曰商，居貨曰賈。發政施仁，所以王天下之本也。近者悅，遠者來，則大小强弱非所論矣。蓋力求所欲，則所欲者反不可得；能反其本，則所欲者不求而至。與首章意同。王曰：「吾惛，不能進於是矣。願夫子輔吾志，明以教我。我雖不敏，請嘗試之。」惛與昏同。曰：「無恒産而有恒心者，惟士爲能。若民，則無恒産，因無恒心。苟無恒心，放辟邪侈，無不爲已。及陷於罪，然後從而刑之，是罔民也。焉有仁人在位，罔民而可爲也？恒，胡登反。辟與僻同。焉，於虔反。○恒，常也。産，生業也。常産，可常生之業也。常心，人所常有之善心也。士嘗學問，知義理，故雖無常産而有常心。民則不能然矣。罔，猶羅網，欺其不見而取之也。是故明君制民之産，必使仰足以事父母，俯足以畜妻子，樂歲終身飽，凶年免於死亡。然後驅而之善，故民之從之也輕。畜，許六反，下同。○輕，猶易也。此言民有常産而有常心也。今也制民之産，仰不足以事父母，俯不足以畜妻子，樂歲終身苦，凶年不免於死亡。此惟救死而恐不贍，奚暇治禮義哉？治，平聲。凡治字爲理物之義者，平聲；爲已理之義者，去聲。後皆放此。○贍，足也。此所謂無常産而無常心者也。王欲行之，則盍反其本矣。盍，何不也。使民有常産者，又發政施仁之本也。説具下文。五畝之宅，樹之以桑，五十者可以衣帛矣。雞豚狗彘之畜，無失其時，七十者可以食肉矣。百畝之田，勿奪其時，八口之家可以無飢矣。謹庠序之教，申之以孝悌之義，頒白者不負戴於道路矣。老者衣帛食肉，黎民不飢不寒，然而不王者，未之有也。」音見前章。○此言制民之産之法也。趙氏曰：「八口之家，次上農夫也。此王政之本，常生之道，故孟子爲齊、梁之君各陳之也。」楊氏曰：「爲天下者，舉斯心加諸彼而已。然雖有仁心仁聞，而民不被其澤者，不行先王之道故也。故以制民之産告之。」○此章言人君當黜霸功，行王道。而王道之要，不過推其不忍之心，以行不忍之政而已。齊王非無此心，而奪於功利之私，不能擴充以行仁政。雖以孟子反覆曉告，精切如此，而蔽固已深，終不能悟，是可歎也。

校勘記

〔一〕敕六反　「敕」，原作「許」，據殘宋本、司禮監本、吳本改。

〔二〕極財成輔相之道　「財」，司禮監本作「裁」。

〔三〕及我宋太祖皇帝　「宋」，原作「〇」，據殘宋本、司禮監本、仿元本改。

孟子集注卷第二

梁惠王章句下　凡十六章。

莊暴見孟子，曰：「暴見於王，王語暴以好樂，暴未有以對也。」曰：「好樂何如？」孟子曰：「王之好樂甚，則齊國其庶幾乎！」見於之見，音現，下見於同。語，去聲，下同。好，去聲。篇內並同。○莊暴，齊臣也。庶幾，近辭也，言近於治。

他日，見於王曰：「王嘗語莊子以好樂，有諸？」王變乎色，曰：「寡人非能好先王之樂也，直好世俗之樂耳。」變色者，慚其好之不正也。

曰：「王之好樂甚，則齊其庶幾乎！今之樂猶古之樂也。」今樂，世俗之樂。古樂，先王之樂。

曰：「可得聞與？」曰：「獨樂樂，與人樂樂，孰樂？」曰：「不若與人。」曰：「與少樂樂，與衆樂樂，孰樂？」曰：「不若與衆。」聞與之與，平聲。樂樂，下字音洛。孰樂，亦音洛。○獨樂不若與人，與少樂不若與衆，亦人之常情也。

「臣請爲王言樂：爲，去聲。○此以下，皆孟子之言也。今王鼓樂於此，百姓聞王鐘鼓之聲、管籥之音，舉疾首蹙頞而相告曰：『吾王之好鼓樂，夫何使我至於此極也？父子不相見，兄弟妻子離散。』今王田獵於此，百姓聞王車馬之音，見羽旄之美，舉疾首蹙頞而相告曰：『吾王之好田獵，夫何使我至於此極也？父子不相見，兄弟妻子離散。』此無他，不與民同樂也。蹙，子六反。頞，音遏。夫，音扶。同樂之樂，音洛。○鐘、鼓、管、籥，皆樂器也。舉，皆也。疾首，頭痛也。蹙，聚也。頞，額也。人憂戚則蹙其額。極，窮也。羽旄，旌屬。不與民同樂，謂獨樂其身而不恤其民，使之窮困也。今王鼓樂於此，百姓聞王鐘鼓之聲、管籥之音，舉欣欣然有喜色而相告曰：『吾王庶幾無疾病與？何以能鼓樂也？』今王田獵於此，百姓聞王車馬之音，見羽旄之美，舉欣欣然有喜色而相告曰：『吾王庶幾無疾病與？何以能田獵也？』此無他，與民同樂也。病與之與，平聲。同樂之樂，音洛。○與民同樂者，推好樂之心以行仁政，使民各得其所也。今王與百姓同樂，則王矣。」好樂而能與百姓同之，則天下之民歸之矣，所謂齊其庶幾者如此。○范氏曰：「戰國之時，民窮財盡，人君獨以南面之樂自奉其身。孟子切於救民，故因齊王之好樂，開導其善心，深勸其與民同樂，而謂今樂猶古樂。其實今樂、古樂，何可同也？但與民同樂之意，則無古今之異耳。若必欲以禮樂治天下，當如孔子之言，必用韶、舞，必放鄭聲。蓋孔子之言，爲邦之正道；孟子之言，救時之急務，所以不同。」楊氏曰：「樂以和爲主，使人聞鐘、鼓、管、絃之音而疾首蹙頞，則雖奏以咸、英、韶、濩，無補於治也。故孟子告齊王以此，姑正其本而已。」

齊宣王問曰：「文王之囿方七十里，有諸？」孟子對曰：「於傳有之。」囿，音又。傳，直戀反。○囿者，蕃育鳥獸之所。古者四時之田，皆於農隙以講武事，然不欲馳騖於稼穡場圃之中，故度閒曠之地以爲囿。然文王七十里之囿，其亦三分天下有其二之後也與？傳，謂古書。曰：「若是其大乎？」曰：「民猶以爲小也。」曰：「寡人之囿方四十里，民猶以爲大，何也？」曰：「文王之囿方七十里，芻蕘者往焉，雉兔者往焉，與民同之。民以爲小，不亦宜乎？芻，音初。蕘，音饒。○芻，草也。蕘，薪也。臣始至於境，問國之大禁，然後敢入。臣聞郊關之内，有囿方四十里，殺其麋鹿者如殺人之罪。則是方四十里，爲阱於國中。民以爲大，不亦宜乎？」阱，才性反。○禮：入國而問禁。國外百里爲郊，郊外有關。阱，坎地以陷獸者，言陷民於死也。

齊宣王問曰：「交鄰國有道乎？」孟子對曰：「有。惟仁者爲能以大事小，是故湯事葛，文王事昆夷；惟智者爲能以小事大，故大王事獯鬻，句踐事吳。獯，音熏。鬻，音育。句，音鉤。○仁人之心，寬洪惻怛，而無較計大小强弱之私。故小國雖或不恭，而吾所以字之之心自不能已。智者明義理，識時勢。故大國雖見侵陵，而吾所以事之之禮尤不敢廢。湯事見後篇。文王事見詩大雅。大王事見後章。所謂狄人，即獯鬻也。句踐，越王名，事見國語、史記。以大事小者，樂天者也；以小事大者，畏天者也。樂天者保天下，畏天者保其國。樂，音洛。○天者，理而已矣。大之字小，小之事大，皆理之當然也。自然合理，故曰樂天。不敢違理，故曰畏天。包含徧覆，無不周徧，保天下之氣象也。制節謹度，不敢縱逸，保一國之規模也。詩云：『畏天之威，于時保之。』」詩〔一〕，周頌我將之篇。時，是也。王曰：「大哉言矣！寡人有疾，寡人好勇。」言以好勇，故不能事大而恤小也。對曰：「王請無好小勇。夫撫劍疾視曰，『彼惡敢當我哉』！此匹夫之勇，敵一人者也。王請大之！夫撫之夫，音扶。惡，平聲。○疾視，怒目而視也。小勇，血氣所爲。大勇，義理所發。詩云：『王赫斯怒，爰整其旅，以遏徂莒，以篤周祜，以對於天下。』此文王之勇也。文王一怒而安天下之民。詩，大雅皇矣篇。赫，赫然怒貌。爰，於也。旅，衆也。遏，詩作按，止也。徂，往也。莒，詩作旅。徂旅，謂密人侵阮徂共之衆也。篤，厚也。祜，福也。對，答也，以答天下仰望之心也。此文王之大勇也。書曰：『天降下民，作之君，作之師。惟曰其助上帝，寵之四方。有罪無罪，惟我在，天下曷敢有越厥志？』一人衡行於天下，武王耻之。此武王之勇也。而武王亦一怒而安天下之民。衡，與横同。○書，周書泰誓之篇也。然所引與今書文小異，今且依此解之。寵之四方，寵異之於四方也。有罪者，我得而誅之；無罪者，我得而安之。我既在此，則天下何敢有過越其心志而作亂者乎？衡行，謂作亂也。孟子釋書意如此，而言武王亦大勇也。今王亦一怒而安天下之民，民惟恐王之不好勇也。」王若能如文、武之爲，則天下之民望其一怒以除暴亂，而拯己於水火之中，惟恐王之不好勇耳。○此章言人君能懲小忿，則能恤小事大，以交鄰國；能養大勇，則能除暴救民，以安天下。張敬夫曰：「小勇者，血氣之怒也。大勇者，理義之怒也。血氣之怒不可有，理義之怒不可無。知此，則可以見性情之正，而識天理、人欲之分矣。」

齊宣王見孟子於雪宮。王曰：「賢者亦有此樂乎？」孟子對曰：「有。人不得，則非其上矣。樂，音洛，下同。○雪宮，離宮名。言人君能與民同樂，則人皆有此樂。不然，則下之不得此樂者，必有非其君上之心。明人君當與民同樂，不可使人有不得者，非但當與賢者共之而已也。不得而非其上者，非也；爲民上而不與民同樂者，亦非也。下不安分，上不恤民，皆非理也。樂民之樂者，民亦樂其樂；憂民之憂者，民亦憂其憂。樂以天下，憂以天下，然而不王者，未之有也。樂民之樂而民樂其樂，則樂以天下矣；憂民之憂而民憂其憂，則憂以天下矣。昔者齊景公問於晏子曰：『吾欲觀於轉附、朝儛，遵海而南，放于琅邪。吾何脩而可以比於先王觀也？』朝，音潮。放，上聲。○晏子，齊臣，名嬰。轉附、朝儛，皆山名也。遵，循也。放，至也。琅邪，齊東南境上邑名。觀，遊也。晏子對曰：『善哉問也！天子適諸侯曰巡狩，巡狩者，巡所守也。諸侯朝於天子曰述職，述職者，述所職也。無非事者。春省耕而補不足，秋省斂而助不給。夏諺曰：「吾王不遊，吾何以休？吾王不豫，吾何以助？一遊一豫，爲諸侯度。」狩，舒救反。省，悉井反。○述，陳也。省，視也。斂，收穫也。給，亦足也。夏諺，夏時之俗語也。豫，樂也。巡所守，巡行諸侯所守之土也。述所職，陳其所受之職也。皆無有無事而空行者。而又春秋循行郊野，察民之所不足而補助之。故夏諺以爲王者一遊一豫，皆有恩惠以及民，而諸侯皆取法焉，不敢無事慢遊以病其民也。今也不然：師行而糧食，飢者弗食，勞者弗息。睊睊胥讒，民乃作慝。方命虐民，飲食若流。流連荒亡，爲諸侯憂。睊，古縣反。○今，謂晏子時也。師，衆也，二千有五百人爲師〔二〕。春秋傳曰：「君行師從。」糧，謂糗糒之屬。睊睊，側目貌。胥，相也。讒，謗也。慝，怨惡也，言民不勝其勞而起謗怨也。方，逆也。命，王命也。若流，如水之流，無窮極也。流連荒亡，解見下文。諸侯，謂附庸之國、縣邑之長。從流下而忘反謂之流，從流上而忘反謂之連，從獸無厭謂之荒，樂酒無厭謂之亡。厭，平聲。○此釋上文之義也。從流下，謂放舟隨水而下。從流上，謂挽舟逆水而上。從獸，田獵也。荒，廢也。樂酒，以飲酒爲樂也。亡，猶失也，言廢時失事也。先王無流連之樂，荒亡之行。行，去聲。惟君所行也。』言先王之法，今時之弊，二者惟在君所行耳。景公說，大戒於國，出舍於郊。於是始興發補不足。召太師曰：『爲我作君臣相說之樂！』蓋徵招、角招是也。其詩曰：『畜君何尤？』畜君者，好君也。」說，音悅〔三〕。爲，去聲。樂，如字。徵，陟里反。招，與韶同。畜，敕六反〔四〕。○戒，告命也。出舍，自責以省民也。興發，發倉廩也。太師，樂官也。君臣，己與晏子也。樂有五聲，三曰角爲民，四曰徵爲事。招，舜樂也。其詩，徵招、角招之詩也。尤，過也。言晏子能畜止其君之欲，宜爲君之所尤，然其心則何過哉？孟子釋之，以爲臣能畜止其君之欲，乃是愛其君者也。○尹氏曰：「君之與民，貴賤雖不同，然其心未始有異也。孟子之言，可謂深切矣。齊王不能推而用之，惜哉！」

齊宣王問曰：「人皆謂我毀明堂。毀諸？已乎？」趙氏曰：「明堂，太山明堂。周天子東巡守朝諸侯之處，漢時遺址尚在。人欲毁之者，蓋以天子不復巡守，諸侯又不當居之也。王問當毁之乎？且止乎？」孟子對曰：「夫明堂者，王者之堂也。王欲行王政，則勿毁之矣。」夫，音扶。○明堂，王者所居以出政令之所也。能行王政，則亦可以王矣，何必毁哉？ 王曰：「王政可得聞與？」對曰：「昔者文王之治岐也，耕者九一，仕者世禄，關市譏而不征，澤梁無禁，罪人不孥。老而無妻曰鰥，老而無夫曰寡，老而無子曰獨，幼而無父曰孤。此四者，天下之窮民而無告者。文王發政施仁，必先斯四者。詩云：『哿矣富人，哀此煢獨。』」與，平聲。孥，音奴。鰥，姑頑反。哿，工可反。煢，音瓊。○岐，周之舊國也。九一者，井田之制也。方一里爲一井，其田九百畝。中畫井字，界爲九區。一區之中，爲田百畝。中百畝爲公田，外八百畝爲私田。八家各受私田百畝，而同養公田，是九分而税其一也。世禄者，先王之世，仕者之子孫皆教之，教之而成材則官之。如不足用，亦使之不失其禄。蓋其先世嘗有功德於民，故報之如此，忠厚之至也。關，謂道路之關。市，謂都邑之市。譏，察也。征，税也。關市之吏，察異服異言之人，而不征商賈之税也。澤，謂瀦水。梁，謂魚梁。與民同利，不設禁也。孥，妻子也。惡惡止其身，不及妻子也。先王養民之政：導其妻子，使之養其老而恤其幼。不幸而有鰥寡孤獨之人，無父母妻子之養，則尤宜憐恤，故必以爲先也。詩，小雅正月之篇。哿，可也。煢，困悴貌。 王曰：「善哉言乎！」曰：「王如善之，則何爲不行？」王曰：「寡人有疾，寡人好貨。」對曰：「昔者公劉好貨。詩云：『乃積乃倉。乃裹餱糧，于橐于囊。思戢用光。弓矢斯張，干戈戚揚，爰方啓行。』故居者有積倉，行者有裹糧也〔五〕，然後可以爰方啓行。王如好貨，與百姓同之，於王何有？」餱，音侯。橐，音托。戢，詩作輯，音集。○王自以爲好貨，故取民無制，而不能行此王政。公劉，后稷之曾孫也。詩，大雅公劉之篇。積，露積也。餱，乾糧也。無底曰橐，有底曰囊，皆所以盛餱糧也。戢，安集也。言思安集其民人，以光大其國家也。戚，斧也。揚，鉞也。爰，於也。啓行，言往遷於豳也。何有，言不難也。孟子言公劉之民富足如此，是公劉好貨，而能推己之心以及民也。今王好貨，亦能如此，則其於王天下也，何難之有？

王曰：「寡人有疾，寡人好色。」對曰：「昔者大王好色，愛厥妃。詩云：『古公亶甫，來朝走馬，率西水滸，至于岐下。爰及姜女，聿來胥宇。』當是時也，内無怨女，外無曠夫。王如好色，與百姓同之，於王何有？」大，音泰。○王又言此者，好色則心志蠱惑，用度奢侈，而不能行王政也。大王，公劉九世孫。詩，大雅緜之篇也。古公，大王之本號，後乃追尊爲大王也。亶甫，大王名也。來朝走馬，避狄人之難也。率，循也。滸，水厓也。岐下，岐山之下也。姜女，大王之妃也。胥，相也。宇，居也。曠，空也。無怨曠者，是大王好色，而能推己之心以及民也。○楊氏曰：「孟子與人君言，皆所以擴充其善心而格其非心，不止就事論事。若使爲人臣者論事每如此，豈不能堯、舜其君乎？」愚謂此篇自首章至此，大意皆同。蓋鐘鼓、苑囿、遊觀之樂，與夫好勇、好貨、好色之心，皆天理之所有，而人情之所不能無者。然天理人欲，同行異情。循理而公於天下者，聖賢之所以盡其性也〔六〕；縱欲而私於一己者，衆人之所以滅其天也。二者之間，不能以髪，而其是非得失之歸，相去遠矣。故孟子因時君之問，而剖析於幾微之際，皆所以遏人欲而存天理。其法似疏而實密，其事似易而實難。學者以身體之，則有以識其非曲學阿世之言，而知所以克己復禮之端矣。

孟子謂齊宣王曰：「王之臣有託其妻子於其友，而之楚遊者。比其反也，則凍餒其妻子，則如之何？」王曰：「棄之。」比，必二反。○託，寄也。比，及也。棄，絶也。曰：「士師不能治士，則如之何？」王曰：「已之。」士師，獄官也。其屬有鄉士、遂士之官，士師皆當治之。已，罷去也。曰：「四境之内不治，則如之何？」王顧左右而言他。治，去聲。○孟子將問此而先設上二事以發之，及此而王不能答也。其憚於自責，耻於下問如此，不足與有爲可知矣。○趙氏曰：「言君臣上下各勤其任，無墮其職，乃安其身。」

孟子見齊宣王，曰：「所謂故國者，非謂有喬木之謂也，有世臣之謂也。王無親臣矣，昔者所進，今日不知其亡也。」世臣，累世勳舊之臣，與國同休戚者也。親臣，君所親信之臣，與君同休戚者也。此言喬木、世臣，皆故國所宜有。然所以爲故國者，則在此而不在彼也。昨日所進用之人，今日有亡去而不知者，則無親臣矣。況世臣乎？王曰：「吾何以識其不才而舍之？」舍，上聲。○王意以爲此亡去者，皆不才之人。我初不知而誤用之，故今不以其去爲意耳。因問何以先識其不才而舍之耶？曰：「國君進賢，如不得已。將使卑踰尊，疏踰戚，可不慎與？與，平聲。○如不得已，言謹之至也。蓋尊尊親親，禮之常也。然或尊者親者未必賢，則必進疏遠之賢而用之。是使卑者踰尊，疏者踰戚，非禮之常，故不可不謹也。左右皆曰賢，未可也；諸大夫皆曰賢，未可也；國人皆曰賢，然後察之；見賢焉，然後用之。左右皆曰不可，勿聽；諸大夫皆曰不可，勿聽；國人皆曰不可，然後察之；見不可焉，然後去之。去，上聲。○左右近臣，其言固未可信。諸大夫之言，宜可信矣，然猶恐其蔽於私也。至於國人，則其論公矣，然猶必察之者，蓋人有同俗而爲衆所悦者，亦有特立而爲俗所憎者。故必自察之，而親見其賢否之實，然後從而用舍之，則於賢者知之深，任之重，而不才者不得以幸進矣。所謂進賢如不得已者如此。左右皆曰可殺，勿聽；諸大夫皆曰可殺，勿聽；國人皆曰可殺，然後察之；見可殺焉，然後殺之。故曰，國人殺之也。此言非獨以此進退人才，至於用刑，亦以此道。蓋所謂天命天討，皆非人君之所得私也。如此，然後可以爲民父母。」傳曰：「民之所好好之，民之所惡惡之，此之謂民之父母〔七〕。」

齊宣王問曰：「湯放桀，武王伐紂，有諸？」孟子對曰：「於傳有之。」傳，直戀反。○放，置也。書云〔八〕：「成湯放桀於南巢。」曰：「臣弑其君，可乎？」桀、紂，天子；湯、武，諸侯。曰：「賊仁者謂之賊，賊義者謂之殘，殘賊之人謂之一夫。聞誅一夫紂矣，未聞弑君也。」賊，害也。殘，傷也。害仁者，凶暴淫虐，滅絶天理，故謂之賊。害義者，顛倒錯亂，傷敗彝倫，故謂之殘。一夫，言衆叛親離，不復以爲君也。書曰：「獨夫紂。」蓋四海歸之，則爲天子；天下叛之，則爲獨夫。所以深警齊王，垂戒後世也。○王勉曰：「斯言也，惟在下者有湯、武之仁，而在上者有桀、紂之暴則可。不然，是未免於簒弑之罪也。」

孟子見齊宣王，曰：「爲巨室，則必使工師求大木。工師得大木，則王喜，以爲能勝其任也。匠人斲而小之，則王怒，以爲不勝其任矣。夫人幼而學之，壯而欲行之，王曰『姑舍女所學而從我』，則何如？勝，平聲。夫，音扶。舍，上聲。女，音汝，下同。○巨室，大宫也。工師，匠人之長。匠人，衆工人也。姑，且也。言賢人所學者大，而王欲小之也。今有璞玉於此，雖萬鎰，必使玉人彫琢之。至於治國家，則曰『姑舍女所學而從我』，則何以異於教玉人彫琢玉哉？」鎰，音溢。○璞，玉之在石中者。鎰，二十兩也。玉人，玉工也。不敢自治而付之能者，愛之甚也。治國家則徇私欲而不任賢，是愛國家不如愛玉也。○范氏曰：「古之賢者，常患人君不能行其所學；而世之庸君，亦常患賢者不能從其所好。是以君臣相遇，自古以爲難。孔、孟終身而不遇，蓋以此耳。」

齊人伐燕，勝之。按史記，燕王噲讓國於其相子之，而國大亂。齊因伐之。燕士卒不戰，城門不閉，遂大勝燕。宣王問曰：「或謂寡人勿取，或謂寡人取之。以萬乘之國伐萬乘之國，五旬而舉之，人力不至於此。不取，必有天殃。取之，何如？」乘，去聲，下同。○以伐燕爲宣王事，與史記諸書不同，已見序説。孟子對曰：「取之而燕民悦，則取之。古之人有行之者，武王是也。取之而燕民不悦，則勿取。古之人有行之者，文王是也。商紂之世，文王三分天下有其二，以服事商。至武王十三年，乃伐紂而有天下。張子曰：「此事間不容髮。一日之間，天命未絶，則是君臣。當日命絶，則爲獨夫。然命之絶否，何以知之？人情而已。諸侯不期而會者八百，武王安得而止之哉？」

以萬乘之國伐萬乘之國，簞食壺漿，以迎王師。豈有他哉？避水火也。如水益深，如火益熱，亦運而已矣。」簞，音丹。食，音嗣。○簞，竹器。食，飯也。運，轉也。言齊若更爲暴虐，則民將轉而望救於他人矣。○趙氏曰：「征伐之道，當順民心。民心悦，則天意得矣。」

齊人伐燕，取之。諸侯將謀救燕。宣王曰：「諸侯多謀伐寡人者，何以待之？」孟子對曰：「臣聞七十里爲政於天下者，湯是也。未聞以千里畏人者也。千里畏人，指齊王也。書曰：『湯一征，自葛始。』天下信之。『東面而征，西夷怨；南面而征，北狄怨。曰：奚爲後我？』民望之，若大旱之望雲霓也。歸市者不止，耕者不變。誅其君而弔其民，若時雨降，民大悦。書曰：『徯我后，后來其蘇。』霓，五稽反。徯，胡禮反。○兩引書，皆商書仲虺之誥文也。與今書文亦小異。一征，初征也。天下信之，信其志在救民，不爲暴也。奚爲後我，言湯何爲不先來征我之國也。霓，虹也。雲合則雨，虹見則止。變，動也。徯，待也。后，君也。蘇，復生也。他國之民，皆以湯爲我君，而待其來，使己得蘇息也。此言湯之所以七十里而爲政於天下也。今燕虐其民，王往而征之，民以爲將拯己於水火之中也，簞食壺漿，以迎王師。若殺其父兄，係累其子弟，毁其宗廟，遷其重器，如之何其可也？天下固畏齊之彊也。今又倍地而不行仁政，是動天下之兵也。累，力追反。○拯，救也。係累，縶縛也。重器，寶器也。畏，忌也。倍地，并燕而增一倍之地也。齊之取燕，若能如湯之征葛，則燕人悦之，而齊可爲政於天下矣。今乃不行仁政而肆爲殘虐，則無以慰燕民之望而服諸侯之心，是以不免乎以千里而畏人也。王速出令，反其旄倪，止其重器，謀於燕衆，置君而後去之，則猶可及止也。」旄與耄同。倪，五稽反。○反，還也。旄，老人也。倪，小兒也。謂所虜略之老小也。猶，尚也。及止，及其未發而止之也。○范氏曰：「孟子事齊、梁之君，論道德則必稱堯、舜，論征伐則必稱湯、武。蓋治民不法堯、舜，則是爲暴；行師不法湯、武，則是爲亂。豈可謂吾君不能，而舍所學以徇之哉？」

鄒與魯鬨。穆公問曰：「吾有司死者三十三人，而民莫之死也。誅之，則不可勝誅；不誅，則疾視其長上之死而不救，如之何則可也？」鬨，胡弄反。勝，平聲。長，上聲，下同。○鬨，鬭聲也。穆公，鄒君也。不可勝誅，言人衆不可盡誅也。長上，謂有司也。民怨其上，故疾視其死而不救也。孟子對曰：「凶年饑歲，君之民老弱轉乎溝壑，壯者散而之四方者，幾千人矣；而君之倉廪實，府庫充，有司莫以告，是上慢而殘下也。曾子曰：『戒之戒之！出乎爾者，反乎爾者也。』夫民今而後得反之也。君無尤焉？幾，上聲。夫，音扶。○轉，飢餓輾轉而死也。充，滿也。上，謂君及有司也。尤，過也。君行仁政，斯民親其上、死其長矣。」君不仁而求富，是以有司知重斂而不知恤民。故君行仁政，則有司皆愛其民，而民亦愛之矣。○范氏曰：「書曰：『民惟邦本，本固邦寧。』有倉廩府庫，所以爲民也。豐年則斂之，凶年則散之，恤其飢寒，救其疾苦。是以民親愛其上，有危難則赴救之，如子弟之衛父兄，手足之捍頭目也。穆公不能反己，猶欲歸罪於民，豈不誤哉？」

滕文公問曰：「滕，小國也，間於齊、楚。事齊乎？事楚乎？」間，去聲。○滕，國名。孟子對曰：「是謀非吾所能及也。無已，則有一焉：鑿斯池也，築斯城也，與民守之，效死而民弗去，則是可爲也。」無已，見前篇。一，謂一説也。效，猶致也。國君死社稷，故致死以守國。至於民亦爲之死守而不去，則非有以深得其心者不能也。○此章言有國者當守義而愛民，不可僥倖而苟免。

滕文公問曰：「齊人將築薛，吾甚恐。如之何則可？」薛，國名，近滕。齊取其地而城之，故文公以其偪己而恐也。孟子對曰：「昔者大王居邠，狄人侵之，去之岐山之下居焉。非擇而取之，不得已也。邠與豳同。○邠，地名。言大王非以岐下爲善，擇取而居之也。詳見下章。苟爲善，後世子孫必有王者矣。君子創業垂統，爲可繼也。若夫成功，則天也。君如彼何哉？彊爲善而已矣。」夫，音扶。彊，上聲。○創，造。統，緒也。言能爲善，則如大王雖失其地，而其後世遂有天下，乃天理也。然君子造基業於前，而垂統緒於後，但能不失其正，令後世可繼續而行耳。若夫成功，則豈可必乎？彼，齊也。君之力既無如之何，則但彊於爲善，使其可繼而俟命於天耳。○此章言人君但當竭力於其所當爲，不可徼幸於其所難必。

滕文公問曰：「滕，小國也。竭力以事大國，則不得免焉。如之何則可？」孟子對曰：

「昔者大王居邠，狄人侵之。事之以皮幣，不得免焉；事之以犬馬，不得免焉；事之以珠玉，不得免焉。乃屬其耆老而告之曰：『狄人之所欲者，吾土地也。吾聞之也：君子不以其所以養人者害人。二三子何患乎無君？我將去之。』去邠，踰梁山，邑于岐山之下居焉。邠人曰：『仁人也，不可失也。』從之者如歸市。屬，音燭。○皮，謂虎、豹、麋、鹿之皮也。幣，帛也。屬，會集也。土地本生物以養人，今爭地而殺人，是以其所以養人者害人也。邑，作邑也。歸市，人衆而爭先也。或曰：『世守也，非身之所能爲也。效死勿去。』又言：或謂土地乃先人所受而世守之者，非己所能專。但當致死守之，不可舍去。此國君死社稷之常法。傳所謂「國滅，君死之，正也」，正謂此也。君請擇於斯二者。」能如大王則避之，不能則謹守常法。蓋遷國以圖存者，權也；守正而俟死者，義也。審己量力，擇而處之可也。○楊氏曰：「孟子之於文公，始告之以效死而已，禮之正也。至其甚恐，則以大王之事告之，非得已也。然無大王之德而去，則民或不從，而遂至於亡，則又不若效死之爲愈。故又請擇於斯二者。」又曰：「孟子所論，自世俗觀之，則可謂無謀矣。然理之可爲者，不過如此。舍此則必爲儀、秦之爲矣。凡事求可，功求成。取必於智謀之末而不循天理之正者，非聖賢之道也。」

魯平公將出，嬖人臧倉者請曰：「他日君出，則必命有司所之。今乘輿已駕矣，有司未知所之。敢請。」公曰：「將見孟子。」曰：「何哉？君所爲輕身以先於匹夫者，以爲賢乎？

禮義由賢者出，而孟子之後喪踰前喪。君無見焉！」公曰：「諾。」乘，去聲。○乘輿，君車也。駕，駕馬也。孟子前喪父，後喪母。踰，過也，言其厚母薄父也。諾，應辭也。樂正子入見，曰：「君奚爲不見孟軻也？」曰：「或告寡人曰『孟子之後喪踰前喪』，是以不往見也。」曰：「何哉，君所謂踰者？前以士，後以大夫；前以三鼎，而後以五鼎與？」曰：「否。謂棺槨衣衾之美也。」曰：「非所謂踰也，貧富不同也。」入見之見，音現。與，平聲。○樂正子，孟子弟子也，仕於魯。三鼎，士祭禮。五鼎，大夫祭禮。樂正子見孟子，曰：「克告於君，君爲來見也。嬖人有臧倉者沮君，君是以不果來也。」曰：「行或使之，止或尼之。行止非人所能也。吾之不遇魯侯，天也，臧氏之子焉能使予不遇哉？」爲，去聲。沮，慈呂反。尼，女乙反。焉，於虔反。○克，樂正子名。沮、尼，皆止之之意也。言人之行，必有人使之者。其止，必有人尼之者。然其所以行所以止，則固有天命，而非此人所能使，亦非此人所能尼也。然則我之不遇，豈臧倉之所能爲哉？○此章言聖賢之出處，關時運之盛衰，乃天命之所爲，非人力之可及。

校勘記

〔一〕詩 「詩」字原脱，據元甲本、司禮監本、吳本補。

〔二〕二千有五百人爲師　以上八字原作「千二百五十人爲師」，據仿元本及周禮夏官司馬改。

〔三〕音悦　「悦」下，元甲本有「大音泰」三字。

〔四〕敕六反　「反」下，元甲本有「好去聲」三字。

〔五〕行者有裹糧也　「糧」，仿元本作「囊」。

〔六〕聖賢之所以盡其性也　「賢」，司禮監本作「人」。

〔七〕此之謂民之父母　上「之」字原脱，據司禮監本、吳本及禮記大學補。

〔八〕書云　「云」，司禮監本、吳本均作「曰」。

孟子集注卷第三

公孫丑章句上 凡九章。

公孫丑問曰：「夫子當路於齊，管仲、晏子之功，可復許乎？」復，扶又反。○公孫丑，孟子弟子，齊人也。當路，居要地也。管仲，齊大夫，名夷吾，相威公，霸諸侯。許，猶期也。孟子未嘗得政，丑蓋設辭以問也。孟子曰：「子誠齊人也，知管仲、晏子而已矣。齊人但知其國有二子而已，不復知有聖賢之事。或問乎曾西曰：『吾子與子路孰賢？』曾西蹵然曰：『吾先子之所畏也。』曰：『然則吾子與管仲孰賢？』曾西艴然不悅，曰：『爾何曾比予於管仲？管仲得君，如彼其專也；行乎國政，如彼其久也；功烈，如彼其卑也。爾何曾比予於是？』」蹵，子六反。艴，音拂，又音勃。曾，並音增。○孟子引曾西與或人問答如此。曾西，曾子之孫。蹵，不安貌。先子，曾子也。艴，怒色也。曾之言則也。烈，猶光也。威公獨任管仲四十餘年，是專且久也。管仲不知王道而行霸術，故言功烈之卑也。○楊氏曰：「孔子言子路之才，曰：『千乘之國，可使治其賦也。』使其見於施爲，如是而已。其於九合諸侯，一正天下，固有所不逮也。然則曾西推尊子路如此，而羞比管仲者何哉？譬之御者，子路則範我馳驅而不獲者也；管仲之功，詭遇而獲禽耳。曾西，仲尼之徒也，故不道管仲之事。」曰：「管仲，曾西之所不爲也，而子爲我願之乎？」子爲之爲，去聲。○曰，孟子言也。願，望也。曰：「管仲以其君霸，晏子以其君顯。管仲、晏子猶不足爲與？」與，平聲。○顯，顯名也。曰：「以齊王，由反手也。」王，去聲。由，猶通。○反手，言易也。曰：「若是，則弟子之惑滋甚。且以文王之德，百年而後崩，猶未洽於天下；武王、周公繼之，然後大行。今言王若易然，則文王不足法與？」易，去聲，下同。與，平聲。○滋，益也。文王九十七而崩，言百年，舉成數也。文王三分天下才有其二；武王克商，乃有天下；周公相成王，制禮作樂，然後教化大行。曰：「文王何可當也？由湯至於武丁，賢聖之君六七作，天下歸殷久矣，久則難變也。武丁朝諸侯、有天下，猶運之掌也。紂之去武丁未久也，其故家遺俗，流風善政，猶有存者；又有微子、微仲、王子比干、箕子、膠鬲，皆賢人也，相與輔相之，故久而後失之也。尺地莫非其有也，一民莫非其臣也，然而文王猶方百里起，是以難也。朝，音潮。鬲，音隔，又音歷。輔相之相，去聲。猶方之猶，與由通。○當，猶敵也。商自成湯至於武丁，中間太甲、太戊、祖乙、盤庚皆賢聖之君。作，起也。自武丁至紂凡九世。故家，舊臣之家也。齊人有言曰：『雖有智慧，不如乘勢；雖有鎡基，不如待時。』今時則易然也。鎡，音茲。○鎡基，田器也。時，謂耕種之時。夏后、殷、周之盛，地未有過千里者也，而齊有其地矣；雞鳴狗吠相聞，而達乎四境，而齊有其民矣。地不改辟矣，民不改聚矣，行仁政而王，莫之能禦也。辟與闢同。○此言其勢之易也。三代盛時，王畿不過千里，今齊已有之，異於文王之百里。又雞犬之聲相聞，自國都以至于四境，言民居稠密也。且王者之不作，未有疏於此時者也；民之憔悴於虐政，未有甚於此時者也。飢者易爲食，渴者易爲飲。此言其時之易也。自文、武至此七百餘年，異於商之賢聖繼作；民苦虐政之甚，異於紂之猶有善政。易爲飲食，言飢渴之甚，不待甘美也。孔子曰：『德之流行，速於置郵而傳命。』郵，音尤。○置，驛也。郵，馹也。所以傳命也。孟子引孔子之言如此。當今之時，萬乘之國行仁政，民之悦之，猶解倒懸也。故事半古之人，功必倍之，惟此時爲然。」乘，去聲。○倒懸，喻困苦也。所施之事，半於古人，而功倍於古人，由時勢易而德行速也。

公孫丑問曰：「夫子加齊之卿相，得行道焉，雖由此霸王，不異矣。如此，則動心否乎？」孟子曰：「否。我四十不動心。」相，去聲。○此承上章，又設問孟子，若得位而行道，則雖由此而成霸王之業，亦不足怪。任大責重如此，亦有所恐懼疑惑而動其心乎？四十强仕，君子道明德立之時。孔子四十而不惑，亦不動心之謂。曰：「若是，則夫子過孟賁遠矣。」曰：「是不難。告子先我不動心。」賁，音奔。○孟賁，勇士。告子，名不害。孟賁血氣之勇，丑蓋借之以贊孟子「不動心」之難。孟子言告子未爲知道，乃能先我不動心，則此亦未足爲難也。曰：「不動心有道乎？」曰：

「有。」程子曰：「心有主，則能不動矣。」北宮黝之養勇也，不膚撓，不目逃，思以一毫挫於人，若撻之於市朝。不受於褐寬博，亦不受於萬乘之君。視刺萬乘之君，若刺褐夫。無嚴諸侯。惡聲至，必反之。黝，伊糾反。撓，奴效反。朝，音潮。乘，去聲。○北宮，姓；黝，名。膚撓，肌膚被刺而撓屈也。目逃，目被刺而轉睛逃避也。挫，猶辱也。褐，毛布。寬博，寬大之衣，賤者之服也。不受者，不受其挫也。刺，殺也。嚴，畏憚也。言無可畏憚之諸侯也。黝蓋刺客之流，以必勝爲主，而不動心者也。孟施舍之所養勇也，曰：『視不勝猶勝也。量敵而後進，慮勝而後會，是畏三軍者也。舍豈能爲必勝哉？能無懼而已矣。』舍，去聲，下同。○孟，姓。施，發語聲。舍，名也。會，合戰也。舍自言其戰雖不勝，亦無所懼。若量敵慮勝而後進戰，則是無勇而畏三軍矣。舍蓋力戰之士，以無懼爲主，而不動心者也。孟施舍似曾子，北宮黝似子夏。夫二子之勇，未知其孰賢，然而孟施舍守約也。夫，音扶。○黝務敵人，舍專守己。子夏篤信聖人，曾子反求諸己。故二子之與曾子、子夏雖非等倫，然論其氣象，則各有所似。賢，猶勝也。約，要也。言論二子之勇，則未知誰勝；論其所守，則舍比於黝爲得其要也。昔者曾子謂子襄曰：『子好勇乎？吾嘗聞大勇於夫子矣：自反而不縮，雖褐寬博，吾不惴焉；自反而縮，雖千萬人，吾往矣。』好，去聲。惴，之瑞反。○此言曾子之勇也。子襄，曾子弟子也。夫子，孔子也。縮，直也。檀弓曰：「古者冠縮縫，今也衡縫。」又曰：「棺束縮二衡三。」惴，恐懼之也。往，往而敵之也。孟施舍之守氣，又不如曾子之守約也。」言孟施舍雖似曾子，然其所守乃一身之氣，又不如曾子之反身循理，所守尤得其要也。孟子之不動心，其原蓋出於此，下文詳之。

曰：「敢問夫子之不動心，與告子之不動心，可得聞與？」「告子曰：『不得於言，勿求於心；不得於心，勿求於氣。』不得於心，勿求於氣可；不得於言，勿求於心不可。夫志，氣之帥也；氣，體之充也。夫志至焉，氣次焉。故曰：『持其志，無暴其氣。』」

聞與之與，平聲。夫志之夫，音扶。○此一節，公孫丑之問，孟子誦告子之言，又斷以己意而告之也。告子謂：於言有所不達，則當舍置其言，而不必反求其理於心；於心有所不安，則當力制其心，而不必更求其助於氣。此所以固守其心而不動之速也。孟子既誦其言而斷之曰，彼謂不得於心而勿求諸氣者，急於本而緩其末，猶之可也；謂不得於言而不求諸心，則既失於外而遂遺其內，其不可也必矣。然凡曰可者，亦僅可而有所未盡之詞耳。若論其極，則志固心之所之，而爲氣之將帥；然氣亦人之所以充滿於身，而爲志之卒徒者也。故志固爲至極，而氣即次之。人固當敬守其志，然亦不可不致養其氣。蓋其內外本末，交相培養。此則孟子之心所以未嘗必其不動，而自然不動之大略也。

「既曰『志至焉，氣次焉』，又曰『持其志，無暴其氣』者，何也？」曰：「志壹則動氣，氣壹則動志也。今夫蹶者趨者，是氣也，而反動其心。」

夫，音扶。○公孫丑見孟子言志至而氣次，故問：如此，則專持其志可矣，又言無暴其氣，何也？壹，專一也。蹶，顛躓也。趨，走也。孟子言志之所向專一，則氣固從之；然氣之所在專一，則志亦反爲之動。如人顛躓趨走，則氣專在是而反動其心焉。所以既持其志，而又必無暴其氣也。○程子曰：「志動氣者什九，氣動志者什一。」

「敢問夫子惡乎長？」曰：「我知言，我善養吾浩然之氣。」惡，平聲。○公孫丑復問孟子之不動心所以異於告子如此者，有何所長而能然，而孟子又詳告之以其故也。知言者，盡心知性，於凡天下之言，無不有以究極其理，而識其是非得失之所以然也。浩然，盛大流行之貌。氣，即所謂體之充者。本自浩然，失養故餒，惟孟子爲善養之以復其初也。蓋惟知言，則有以明夫道義，而於天下之事無所疑；養氣，則有以配夫道義，而於天下之事無所懼，此其所以當大任而不動心也。告子之學，與此正相反。其不動心，殆亦冥然無覺，悍然不顧而已爾。「敢問何謂浩然之氣？」曰：「難言也。孟子先言知言，而丑先問氣者，承上文方論志氣而言也。難言者，蓋其心所獨得，而無形聲之驗，有未易以言語形容者。故程子曰：「觀此一言，則孟子之實有是氣可知矣。」其爲氣也，至大至剛，以直養而無害，則塞于天地之間。至大，初無限量。至剛，不可屈撓。蓋天地之正氣，而人得以生者，其體段本如是也。惟其自反而縮，則得其所養，而又無所作爲以害之，則其本體不虧而充塞無間矣。○程子曰：「天人一也，更不分別。浩然之氣，乃吾氣也。養而無害，則塞乎天地。一爲私意所蔽，則欿然而餒，知其小也〔一〕。」○謝氏曰：「浩然之氣，須於心得其正時識取。」又曰：「浩然，是無虧欠時。」其爲氣也，配義與道；無是，餒也。餒，奴罪反。○配者，合而有助之意。義者，人心之裁制。道者，天理之自然。餒，飢乏而氣不充體也。言人能養成此氣，則其氣合乎道義而爲之助〔二〕，使其行之勇決，無所疑憚〔三〕。若無此氣，則其一時所爲雖未必不出於道義，然其體有所不充，則亦不免於疑懼，而不足以有爲矣。是集義所生者，非義襲而取之也。行有不慊於心，則餒矣。我故曰，告子未嘗知義，以其外之也。慊，口簞反，又口劫反〔四〕。○集義，猶言積善，蓋欲事事皆合於義也。襲，掩取也，如齊侯襲莒之襲。言氣雖可以配乎道義，而其養之之始，乃由事皆合義，自反常直，是以無所愧怍，而此氣自然發生於中，非由只行一事偶合於義，便可掩襲於外而得之也。慊，快也，足也。言所行一有不合於義，而自反不直，則不足於心，而其體有所不充矣。然則義豈在外哉？告子不知此理，乃曰仁內義外，而不復以義爲事，則必不能集義以生浩然之氣矣。上文不得於言，勿求於心，即外義之意，詳見告子上篇。

必有事焉而勿正，心勿忘，勿助長也。無若宋人然。宋人有閔其苗之不長而揠之者，芒芒然歸。謂其人曰：『今日病矣，予助苗長矣。』其子趨而往視之，苗則槁矣。天下之不助苗長者寡矣。以爲無益而舍之者，不耘苗者也；助之長者，揠苗者也。非徒無益，而又害之。」長，上聲。揠，烏八反。舍，上聲。○必有事焉而勿正，趙氏、程子以七字爲句。近世或并下文「心」字讀之者，亦通。必有事焉，有所事也，如有事於顓臾之有事。正，預期也。春秋傳曰「戰不正勝」是也。如作正心，義亦同。此與大學之所謂正心者語意自不同也。此言養氣者，必以集義爲事，而勿預期其效。其或未充，則但當勿忘其所有事，而不可作爲以助其長，乃集義養氣之節度也。閔，憂也。揠，拔也。芒芒，無知之貌。其人，家人也。病，疲倦也。舍之不耘者，忘其所有事。揠而助之長者，正之不得而妄有作爲者也。然不耘則失養而已，揠則反以害之。無是二者，則氣得其養而無所害矣。如告子不能集義，而欲强制其心，則必不能免於正助之病。其於所謂浩然者，蓋不惟不善養，而又反害之矣。

「何謂知言？」曰：「詖辭知其所蔽，淫辭知其所陷，邪辭知其所離，遁辭知其所窮。生於其心，害於其政；發於其政，害於其事。聖人復起，必從吾言矣。」詖，彼寄反。復，扶又反。○此公孫丑復問而孟子答之也。詖，偏陂也。淫，放蕩也。邪，邪僻也。遁，逃避也。四者相因，言之病也。蔽，遮隔也。陷，沉溺也。離，叛去也。窮，困屈也。四者亦相因，則心之失也。人之有言，皆本於心〔五〕。其心明乎正理而無蔽，然後其言平正通達而無病；苟爲不然，則必有是四者之病矣。即其言之病，而知其心之失，又知其害於政事之決然而不可易者如此。非心通於道，而無疑於天下之理，其孰能之？彼告子者，不得於言而不肯求之於心，至爲義外之説，則自不免於四者之病，其何以知天下之言而無所疑哉？○程子曰：「心通乎道，然後能辨是非，如持權衡以較輕重，孟子所謂知言是也。」又曰：「孟子知言，正如人在堂上，方能辨堂下人曲直。若猶未免雜於堂下衆人之中，則不能辨決矣。」「宰我、子貢善爲説辭，冉牛、閔子、顔淵善言德行。孔子兼之，曰：『我於辭命，則不能也。』然則夫子既聖矣乎？」行，去聲。○此一節，林氏以爲皆公孫丑之問，是也。説辭，言語也。德行，得於心而見於行事者也。三子善言德行者，身有之，故言之親切而有味也。公孫丑言數子各有所長，而孔子兼之，然猶自謂不能於辭命。今孟子乃自謂我能知言，又善養氣，則是兼言語、德行而有之，然則豈不既聖矣乎？此夫子，指孟子也。○程子曰：「孔子自謂不能於辭命者，欲使學者務本而已。」曰：「惡！是何言也？昔者子貢問於孔子曰：『夫子聖矣乎？』孔子曰：『聖則吾不能，我學不厭而教不倦也。』子貢曰：『學不厭，智也；教不倦，仁也。仁且智，夫子既聖矣！』夫聖，孔子不居，是何言也？」惡，平聲。夫聖之夫，音扶。○惡，驚歎辭也。昔者以下，孟子不敢當丑之言，而引孔子、子貢問答之辭以告之也。此夫子，指孔子也。學不厭者，智之所以自明；教不倦者，仁之所以及物。再言是何言也，以深拒之。「昔者竊聞之：子夏、子游、子張皆有聖人之一體，冉牛、閔子、顔淵則具體而微。敢問所安？」此一節，林氏亦以爲皆公孫丑之問，是也。一體，猶一肢也。具體而微，謂有其全體但未廣大耳。安，處也。公孫丑復問孟子，既不敢比孔子，則於此數子欲何所處也？曰：「姑舍是。」舍，上聲。○孟子言且置是者，不欲以數子所至者自處也。曰：「伯夷、伊尹何如？」曰：「不同道。非其君不事，非其民不使，治則進，亂則退，伯夷也。何事非君，何使非民，治亦進，亂亦進，伊尹也。可以仕則仕，可以止則止，可以久則久，可以速則速，孔子也。皆古聖人也。吾未能有行焉，乃所願，則學孔子也。」治，去聲。○伯夷，孤竹君之長子。兄弟遜國，避紂隱居，聞文王之德而歸之。及武王伐紂，去而餓死。伊尹，有莘之處士。湯聘而用之，使之就桀。桀不能用，復歸於湯。如是者五，乃相湯而伐桀也。三聖人事，詳見此篇之末及萬章下篇。「伯夷、伊尹於孔子，若是班乎？」曰：「否。自有生民以來，未有孔子也。」班，齊等之貌。公孫丑問，而孟子答之以不同也。曰：「然則有同與？」曰：「有。得百里之地而君之，皆能以朝諸侯、有天下。行一不義、殺一不辜而得天下，皆不爲也。是則同。」與，平聲。朝，音潮。○有，言有同也。以百里而王天下，德之盛也。行一不義、殺一不辜而得天下，有所不爲，心之正也。聖人之所以爲聖人，其本根節目之大者〔六〕，惟在於此。於此不同，則亦不足以爲聖人矣。曰：「敢問其所以異？」曰：「宰我、子貢、有若，智足以知聖人。汙，不至阿其所好。汙，音蛙。好，去聲。○汙，下也。三子智足以知夫子之道。假使汙下，必不阿私所好而空譽之，明其言之可信也。宰我曰：『以予觀於夫子，賢於堯、舜遠矣。』程子曰：「語聖則不異，事功則有異。夫子賢於堯、舜，語事功也。蓋堯、舜治天下，夫子又推其道以垂教萬世。堯、舜之道，非得孔子，則後世亦何所據哉？」子貢曰：『見其禮而知其政，聞其樂而知其德。由百世之後，等百世之王，莫之能違也。自生民以來，未有夫子也。』言大凡見人之禮，則可以知其政；聞人之樂，則可以知其德。是以我從百世之後，差等百世之王，無有能遁其情者，而見其皆莫若夫子之盛也。有若曰：『豈惟民哉？麒麟之於走獸，鳳凰之於飛鳥，太山之於丘垤，河海之於行潦，類也。聖人之於民，亦類也。出於其類，拔乎其萃，自生民以來，未有盛於孔子也。』」垤，大結反。潦，音老。○麒麟，毛蟲之長。鳳凰，羽蟲之長。垤，蟻封也。行潦，道上無源之水也。出，高出也。拔，特起也。萃，聚也。言自古聖人，固皆異於衆人，然未有如孔子之尤盛者也。○程子曰：「孟子此章，擴前聖所未發，學者所宜潛心而玩索也。」

孟子曰：「以力假仁者霸，霸必有大國。以德行仁者王，王不待大。湯以七十里，文王以百里。力，謂土地甲兵之力。假仁者，本無是心，而借其事以爲功者也。霸，若齊威、晉文是也。以德行仁，則自吾之得於心者推之，無適而非仁也。以力服人者，非心服也，力不贍也；以德服人者，中心悅而誠服也，如七十子之服孔子也。詩云：『自西自東，自南自北，無思不服。』此之謂也。」贍，足也。詩，大雅文王有聲之篇。王霸之心，誠僞不同，故人所以應之者，其不同亦如此。○鄒氏曰：「以力服人者，有意於服人，而人不敢不服；以德服人者，無意於服人，而人不能不服。從古以來，論王霸者多矣，未有若此章之深切而著明也〔七〕。」

孟子曰：「仁則榮，不仁則辱。今惡辱而居不仁，是猶惡濕而居下也。惡，去聲，下同。○好榮惡辱，人之常情。然徒惡之而不去其得之之道，不能免也。如惡之，莫如貴德而尊士，賢者在位，能者在職。國家閒暇，及是時明其政刑。雖大國，必畏之矣。閒，音閑。○此因其惡辱之情，而進之以强仁之事也。貴德，猶尚德也。士，則指其人而言之。賢，有德者，使之在位，則足以正君而善俗。能，有才者，使之在職，則足以脩政而立事。國家閒暇，可以有爲之時也。詳味「及」字，則惟日不足之意可見矣。詩云：『迨天之未陰雨，徹彼桑土，綢繆牖户。今此下民，或敢侮予？』孔子曰：『爲此詩者，其知道乎！能治其國家，誰敢侮之？』徹，直列反。土，音杜。綢，音稠。繆，武彪反。○詩，豳風鴟鴞之篇，周公之所作也。迨，及也。徹，取也。桑土，桑根之皮也。綢繆，纏綿補葺也。牖户，巢之通氣出入處也。予，鳥自謂也。言我之備患詳密如此，今此在下之人，或敢有侮予者乎？周公以鳥之爲巢如此，比君之爲國，亦當思患而預防之。孔子讀而贊之，以爲知道也。今國家閒暇，及是時般樂怠敖，是自求禍也。般，音盤。樂，音洛。敖，音傲。○言其縱欲偷安，亦惟日不足也。禍福無不自己求之者。結上文之意。詩云：『永言配命，自求多福。』太甲曰：『天作孽，猶可違；自作孽，不可活。』此之謂也。」孽，魚列反。○詩，大雅文王之篇。永，長也。言，猶念也。配，合也。命，天命也。此言福之自己求者。太甲，商書篇名。孽，禍也。違，避也。活，生也，書作逭。逭，猶緩也。此言禍之自己求者。

孟子曰：「尊賢使能，俊傑在位，則天下之士皆悦而願立於其朝矣。朝，音潮。○俊傑，才德之異於衆者。市廛而不征，法而不廛，則天下之商皆悦而願藏於其市矣。廛，市宅也。張子曰：「或賦其市地之廛，而不征其貨；或治之以市官之法，而不賦其廛。蓋逐末者多則廛以抑之，少則不必廛也。」關譏而不征，則天下之旅皆悦而願出於其路矣。解見前篇。耕者助而不税，則天下之農皆悦而願耕於其野矣。但使出力以助耕公田，而不税其私田也。廛無夫里之布，則天下之民皆悦而願爲之氓矣。氓，音盲。○周禮：「宅不毛者有里布。民無職事者，出夫家之征。」鄭氏謂：「宅不種桑麻者，罰之使出一里二十五家之布。民無常業者，罰之使出一夫百畝之税，一家力役之征也。」今戰國時，一切取之。市宅之民，已賦其廛，又令出此夫里之布，非先王之法也。氓，民也。信能行此五者，則鄰國之民仰之若父母矣。率其子弟，攻其父母，自生民以來，未有能濟者也。如此，則無敵於天下。無敵於天下者，天吏也。然而不王者，未之有也。」吕氏曰：「奉行天命，謂之天吏。廢興存亡，惟天所命，不敢不從，若湯、武是也。」○此章言能行王政，則寇戎爲父子；不行王政，則赤子爲仇讎。

孟子曰：「人皆有不忍人之心。天地以生物爲心，而所生之物，因各得夫天地生物之心以爲心，所以人皆有不忍人之心也。先王有不忍人之心，斯有不忍人之政矣。以不忍人之心，行不忍人之政，治天下可運之掌上。言衆人雖有不忍人之心，然物欲害之，存焉者寡，故不能察識而推之政事之間。惟聖人全體此心，隨感而應，故其所行無非不忍人之政也。所以謂人皆有不忍人之心者，今人乍見孺子將入於井，皆有怵惕惻隱之心，非所以内交於孺子之父母也，非所以要譽於鄉黨朋友也，非惡其聲而然也。怵，音黜。内，讀爲納。要，平聲。惡，去聲，下同。○乍，猶忽也。怵惕，驚動貌。惻，傷之切也。隱，痛之深也。此即所謂不忍人之心也。内，結。要，求。聲，名也。言乍見之時，便有此心，隨見而發，非由此三者而然也。○程子曰：「滿腔子是惻隱之心。」○謝氏曰：「人須是識其真心。方乍見孺子入井之時，其心怵惕，乃真心也。非思而得，非勉而中，天理之自然也。内交、要譽、惡其聲而然，即人欲之私矣。」由是觀之，無惻隱之心，非人也；無羞惡之心，非人也；無辭讓之心，非人也；無是非之心，非人也。惡，去聲，下同。○羞，恥己之不善也。惡，憎人之不善也。辭，解使去己也。讓，推以與人也。是，知其善而以爲是也。非，知其惡而以爲非也。人之所以爲心，不外乎是四者，故因論惻隱而悉數之。言人若無此，則不得謂之人，所以明其必有也。惻隱之心，仁之端也；羞惡之心，義之端也；辭讓之心，禮之端也；是非之心，智之端也。惻隱、羞惡、辭讓、是非，情也。仁、義、禮、智，性也。心，統性情者也。端，緒也。因其情之發，而性之本然可得而見，猶有物在中而緒見於外也。人之有是四端也，猶其有四體也。有是四端而自謂不能者，自賊者也；謂其君不能者，賊其君者也。四體，四支，人之所必有者也。自謂不能者，物欲蔽之耳。凡有四端於我者，知皆擴而充之矣，若火之始然，泉之始達。苟能充之，足以保四海；苟不充之，不足以事父母。」擴，音廓。○擴，推廣之意。充，滿也。四端在我，隨處發見。知皆即此推廣，而充滿其本然之量，則其日新又新，將有不能自已者矣。能由此而遂充之，則四海雖遠，亦吾度內，無難保者。不能充之，則雖事之至近而不能矣。○此章所論人之性情，心之體用，本然全具，而各有條理如此。學者於此，反求默識而擴充之，則天之所以與我者，可以無不盡矣。○程子曰：「人皆有是心，惟君子爲能擴而充之。不能然者，皆自棄也。然其充與不充，亦在我而已矣。」又曰：「四端不言信者，既有誠心爲四端，則信在其中矣。」愚按：四端之信，猶五行之土，無定位，無成名，無專氣，而水、火、金、木，無不待是以生者。故土於四行無不在，於四時則寄王焉。其理亦猶是也。

孟子曰：「矢人豈不仁於函人哉？矢人唯恐不傷人，函人唯恐傷人。巫、匠亦然。故術不可不慎也。函，音含。○函，甲也。惻隱之心，人皆有之，是矢人之心，本非不如函人之仁也。巫者爲人祈祝，利人之生。匠者作爲棺槨，利人之死。孔子曰：『里仁爲美。擇不處仁，焉得智？』夫仁，天之尊爵也，人之安宅也。莫之禦而不仁，是不智也。焉，於虔反。夫，音扶。○里有仁厚之俗者，猶以爲美。人擇所以自處而不於仁，安得爲智乎？此孔子之言也。仁、義、禮、智，皆天所與之良貴。而仁者天地生物之心，得之最先，而兼統四者，所謂元者善之長也，故曰尊爵。在人則爲本心全體之德，有天理自然之安，無人欲陷溺之危。人當常在其中，而不可須臾離者也，故曰安宅。此又孟子釋孔子之意，以爲仁道之大如此，而自不爲之，豈非不智之甚乎？不仁、不智、無禮、無義，人役也。人役而恥爲役，由弓人而恥爲弓，矢人而恥爲矢也。由，與猶通〔八〕。○以不仁，故不智。不智，故不知禮義之所在。如恥之，莫如爲仁。此亦因人愧恥之心而引之，使志於仁也。不言智、禮、義者，仁該全體，能爲仁，則三者在其中矣。仁者如射，射者正己而後發。發而不中，不怨勝己者，反求諸己而已矣。」中，去聲。○爲仁由己，而由人乎哉？

孟子曰：「子路，人告之以有過，則喜。喜其得聞而改之，其勇於自脩如此。周子曰：「仲由喜聞過，令名無窮焉。今人有過，不喜人規，如諱疾而忌醫，寧滅其身而無悟也。噫！」○程子曰：「子路，人告之以有過則喜，亦可謂百世之師矣。」禹聞善言，則拜。書曰：「禹拜昌言。」蓋不待有過，而能屈己以受天下之善也。大舜有大焉，善與人同。舍己從人，樂取於人以爲善。舍，上聲。樂，音洛。○言舜之所爲，又有大於禹與子路者。善與人同，公天下之善而不爲私也。己未善，則無所係吝而舍以從人；人有善，則不待勉强而取之於己，此善與人同之目也。自耕、稼、陶、漁，以至爲帝，無非取於人者。舜之側微，耕于歷山，陶于河濱，漁于雷澤。取諸人以爲善，是與人爲善者也。故君子莫大乎與人爲善。」與，猶許也，助也。取彼之善而爲之於我，則彼益勸於爲善矣，是我助其爲善也。

能使天下之人皆勸於爲善，君子之善，孰大於此？○此章言聖賢樂善之誠，初無彼此之間。故其在人者有以裕於己，在己者有以及於人。

孟子曰：「伯夷，非其君不事，非其友不友，不立於惡人之朝，不與惡人言。立於惡人之朝，與惡人言，如以朝衣朝冠坐於塗炭。推惡惡之心，思與鄉人立，其冠不正，望望然去之，若將浼焉。是故諸侯雖有善其辭命而至者，不受也。不受也者，是亦不屑就已。朝，音潮。惡惡，上去聲，下如字。浼，莫罪反。○塗，泥也。鄉人，鄉里之常人也。望望，去而不顧之貌。浼，汙也。屑，趙氏曰：「潔也。」說文曰：「動作切切也。」不屑就，言不以就之爲潔，而切切於是也。已，語助辭。柳下惠，不羞汙君，不卑小官。進不隱賢，必以其道。遺佚而不怨，阨窮而不憫。故曰：『爾爲爾，我爲我，雖袒裼裸裎於我側，爾焉能浼我哉？』故由由然與之偕而不自失焉，援而止之而止。援而止之而止者，是亦不屑去已。」佚，音逸。袒，音但。裼，音錫。裸，魯果反。裎，音程。焉能之焉，於虔反。○柳下惠，魯大夫展禽，居柳下而謚惠也。不隱賢，不枉道也。遺佚，放棄也。阨，困也。憫，憂也。爾爲爾至焉能浼我哉，惠之言也。袒裼，露臂也。裸裎，露身也。由由，自得之貌。偕，並處也。不自失，不失其正也。援而止之而止者，言欲去而可留也。孟子曰：「伯夷隘，柳下惠不恭。隘與不恭，君子不由也。」隘，狹窄也。不恭，簡慢也。夷、惠之行，固皆造乎至極之地，然既有所偏，則不能無弊，故不可由也。

校勘記

〔一〕知其小也　「知其」，仿元本、吳本均作「卻甚」。

〔二〕則其氣合乎道義而爲之助　「道義」，原作「義道」，據司禮監本、吳本及下文乙正。

〔三〕無所疑懼　「懼」，元甲本作「懼」。

〔四〕慊口簟反又口劫反　以上八字，司禮監本作「慊口簟口劫二反」。

〔五〕皆本於心　「本」，司禮監本作「出」。

〔六〕其本根節目之大者　「本根」，司禮監本乙倒。

〔七〕未有若此章之深切而著明也　「明」下，司禮監本有「者」字。

〔八〕與猶通　「通」，司禮監本作「同」。

孟子集注卷第四

公孫丑章句下

凡十四章。自第二章以下，記孟子出處行實爲詳。

孟子曰：「天時不如地利，地利不如人和。天時，謂時日支干、孤虚王相之屬也。地利，險阻、城池之固也。人和，得民心之和也。三里之城，七里之郭，環而攻之而不勝。夫環而攻之，必有得天時者矣，然而不勝者，是天時不如地利也。夫，音扶。○三里、七里，城郭之小者。郭，外城。環，圍也。言四面攻圍，曠日持久，必有值天時之善者。城非不高也，池非不深也，兵革非不堅利也，米粟非不多也，委而去之，是地利不如人和也。革，甲也。粟，穀也。委，棄也。言不得民心，民不爲守也。故曰：域民不以封疆之界，固國不以山谿之險，威天下不以兵革之利。得道者多助，失道者寡助。寡助之至，親戚畔之；多助之至，天下順之。域，界限也。以天下之所順，攻親戚之所畔，故君子有不戰，戰必勝矣。」言不戰則已，戰則必勝。○尹氏曰：「言得天下者，凡以得民心而已。」

孟子將朝王，王使人來曰：「寡人如就見者也，有寒疾，不可以風。朝將視朝，不識可使寡人得見乎？」對曰：「不幸而有疾，不能造朝。」章內朝並音潮，惟朝將之朝如字。造，七到反，下同。○王，齊王也。孟子本將朝王，王不知而託疾以召孟子，故孟子亦以疾辭也。明日，出弔於東郭氏。公孫丑曰：「昔者辭以病，今日弔，或者不可乎？」曰：「昔者疾，今日愈，如之何不弔？」東郭氏，齊大夫家也。昔者，昨日也。或者，疑辭。辭疾而出弔，與孔子不見孺悲取瑟而歌同意。王使人問疾，醫來。孟仲子對曰：「昔者有王命，有采薪之憂，不能造朝。今病小愈，趨造於朝，我不識能至否乎？」使數人要於路，曰：「請必無歸，而造於朝！」要，平聲。○孟仲子，趙氏以爲孟子之從昆弟，學於孟子者也。采薪之憂，言病不能采薪，謙辭也。仲子權辭以對，又使人要孟子，令勿歸而造朝，以實己言。不得已而之景丑氏宿焉。景子曰：「內則父子，外則君臣，人之大倫也。父子主恩，君臣主敬。丑見王之敬子也，未見所以敬王也。」曰：「惡！是何言也！齊人無以仁義與王言者，豈以仁義爲不美也？其心曰『是何足與言仁義也』云爾，則不敬莫大乎是。我非堯、舜之道不敢以陳於王前，故齊人莫如我敬王也。」惡，平聲，下同。○景丑氏，齊大夫家也。景子，景丑也。惡，歎辭也。景丑所言，敬之小者也；孟子所言，敬之大者也。景子曰：「否，非此之謂也。禮曰：『父召，無諾。君命召，不俟駕。』固將朝也，聞王命而遂不果，宜與夫禮若不相似然。」夫，音扶，下同。○禮曰：「父命呼，唯而不諾。」又曰：「君命召，在官不俟屨，在外不俟車。」言孟子本欲朝王，而聞命中止，似與此禮之意不同也。曰：「豈謂是與？曾子曰：『晉、楚之富，不可及也。彼以其富，我以吾仁；彼以其爵，我以吾義，吾何慊乎哉？』夫豈不義而曾子言之？是或一道也。天下有達尊三：爵一，齒一，德一。朝廷莫如爵，鄉黨莫如齒，輔世長民莫如德。惡得有其一以慢其二哉？與，平聲。慊，口簟反。長，上聲。○慊，恨也，少也。或作嗛，字書以爲口銜物也。然則慊亦但爲心有所銜之義，其爲快、爲足、爲恨、爲少，則因其事而所銜有不同耳。孟子言我之意，非如景子之所言者。因引曾子之言，而云夫此豈是不義，而曾子肯以爲言，是或别有一種道理也。達，通也。蓋通天下之所尊，有此三者。曾子之説，蓋以德言之也。今齊王但有爵耳，安得以此慢於齒、德乎？故將大有爲之君，必有所不召之臣。欲有謀焉，則就之。其尊德樂道，不如是不足與有爲也。樂，音洛。○大有爲之君，大有作爲，非常之君也。程子曰：「古之人所以必待人君致敬盡禮而後往者，非欲自爲尊大也，爲是故耳。」故湯之於伊尹，學焉而後臣之，故不勞而王；桓公之於管仲，學焉而後臣之，故不勞而霸。先從受學，師之也。後以爲臣，任之也。今天下地醜德齊，莫能相尚，無他，好臣其所教，而不好臣其所受教。好，去聲。○醜，類也。尚，過也。所教，謂聽從於己，可役使者也。所受教，謂己之所從學者也。湯之於伊尹，桓公之於管仲，則不敢召。管仲且猶不可召，而況不爲管仲者乎？」不爲管仲，孟子自謂也。○范氏曰：「孟子之於齊，處賓師之位，非當仕有官職者，故其言如此。」○此章見賓師不以趨走承順爲恭，而以責難陳善爲敬；人君不以崇高富貴爲重，而以貴德尊士爲賢，則上下交而德業成矣。

陳臻問曰：「前日於齊，王餽兼金一百而不受；於宋，餽七十鎰而受；於薛，餽五十鎰而受。前日之不受是，則今日之受非也；今日之受是，則前日之不受非也。夫子必居一於此矣。」陳臻，孟子弟子。兼金，好金也，其價兼倍於常者。一百，百鎰也。孟子曰：「皆是也。皆適於義也。當在宋也，予將有遠行。行者必以贐，辭曰：『餽贐。』予何爲不受？贐，徐刃反。○贐，送行者之禮也。當在薛也，予有戒心。辭曰：『聞戒。』故爲兵餽之，予何爲不受？爲兵之爲，去聲。○時人有欲害孟子者，孟子設兵以戒備之。薛君以金餽孟子，爲兵備，辭曰：「聞子之有戒心也。」若於齊，則未有處也。無處而餽之，是貨之也。焉有君子而可以貨取乎？」焉，於虔反。○無遠行、戒心之事，是未有所處也。取，猶致也。○尹氏曰：「言君子之辭受取予，惟當於理而已。」

孟子之平陸，謂其大夫曰：「子之持戟之士，一日而三失伍，則去之否乎？」曰：「不待三。」去，上聲。○平陸，齊下邑也。大夫，邑宰也。戟，有枝兵也。士，戰士也。伍，行列也。去之，殺之也。「然則子之失伍也亦多矣。凶年饑歲，子之民，老羸轉於溝壑，壯者散而之四方者，幾千人矣。」曰：「此非距心之所得爲也。」幾，上聲。○子之失伍，言其失職，猶士之失伍也。距心，大夫名。對言此乃王之失政使然，非我所得專爲也。曰：「今有受人之牛羊而爲之牧之者，則必爲之求牧與芻矣。求牧與芻而不得，則反諸其人乎？抑亦立而視其死與？」曰：「此則距心之罪也。」爲，去聲。死與之與，平聲。○牧之，養之也。牧，牧地也。芻，草也。孟子言若不得自專，何不致其事而去。他日，見於王曰：「王之爲都者，臣知五人焉。知其罪者，惟孔距心。」爲王誦之。王曰：「此則寡人之罪也。」見，音現。爲王之爲，去聲。○爲都，治邑也。邑有先君之廟曰都。孔，大夫姓也。爲王誦其語，欲以風曉王也。○陳氏曰：「孟子一言而齊之君臣舉知其罪，固足以興邦矣。然而齊卒不得爲善國者，豈非説而不繹，從而不改故耶？」

孟子謂蚳鼃曰：「子之辭靈丘而請士師，似也，爲其可以言也。今既數月矣，未可以言與？」蚳，音遲。鼃，烏花反。爲，去聲。與，平聲。○蚳鼃，齊大夫也。靈丘，齊下邑。似也，言所爲近似有理。可以言，謂士師近王，得以諫刑罰之不中者。蚳鼃諫於王而不用，致爲臣而去。致，猶還也。齊人曰：「所以爲蚳鼃，則善矣；所以自爲，則吾不知也。」爲，去聲。○譏孟子道不行而不能去也。公都子以告。公都子，孟子弟子也。曰：「吾聞之也：有官守者，不得其職則去；有言責者，不得其言則去。我無官守，我無言責也，則吾進退，豈不綽綽然有餘裕哉？」官守，以官爲守者。言責，以言爲責者。綽綽，寬貌。裕，寬意也。孟子居賓師之位，未嘗受禄。故其進退之際，寬裕如此。○尹氏曰：「進退久速，當於理而已。」

孟子爲卿於齊，出弔於滕，王使蓋大夫王驩爲輔行。王驩朝暮見，反齊、滕之路，未嘗與之言行事也。蓋，古盍反。見，音現。○蓋，齊下邑也。王驩，王嬖臣也。輔行，副使也。反，往而還也。行事，使事也。公孫丑曰：「齊卿之位，不爲小矣；齊、滕之路，不爲近矣。反之而未嘗與言行事，何也？」曰：「夫既或治之，予何言哉？」夫，音扶。○王驩蓋攝卿以行，故曰齊卿。夫既或治之，言有司已治之矣。孟子之待小人，不惡而嚴如此。

孟子自齊葬於魯，反於齊，止於嬴。充虞請曰：「前日不知虞之不肖，使虞敦匠事。嚴，虞不敢請。今願竊有請也，木若以美然。」孟子仕於齊，喪母，歸葬於魯。嬴，齊南邑。充虞，孟子弟子，嘗董治作棺之事者也。嚴，急也。木，棺木也。以，已通。以美，太美也。曰：「古者棺椁無度，中古棺七寸，椁稱之。自天子達於庶人。非直爲觀美也，然後盡於人心。稱，去聲。○度，厚薄尺寸也。中古，周公制禮時也。椁稱之，與棺相稱也。欲其堅厚久遠，非特爲人觀視之美而已。不得，不可以爲悅；無財，不可以爲悅。得之爲有財，古之人皆用之，吾何爲獨不然？不得，謂法制所不當得。得之爲有財，言得之而又爲有財也。或曰：「爲當作而。」且比化者，無使土親膚，於人心獨無恔乎？比，必二反。恔，音效。○比，猶爲也。化者，死者也。恔，快也。言爲死者不使土近其肌膚，於人子之心，豈不快然無所恨乎？吾聞之〔一〕：君子不以天下儉其親。」送終之禮，所當得爲而不自盡，是爲天下愛惜此物，而薄於吾親也。

沈同以其私問曰：「燕可伐與？」孟子曰：「可。子噲不得與人燕，子之不得受燕於子噲。有仕於此，而子悦之，不告於王而私與之吾子之禄爵。夫士也，亦無王命而私受之於子，則可乎？何以異於是？」伐與之與，平聲；下伐與、殺與同。夫，音扶。○沈同，齊臣。以私問，非王命也。子噲、子之，事見前篇。諸侯、土地、人民，受之天子，傳之先君。私以與人，則與者、受者皆有罪也。仕，爲官也。士，即從仕之人也。齊人伐燕。或問曰：「勸齊伐燕，有諸？」曰：「未也。沈同問『燕可伐與』，吾應之曰『可』，彼然而伐之也。彼如曰『孰可以伐之』，則將應之曰『爲天吏，則可以伐之』。今有殺人者，或問之曰『人可殺與』，則將應之曰『可』。彼如曰『孰可以殺之』，則將應之曰『爲士師，則可以殺之』。今以燕伐燕，何爲勸之哉〔二〕？」天吏，解見上篇。言齊無道，與燕無異，如以燕伐燕也。史記亦謂孟子勸齊伐燕，蓋傳聞此説之誤。○楊氏曰：「燕固可伐矣，故孟子曰可。使齊王能誅其君，弔其民，何不可之有？乃殺其父兄，虜其子弟，而後燕人畔之。乃以是歸咎孟子之言，則誤矣。」

燕人畔。王曰：「吾甚慚於孟子。」齊破燕後二年，燕人共立太子平爲王。陳賈曰：「王無患焉。王自以爲與周公孰仁且智？」王曰：「惡！是何言也？」曰：「周公使管叔監殷，管叔以殷畔。知而使之，是不仁也；不知而使之，是不智也。仁、智，周公未之盡也，而況於王乎？賈請見而解之。」惡、監，皆平聲。○陳賈，齊大夫也。管叔，名鮮，武王弟，周公兄也。武王勝商殺紂，立紂子武庚，而使管叔與弟蔡叔、霍叔監其國。武王崩，成王幼，周公攝政。管叔與武庚畔，周公討而誅之。見孟子，問曰：「周公何人也？」曰：「古聖人也。」曰：「使管叔監殷，管叔以殷畔也，有諸？」曰：「然。」曰：「周公知其將畔而使之與？」曰：「不知也。」「然則聖人且有過與？」曰：「周公，弟也；管叔，兄也。周公之過，不亦宜乎？」與，平聲。○言周公乃管叔之弟，管叔乃周公之兄，然則周公不知管叔之將畔而使之，其過有所不免矣。或曰：「周公之處管叔，不如舜之處象，何也？」游氏曰：「象之惡已著，而其志不過富貴而已，故舜得以是而全之。若管叔之惡則未著，而其志其才皆非象比也，周公詎忍逆探其兄之惡而棄之耶？周公愛兄，宜無不盡者。管叔之事，聖人之不幸也。舜誠信而喜象，周公誠信而任管叔，此天理人倫之至，其用心一也。」且古之君子，過則改之；今之君子，過則順之。古之君子，其過也，如日月之食，民皆見之；及其更也，民皆仰之。今之君子，豈徒順之，又從爲之辭。」更，平聲。○順，猶遂也。更，改也。辭，辯也。更之則無損於明，故民仰之。順而爲之辭，則其過愈深矣。責賈不能勉其君以遷善改過，而教之以遂非文過也。○林氏曰：「齊王慚於孟子，蓋羞惡之心，有不能自已者。使其臣有能因是心而將順之，則義不可勝用矣。而陳賈鄙夫，方且爲之曲爲辯說，而沮其遷善改過之心，長其飾非拒諫之惡，故孟子深責之。然此書記事，散出而無先後之次，故其說必參考而後通。若以第二篇十章、十一章，置於前章之後〔三〕、此章之前，則孟子之意，不待論說而自明矣。」

孟子致爲臣而歸。孟子久於齊而道不行，故去也。王就見孟子，曰：「前日願見而不可得，得侍同朝，甚喜。今又棄寡人而歸，不識可以繼此而得見乎？」對曰：「不敢請耳，固所願也。」朝，音潮。他日，王謂時子曰：「我欲中國而授孟子室，養弟子以萬鍾，使諸大夫國人皆有所矜式。子盍爲我言之？」爲，去聲。○時子，齊臣也。中國，當國之中也。萬鍾，穀禄之數也。鍾，量名，受六斛四斗。矜，敬也。式，法也。盍，何不也。時子因陳子而以告孟子，陳子以時子之言告孟子。陳子，即陳臻也。孟子曰：「然。夫時子惡知其不可也？如使予欲富，辭十萬而受萬，是爲欲富乎？夫，音扶。惡，平聲。○孟子既以道不行而去，則其義不可以復留，而時子不知，則又有難顯言者。故但言設使我欲富，則我前日爲卿，嘗辭十萬之禄，今乃受此萬鍾之饋，是我雖欲富，亦不爲此也。季孫曰：『異哉子叔疑！使己爲政，不用，則亦已矣，又使其子弟爲卿。人亦孰不欲富貴？而獨於富貴之中，有私龍斷焉。』龍，音壟。○此孟子引季孫之語也。季孫、子叔疑，不知何時人。龍斷，岡壟之斷而高也，義見下文。蓋子叔疑者嘗不用，而使其子弟爲卿。季孫譏其既不得於此，而又欲求得於彼，如下文賤丈夫登龍斷者之所爲也。孟子引此以明道既不行，復受其禄，則無以異此矣。古之爲市也〔四〕，以其所有，易其所無者，有司者治之耳。有賤丈夫焉，必求龍斷而登之，以左右望而罔市利。人皆以爲賤，故從而征之。征商，自此賤丈夫始矣。」孟子釋龍斷之説如此。治之，謂治其爭訟。左右望者，欲得此而又取彼也。罔，謂罔羅取之也。從而征之，謂人惡其專利，故就征其税，後世緣此遂征商人也。○程子曰：「齊王所以處孟子者，未爲不可，孟子亦非不肯爲國人矜式者。但齊王實非欲尊孟子，乃欲以利誘之，故孟子拒而不受。」

孟子去齊，宿於晝。晝，如字，或曰：「當作畫，音獲。」下同。○晝，齊西南近邑也。有欲爲王留行者，坐而言。不應，隱几而卧。爲，去聲，下同。隱，於靳反。○隱，憑也。客坐而言，孟子不應而卧也。客不悦，曰：「弟子齊宿而後敢言，夫子卧而不聽，請勿復敢見矣。」曰：「坐！我明語子。昔者魯繆公無人乎子思之側，則不能安子思；泄柳、申詳，無人乎繆公之側，則不能安其身。齊，側皆反。復，扶又反。語，去聲。○齊宿，齊戒越宿也。繆公尊禮子思，常使人候伺道達誠意於其側，乃能安而留之也。泄柳，魯人。申詳，子張之子也。繆公尊之不如子思，然二子義不苟容，非有賢者在其君之左右維持調護之，則亦不能安其身矣。子爲長者慮，而不及子思，子絶長者乎？長者絶子乎？」長，上聲。○長者，孟子自稱也。言齊王不使子來，而子自欲爲王留我，是所以爲我謀者，不及繆公留子思之事，而先絶我也。我之卧而不應，豈爲先絶子乎？

孟子去齊。尹士語人曰：「不識王之不可以爲湯、武，則是不明也；識其不可，然且至，則是干澤也。千里而見王，不遇故去。三宿而後出晝，是何濡滯也？士則兹不悦。」語，去聲。○尹士，齊人也。干，求也。澤，恩澤也。濡滯，遲留也。高子以告。高子，亦齊人，孟子弟子也。曰：「夫尹士惡知予哉？千里而見王，是予所欲也。不遇故去，豈予所欲哉？予不得已也。夫，音扶，下同。惡，平聲。○見王，欲以行道也。今道不行，故不得已而去，非本欲如此也。

予三宿而後出晝，於予心猶以爲速。王庶幾改之。王如改諸，則必反予。所改，必指一事而言，然今不可考矣。夫出晝而王不予追也，予然後浩然有歸志。予雖然，豈舍王哉？王由足用爲善。王如用予，則豈徒齊民安，天下之民舉安。王庶幾改之，予日望之。浩然，如水之流不可止也。○楊氏曰：「齊王天資朴實，如好勇、好貨、好色、好世俗之樂，皆以直告而不隱於孟子，故足以爲善。若乃其心不然，而謬爲大言以欺人，是人終不可與入堯、舜之道矣，何善之能爲？」予豈若是小丈夫然哉？諫於其君而不受，則怒，悻悻然見於其面，去則窮日之力而後宿哉？」悻，形頂反。見，音現。○悻悻，怒意也。窮，盡也。尹士聞之，曰：「士誠小人也。」此章見聖賢行道濟時，汲汲之本心；愛君澤民，惓惓之餘意。李氏曰：「於此見君子憂則違之之情，而荷蕢者所以爲果也。」

孟子去齊。充虞路問曰：「夫子若有不豫色然。前日虞聞諸夫子曰：『君子不怨天，不尤人。』」路問，於路中問也。豫，悦也。尤，過也。此二句實孔子之言，蓋孟子嘗稱之以教人耳。曰：「彼一時，此一時也。彼，前日。此，今日。五百年必有王者興，其間必有名世者。自堯、舜至湯，自湯至文、武，皆五百餘年而聖人出。名世，謂其人德業聞望可名於一世者，爲之輔佐，若皋陶、稷、契、伊尹、萊朱、太公望、散宜生之屬。由周而來，七百有餘歲矣。以其數則過矣，以其時考之則可矣。周，謂文、武之間。數，謂五百年之期。時，謂亂極思治可以有爲之日。於是而不得一有所爲，此孟子所以不能無不豫也。夫天未欲平治天下也。如欲平治天下，當今之世，舍我其誰也？吾何爲不豫哉？」夫，音扶。舍，上聲。○言當此之時，而使我不遇於齊，是天未欲平治天下也。然天意未可知，而其具又在我，我何爲不豫哉？然則孟子雖若有不豫然者，而實未嘗不豫也。蓋聖賢憂世之志，樂天之誠，有並行而不悖者，於此見矣。

孟子去齊，居休。公孫丑問曰：「仕而不受祿，古之道乎？」休，地名。曰：「非也。於崇，吾得見王。退而有去志，不欲變，故不受也。崇，亦地名。孟子始見齊王，必有所不合，故有去志。變，謂變其去志。繼而有師命，不可以請。久於齊，非我志也。」師命，師旅之命也。國既被兵，難請去也。○孔氏曰：「仕而受祿，禮也；不受齊祿，義也。義之所在，禮有時而變。公孫丑欲以一端裁之，不亦誤乎？」

校勘記

〔一〕吾聞之　「之」下，司禮監本有「也」字。

〔二〕何爲勸之哉　「哉」下，元甲本有「與並平聲」四字。

〔三〕置於前章之後　「於」，司禮監本作「之」。

〔四〕古之爲市也　「也」，原作「者」，據仿元本、司禮監本、吴本改。

孟子集注卷第五

滕文公章句上 凡五章。

滕文公爲世子，將之楚，過宋而見孟子。世子，太子也。孟子道性善，言必稱堯、舜。道，言也。性者，人所稟於天以生之理也，渾然至善，未嘗有惡。人與堯、舜初無少異，但衆人汩於私欲而失之，堯、舜則無私欲之蔽，而能充其性爾。故孟子與世子言，每道性善，而必稱堯、舜以實之。欲其知仁義不假外求，聖人可學而至，而不懈於用力也。門人不能悉記其辭，而撮其大旨如此。○程子曰：「性即理也。天下之理，原其所自，未有不善。喜怒哀樂未發，何嘗不善。發而中節，即無往而不善；發不中節，然後爲不善。故凡言善惡，皆先善而後惡；言吉凶，皆先吉而後凶；言是非，皆先是而後非。」世子自楚反，復見孟子。孟子曰：「世子疑吾言乎？夫道一而已矣。復，扶又反。夫，音扶。○時人不知性之本善，而以聖賢爲不可企及。故世子於孟子之言不能無疑，而復來求見，蓋恐别有卑近易行之説也。孟子知之，故但告之如此，以明古今聖愚本同一性，前言已盡，無復有它説也。成覸謂齊景公曰：『彼丈夫也，我丈夫也，吾何畏彼哉？』顏淵曰：『舜何人也？予何人也？有爲者亦若是。』公明儀曰：『文王我師也。周公豈欺我哉？』覵，古莧反。○成覵，人姓名。彼，謂聖賢也。有爲者亦若是，言人能有爲，則皆如舜也。公明，姓；儀，名；魯賢人也。「文王我師也」，蓋周公之言。公明儀亦以文王爲必可師，故誦周公之言，而歎其不我欺也。孟子既告世子以道無二致，而復引此三言以明之，欲世子篤信力行，以師聖賢，不當復求它説也。今滕，絶長補短，將五十里也，猶可以爲善國。書曰：『若藥不瞑眩，厥疾不瘳。』」瞑，莫甸反。眩，音縣。○絶，猶截也。書，商書説命篇。瞑眩，憒亂。言滕國雖小，猶足爲治，但恐安於卑近，不能自克，則不足以去惡而爲善也。○愚按：孟子之言性善，始見於此，而詳具於告子之篇。然默識而旁通之，則七篇之中，無非此理。其所以擴前聖之未發，而有功於聖人之門，程子之言信矣。

滕定公薨。世子謂然友曰：「昔者孟子嘗與我言於宋，於心終不忘。今也不幸至於大故，吾欲使子問於孟子，然後行事。」定公，文公父也。然友，世子之傅也。大故，大喪也。事，謂喪禮。然友之鄒，問於孟子。孟子曰：「不亦善乎！親喪固所自盡也。曾子曰：『生，事之以禮；死，葬之以禮，祭之以禮，可謂孝矣。』諸侯之禮，吾未之學也；雖然，吾嘗聞之矣。三年之喪，齊疏之服，飦粥之食，自天子達於庶人，三代共之。」齊，音資。疏，所居反。飦，諸延反。○當時諸侯莫能行古喪禮，而文公獨能以此爲問，故孟子善之。又言父母之喪，固人子之心所自盡者。蓋悲哀之情，痛疾之意，非自外至，宜乎文公於此有所不能自已也。但所引曾子之言，本孔子告樊遲者，豈曾子嘗誦之以告其門人歟？三年之喪者，子生三年，然後免於父母之懷。故父母之喪，必以三年也。齊，衣下縫也。不緝曰斬衰，緝之曰齊衰。疏，粗也，粗布也。飦，糜也〔一〕。喪禮：三日始食粥。既葬，乃疏食。此古今貴賤通行之禮也。

然友反命，定爲三年之喪。父兄百官皆不欲，曰：「吾宗國魯先君莫之行，吾先君亦莫之行也，至於子之身而反之，不可。且志曰：『喪祭從先祖。』」曰：「吾有所受之也。」父兄，同姓老臣也。滕與魯俱文王之後，而魯祖周公爲長，兄弟宗之，故滕謂魯爲宗國也。然謂二國不行三年之喪者，乃其後世之失，非周公之法本然也。志，記也，引志之言而釋其意。以爲所以如此者，蓋爲上世以來，有所傳受，雖或不同，不可改也。然志所言，本謂先王之世，舊俗所傳禮文小異而可以通行者耳，不謂後世失禮之甚者也。

謂然友曰：「吾他日未嘗學問，好馳馬試劍。今也父兄百官不我足也，恐其不能盡於大事，子爲我問孟子。」然友復之鄒，問孟子。孟子曰：「然。不可以他求者也。孔子曰：『君薨，聽於冢宰。歠粥，面深墨。即位而哭，百官有司，莫敢不哀，先之也。』上有好者，下必有甚焉者矣。『君子之德，風也；小人之德，草也。草尚之風必偃。』是在世子。」好、爲，皆去聲。復，扶又反。歠，川悦反。○不我足，謂不以我滿足其意也。然者，然其「不我足」之言。不可他求者，言當責之於己。冢宰，六卿之長也。歠，飲也。深墨，甚黑色也。即，就也。尚，加也，論語作上，古字通也。偃，伏也。孟子言但在世子自盡其哀而已。然友反命。世子曰：「然。是誠在我。」五月居廬，未有命戒。百官族人，可謂曰知。及至葬，四方來觀之，顔色之戚，哭泣之哀，弔者大悦。諸侯五月而葬。未葬，居倚廬於中門之外。居喪不言，故未有命令教戒也。可謂曰知，疑有闕誤。或曰：「皆謂世子之知禮也。」○林氏曰：「孟子之時，喪禮既壞，然三年之喪，惻隱之心，痛疾之意，出於人心之所固有者，初未嘗亡也。惟其溺於流俗之弊，是以喪其良心而不自知耳。文公見孟子而聞性善、堯、舜之説，則固有以啓發其良心矣，是以至此而哀痛之誠心發焉。及其父兄百官皆不欲行，則亦反躬自責，悼其前行之不足以取信，而不敢有非其父兄百官之心。雖其資質有過人者，而學問之力，亦不可誣也。及其斷然行之，而遠近見聞無不悦服，則以人心之所同然者，自我發之，而彼之心悦誠服，亦有所不期然而然者。人性之善，豈不信哉？」

滕文公問爲國。文公以禮聘孟子，故孟子至滕，而文公問之。孟子曰：「民事不可緩也。詩云：『晝爾于茅，宵爾索綯。亟其乘屋，其始播百穀。』綯，音陶。亟，紀力反。○民事，謂農事。詩，豳風七月之篇。于，往取也。綯，絞也。亟，急也。乘，升也。播，布也。言農事至重，人君不可以爲緩而忽之。故引詩言治屋之急如此者，蓋以來春將復始播百穀，而不暇爲此也。民之爲道也，有恒産者有恒心，無恒産者無恒心。苟無恒心，放辟邪侈，無不爲已。及陷乎罪，然後從而刑之，是罔民也。焉有仁人在位，罔民而可爲也？音義並見前篇。是故賢君必恭儉禮下，取於民有制。恭則能以禮接下，儉則能取民以制。陽虎曰：『爲富不仁矣，爲仁不富矣。』陽虎，陽貨，魯季氏家臣也。天理人欲，不容並立。虎之言此，恐爲仁之害於富也；孟子引之，恐爲富之害於仁也。君子小人，每相反而已矣。夏后氏五十而貢，殷人七十而助，周人百畝而徹，其實皆什一也。徹者，徹也。助者，藉也。徹，敕列反。藉，子夜反。○此以下，乃言制民常産與其取之之制也。夏時一夫受田五十畝，而每夫計其五畝之入以爲貢。商人始爲井田之制，以六百三十畝之地，畫爲九區，區七十畝。中爲公田，其外八家各授一區，但借其力以助耕公田，而不復税其私田。周時一夫授田百畝。鄉遂用貢法，十夫有溝；都鄙用助法，八家同井。耕則通力而作，收則計畝而分，故謂之徹。其實皆什一者，貢法固以十分之一爲常數，惟助法乃是九一，而商制不可考。周制則公田百畝，中以二十畝爲廬舍，一夫所耕公田實計十畝。通私田百畝，爲十一分而取其一，蓋又輕於十一矣。竊料商制亦當如此〔二〕，而以十四畝爲廬舍，一夫實耕公田七畝，是亦不過什一也。徹，通也，均也。藉，借也。龍子曰：『治地莫善於助，莫不善於貢。』貢者，校數歲之中以爲常。樂歲，粒米狼戾，多取之而不爲虐，則寡取之；凶年，糞其田而不足，則必取盈焉。爲民父母，使民盻盻然，將終歲勤動，不得以養其父母，又稱貸而益之，使老稚轉乎溝壑，惡在其爲民父母也？樂，音洛。盻，五禮反，從目從兮。或音普莧反者，非。養，去聲。惡，平聲。○龍子，古賢人。狼戾，猶狼藉，言多也。糞，擁也。盈，滿也。盻，恨視也。勤動，勞苦也。稱，舉也。貸，借也。取物於人，而出息以償之也。益之，以足取盈之數也。稚，幼子也。夫世禄，滕固行之矣。夫，音扶。○孟子嘗言文王治岐，耕者九一，仕者世禄，二者王政之本也。今世禄滕已行之，惟助法未行，故取於民者無制耳。蓋世禄者，授之土田，使之食其公田之入，實與助法相爲表裏，所以使君子、野人各有定業，而上下相安者也，故下文遂言助法。詩云：『雨我公田，遂及我私。』惟助爲有公田。由此觀之，雖周亦助也。雨，于付反。○詩，小雅大田之篇。雨，降雨也。言願天雨於公田，而遂及私田，先公而後私也。當時助法盡廢，典籍不存，惟有此詩，可見周亦用助，故引之也。設爲庠序學校以教之。庠者，養也；校者，教也；序者，射也。夏曰校，殷曰序，周曰庠，學則三代共之，皆所以明人倫也。人倫明於上，小民親於下。庠以養老爲義，校以教民爲義，序以習射爲義，皆鄉學也。學，國學也。共之，無異名也。倫，序也。父子有親，君臣有義，夫婦有別，長幼有序，朋友有信，此人之大倫也。庠、序、學、校，皆以明此而已。有王者起，必來取法，是爲王者師也。滕國褊小，雖行仁政，未必能興王業。然爲王者師，則雖不有天下，而其澤亦足以及天下矣。聖賢至公無我之心，於此可見。詩云：『周雖舊邦，其命惟新。』文王之謂也。子力行之，亦以新子之國。」詩，大雅文王之篇。言周雖后稷以來，舊爲諸侯，其受天命而有天下，則自文王始也。子，指文公，諸侯未踰年之稱也。使畢戰問井地。孟子曰：「子之君將行仁政，選擇而使子，子必勉之！夫仁政，必自經界始。經界不正，井地不鈞，穀禄不平。是故暴君汙吏必慢其經界。經界既正，分田制禄可坐而定也。夫，音扶。○畢戰，滕臣。文公因孟子之言，而使畢戰主爲井地之事，故又使之來問其詳也。井地，即井田也。經界，謂治地分田，經畫其溝塗封植之界也。此法不脩，則田無定分，而豪强得以兼并，故井地有不鈞；賦無定法，而貪暴得以多取，故穀禄有不平。此欲行仁政者之所以必從此始，而暴君汙吏則必欲慢而廢之也。有以正之，則分田制禄，可不勞而定矣。夫滕，壤地褊小，將爲君子焉，將爲野人焉。無君子莫治野人，無野人莫養君子。夫，音扶。養，去聲。○言滕地雖小，然其間亦必有爲君子而仕者，亦必有爲野人而耕者，是以分田制禄之法，不可偏廢也。請野九一而助，國中什一使自賦。此分田制禄之常法，所以治野人使養君子也。野，郊外都鄙之地也。九一而助，爲公田而行助法也。國中，郊門之内，鄉遂之地也。田不井授，但爲溝洫，使什而自賦其一，蓋用貢法也。周所謂徹法者蓋如此。以此推之，當時非惟助法不行，其貢亦不止什一矣。卿以下必有圭田，圭田五十畝。此世禄常制之外，又有圭田，所以厚君子也。圭，潔也，所以奉祭祀也。不言世禄者，滕已行之，但此未備耳。餘夫二十五畝。程子曰：「一夫上父母，下妻子，以五口、八口爲率，受田百畝。如有弟，是餘夫也。年十六，别受田二十五畝，俟其壯而有室，然後更受百畝之田。」愚按：此百畝常制之外，又有餘夫之田，以厚野人也。死徙無出鄉，鄉田同井，出入相友，守望相助，疾病相扶持，則百姓親睦。死，謂葬也。徙，謂徙其居也。同井者，八家也。友，猶伴也。守望，防寇盗也。方里而井，井九百畝，其中爲公田。八家皆私百畝，同養公田。公事畢，然後敢治私事，所以别野人也。養，去聲。别，彼列反。○此詳言井田形體之制，乃周之助法也。公田以爲君子之禄，而私田野人之所受。先公後私，所以别君子、野人之分也。不言君子，據野人而言，省文耳。上言野及國中二法，此獨詳於治野者，國中貢法，當世已行，但取之過於什一爾。此其大略也。若夫潤澤之，則在君與子矣。」夫，音扶。○井地之法，諸侯皆去其籍，此特其大略而已。潤澤，謂因時制宜，使合於人情，宜於土俗，而不失乎先王之意也。○呂氏曰：「子張子慨然有意三代之治。論治人先務，未始不以經界爲急，講求法制，粲然備具。要之可以行於今，如有用我者，舉而措之耳。嘗曰：『仁政必自經界始。貧富不均，教養無法，雖欲言治，皆苟而已。世之病難行者，未始不以亟奪富人之田爲辭。然茲法之行，悦之者衆。苟處之有術，期以數年，不刑一人而可復。所病者，特上之未行耳。』乃言曰：『縱不能行之天下，猶可驗之一鄉。』方與學者議古之法，買田一方，畫爲數井。上不失公家之賦役，退以其私，正經界，分宅里，立斂法，廣儲蓄，興學校，成禮俗，救災恤患，厚本抑末。足以推先王之遺法，明當今之可行。有志未就而卒。」○愚按：喪禮、經界兩章，見孟子之學，識其大者。是以雖當禮法廢壞之後，制度節文不可復考，而能因略以致詳，推舊而爲新，不屑屑於既往之迹，而能合乎先王之意，真可謂命世亞聖之才矣。

有爲神農之言者許行，自楚之滕，踵門而告文公曰：「遠方之人聞君行仁政，願受一廛而爲氓。」文公與之處，其徒數十人，皆衣褐，捆屨、織席以爲食。衣，去聲。捆，音閫。○神農，炎帝神農氏，始爲耒耜，教民稼穡者也。爲其言者，史遷所謂農家者流也。許，姓；行，名也。踵門，足至門也。仁政，上章所言井地之法也。廛，民所居也。氓，野人之稱。褐，毛布，賤者之服也。捆，扣椓之，欲其堅也。以爲食，賣以供食也。○程子曰：「許行所謂神農之言，乃後世稱述上古之事，失其義理者耳，猶陰陽、醫方稱黄帝之説也。」陳良之徒陳相與其弟辛，負耒耜而自宋之滕，曰：「聞君行聖人之政，是亦聖人也，願爲聖人氓。」陳良，楚之儒者。耜，所以起土。耒，其柄也。陳相見許行而大悅，盡棄其學而學焉。陳相見孟子，道許行之言曰：「滕君，則誠賢君也。雖然，未聞道也。賢者與民並耕而食，饔飧而治。今也滕有倉廩府庫，則是厲民而以自養也，惡得賢？」饔，音雍。飧，音孫。惡，平聲。○饔飧，熟食也。朝曰饔，夕曰飧。言當自炊爨以爲食，而兼治民事也。厲，病也。許行此言，蓋欲陰壞孟子分別君子、野人之法。孟子曰：「許子必種粟而後食乎？」曰：「然。」「許子必織布而後衣乎？」曰：「否。許子衣褐。」「許子冠乎？」曰：「冠。」曰：「奚冠？」曰：「冠素。」曰：「自織之與？」曰：「否。以粟易之。」曰：「許子奚爲不自織？」曰：「害於耕。」曰：「許子以釜甑爨，以鐵耕乎？」曰：「然。」「自爲之與？」曰：「否。以粟易之。」衣，去聲。與，平聲。○釜，所以煮。甑，所以炊。爨，然火也。鐵，耜屬也。此語八反，皆孟子問而陳相對也。「以粟易械器者，不爲厲陶冶。陶冶亦以其械器易粟者，豈爲厲農夫哉？且許子何不爲陶冶，舍皆取諸其宮中而用之？何爲紛紛然與百工交易？何許子之不憚煩？」曰：「百工之事，固不可耕且爲也。」舍，去聲。○此孟子言而陳相對也。械器，釜甑之屬也。陶，爲甑者。冶，爲釜鐵者。舍，止也，或讀屬上句。舍，謂作陶冶之處也。「然則治天下獨可耕且爲與？有大人之事，有小民之事〔三〕。且一人之身，而百工之所爲備，如必自爲而後用之，是率天下而路也。故曰：或勞心，或勞力。勞心者治人，勞力者治於人。治於人者食人，治人者食於人。天下之通義也。與，平聲。食，音嗣。○此以下皆孟子言也。路，謂奔走道路，無時休息也。治於人者，見治於人也。食人者，出賦税以給公上也。食於人者，見食於人也。此四句皆古語，而孟子引之也。君子無小人則飢，小人無君子則亂。以此相易，正猶農夫、陶冶以粟與械器相易，乃所以相濟而非所以相病也。治天下者，豈必耕且爲哉？當堯之時，天下猶未平，洪水横流，氾濫於天下。草木暢茂，禽獸繁殖，五穀不登，禽獸偪人。獸蹄鳥迹之道，交於中國。堯獨憂之，舉舜而敷治焉。舜使益掌火，益烈山澤而焚之，禽獸逃匿。禹疏九河，瀹濟、漯，而注諸海；決汝、漢，排淮、泗，而注之江，然後中國可得而食也。當是時也，禹八年於外，三過其門而不入，雖欲耕，得乎？瀹，音藥。濟，子禮反。漯，他合反。○天下猶未平者，洪荒之世，生民之害多矣，聖人迭興，漸次除治，至此尚未盡平也。洪，大也。横流，不由其道而散溢妄行也。氾濫，横流之貌。暢茂，長盛也。繁殖，衆多也。五穀，稻、黍、稷、麥、菽也。登，成熟也。道，路也。獸蹄鳥迹交於中國，言禽獸多也。敷，布也。益，舜臣名。烈，熾也。禽獸逃匿，然後禹得施治水之功。疏，通也，分也。九河：曰徒駭，曰太史，曰馬頰，曰覆釜，曰胡蘇，曰簡，曰潔，曰鉤盤，曰鬲津。瀹，亦疏通之意。濟、漯，二水名。決、排，皆去其壅塞也。汝、漢、淮、泗，亦皆水名也。據禹貢及今水路，惟漢水入江耳。汝、泗則入淮，而淮自入海。此謂四水皆入于江，記者之誤也。后稷教民稼穡，樹藝五穀，五穀熟而民人育。人之有道也，飽食、煖衣、逸居而無教，則近於禽獸。聖人有憂之，使契爲司徒，教以人倫：父子有親，君臣有義，夫婦有別，長幼有序，朋友有信。放勳曰：『勞之來之，匡之直之，輔之翼之，使自得之，又從而振德之。』聖人之憂民如此，而暇耕乎？契，音薛。別，彼列反。長、放，皆上聲。勞、來，皆去聲。○言水土平，然後得以教稼穡；衣食足，然後得以施教化。后稷，官名，棄爲之。然言教民，則亦非並耕矣。樹，亦種也。藝，殖也。契，亦舜臣名也。司徒，官名也。人之有道，言其皆有秉彝之性也。然無教，則亦放逸怠惰而失之，故聖人設官而教以人倫，亦因其固有者而道之耳。書曰：「天敘有典，敕我五典五惇哉。」此之謂也。放勳，本史臣贊堯之辭，孟子因以爲堯號也。德，猶惠也。堯言，勞者勞之，來者來之，邪者正之，枉者直之，輔以立之，翼以行之，使自得其性矣，又從而提撕警覺以加惠焉，不使其放逸怠惰而或失之。蓋命契之辭也。堯以不得舜爲己憂，舜以不得禹、皋陶爲己憂。夫以百畝之不易爲己憂者，農夫也。夫，音扶。易，去聲。○易，治也。堯、舜之憂民，非事事而憂之也，急先務而已。所以憂民者其大如此，則不惟不暇耕，而亦不必耕矣。分人以財謂之惠，教人以善謂之忠，爲天下得人者謂之仁。是故以天下與人易，爲天下得人難。爲、易，並去聲。○分人以財，小惠而已。教人以善，雖有愛民之實，然其所及亦有限而難久。惟若堯之得舜，舜之得禹、皋陶，乃所謂爲天下得人者，而其恩惠廣大，教化無窮矣，此其所以爲仁也。孔子曰：『大哉堯之爲君！惟天爲大，惟堯則之，蕩蕩乎民無能名焉！君哉舜也！巍巍乎有天下而不與焉！』堯、舜之治天下，豈無所用其心哉？亦不用於耕耳。與，去聲。

○則，法也。蕩蕩，廣大之貌。君哉，言盡君道也。巍巍，高大之貌。不與，猶曰不相關〔四〕，言其不以位爲樂也。吾聞用夏變夷者，未聞變於夷者也。陳良，楚産也，悦周公、仲尼之道，北學於中國。北方之學者，未能或之先也。彼所謂豪傑之士也。子之兄弟事之數十年，師死而遂倍之。此以下，責陳相倍師而學許行也。夏，諸夏禮義之教也。變夷，變化蠻夷之人也。變於夷，反見變化於蠻夷之人也。産，生也。陳良生於楚，在中國之南，故北遊而學於中國也。先，過也。豪傑，才德出衆之稱，言其能自拔於流俗也。倍，與背同。言陳良用夏變夷，陳相變於夷也。昔者孔子没，三年之外，門人治任將歸，入揖於子貢，相向而哭，皆失聲，然後歸。子貢反，築室於場，獨居三年，然後歸。他日，子夏、子張、子游以有若似聖人，欲以所事孔子事之，彊曾子。曾子曰：『不可。江、漢以濯之，秋陽以暴之，皜皜乎不可尚已。』任，平聲。彊，上聲。暴，蒲木反。皜，音杲。○三年，古者爲師心喪三年，若喪父而無服也。任，擔也。場，冢上之壇場也。有若似聖人，蓋其言行氣象有似之者，如檀弓所記子游謂有若之言似夫子之類是也。所事孔子，所以事夫子之禮也。江、漢水多，言濯之潔也。秋日燥烈，言暴之乾也。皜皜，潔白貌。尚，加也。言夫子道德明著，光輝潔白，非有若所能仿佛也。或曰：「此三語者，孟子贊美曾子之辭也。」今也南蠻鴃舌之人，非先王之道，子倍子之師而學之，亦異於曾子矣。鴃，亦作鶪，古役反。○鴃，博勞也，惡聲之鳥。南蠻之聲似之，指許行也。吾聞出於幽谷遷于喬木者，未聞下喬木而入於幽谷者。小雅伐木之詩云：「伐木丁丁，鳥鳴嚶嚶。出自幽谷，遷于喬木。」魯頌曰：『戎狄是膺，荆、舒是懲。』周公方且膺之，子是之學，亦爲不善變矣。」魯頌，閟宫之篇也。膺，擊也。荆，楚本號也。舒，國名，近楚者也。懲，艾也。按：今此詩爲僖公之頌，而孟子以周公言之，亦斷章取義也。「從許子之道，則市賈不貳，國中無僞。雖使五尺之童適市，莫之或欺。布帛長短同，則賈相若；麻縷絲絮輕重同，則賈相若；五穀多寡同，則賈相若；屨大小同，則賈相若。」賈，音價，下同。○陳相又言許子之道如此。蓋神農始爲市井，故許行又託於神農而有是説也。五尺之童，言幼小無知也。許行欲使市中所粥之物，皆不論精粗美惡，但以長短、輕重、多寡、大小爲價也。曰：「夫物之不齊，物之情也，或相倍蓰，或相什伯，或相千萬。子比而同之，是亂天下也。巨屨、小屨同賈，人豈爲之哉？從許子之道，相率而爲僞者也，惡能治國家？」夫，音扶。蓰，音師，又山綺反。比，必二反。惡，平聲。○倍，一倍也。蓰，五倍也。什、伯、千、萬，皆倍數也。比，次也。孟子言物之不齊，乃其自然之理，其有精粗，猶其有大小也。若大屨、小屨同價，則人豈肯爲其大者哉？今不論精粗，使之同價，是使天下之人皆不肯爲其精者，而競爲濫惡之物以相欺耳。

墨者夷之，因徐辟而求見孟子。孟子曰：「吾固願見，今吾尚病，病愈，我且往見。夷子不來！」辟，音壁，又音闢。○墨者，治墨翟之道者。夷，姓；之，名。徐辟，孟子弟子。孟子稱病，疑亦託辭以觀其意之誠否。他日又求見孟子。孟子曰：「吾今則可以見矣。不直，則道不見，我且直之。吾聞夷子墨者，墨之治喪也，以薄爲其道也。夷子思以易天下，豈以爲非是而不貴也？然而夷子葬其親厚，則是以所賤事親也。」不見之見，音現。○又求見，則其意已誠矣，故因徐辟以質之如此。直，盡言以相正也。莊子曰：「墨子生不歌，死無服，桐棺三寸而無椁。」是墨之治喪，以薄爲道也。易天下，謂移易天下之風俗也。夷子學於墨氏而不從其教，其心必有所不安者，故孟子因以詰之。

徐子以告夷子。夷子曰：「儒者之道，古之人『若保赤子』，此言何謂也？之則以爲愛無差等，施由親始。」徐子以告孟子。孟子曰：「夫夷子信以爲人之親其兄之子，爲若親其鄰之赤子乎？彼有取爾也。赤子匍匐將入井，非赤子之罪也。且天之生物也，使之一本，而夷子二本故也。夫，音扶，下同。匍，音蒲。匐，蒲北反。○「若保赤子」，周書康誥篇文，此儒者之言也。夷子引之，蓋欲援儒而入於墨，以拒孟子之非己。又曰「愛無差等，施由親始」，則推墨而附於儒，以釋己所以厚葬其親之意，皆所謂遁辭也。孟子言人之愛其兄子與鄰之子，本有差等。書之取譬，本爲小民無知而犯法，如赤子無知而入井耳。且人物之生，必各本於父母而無二，乃自然之理，若天使之然也。故其愛由此立，而推以及人，自有差等。今如夷子之言，則是視其父母本無異於路人，但其施之之序，姑自此始耳。非二本而何哉？然其於先後之間，猶知所擇，則又其本心之明有終不得而息者，此其所以卒能受命而自覺其非也。

蓋上世嘗有不葬其親者。其親死，則舉而委之於壑。他日過之，狐狸食之，蠅蚋姑嘬之。其顙有泚，睨而不視。夫泚也，非爲人泚，中心達於面目。蓋歸反虆梩而掩之。掩之誠是也，則孝子仁人之掩其親，亦必有道矣。」蚋，音汭。嘬，楚怪反。泚，此禮反。睨，音詣。爲，去聲。虆，力追反。梩，力知反。○因夷子厚葬其親而言此，以深明一本之意。上世，謂太古也。委，棄也。壑，山水所趨也。蚋，蚊屬。姑，語助聲，或曰螻蛄也。嘬，攢共食之也。顙，額也。泚，泚然汗出之貌〔五〕。睨，邪視也。視，正視也。不能不視，而又不忍正視，哀痛迫切，不能爲心之甚也。非爲人泚，言非爲他人見之而然也。所謂一本者，於此見之，尤爲親切。蓋惟至親故如此，在他人，則雖有不忍之心，而其哀痛迫切，不至若此之甚矣。反，覆也。虆，土籠也。梩，土轝也。於是歸而掩覆其親之尸，此葬埋之禮所由起也。此掩其親者，若所當然，則孝子仁人所以掩其親者，必有其道，而不以薄爲貴矣。徐子以告夷子。夷子憮然爲間，曰：「命之矣。」憮，音武。間，如字。○憮然，茫然自失之貌。爲間者，有頃之間也。命，猶教也。言孟子已教我矣。蓋因其本心之明，以攻其所學之蔽，是以吾之言易入，而彼之惑易解也。

校勘記

〔一〕糜也　「糜」，原作「麋」，據司禮監本、吳本改。

〔二〕竊料商制亦當如此　「如」，殘宋本、元乙本、司禮監本、吳本均作「似」。

〔三〕有小民之事　「民」，殘宋本、元甲本、司禮監本、吳本均作「人」。

〔四〕猶曰不相關　「曰」，司禮監本、吳本均作「言」。

〔五〕泚然汗出之貌　「泚」字原脱，據元甲本、元乙本、司禮監本、吳本補。

孟子集注卷第六

滕文公章句下 凡十章。

陳代曰：「不見諸侯，宜若小然；今一見之，大則以王，小則以霸。且志曰『枉尺而直尋』，宜若可爲也。」王，去聲。○陳代，孟子弟子也。小，謂小節也。枉，屈也。直，伸也。八尺曰尋。枉尺直尋，猶屈己一見諸侯，而可以致王霸，所屈者小，所伸者大也。孟子曰：「昔齊景公田，招虞人以旌，不至，將殺之。『志士不忘在溝壑，勇士不忘喪其元』，孔子奚取焉？取非其招不往也。如不待其招而往，何哉？喪，去聲。○田，獵也。虞人，守苑囿之吏也。招大夫以旌，招虞人以皮冠。元，首也。志士固窮，常念死無棺槨，棄溝壑而不恨。勇士輕生，常念戰鬭而死，喪其首而不顧也。此二句，乃孔子歎美虞人之言。夫虞人，招之不以其物，尚守死而不往，況君子，豈可不待其招而自往見之邪？此以上，告之以不可往見之意。且夫枉尺而直尋者，以利言也。如以利，則枉尋直尺而利，亦可爲與？夫，音扶。與，平聲。○此以下，正其所稱枉尺直尋之非。夫所謂枉小而所伸者大則爲之者，計其利耳。一有計利之心，則雖枉多伸少而有利，亦將爲之邪？甚言其不可也。

昔者趙簡子使王良與嬖奚乘，終日而不獲一禽。嬖奚反命曰：『天下之賤工也。』或以告王良。良曰：『請復之。』彊而後可，一朝而獲十禽。嬖奚反命曰：『天下之良工也。』簡子曰：『我使掌與女乘。』謂王良。良不可，曰：『吾爲之範我馳驅，終日不獲一；爲之詭遇，一朝而獲十。詩云：「不失其馳，舍矢如破。」我不貫與小人乘，請辭。』

乘，去聲。彊，上聲。女，音汝。爲，去聲。舍，上聲。○趙簡子，晉大夫趙鞅也。王良，善御者也。嬖奚，簡子幸臣。與之乘，爲之御也。復之，再乘也。彊而後可，嬖奚不肯，彊之而後肯也。一朝，自晨至食時也。掌，專主也。範，法度也。詭遇，不正而與禽遇也。言奚不善射，以法馳驅則不獲，廢法詭遇而後中也。詩，小雅車攻之篇。言御者不失其馳驅之法，而射者發矢皆中而力，今嬖奚不能也。貫，習也。

御者且羞與射者比。比而得禽獸，雖若丘陵，弗爲也。如枉道而從彼，何也？且子過矣，枉己者，未有能直人者也。」

比，必二反。○比，阿黨也。若丘陵，言多也。○或曰：「居今之世，出處去就不必一一中節，欲其一一中節，則道不得行矣。」楊氏曰：「何其不自重也？枉己其能直人乎？古之人寧道之不行，而不輕其去就，是以孔、孟雖在春秋、戰國之時，而進必以正，以至終不得行而死也。使不恤其去就而可以行道，孔、孟當先爲之矣。孔、孟豈不欲道之行哉？」

景春曰：「公孫衍、張儀豈不誠大丈夫哉？一怒而諸侯懼，安居而天下熄。」

景春，人姓

名。公孫衍、張儀，皆魏人。怒則説諸侯使相攻伐，故諸侯懼也。孟子曰：「是焉得爲大丈夫乎？子未學禮乎？丈夫之冠也，父命之。女子之嫁也，母命之，往送之門，戒之曰：『往之女家，必敬必戒，無違夫子！』以順爲正者，妾婦之道也。焉，於虔反。冠，去聲。女家之女，音汝。○加冠於首曰冠。女家，夫家也。婦人内夫家，以嫁爲歸也。夫子，夫也。女子從人，以順爲正道也。蓋言二子阿諛苟容，竊取權勢，乃妾婦順從之道耳，非丈夫之事也。居天下之廣居，立天下之正位，行天下之大道。得志與民由之，不得志獨行其道。富貴不能淫，貧賤不能移，威武不能屈。此之謂大丈夫。」廣居，仁也。正位，禮也。大道，義也。與民由之，推其所得於人也。獨行其道，守其所得於己也。淫，蕩其心也。移，變其節也。屈，挫其志也。○何叔京曰：「戰國之時，聖賢道否，天下不復見其德業之盛。但見姦巧之徒，得志横行，氣焰可畏，遂以爲大丈夫。不知由君子觀之，是乃妾婦之道耳，何足道哉！」

周霄問曰：「古之君子仕乎？」孟子曰：「仕。傳曰：『孔子三月無君，則皇皇如也，出疆必載質。』公明儀曰：『古之人，三月無君則弔。』」傳，直戀反。質與贄同，下同。○周霄，魏人。無君，謂不得仕而事君也。皇皇如，有求而弗得之意。出疆，謂失位而去國也。質，所執以見人者，如士則執雉也。出疆載之者，將以見所適國之君而事之也。「三月無君則弔，不以急乎？」周霄問也。以、已通，太也。後章放此。曰：「士之失位也，猶諸侯之失國家也。禮曰：『諸侯耕助，以共粢盛。夫人蠶繅，以爲衣服。犧牲不成，粢盛不潔，衣服不備，不敢以祭。惟士無田，則亦不祭。』牲殺、器皿、衣服不備，不敢以祭，則不敢以宴，亦不足弔乎？」盛，音成。繅，素刀反。皿，武永反。○禮曰：「諸侯爲藉百畝，冕而青紘，躬秉耒以耕，而庶人助以終畝。收而藏之御廩，以供宗廟之粢盛。使世婦蠶于公桑蠶室，奉繭以示于君，遂獻于夫人。夫人副褘受之，繅三盆手，遂布于三宮世婦，使繅以爲黼黻文章，而服以祀先王先公。」又曰：「士有田則祭，無田則薦。」黍稷曰粢，在器曰盛。牲殺，牲必特殺也。皿，所以覆器者。「出疆必載質，何也？」周霄問也。曰：「士之仕也，猶農夫之耕也。農夫豈爲出疆舍其耒耜哉？」爲，去聲。舍，上聲。曰：「晉國亦仕國也，未嘗聞仕如此其急。仕如此其急也，君子之難仕，何也？」曰：「丈夫生而願爲之有室，女子生而願爲之有家。父母之心，人皆有之。不待父母之命、媒妁之言，鑽穴隙相窺，踰牆相從，則父母、國人皆賤之。古之人未嘗不欲仕也，又惡不由其道。不由其道而往者，與鑽穴隙之類也。」爲，去聲。妁，音酌。隙，去逆反。惡，去聲。○晉國，解見首篇。仕國，謂君子游宦之國。霄意以孟子不見諸侯爲難仕，故先問古之君子仕否，然後言此以風切之也。男以女爲室，女以男爲家。妁，亦媒也。言爲父母者，非不願其男女之有室家，而亦惡其不由道。蓋君子雖不潔身以亂倫，而亦不徇利而忘義也。

彭更問曰：「後車數十乘，從者數百人，以傳食於諸侯，不以泰乎？」孟子曰：「非其道，則一簞食不可受於人；如其道，則舜受堯之天下，不以爲泰，子以爲泰乎？」更，平聲。乘、從，皆去聲。傳，直戀反。簞，音丹。食，音嗣。○彭更，孟子弟子也。泰，侈也。曰：「否。士無事而食，不可也。」言不以舜爲泰，但謂今之士無功而食人之食，則不可也。曰：「子不通功易事，以羨補不足，則農有餘粟，女有餘布；子如通之，則梓匠輪輿皆得食於子。於此有人焉，入則孝，出則悌，守先王之道，以待後之學者，而不得食於子。子何尊梓匠輪輿而輕爲仁義者哉？」羨，延面反。○通功易事，謂通人之功而交易其事。羨，餘也。有餘，言無所貿易而積於無用也。梓人、匠人，木工也。輪人、輿人，車工也。曰：「梓匠輪輿，其志將以求食也。君子之爲道也，其志亦將以求食與？」曰：「子何以其志爲哉？其有功於子，可食而食之矣。且子食志乎？食功乎？」曰：「食志。」與，平聲。可食而食、食志、食功之食，皆音嗣，下同。○孟子言：自我而言，固不求食；自彼而言，凡有功者則當食之。曰：「有人於此，毀瓦畫墁，其志將以求食也，則子食之乎？」曰：「否。」曰：「然則子非食志也，食功也。」墁，武安反。子食之食，亦音嗣。○墁，墻壁之飾也。毀瓦畫墁，言無功而有害也。既曰食功，則以士爲無事而食者，真尊梓匠輪輿而輕爲仁義者矣。

萬章問曰：「宋，小國也，今將行王政，齊、楚惡而伐之，則如之何？」惡，去聲。○萬章，孟子弟子。宋王偃嘗滅滕伐薛，敗齊、楚、魏之兵，欲霸天下，疑即此時也。孟子曰：「湯居亳，與葛爲鄰，葛伯放而不祀。湯使人問之曰：『何爲不祀？』曰：『無以供犧牲也。』湯使遺之牛羊。葛伯食之，又不以祀。湯又使人問之曰：『何爲不祀？』曰：『無以供粢盛也。』湯使亳衆往爲之耕，老弱饋食。葛伯率其民，要其有酒食黍稻者奪之，不授者殺之。有童子以黍肉餉，殺而奪之。書曰：『葛伯仇餉。』此之謂也。遺，唯季反。盛，音成。往爲之爲，去聲。饋食、酒食之食，音嗣。要，平聲。餉，式亮反。○葛，國名。伯，爵也。放而不祀，放縱無道，不祀先祖也。亳衆，湯之民。其民，葛民也。授，與也。餉，亦饋也。書，商書仲虺之誥也。仇餉，言與餉者爲仇也。

爲其殺是童子而征之，四海之内皆曰：『非富天下也，爲匹夫匹婦復讎也。』爲，去聲。○非富天下，言湯之心非以天下爲富而欲得之也。

『湯始征，自葛載』，十一征而無敵於天下。東面而征，西夷怨；南面而征，北狄怨[一]，曰：『奚爲後我？』民之望之，若大旱之望雨也。歸市者弗止，芸者不變。誅其君，弔其民，如時雨降。民大悅。書曰：『徯我后，后來其無罰。』載，亦始也。十一征，所征十一國也。餘已見前篇。

『有攸不惟臣[二]，東征，綏厥士女，匪厥玄黃，紹我周王見休，惟臣附於大邑周。』其君子實玄黃于匪以迎其君子，其小人簞食壺漿以迎其小人。救民於水火之中，取其殘而已矣。食，音嗣。○按：周書武成篇載武王之言，孟子約其文如此。然其辭時與今書文不類，今姑依此文解之。有所不惟臣，謂助紂爲惡，而不爲周臣者。匪，與篚同。玄黃，幣也。紹，繼也，猶言事也。言其士女以匪盛玄黃之幣，迎武王而事之也。商人而曰我周王，猶商書所謂我后也。休，美也。言武王能順天休命，而事之者皆見休也。臣附，歸服也。孟子又釋其意，言商人聞周師之來，各以其類相迎者，以武王能救民於水火之中，取其殘民者誅之，而不爲暴虐耳。君子，謂在位之人。小人，謂細民也。太誓曰：『我武惟揚，侵于之疆，則取于殘，殺伐用張，于湯有光。』太誓，周書也。今書文亦小異。言武王威武奮揚，侵彼紂之疆界，取其殘賊，而殺伐之功因以張大，比於湯之伐桀，又有光焉。引此以證上文取其殘之義。不行王政云爾；苟行王政，四海之内皆舉首而望之，欲以爲君。齊、楚雖大，何畏焉？」宋實不能行王政，後果爲齊所滅，王偃走死。○尹氏曰：「爲國者能自治而得民心，則天下皆將歸往之，恨其征伐之不早也，尚何强國之足畏哉？苟不自治，而以强弱之勢言之，是可畏而已矣。」

孟子謂戴不勝曰：「子欲子之王之善與？我明告子。有楚大夫於此，欲其子之齊語也，則使齊人傅諸？使楚人傅諸？」曰：「使齊人傅之。」曰：「一齊人傅之，衆楚人咻之，雖日撻而求其齊也，不可得矣；引而置之莊嶽之間數年，雖日撻而求其楚，亦不可得矣。與，平聲。咻，音休。○戴不勝，宋臣也。齊語，齊人語也。傅，教也。咻，讙也。齊，齊語也。莊嶽，齊街里名也。楚，楚語也。此先設譬以曉之也。子謂薛居州，善士也，使之居於王所。在於王所者，長幼卑尊，皆薛居州也，王誰與爲不善？在王所者，長幼卑尊，皆非薛居州也，王誰與爲善？一薛居州，獨如宋王何？」長，上聲。○居州，亦宋臣。言小人衆而君子獨，無以成正君之功。

公孫丑問曰：「不見諸侯，何義？」孟子曰：「古者不爲臣不見。不爲臣，謂未仕於其國者也，此不見諸侯之義也。段干木踰垣而辟之，泄柳閉門而不内，是皆已甚。迫，斯可以見矣。辟，去聲。内，與納同。○段干木，魏文侯時人。泄柳，魯繆公時人。文侯、繆公欲見此二人，而二人不肯見之，蓋未爲臣也。已甚，過甚也。迫，謂求見之切也。陽貨欲見孔子而惡無禮，大夫有賜於士，不得受於其家，則往拜其門。陽貨矙孔子之亡也，而饋孔子蒸豚；孔子亦矙其亡也，而往拜之。當是時，陽貨先，豈得不見？欲見之見，音現。惡，去聲。矙，音勘。○此又引孔子之事，以明可見之節也。欲見孔子，欲召孔子來見己也。惡無禮，畏人以己爲無禮也。受於其家，對使人拜受於家也。其門，大夫之門也。矙，窺也。陽貨於魯爲大夫，孔子爲士，故以此物及其不在而饋之，欲其來拜而見之也。先，謂先來加禮也。曾子曰：『脅肩諂笑，病於夏畦。』子路曰：『未同而言，觀其色赧赧然，非由之所知也。』由是觀之，則君子之所養可知已矣。」脅，虚業反。赧，奴簡反。○脅肩，竦體。諂笑，强笑。皆小人側媚之態也。病，勞也。夏畦，夏月治畦之人也。言爲此者，其勞過於夏畦之人也。未同而言，與人未合而强與之言也。赧赧，慚而面赤之貌。由，子路名。言非己所知，甚惡之之辭也。孟子言由此二言觀之，則二子之所養可知，必不肯不俟其禮之至，而輒往見之也。○此章言聖人禮義之中正，過之者傷於迫切而不洪，不及者淪於汙賤而可耻。

戴盈之曰：「什一，去關市之征，今兹未能。請輕之，以待來年，然後已，何如？」去，上聲。○盈之，亦宋大夫也。什一，井田之法也。關市之征，商賈之税也。已，止也。孟子曰：「今有人日攘其鄰之雞者，或告之曰：『是非君子之道。』曰：『請損之，月攘一雞，以待來年，然後已。』攘，如羊反。○攘，物自來而取之也。損，減也。如知其非義，斯速已矣，何待來年？」知義理之不可而不能速改，與月攘一雞何以異哉？

公都子曰：「外人皆稱夫子好辯，敢問何也？」孟子曰：「予豈好辯哉？予不得已也。好，去聲，下同。天下之生久矣，一治一亂。治，去聲。○生，謂生民也。一治一亂，氣化盛衰，人事得失，反覆相尋，理之常也。當堯之時，水逆行，氾濫於中國，蛇龍居之，民無所定。下者爲巢，上者爲營窟。書曰：『洚水警余。』洚水者，洪水也。洚，音降，又胡貢、胡工二反。○水逆行，下流壅塞，故水倒流而旁溢也。下，下地。上，高地也。營窟，穴處也。書，虞書大禹謨也。洚水，洚洞無涯之水也。警，戒也。此一亂也。使禹治之。禹掘地而注之海，驅蛇龍而放之菹。水由地中行，江、淮、河、漢是也。險阻既遠，鳥獸之害人者消，然後人得平土而居之。菹，側魚反。○掘地，掘去壅塞也。菹，澤生草者也。地中，兩涯之間也。險阻，謂水之氾濫也。遠，去也。消，除也。此一治也。堯、舜既没，聖人之道衰。暴君代作，壞宫室以爲汙池，民無所安息；棄田以爲園囿，使民不得衣食。邪説暴行又作，園囿、汙池、沛澤多而禽獸至。及紂之身，天下又大亂。壞，音怪。行，去聲，下同。沛，蒲内反。○暴君，謂夏太康、孔甲、履癸、商武乙之類也。宫室，民居也。沛，草木之所生也。澤，水所鍾也。自堯、舜没至此，治亂非一，及紂而又一大亂也。周公相武王，誅紂伐奄，三年討其君，驅飛廉於海隅而戮之。滅國者五十，驅虎、豹、犀、象而遠之。天下大悦。書曰：『丕顯哉，文王謨！丕承哉，武王烈！佑啓我後人，咸以正無缺。』相，去聲。奄，平聲。○奄，東方之國，助紂爲虐者也。飛廉，紂幸臣也。五十國，皆紂黨虐民者也。書，周書君牙之篇。丕，大也。顯，明也。謨，謀也。承，繼也。烈，光也。佑，助也。啓，開也。缺，壞也。此一治也。世衰道微，邪説暴行有作，臣弑其君者有之，子弑其父者有之。有作之有，讀爲又，古字通用。○此周室東遷之後，又一亂也。孔子懼，作春秋。春秋，天子之事也。是故孔子曰：『知我者其惟春秋乎！罪我者其惟春秋乎！』胡氏曰：「仲尼作春秋以寓王法。厚典、庸禮、命德、討罪，其大要皆天子之事也。知孔子者，謂此書之作，遏人欲於横流，存天理於既滅，爲後世慮，至深遠也。罪孔子者，以謂無其位而託二百四十二年南面之權，使亂臣賊子禁其欲而不得肆，則戚矣。」愚謂孔子作春秋以討亂賊，則致治之法垂於萬世，是亦一治也。聖王不作，諸侯放恣，處士横議，楊朱、墨翟之言盈天下。天下之言，不歸楊，則歸墨。楊氏爲我，是無君也；墨氏兼愛，是無父也。無父無君，是禽獸也。公明儀曰：『庖有肥肉，廄有肥馬，民有飢色，野有餓莩，此率禽獸而食人也。』楊、墨之道不息，孔子之道不著，是邪説誣民，充塞仁義也。仁義充塞，則率獸食人，人將相食。横、爲，皆去聲。莩，皮表反。○楊朱但知愛身，而不復知有致身之義，故無君。墨子愛無差等，而視其至親無異衆人，故無父。無父無君，則人道滅絶，是亦禽獸而已。公明儀之言，義見首篇。充塞仁義，謂邪説偏滿，妨於仁義也。孟子引儀之言，以明楊、墨道行，則人皆無父無君，以陷於禽獸，而大亂將起，是亦率獸食人而人又相食也。此又一亂也。吾爲此懼，閑先聖之道，距楊、墨，放淫辭，邪説者不得作。作於其心，害於其事；作於其事，害於其政。聖人復起，不易吾言矣。爲，去聲。復，扶又反。○閑，衛也。放，驅而遠之也。作，起也。事，所行。政，大體也。孟子雖不得志於時，然楊、墨之害，自是滅息，而君臣父子之道，賴以不墜。是亦一治也。○程子曰：「楊、墨之害，甚於申、韓；佛氏之害，甚於楊、墨。蓋楊氏爲我疑於義，墨氏兼愛疑於仁，申、韓則淺陋易見。故孟子止闢楊、墨，爲其惑世之甚也。佛氏之言近理，又非楊、墨之比，所以爲害尤甚。」昔者禹抑洪水而天下平，周公兼夷狄、驅猛獸而百姓寧，孔子成春秋而亂臣賊子懼。抑，止也。兼，并之也，總結上文也。詩云：『戎狄是膺，荆、舒是懲，則莫我敢承。』無父無君，是周公所膺也。説見上篇。承，當也。我亦欲正人心，息邪説，距詖行，放淫辭，以承三聖者。豈好辯哉？予不得已也。行、好，皆去聲。○詖、淫，解見前篇。辭者，説之詳也。承，繼也。三聖，禹、周公、孔子也。蓋邪説横流，壞人心術，甚於洪水猛獸之災，慘於夷狄篡弑之禍，故孟子深懼而力救之。再言豈好辯哉，予不得已也，所以深致意焉。然非知道之君子，孰能真知其所以不得已之故哉？能言距楊、墨者，聖人之徒也。」言苟有能爲此距楊、墨之説者，則其所趨正矣，雖未必知道，是亦聖人之徒也。孟子既答公都子之問，而意有未盡，故復言此。蓋邪説害正，人人得而攻之，不必聖賢；如春秋之法，亂臣賊子，人人得而討之〔三〕，不必士師也。聖人救世立法之意，其切如此。若以此意推之，則不能攻討，而又唱爲不必攻討之説者，其爲邪詖之徒、亂賊之黨可知矣。○尹氏曰：「學者於是非之原，毫釐有差，則害流於生民，禍及於後世。故孟子辯邪説如是之嚴，而自以爲承三聖之功也。當是時，方且以好辯目之，是以常人之心而度聖賢之心也。」

匡章曰：「陳仲子豈不誠廉士哉？居於陵，三日不食，耳無聞，目無見也。井上有李，螬食實者過半矣，匍匐往將食之，三咽，然後耳有聞、目有見。」於，音烏，下於陵同。螬，音曹。咽，音宴。○匡章、陳仲子，皆齊人。廉，有分辨，不苟取也。於陵，地名。螬，蠐螬蟲也。匍匐，言無力不能行也。咽，吞也。孟子曰：「於齊國之士，吾必以仲子爲巨擘焉。雖然，仲子惡能廉？充仲子之操，則蚓而後可者也。擘，薄厄反。惡，平聲。蚓，音引。○巨擘，大指也。言齊人中有仲子，如衆小指中有大指也。充，推而滿之也。操，所守也。蚓，丘蚓也。言仲子未得爲廉也，必若滿其所守之志，則惟丘蚓之無求於世，然後可以爲廉耳。夫蚓，上食槁壤，下飲黄泉。仲子所居之室，伯夷之所築與？抑亦盗跖之所築與？所食之粟，伯夷之所樹與？抑亦盗跖之所樹與？是未可知也。」夫，音扶。與，平聲。○槁壤，乾土也。黄泉，濁水也。抑，發語辭也。言蚓無求於人而自足，而仲子未免居室食粟，若所從來或有非義，則是未能如蚓之廉也。曰：「是何傷哉？彼身織屨，妻辟纑，以易之也。」辟，音壁。纑，音盧。○辟，績也。纑，練麻也。曰：「仲子，齊之世家也。

兄戴，蓋祿萬鍾。以兄之祿爲不義之祿而不食也，以兄之室爲不義之室而不居也，辟兄離母，處於於陵。他日歸，則有饋其兄生鵝者，己頻顣曰：『惡用是鶂鶂者爲哉？』他日，其母殺是鵝也，與之食之。其兄自外至，曰：『是鶂鶂之肉也。』出而哇之。蓋，音閤。辟，音避。頻與顰同。顣與蹙同，子六反。惡，平聲。鶂，魚一反。哇，音蛙。○世家，世卿之家。兄名戴，食采於蓋，其入萬鍾也。歸，自於陵歸也。己，仲子也。鶂鶂，鵝聲也。頻顣而言，以其兄受饋爲不義也。哇，吐之也。以母則不食，以妻則食之；以兄之室則弗居，以於陵則居之。是尚爲能充其類也乎？若仲子者，蚓而後充其操者也。」言仲子以母之食、兄之室爲不義而不食不居，其操守如此。至於妻所易之粟、於陵所居之室，既未必伯夷之所爲，則亦不義之類耳。今仲子於此則不食不居，於彼則食之居之，豈爲能充滿其操守之類者乎？必其無求自足如丘蚓然，乃爲能滿其志而得爲廉耳，然豈人之所可爲哉？○范氏曰：「天之所生，地之所養，惟人爲大〔四〕。人之所以爲大者，以其有人倫也。仲子避兄離母，無親戚、君臣、上下，是無人倫也。豈有無人倫而可以爲廉哉？」

校勘記

〔一〕北狄怨　「狄」，原作「夷」，據司禮監本、仿元本、吳本、十三經注疏本改。

〔二〕有攸不惟臣　「惟」，司禮監本、十三經注疏本均作「爲」。

〔三〕人人得而討之　「討」，司禮監本作「誅」。

〔四〕惟人爲大　「惟」，原作「無」，據司禮監本、吳本改。

孟子集注卷第七

離婁章句上 凡二十八章。

孟子曰：「離婁之明，公輸子之巧，不以規矩，不能成方員；師曠之聰，不以六律，不能正五音；堯、舜之道，不以仁政，不能平治天下。離婁，古之明目者。公輸子，名班，魯之巧人也。規，所以爲員之器也。矩，所以爲方之器也。師曠，晋之樂師，知音者也。六律，截竹爲筩，陰陽各六，以節五音之上下。黄鍾、太蔟、姑洗、蕤賓、夷則、無射，爲陽；大吕、夾鍾、仲吕、林鍾、南吕、應鍾，爲陰也。五音：宫、商、角、徵、羽也。范氏曰：「此言治天下不可無法度，仁政者，治天下之法度也。」今有仁心仁聞而民不被其澤，不可法於後世者，不行先王之道也。聞，去聲。○仁心，愛人之心也。仁聞者，有愛人之聲聞於人也。先王之道，仁政是也。范氏曰：「齊宣王不忍一牛之死，以羊易之，可謂有仁心。梁武帝終日一食蔬素，宗廟以麪爲犧牲，斷死刑必爲之涕泣，天下知其慈仁，可謂有仁聞。然而宣王之時，齊國不治；武帝之末，江南大亂。其故何哉？有仁心仁聞而不行先王之道故也。」故曰：徒善不足以爲政，徒法不能以自行。徒，猶空也。有其心，無其政，是謂徒善；有其政，無其心，是謂徒法。程子嘗言：「爲政須要有綱紀文章，謹權、審量、讀法、平價，皆不可闕。」而又曰：「必有關雎、麟趾之意，然後可以行周官之法度。」正謂此也。詩云：『不愆不忘，率由舊章。』遵先王之法而過者，未之有也。詩，大雅假樂之篇。愆，過也。率，循也。章，典法也。所行不過差、不遺忘者，以其循用舊典故也。聖人既竭目力焉，繼之以規矩準繩，以爲方員平直，不可勝用也；既竭耳力焉，繼之以六律正五音，不可勝用也；既竭心思焉，繼之以不忍人之政，而仁覆天下矣。勝，平聲。○準，所以爲平。繩，所以爲直。覆，被也。此言古之聖人，既竭耳目心思之力，然猶以爲未足以徧天下、及後世，故制爲法度以繼續之，則其用不窮而仁之所被廣矣〔一〕。故曰：爲高必因丘陵，爲下必因川澤。爲政不因先王之道，可謂智乎？丘陵本高，川澤本下，爲高下者因之，則用力少而成功多矣。鄒氏曰：「自章首至此，論以仁心仁聞行先王之道。」是以惟仁者宜在高位。不仁而在高位，是播其惡於衆也。仁者，有仁心仁聞而能擴而充之，以行先王之道者也。播惡於衆，謂貽患於下也。上無道揆也，下無法守也，朝不信道，工不信度，君子犯義，小人犯刑，國之所存者幸也。朝，音潮。○此言不仁而在高位之禍也。道，義理也。揆，度也。法，制度也。道揆，謂以義理度量事物而制其宜。法守，謂以法度自守。工，官也。度，即法也。君子、小人，以位而言也。由上無道揆，故下無法守。無道揆，則朝不信道而君子犯義；無法守，則工不信度而小人犯刑。有此六者，其國必亡。其不亡者，僥倖而已。故曰：城郭不完，兵甲不多，非國之災也；田野不辟，貨財不聚，非國之害也。上無禮，下無學，賊民興，喪無日矣。辟與闢同。喪，去聲。○上不知禮，則無以教民；下不知學，則易與爲亂。鄒氏曰：「自是以惟仁者至此〔二〕，所以責其君。」詩曰：『天之方蹶，無然泄泄。』蹶，居衛反。泄，弋制反。○詩，大雅板之篇。蹶，顛覆之意。泄泄，怠緩悅從之貌。言天欲顛覆周室，羣臣無得泄泄然不急救正之。泄泄，猶沓沓也。沓，徒合反。○沓沓，即泄泄之意。蓋孟子時人語如此。事君無義，進退無禮，言則非先王之道者，猶沓沓也。非，詆毁也。故曰：責難於君謂之恭，陳善閉邪謂之敬，吾君不能謂之賊。」范氏曰：「人臣以難事責於君，使其君爲堯、舜之君者，尊君之大也。開陳善道以禁閉君之邪心，唯恐其君或陷於有過之地者，敬君之至也。謂其君不能行善道而不以告者，賊害其君之甚也。」鄒氏曰：「自詩云『天之方蹶』至此，所以責其臣。」○鄒氏曰：「此章言爲治者，當有仁心仁聞以行先王之政〔三〕，而君臣又當各任其責也。」

孟子曰：「規矩，方員之至也；聖人，人倫之至也。至，極也。人倫，說見前篇。規矩盡所以爲方員之理，猶聖人盡所以爲人之道。欲爲君盡君道，欲爲臣盡臣道，二者皆法堯、舜而已矣。不以舜之所以事堯事君，不敬其君者也；不以堯之所以治民治民，賊其民者也。法堯、舜以盡君臣之道，猶用規矩以盡方員之極，此孟子所以道性善而稱堯、舜也。孔子曰：『道二：仁與不仁而已矣。』法堯、舜，則盡君臣之道而仁矣；不法堯、舜，則慢君賊民而不仁矣。二端之外，更無他道。出乎此，則入乎彼矣，可不謹哉？暴其民甚，則身弒國亡；不甚，則身危國削。名之曰『幽』、『厲』，雖孝子慈孫，百世不能改也。幽，暗。厲，虐。皆惡謚也。苟得其實，則雖有孝子慈孫愛其祖考之甚者，亦不得廢公義而改之。言不仁之禍必至於此，可懼之甚也。詩云『殷鑒不遠，在夏后之世』，此之謂也。」詩，大雅蕩之篇。言商紂之所當鑒者，近在夏桀之世。而孟子引之，又欲後人以幽、厲爲鑒也。

孟子曰：「三代之得天下也以仁，其失天下也以不仁。三代，謂夏、商、周也。禹、湯、文、武以仁得之；桀、紂、幽、厲以不仁失之。國之所以廢興存亡者亦然。國，謂諸侯之國。天子不仁，不保四海；諸侯不仁，不保社稷；卿大夫不仁，不保宗廟；士庶人不仁，不保四體。言必死亡。今惡死亡而樂不仁，是猶惡醉而强酒。」惡，去聲。樂，音洛。强，上聲。○此承上章之意而推言之也。

孟子曰：「愛人不親，反其仁；治人不治，反其智；禮人不答，反其敬。治人之治，平聲。不治之治，去聲。○我愛人而人不親我，則反求諸己，恐我之仁未至也。智、敬放此。行有不得者，皆反求諸己，其身正而天下歸之。不得，謂不得其所欲，如不親、不治、不答是也。反求諸己，謂反其仁、反其智、反其敬也。如此，則其自治益詳，而身無不正矣。天下歸之，極言其效也。詩云：『永言配命，自求多福。』」解見前篇。○亦承上章而言。

孟子曰：「人有恒言，皆曰『天下國家』。天下之本在國，國之本在家，家之本在身。」恒，胡登反。○恒，常也。雖常言之，而未必知其言之有序也。故推言之，而又以家本乎身也。此亦承上章而言之。大學所謂「自天子至於庶人，壹是皆以修身爲本」，爲是故也。

孟子曰：「爲政不難，不得罪於巨室。巨室之所慕，一國慕之；一國之所慕，天下慕之，故沛然德教溢乎四海。」巨室，世臣大家也。得罪，謂身不正而取怨怒也。麥丘邑人祝齊威公曰：「願主君無得罪於羣臣百姓。」意蓋如此。慕，向也，心悦誠服之謂也。沛然，盛大流行之貌。溢，充滿也。蓋巨室之心，難以力服，而國人素所取信；今既悦服，則國人皆服，而吾德教之所施，可以無遠而不至矣。此亦承上章而言。蓋君子不患人心之不服，而患吾身之不修。吾身既脩，則人心之難服者先服，而無一人之不服矣。○林氏曰：「戰國之世，諸侯失德，巨室擅權，爲患甚矣。然或者不脩其本而遽欲勝之，則未必能勝而適以取禍。故孟子推本而言，惟務脩德以服其心。彼既悦服，則吾之德教無所留礙，可以及乎天下矣。裴度所謂『韓洪輿疾討賊〔四〕，承宗斂手削地，非朝廷之力能制其死命，特以處置得宜，能服其心故爾』，政此類也。」

孟子曰：「天下有道，小德役大德，小賢役大賢。天下無道，小役大，弱役强。斯二者天也，順天者存，逆天者亡。有道之世，人皆脩德，而位必稱其德之大小。天下無道，人不脩德，則但以力相役而已。天者，理勢之當然也。齊景公曰：『既不能令，又不受命，是絶物也。』涕出而女於吴。女，去聲。○引此以言小役大、弱役强之事也。令，出令以使人也。受命，聽命於人也。物，猶人也。女，以女與人也。吴，蠻夷之國也。景公羞與爲昏而畏其强，故涕泣而以女與之。今也小國師大國而耻受命焉，是猶弟子而耻受命於先師也。言小國不脩德以自强，其般樂怠敖，皆若效大國之所爲者，而獨耻受其教命，不可得也。如耻之，莫若師文王。師文王，大國五年，小國七年，必爲政於天下矣。此因其愧耻之心而勉以脩德也。文王之政，布在方策，舉而行之，所謂師文王也。五年、七年，以其所乘之勢不同爲差。蓋天下雖無道，然脩德之至，則道自我行，而大國反爲吾役矣。○程子曰：「五年、七年，聖人度其時則可矣。然凡此類，學者皆當思其作爲如何，乃有益耳。」詩云：『商之孫子，其麗不億。上帝既命，侯于周服。侯服于周，天命靡常。殷士膚敏，裸將于京。』孔子曰：『仁不可爲衆也。夫國君好仁，天下無敵。』裸，音灌〔五〕。夫，音扶。好，去聲。○詩，大雅文王之篇。孟子引此詩及孔子之言，以言文王之事。麗，數也。十萬曰億。侯，維也。商士，商孫子之臣也。膚，大也。敏，達也。裸，宗廟之祭，以鬱鬯之酒灌地而降神也。將，助也。言商之孫子衆多，其數不但十萬而已。上帝既命周以天下，則凡此商之孫子，皆臣服于周矣。所以然者，以天命不常，歸于有德故也。是以商士之膚大而敏達者，皆執裸獻之禮，助王祭事于周之京師也。孔子因讀此詩，而言有仁者則雖有十萬之衆，不能當之。故國君好仁，則必無敵於天下也。不可爲衆，猶所謂難爲兄，難爲弟云爾。今也欲無敵於天下而不以仁，是猶執熱而不以濯也。詩云：『誰能執熱，逝不以濯？』」耻受命於大國，是欲無敵於天下也；乃師大國而不師文王，是不以仁也。詩，大雅桑柔之篇。

逝，語辭也。言誰能執持熱物，而不以水自濯其手乎？○此章言不能自强，則聽天所命；脩德行仁，則天命在我。

孟子曰：「不仁者可與言哉？安其危而利其菑，樂其所以亡者。不仁而可與言，則何亡國敗家之有？」菑與災同。樂，音洛。○安其危、利其菑者，不知其爲危菑而反以爲安利也。所以亡者，謂荒淫暴虐，所以致亡之道也。不仁之人，私欲固蔽，失其本心，故其顛倒錯亂至於如此，所以不可告以忠言，而卒至於敗亡也。有孺子歌曰：『滄浪之水清兮，可以濯我纓；滄浪之水濁兮，可以濯我足。』浪，音郎。○滄浪，水名。纓，冠系也。孔子曰：『小子聽之！清斯濯纓，濁斯濯足矣，自取之也。』言水之清濁，有以自取之也。聖人聲入心通，無非至理，此類可見。夫人必自侮，然後人侮之；家必自毁，而後人毁之；國必自伐，而後人伐之。夫，音扶。○所謂自取之者。太甲曰：『天作孼，猶可違；自作孼，不可活。』此之謂也。」解見前篇。○此章言心存則有以審夫得失之幾，不存則無以辨於存亡之著。禍福之來，皆其自取。

孟子曰：「桀、紂之失天下也，失其民也；失其民者，失其心也。得天下有道，得其民，斯得天下矣；得其民有道，得其心，斯得民矣；得其心有道，所欲與之聚之，所惡勿施爾也。惡，去聲。○民之所欲，皆爲致之，如聚斂然。民之所惡，則勿施於民。鼂錯所謂「人情莫不欲壽，三王生之而不傷；人情莫不欲富，三王厚之而不困；人情莫不欲安，三王扶之而不危；人情莫不欲逸，三王節其力而不盡」，此類之謂也。民之歸仁也，猶水之就下、獸之走壙也。走，音奏。○壙，廣野也。言民之所以歸乎此，以其所欲之在乎此也。故爲淵敺魚者，獺也；爲叢敺爵者，鸇也；爲湯、武敺民者，桀與紂也。爲，去聲。敺與驅同。獺，音闥。爵與雀同。鸇，諸延反。○淵，深水也。獺，食魚者也。叢，茂林也。鸇，食雀者也。言民之所以去此，以其所欲在彼而所畏在此也。今天下之君有好仁者，則諸侯皆爲之敺矣。雖欲無王，不可得已。好、爲、王，皆去聲。今之欲王者，猶七年之病求三年之艾也。苟爲不畜，終身不得。苟不志於仁，終身憂辱，以陷於死亡。王，去聲。○艾，草名，所以灸者，乾久益善。夫病已深而欲求乾久之艾，固難卒辦，然自今畜之，則猶或可及。不然，則病日益深，死日益迫，而艾終不可得矣。詩云：『其何能淑，載胥及溺。』此之謂也。」詩，大雅桑柔之篇。淑，善也。載，則也。胥，相也。言今之所爲，其何能善，則相引以陷於亂亡而已。

孟子曰：「自暴者，不可與有言也；自棄者，不可與有爲也。言非禮義，謂之自暴也；吾身不能居仁由義，謂之自棄也。暴，猶害也。非，猶毁也。自害其身者，不知禮義之爲美而非毁之，雖與之言，必不見信也。自棄其身者，猶知仁義之爲美，但溺於怠惰，自謂必不能行，與之有爲必不能勉也。○程子曰：「人苟以善自治，則無不可移者，雖昏愚之至，皆可漸磨而進也。惟自暴者拒之以不信，自棄者絶之以不爲，雖聖人與居，不能化而入也。此所謂下愚之不移也。」仁，人之安宅也；義，人之正路也。仁宅，已見前篇。義者，宜也，乃天理之當行，無人欲之邪曲，故曰正路。曠安宅而弗居，舍正路而不由，哀哉！」舍，上聲。○曠，空也。由，行也。○此章言道本固有而人自絕之，是可哀已〔六〕。此聖賢之深戒，學者所當猛省也。

孟子曰：「道在爾而求諸遠，事在易而求諸難〔七〕。人人親其親、長其長而天下平。」爾、邇，古字通用。易，去聲。長，上聲。○親、長，在人爲甚邇；親之、長之，在人爲甚易，而道初不外是也。舍此而它求，則遠且難而反失之。但人人各親其親、各長其長，則天下自平矣。

孟子曰：「居下位而不獲於上，民不可得而治也。獲於上有道，不信於友，弗獲於上矣；信於友有道，事親弗悦，弗信於友矣；悦親有道，反身不誠，不悦於親矣；誠身有道，不明乎善，不誠其身矣。獲於上，得其上之信任也。誠，實也。反身不誠，反求諸身而其所以爲善之心有不實也。不明乎善，不能即事以窮理，無以眞知善之所在也。○游氏曰：「欲誠其意，先致其知，不明乎善，不誠乎身矣。學至於誠身，則安往而不致其極哉？以内則順乎親，以外則信乎友，以上則可以得君，以下則可以得民矣。」是故誠者，天之道也；思誠者，人之道也。誠者，理之在我者皆實而無僞，天道之本然也。思誠者，欲此理之在我者皆實而無僞，人道之當然也。至誠而不動者，未之有也；不誠，未有能動者也。」至，極也。○楊氏曰：「動，便是驗處，若獲乎上、信乎友、悦於親之類是也。」○此章述中庸孔子之言，見思誠爲脩身之本，而明善又爲思誠之本。乃子思所聞於曾子，而孟子所受乎子思者，亦與大學相表裏，學者宜潛心焉。

孟子曰：「伯夷辟紂，居北海之濱，聞文王作，興曰：『盍歸乎來！吾聞西伯善養老者。』太公辟紂，居東海之濱，聞文王作興，曰：『盍歸乎來！吾聞西伯善養老者。』辟，去聲。○作、興，皆起也。盍，何不也。西伯，即文王也。紂命爲西方諸侯之長，得專征伐，故稱西伯。太公，姜姓，吕氏，名尚。文王發政，必先鰥寡孤獨，庶人之老，皆無凍餒。故伯夷、太公來就其養，非求仕也。二老者，天下之大老也，而歸之，是天下之父歸之也。天下之父歸之，其子焉往？焉，於虔反。○二老，伯夷、太公也。大老，言非常人之老者。天下之父，言齒德皆尊，如衆父然。既得其心，則天下之心不能外矣。蕭何所謂「養民致賢，以圖天下」者，暗與此合〔八〕，但其意則有公私之辨，學者又不可以不察也。諸侯有行文王之政者，七年之内，必爲政於天下矣。」七年，以小國而言也。大國五年在其中矣。

孟子曰：「求也爲季氏宰，無能改於其德，而賦粟倍他日。孔子曰：『求非我徒也，小子鳴鼓而攻之可也。』求，孔子弟子冉求。季氏，魯卿。宰，家臣。賦，猶取也，取民之粟倍於他日也。小子，弟子也。鳴鼓而攻之，聲其罪而責之也。由此觀之，君不行仁政而富之，皆棄於孔子者也。況於爲之强戰？爭地以戰，殺人盈野；爭城以戰，殺人盈城。此所謂率土地而食人肉，罪不容於死。爲，去聲。○林氏曰：「富其君者，奪民之財耳，而夫子猶惡之。況爲土地之故而殺人，使其肝腦塗地，則是率土地而食人之肉。其罪之大，雖至於死，猶不足以容之也。」故善戰者服上刑，連諸侯者次之，辟草萊、任土地者次之。」辟與闢同。○善戰，如孫臏、吴起之徒。連結諸侯，如蘇秦、張儀之類。辟，開墾也。任土地，謂分土授民，使任耕稼之責，如李悝盡地力、商鞅開阡陌之類也。

孟子曰：「存乎人者，莫良於眸子。眸子不能掩其惡。胸中正，則眸子瞭焉；胸中不正，則眸子眊焉。眸，音牟。瞭，音了。眊，音耄。○良，善也。眸子，目瞳子也。瞭，明也。眊者，蒙目不明之貌。蓋人與物接之時，其神在目，故胸中正則神精而明，不正則神散而昏。聽其言也，觀其眸子，人焉廋哉？」焉，於虔反。廋，音搜。○廋，匿也。言亦心之所發，故并此以觀，則人之邪正不可匿矣。然言猶可以僞爲，眸子則有不容僞者。

孟子曰：「恭者不侮人，儉者不奪人。侮奪人之君，惟恐不順焉，惡得爲恭儉？恭儉豈可以聲音笑貌爲哉？」惡，平聲。○惟恐不順，言恐人之不順己。聲音笑貌，僞爲於外也。

淳于髡曰：「男女授受不親，禮與？」孟子曰：「禮也。」曰：「嫂溺，則援之以手乎？」曰：「嫂溺不援，是豺狼也。男女授受不親，禮也；嫂溺，援之以手者，權也。」與，平聲。援，音爰。○淳于，姓；髡，名；齊之辯士。授，與也。受，取也。古禮，男女不親授受，以遠别也。援，救之也。權，稱錘也，稱物輕重而往來以取中者也。權而得中，是乃禮也。曰：「今天下溺矣，夫子之不援，何也？」言今天下大亂，民遭陷溺，亦當從權以援之，不可守先王之正道也。曰：「天下溺，援之以道；嫂溺，援之以手。子欲手援天下乎？」言天下溺，惟道可以救之，非若嫂溺可手援也。今子欲援天下，乃欲使我枉道求合，則先失其所以援之之具矣。是欲使我以手援天下乎？○此章言直己守道，所以濟時；枉道徇人，徒爲失己。

公孫丑曰：「君子之不教子，何也？」不親教也。孟子曰：「勢不行也。教者必以正；以正不行，繼之以怒；繼之以怒，則反夷矣。『夫子教我以正，夫子未出於正也。』則是父子相夷也。父子相夷，則惡矣。夷，傷也。教子者，本爲愛其子也，繼之以怒，則反傷其子矣。父既傷其子，子之心又責其父曰：「夫子教我以正道，而夫子之身未必自行正道。」則是子又傷其父也。古者易子而教之。易子而教，所以全父子之恩，而亦不失其爲教。父子之間不責善。責善則離，離則不祥莫大焉。」責善，朋友之道也。○王氏曰：「父有爭子，何也？所謂爭者，非責善也，當不義則爭之而已矣。父之於子也如何？曰：當不義，則亦戒之而已矣。」

孟子曰：「事孰爲大？事親爲大；守孰爲大？守身爲大。不失其身而能事其親者，吾聞之矣；失其身而能事其親者，吾未之聞也〔九〕。守身，持守其身，使不陷於不義也。一失其身，則虧體辱親，雖日用三牲之養，亦不足以爲孝矣。孰不爲事？事親，事之本也；孰不爲守？守身，守之本也。事親孝，則忠可移於君，順可移於長。身正，則家齊國治而天下平。曾子養曾皙，必有酒肉。將徹，必請所與。問有餘，必曰『有』。曾皙死，曾元養曾子，必有酒肉。將徹，不請所與。問有餘，曰『亡矣』，將以復進也。此所謂養口體者也。若曾子，則可謂養志也。

養，去聲。復，扶又反。○此承上文事親言之。曾晳，名點，曾子父也。曾元，曾子子也。曾子養其父，每食必有酒肉。食畢將徹去，必請於父曰：「此餘者與誰？」或父問：「此物尚有餘否？」必曰：「有。」恐親意更欲與人也。曾元不請所與，雖有言無。其意將以復進於親，不欲其與人也。此但能養父母之口體而已。曾子則能承順父母之志，而不忍傷之也。事親若曾子者，可也。」言當如曾子之養志，不可如曾元但養口體。○程子曰：「子之身所能爲者，皆所當爲，無過分之事也。故事親若曾子可謂至矣，而孟子止曰可也，豈以曾子之孝爲有餘哉？」

孟子曰：「人不足與適也，政不足間也。惟大人爲能格君心之非。君仁莫不仁，君義莫不義，君正莫不正。一正君而國定矣。」適，音謫。間，去聲。○趙氏曰：「適，過也。間，非也。格，正也。」徐氏曰：「格者，物之所取正也。書曰：『格其非心。』」愚謂「間」字上亦當有「與」字。言人君用人之非，不足過謫；行政之失，不足非間。惟有大人之德，則能格其君心之不正以歸於正，而國無不治矣。大人者，大德之人，正己而物正者也。○程子曰：「天下之治亂，繫乎人君之仁與不仁耳。心之非，即害於政，不待乎發之於外也。昔者孟子三見齊王而不言事，門人疑之，孟子曰：『我先攻其邪心，心既正，而後天下之事可從而理也。』夫政事之失，用人之非，知者能更之，直者能諫之。然非心存焉，則事事而更之，後復有其事，將不勝其更矣；人人而去之，後復用其人，將不勝其去矣。是以輔相之職，必在乎格君心之非，然後無所不正。而欲格君心之非者，非有大人之德，則亦莫之能也。」

孟子曰：「有不虞之譽，有求全之毁。」虞，度也。○呂氏曰：「行不足以致譽而偶得譽，是謂不虞之譽。求免於毁而反致毁，是謂求全之毁。言毁譽之言，未必皆實，脩己者不可以是遽爲憂喜，觀人者不可以是輕爲進退。」

孟子曰：「人之易其言也，無責耳矣。」易，去聲。○人之所以輕易其言者，以其未遭失言之責故耳。蓋常人之情，無所懲於前，則無所警於後。非以爲君子之學，必俟有責而後不敢易其言也。然此豈亦有爲而言之與？

孟子曰：「人之患在好爲人師。」好，去聲。○王勉曰：「學問有餘，人資於己，不得已而應之可也。若好爲人師，則自足而不復有進矣，此人之大患也。」

樂正子從於子敖之齊。子敖，王驩字。樂正子見孟子。孟子曰：「子亦來見我乎？」曰：「先生何爲出此言也？」曰：「子來幾日矣？」曰：「昔者。」曰：「昔者，則我出此言也，不亦宜乎？」曰：「舍館未定。」曰：「子聞之也，舍館定，然後求見長者乎？」長，上聲。○昔者，前日也。館，客舍也。王驩，孟子所不與言者，則其人可知矣。樂正子乃從之行，其失身之罪大矣；又不早見長者，則其罪又有甚者焉。故孟子姑以此責之。曰：「克有罪。」陳氏曰：「樂正子固不能無罪矣。然其勇於受責如此，非好善而篤信之，其能若是乎？世有强辯飾非、聞諫愈甚者，又樂正子之罪人也。」

孟子謂樂正子曰：「子之從於子敖來，徒餔啜也。我不意子學古之道，而以餔啜也！」餔，博孤反。啜，昌悦反。○徒，但也。餔，食也。啜，飲也。言其不擇所從，但求食耳。此乃正其罪而切責之。

孟子曰：「不孝有三，無後爲大。趙氏曰：「於禮有不孝者三事，謂阿意曲從，陷親不義，一也。家貧親老，不爲禄仕，二也。不娶無子，絶先祖祀，三也。三者之中，無後爲大。」舜不告而娶，爲無後也，君子以爲猶告也。」爲無之爲，去聲。○舜告焉則不得娶，而終於無後矣。告者禮也，不告者權也。猶告，言與告同也。蓋權而得中，則不離於正矣。○范氏曰：「天下之道，有正有權。正者萬世之常，權者一時之用。常道人皆可守，權非體道者不能用也。蓋權出於不得已者也。若父非瞽瞍，子非大舜，而欲不告而娶，則天下之罪人也。」

孟子曰：「仁之實，事親是也；義之實，從兄是也；仁主於愛，而愛莫切於事親；義主於敬，而敬莫先於從兄。故仁義之道，其用至廣，而其實不越於事親從兄之間。蓋良心之發，最爲切近而精實者。有子以孝弟爲爲仁之本，其意亦猶此也。智之實，知斯二者弗去是也；禮之實，節文斯二者是也；樂之實，樂斯二者，樂則生矣；生則惡可已也？惡可已，則不知足之蹈之、手之舞之。」樂斯、樂則之樂，音洛。惡，平聲。○斯二者，指事親、從兄而言。知而弗去，則見之明而守之固矣。節文，謂品節文章。樂則生矣，謂和順從容，無所勉强，事親、從兄之意油然自生，如草木之有生意也。既有生意，則其暢茂條達，自有不可遏者，所謂惡可已也。其又盛，則至於手舞足蹈而不自知矣。○此章言事親、從兄，良心真切，天下之道，皆原於此。然必知之明而守之固，然後節之密而樂之深也。

孟子曰：「天下大悦而將歸己。視天下悦而歸己猶草芥也，惟舜爲然。不得乎親，不可以爲人；不順乎親，不可以爲子。言舜視天下之歸己如草芥，而惟欲得其親而順之也。得者，曲爲承順以得其心之悦而已。順則有以諭之於道，心與之一而未始有違，尤人所難也。爲人蓋泛言之，爲子則愈密矣。舜盡事親之道而瞽瞍厎豫〔一〇〕，瞽瞍厎豫而天下化，瞽瞍厎豫而天下之爲父子者定，此之謂大孝。」厎，之爾反。○瞽瞍，舜父名。厎，致也。豫，悦樂也。瞽瞍至頑，嘗欲殺舜，至是而厎豫焉。書所謂「不格姦，亦允若」是也。蓋舜至此而有以順乎親矣。是以天下之爲子者，知天下無不可事之親，顧吾所以事之者未若舜耳。於是莫不勉而爲孝，至於其親亦厎豫焉，則天下之爲父者，亦莫不慈，所謂化也。子孝父慈，各止其所，而無不安其位之意，所謂定也。爲法於天下，可傳於後世，非止一身一家之孝而已，此所以爲大孝也。○李氏曰：「舜之所以能使瞽瞍厎豫者，盡事親之道，共爲子職〔一一〕，不見父母之非而已。昔羅仲素語此云：『只爲天下無不是底父母。』了翁聞而善之曰：『惟如此而後，天下之爲父子者定。彼臣弒其君、子弒其父者，常始於見其有不是處耳。』」

校勘記

〔一〕則其用不窮而仁之所被廣矣　「被」下，司禮監本、吳本均有「者」字。

〔二〕自是以惟仁者至此　「惟」字原脱，據元甲本、司禮監本、吳本及上文補。

〔三〕當有仁心仁聞以行先王之政　「政」，仿元本作「道」。

〔四〕裴度所謂韓洪輿疾討賊　「韓洪」，當作「韓弘」，見新唐書裴度傳，「洪」爲避宋宣祖諱而改。仿元本、吳本已加回改。

〔五〕音灌　「灌」，殘宋本、仿元本均作「貫」。

〔六〕是可哀已　「已」，殘宋本、司禮監本、吳本均作「也」。

〔七〕事在易而求諸難　「諸」，原作「之」，據司禮監本及上文改。

〔八〕暗與此合　「暗」上，司禮監本有「其意」二字。

〔九〕吾未之聞也　「之聞」，原作「聞之」，據元甲本、元乙本、司禮監本、吳本乙正。

〔一〇〕舜盡事親之道而瞽瞍厎豫　「厎」，原作「底」，據元乙本、吳本、阮元十三經注疏校勘記及下文改。

〔一一〕共爲子職　「共」，吳本作「其」。

孟子集注卷第八

離婁章句下　凡三十三章。

孟子曰：「舜生於諸馮，遷於負夏，卒於鳴條，東夷之人也。諸馮、負夏、鳴條，皆地名，在東方夷服之地。文王生於岐周，卒於畢郢，西夷之人也。岐周，岐山下，周舊邑，近畎夷。畢郢，近豐、鎬，今有文王墓。地之相去也，千有餘里；世之相後也，千有餘歲。得志行乎中國，若合符節。得志行乎中國，謂舜爲天子，文王爲方伯，得行其道於天下也。符節，以玉爲之，篆刻文字而中分之，彼此各藏其半，有故則左右相合以爲信也。若合符節，言其同也。先聖後聖，其揆一也。」揆，度也。其揆一者，言度之而其道無不同也。○范氏曰：「言聖人之生，雖有先後遠近之不同，然其道則一也。」

子產聽鄭國之政，以其乘輿濟人於溱、洧。乘，去聲。溱，音臻。洧，榮美反。○子產，鄭大夫公孫僑也。溱、洧，二水名也。子產見人有徒涉此水者，以其所乘之車載而度之。孟子曰：「惠而不知爲政。惠，謂私恩小利。政，則有公平正大之體，綱紀法度之施焉。歲十一月徒杠成，十二月輿梁成，民未病涉也。杠，音江。○杠，方橋也。徒杠，可通徒行者。梁，亦橋也。輿梁，可通車輿者。周十一月，夏九月也。周十二月，夏十月也。夏令曰：「十月成梁。」蓋農功已畢，可用民力，又時將寒沍，水有橋梁，則民不患於徒涉，亦王政之一事也。君子平其政，行辟人可也，焉得人人而濟之？辟與闢同。焉，於虔反。○辟，辟除也，如周禮閽人爲之辟之辟。言能平其政，則出行之際，辟除行人，使之避己，亦不爲過。況國中之水，當涉者衆，豈能悉以乘輿濟之哉？故爲政者，每人而悅之，日亦不足矣。」言每人皆欲致私恩以悅其意，則人多日少，亦不足於用矣。諸葛武侯嘗言「治世以大德，不以小惠」，得孟子之意矣。

孟子告齊宣王曰：「君之視臣如手足，則臣視君如腹心；君之視臣如犬馬，則臣視君如國人；君之視臣如土芥，則臣視君如寇讎。」孔氏曰：「宣王之遇臣下，恩禮衰薄，至於昔者所進，今日不知其亡，則其於羣臣，可謂邈然無敬矣，故孟子告之以此。手足腹心，相待一體，恩義之至也。如犬馬，則輕賤之，然猶有豢養之恩焉。國人，猶言路人，言無怨無德也。土芥，則踐踏之而已矣，斬艾之而已矣，其賤惡之又甚矣。寇讎之報，不亦宜乎？」王曰：「禮，爲舊君有服，何如斯可爲服矣？」爲，去聲，下爲之同。○儀禮曰：「以道去君而未絶者，服齊衰三月。」王疑孟子之言太甚，故以此禮爲問。曰：「諫行言聽，膏澤下於民；有故而去，則君使人導之出疆，又先於其所往；去三年不反，然後收其田里。此之謂三有禮焉。如此，則爲之服矣。導之出疆，防剽掠也。先於其所往，稱道其賢，欲其收用之也。三年而後收其田禄里居，前此猶望其歸也。今也爲臣，諫則不行，言則不聽，膏澤不下於民；有故而去，則君搏執之，又極之於其所往；去之日，遂收其田里。此之謂寇讎。寇讎何服之有？」極，窮也。窮之於其所往之國，如晉錮欒盈也。○潘興嗣曰：「孟子告齊王之言，猶孔子對定公之意也，而其言有迹，不若孔子之渾然也。蓋聖賢之别如此。」○楊氏曰：「君臣以義合者也。故孟子爲齊王深言報施之道，使知爲君者不可不以禮遇其臣耳。若君子之自處，則豈處其薄乎？孟子曰：『王庶幾改之，予日望之。』君子之言蓋如此。」

孟子曰：「無罪而殺士，則大夫可以去；無罪而戮民，則士可以徙。」言君子當見幾而作，禍已迫，則不能去矣。

孟子曰：「君仁莫不仁，君義莫不義。」張氏曰：「此章重出。然上篇主言人臣當以正君爲急，此章直戒人君，義亦小異耳。」

孟子曰：「非禮之禮，非義之義，大人弗爲。」察理不精，故有二者之蔽。大人則隨事而順理，因時而處宜，豈爲是哉？

孟子曰：「中也養不中，才也養不才，故人樂有賢父兄也。如中也棄不中，才也棄不才，則賢不肖之相去，其間不能以寸。」樂，音洛。○無過不及之謂中，足以有爲之謂才。養，謂涵育薰陶，俟其自化也。賢，謂中而才者也。樂有賢父兄者，樂其終能成己也。爲父兄者，若以子弟之不賢，遂遽絶之而不能教，則吾亦過中而不才矣，其相去之間，能幾何哉？

孟子曰：「人有不爲也，而後可以有爲。」程子曰：「有不爲，知所擇也。惟能有不爲，是以可以有爲。無所不爲者，安能有所爲邪？」

孟子曰：「言人之不善，當如後患何？」此亦有爲而言。

孟子曰：「仲尼不爲已甚者。」已，猶太也。○楊氏曰：「言聖人所爲，本分之外，不加毫末。非孟子真知孔子，不能以是稱之。」

孟子曰：「大人者，言不必信，行不必果，惟義所在。」行，去聲。○必，猶期也。大人言行，不先期於信果，但義之所在，則必從之，卒亦未嘗不信果也。○尹氏曰：「主於義，則信果在其中矣；主於信果，則未必合義。」○王勉曰：「若不合於義而不信不果，則妄人爾。」

孟子曰：「大人者，不失其赤子之心者也。」大人之心，通達萬變。赤子之心，則純一無僞而已。然大人之所以爲大人，正以其不爲物誘，而有以全其純一無僞之本然。是以擴而充之，則無所不知，無所不能，而極其大也。

孟子曰：「養生者不足以當大事，惟送死可以當大事。」養，去聲。○事生固當愛敬，然亦人道之常耳。至於送死，則人道之大變，孝子之事親，舍是無以用其力矣。故尤以爲大事，而必誠必信，不使少有後日之悔也。

孟子曰：「君子深造之以道，欲其自得之也。自得之，則居之安；居之安，則資之深；資之深，則取之左右逢其原，故君子欲其自得之也。」造，七到反。○造，詣也。深造之者，進而不已之意。道，則其進爲之方也。資，猶藉也。左右，身之兩旁，言至近而非一處也。逢，猶值也。原，本也，水之來處也。言君子務於深造而必以其道者，欲其有所持循，以俟夫默識心通，自然而得之於己也。自得於己，則所以處之者安固而不摇；處之安固，則所藉者深遠而無盡；所藉者深，則日用之間取之至近，無所往而不值其所資之本也。○程子曰：「學不言而自得者，乃自得也。有安排布置者，皆非自得也。然必潛心積慮，優游厭飫於其間，然後可以有得。若急迫求之，則是私己而已，終不足以得之也。」

孟子曰：「博學而詳說之，將以反說約也。」言所以博學於文，而詳說其理者，非欲以夸多而鬬靡也，欲其融會貫通，有以反而說到至約之地耳。蓋承上章之意而言，學非欲其徒博，而亦不可以徑約也。

孟子曰：「以善服人者，未有能服人者也；以善養人，然後能服天下。天下不心服而王者，未之有也。」王，去聲。○服人者，欲以取勝於人；養人者，欲其同歸於善。蓋心之公私小異，而人之向背頓殊。學者於此不可以不審也。

孟子曰：「言無實不祥。不祥之實，蔽賢者當之。」或曰：「天下之言無有實不祥者，惟蔽賢爲不祥之實。」或曰：「言而無實者不祥，故蔽賢爲不祥之實。」二說不同，未知孰是，疑或有闕文焉。

徐子曰：「仲尼亟稱於水，曰：『水哉，水哉！』何取於水也？」亟，去吏反。○亟，數也。

水哉水哉，歎美之辭。孟子曰：「原泉混混，不舍晝夜，盈科而後進，放乎四海。有本者如是，是之取爾。舍、放，皆上聲。○原泉，有原之水也。混混，湧出之貌。不舍晝夜，言常出不竭也。盈，滿也。科，坎也。言其進以漸也。放，至也。言水有原本，不已而漸進以至於海，如人有實行，則亦不已而漸進以至於極也。苟爲無本，七八月之間雨集，溝澮皆盈；其涸也，可立而待也。故聲聞過情，君子耻之。」澮，古外反。涸，下各反。聞，去聲。○集，聚也。澮，田間水道也。涸，乾也。如人無實行，而暴得虚譽，不能長久也。聲聞，名譽也。情，實也。耻者，耻其無實而將不繼也。○林氏曰：「徐子之爲人，必有躐等干譽之病，故孟子以是答之。」○鄒氏曰：「孔子之稱水，其旨微矣。孟子獨取此者，自徐子之所急者言之也。孔子嘗以聞達告子張矣[一]，達者有本之謂也，聞則無本之謂也。然則學者其可以不務本乎？」

孟子曰：「人之所以異於禽獸者幾希，庶民去之，君子存之。幾希，少也。庶，衆也。人物之生，同得天地之理以爲性，同得天地之氣以爲形。其不同者，獨人於其間得形氣之正，而能有以全其性，爲少異耳。雖曰少異，然人物之所以分，實在於此。衆人不知此而去之，則名雖爲人，而實無以異於禽獸。君子知此而存之，是以戰兢惕厲，而卒能有以全其所受之理也。舜明於庶物，察於人倫，由仁義行，非行仁義也。」物，事物也。明，則有以識其理也。人倫，説見前篇。察，則有以盡其理之詳也。物理固非度外，而人倫尤切於身，故其知之有詳略之異。在舜則皆生而知之也。由仁義行，非行仁義，則仁義已根於心，而所行皆從此出。非以仁義爲美，而後勉强行之，所謂安而行之也。此則聖人之事，不待存之而無不存矣。○尹氏曰：「存之者，君子也。存者，聖人也。君子所存，存天理也。由仁義行，存者能之。」

孟子曰：「禹惡旨酒而好善言。惡、好，皆去聲。○戰國策曰：『儀狄作酒，禹飲而甘之，曰：「後世必有以酒亡其國者。」』遂疏儀狄而絶旨酒。」書曰：「禹拜昌言。」湯執中，立賢無方。執，謂守而不失。中者，無過不及之名。方，猶類也。立賢無方，惟賢則立之於位，不問其類也。文王視民如傷，望道而未之見。而，讀爲如，古字通用。○民已安矣，而視之猶若有傷；道已至矣，而望之猶若未見。聖人之愛民深而求道切如此。不自滿足，終日乾乾之心也。武王不泄邇，不忘遠。泄，狎也。邇者，人所易狎而不泄；遠者，人所易忘而不忘。德之盛，仁之至也。周公思兼三王，以施四事，其有不合者，仰而思之，夜以繼日，幸而得之，坐以待旦。」三王，禹也，湯也，文、武也。四事，上四條之事也。時異勢殊，故其事或有所不合。思而得之，則其理初不異矣。坐以待旦，急於行也。○此承上章言舜，因歷叙羣聖以繼之，而各舉其一事，以見其憂勤惕厲之意。蓋天理之所以常存，而人心之所以不死也。○程子曰：「孟子所稱，各因其一事而言，非謂武王不能執中立賢，湯卻泄邇忘遠也。人謂各舉其盛，亦非也，聖人亦無不盛。」

孟子曰：「王者之迹熄而詩亡，詩亡然後春秋作。王者之迹熄，謂平王東遷，而政教號令不及於天下也。詩亡，謂黍離降爲國風而雅亡也。春秋，魯史記之名，孔子因而筆削之，始於魯隱公之元年，實平王之四十九年也。晉之乘，楚之檮杌，魯之春秋，一也。乘，去聲。檮，音逃。杌，音兀。○乘，義未詳，趙氏以爲興於田賦乘馬之事。或曰：「取記載當時行事而名之也。」檮杌，惡獸名，古者因以爲凶人之號，取記惡垂戒之義也。春秋者，記事者必表年以首事。年有四時，故錯舉以爲所記之名也。古者列國皆有史官，掌記時事。此三者皆其所記册書之名也。其事則齊桓、晉文，其文則史。孔子曰『其義則丘竊取之矣』。」春秋之時，五霸迭興，而桓、文爲盛。史，史官也。竊取者，謙辭也。公羊傳作「其辭則丘有罪焉爾」，意亦如此。蓋言斷之在己，所謂「筆則筆，削則削，游、夏不能贊一辭」者也。○尹氏曰：「言孔子作春秋，亦以史之文載當時之事也，而其義則定天下之邪正，爲百王之大法。」○此又承上章歷叙羣聖，因以孔子之事繼之。而孔子之事莫大於春秋，故特言之。

孟子曰：「君子之澤，五世而斬。小人之澤，五世而斬。澤，猶言流風餘韻也。父子相繼爲一世，三十年亦爲一世。斬，絶也。大約君子、小人之澤，五世而絶也。○楊氏曰：「四世而緦，服之窮也；五世袒免，殺同姓也；六世親屬竭矣。服窮則遺澤寖微，故五世而斬。」予未得爲孔子徒也，予私淑諸人也。」私，猶竊也。淑，善也。李氏以爲方言是也。人，謂子思之徒也。自孔子卒，至孟子游梁時，方百四十餘年，而孟子已老。然則孟子之生，去孔子未百年也。故孟子言，予雖未得親受業於孔子之門，然聖人之澤尚存，猶有能傳其學者。故我得聞孔子之道於人，而私竊以善其身，蓋推尊孔子而自謙之辭也。○此又承上三章，歷叙舜、禹，至於周、孔，而以是終之。其詞雖謙，然其所以自任之重，亦有不得而辭者矣。

孟子曰：「可以取，可以無取，取傷廉；可以與，可以無與，與傷惠；可以死，可以無死，死傷勇。」先言可以者，略見而自許之辭也。後言可以無者，深察而自疑之辭也。過取固害於廉，然過與亦反害其惠，過死亦反害其勇，蓋過猶不及之意也。○林氏曰：「公西華受五秉之粟，是傷廉也。冉子與之，是傷惠也。子路之死於衛，是傷勇也。」

逄蒙學射於羿，盡羿之道，思天下惟羿爲愈己，於是殺羿。孟子曰：「是亦羿有罪焉。」公明儀曰：「宜若無罪焉。」曰：「薄乎云爾，惡得無罪？逄，薄江反。惡，平聲。○羿，有窮后羿也。逄蒙，羿之家衆也。羿善射，篡夏自立，後爲家衆所殺。愈，猶勝也。薄，言其罪差薄耳。鄭人使子濯孺子侵衛，衛使庾公之斯追之。子濯孺子曰：『今日我疾作，不可以執弓，吾死矣夫！』問其僕曰：『追我者誰也？』其僕曰：『庾公之斯也。』曰：『吾生矣。』其僕曰：『庾公之斯，衛之善射者也，夫子曰吾生，何謂也？』曰：『庾公之斯學射於尹公之他，尹公之他學射於我。夫尹公之他，端人也，其取友必端矣。』庾公之斯至，曰：『夫子何爲不執弓？』曰：『今日我疾作，不可以執弓。』曰：『小人學射於尹公之他，尹公之他學射於夫子。我不忍以夫子之道反害夫子。雖然，今日之事，君事也，我不敢廢。』抽矢扣輪，去其金，發乘矢而後反。」他，徒河反。矣夫、夫尹之夫，並音扶。去，上聲。乘，去聲。○之，語助也。僕，御也。尹公他，亦衛人也。端，正也。孺子以尹公正人，知其取友必正，故度庾公必不害己。小人，庾公自稱也。

金，鏃也。扣輪出鏃，令不害人，乃以射也。乘矢，四矢也。孟子言使羿如子濯孺子，得尹公他而教之，則必無逢蒙之禍。然夷羿簒弑之賊，蒙乃逆儔；庾斯雖全私恩，亦廢公義。其事皆無足論者，孟子蓋特以取友而言耳。

孟子曰：「西子蒙不潔，則人皆掩鼻而過之。西子，美婦人。蒙，猶冒也。不潔，汙穢之物也。掩鼻，惡其臭也。雖有惡人，齊戒沐浴，則可以祀上帝。」齊，側皆反。○惡人，醜貌者也。○尹氏曰：「此章戒人之喪善，而勉人以自新也。」

孟子曰：「天下之言性也，則故而已矣。故者以利爲本。性者，人物所得以生之理也。故者，其已然之迹，若所謂天下之故者也。利，猶順也，語其自然之勢也。言事物之理，雖若無形而難知，然其發見之已然，則必有迹而易見。故天下之言性者，但言其故而理自明，猶所謂善言天者必有驗於人也。然其所謂故者，又必本其自然之勢，如人之善、水之下，非有所矯揉造作而然者也。若人之爲惡、水之在山，則非自然之故矣。所惡於智者，爲其鑿也。如智者若禹之行水也，則無惡於智矣。禹之行水也，行其所無事也。如智者亦行其所無事，則智亦大矣。惡、爲，皆去聲〔二〕。○天下之理，本皆順利，小智之人，務爲穿鑿，所以失之。禹之行水，則因其自然之勢而導之，未嘗以私智穿鑿而有所事，是以水得其潤下之性而不爲害也。天之高也，星辰之遠也，苟求其故，千歲之日至，可坐而致也。」天雖高，星辰雖遠，然求其已然之迹，則其運有常。雖千歲之久，其日至之度，可坐而得。況於事物之近，若因其故而求之，豈有不得其理者，而何以穿鑿爲哉？必言日至者，造曆者以上古十一月甲子朔夜半冬至爲曆元也。○程子曰：「此章專爲智而發。」愚謂事物之理，莫非自然。順而循之，則爲大智。若用小智而鑿以自私，則害於性而反爲不智。程子之言，可謂深得此章之旨矣。

公行子有子之喪。右師往弔，入門，有進而與右師言者，有就右師之位而與右師言者。公行子，齊大夫。右師，王驩也。孟子不與右師言，右師不悦，曰：「諸君子皆與驩言，孟子獨不與驩言，是簡驩也。」簡，略也。孟子聞之，曰：「禮，朝廷不歷位而相與言，不踰階而相揖也。我欲行禮，子敖以我爲簡，不亦異乎？」朝，音潮。○是時齊卿大夫以君命弔，各有位次。若周禮，凡有爵者之喪禮，則職喪涖其禁令，序其事，故云朝廷也。歷，更涉也。位，他人之位也。右師未就位而進與之言，則右師歷己之位矣；右師已就位而就與之言，則已歷右師之位矣。孟子、右師之位又不同階，孟子不敢失此禮，故不與右師言也。

孟子曰：「君子所以異於人者，以其存心也。君子以仁存心，以禮存心。以仁禮存心，言以是存於心而不忘也。仁者愛人，有禮者敬人。此仁禮之施。愛人者人恒愛之，敬人者人恒敬之。恒，胡登反。○此仁禮之驗。有人於此，其待我以横逆，則君子必自反也：我必不仁也，必無禮也，此物奚宜至哉？横，去聲，下同。○横逆，謂强暴不順理也。物，事也。其自反而仁矣，自反而有禮矣，其横逆由是也，君子必自反也：我必不忠。由，與猶同，下放此。○忠者，盡己之謂。我必不忠，恐所以愛敬人者，有所不盡其心也。自反而忠矣，其横逆由是也，君子曰：

『此亦妄人也已矣。如此，則與禽獸奚擇哉？於禽獸又何難焉？』難，去聲。○奚擇，何異也。又何難焉，言不足與之校也。是故君子有終身之憂，無一朝之患也。乃若所憂則有之：舜人也，我亦人也。舜爲法於天下，可傳於後世，我由未免爲鄉人也，是則可憂也。憂之如何？如舜而已矣。若夫君子所患則亡矣。非仁無爲也，非禮無行也。如有一朝之患，則君子不患矣。』夫，音扶。○鄉人，鄉里之常人也。君子存心不苟，故無後憂。

禹、稷當平世，三過其門而不入，孔子賢之。事見前篇。顏子當亂世，居於陋巷，一簞食，一瓢飲，人不堪其憂，顏子不改其樂，孔子賢之。食，音嗣。樂，音洛。孟子曰：「禹、稷、顏回同道。聖賢之道，進則救民，退則脩己，其心一而已矣。禹思天下有溺者，由己溺之也[三]；稷思天下有飢者，由己飢之也，是以如是其急也。由與猶同。○禹、稷身任其職，故以爲己責而救之急也。禹、稷、顏子，易地則皆然。聖賢之心無所偏倚，隨感而應，各盡其道。故使禹、稷居顏子之地，則亦能樂顏子之樂；使顏子居禹、稷之任，亦能憂禹、稷之憂也。今有同室之人鬭者，救之，雖被髮纓冠而救之，可也。不暇束髮而結纓往救，言急也。以喻禹、稷。鄉鄰有鬭者，被髮纓冠而往救之，則惑也，雖閉户可也。」喻顏子也。○此章言聖賢心無不同，事則所遭或異，然處之各當其理，是乃所以爲同也。○尹氏曰：「當其可之謂時，前聖後聖，其心一也，故所遇皆盡善。」

公都子曰：「匡章，通國皆稱不孝焉。夫子與之遊，又從而禮貌之，敢問何也？」匡章，齊人。通國，盡一國之人也。禮貌，敬之也。孟子曰：「世俗所謂不孝者五：惰其四支，不顧父母之養，一不孝也；博弈好飲酒，不顧父母之養，二不孝也；好貨財，私妻子，不顧父母之養，三不孝也；從耳目之欲，以爲父母戮，四不孝也；好勇鬬很，以危父母，五不孝也。章子有一於是乎？好、養、從，皆去聲。很，胡懇反。○戮，羞辱也。很，忿戾也。夫章子，子父責善而不相遇也。夫，音扶。○遇，合也。相責以善而不相合，故爲父所逐也。責善，朋友之道也；父子責善，賊恩之大者。賊，害也。朋友當相責以善，父子行之，則害天性之恩也。夫章子，豈不欲有夫妻子母之屬哉？爲得罪於父，不得近，出妻屏子，終身不養焉。其設心以爲不若是，是則罪之大者。是則章子已矣。」夫章之夫，音扶。爲，去聲。屏，必井反。養，去聲。○言章子非不欲身有夫妻之配、子有子母之屬，但爲身不得近於父，故不敢受妻子之養，以自責罰。其心以爲不如此，則其罪益大也。○此章之旨，於衆所惡而必察焉，可以見聖賢至公至仁之心矣。○楊氏曰：「章子之行，孟子非取之也，特哀其志而不與之絶耳。」

曾子居武城，有越寇。或曰：「寇至，盍去諸？」曰：「無寓人於我室，毁傷其薪木。」寇退，則曰：「脩我牆屋，我將反。」寇退，曾子反。左右曰：「待先生如此其忠且敬也，寇至則先去以爲民望，寇退則反，殆於不可。」沈猶行曰：「是非汝所知也。昔沈猶有負芻之禍，從先生者七十人，未有與焉。」與，去聲。○武城，魯邑名。盍，何不也。左右，曾子之門人也。忠敬，言武城之大夫事曾子忠誠恭敬也。爲民望，言使民望而效之。沈猶行，弟子姓名也。言曾子嘗舍於沈猶氏，時有負芻者作亂，來攻沈猶氏，曾子率其弟子去之，不與其難。言師賓不與臣同。子思居於衛，有齊寇。或曰：「寇至，盍去諸？」子思曰：「如伋去，君誰與守？」言所以不去之意如此。孟子曰：「曾子、子思同道。曾子，師也，父兄也；子思，臣也，微也。曾子、子思易地則皆然。」微，猶賤也。○尹氏曰：「或遠害，或死難，其事不同者，所處之地不同也。君子之心，不繫於利害，惟其是而已，故易地則皆能爲之。」○孔氏曰：「古之聖賢，言行不同，事業亦異，而其道未始不同也。學者知此，則因所遇而應之，若權衡之稱物，低昂屢變，而不害其爲同也。」

儲子曰：「王使人瞯夫子，果有以異於人乎？」孟子曰：「何以異於人哉？堯、舜與人同耳。」瞯，古莧反。○儲子，齊人也。瞯，竊視也。聖人亦人耳，豈有異於人哉？

齊人有一妻一妾而處室者，其良人出，則必饜酒肉而後反。其妻問所與飲食者，則盡富貴也。其妻告其妾曰：「良人出，則必饜酒肉而後反；問其與飲食者，盡富貴也，而未嘗有顯者來。吾將瞯良人之所之也。」蚤起，施從良人之所之，徧國中無與立談者。卒之東郭墦間，之祭者，乞其餘；不足，又顧而之他，此其爲饜足之道也。其妻歸，告其妾曰：「良人者，所仰望而終身也。今若此！」與其妾訕其良人，而相泣於中庭。而良人未之知也，施施從外來，驕其妻妾。施，音迤，又音易。墦，音燔。施施，如字。○章首當有「孟子曰」字，闕文也。良人，夫也。饜，飽也。顯者，富貴人也。施，邪施而行，不使良人知也。墦，冢也。顧，望也。訕，怨詈也。施施，喜悦自得之貌。由君子觀之，則人之所以求富貴利達者，其妻妾不羞也，而不相泣者，幾希矣。孟子言自君子而觀，今之求富貴者，皆若此人耳。使其妻妾見之，不羞而泣者少矣。言可羞之甚也。○趙氏曰：「言今之求富貴者，皆以枉曲之道，昏夜乞哀以求之，而以驕人於白日，與斯人何以異哉？」

校勘記

〔一〕孔子嘗以聞達告子張矣　「孔」，司禮監本作「夫」。

〔二〕皆去聲　「皆」，司禮監本作「並」。

〔三〕由己溺之也　「也」字原脱，據殘宋本、司禮監本、仿元本、吳本補。

孟子集注卷第九

萬章章句上 凡九章。

萬章問曰：「舜往于田，號泣於旻天，何爲其號泣也？」孟子曰：「怨慕也。」號，平聲。○舜往於田，耕歷山時也。仁覆閔下，謂之旻天。號泣於旻天，呼天而泣也。事見虞書大禹謨篇。怨慕，怨己之不得其親而思慕也。萬章曰：「父母愛之，喜而不忘；父母惡之，勞而不怨。然則舜怨乎？」曰：「長息問於公明高曰：『舜往于田，則吾既得聞命矣；號泣於旻天，于父母，則吾不知也。』公明高曰：『是非爾所知也。』夫公明高以孝子之心，爲不若是恝，我竭力耕田，共爲子職而已矣，父母之不我愛，於我何哉？惡，去聲。夫，音扶。恝，苦八反。共，平聲。○長息，公明高弟子。公明高，曾子弟子。于父母，亦書辭，言呼父母而泣也。恝，無愁之貌。於我何哉，自責不知己有何罪耳，非怨父母也。○楊氏曰：「非孟子深知舜之心，不能爲此言。蓋舜惟恐不順於父母，未嘗自以爲孝也。若自以爲孝，則非孝矣。」帝使其子九男二女，百官牛羊倉廩備，以事舜於畎畝之中。天下之士多就之者，帝將胥天下而遷之焉。爲不順於父母，如窮人無所歸。爲，去聲。○帝，堯也。史記云：「二女妻之，以觀其內；九男事之，以觀其外。」又言〔一〕：「一年所居成聚，二年成邑，三年成都。」是天下之士就之也。胥，相視也。遷之，移以與之也。如窮人之無所歸，言其怨慕迫切之甚也。天下之士悅之，人之所欲也，而不足以解憂；好色，人之所欲，妻帝之二女，而不足以解憂；富，人之所欲，富有天下，而不足以解憂；貴，人之所欲，貴爲天子，而不足以解憂。人悅之、好色、富貴，無足以解憂者，惟順於父母，可以解憂。孟子推舜之心如此，以解上文之意。極天下之欲，不足以解憂，而惟順於父母，可以解憂。孟子真知舜之心哉！人少，則慕父母；知好色，則慕少艾；有妻子，則慕妻子；仕則慕君，不得於君則熱中。大孝終身慕父母。五十而慕者，予於大舜見之矣。」少、好，皆去聲。○言常人之情，因物有遷，惟聖人爲能不失其本心也。艾，美好也。楚辭、戰國策所謂幼艾，義與此同。不得，失意也。熱中，躁急心熱也。言五十者，舜攝政時年五十也。五十而慕，則其終身慕可知矣。○此章言舜不以得衆人之所欲爲己樂，而以不順乎親之心爲己憂。非聖人之盡性，其孰能之？

萬章問曰：「詩云：『娶妻如之何？必告父母。』信斯言也，宜莫如舜。舜之不告而娶，何也？」孟子曰：「告則不得娶。男女居室，人之大倫也。如告，則廢人之大倫，以懟父母，是以不告也。」懟，直類反。○詩，齊國風南山之篇也。信，誠也，誠如此詩之言也。懟，讎怨也。

舜父頑母嚚，常欲害舜。告則不聽其娶，是廢人之大倫，以讎怨於父母也。

萬章曰：「舜之不告而娶，則吾既得聞命矣。帝之妻舜而不告，何也？」曰：「帝亦知告焉則不得妻也。」

妻，去聲。○以女爲人妻曰妻。○程子曰：「堯妻舜而不告者，以君治之而已，如今之官府治民之私者亦多。」

萬章曰：「父母使舜完廩，捐階，瞽瞍焚廩。使浚井，出，從而揜之。象曰：『謨蓋都君咸我績。牛羊，父母；倉廩，父母。干戈，朕；琴，朕；弤，朕；二嫂，使治朕棲。』象往入舜宮，舜在牀琴。象曰：『鬱陶思君爾。』忸怩。舜曰：『惟兹臣庶，汝其于予治。』不識舜不知象之將殺己與？」曰：「奚而不知也？象憂亦憂，象喜亦喜。」

弤，都禮反。忸，女六反。怩，音尼。與，平聲。○完，治也。捐，去也。階，梯也。揜，蓋也。按史記曰：「使舜上塗廩，瞽瞍從下縱火焚廩，舜乃以兩笠自捍而下，去，得不死。後又使舜穿井，舜穿井爲匿空旁出。舜既入深，瞽瞍與象共下土實井，舜從匿空出，去。」即其事也。象，舜異母弟也。謨，謀也。蓋，蓋井也。舜所居三年成都，故謂之都君。咸，皆也。績，功也。舜既入井，象不知舜已出，欲以殺舜爲己功也。干，盾也。戈，戟也。琴，舜所彈五絃琴也。弤，琱弓也。象欲以舜之牛羊、倉廩與父母，而自取此物也。二嫂，堯二女也。棲，牀也，象欲使爲己妻也。象往舜宮，欲分取所有，見舜生在牀彈琴，蓋既出即潛歸其宮也。鬱陶，思之甚而氣不得伸也。象言己思君之甚，故來見爾。忸怩，慚色也。臣庶，謂其百官也。象素憎舜，不至其宮，故舜見其來而喜，使之治其臣庶也。孟子言舜非不知其將殺己，但見其憂則憂，見其喜則喜，兄弟之情，自有所不能已耳。萬章所言，其有無不可知，然舜之心，則孟子有以知之矣，它亦不足辨也。○程子曰：「象憂亦憂，象喜亦喜，人情天理，於是爲至。」曰：「然則舜僞喜者與？」曰：「否。昔者有饋生魚於鄭子産，子産使校人畜之池。校人烹之，反命曰：『始舍之，圉圉焉，少則洋洋焉；攸然而逝。』子産曰：『得其所哉！得其所哉！』校人出，曰：『孰謂子産智？予既烹而食之，曰：得其所哉，得其所哉。』故君子可欺以其方，難罔以非其道。彼以愛兄之道來，故誠信而喜之，奚僞焉？」與，平聲。校，音效，又音教。畜，許六反。○校人，主池沼小吏也。圉圉，困而未紓之貌〔二〕。洋洋，則稍縱矣。攸然而逝者，自得而遠去也。方，亦道也。罔，蒙蔽也。欺以其方，謂誑之以理之所有。罔以非其道，謂昧之以理之所無。象以愛兄之道來，所謂欺之以其方也。舜本不知其僞，故實喜之，何僞之有？○此章又言舜遭人倫之變，而不失天理之常也。

萬章問曰：「象日以殺舜爲事。立爲天子，則放之，何也？」孟子曰：「封之也，或曰放焉。」放，猶置也，置之於此，使不得去也。萬章疑舜何不誅之，孟子言舜實封之，而或者誤以爲放也。萬章曰：「舜流共工于幽州，放驩兜于崇山，殺三苗于三危，殛鯀于羽山，四罪而天下咸服，誅不仁也。象至不仁，封之有庳。有庳之人奚罪焉？仁人固如是乎？在他人則誅之，在弟則封之。」曰：「仁人之於弟也，不藏怒焉，不宿怨焉，親愛之而已矣。親之欲其貴也，愛之欲其富也。封之有庳，富貴之也。身爲天子，弟爲匹夫，可謂親愛之乎？」庳，音鼻。○流，徙也。共工，官名。驩兜，人名。二人比周，相與爲黨。三苗，國名，負固不服。殺，殺其君也。殛，誅也。鯀，禹父名，方命圮族，治水無功。皆不仁之人也。幽州、崇山、三危、羽山、有庳，皆地名也。或曰：「今道州鼻亭，即有庳之地也。」未知是否？　萬章疑舜不當封象，使彼有庳之民無罪而遭象之虐，非仁人之心也。　藏怒，謂藏匿其怒。　宿怨，謂留蓄其怨。

「敢問或曰放者，何謂也？」曰：「象不得有爲於其國，天子使吏治其國，而納其貢税焉，故謂之放。豈得暴彼民哉？雖然，欲常常而見之，故源源而來。『不及貢，以政接於有庳』，此之謂也。」

孟子言象雖封爲有庳之君，然不得治其國，天子使吏代之治，而納其所收之貢税於象。有似於放，故或者以爲放也。蓋象至不仁，處之如此，則既不失吾親愛之心，而彼亦不得虐有庳之民也。　源源，若水之相繼也。來，謂來朝覲也。不及貢，以政接於有庳，謂不待及諸侯朝貢之期，而以政事接見有庳之君。蓋古書之辭，而孟子引以證源源而來之意，見其親愛之無已如此也。○吴氏曰：「言聖人不以公義廢私恩，亦不以私恩害公義。舜之於象，仁之至，義之盡也。」

咸丘蒙問曰：「語云：『盛德之士，君不得而臣，父不得而子。』舜南面而立，堯帥諸侯北面而朝之，瞽瞍亦北面而朝之。舜見瞽瞍，其容有蹙。孔子曰：『於斯時也，天下殆哉，岌岌乎！』不識此語誠然乎哉？」孟子曰：「否。此非君子之言，齊東野人之語也。堯老而舜攝也。堯典曰：『二十有八載，放勳乃徂落，百姓如喪考妣。三年，四海遏密八音。』孔子曰：『天無二日，民無二王。』舜既爲天子矣，又帥天下諸侯以爲堯三年喪，是二天子矣。」

朝，音潮。岌，魚及反。○咸丘蒙，孟子弟子。語者，古語也。蹙，顰蹙不自安也。岌岌，不安貌也。言人倫乖亂，天下將危也。齊東，齊國之東鄙也。孟子言堯但老不治事，而舜攝天子之事耳。堯在時，舜未嘗即天子位，堯何由北面而朝乎？又引書及孔子之言以明之。堯典，虞書篇名。今此文乃見於舜典，蓋古書二篇，或合爲一耳。言舜攝位二十八年而堯死也。徂，升也。落，降也。人死則魂升而魄降，故古者謂死爲徂落。遏，止也。密，靜也。八音，金、石、絲、竹、匏、土、革、木，樂器之音也。

咸丘蒙曰：「舜之不臣堯，則吾既得聞命矣。詩云：『普天之下，莫非王土；率土之濱，莫非王臣。』而舜既爲天子矣，敢問瞽瞍之非臣，如何？」曰：「是詩也，非是之謂也。勞於王事，而不得養父母也。曰：『此莫非王事，我獨賢勞也。』故說詩者，不以文害辭，不以辭害志。以意逆志，是爲得之。如以辭而已矣，雲漢之詩曰：『周餘黎民，靡有孑遺。』信斯言也，是周無遺民也。

不臣堯，不以堯爲臣，使北面而朝也。詩，小雅北山之篇也。普，徧也。率，循也。此詩今毛氏序云：「役使不均，己勞於王事而不得養其父母焉。」其詩下文亦云：「大夫不均，我從事獨賢。」乃作詩者自言，天下皆王臣，何爲獨使我以賢才而勞苦乎？非謂天子可臣其父也。文，字也。辭，語也。逆，迎也。雲漢，大雅篇名也。孑，獨立之貌。遺，脫也。言說詩之法，不可以一字而害一句之義，不可以一句而害設辭之志，當以己意迎取作者之志，乃可得之。若但以其辭而已，則如雲漢所言，是周之民真無遺種矣。惟以意逆之，則知作詩者之志在於憂旱，而非真無遺民也。

孝子之至，莫大乎尊親；尊親之至，莫大乎以天下養。爲天子父，尊之至也；以天下養，養之至也。詩曰：『永言孝思，孝思維則。』此之謂也。養，去聲。○言瞽瞍既爲天子之父，則當享天下之養，此舜之所以爲尊親養親之至也。豈有使之北面而朝之理乎？詩，大雅下武之篇。言人能長言孝思而不忘，則可以爲天下法則也。書曰：『祗載見瞽瞍，夔夔齊栗，瞽瞍亦允若。』是爲父不得而子也。」見，音現。齊，側皆反。○書，大禹謨篇也。祗，敬也。載，事也。夔夔齊栗，敬謹恐懼之貌。允，信也。若，順也。言舜敬事瞽瞍，往而見之，敬謹如此，瞽瞍亦信而順之也。孟子引此而言瞽瞍不能以不善及其子，而反見化於其子，則是所謂父不得而子者，而非如咸丘蒙之説也。

萬章曰：「堯以天下與舜，有諸？」孟子曰：「否。天子不能以天下與人。」天下者，天下之天下，非一人之私有故也。「然則舜有天下也，孰與之？」曰：「天與之。」萬章問而孟子答也。「天與之者，諄諄然命之乎？」諄，之淳反。○萬章問也。諄諄，詳語之貌。曰：「否。天不言，以行與事示之而已矣。」行，去聲，下同。○行之於身謂之行，措諸天下謂之事。言但因舜之行事，而示以與之之意耳。曰：「以行與事示之者，如之何？」曰：「天子能薦人於天，不能使天與之天下；諸侯能薦人於天子，不能使天子與之諸侯；大夫能薦人於諸侯，不能使諸侯與之大夫。昔者堯薦舜於天而天受之，暴之於民而民受之，故曰：『天不言，以行與事示之而已矣。』」暴，步卜反，下同。○暴，顯也。言下能薦人於上，不能令上必用之。舜爲天人所受，是因舜之行與事，而示之以與之之意也。曰：「敢問薦之於天而天受之，暴之於民而民受之，如何？」曰：

「使之主祭而百神享之，是天受之；使之主事而事治，百姓安之，是民受之也。天與之，人與之，故曰：天子不能以天下與人。治，去聲。舜相堯二十有八載，非人之所能爲也，天也。堯崩，三年之喪畢，舜避堯之子於南河之南。天下諸侯朝覲者，不之堯之子而之舜；訟獄者，不之堯之子而之舜；謳歌者，不謳歌堯之子而謳歌舜，故曰：天也。夫然後之中國，踐天子位焉。而居堯之宮，逼堯之子，是篡也，非天與也。相，去聲。朝，音潮。夫，音扶。○南河，在冀州之南，其南即豫州也。訟獄，謂獄不決而訟之也。太誓曰『天視自我民視，天聽自我民聽』，此之謂也。」自，從也。天無形，其視聽皆從於民之視聽。民之歸舜如此，則天與之可知矣。

萬章問曰：「人有言：『至於禹而德衰，不傳於賢而傳於子。』有諸？」孟子曰：「否，不然也。天與賢，則與賢；天與子，則與子。昔者舜薦禹於天，十有七年，舜崩。三年之喪畢，禹避舜之子於陽城。天下之民從之，若堯崩之後，不從堯之子而從舜也。禹薦益於天，七年，禹崩。三年之喪畢，益避禹之子於箕山之陰。朝覲訟獄者不之益而之啓，曰：『吾君之子也。』謳歌者不謳歌益而謳歌啓，曰：『吾君之子也。』朝，音潮。○陽城，箕山之陰，皆嵩山下深谷中可藏處也。啓，禹之子也。○楊氏曰：「此語孟子必有所受，然不可考矣。但云天與賢則與賢，天與子則與子，可以見堯、舜、禹之心，皆無一毫私意也。」丹朱之不肖，舜之子亦不肖。舜之相堯、禹之相舜也，歷年多，施澤於民久。啓賢，能敬承繼禹之道。益之相禹也，歷年少，施澤於民未久。舜、禹、益，相去久遠。其子之賢不肖，皆天也，非人之所能爲也。莫之爲而爲者，天也；莫之致而至者，命也。之相之相，去聲。相去之相，如字〔三〕。○堯、舜之子皆不肖，而舜、禹之爲相久，此堯、舜之子所以不有天下，而舜、禹有天下也。禹之子賢，而益相不久，此啓所以有天下而益不有天下也。然此皆非人力所爲而自爲，非人力所致而自至者。蓋以理言之謂之天，自人言之謂之命，其實則一而已。匹夫而有天下者，德必若舜、禹而又有天子薦之者，故仲尼不有天下。孟子因禹、益之事，歷舉此下兩條以推明之。言仲尼之德，雖無愧於舜、禹，而無天子薦之者，故不有天下。繼世以有天下，天之所廢，必若桀、紂者也，故益、伊尹、周公不有天下。繼世而有天下者，其先世皆有大功德於民，故必有大惡如桀、紂，則天乃廢之。如啓及太甲、成王雖不及益、伊尹、周公之賢聖，但能嗣守先業，則天亦不廢之。故益、伊尹、周公，雖有舜、禹之德，而亦不有天下。伊尹相湯以王於天下。湯崩，太丁未立，外丙二年，仲壬四年。太甲顛覆湯之典刑，伊尹放之於桐。三年，太甲悔過，自怨自艾，於桐處仁遷義。三年，以聽伊尹之訓己也，復歸於亳。相、王，皆去聲。艾，音乂。○此承上文言伊尹不有天下之事。趙氏曰：「太丁，湯之太子，未立而死。外丙立二年，仲壬立四年，皆太丁弟也。太甲，太丁子也。」程子曰：「古人謂歲爲年。湯崩時，外丙方二歲，仲壬方四歲，惟太甲差長，故立之也。」二説未知孰是。顛覆，壞亂也。典刑，常法也。桐，湯墓所在。艾，治也；説文云「芟草也」；蓋斬絶自新之意。亳，商所都也。周公之不有天下，猶益之於夏，伊尹之於殷也。此復言周公所以不有天下之意。孔子曰：『唐、虞禪，夏后、殷、周繼，其義一也。』」禪，音擅。○禪，授也。或禪或繼，皆天命也。聖人豈有私意於其間哉？○尹氏曰：「孔子曰：『唐、虞禪，夏后、商、周繼，其義一也。』孟子曰：『天與賢則與賢，天與子則與子。』知前聖之心者，無如孔子。繼孔子者，孟子而已矣。」

萬章問曰：「人有言『伊尹以割烹要湯』，有諸？」要，平聲，下同。○要，求也。按史記，伊尹欲行道以致君而無由，「乃爲有莘氏之媵臣，負鼎俎，以滋味説湯，致於王道」。蓋戰國時有爲此説者。

孟子曰：「否，不然。伊尹耕於有莘之野，而樂堯、舜之道焉。非其義也，非其道也，禄之以天下，弗顧也；繫馬千駟，弗視也。非其義也，非其道也，一介不以與人，一介不以取諸人。樂，音洛。○莘，國名。樂堯、舜之道者，誦其詩，讀其書，而欣慕愛樂之也。駟，四匹也。介，與草芥之芥同，言其辭受取與，無大無細，一以道義而不苟也。湯使人以幣聘之，囂囂然曰：『我何以湯之聘幣爲哉？我豈若處畎畝之中，由是以樂堯、舜之道哉？』囂，五高反，又户驕反。○囂囂，無欲自得之貌。湯三使往聘之，既而幡然改曰：『與我處畎畝之中，由是以樂堯、舜之道，吾豈若使是君爲堯、舜之君哉？吾豈若使是民爲堯、舜之民哉？吾豈若於吾身親見之哉？幡然，變動之貌。於吾身親見之，言於我之身親見其道之行，不徒誦説向慕之而已也。天之生此民也，使先知覺後知，使先覺覺後覺也。予，天民之先覺者也，予將以斯道覺斯民也。非予覺之而誰也？』此亦伊尹之言也。知，謂識其事之當然。覺，謂悟其理之所以然。覺後知後覺，如呼寐者而使之寤也。言天使者，天理當然，若使之也。○程子曰：「予天民之先覺，謂我乃天生此民中，盡得民道而先覺者也。既爲先覺之民，豈可不覺其未覺者？及彼之覺，亦非分我所有以予之也，皆彼自有此理，我但能覺之而已。」思天下之民匹夫匹婦有不被堯、舜之澤者，若己推而内之溝中。其自任以天下之重如此，故就湯而說之以伐夏救民。推，吐回反。内，音納。說，音稅。○書曰：「昔先正保衡，作我先王，曰：『予弗克俾厥后爲堯、舜，其心愧耻，若撻於市。』一夫不獲，則曰『時予之辜』。」孟子之言蓋取諸此。是時夏桀無道，暴虐其民，故欲使湯伐夏以救之。○徐氏曰：「伊尹樂堯、舜之道。堯、舜揖遜，而伊尹説湯以伐夏者，時之不同，義則一也。」吾未聞枉己而正人者也，況辱己以正天下者乎？聖人之行不同也，或遠或近，或去或不去，歸潔其身而已矣。行，去聲。○辱己甚於枉己，正天下難於正人。若伊尹以割烹要湯，辱己甚矣，何以正天下乎？遠，謂隱遁也。近，謂仕近君也。言聖人之行雖不必同，然其要歸，在潔其身而已。伊尹豈肯以割烹要湯哉？吾聞其以堯、舜之道要湯，未聞以割烹也。林氏曰：「以堯、舜之道要湯者，非實以是要之也，道在此而湯之聘自來耳。猶子貢言夫子之求之，異乎人之求之也。」愚謂此語亦猶前章所論父不得而子之意。伊訓曰：『天誅造攻自牧宮，朕載自亳。』」伊訓，商書篇名。孟子引以證伐夏救民之事也。今書牧宮作鳴條。造、載，皆始也。伊尹言始攻桀無道，由我始其事於亳也。

萬章問曰：「或謂孔子於衛主癰疽，於齊主侍人瘠環，有諸乎？」孟子曰：「否，不然也。好事者爲之也。癰，於容反。疽，七余反。好，去聲。○主，謂舍於其家，以之爲主人也。癰疽，瘍醫也。侍人，奄人也。瘠，姓；環，名。皆時君所近狎之人也。好事，謂喜造言生事之人也。於衛主顔讎由。彌子之妻與子路之妻，兄弟也。彌子謂子路曰：『孔子主我，衛卿可得也。』子路以告。孔子曰：『有命。』孔子進以禮，退以義，得之不得曰『有命』。而主癰疽與侍人瘠環，是無義無命也。讎，如字，又音犨。○顔讎由，衛之賢大夫也，史記作顔濁鄒。彌子，衛靈公幸臣彌子瑕也。徐氏曰：「禮主於辭遜，故進以禮；義主於制斷，故退以義。難進而易退者也。在我者，有禮義而已，得之不得，則有命存焉。」孔子不悦於魯、衛，遭宋桓司馬將要而殺之，微服而過宋。是時孔子當阨，主司城貞子，爲陳侯周臣。要，平聲。○不悦，不樂居其國也。桓司馬，宋大夫向魋也。司城貞子，亦宋大夫之賢者也。陳侯，名周。按史記：「孔子爲魯司寇，齊人饋女樂以間之，孔子遂行。適衛月餘，去衛適宋。司馬魋欲殺孔子，孔子去至陳，主於司城貞子。」孟子言孔子雖當阨難，然猶擇所主，況在齊、衛無事之時，豈有主癰疽、侍人之事乎？吾聞觀近臣，以其所爲主；觀遠臣，以其所主。若孔子主癰疽與侍人瘠環，何以爲孔子？」近臣，在朝之臣。遠臣，遠方來仕者。君子小人，各從其類，故觀其所爲主，與其所主者，而其人可知。

萬章問曰：「或曰：『百里奚自鬻於秦養牲者，五羊之皮，食牛，以要秦穆公。』信乎？」

孟子曰：「否，不然。好事者爲之也。食，音嗣。好，去聲，下同。○百里奚，虞之賢臣。人言其自賣於秦養牲者之家，得五羊之皮，而爲之食牛，因以干秦穆公也。百里奚，虞人也。晉人以垂棘之璧與屈産之乘，假道於虞以伐虢，宫之奇諫，百里奚不諫。屈，求勿反。乘，去聲。○虞、虢，皆國名。垂棘之璧，垂棘之地所出之璧也。屈産之乘，屈地所生之良馬也。乘，四匹也。晉欲伐虢，道經於虞，故以此物借道，其實欲并取虞。宫之奇，亦虞之賢臣。諫虞公令勿許，虞公不用，遂爲晉所滅。百里奚知其不可諫，故不諫而去，之秦。知虞公之不可諫而去，之秦，年已七十矣，曾不知以食牛干秦穆公之爲汙也，可謂智乎？不可諫而不諫，可謂不智乎？知虞公之將亡而先去之，不可謂不智也。時舉於秦，知穆公之可與有行也而相之，可謂不智乎？相秦而顯其君於天下，可傳於後世，不賢而能之乎？自鬻以成其君，鄉黨自好者不爲，而謂賢者爲之乎？」相，去聲。○自好，自愛其身之人也。孟子言百里奚之智如此，必知食牛以干主之爲汙。其賢又如此，必不肯自鬻以成其君也。然此事當孟子時，已無所據。孟子直以事理反覆推之，而知其必不然耳。○范氏曰：「古之聖賢未遇之時，鄙賤之事，不耻爲之。如百里奚爲人養牛，無足怪也。惟是人君不致敬盡禮，則不可得而見，豈有先自汙辱以要其君哉？莊周曰：『百里奚爵禄不入於心，故飯牛而牛肥，使穆公忘其賤而與之政。』亦可謂知百里奚矣。伊尹、百里奚之事，皆聖賢出處之大節，故孟子不得不辯。」○尹氏曰：「當時好事者之論，大率類此。蓋以其不正之心度聖賢也。」

校勘記

〔一〕又言　「又」，原作「史記」，據殘宋本、元甲本、元乙本、司禮監本、吳本改。

〔二〕困而未紓之貌　「紓」，司禮監本作「舒」。

〔三〕之相之相去聲相去之相如字　以上十二字，司禮監本作「之相之相並去聲」。

孟子集注卷第十

萬章章句下 凡九章。

孟子曰：「伯夷，目不視惡色，耳不聽惡聲。非其君不事，非其民不使。治則進，亂則退。橫政之所出，橫民之所止，不忍居也。思與鄉人處，如以朝衣朝冠坐於塗炭也。當紂之時，居北海之濱，以待天下之清也。故聞伯夷之風者，頑夫廉，懦夫有立志。治，去聲，下同。横，去聲。朝，音潮。○横，謂不循法度。頑者，無知覺。廉者，有分辨。懦，柔弱也。餘並見前篇。

伊尹曰：『何事非君？何使非民？』治亦進，亂亦進。曰：『天之生斯民也，使先知覺後知，使先覺覺後覺。予，天民之先覺者也，予將以此道覺此民也。』思天下之民匹夫匹婦有不與被堯、舜之澤者，若己推而内之溝中，其自任以天下之重也。與，音預。○何事非君，言所事即君。何使非民，言所使即民。無不可事之君，無不可使之民也。餘見前篇。柳下惠，不羞汙君，不辭小官。進不隱賢，必以其道。遺佚而不怨，阨窮而不憫。與鄉人處，由由然不忍去也。

『爾爲爾，我爲我，雖袒裼裸裎於我側，爾焉能浼我哉？』故聞柳下惠之風者，鄙夫寬，薄夫敦。鄙，狹陋也。敦，厚也。餘見前篇。孔子之去齊，接淅而行；去魯，曰：『遲遲吾行也，去父母國之道也。』可以速而速，可以久而久，可以處而處，可以仕而仕，孔子也。」淅，先歷反。○接，猶承也。淅，漬米水也。漬米將炊，而欲去之速，故以手承水取米而行，不及炊也。舉此一端，以見其久、速、仕、止，各當其可也。○或曰：「孔子去魯，不稅冕而行，豈得爲遲？」楊氏曰：「孔子欲去之意久矣，不欲苟去，故遲遲其行也。膰肉不至，則得以微罪行矣，故不稅冕而行，非速也。」孟子曰：「伯夷，聖之清者也；伊尹，聖之任者也；柳下惠，聖之和者也；孔子，聖之時者也。張子曰：「無所雜者清之極，無所異者和之極[一]。勉而清，非聖人之清；勉而和，非聖人之和。所謂聖者，不勉不思而至焉者也。」孔氏曰：「任者，以天下爲己責也。」愚謂孔子仕、止、久、速，各當其可，蓋兼三子之所以聖者而時出之，非如三子之可以一德名也。○或疑伊尹出處，合乎孔子，而不得爲聖之時，何也？程子曰：「終是任底意思在。」孔子之謂集大成。集大成也者，金聲而玉振之也。金聲也者，始條理也；玉振之也者，終條理也。始條理者，智之事也；終條理者，聖之事也。此言孔子集三聖之事，而爲一大聖之事，猶作樂者，集衆音之小成，而爲一大成也。成者，樂之一終，書所謂「簫韶九成」是也。金，鐘屬。聲，宣也，如聲罪致討之聲。玉，磬也。振，收也，如振河海而不洩之振。始，始之也。終，終之也。條理，猶言脈絡，指衆音而言也。智者，知之所及。聖者，德之所就也。蓋樂有八音：金、石、絲、竹、匏、土、革、木。若獨奏一音，則其一音自爲始終，而爲一小成。猶三子之所知偏於一，而其所就亦偏於一也。八音之中，金、石爲重，故特爲衆音之綱紀。又金始震而玉終詘然也，故並奏八音，則於其未作，而先擊鎛鐘以宣其聲；俟其既闋，而後擊特磬以收其韻。宣以始之，收以終之。二者之間，脈絡通貫，無所不備，則合衆小成而爲一大成，猶孔子之知無不盡而德無不全也。「金聲玉振，始終條理」，疑古樂經之言。故兒寬云：「惟天子建中和之極，兼總條貫，金聲而玉振之。」亦此意也。智，譬則巧也；聖，譬則力也。由射於百步之外也，其至，爾力也；其中，非爾力也。」中，去聲。○此復以射之巧、力，發明智、聖二字之義。見孔子巧、力俱全，而聖、智兼備。三子則力有餘而巧不足，是以一節雖至於聖，而知不足以及乎時中也。○此章言三子之行，各極其一偏；孔子之道，兼全於衆理。所以偏者，由其蔽於始，是以缺於終；所以全者，由其知之至，是以行之盡。三子猶春夏秋冬之各一其時，孔子則太和元氣之流行於四時也。

北宫錡問曰：「周室班爵禄也，如之何？」錡，魚綺反。○北宫，姓；錡，名；衛人。班，列也。孟子曰：「其詳不可得聞也。諸侯惡其害己也，而皆去其籍。然而軻也，嘗聞其略也。惡，去聲。去，上聲。○當時諸侯兼并僭竊，故惡周制妨害己之所爲也。天子一位，公一位，侯一位，伯一位，子、男同一位，凡五等也。君一位，卿一位，大夫一位，上士一位，中士一位，下士一位，凡六等。此班爵之制也。五等通於天下，六等施於國中。天子之制，地方千里，公、侯皆方百里，伯七十里，子、男五十里，凡四等。不能五十里，不達於天子，附於諸侯，曰附庸。此以下，班禄之制也。不能，猶不足也。小國之地不足五十里者，不能自達於天子，因大國以姓名通，謂之附庸，若春秋邾儀父之類是也。天子之卿受地視侯，大夫受地視伯，元士受地視子、男。視，比也。○徐氏曰：「王畿之内，亦制都鄙受地也。」元士，上士也。大國地方百里，君十卿禄，卿禄四大夫，大夫倍上士，上士倍中士，中士倍下士，下士與庶人在官者同禄，禄足以代其耕也。十，十倍之也。四，四倍之也。倍，加一倍也。○徐氏曰：「大國君田三萬二千畝，其入可食二千八百八十人。卿田三千二百畝，可食二百八十八人。大夫田八百畝，可食七十二人。上士田四百畝，可食三十六人。中士田二百畝，可食十八人。下士與庶人在官者田百畝，可食九人至五人。庶人在官，府史胥徒也。」愚按：君以下所食之禄，皆助法之公田，藉農夫之力以耕而收其租。士之無田與庶人在官者，則但受禄於官，如田之入而已。次國地方七十里，君十卿禄，卿禄三大夫，大夫倍上士，上士倍中士，中士倍下士，下士與庶人在官者同禄，禄足以代其耕也。三，謂三倍之也。○徐氏曰：「次國君田二萬四千畝，可食二千一百六十人。卿田二千四百畝，可食二百十六人。」小國地方五十里，君十卿禄，卿禄二大夫，大夫倍上士，上士倍中士，中士倍下士，下士與庶人在官者同禄，禄足以代其耕也。二，即倍也。○徐氏曰：「小國君田一萬六千畝，可食千四百四十人。卿田一千六百畝，可食百四十四人。」耕者之所獲，一夫百畝。百畝之糞，上農夫食九人，上次食八人，中食七人，中次食六人，下食五人。庶人在官者，其禄以是爲差。」食，音嗣。○獲，得也。一夫一婦，佃田百畝。

加之以糞，糞多而力勤者爲上農，其所收可供九人。其次用力不齊，故有此五等。庶人在官者，其受祿不同，亦有此五等也。○愚按：此章之説與周禮、王制不同，蓋不可考，闕之可也。○程子曰：「孟子之時，去先王未遠，載籍未經秦火，然而班爵祿之制已不聞其詳。今之禮書，皆掇拾於煨燼之餘，而多出於漢儒一時之傅會，奈何欲盡信而句爲之解乎？然則其事固不可一二追復矣[二]。」

萬章問曰：「敢問友。」孟子曰：「不挾長，不挾貴，不挾兄弟而友。友也者，友其德也，不可以有挾也。挾者，兼有而恃之之稱。孟獻子，百乘之家也，有友五人焉：樂正裘、牧仲，其三人，則予忘之矣。獻子之與此五人者友也，無獻子之家者也。此五人者，亦有獻子之家，則不與之友矣。乘，去聲，下同。○孟獻子，魯之賢大夫仲孫蔑也。○張子曰：「獻子忘其勢，五人者忘人之勢。不資其勢而利其有，然後能忘人之勢。若五人者有獻子之家，則反爲獻子之所賤矣。」非惟百乘之家爲然也，雖小國之君亦有之。費惠公曰：『吾於子思，則師之矣；吾於顏般，則友之矣；王順、長息則事我者也。』費，音祕。般，音班。○惠公，費邑之君也。師，所尊也。友，所敬也。事我者，所使也。非惟小國之君爲然也，雖大國之君亦有之。晉平公之於亥唐也，入云則入，坐云則坐，食云則食。雖疏食菜羹，未嘗不飽，蓋不敢不飽也。然終於此而已矣。弗與共天位也，弗與治天職也，弗與食天祿也，士之尊賢者也，非王公之尊賢也。」疏食之食，音嗣。平公、王公下，諸本多無「之」字，疑闕文也。○亥唐，晉賢人也。平公造之，唐言入，公乃入；言坐，乃坐；言食，乃食也。疏食，糲飯也。不敢不飽，敬賢者之命也。○范氏曰：「位曰天位，職曰天職，禄曰天禄，言天所以待賢人，使治天民，非人君所得專者也。」舜尚見帝，帝館甥于貳室，亦饗舜，迭爲賓主，是天子而友匹夫也。尚，上也。舜上而見於帝堯也。館，舍也。禮，妻父曰外舅。謂我舅者，吾謂之甥。堯以女妻舜，故謂之甥。貳室，副宮也。堯舍舜於副宮，而就饗其食。用下敬上，謂之貴貴；用上敬下，謂之尊賢。貴貴、尊賢，其義一也。」貴貴、尊賢，皆事之宜者。然當時但知貴貴，而不知尊賢，故孟子曰「其義一也」。○此言朋友人倫之一，所以輔仁，故以天子友匹夫而不爲詘，以匹夫友天子而不爲僭。此堯、舜所以爲人倫之至，而孟子言必稱之也。

萬章問曰：「敢問交際何心也？」孟子曰：「恭也。」際，接也。交際，謂人以禮儀幣帛相交接也。曰：「卻之卻之爲不恭，何哉？」曰：「尊者賜之，曰『其所取之者，義乎？不義乎？』而後受之，以是爲不恭，故弗卻也。」卻，不受而還之也。再言之，未詳。萬章疑交際之間有所卻者，人便以爲不恭，何哉？孟子言尊者之賜，而心竊計其所以得此物者，未知合義與否，必其合義，然後可受，不然則卻之矣，所以卻之爲不恭也。曰：「請無以辭卻之，以心卻之，曰『其取諸民之不義也』，而以他辭無受，不可乎？」曰：「其交也以道，其接也以禮，斯孔子受之矣。」萬章以爲彼既得之不義，則其餽不可受。但無以言語問而卻之〔二〕，直以心度其不義，而託於他辭以卻之，如此可否耶？交以道，如餽贐、聞戒、周其飢餓之類。接以禮，謂辭命恭敬之節。孔子受之，如受陽貨烝豚之類也。萬章曰：「今有禦人於國門之外者，其交也以道，其餽也以禮，斯可受禦與？」曰：「不可。康誥曰：『殺越人于貨，閔不畏死，凡民罔不譈。』是不待教而誅者也。殷受夏，周受殷，所不辭也。於今爲烈，如之何其受之？」與，平聲。譈，書作憝，徒對反。○禦，止也。止人而殺之，且奪其貨也。國門之外，無人之處也。萬章以爲苟不問其物之所從來，而但觀其交接之禮，則設有禦人者，用其禦得之貨以禮餽我，則可受之乎？康誥，周書篇名。越，顛越也。今書閔作愍，無凡民二字。譈，怨也。言殺人而顛越之，因取其貨，閔然不知畏死，凡民無不怨之。孟子言此乃不待教戒而當即誅者也。如何而可受之乎？「商受」至「爲烈」十四字，語意不倫。李氏以爲此必有斷簡或闕文者，近之。而愚意其直爲衍字耳。然不可考，姑闕之可也。曰：「今之諸侯取之於民也，猶禦也。苟善其禮際矣，斯君子受之，敢問何説也？」曰：「子以爲有王者作，將比今之諸侯而誅之乎？其教之不改而後誅之乎？夫謂非其有而取之者盜也，充類至義之盡也。孔子之仕於魯也，魯人獵較，孔子亦獵較。獵較猶可，而況受其賜乎？」比，去聲。夫，音扶。較，音角。○比，連也。言今諸侯之取於民，固多不義，然有王者起，必不連合而盡誅之。必教之不改而後誅之，則其與禦人之盜，不待教而誅者不同矣。夫禦人於國門之外，與非其有而取之，二者固皆不義之類，然必禦人，乃爲真盜。其謂非有而取爲盜者，乃推其類，至於義之至精至密之處而極言之耳，非便以爲真盜也。然則今之諸侯，雖曰取非其有，而豈可遽以同於禦人之盜也哉？又引孔子之事，以明世俗所尚，猶或可從，況受其賜，何爲不可乎？獵較，未詳。趙氏以爲田獵相較，奪禽獸以祭。孔子不違，所以小同於俗也。張氏以爲獵而較所獲之多少也。二説未知孰是。曰：「然則孔子之仕也，非事道與？」曰：「事道也。」「事道奚獵較也？」曰：「孔子先簿正祭器，不以四方之食供簿正。」曰：「奚不去也？」曰：「爲之兆也。兆足以行矣，而不行，而後去，是以未嘗有所終三年淹也。與，平聲。○此因孔子事而反覆辯論也。事道者，以行道爲事也。事道奚獵較也，萬章問也。先簿正祭器，未詳。徐氏曰：「先以簿書正其祭器，使有定數，不以四方難繼之物實之〔四〕。夫器有常數、實有常品，則其本正矣，彼獵較者，將久而自廢矣。」未知是否也。兆，猶卜之兆，蓋事之端也。孔子所以不去者，亦欲小試行道之端，以示於人，使知吾道之果可行也。若其端既可行，而人不能遂行之，然後不得已而必去之。蓋其去雖不輕，而亦未嘗不決，是以未嘗終三年留於一國也。孔子有見行可之仕，有際可之仕，有公養之仕。於季桓子，見行可之仕也；於衛靈公，際可之仕也；於衛孝公，公養之仕也。」見行可，見其道之可行也。際可，接遇以禮也。公養，國君養賢之禮也。季桓子，魯卿季孫斯也。衛靈公，衛侯元也。孝公，春秋、史記皆無之，疑出公輒也。因孔子仕魯，而言其仕有此三者。故於魯，則兆足以行矣，而不行，然後去。而於衛之事，則又受其交際問餽而不卻之一驗也。○尹氏曰：「不聞孟子之義，則自好者爲於陵仲子而已。聖賢辭受進退，惟義所在。」愚按：此章文義多不可曉，不必强爲之説。

孟子曰：「仕非爲貧也，而有時乎爲貧；娶妻非爲養也，而有時乎爲養。爲、養，並去聲，下同。○仕本爲行道，而亦有家貧親老，或道與時違，而但爲禄仕者。如娶妻本爲繼嗣，而亦有爲不能親操井臼，而欲資其饋養者。爲貧者，辭尊居卑，辭富居貧。貧富，謂禄之厚薄。蓋仕不爲道，已非出處之正，故其所處但當如此。辭尊居卑，辭富居貧，惡乎宜乎？抱關擊柝。惡，平聲。柝，音托。○柝，行夜所擊木也。蓋爲貧者雖不主於行道，而亦不可以苟禄。故惟抱關擊柝之吏，位卑禄薄，其職易稱，爲所宜居也。○李氏曰：「道不行矣，爲貧而仕者，此其律令也。若不能然，則是貪位慕禄而已矣。」孔子嘗爲委吏矣，曰『會計當而已矣』。嘗爲乘田矣，曰『牛羊茁壯，長而已矣』。委，烏僞反。會，工外反。當，丁浪反。乘，去聲。茁，阻刮反。長，上聲。○此孔子之爲貧而仕者也。委吏，主委積之吏也。乘田，主苑囿芻牧之吏也。茁，肥貌。言以孔子大聖，而嘗爲賤官，不以爲辱者，所謂爲貧而仕，官卑禄薄，而職易稱也。位卑而言高，罪也；立乎人之本朝，而道不行，耻也。」朝，音潮。○以出位爲罪，則無行道之責；以廢道爲耻，則非竊禄之官，此爲貧者之所以必辭尊富而寧處貧賤也。○尹氏曰：「言爲貧者不可以居尊，居尊者必欲以行道。」

萬章曰：「士之不託諸侯，何也？」孟子曰：「不敢也。諸侯失國，而後託於諸侯，禮也；士之託於諸侯，非禮也。」託，寄也，謂不仕而食其禄也。古者諸侯出奔他國，食其廩餼，謂之寄公。士無爵土，不得比諸侯。不仕而食禄，則非禮也。萬章曰：「君饋之粟，則受之乎？」曰：「受之。」「受之何義也？」曰：「君之於氓也，固周之。」周，救也。視其空乏，則周卹之，無常數，君待民之禮也。曰：「周之則受，賜之則不受，何也？」曰：「不敢也。」曰：「敢問其不敢何也？」

曰：「抱關擊柝者，皆有常職以食於上。無常職而賜於上者，以爲不恭也。」賜，謂予之禄，有常數，君所以待臣之禮也。曰：「君餽之則受之，不識可常繼乎？」曰：「繆公之於子思也，亟問，亟餽鼎肉。子思不悦。於卒也，摽使者出諸大門之外，北面稽首再拜而不受。曰：『今而後知君之犬馬畜伋。』蓋自是臺無餽也。悦賢不能舉，又不能養也，可謂悦賢乎？」亟，去聲，下同。摽，音杓。使，去聲。○亟，數也。鼎肉，熟肉也。卒，末也。摽，麾也。數以君命來餽，當拜受之，非養賢之禮，故不悦。而於其末後復來餽時，麾使者出，拜而辭之。犬馬畜伋，言不以人禮待己也。臺，賤官，主使令者。蓋繆公愧悟，自此不復令臺來致餽也。舉，用也。能養者未必能用也，况又不能養乎？曰：「敢問國君欲養君子，如何斯可謂養矣？」曰：「以君命將之，再拜稽首而受。其後廩人繼粟，庖人繼肉，不以君命將之。子思以爲鼎肉使己僕僕爾亟拜也，非養君子之道也。初以君命來餽，則當拜受。其後有司各以其職繼續所無，不以君命來餽，不使賢者有亟拜之勞也。僕僕，煩猥貌。堯之於舜也，使其子九男事之，二女女焉，百官牛羊倉廩備，以養舜於畎畝之中，後舉而加諸上位，故曰：王公之尊賢者也。」女，下字去聲〔五〕。○能養能舉，悦賢之至也。惟堯、舜爲能盡之，而後世之所當法也。

萬章曰：「敢問不見諸侯，何義也？」孟子曰：「在國曰市井之臣，在野曰草莽之臣，皆謂庶人。庶人不傳質爲臣，不敢見於諸侯，禮也。」質，與贄同。○傳，通也。質者，士執雉，庶人執贄，相見以自通者也。國内莫非君臣，但未仕者與執贄在位之臣不同，故不敢見也。萬章曰：「庶人，召之役，則往役；君欲見之，召之，則不往見之，何也？」曰：「往役，義也；往見，不義也。往役者，庶人之職；不往見者，士之禮。且君之欲見之也，何爲也哉？」曰：「爲其多聞也，爲其賢也。」曰：「爲其多聞也，則天子不召師，而況諸侯乎？爲其賢也，則吾未聞欲見賢而召之也。爲，並去聲。繆公亟見於子思，曰：『古千乘之國以友士，何如？』子思不悦，曰：『古之人有言：曰事之云乎，豈曰友之云乎？』子思之不悦也，豈不曰：『以位，則子君也，我臣也，何敢與君友也？以德，則子事我者也，奚可以與我友？』千乘之君，求與之友而不可得也，而況可召與？亟、乘，皆去聲。召與之與，平聲。○孟子引子思之言而釋之，以明不可召之意。齊景公田，招虞人以旌，不至，將殺之。志士不忘在溝壑，勇士不忘喪其元。孔子奚取焉？取非其招不往也。」喪，息浪反。○説見前篇。曰：「敢問招虞人何以？」曰：「以皮冠。庶人以旃，士以旂，大夫以旌。皮冠，田獵之冠也。事見春秋傳。然則皮冠者，虞人之所有事也，故以是招之。庶人，未仕之臣。通帛曰旃。士，謂已仕者。交龍爲旂。析羽而注於旂干之首曰旌。以大夫之招招虞人，虞人死不敢往。以士之招招庶人，庶人豈敢往哉？況乎以不賢人之招招賢人乎？欲見而召之〔六〕，是不賢人之招也。以士之招招庶人，則不敢往。以不賢人之招招賢人，則不可往矣。欲見賢人而不以其道，猶欲其入而閉之門也。夫義，路也；禮，門也。惟君子能由是路，出入是門也。詩云：『周道如底，其直如矢。君子所履，小人所視。』」夫，音扶。底，詩作砥，之履反。○詩，小雅大東之篇。底與砥同，礪石也，言其平也。矢，言其直也。視，視以爲法也。引此以證上文能由是路之義。萬章曰：「孔子，君命召，不俟駕而行。然則孔子非與？」曰：「孔子當仕有官職，而以其官召之也。」與，平聲。○孔子方仕而任職，君以其官名召之，故不俟駕而行。○徐氏曰：「孔子、孟子，易地則皆然。」○此章言不見諸侯之義，最爲詳悉，更合陳代、公孫丑所問者而觀之，其説乃盡。

孟子謂萬章曰：「一鄉之善士，斯友一鄉之善士；一國之善士，斯友一國之善士；天下之善士，斯友天下之善士。言己之善蓋於一鄉，然後能盡友一鄉之善士。推而至於一國、天下皆然，隨其高下以爲廣狹也。以友天下之善士爲未足，又尚論古之人。頌其詩，讀其書，不知其人，可乎？是以論其世也，是尚友也。」尚，上同。言進而上也。頌、誦通。論其世，論其當世行事之迹也。言既觀其言，則不可以不知其爲人之實，是以又考其行也。夫能友天下之善士，其所友衆矣。猶以爲未足，又進而取於古人，是能進其取友之道，而非止爲一世之士矣。

齊宣王問卿。孟子曰：「王何卿之問也？」王曰：「卿不同乎？」曰：「不同。有貴戚之卿，有異姓之卿。」王曰：「請問貴戚之卿。」曰：「君有大過則諫，反覆之而不聽，則易位。」大過，謂足以亡其國者。易位，易君之位，更立親戚之賢者。蓋與君有親親之恩，無可去之義。以宗廟爲重，不忍坐視其亡，故不得已而至於此也。王勃然變乎色。勃然，變色貌。曰：「王勿異也。王問臣，臣不敢不以正對。」孟子言也。王色定，然後請問異姓之卿。曰：「君有過則諫，反覆之而不聽，則去。」君臣義合，不合則去。○此章言大臣之義，親疏不同，守經行權，各有其分。貴戚之卿，小過非不諫也，但必大過而不聽，乃可易位。異姓之卿，大過非不諫也，雖小過而不聽，已可去矣。然三仁貴戚，不能行之於紂；而霍光異姓，乃能行之於昌邑。此又委任權力之不同，不可以執一論也。

校勘記

〔一〕無所異者和之極　「者」下，原衍「者」字，據殘宋本、元甲本、元乙本、司禮監本、吳本刪。

〔二〕然則其事固不可一二追復矣　「二」，司禮監本、吳本均作「一」。

〔三〕但無以言語問而卻之　「語問」，司禮監本作「辭間」，吳本作「語間」。

〔四〕不以四方難繼之物實之　「不」上，司禮監本有「而」字。

〔五〕女下字去聲　「女下」二字，司禮監本乙倒。

〔六〕欲見而召之　「欲」上，元甲本有「君」字。

孟子集注卷第十一

告子章句上 凡二十章。

告子曰："性，猶杞柳也；義，猶桮棬也。以人性爲仁義，猶以杞柳爲桮棬。"桮，音杯。棬，丘圓反。○性者，人生所禀之天理也。杞柳，柜柳。桮棬，屈木所爲，若卮匜之屬。告子言人性本無仁義，必待矯揉而後成，如荀子性惡之説也。孟子曰："子能順杞柳之性而以爲桮棬乎？將戕賊杞柳而後以爲桮棬也？如將戕賊杞柳而以爲桮棬，則亦將戕賊人以爲仁義與？率天下之人而禍仁義者，必子之言夫！"戕，音墻。與，平聲。夫，音扶。○言如此，則天下之人皆以仁義爲害性而不肯爲，是因子之言而爲仁義之禍也。

告子曰："性猶湍水也，決諸東方則東流，決諸西方則西流。人性之無分於善不善也，猶水之無分於東西也。"湍，他端反。○湍，波流瀠回之貌也。告子因前説而小變之，近於揚子善惡混之説。孟子曰："水信無分於東西，無分於上下乎？人性之善也，猶水之就下也。人無有不善，水無有不下。言水誠不分東西矣，然豈不分上下乎？性即天理，未有不善者也。今夫水，搏而躍之，可使過顙；激而行之，可使在山。是豈水之性哉？其勢則然也。人之可使爲不善，其性亦猶是也。」夫，音扶。搏，補各反。○搏，擊也。躍，跳也。顙，額也。水之過額、在山，皆不就下也。然其本性未嘗不就下，但爲搏激所使而逆其性耳。○此章言性本善，故順之而無不善；本無惡，故反之而後爲惡。非本無定體，而可以無所不爲也。

告子曰：「生之謂性。」生，指人物之所以知覺運動者而言。告子論性，前後四章，語雖不同，然其大指不外乎此，與近世佛氏所謂作用是性者略相似。孟子曰：「生之謂性也，猶白之謂白與？」曰：「然。」「白羽之白也，猶白雪之白；白雪之白，猶白玉之白與？」曰：「然。」與，平聲，下同。○白之謂白，猶言凡物之白者同謂之白，更無差別也。白羽以下，孟子再問，而告子曰然，則是謂凡有生者同是一性矣。「然則犬之性猶牛之性，牛之性猶人之性與？」孟子又言，若果如此，則犬牛與人皆有知覺，皆能運動，其性皆無以異矣。於是告子自知其說之非而不能對也。○愚按：性者，人之所得於天之理也；生者，人之所得於天之氣也。性，形而上者也；氣，形而下者也。人物之生，莫不有是性，亦莫不有是氣。然以氣言之，則知覺運動，人與物若不異也；以理言之，則仁義禮智之稟，豈物之所得而全哉？此人之性所以無不善，而爲萬物之靈也。告子不知性之爲理，而以所謂氣者當之，是以杞柳、湍水之喻，食色無善無不善之説，縱横繆戾，紛紜舛錯，而此章之誤乃其本根。所以然者，蓋徒知知覺運動之蠢然者，人與物同；而不知仁義禮智之粹然者，人與物異也。孟子以是折之，其義精矣。

告子曰：「食色，性也。仁，内也，非外也；義，外也，非内也。」告子以人之知覺運動者爲性，故言人之甘食悦色者即其性。故仁愛之心生於内，而事物之宜由乎外。學者但當用力於仁，而不必求合於義也。孟子曰：「何以謂仁内義外也？」曰：「彼長而我長之，非有長於我也；猶彼白而我白之，從其白於外也，故謂之外也。」長，上聲，下同。○我長之，我以彼爲長也。我白之，我以彼爲白也。曰：「異於白馬之白也，無以異於白人之白也。不識長馬之長也，無以異於長人之長與？且謂長者義乎？長之者義乎？」與，平聲，下同。○張氏曰：「上異於二字宜衍[一]。」李氏曰：「或有闕文焉。」愚按：白馬、白人，所謂彼白而我白之也。長馬、長人，所謂彼長而我長之也。白馬、白人不異，而長馬、長人不同，是乃所謂義也。義不在彼之長，而在我長之之心，則義之非外明矣。曰：「吾弟則愛之，秦人之弟則不愛也，是以我爲悦者也，故謂之内。長楚人之長，亦長吾之長，是以長爲悦者也，故謂之外也。」言愛主於我，故仁在内；敬主於長，故義在外。曰：「耆秦人之炙，無以異於耆吾炙。夫物則亦有然者也，然則耆炙亦有外與？」耆與嗜同。夫，音扶。○言長之耆之，皆出於心也。○林氏曰：「告子以食色爲性，故因其所明者而通之。」○自篇首至此四章，告子之辯屢屈，而屢變其説以求勝，卒不聞其能自反而有所疑也。此正其所謂不得於言，勿求於心者，所以卒於鹵莽而不得其正也。

孟季子問公都子曰：「何以謂義内也？」孟季子，疑孟仲子之弟也。蓋聞孟子之言而未達，故私論之。曰：「行吾敬，故謂之内也。」所敬之人雖在外，然知其當敬，而行吾心之敬以敬之，則不在外也。「鄉人長於伯兄一歲，則誰敬？」曰：「敬兄。」「酌則誰先？」曰：「先酌鄉人。」「所敬在此，所長在彼，果在外，非由内也。」長，上聲。○伯，長也。酌，酌酒也。此皆季子問、公都子答。而季子又言，如此則敬長之心，果不由中出也。公都子不能答，以告孟子。孟子曰：「敬叔父乎？敬弟乎？彼將曰『敬叔父』。曰：『弟爲尸，則誰敬？』彼將曰『敬弟』。子曰：『惡在其敬叔父也？』彼將曰『在位故也』。子亦曰：『在位故也。庸敬在兄，斯須之敬在鄉人。』」惡，平聲。○尸，祭祀所主以象神，雖子弟爲之，然敬之當如祖考也。在位，弟在尸位，鄉人在賓客之位也。庸，常也。斯須，暫時也。言因時制宜，皆由中出也。季子聞之曰：「敬叔父則敬，敬弟則敬，果在外，非由内也。」公都子曰：「冬日則飲湯，夏日則飲水，然則飲食亦在外也？」此亦上章者炙之意。○范氏曰：「二章問答，大指略同，皆反覆譬喻以曉當世，使明仁義之在内，則知人之性善，而皆可以爲堯、舜矣。」

公都子曰：「告子曰：『性無善無不善也。』此亦生之謂性、食色性也之意，近世蘇氏、胡氏之説蓋如此。或曰：『性可以爲善，可以爲不善。是故文、武興，則民好善；幽、厲興，則民好暴。』好，去聲。○此即湍水之説也。或曰：『有性善，有性不善。是故以堯爲君而有象；以瞽瞍爲父而有舜；以紂爲兄之子且以爲君，而有微子啓、王子比干。』韓子性有三品之説蓋如此。按此文，則微子、比干皆紂之叔父，而書稱微子爲商王元子，疑此或有誤字。今曰『性善』，然則彼皆非與？」與，平聲。孟子曰：「乃若其情，則可以爲善矣，乃所謂善也。乃若，發語辭。情者，性之動也。人之情，本但可以爲善而不可以爲惡，則性之本善可知矣。若夫爲不善，非才之罪也。夫，音扶。○才，猶材質，人之能也。人有是性，則有是才，性既善則才亦善。人之爲不善，乃物欲陷溺而然，非其才之罪也。惻隱之心，人皆有之；羞惡之心，人皆有之；恭敬之心，人皆有之；是非之心，人皆有之。惻隱之心，仁也；羞惡之心，義也；恭敬之心，禮也；是非之心，智也。仁義禮智，非由外鑠我也，我固有之也，弗思耳矣。故曰：『求則得之，舍則失之。』或相倍蓰而無算者，不能盡其才者也。惡，去聲。舍，上聲。蓰，音師。○恭者，敬之發於外者也；敬者，恭之主於中者也。鑠，以火消金之名，自外以至內也。算，數也。言四者之心人所固有，但人自不思而求之耳。所以善惡相去之遠，由不思不求而不能擴充以盡其才也。前篇言是四者爲仁義禮智之端，而此不言端者，彼欲其擴而充之，此直因用以著其本體，故言有不同耳。詩曰：『天生蒸民，有物有則。民之秉夷，好是懿德。』孔子曰：『爲此詩者，其知道乎！故有物必有則，民之秉夷也，故好是懿德。』」好，去聲。○詩，大雅蒸民之篇。蒸，詩作烝，衆也。物，事也。則，法也。夷，詩作彝，常也。懿，美也。有物必有法，如有耳目則有聰明之德，有父子則有慈孝之心，是民所秉執之常性也，故人之情無不好此懿德者。以此觀之，則人性之善可見，而公都子所問之三說，皆不辨而自明矣。○程子曰：「性即理也，理則堯、舜至於塗人一也。才稟於氣，氣有清濁，稟其清者爲賢，稟其濁者爲愚。學而知之，則氣無清濁，皆可至於善而復性之本，湯、武身之是也。孔子所言下愚不移者，則自暴自棄之人也。」又曰：「論性不論氣，不備；論氣不論性，不明。二之則不是。」張子曰：「形而後有氣質之性，善反之則天地之性存焉。故氣質之性，君子有弗性者焉。」愚按：程子此説才字，與孟子本文小異。蓋孟子專以其發於性者言之〔二〕，故以爲才無不善；程子兼指其稟於氣者言之，則人之才固有昏明强弱之不同矣，張子所謂氣質之性是也。二説雖殊，各有所當，然以事理考之，程子爲密。蓋氣質所稟雖有不善，而不害性之本善；性雖本善，而不可以無省察矯揉之功。學者所當深玩也。

孟子曰：「富歲，子弟多賴；凶歲，子弟多暴。非天之降才爾殊也，其所以陷溺其心者然也。富歲，豐年也。賴，藉也。豐年衣食饒足，故有所顧藉而爲善；凶年衣食不足，故有以陷溺其心而爲暴。今夫麰麥，播種而耰之，其地同，樹之時又同，浡然而生，至於日至之時，皆熟矣。雖有不同，則地有肥磽，雨露之養，人事之不齊也。夫，音扶。麰，音牟。耰，音憂。磽，苦交反。○麰，大麥也。耰，覆種也。日至之時，謂當成熟之期也。磽，瘠薄也。故凡同類者，舉相似也，何獨至於人而疑之？聖人與我同類者。聖人亦人耳，其性之善，無不同也。故龍子曰：『不知足而爲屨，我知其不爲蕢也。』屨之相似，天下之足同也。蕢，音匱。○蕢，草器也。不知人足之大小而爲之屨，雖未必適中，然必似足形，不至成蕢也。口之於味，有同耆也。易牙，先得我口之所耆者也。如使口之於味也，其性與人殊，若犬馬之與我不同類也，則天下何耆皆從易牙之於味也？至於味，天下期於易牙，是天下之口相似也。耆與嗜同，下同。○易牙，古之知味者。言易牙所調之味，則天下皆以爲美也。惟耳亦然。至於聲，天下期於師曠，是天下之耳相似也。師曠，能審音者也。言師曠所和之音，則天下皆以爲美也。惟目亦然。至於子都，天下莫不知其姣也。不知子都之姣者，無目者也。姣，古卯反。○子都，古之美人也。姣，好也。故曰：口之於味也，有同耆焉；耳之於聲也，有同聽焉；目之於色也，有同美焉。至於心，獨無所同然乎？心之所同然者何也？謂理也，義也。聖人先得我心之所同然耳。故理義之悦我心，猶芻豢之悦我口。」然，猶可也。草食曰芻，牛羊是也。穀食曰豢，犬豕是也。○程子曰：「在物爲理，處物爲義，體用之謂也。孟子言人心無不悦理義者，但聖人則先知先覺乎此耳，非有以異於人也。」程子又曰：「理義之悦我心，猶芻豢之悦我口。」此語親切有味。須實體察得理義之悦心，真猶芻豢之悦口，始得。

孟子曰：「牛山之木嘗美矣，以其郊於大國也，斧斤伐之，可以爲美乎？是其日夜之所息，雨露之所潤，非無萌蘖之生焉，牛羊又從而牧之，是以若彼濯濯也。人見其濯濯也，以爲未嘗有材焉，此豈山之性也哉？蘖，五割反。○牛山，齊之東南山也。邑外謂之郊。言牛山之木，前此固嘗美矣，今爲大國之郊，伐之者衆，故失其美耳。息，生長也。日夜之所息，謂氣化流行未嘗間斷，故日夜之間，凡物皆有所生長也。萌，芽也。櫱，芽之旁出者也。濯濯，光潔之貌。材，材木也。言山木雖伐，猶有萌櫱，而牛羊又從而害之，是以至於光潔而無草木也。雖存乎人者，豈無仁義之心哉？其所以放其良心者，亦猶斧斤之於木也，旦旦而伐之，可以爲美乎？其日夜之所息，平旦之氣，其好惡與人相近也者幾希，則其旦晝之所爲，有梏亡之矣。梏之反覆，則其夜氣不足以存；夜氣不足以存，則其違禽獸不遠矣。人見其禽獸也，而以爲未嘗有才焉者，是豈人之情也哉？好、惡，並去聲。○良心者，本然之善心，即所謂仁義之心也。平旦之氣，謂未與物接之時清明之氣也。好惡與人相近，言得人心之所同然也。幾希，不多也。梏，械也。反覆，展轉也。言人之良心雖已放失，然其日夜之間，亦必有所生長。故平旦未與物接，其氣清明之際，良心必猶有發見者〔三〕。但其發見至微，而旦晝所爲之不善，又已隨而梏亡之，如山木既伐，猶有萌櫱，而牛羊又牧之也。晝之所爲，既有以害其夜之所息；夜之所息，又不能勝其晝之所爲，是以展轉相害。至於夜氣之生，日以寖薄，而不足以存其仁義之良心，則平旦之氣亦不能清，而所好惡遂與人遠矣。故苟得其養，無物不長；苟失其養，無物不消。長，上聲。○山木人心，其理一也。孔子曰：『操則存，舍則亡；出入無時，莫知其鄉。』惟心之謂與？」舍，音捨。與，平聲。○孔子言心，操之則在此，舍之則失去，其出入無定時，亦無定處如此。孟子引之，以明心之神明不測，得失之易，而保守之難，不可頃刻失其養。學者當無時而不用其力，使神清氣定，常如平旦之時，則此心常存，無適而非仁義也〔四〕。○程子曰：「心豈有出入？」亦以操舍而言耳。操之之道，敬以直内而已。○愚聞之師曰：「人，理義之心未嘗無，惟持守之即在爾。若於旦晝之間不至梏亡，則夜氣愈清。夜氣清，則平旦未與物接之時，湛然虚明氣象自可見矣。」孟子發此夜氣之説，於學者極有力，宜熟玩而深省之也。

孟子曰：「無或乎王之不智也。或，與惑同，疑怪也。王，疑指齊王。雖有天下易生之物也，一日暴之，十日寒之，未有能生者也。吾見亦罕矣，吾退而寒之者至矣，吾如有萌焉何哉？易，去聲。暴，步卜反。見，音現。○暴，温之也。我見王之時少，猶一日暴之也；我退則諂諛雜進之日多，是十日寒之也。雖有萌蘖之生，我亦安能如之何哉？今夫弈之爲數，小數也；不專心致志，則不得也。弈秋，通國之善弈者也。使弈秋誨二人弈，其一人專心致志，惟弈秋之爲聽。一人雖聽之，一心以爲有鴻鵠將至，思援弓繳而射之。雖與之俱學，弗若之矣。爲是其智弗若與？曰：非然也。」夫，音扶。繳，音灼。射，食亦反。爲是之爲，去聲。若與之與，平聲。○弈，圍棋也。數，技也。致，極也。弈秋，善弈者，名秋也。繳，以繩繫矢而射也。○程子爲講官，言於上曰：「人主一日之間，接賢士大夫之時多，親宦官宫妾之時少，則可以涵養氣質而薰陶德性。」時不能用，識者恨之〔五〕。○范氏曰：「人君之心，惟在所養。君子養之以善則智，小人養之以惡則愚。然賢人易疏，小人易親，是以寡不能勝衆，正不能勝邪。自古國家治日常少，而亂日常多，蓋以此也。」

孟子曰：「魚，我所欲也；熊掌，亦我所欲也。二者不可得兼，舍魚而取熊掌者也。

生，亦我所欲也；義，亦我所欲也。二者不可得兼，舍生而取義者也。舍，上聲。○魚與熊掌皆美味，而熊掌尤美也。生亦我所欲，所欲有甚於生者，故不爲苟得也。死亦我所惡，所惡有甚於死者，故患有所不辟也。惡、辟，皆去聲，下同。○釋所以舍生取義之意。得，得生也。欲生惡死者，雖衆人利害之常情，而欲惡有甚於生死者，乃秉彝義理之良心，是以欲生而不爲苟得，惡死而有所不避也。如使人之所欲莫甚於生，則凡可以得生者，何不用也？使人之所惡莫甚於死者，則凡可以辟患者，何不爲也？設使人無秉彝之良心，而但有利害之私情，則凡可以偷生免死者，皆將不顧禮義而爲之矣。由是則生而有不用也，由是則可以辟患而有不爲也。由其必有秉彝之良心，是以其能舍生取義如此。是故所欲有甚於生者，所惡有甚於死者，非獨賢者有是心也，人皆有之，賢者能勿喪耳。喪，去聲。○羞惡之心，人皆有之，但衆人汩於利欲而忘之，惟賢者能存之而不喪耳。一簞食，一豆羹，得之則生，弗得則死，嘑爾而與之，行道之人弗受；蹴爾而與之，乞人不屑也。食，音嗣。嘑，呼故反。蹴，子六反。○豆，木器也。嘑，咄啐之貌。行道之人，路中凡人也。蹴，踐踏也。乞人，丐乞之人也。不屑，不以爲潔也。言雖欲食之急而猶惡無禮，有寧死而不食者。是其羞惡之本心，欲惡有甚於生死者，人皆有之也。萬鍾則不辨禮義而受之。萬鍾於我何加焉？爲宮室之美、妻妾之奉、所識窮乏者得我與？爲，去聲。與，平聲。○萬鍾於我何加，言於我身無所增益也。所識窮乏者得我，謂所知識之窮乏者感我之惠也。上言人皆有羞惡之心，此言衆人所以喪之由此三者。蓋理義之心雖曰固有，而物欲之蔽，亦人所易昏也。鄉爲身死而不受，今爲宮室之美爲之；鄉爲身死而不受，今爲妻妾之奉爲之；鄉爲身死而不受，今爲所識窮乏者得我而爲之，是亦不可以已乎？此之謂失其本心。」鄉、爲，並去聲。爲之之爲，並如字。○言三者身外之物，其得失比生死爲甚輕。鄉爲身死猶不肯受嘑蹴之食，今乃爲此三者而受無禮義之萬鍾，是豈不可以止乎？本心，謂羞惡之心。○此章言羞惡之心，人所固有。或能決死生於危迫之際，而不免計豐約於宴安之時，是以君子不可頃刻而不省察於斯焉。

孟子曰：「仁，人心也；義，人路也。仁者，心之德，程子所謂心如穀種，仁則其生之性是也。然但謂之仁，則人不知其切於己，故反而名之曰人心，則可以見其爲此身酬酢萬變之主，而不可須臾失矣。義者，行事之宜，謂之人路，則可以見其爲出入往來必由之道，而不可須臾舍矣。舍其路而弗由，放其心而不知求，哀哉！舍，上聲。○「哀哉」二字，最宜詳味，令人惕然有深省處。人有雞犬放，則知求之；有放心，而不知求。程子曰：「心至重，雞犬至輕。雞犬放則知求之，心放則不知求，豈愛其至輕而忘其至重哉？弗思而已矣。」愚謂上兼言仁義，而此下專論求放心者，能求放心，則不違於仁而義在其中矣。學問之道無他，求其放心而已矣。」學問之事，固非一端，然其道則在於求其放心而已。蓋能如是，則志氣清明，義理昭著，而可以上達；不然，則昏昧放逸，雖曰從事於學，而終不能有所發明矣。故程子曰：「聖賢千言萬語，只是欲人將已放之心約之，使反復入身來，自能尋向上去，下學而上達也。」此乃孟子開示要切之言〔六〕，程子又發明之，曲盡其指，學者宜服膺而勿失也。

孟子曰：「今有無名之指，屈而不信，非疾痛害事也，如有能信之者，則不遠秦、楚之路，爲指之不若人也。信，與伸同。爲，去聲。○無名指，手之第四指也。指不若人，則知惡之；心不若人，則不知惡，此之謂不知類也。」惡，去聲。○不知類，言其不知輕重之等也。

孟子曰：「拱把之桐、梓，人苟欲生之，皆知所以養之者。至於身，而不知所以養之者，豈愛身不若桐梓哉？弗思甚也！」拱，兩手所圍也。把，一手所握也。桐、梓，二木名。

孟子曰：「人之於身也，兼所愛。兼所愛，則兼所養也。無尺寸之膚不愛焉，則無尺寸之膚不養也。所以考其善不善者，豈有他哉？於己取之而已矣。人於一身，固當兼養，然欲考其所養之善否者，惟在反之於身，以審其輕重而已矣。體有貴賤，有小大。無以小害大，無以賤害貴。養其小者爲小人，養其大者爲大人。賤而小者，口腹也。貴而大者，心志也。今有場師，舍其梧檟，養其樲棘，則爲賤場師焉。舍，上聲。檟，音賈。樲，音貳。○場師，治場圃者。梧，桐也。檟，梓也。皆美材也。樲棘，小棗，非美材也。養其一指而失其肩背，而不知也，則爲狼疾人也。狼善顧，疾則不能，故以爲失肩背之喻。飲食之人，則人賤之矣，爲其養小以失大也。爲，去聲。○飲食之人，專養口腹者也。飲食之人無有失也，則口腹豈適爲尺寸之膚哉？」此言若使專養口腹，而能不失其大體，則口腹之養，軀命所關，不但爲尺寸之膚而已。但養小之人，無不失其大者，故口腹雖所當養，而終不可以小害大、賤害貴也。

公都子問曰：「鈞是人也，或爲大人，或爲小人，何也？」孟子曰：「從其大體爲大人，從其小體爲小人。」鈞，同也。從，隨也。大體，心也。小體，耳目之類也。曰：「鈞是人也，或從其大體，或從其小體，何也？」曰：「耳目之官不思，而蔽於物，物交物，則引之而已矣。心之官則思，思則得之，不思則不得也。此天之所與我者，先立乎其大者，則其小者弗能奪也〔七〕。此爲大人而已矣。」官之爲言司也。耳司聽，目司視，各有所職而不能思，是以蔽於外物。既不能思而蔽於外物，則亦一物而已。又以外物交於此物，其引之而去不難矣。心則能思，而以思爲職。凡事物之來，心得其職，則得其理，而物不能蔽；失其職，則不得其理，而物來蔽之。此三者，皆天之所以與我者，而心爲大。若能有以立之，則事無不思，而耳目之欲不能奪之矣。此所以爲大人也。然此天之此，舊本多作比，而趙注亦以比方釋之。今本既多作此，而注亦作此，乃未詳孰是。但作比字，於義爲短，故且從今本云。○范浚心箴曰：「茫茫堪輿，俯仰無垠。人於其間，眇然有身。是身之微，太倉稊米。參爲三才，曰惟心耳。往古來今，孰無此心？心爲形役，乃獸乃禽。惟口耳目，手足動靜，投間抵隙，爲厥心病。一心之微，衆欲攻之。其所存者〔八〕，嗚呼幾希！君子存誠，克念克敬。天君泰然，百體從令。」

孟子曰：「有天爵者，有人爵者。仁義忠信，樂善不倦，此天爵也。公卿大夫，此人爵也。樂，音洛。○天爵者，德義可尊，自然之貴也。古之人脩其天爵，而人爵從之。脩其天爵，以爲吾分之所當然者耳。人爵從之，蓋不待求之而自至也。今之人脩其天爵，以要人爵；既得人爵，而棄其天爵，則惑之甚者也，終亦必亡而已矣。」要，音邀。○要，求也。脩天爵以要人爵，其心固已惑矣；得人爵而棄天爵，則其惑又甚焉，終必并其所得之人爵而亡之也。

孟子曰：「欲貴者，人之同心也。人人有貴於己者，弗思耳。貴於己者，謂天爵也。人之所貴者，非良貴也。趙孟之所貴，趙孟能賤之。人之所貴，謂人以爵位加己而後貴也。良者，本然之善也。趙孟，晉卿也。能以爵禄與人而使之貴，則亦能奪之而使之賤矣。若良貴，則人安得而賤之哉？詩云：『既醉以酒，既飽以德。』言飽乎仁義也，所以不願人之膏粱之味也；令聞廣譽施於身，所以不願人之文繡也。」聞，去聲。○詩，大雅既醉之篇。飽，充足也。願，欲也。膏，肥肉。粱，美穀。令，善也。聞，亦譽也。文繡，衣之美者也。仁義充足而聞譽彰著，皆所謂良貴也。○尹氏曰：「言在我者重，則外物輕。」

孟子曰：「仁之勝不仁也，猶水勝火。今之爲仁者，猶以一杯水救一車薪之火也；不熄，則謂之水不勝火，此又與於不仁之甚者也。與，猶助也。仁之能勝不仁，必然之理也。但爲之不力，則無以勝不仁，而人遂以爲真不能勝，是我之所爲，有以深助於不仁者也。亦終必亡而已矣。」言此人之心，亦且自怠於爲仁，終必并與其所爲而亡之〔九〕。○趙氏曰：「言爲仁不至，而不反諸己也。」

孟子曰：「五穀者，種之美者也，苟爲不熟，不如荑稗。夫仁，亦在乎熟之而已矣。」荑，音蹄。稗，蒲賣反。夫，音扶。○荑稗，草之似穀者，其實亦可食，然不能如五穀之美也。但五穀不熟，則反不如荑稗之熟；猶爲仁而不熟，則反不如爲他道之有成。是以爲仁必貴乎熟，而不可徒恃其種之美，又不可以仁之難熟，而甘爲他道之有成也。○尹氏曰：「日新而不已，則熟。」

孟子曰：「羿之教人射，必志於彀；學者亦必志於彀。彀，古候反。○羿，善射者也。志，猶期也。彀，弓滿也。滿而後發，射之法也。學，謂學射。大匠誨人，必以規矩；學者亦必以規矩。」大臣，工師也。規矩，匠之法也。○此章言事必有法，然後可成。師舍是則無以教，弟子舍是則無以學。曲藝且然，況聖人之道乎？

校勘記

〔一〕上異於二字宜衍　「宜」，元甲本、元乙本、司禮監本、吳本均作「疑」。

〔二〕蓋孟子專以其發於性者言之　「以」，元甲本、司禮監本、吳本均作「指」。

〔三〕良心必猶有發見者　「必猶」，元乙本、司禮監本、吳本均乙倒。

〔四〕無適而非仁義也　「也」，司禮監本作「矣」。

〔五〕識者恨之　以上四字原脱，據司禮監本、仿元本、吳本補。

〔六〕此乃孟子開示要切之言　「要切」，司禮監本、吳本均乙倒。

〔七〕則其小者弗能奪也　「弗」，司禮監本作「不」。

〔八〕其所存者　「所」，殘宋本、元甲本、元乙本、司禮監本、吳本均作「與」。

〔九〕終必并與其所爲而亡之　「所爲」，原作「小仁」，據司禮監本、仿元本、吳本改。

孟子集注卷第十二

告子章句下 凡十六章。

任人有問屋廬子曰：「禮與食孰重？」曰：「禮重。」任，平聲。○任，國名。屋廬子，名連，孟子弟子也。「色與禮孰重？」任人復問也。曰：「禮重。」曰：「以禮食，則飢而死；不以禮食，則得食，必以禮乎？親迎，則不得妻；不親迎，則得妻，必親迎乎？」迎，去聲。屋廬子不能對，明日之鄒，以告孟子。孟子曰：「於答是也，何有？於，如字。○何有，不難也。不揣其本而齊其末，方寸之木可使高於岑樓。揣，初委反。○本，謂下。末，謂上。方寸之木，至卑，喻食色。岑樓，樓之高鋭似山者，至高，喻禮。若不取其下之平，而升寸木於岑樓之上，則寸木反高，岑樓反卑矣。金重於羽者，豈謂一鉤金與一輿羽之謂哉？鉤，帶鉤也。金本重，而帶鉤小，故輕，喻禮有輕於食色者。羽本輕，而一輿多，故重，喻食色有重於禮者。取食之重者，與禮之輕者而比之，奚翅食重？取色之重者，與禮之輕者而比之，奚翅色重？翅，與啻同，古字通用，施智反。○禮食、親迎，禮之輕者也。飢而死以滅其性，不得妻而廢人倫，食色之重者也。奚翅，猶言何但。言其相去懸絶，不但有輕重之差而已。往應之曰：『紾兄之臂而奪之食，則得食；不紾，則不得食，則將紾之乎？踰東家牆而摟其處子，則得妻；不摟，則不得妻，則將摟之乎？』」紾，音軫。摟，音婁。○紾，戾也。摟，牽也。處子，處女也。此二者，禮與食色皆其重者，而以之相較，則禮爲尤重也。○此章言義理事物，其輕重固有大分，然於其中又各自有輕重之別。聖賢於此，錯綜斟酌，毫髮不差，固不肯枉尺而直尋，亦未嘗膠柱而調瑟，所以斷之，一視於理之當然而已矣。

曹交問曰：「人皆可以爲堯、舜，有諸？」孟子曰：「然。」趙氏曰：「曹交，曹君之弟也。」人皆可以爲堯、舜，疑古語，或孟子所嘗言也。「交聞文王十尺，湯九尺，今交九尺四寸以長，食粟而已，如何則可？」曹交問也。食粟而已，言無他材能也。曰：「奚有於是？亦爲之而已矣。有人於此，力不能勝一匹雛，則爲無力人矣；今曰舉百鈞，則爲有力人矣。然則舉烏獲之任，是亦爲烏獲而已矣。夫人豈以不勝爲患哉？弗爲耳。勝，平聲。○匹字本作鴄，鴨也，從省作匹。禮記說「匹爲鶩」，是也。烏獲，古之有力人也，能舉移千鈞。徐行後長者謂之弟，疾行先長者謂之不弟。夫徐行者，豈人所不能哉？所不爲也。堯、舜之道，孝弟而已矣。後，去聲。長，上聲。先，去聲。夫，音扶。○陳氏曰：「孝弟者，人之良知良能，自然之性也。堯、舜，人倫之至，亦率是性而已，豈能加毫末於是哉？」○楊氏曰：「堯、舜之道大矣，而所以爲之，乃在夫行止疾徐之間，非有甚高難行之事也。百姓蓋日用而不知耳。」子服堯之服，誦堯之言，行堯之行，是堯而已矣。子服桀之服，誦桀之言，行桀之行，是桀而已矣。」之行、之行〔一〕，並去聲。○言爲善爲惡，皆在我而已。詳曹交之問，淺陋粗率，必其進見之時，禮貌衣冠言動之間，多不循理，故孟子告之如此兩節云。曰：「交得見於鄒君，可以假館，願留而受業於門。」見，音現。○假館而後受業，又可見其求道之不篤。曰：「夫道，若大路然，豈難知哉？人病不求耳。子歸而求之，有餘師。」夫，音扶。○言道不難知，若歸而求之事親敬長之間，則性分之内，萬理皆備，隨處發見，無不可師，不必留此而受業也。○曹交事長之禮既不至，求道之心又不篤，故孟子教之以孝弟，而不容其受業。蓋孔子餘力學文之意，亦不屑之教誨也。

公孫丑問曰：「高子曰：『小弁，小人之詩也。』」孟子曰：「何以言之？」曰：「怨。」弁，音盤。○高子，齊人也。小弁，小雅篇名。周幽王娶申后，生太子宜臼。又得褒姒，生伯服，而黜申后、廢宜臼。於是宜臼之傅爲作此詩，以敍其哀痛迫切之情也。曰：「固哉，高叟之爲詩也！有人於此，越人關弓而射之，則己談笑而道之，無他，疏之也。其兄關弓而射之，則己垂涕泣而道之，無他，戚之也。小弁之怨，親親也。親親，仁也。固矣夫，高叟之爲詩也！」關與彎同。射，食亦反。夫，音扶。○固，謂執滯不通也。爲，猶治也。越，蠻夷國名。道，語也。親親之心，仁之發也。曰：「凱風何以不怨？」凱風，邶風篇名。衛有七子之母，不能安其室，七子作此以自責也。

曰：「凱風，親之過小者也；小弁，親之過大者也。親之過大而不怨，是愈疏也；親之過小而怨，是不可磯也。愈疏，不孝也；不可磯，亦不孝也。磯，音機。○磯，水激石也。不可磯，言微激之而遽怒也。孔子曰：『舜其至孝矣，五十而慕。』」言舜猶怨慕，小弁之怨，不爲不孝也。○趙氏曰：「生之膝下，一體而分，喘息呼吸，氣通於親。當親而疏，怨慕號天。是以小弁之怨，未足爲愆也。」

宋牼將之楚，孟子遇於石丘。牼，口莖反。○宋，姓；牼，名。石丘，地名。曰：「先生將何之？」趙氏曰：「學士年長者，故謂之先生。」曰：「吾聞秦、楚構兵，我將見楚王説而罷之。楚王不悦，我將見秦王説而罷之。二王我將有所遇焉。」説，音税。○時宋牼方欲見楚王，恐其不悦，則將見秦王也。遇，合也。按莊子書：「有宋銒者，禁攻寢兵，救世之戰。上説下教，强聒不舍。」疏云：「齊宣王時人。」以事考之，疑即此人也。曰：「軻也請無問其詳，願聞其指。説之將何如？」曰：「我將言其不利也。」曰：「先生之志則大矣，先生之號則不可。徐氏曰：「能於戰國擾攘之中，而以罷兵息民爲説，其志可謂大矣。然以利爲名，則不可也。」先生以利説秦、楚之王，秦、楚之王悦於利，以罷三軍之師，是三軍之士樂罷而悦於利也。爲人臣者懷利以事其君，爲人子者懷利以事其父，爲人弟者懷利以事其兄，是君臣、父子、兄弟終去仁義，懷利以相接，然而不亡者，未之有也。樂，音洛，下同。先生以仁義説秦、楚之王，秦、楚之王悦於仁義，而罷三軍之師，是三軍之士樂罷而悦於仁義也。爲人臣者懷仁義以事其君，爲人子者懷仁義以事其父，爲人弟者懷仁義以事其兄，是君臣、父子、兄弟去利，懷仁義以相接也。然而不王者，未之有也。何必曰利？」王，去聲。○此章言休兵息民，爲事則一，然其心有義利之殊，而其效有興亡之異，學者所當深察而明辨之也。

孟子居鄒，季任爲任處守，以幣交，受之而不報。處於平陸，儲子爲相，以幣交，受之而不報。任，平聲。相，去聲，下同。○趙氏曰：「季任，任君之弟。任君朝會於鄰國，季任爲之居守其國也。儲子，齊相也。不報者，來見則當報之，但以幣交，則不必報也。」他日由鄒之任，見季子；由平陸之齊，不見儲子。屋廬子喜曰：「連得間矣〔一〕。」屋廬子知孟子之處此必有義理，故喜得其間隙而問之。問曰：「夫子之任見季子，之齊不見儲子，爲其爲相與？」爲其之爲，去聲，下同。與，平聲。○言儲子但爲齊相，不若季子攝守君位，故輕之耶？曰：「非也。書曰：『享多儀，儀不及物曰不享，惟不役志於享。』書，周書洛誥之篇。享，奉上也。儀，禮也。物，幣也。役，用也。言雖享而禮意不及其幣，則是不享矣，以其不用志於享故也。爲其不成享也。」孟子釋書意如此。屋廬子悦。或問之，屋廬子曰：「季子不得之鄒，儲子得之平陸。」徐氏曰：「季子爲君居守，不得往他國以見孟子，則以幣交而禮意已備。儲子爲齊相，可以至齊之境内而不來見，則雖以幣交，而禮意不及其物也。」

淳于髡曰：「先名實者，爲人也；後名實者，自爲也。夫子在三卿之中，名實未加於上下而去之，仁者固如此乎？」先、後、爲，皆去聲。○名，聲譽也。實，事功也。言以名實爲先而爲之者，是有志於救民也；以名實爲後而不爲者，是欲獨善其身者也。名實未加於上下，言上未能正其君，下未能濟其民也。孟子曰：「居下位，不以賢事不肖者，伯夷也；五就湯，五就桀者，伊尹也；不惡汙君，不辭小官者，柳下惠也。三子者不同道，其趨一也。一者何也？曰：仁也。君子亦仁而已矣，何必同？」惡、趨，並去聲。○仁者，無私心而合天理之謂。○楊氏曰：「伊尹之就湯，以三聘之勤也。其就桀也，湯進之也。湯豈有伐桀之意哉？其進伊尹以事之也，欲其悔過遷善而已。伊尹既就湯，則以湯之心爲心矣。及其終也，人歸之，天命之，不得已而伐之耳。若湯初求伊尹，即有伐桀之心，而伊尹遂相之以伐桀，是以取天下爲心也。以取天下爲心，豈聖人之心哉？」曰：「魯繆公之時，公儀子爲政，子柳、子思爲臣，魯之削也滋甚。若是乎賢者之無益於國也！」公儀子，名休，爲魯相。子柳，泄柳也。削，地見侵奪也。髡譏孟子雖不去，亦未必能有爲也。曰：「虞不用百里奚而亡，秦穆公用之而霸。不用賢則亡，削何可得與？」與，平聲。○百里奚，事見前篇。曰：「昔者王豹處於淇，而河西善謳。緜駒處於高唐，而齊右善歌。華周、杞梁之妻善哭其夫，而變國俗。有諸内，必形諸外。爲其事而無其功者，髡未嘗睹之也。是故無賢者也，有則髡必識之。」華，去聲。○王豹，衛人，善謳。淇，水名。緜駒，齊人，善歌。高唐，齊西邑。華周、杞梁，二人皆齊臣，戰死於莒。其妻哭之哀，國俗化之，皆善哭。髡以此譏孟子仕齊無功，未足爲賢也。曰：「孔子爲魯司寇，不用，從而祭，燔肉不至，不稅冕而行。不知者以爲爲肉也，其知者以爲爲無禮也。乃孔子則欲以微罪行，不欲爲苟去。君子之所爲，衆人固不識也。」稅，音脱。爲肉、爲無之爲，並去聲〔三〕。○按史記：「孔子爲魯司寇，攝行相事。齊人聞而懼，於是以女樂遺魯君。季桓子與魯君往觀之，怠於政事。子路曰：『夫子可以行矣。』孔子曰：『魯今且郊，如致膰於大夫，則吾猶可以止。』桓子卒受齊女樂，郊又不致膰俎於大夫，孔子遂行。」孟子言以爲爲肉者，固不足道；以爲爲無禮，則亦未爲深知孔子者。蓋聖人於父母之國，不欲顯其君相之失，又不欲爲無故而苟去，故不以女樂去，而以膰肉行。其見幾明決，而用意忠厚，固非衆人所能識也。然則孟子之所爲，豈髡之所能識哉？○尹氏曰：「淳于髡未嘗知仁，亦未嘗識賢也〔四〕，宜乎其言若是。」

孟子曰：「五霸者，三王之罪人也；今之諸侯，五霸之罪人也；今之大夫，今之諸侯之罪人也。趙氏曰：「五霸：齊威、晉文、秦穆、宋襄、楚莊也。三王：夏禹、商湯、周文武也。」丁氏曰：「夏昆吾，商大彭、豕韋，周齊威、晉文，謂之五霸。」天子適諸侯曰巡狩，諸侯朝於天子曰述職。春省耕而補不足，秋省斂而助不給。入其疆，土地辟，田野治，養老尊賢，俊傑在位，則有慶，慶以地。入其疆，土地荒蕪，遺老失賢，掊克在位，則有讓。一不朝，則貶其爵；再不朝，則削其地；三不朝，則六師移之。是故天子討而不伐，諸侯伐而不討。五霸者，摟諸侯以伐諸侯者也，故曰：五霸者，三王之罪人也。朝，音潮。辟與闢同。治，去聲。○慶，賞也，益其地以賞之也。掊克，聚斂也。讓，責也。移之者，誅其人而變置之也。討者，出命以討其罪，而使方伯連帥帥諸侯以伐之也。伐者，奉天子之命，聲其罪而伐之也。摟，牽也。五霸牽諸侯以伐諸侯，不用天子之命也。自入其疆至則有讓，言巡狩之事；自一不朝至六師移之，言述職之事。五霸，桓公爲盛。葵丘之會諸侯，束牲載書而不歃血。初命曰：『誅不孝，無易樹子，無以妾爲妻。』再命曰：『尊賢育才，以彰有德。』三命曰：『敬老慈幼，無忘賓旅。』四命曰：『士無世官，官事無攝，取士必得，無專殺大夫。』五命曰：『無曲防，無遏糴，無有封而不告。』曰：『凡我同盟之人，既盟之後，言歸於好。』今之諸侯，皆犯此五禁，故曰：今之諸侯，五霸之罪人也。歃，所洽反。糴，音狄。好，去聲。○按春秋傳：「僖公九年，葵丘之會，陳牲而不殺，讀書加於牲上，壹明天子之禁。」樹，立也。已立世子，不得擅易。初命三事，所以脩身正家之要也。賓，賓客也。旅，行旅也。皆當有以待之，不可忽忘也。士世禄而不世官，恐其未必賢也。官事無攝，當廣求賢才以充之，不可以闕人廢事也。取士必得，必得其人也。無專殺大夫，有罪則請命於天子而後殺之也。無曲防，不得曲爲隄防，壅泉激水，以專小利，病鄰國也。無遏糴，鄰國凶荒，不得閉糴也。無有封而不告者，不得專封國邑而不告天子也。長君之惡其罪小，逢君之惡其罪大。今之大夫，皆逢君之惡，故曰：今之大夫，今之諸侯之罪人也。」長，上聲。○君有過不能諫，又順之者，長君之惡也。君之過未萌，而先意導之者，逢君之惡也。○林氏曰：「邵子有言：『治春秋者，不先治五霸之功罪，則事無統理，而不得聖人之心。春秋之間，有功者未有大於五霸，有過者亦未有大於五霸。故五霸者，功之首、罪之魁也。』孟子此章之義，其亦若此也與？然五霸得罪於三王，今之諸侯得罪於五霸，皆出於異世，故得以逃其罪。至於今之大夫，宜得罪於今之諸侯，則同時矣。而諸侯非惟莫之罪也，乃反以爲良臣而厚禮之。不以爲罪，而反以爲功，何其謬哉！」

魯欲使慎子爲將軍。慎子，魯臣。孟子曰：「不教民而用之，謂之殃民。殃民者，不容於堯、舜之世。教民者，教之禮義，使知入事父兄、出事長上也。用之，使之戰也。一戰勝齊，遂有南陽，然且不可。」是時魯蓋欲使慎子伐齊，取南陽也。故孟子言就使慎子善戰有功如此，且猶不可。慎子勃然不悅，曰：「此則滑釐所不識也。」滑，音骨。○滑釐，慎子名。曰：「吾明告子：天子之地方千里，不千里，不足以待諸侯。諸侯之地方百里，不百里，不足以守宗廟之典籍。待諸侯，謂待其朝覲聘問之禮。宗廟典籍，祭祀會同之常制也。周公之封於魯，爲方百里也；地非不足，而儉於百里。太公之封於齊也，亦爲方百里也；地非不足也，而儉於百里。二公有大勳勞於天下，而其封國不過百里。儉，止而不過之意也。今魯方百里者五，子以爲有王者作，則魯在所損乎？在所益乎？魯地之大，皆并吞小國而得之。有王者作，則必在所損矣。徒取諸彼以與此，然且仁者不爲，況於殺人以求之乎？徒，空也。言不殺人而取之也。君子之事君也，務引其君以當道，志於仁而已。」當道，謂事合於理。志仁，謂心在於仁。

孟子曰：「今之事君者曰：『我能爲君辟土地，充府庫。』今之所謂良臣，古之所謂民賊也。君不鄉道，不志於仁，而求富之，是富桀也。爲，去聲。辟與闢同。鄉與向同，下皆同。○辟，開墾也。『我能爲君約與國，戰必克。』今之所謂良臣，古之所謂民賊也。君不鄉道，不志於仁，而求爲之强戰，是輔桀也。約，要結也。與國，和好相與之國也。由今之道，無變今之俗，雖與之天下，不能一朝居也。」言必爭奪而至於危亡也。

白圭曰：「吾欲二十而取一，何如？」白圭，名丹，周人也。欲更稅法，二十分而取其一分。○林氏曰：「按史記：白圭能薄飲食，忍耆欲，與童僕同苦樂。樂觀時變，人棄我取，人取我與，以此居積致富。其爲此論，蓋欲以其術施之國家也。」孟子曰：「子之道，貉道也。貉，音陌。○貉，北方夷狄之國名也。萬室之國，一人陶，則可乎？」曰：「不可。器不足用也。」孟子設喻以詰圭，而圭亦知其不可也。曰：「夫貉，五穀不生，惟黍生之。無城郭、宮室、宗廟、祭祀之禮，無諸侯幣帛饔飧，無百官有司，故二十取一而足也。夫，音扶。○北方地寒，不生五穀，黍早熟，故生之。饔飧，以飲食饋客之禮也。今居中國，去人倫，無君子，如之何其可也？無君臣、祭祀、交際之禮，是去人倫；無百官有司，是無君子。陶以寡，且不可以爲國，況無君子乎？因其辭以折之〔五〕。欲輕之於堯、舜之道者，大貉、小貉也；欲重之於堯、舜之道者，大桀、小桀也。」什一而稅，堯、舜之道也。多則桀，寡則貉。今欲輕重之，則是小貉、小桀而已。

白圭曰：「丹之治水也，愈於禹。」趙氏曰：「當時諸侯有小水，白圭爲之築隄，壅而注之他國。」孟子曰：「子過矣。禹之治水，水之道也。順水之性也。是故禹以四海爲壑。今吾子以鄰國爲壑。壑，受水處也。水逆行，謂之洚水。洚水者，洪水也，仁人之所惡也。吾子過矣。」惡，去聲。○水逆行者，下流壅塞，故水逆流。今乃壅水以害人，則與洪水之災無異矣。

孟子曰：「君子不亮，惡乎執？」惡，平聲。○亮，信也，與諒同。惡乎執，言凡事苟且，無所執持也。

魯欲使樂正子爲政。孟子曰：「吾聞之，喜而不寐。」喜其道之得行。公孫丑曰：「樂正子强乎？」曰：「否。」「有知慮乎？」曰：「否。」「多聞識乎？」曰：「否。」知，去聲。○此三者，皆當世之所尚，而樂正子之所短，故丑疑而歷問之。「然則奚爲喜而不寐？」丑問也。曰：「其爲人也好善。」好，去聲，下同。「好善足乎？」丑問也。曰：「好善優於天下，而況魯國乎？優，有餘裕也。言雖治天下，尚有餘力也。夫苟好善，則四海之内，皆將輕千里而來告之以善。夫，音扶，下同。○輕，易也。言不以千里爲難也。夫苟不好善，則人將曰：『訑訑，予既已知之矣。』訑訑之聲音顔色，距人於千里之外。士止於千里之外，則讒諂面諛之人至矣。與讒諂面諛之人居，國欲治，可得乎？」訑，音移。治，去聲。○訑訑，自足其智，不嗜善言之貌。君子小人，迭爲消長。直諒多聞之士遠，則讒諂面諛之人至，理勢然也。○此章言爲政，不在於用一己之長，而貴於有以來天下之善。

陳子曰：「古之君子何如則仕？」孟子曰：「所就三，所去三。其目在下。迎之致敬以有禮，言將行其言也，則就之；禮貌未衰，言弗行也，則去之。所謂見行可之仕，若孔子於季桓子是也。受女樂而不朝，則去之矣。其次，雖未行其言也，迎之致敬以有禮，則就之；禮貌衰，則去之。所謂際可之仕，若孔子於衛靈公是也。故與公遊於囿，公仰視蜚鴈，而後去之。其下，朝不食，夕不食，飢餓不能出門户。君聞之，曰：『吾大者不能行其道，又不能從其言也，使飢餓於我土地，吾耻之。』周之，亦可受也，免死而已矣。」所謂公養之仕也。君之於民，固有周之之義，況此又有悔過之言，所以可受。然未至於飢餓不能出門户，則猶不受也。其曰免死而已，則其所受亦有節矣。

孟子曰：「舜發於畎畝之中，傅説舉於版築之間，膠鬲舉於魚鹽之中，管夷吾舉於士，孫叔敖舉於海，百里奚舉於市。説，音悦。○舜耕歷山，三十登庸。説築傅巖，武丁舉之。膠鬲遭亂，鬻販魚鹽，文王舉之。管仲囚於士官，威公舉以相國。孫叔敖隱處海濱，楚莊王舉之爲令尹。百里奚事見前篇。故天將降大任於是人也，必先苦其心志，勞其筋骨，餓其體膚，空乏其身，行拂亂其所爲，所以動心忍性，曾益其所不能。曾與增同。○降大任，使之任大事也，若舜以下是也。

空，窮也。乏，絶也。拂，戾也，言使之所爲不遂，多背戾也。動心忍性，謂竦動其心，堅忍其性也。然所謂性，亦指氣稟食色而言耳。○程子曰：「若要熟，也須從這裏過。」人恒過，然後能改；困於心，衡於慮，而後作；徵於色，發於聲，而後喻。衡與横同。○恒，常也。猶言大率也。横，不順也。作，奮起也。徵，驗也。喻，曉也。此又言中人之性，常必有過，然後能改。蓋不能謹於平日，故必事勢窮蹙，以至困於心、横於慮，然後能奮發而興起；不能燭於幾微，故必事理暴著，以至驗於人之色，發於人之聲，然後能警悟而通曉也。入則無法家拂士，出則無敵國外患者，國恒亡。拂與弼同。○此言國亦然也。法家，法度之世臣也。拂士，輔拂之賢士也。然後知生於憂患而死於安樂也。」樂，音洛。○以上文觀之，則知人之生全，出於憂患，而死亡由於安樂矣。○尹氏曰：「言困窮拂鬱，能堅人之志，而熟人之仁，以安樂失之者多矣。」

孟子曰：「教亦多術矣。予不屑之教誨也者，是亦教誨之而已矣。」多術，言非一端。屑，潔也。不以其人爲潔而拒絶之，所謂不屑之教誨也。其人若能感此，退自脩省，則是亦我教誨之也。○尹氏曰：「言或抑或揚，或與或不與，各因其才而篤之，無非教也。」

校勘記

〔一〕之行之行　下「之行」二字原脱，據元乙本補；司禮監本作「二行」。

〔二〕連得間矣　「矣」下，元甲本有「間去聲」三字。

〔三〕並去聲　「並」字原脱，據吴本補。

〔四〕亦未嘗識賢也　「亦」，原作「而」，據元甲本、司禮監本、仿元本改。

〔五〕因其辭以折之　「以」，仿元本作「而」。

孟子集注卷第十三

盡心章句上 凡四十六章。

孟子曰：「盡其心者，知其性也。知其性，則知天矣。心者，人之神明，所以具衆理而應萬事者也。性則心之所具之理，而天又理之所從以出者也。人有是心，莫非全體，然不窮理，則有所蔽而無以盡乎此心之量。故能極其心之全體而無不盡者，必其能窮夫理而無不知者也。既知其理，則其所從出，亦不外是矣。以大學之序言之，知性則物格之謂，盡心則知至之謂也。存其心，養其性，所以事天也。存，謂操而不舍。養，謂順而不害。事，則奉承而不違也。殀壽不貳，修身以俟之，所以立命也。」殀壽，命之短長也。貳，疑也。不貳者，知天之至，修身以俟死，則事天以終身也。立命，謂全其天之所付，不以人爲害之。○程子曰：「心也，性也，天也，一理也。自理而言謂之天，自禀受而言謂之性，自存諸人而言謂之心。」張子曰：「由太虛，有天之名；由氣化，有道之名；合虛與氣，有性之名；合性與知覺，有心之名。」愚謂盡心知性而知天，所以造其理也；存心養性以事天，所以履其事也。不知其理，固不能履其事，然徒造其理而不履其事，則亦無以有諸己矣。知天而不以殀壽貳其心，智之盡也；事天而能脩身以俟死，仁之至也。智有不盡，固不知所以爲仁，然智而不仁，則亦將流蕩不法，而不足以爲智矣。

孟子曰：「莫非命也，順受其正。人物之生，吉凶禍福，皆天所命。然惟莫之致而至者，乃爲正命。故君子脩身以俟之，所以順受乎此也。是故知命者，不立乎巖墻之下。命，謂正命。巖墻，墻之將覆者。知正命，則不處危地以取覆壓之禍。盡其道而死者，正命也。盡其道，則所值之吉凶，皆莫之致而至者矣。桎梏死者，非正命也。」桎梏，所以拘罪人者。言犯罪而死，與立巖墻之下者同。皆人所取，非天所爲也。○此章與上章蓋一時之言，所以發其末句未盡之意。

孟子曰：「求則得之，舍則失之，是求有益於得也，求在我者也。舍，上聲。○在我者，謂仁義禮智，凡性之所有者。求之有道，得之有命，是求無益於得也，求在外者也。」有道，言不可妄求。有命，則不可必得。在外者，謂富貴利達，凡外物皆是。○趙氏曰：「言爲仁由己，富貴在天，如不可求，從吾所好。」

孟子曰：「萬物皆備於我矣。此言理之本然也。大則君臣父子，小則事物細微，其當然之理，無一不具於性分之內也。反身而誠，樂莫大焉。樂，音洛。○誠，實也。言反諸身，而所備之理，皆如惡惡臭、好好色之實然，則其行之不待勉强而無不利矣。其爲樂，孰大於是？强恕而行，求仁莫近焉。」强，上聲。○强，勉强也。恕，推己以及人也。反身而誠則仁矣，其有未誠，則是猶有私意之隔，而理未純也。故當凡事勉强，推己及人，庶幾心公理得而仁不遠也。○此章言萬物之理具於吾身，體之而實，則道在我而樂有餘；行之以恕，則私不容而仁可得。

孟子曰：「行之而不著焉，習矣而不察焉，終身由之而不知其道者，衆也。」著者，知之明。察者，識之精。言方行之而不能明其所當然，既習矣而猶不識其所以然，所以終身由之而不知其道者多也。

孟子曰：「人不可以無耻。無耻之耻，無耻矣。」趙氏曰：「人能耻己之無所耻，是能改行從善之人〔一〕，終身無復有耻辱之累矣。」

孟子曰：「耻之於人大矣。耻者，吾所固有羞惡之心也。存之則進於聖賢，失之則入於禽獸，故所繫爲甚大。爲機變之巧者，無所用耻焉。爲機械變詐之巧者，所爲之事皆人所深耻，而彼方且自以爲得計，故無所用其愧耻之心也。不耻不若人，何若人有？」但無耻一事不如人，則事事不如人矣。或曰：「不耻其不如人，則何能有如人之事？」其義亦通。○或問：「人有耻不能之心，如何？」程子曰：「耻其不能而爲之，可也；耻其不能而掩藏之，不可也。」

孟子曰：「古之賢王好善而忘勢，古之賢士何獨不然？樂其道而忘人之勢。故王公不致敬盡禮，則不得亟見之。見且由不得亟，而況得而臣之乎？」好，去聲。樂，音洛。亟，去吏反。○言君當屈己以下賢，士不枉道而求利，二者勢若相反，而實則相成，蓋亦各盡其道而已。

孟子謂宋句踐曰：「子好遊乎？吾語子遊。句，音鉤。好、語，皆去聲。○宋，姓；句踐，名。遊，遊説也。人知之，亦囂囂；人不知，亦囂囂。」趙氏曰：「囂囂，自得無欲之貌。」曰：「何如斯可以囂囂矣？」曰：「尊德樂義，則可以囂囂矣。樂，音洛。○德，謂所得之善。尊之，則有以自重，而不慕乎人爵之榮。義，謂所守之正。樂之，則有以自安，而不徇乎外物之誘也〔二〕。故士窮不失義，達不離道。離，力智反。○言不以貧賤而移，不以富貴而淫，此尊德樂義見於行事之實也。窮不失義，故士得己焉。達不離道，故民不失望焉。得己，言不失己也。民不失望，言人素望其興道致治，而今果如所望也。古之人，得志澤加於民，不得志脩身見於世。窮則獨善其身，達則兼善天下。」見，音現。○見，謂名實之顯著也。此又言士得己、民不失望之實。○此章言内重而外輕，則無往而不善。

孟子曰：「待文王而後興者，凡民也。若夫豪傑之士，雖無文王猶興。」夫，音扶。○興者，感動奮發之意。凡民，庸常之人也。豪傑，有過人之才知者也。蓋降衷秉彝，人所同得，惟上智之資無物欲之蔽，爲能無待於教，而自能感發以有爲也。

孟子曰：「附之以韓、魏之家，如其自視欿然，則過人遠矣。」欿，音坎。○附，益也。韓、魏，晋卿富家也。欿然，不自滿之意。○尹氏曰：「言有過人之識，則不以富貴爲事。」

孟子曰：「以佚道使民，雖勞不怨；以生道殺民，雖死不怨殺者。」程子曰：「以佚道使民，謂本欲佚之也，播穀、乘屋之類是也。以生道殺民，謂本欲生之也，除害去惡之類是也。蓋不得已而爲其所當爲，則雖咈民之欲而民不怨。其不然者反是。」

孟子曰：「霸者之民，驩虞如也；王者之民，皞皞如也。皞，胡老反。○驩虞與歡娱同。皞皞，廣大自得之貌。○程子曰：「驩虞，有所造爲而然，豈能久也？耕田鑿井，帝力何有於我？如天之自然，乃王者之政。」○楊氏曰：「所以致人驩虞，必有違道干譽之事。若王者，則如天，亦不令人喜，亦不令人怒。」殺之而不怨，利之而不庸，民日遷善而不知爲之者。此所謂皞皞如也。庸，功也。○豐氏曰：「因民之所惡而去之，非有心於殺之也，何怨之有？因民之所利而利之，非有心於利之也，何庸之有？輔其性之自然，使自得之，故民日遷善而不知誰之所爲也。」夫君子所過者化，所存者神，上下與天地同流，豈曰小補之哉？」夫，音扶。○君子，聖人之通稱也。所過者化，身所經歷之處，即人無不化，如舜之耕歷山而田者遜畔，陶河濱而器不苦窳也。所存者神，心所存主處，便神妙不測，如孔子之立斯立，道斯行，綏斯來，動斯和，莫知其所以然而然也。是其德業之盛，乃與天地之化同運並行〔三〕，舉一世而甄陶之，非如霸者，但小小補塞其罅漏而已。此則王道之所以爲大，而學者所當盡心也。

孟子曰：「仁言，不如仁聲之入人深也。程子曰：「仁言，謂以仁厚之言加於民。仁聲，謂仁聞，謂有仁之實而爲衆所稱道也。此尤見仁德之昭著，故其感人尤深也。」善政，不如善教之得民也。

政，謂法度禁令，所以制其外也。教，謂道德齊禮，所以格其心也。善政民畏之，善教民愛之；善政得民財，善教得民心。」得民財者，百姓足而君無不足也；得民心者，不遺其親，不後其君也。

孟子曰：「人之所不學而能者，其良能也；所不慮而知者，其良知也。良者，本然之善也。程子曰：「良知良能，皆無所由，乃出於天，不係於人。」孩提之童，無不知愛其親者；及其長也，無不知敬其兄也〔四〕。長，上聲，下同。○孩提，二三歲之間，知孩笑、可提抱者也。愛親敬長，所謂良知良能者也。親親，仁也；敬長，義也。無他，達之天下也。」言親親敬長，雖一人之私，然達之天下無不同者，所以爲仁義也。

孟子曰：「舜之居深山之中，與木石居，與鹿豕遊，其所以異於深山之野人者幾希。及其聞一善言，見一善行，若決江河，沛然莫之能禦也。」行，去聲。○居深山，謂耕歷山時也。蓋聖人之心，至虚至明，渾然之中，萬理畢具。一有感觸，則其應甚速，而無所不通。非孟子造道之深，不能形容至此也。

孟子曰：「無爲其所不爲，無欲其所不欲，如此而已矣。」李氏曰：「有所不爲不欲，人皆有是心也。至於私意一萌，而不能以禮義制之，則爲所不爲、欲所不欲者多矣。能反是心，則所謂擴充其羞惡之心者，而義不可勝用矣，故曰如此而已矣。」

孟子曰：「人之有德慧術知者，恒存乎疢疾。知，去聲。疢，丑刃反。○德慧者，德之慧。術知者，術之知。疢疾，猶災患也。言人必有疢疾，則能動心忍性，增益其所不能也。獨孤臣孽子，其操心也危，其慮患也深，故達。」孤臣，遠臣；孽子，庶子。皆不得於君親，而常有疢疾者也。達，謂達於事理，即所謂德慧術知也。

孟子曰：「有事君人者，事是君則爲容悦者也。阿徇以爲容，逢迎以爲悦，此鄙夫之事、妾婦之道也。有安社稷臣者，以安社稷爲悦者也。言大臣之計安社稷，如小人之務悦其君，眷眷於此而不忘也。有天民者，達可行於天下而後行之者也。民者，無位之稱。以其全盡天理，乃天之民，故謂之天民。必其道可行於天下，然後行之。不然，則寧没世不見知而不悔，不肯小用其道以徇於人也。張子曰：「必功覆斯民然後出，如伊、吕之徒。」有大人者，正己而物正者也。」大人，德盛而上下化之，所謂見龍在田，天下文明者。○此章言人品不同，略有四等。容悦佞臣不足言。安社稷則忠矣，然猶一國之士也。天民，則非一國之士矣，然猶有意也。無意無必，惟其所在而物無不化，惟聖者能之。

孟子曰：「君子有三樂，而王天下不與存焉。樂，音洛。王、與，皆去聲，下並同。父母俱存，兄弟無故，一樂也。此人所深願而不可必得者，今既得之，其樂可知。仰不愧於天，俯不怍於人，二樂也。程子曰：「人能克己，則仰不愧，俯不怍，心廣體胖，其樂可知。有息則餒矣。」得天下英才而教育之，三樂也。盡得一世明睿之才，而以所樂乎己者教而養之，則斯道之傳得之者衆，而天下後世將無不被其澤矣。聖人之心所願欲者，莫大於此。今既得之，其樂爲如何哉！君子有三樂，而王天下不與存焉。」林氏曰：「此三樂者，一係於天，一係於人。其可以自致者，惟不愧不怍而已，學者可不勉哉？」

孟子曰：「廣土衆民，君子欲之，所樂不存焉。樂，音洛，下同。○地闢民聚，澤可遠施，故君子欲之，然未足以爲樂也。中天下而立，定四海之民，君子樂之，所性不存焉。其道大行，無一夫不被其澤，故君子樂之，然其所得於天者，則不在是也。君子所性，雖大行不加焉，雖窮居不損焉，分定故也。分，去聲。○分者，所得於天之全體，故不以窮達而有異。君子所性，仁、義、禮、智根於心。其生色也，睟然見於面，盎於背，施於四體。四體不言而喻。」睟，音粹。見，音現。盎，烏浪反。○上言所性之分，與所欲所樂不同，此乃言其蘊也。仁、義、禮、智，性之四德也。根，本也。生，發見也。睟然，清和潤澤之貌。盎，豐厚盈溢之意。施於四體，謂見於動作威儀之間也。喻，曉也。四體不言而喻，言四體不待吾言，而自能曉吾意也。蓋氣禀清明，無物欲之累，則性之四德根本於心。其積之盛，則發而著見於外者，不待言而無不順也。程子曰：「睟面盎背，皆積盛致然。四體不言而喻，惟有德者能之。」○此章言君子固欲其道之大行，然其所得於天者，則不以是而有所加損也。

孟子曰：「伯夷辟紂，居北海之濱，聞文王作興，曰：『盍歸乎來！吾聞西伯善養老者。』大公辟紂，居東海之濱，聞文王作興，曰：『盍歸乎來！吾聞西伯善養老者。』天下有善養老，則仁人以爲己歸矣。辟，去聲，下同。大，他蓋反。○己歸，謂己之所歸。餘見前篇。五畝之宅，樹墻下以桑，匹婦蠶之，則老者足以衣帛矣。五母雞，二母彘，無失其時，老者足以無失肉矣。百畝之田，匹夫耕之，八口之家足以無飢矣〔五〕。衣，去聲。○此文王之政也。一家養母雞五、母彘二也。餘見前篇。所謂西伯善養老者，制其田里，教之樹畜，導其妻子，使養其老。五十非帛不煖，七十非肉不飽。不煖不飽，謂之凍餒。文王之民，無凍餒之老者，此之謂也。」田，謂百畝之田。里，謂五畝之宅。樹，謂耕桑。畜，謂雞彘也。趙氏曰：「善養老者，教導之，使可以養其老耳，非家賜而人益之也。」

孟子曰：「易其田疇，薄其稅斂，民可使富也。易、斂，皆去聲。○易，治也。疇，耕治之田也。食之以時，用之以禮，財不可勝用也。勝，音升。○教民節儉，則財用足也〔六〕。民非水火不生活，昏暮叩人之門户，求水火，無弗與者，至足矣。聖人治天下，使有菽粟如水火。菽粟如水火，而民焉有不仁者乎？」焉，於虔反。○水火，民之所急，宜其愛之。而反不愛者，多故也。○尹氏曰：「言禮義生於富足，民無常產，則無常心矣。」

孟子曰：「孔子登東山而小魯，登太山而小天下。故觀於海者難爲水，遊於聖人之門者難爲言。此言聖人之道大也。東山，蓋魯城東之高山，而太山則又高矣。此言所處益高，則其視下益小；所見既大，則其小者不足觀也。難爲水，難爲言，猶仁不可爲衆之意。觀水有術，必觀其瀾。日月有明，容光必照焉。此言道之有本也。瀾，水之湍急處也。明者，光之體；光者，明之用也。觀水之瀾，則知其源之有本矣。觀日月於容光之隙無不照，則知其明之有本矣。流水之爲物也，不盈科不行；君子之志於道也，不成章不達。」言學當以漸，乃能至也。成章，所積者厚，而文章外見也。達者，足於此而通於彼也。○此章言聖人之道大而有本，學之者必以其漸，乃能至也。

孟子曰：「雞鳴而起，孳孳爲善者，舜之徒也。孳孳，勤勉之意〔七〕。言雖未至於聖人，亦是聖人之徒也。雞鳴而起，孳孳爲利者，蹠之徒也。蹠，盜蹠也。欲知舜與蹠之分，無他，利與善之間也。」程子曰：「言間者，謂相去不遠，所爭毫末耳。善與利，公私而已矣。才出於善，便以利言也。」○楊氏曰：「舜、蹠之相去遠矣，而其分乃在利善之間而已，是豈可以不謹？然講之不熟，見之不明，未有不以利爲義者，又學者所當深察也。」或問：「雞鳴而起，若未接物，如何爲善？」程子曰：「只主於敬，便是爲善。」

孟子曰：「楊子取爲我，拔一毛而利天下，不爲也。爲我之爲，去聲。○楊子，名朱。取者，僅足之意。取爲我者，僅足於爲我而已，不及爲人也。列子稱其言曰「伯成子高不以一毫利物」是也。墨子兼愛，摩頂放踵利天下，爲之。放，上聲。○墨子，名翟。兼愛，無所不愛也。摩頂，摩突其頂也。放，至也。子莫執中，執中爲近之。執中無權，猶執一也。子莫，魯之賢人也。知楊、墨之失中也，故度於二者之間而執其中。近，近道也。權，稱錘也，所以稱物之輕重而取中也。執中而無權，則膠於一定之中而不知變，是亦執一而已矣。○程子曰：「『中』字最難識，須是默識心通。且試言一廳，則中央爲中；一家，則廳非中而堂爲中；一國，則堂非中而國之中爲中，推此類可見矣。」又曰：「中不可執也。識得則事事物物皆有自然之中，不待安排，安排著則不中矣。」所惡執一者，爲其賊道也，舉一而廢百也。」惡、爲，皆去聲。○賊，害也。爲我害仁，兼愛害義，執中者害於時中，皆舉一而廢百者也。○此章言道之所貴者中，中之所貴者權。楊氏曰：「禹、稷三過其門而不入，苟不當其可，則與墨子無異。顔子在陋巷，不改其樂，苟不當其可，則與楊氏無異。子莫執爲我、兼愛之中而無權，鄉鄰有鬭而不知閉户，同室有鬭而不知救之，是亦猶執一耳，故孟子以爲賊道。禹、稷、顔回，易地則皆然，以其有權也。不然，則是亦楊、墨而已矣。」

孟子曰：「飢者甘食，渴者甘飲，是未得飲食之正也，飢渴害之也。豈惟口腹有飢渴之害？人心亦皆有害。口腹爲飢渴所害，故於飲食不暇擇，而失其正味；人心爲貧賤所害，故於富貴不暇擇，而失其正理。人能無以飢渴之害爲心害，則不及人不爲憂矣。」人能不以貧賤之故而動其心，則過人遠矣。

孟子曰：「柳下惠不以三公易其介。」介，有分辨之意。柳下惠進不隱賢，必以其道，遺佚不怨，阨窮不憫，直道事人，至於三黜，是其介也。○此章言柳下惠和而不流，與孔子論夷、齊不念舊惡，意正相類，皆聖賢微顯闡幽之意也。

孟子曰：「有爲者辟若掘井，掘井九軔而不及泉，猶爲棄井也。」辟，讀作譬。軔，音刃，與仞同。○八尺爲仞〔八〕。言鑿井雖深，然不及泉而止〔九〕，猶爲自棄其井也。○呂侍講曰：「仁不如堯，孝不如舜，學不如孔子，終未入於聖人之域，終未至於天道，未免爲半塗而廢、自棄前功也。」

孟子曰：「堯、舜，性之也；湯、武，身之也；五霸，假之也。堯、舜天性渾全，不假修習。湯、武脩身體道，以復其性。五霸則假借仁義之名，以求濟其貪欲之私耳。久假而不歸，惡知其非有也？」惡，平聲。○歸，還也。有，實有也。言竊其名以終身，而不自知其非真有。或曰：「蓋歎世人莫覺其僞者。」亦通。舊説，久假不歸，即爲真有，則誤矣。○尹氏曰：「性之者，與道一也；身之者，履之也，及其成功，則一也；五霸則假之而已，是以功烈如彼其卑也。」

公孫丑曰：「伊尹曰：『予不狎于不順。』放太甲于桐，民大悦。太甲賢，又反之，民大悦。予不狎于不順，商書太甲篇文。狎，習見也。不順，言太甲所爲不順義理也。餘見前篇。賢者之爲人臣也，其君不賢，則固可放與？」與，平聲。孟子曰：「有伊尹之志，則可；無伊尹之志，則篡也。」伊尹之志，公天下以爲心而無一毫之私者也。

公孫丑曰：「詩曰『不素餐兮』，君子之不耕而食，何也？」孟子曰：「君子居是國也，其君用之，則安富尊榮；其子弟從之，則孝弟忠信。『不素餐兮』，孰大於是？」餐，七丹反。○詩，魏國風伐檀之篇。素，空也。無功而食禄，謂之素餐。此與告陳相、彭更之意同。

王子墊問曰：「士何事？」墊，丁念反。○墊，齊王之子也。上則公、卿、大夫，下則農、工、商、賈，皆有所事，而士居其間，獨無所事，故王子問之也。孟子曰：「尚志。」尚，高尚也。志者，心之所之也。士既未得行公、卿、大夫之道，又不當爲農、工、商、賈之業，則高尚其志而已。曰：「何謂尚志？」曰：「仁義而已矣。殺一無罪，非仁也；非其有而取之，非義也。居惡在？仁是也；路惡在？義是也。居仁由義，大人之事備矣。」惡，平聲。○非仁非義之事，雖小不爲。而所居所由，無不在於仁義，此士所以尚其志也。大人，謂公、卿、大夫。言士雖未得大人之位，而其志如此，則大人之事體用已全。若小人之事，則固非所當爲也。

孟子曰：「仲子，不義與之齊國而弗受，人皆信之，是舍簞食豆羹之義也。人莫大焉亡親戚、君臣、上下。以其小者信其大者，奚可哉？」舍，音捨。食，音嗣。○仲子，陳仲子也。言仲子設若非義而與之齊國，必不肯受。齊人皆信其賢，然此但小廉耳。其辟兄離母，不食君禄，無人道之大倫，罪莫大焉。豈可以小廉信其大節，而遂以爲賢哉？

桃應問曰：「舜爲天子，皋陶爲士，瞽瞍殺人，則如之何？」桃應，孟子弟子也。其意以爲舜雖愛父，而不可以私害公；皋陶雖執法，而不可以刑天子之父。故設此問，以觀聖賢用心之所極，非以爲真有此事也。孟子曰：「執之而已矣。」言皋陶之心，知有法而已，不知有天子之父也。「然則舜不禁與？」與，平聲。○桃應問也。曰：「夫舜惡得而禁之？夫有所受之也。」夫，音扶。惡，平聲。○言皋陶之法，有所傳受，非所敢私，雖天子之命亦不得而廢之也。「然則舜如之何？」桃應問也。曰：「舜視棄天下，猶棄敝蹝也。竊負而逃，遵海濱而處，終身訢然，樂而忘天下。」蹝，音徙。訢與欣同。樂，音洛。○蹝，草履也。遵，循也。言舜之心，知有父而已，不知有天下也。孟子嘗言，舜視天下猶草芥，而惟順於父母可以解憂，與此意互相發。○此章言爲士者，但知有法，而不知天子父之爲尊；爲子者，但知有父，而不知天下之爲大。蓋其所以爲心者，莫非天理之極、人倫之至。學者察此而有得焉，則不待較計論量，而天下無難處之事矣。

孟子自范之齊，望見齊王之子，喟然歎曰：「居移氣，養移體，大哉居乎！夫非盡人之子與？」夫，音扶。與，平聲。○范，齊邑。居，謂所處之位。養，奉養也。言人之居處，所繫甚大，王子亦人子耳，特以所居不同，故所養不同，而其氣體有異也。孟子曰：張、鄒皆云：「羨文也。」「王子宮室、車馬、衣服多與人同，而王子若彼者，其居使之然也，況居天下之廣居者乎？」廣居，見前篇。尹氏曰：「睟然見於面，盎於背，居天下之廣居者然也。」魯君之宋，呼於垤澤之門。守者曰：『此非吾君也，何其聲之似我君也？』此無他，居相似也。」呼，去聲。○垤澤，宋城門名也。孟子又引此事爲證。

孟子曰：「食而弗愛，豕交之也；愛而不敬，獸畜之也。食，音嗣。畜，許六反。○交，接也。畜，養也。獸，謂犬馬之屬。恭敬者，幣之未將者也。將，猶奉也。詩曰：『承筐是將。』程子曰：「恭敬雖因威儀幣帛而後發見，然幣之未將時，已有此恭敬之心，非因幣帛而後有也。」恭敬而無實，君子不可虛拘。」此言當時諸侯之待賢者，特以幣帛爲恭敬，而無其實也。拘，留也。

孟子曰：「形色，天性也。惟聖人，然後可以踐形。」人之有形有色，無不各有自然之理，所謂天性也。踐，如踐言之踐。蓋衆人有是形，而不能盡其理，故無以踐其形。惟聖人有是形，而又能盡其理，然後可以踐其形而無歉也。○程子曰：「此言聖人盡得人道而能充其形也。蓋人得天地之正氣而生，與萬物不同。既爲人，須盡得人理，然後稱其名。衆人有之而不知，賢人踐之而未盡，能充其形，惟聖人也。」楊氏曰：「天生烝民，有物有則。物者，形色也。則者，性也。各盡其則，則可以踐形矣。」

齊宣王欲短喪。公孫丑曰：「爲期之喪，猶愈於已乎？」已，猶止也。孟子曰：「是猶或紾其兄之臂，子謂之姑徐徐云爾，亦教之孝弟而已矣。」紾，之忍反。○紾，戾也。教之以孝弟之道，則彼當自知兄之不可戾，而喪之不可短矣。孔子曰：「子生三年，然後免於父母之懷，予也有三年之愛於其父母乎？」所謂教之以孝弟者如此。蓋示之以至情之不能已者，非强之也。王子有其母死者，其傅爲之請數月之喪。公孫丑曰：「若此者，何如也？」爲，去聲。○陳氏曰：「王子所生之母死，厭於嫡母而不敢終喪。其傅爲請於王，欲使得行數月之喪也。時又適有此事，丑問如此者，是非何如？」按儀禮：「公子爲其母練冠、麻衣、縓緣，既葬除之。」疑當時此禮已廢，或既葬而未忍即除，故請之也。曰：「是欲終之而不可得也，雖加一日愈於已。謂夫莫之禁而弗爲者也。」夫，音扶。○言王子欲終喪而不可得，其傅爲請，雖止得加一日，猶勝不加。我前所譏，乃謂夫莫之禁而自不爲者耳。○此章言三年通喪，天經地義，不容私意有所短長。示之至情，則不肖者有以企而及之矣。

孟子曰：「君子之所以教者五：下文五者，蓋因人品高下，或相去遠近先後之不同。有如時雨化之者，時雨，及時之雨也。草木之生，播種封殖，人力已至而未能自化，所少者，雨露之滋耳。及此時而雨之，則其化速矣。教人之妙，亦由是也，若孔子之於顔、曾是已〔一〇〕。有成德者，有達財者，財，與材同。此各因其所長而教之者也。成德，如孔子之於冉、閔；達財，如孔子之於由、賜。有答問者，就所問而答之，若孔、孟之於樊遲、萬章也。有私淑艾者。艾，音乂。○私，竊也。淑，善也。艾，治也。人或不能及門受業，但聞君子之道於人，而竊以善治其身，是亦君子教誨之所及，若孔、孟之於陳亢、夷之是也。孟子亦曰：「予未得爲孔子徒也，予私淑諸人也。」此五者，君子之所以教也。」聖賢施教，各因其材，小以成小，大以成大，無棄人也。

公孫丑曰：「道則高矣，美矣，宜若登天然，似不可及也。何不使彼爲可幾及而日孳孳也？」幾，音機。孟子曰：「大匠不爲拙工改廢繩墨，羿不爲拙射變其彀率。爲，去聲。彀，古候反。率，音律。○彀率，彎弓之限也。言教人者，皆有不可易之法，不容自貶以徇學者之不能也。君子引而不發，躍如也。中道而立，能者從之。」引，引弓也。發，發矢也。躍如，如踊躍而出也。因上文彀率而言君子教人，但授以學之之法，而不告以得之之妙，如射者之引弓而不發矢，然其所不告者，已如踊躍而見於前矣。中者，無過不及之謂。中道而立，言其非難非易。能者從之，言學者當自勉也。○此章言道有定體，教有成法；卑不可抗，高不可貶；語不能顯，默不能藏。

孟子曰：「天下有道，以道殉身；天下無道，以身殉道。殉，如殉葬之殉，以死隨物之名也。

身出則道在必行，道屈則身在必退，以死相從而不離也。未聞以道殉乎人者也。」以道從人，妾婦之道。

公都子曰：「滕更之在門也，若在所禮。而不答，何也？」更，平聲。○趙氏曰：「滕更，滕君之弟，來學者也。」孟子曰：「挾貴而問，挾賢而問，挾長而問，挾有勳勞而問，挾故而問，皆所不答也。滕更有二焉。」長，上聲。○趙氏曰：「二，謂挾貴、挾賢也。」尹氏曰：「有所挾，則受道之心不專，所以不答也。」○此言君子雖誨人不倦，又惡夫意之不誠者。

孟子曰：「於不可已而已者，無所不已；於所厚者薄，無所不薄也。已，止也。不可止，謂所不得不爲者也。所厚，所當厚者也。此言不及者之弊。其進銳者，其退速。」進銳者，用心太過，其氣易衰，故退速。○三者之弊，理勢必然。雖過不及之不同，然卒同歸於廢弛。

孟子曰：「君子之於物也，愛之而弗仁；於民也，仁之而弗親。親親而仁民，仁民而愛物。」物，謂禽獸草木。愛，謂取之有時，用之有節。○程子曰：「仁，推己及人，如老吾老，以及人之老，於民則可，於物則不可。統而言之則皆仁，分而言之則有序。」楊氏曰：「其分不同，故所施不能無差等，所謂理一而分殊者也。」尹氏曰：「何以有是差等？一本故也，無僞也。」

孟子曰：「知者無不知也，當務之爲急；仁者無不愛也，急親賢之爲務。堯、舜之知而不徧物，急先務也；堯、舜之仁不徧愛人，急親賢也。知者之知，並去聲。○知者固無不知，然常以所當務者爲急，則事無不治，而其爲知也大矣；仁者固無不愛，然常急於親賢，則恩無不洽，而其爲仁也博矣。不能三年之喪，而緦小功之察；放飯流歠，而問無齒決，是之謂不知務。」飯，扶晚反。歠，昌悅反。○三年之喪，服之重者也。緦麻，三月；小功，五月，服之輕者也。察，致詳也。放飯，大飯。流歠，長歠，不敬之大者也。齒決，齧斷乾肉，不敬之小者也。問，講求之意。○此章言君子之於道，識其全體，則心不狹；知所先後，則事有序。○豐氏曰：「智不急於先務，雖徧知人之所知、徧能人之所能，徒弊精神，而無益於天下之治矣。仁不急於親賢，雖有仁民愛物之心，小人在位，無由下達，聰明日蔽於上，而惡政日加於下，此孟子所謂不知務也。」

校勘記

〔一〕是能改行從善之人　「能」，仿元本作「爲」。

〔二〕而不徇乎外物之誘也　「也」，吳本作「矣」。

〔三〕乃與天地之化同運並行　「同運並行」，元甲本作「並行同運」。

〔四〕無不知敬其兄也　「也」，仿元本作「者」。

〔五〕八口之家足以無飢矣　「足」，司禮監本作「可」。

〔六〕則財用足也　「也」，司禮監本作「矣」。

〔七〕勤勉之意　「意」，仿元本作「貌」。

〔八〕八尺爲仞　「爲」，司禮監本作「曰」。

〔九〕然不及泉而止　「不」，司禮監本作「未」。

〔一〇〕若孔子之於顔曾是已　「已」，元甲本作「也」。

孟子集注卷第十四

盡心章句下 凡三十八章。

孟子曰：「不仁哉，梁惠王也！仁者以其所愛及其所不愛，不仁者以其所不愛及其所愛。」親親而仁民，仁民而愛物，所謂以其所愛及其所不愛也。公孫丑曰：「何謂也？」「梁惠王以土地之故，糜爛其民而戰之，大敗；將復之，恐不能勝，故驅其所愛子弟以殉之，是之謂以其所不愛及其所愛也。」梁惠王以下，孟子答辭也。糜爛其民，使之戰鬬，糜爛其血肉也。復之，復戰也。子弟，謂太子申也。以土地之故及其民，以民之故及其子，皆以其所不愛及其所愛也。○此承前篇之末三章之意〔一〕，言仁人之恩，自内及外；不仁之禍，由疏逮親。

孟子曰：「春秋無義戰。彼善於此，則有之矣。」春秋每書諸侯戰伐之事，必加譏貶，以著其擅興之罪，無有以爲合於義而許之者。但就中彼善於此者則有之，如召陵之師之類是也。征者，上伐下也，敵國不相征也。」征，所以正人也。諸侯有罪，則天子討而正之，此春秋所以無義戰也。

孟子曰：「盡信書，則不如無書。程子曰：「載事之辭，容有重稱而過其實者，學者當識其義而已。苟執於辭，則時或有害於義，不如無書之愈也。」吾於武成，取二三策而已矣。武成，周書篇名，武王伐紂歸而記事之書也。策，竹簡也。取其二三策之言，其餘不可盡信也。程子曰：「取其奉天伐暴之意，反政施仁之法而已。」仁人無敵於天下。以至仁伐至不仁，而何其血之流杵也？」杵，舂杵也。或作鹵，楯也。武成言武王伐紂，紂之「前徒倒戈，攻于後以北，血流漂杵」。孟子言此則其不可信者。然書本意，乃謂商人自相殺，非謂武王殺之也。孟子之設是言，懼後世之惑，且長不仁之心耳。

孟子曰：「有人曰：『我善爲陳，我善爲戰。』大罪也。陳，去聲。○制行伍曰陳，交兵曰戰。國君好仁，天下無敵焉。好，去聲。南面而征，北狄怨；東面而征，西夷怨。曰：『奚爲後我？』此引湯之事以明之，解見前篇。武王之伐殷也，革車三百兩，虎賁三千人。兩，去聲。賁，音奔。○又以武王之事明之也。兩，車數，一車兩輪也。千，書序作百。王曰：『無畏！寧爾也，非敵百姓也。』若崩厥角稽首。書泰誓文與此小異。孟子之意當云：王謂商人曰：「無畏我也。我來伐紂，本爲安寧汝，非敵商之百姓也。」於是，商人稽首至地，如角之崩也。征之爲言正也，各欲正己也，焉用戰？」焉，於虔反。○民爲暴君所虐，皆欲仁者來正己之國也。

孟子曰：「梓匠輪輿能與人規矩，不能使人巧。」尹氏曰：「規矩，法度可告者也。巧則在其人，雖大匠亦末如之何也已。蓋下學可以言傳，上達必由心悟，莊周所論斲輪之意蓋如此。」

孟子曰：「舜之飯糗茹草也，若將終身焉。及其爲天子也，被袗衣，鼓琴，二女果，若固有之。」飯，上聲。糗，去久反。茹，音汝。袗，之忍反。果，説文作婐，烏果反。○飯，食也。糗，乾糒也。茹，亦食也。袗，畫衣也。二女，堯二女也。果，女侍也。言聖人之心，不以貧賤而有慕於外，不以富貴而有動於中，隨遇而安，無預於己，所性分定故也。

孟子曰：「吾今而後知殺人親之重也：殺人之父，人亦殺其父；殺人之兄，人亦殺其兄。然則非自殺之也，一間耳。」間，去聲。○言吾今然後知者[二]，必有所爲而感發也。一間者，我往彼來，間一人耳，其實與自害其親無異也。○范氏曰：「知此則愛敬人之親，人亦愛敬其親矣。」

孟子曰：「古之爲關也，將以禦暴。今之爲關也，將以爲暴。」征税出入。○范氏曰：「古之耕者什一，後世或收太半之税，此以賦斂爲暴也。文王之囿，與民同之；齊宣王之囿，爲阱國中，此以園囿爲暴也。後世爲暴，不止於關。若使孟子用於諸侯，必行文王之政，凡此之類，皆不終日而改也。」

孟子曰：「身不行道，不行於妻子；使人不以道，不能行於妻子。」身不行道者，以行言之。不行者，道不行也。使人不以道者，以事言之。不能行者，令不行也。

孟子曰：「周於利者，凶年不能殺；周於德者，邪世不能亂。」周，足也，言積之厚則用有餘。

孟子曰：「好名之人，能讓千乘之國；苟非其人，簞食豆羹見於色。」好、乘、食，皆去聲。

見，音現。○好名之人，矯情干譽，是以能遜千乘之國。然若本非能輕富貴之人，則於得失之小者，反不覺其真情之發見矣。蓋觀人不於其所勉，而於其所忽，然後可以見其所安之實也。

孟子曰：「不信仁賢，則國空虛。空虛，言若無人然。無禮義，則上下亂。禮義，所以辨上下，定民志。無政事，則財用不足。」生之無道，取之無度，用之無節故也。○尹氏曰：「三者以仁賢爲本。無仁賢，則禮義政事，處之皆不以其道矣。」

孟子曰：「不仁而得國者，有之矣；不仁而得天下，未之有也。」言不仁之人，騁其私智，可以盜千乘之國，而不可以得丘民之心。○鄒氏曰：「自秦以來，不仁而得天下者有矣，然皆一再傳而失之，猶不得也。所謂得天下者，必如三代而後可。」

孟子曰：「民爲貴，社稷次之，君爲輕。社，土神。稷，穀神。建國則立壇壝以祀之。蓋國以民爲本，社稷亦爲民而立，而君之尊，又係於二者之存亡，故其輕重如此。是故得乎丘民而爲天子，得乎天子爲諸侯，得乎諸侯爲大夫。丘民，田野之民，至微賤也。然得其心，則天下歸之。天子，至尊貴也，而得其心者，不過爲諸侯耳。是民爲重也。諸侯危社稷，則變置。諸侯無道，將使社稷爲人所滅，則當更立賢君，是君輕於社稷也。犧牲既成，粢盛既潔，祭祀以時，然而旱乾水溢，則變置社稷。」盛，音成。○祭祀不失禮，而土穀之神不能爲民禦災捍患，則毀其壇壝而更置之，亦年不順成、八蜡不通之意。是社稷雖重於君而輕於民也。

孟子曰：「聖人，百世之師也，伯夷、柳下惠是也。故聞伯夷之風者，頑夫廉，懦夫有立志；聞柳下惠之風者，薄夫敦，鄙夫寬，奮乎百世之上。百世之下，聞者莫不興起也。非聖人而能若是乎？而況於親炙之者乎？」興起，感動奮發也。親炙，親近而熏炙之也。餘見前篇。

孟子曰：「仁也者，人也。合而言之，道也。」仁者，人之所以爲人之理也。然仁，理也；人，物也。以仁之理，合於人之身而言之，乃所謂道者也。○程子曰：「中庸所謂率性之謂道是也。」○或曰：「外國本『人也』之下，有『義也者宜也，禮也者履也，智也者知也，信也者實也』，凡二十字。」今按：如此，則理極分明，然未詳其是否也。

孟子曰：「孔子之去魯，曰：『遲遲吾行也。』去父母國之道也。去齊，接淅而行，去他國之道也。」重出。

孟子曰：「君子之戹於陳、蔡之間，無上下之交也。」君子，孔子也。戹與厄同，君臣皆惡，無所與交也。

貉稽曰：「稽大不理於口。」貉，音陌。○趙氏曰：「貉，姓；稽，名。爲衆口所訕。」理，賴也。今按漢書無俚，方言亦訓賴。孟子曰：「無傷也。士憎兹多口。趙氏曰：「爲士者，益多爲衆口所訕。」按：此則憎當從土，今本皆從心，蓋傳寫之誤。詩云：『憂心悄悄，愠於羣小。』孔子也。『肆不殄厥愠，亦不隕厥問。』文王也。」詩，邶風柏舟及大雅緜之篇也。悄悄，憂貌。愠，怒也。本言衛之仁人見怒於羣小。孟子以爲孔子之事，可以當之。肆，發語辭。隕，墜也。問，聲問也。本言太王事昆夷，雖不能殄絶其愠怒，亦不自墜其聲問之美。孟子以爲文王之事，可以當之。○尹氏曰：「言人顧自處如何，盡其在我者而已。」

孟子曰：「賢者以其昭昭，使人昭昭；今以其昏昏，使人昭昭。」昭昭，明也。昏昏，闇也。○尹氏曰：「大學之道，在自昭明德，而施於天下國家，其有不順者寡矣。」

孟子謂高子曰：「山徑之蹊間，介然用之而成路。爲間不用，則茅塞之矣。今茅塞子之心矣。」介，音戛。○徑，小路也。蹊，人行處也。介然，倏然之頃也。用，由也。路，大路也。爲間，少頃也。茅塞，茅草生而塞之也。言理義之心，不可少有間斷也。

高子曰：「禹之聲，尚文王之聲。」尚，加尚也。○豐氏曰：「言禹之樂，過於文王之樂。」孟子曰：「何以言之？」曰：「以追蠡。」追，音堆。蠡，音禮。○豐氏曰：「追，鐘紐也。周禮所謂旋蟲是也。蠡者，齧木蟲也。言禹時鐘在者，鐘紐如蟲齧而欲絶，蓋用之者多，而文王之鐘不然，是以知禹之樂過於文王之樂也。」曰：「是奚足哉？城門之軌，兩馬之力與？」與，平聲。○豐氏曰：「奚足，言此何足以知之也。軌，車轍迹也。兩馬，一車所駕也。城中之途容九軌，車可散行，故其轍迹淺。城門惟容一車，車皆由之，故其轍迹深。蓋日久車多所致，非一車兩馬之力能使之然也。言禹在文王前千餘年，故鐘久而紐絶；文王之鐘，則未久而紐全，不可以此而議優劣也。」○此章文義本不可曉，舊説相承如此，而豐氏差明白，故今存之，亦未知其是否也。

齊饑。陳臻曰：「國人皆以夫子將復爲發棠，殆不可復。」復，扶又反。○先時齊國嘗饑，孟子勸王發棠邑之倉，以振貧窮。至此又饑，陳臻問言齊人望孟子復勸王發棠，而又自言恐其不可也。孟子曰：「是爲馮婦也。晉人有馮婦者，善搏虎，卒爲善士。則之野，有衆逐虎，虎負嵎，莫之敢攖。望見馮婦，趨而迎之。馮婦攘臂下車。衆皆悦之，其爲士者笑之。」手執曰搏。卒爲善士，後能改行爲善也。之，適也。負，依也。山曲曰嵎。攖，觸也。笑之，笑其不知止也。疑此時齊王已不能用孟子，而孟子亦將去矣，故其言如此。

孟子曰：「口之於味也，目之於色也，耳之於聲也，鼻之於臭也，四肢之於安佚也，性也。有命焉，君子不謂性也。程子曰：「五者之欲，性也。然有分，不能皆如其願，則是命也。不可謂我性之所有，而求必得之也。」愚按：不能皆如其願，不止爲貧賤。蓋雖富貴之極，亦有品節限制，則是亦有命也。仁之於父子也，義之於君臣也，禮之於賓主也，智之於賢者也，聖人之於天道也，命也。有性焉，君子不謂命也。」程子曰：「仁、義、禮、智、天道，在人則賦於命者，所稟有厚薄清濁。然而性善可學而盡，故不謂之命也。」張子曰：「晏嬰智矣，而不知仲尼。是非命耶？」愚按：所稟者厚而清，則其仁之於父子也至，義之於君臣也盡，禮之於賓主也恭，智之於賢否也哲，聖人之於天道也，無不吻合而純亦不已焉。薄而濁，則反是。是皆所謂命也。○或曰：者，當作否；人，衍字。更詳之。○愚聞之師曰：「此二條者，皆性之所有而命於天者也。然世之人以前五者爲性，雖有不得，而必欲求之；以後五者爲命，一有不至，則不復致力，故孟子各就其重處言之，以伸此而抑彼也。張子所謂養則付命於天，道則責成於己，其言約而盡矣。」

浩生不害問曰：「樂正子，何人也？」孟子曰：「善人也，信人也。」趙氏曰：「浩生，姓；不害，名，齊人也。」「何謂善？何謂信？」不害問也。曰：「可欲之謂善，天下之理，其善者必可欲，其惡者必可惡。其爲人也，可欲而不可惡，則可謂善人矣。有諸己之謂信，凡所謂善，皆實有之，如惡惡臭，如好好色，是則可謂信人矣。○張子曰：「志仁無惡之謂善，誠善於身之謂信。」充實之謂美，力行其善，至於充滿而積實，則美在其中而無待於外矣。充實而有光輝之謂大，和順積中，而英華發外，美在其中，而暢於四支，發於事業，則德業至盛而不可加矣。大而化之之謂聖，大而能化，使其大者泯然無復可見之迹，則不思不勉，從容中道，而非人力之所能爲矣。○張子曰：「大可爲也，化不可爲也，在熟之而已矣。」聖而不可知之之謂神。程子曰：「聖不可知，謂聖之至妙，人所不能測。非聖人之上，又有一等神人也。」樂正子，二之中，四之下也。」蓋在善、信之間，觀其從於子敖，則其有諸己者或未實也。○張子曰：「顏淵、樂正子皆知好仁矣。樂正子志仁無惡而不致於學，所以但爲善人、信人而已。顏子好學不倦，合仁與智，具體聖人，獨未至聖人之止耳。」○程子曰：「士之所難者，在有諸己而已。能有諸己，則居之安，資之深，而美且大可以馴致矣。徒知可欲之善，而若存若亡而已，則能不受變於俗者鮮矣。」○尹氏曰：「自可欲之善，至於聖而不可知之神，上下一理。擴充以至於神，則不可得而名矣。」

孟子曰：「逃墨必歸於楊，逃楊必歸於儒。歸，斯受之而已矣。墨氏務外而不情，楊氏太簡而近實，故其反正之漸，大略如此。歸斯受之者，閔其陷溺之久，而取其悔悟之新也。今之與楊、墨辯者，如追放豚，既入其苙，又從而招之。」放豚，放逸之豕豚也。苙，闌也。招，罥也，羈其足也。言彼既來歸，而又追咎其既往之失也。○此章見聖賢之於異端，距之甚嚴，而於其來歸，待之甚恕。距之嚴，故人知彼説之爲邪；待之恕，故人知此道之可反，仁之至，義之盡也。

孟子曰：「有布縷之征，粟米之征，力役之征。君子用其一，緩其二。用其二，而民有殍。用其三，而父子離。」征賦之法，歲有常數，然布縷取之於夏，粟米取之於秋，力役取之於冬，當各以其時。若并取之，則民力有所不堪矣。今兩税三限之法，亦此意也。○尹氏曰：「言民爲邦本，取之無度，則其國危矣。」

孟子曰：「諸侯之寶三：土地，人民，政事。寶珠玉者，殃必及身。」尹氏曰：「言寶得其寶者安，寶失其寶者危。」

盆成括仕於齊。孟子曰：「死矣，盆成括！」盆成括見殺，門人問曰：「夫子何以知其將見殺？」曰：「其爲人也小有才，未聞君子之大道也，則足以殺其軀而已矣。」盆成，姓；括，名也。恃才妄作，所以取禍。○徐氏曰：「君子道其常而已。括有死之道焉，設使幸而獲免，孟子之言猶信也。」

孟子之滕，館於上宫。有業屨於牖上，館人求之弗得。館，舍也。上宫，别宫名。業屨，織之有次業而未成者。蓋館人所作，置之牖上而失之也。或問之曰：「若是乎從者之廋也？」曰：「子以是爲竊屨來與？」曰：「殆非也。夫子之設科也，往者不追，來者不距。苟以是心至，斯受之而已矣。」從、爲，並去聲〔三〕。與，平聲。夫子，如字，舊讀爲扶余者，非。○或問之者，問於孟子也。廋，匿也。言子之從者，乃匿人之物如此乎？孟子答之，而或人自悟其失，因言此從者固不爲竊屨而來，但夫子設置科條以待學者，苟以向道之心而來，則受之耳，雖夫子亦不能保其往也。門人取其言，有合於聖賢之指，故記之。

孟子曰：「人皆有所不忍，達之於其所忍，仁也；人皆有所不爲，達之於其所爲，義也。惻隱羞惡之心，人皆有之，故莫不有所不忍、不爲，此仁義之端也。然以氣質之偏、物欲之蔽，則於他事或有不能者。但推所能，達之於所不能，則無非仁義矣。人能充無欲害人之心，而仁不可勝用也；人能充無穿踰之心，而義不可勝用也。勝，平聲。○充，滿也。穿，穿穴；踰，踰牆，皆爲盜之事也。能推所不忍，以達於所忍，則能滿其無欲害人之心，而無不仁矣。能推其所不爲，以達於所爲，則能滿其無穿踰之心，而無不義矣。人能充無受爾汝之實，無所往而不爲義也。此申說上文充無穿踰之心之意也。蓋爾汝，人所輕賤之稱，人雖或有所貪昧隱忍而甘受之者，然其中心必有慚忿而不肯受之之實。人能即此而推之，使其充滿，無所虧缺，則無適而非義矣。士未可以言而言，是以言餂之也；可以言而不言，是以不言餂之也，是皆穿踰之類也。」餂，音忝。○餂，探取之也。今人以舌取物曰餂，即此意也。便佞隱默，皆有意探取於人，是亦穿踰之類。然其事隱微，人所易忽，故特舉以見例。明必推無穿踰之心，以達於此而悉去之，然後爲能充其無穿踰之心也。

孟子曰：「言近而指遠者，善言也；守約而施博者，善道也。君子之言也，不下帶而道存焉。施，去聲。○古人視不下於帶，則帶之上乃目前常見至近之處也。舉目前之近事，而至理存焉，所以爲言近而指遠也。君子之守，脩其身而天下平。此所謂守約而施博也。人病舍其田而芸人之田，所求於人者重，而所以自任者輕。」舍，音捨。○此言不守約而務博施之病。

孟子曰：「堯、舜，性者也；湯、武，反之也。性者，得全於天，無所汙壞，不假脩爲，聖之至也。反之者，脩爲以復其性，而至於聖人也。○程子曰：「性之、反之，古未有此語，蓋自孟子發之。」○吕氏曰：「無意而安行，性者也；有意利行，而至於無意，復性者也。堯、舜不失其性，湯、武善反其性，及其成功則一也。」動容周旋中禮者，盛德之至也。哭死而哀，非爲生者也。經德不回，非以干禄也；言語必信，非以正行也。中、爲、行，並去聲〔四〕。○細微曲折〔五〕，無不中禮，乃其盛德之至。自然而中，而非有意於中也。經，常也。回，曲也。三者亦皆自然而然，非有意而爲之也，皆聖人之事，性之之德也。君子行法，以俟命而已矣。」法者，天理之當然者也。君子行之，而吉凶禍福有所不計，蓋雖未至於自然，而已非有所爲而爲矣。此反之之事，董子所謂「正其義不謀其利，明其道不計其功」，正此意也。○程子曰：「動容周旋中禮者，盛德之至。行法以俟命者，『朝聞道，夕死可矣』之意也。」○吕氏曰：「法由此立，命由此出，聖人也。行法以俟命，君子也。聖人性之，君子所以復其性也。」

孟子曰：「説大人，則藐之，勿視其巍巍然。説，音稅。藐，音眇。○趙氏曰：「大人，當時尊貴者也。藐，輕之也。巍巍，富貴高顯之貌。藐焉而不畏之，則志意舒展，言語得盡也。」堂高數仞，榱題數尺，我得志，弗爲也。食前方丈，侍妾數百人，我得志，弗爲也。般樂飲酒，驅騁田獵，後車千乘，我得志，弗爲也。在彼者，皆我所不爲也；在我者，皆古之制也，吾何畏彼哉？」榱，楚危反。般，音盤。樂，音洛。乘，去聲。○榱，桷也。題，頭也。食前方丈，饌食列於前者，方一丈也。此皆其所謂巍巍然者，我雖得志，有所不爲，而所守者皆古聖賢之法，則彼之巍巍者何足道哉！○楊氏曰：「孟子此章，以己之長，方人之短，猶有此等氣象，在孔子則無此矣。」

孟子曰：「養心莫善於寡欲。其爲人也寡欲，雖有不存焉者，寡矣；其爲人也多欲，雖有存焉者，寡矣。」欲，如口鼻耳目四支之欲，雖人之所不能無，然多而不節，未有不失其本心者，學者所當深戒也。○程子曰：「所欲不必沉溺，只有所向便是欲。」

曾晳嗜羊棗，而曾子不忍食羊棗。羊棗，實小黑而圓，又謂之羊矢棗。曾子以父嗜之，父没之後，食必思親，故不忍食也。公孫丑問曰：「膾炙與羊棗孰美？」孟子曰：「膾炙哉！」公孫丑曰：「然則曾子何爲食膾炙而不食羊棗？」曰：「膾炙所同也，羊棗所獨也。諱名不諱姓，姓所同也，名所獨也。」肉聶而切之爲膾。炙，炙肉也。

萬章問曰：「孔子在陳，曰：『盍歸乎來！吾黨之士狂簡，進取，不忘其初。』孔子在陳，何思魯之狂士？」盍，何不也。狂簡，謂志大而略於事。進取，謂求望高遠。不忘其初，謂不能改其舊也。此語與論語小異。孟子曰：「孔子『不得中道而與之，必也狂獧乎！狂者進取，獧者有所不爲也』。孔子豈不欲中道哉？不可必得，故思其次也。」獧，音絹。○不得中道至有所不爲，據論語，亦孔子之言。然則「孔子」字下當有「曰」字。論語道作行，獧作狷。有所不爲者，知耻自好，不爲不善之人也。孔子豈不欲中道以下，孟子言也。「敢問何如斯可謂狂矣？」萬章問也。曰：「如琴張、曾晳、牧皮者，孔子之所謂狂矣。」琴張，名牢，字子張。子桑户死，琴張臨其喪而歌，事見莊子。雖未必盡然，要必有近似者。曾晳，見前篇。季武子死，曾晳倚其門而歌，事見檀弓。又，言志異乎三子者之撰，事見論語。牧皮，未詳。「何以謂之狂也？」萬章問。曰：「其志嘐嘐然，曰：『古之人，古之人。』夷考其行，而不掩焉者也。嘐，火交反。行，去聲。○嘐嘐，志大言大也。重言古之人，見其動輒稱之，不一稱而已也。夷，平也。掩，覆也。言平考其行，則不能覆其言也。○程子曰：「曾晳言志，而夫子與之。蓋與聖人之志同，便是堯、舜氣象也。特行有不掩焉耳，此所謂狂也。」狂者又不可得，欲得不屑不潔之士而與之，是獧也，是又其次也。此因上文所引，遂解所以思得獧者之意。狂，有志者也；獧，有守者也。有志者能進於道，有守者不失其身。屑，潔也。孔子曰：『過我門而不入我室，我不憾焉者，其惟鄉原乎！鄉原，德之賊也。』」曰：「何如斯可謂之鄉原矣？」鄉人非有識者〔六〕。原與愿同。荀子「原慤」，字皆讀作愿，謂謹愿之人也。故鄉里所謂愿人，謂之鄉原。孔子以其似德而非德，故以爲德之賊。過門不入而不恨之，以其不見親就爲幸，深惡而痛絶之也。萬章又引孔子之言而問也。

曰：『何以是嘐嘐也？言不顧行，行不顧言，則曰古之人，古之人。行何爲踽踽涼涼？生斯世也，爲斯世也，善斯可矣。』閹然媚於世也者，是鄉原也。」行，去聲。踽，其禹反。閹，音奄。○踽踽，獨行不進之貌。涼涼，薄也，不見親厚於人也。鄉原譏狂者曰：何用如此嘐嘐然，行不掩其言，而徒每事必稱古人耶？又譏狷者曰：何必如此踽踽涼涼，無所親厚哉？人既生於此世，則當但爲此世之人〔七〕，使當世之人皆以爲善則可矣。此鄉原之志也。閹，如奄人之奄，閉藏之意也。媚，求悦於人也。孟子言此深自閉藏，以求親媚於世，是鄉原之行也。

萬子曰〔八〕：「一鄉皆稱原人焉，無所往而不爲原人，孔子以爲德之賊，何哉？」原〔九〕，亦謹厚之稱，而孔子以爲德之賊，故萬章疑之。

曰：「非之無舉也，刺之無刺也，同乎流俗，合乎汙世，居之似忠信，行之似廉潔，衆皆悦之，自以爲是，而不可與入堯、舜之道，故曰德之賊也。呂侍講曰：「言此等之人，欲非之則無可舉，欲刺之則無可刺也。」流俗者，風俗頹靡，如水之下流，衆莫不然也。汙，濁也。非忠信而似忠信，非廉潔而似廉潔。

孔子曰：『惡似而非者：惡莠，恐其亂苗也；惡佞，恐其亂義也；惡利口，恐其亂信也；惡鄭聲，恐其亂樂也；惡紫，恐其亂朱也；惡鄉原，恐其亂德也。』惡，去聲。莠，音有。○孟子又引孔子之言以明之。莠，似苗之草也。佞，才智之稱，其言似義而非義也。利口，多言而不實者也。鄭聲，淫樂也。樂，正樂也。紫，間色。朱，正色也。鄉原，不狂不獧，人皆以爲善，有似乎中道而實非也，故恐其亂德。君子反經而已矣。經正，則庶民興；庶民興，斯無邪慝矣。」反，復也。經，常也，萬世不易之常道也。興，興起於善也。邪慝，如鄉原之屬是也。世衰道微，大經不正，故人人得爲異説以濟其私，而邪慝並起，不可勝正。君子於此，亦復其常道而已。常道既復，則民興於善，而是非明白，無所回互，雖有邪慝，不足以惑之矣。○尹氏曰：「君子取夫狂獧者，蓋以狂者志大而可與進道，獧者有所不爲而可與有爲也。所惡於鄉原，而欲痛絶之者，爲其似是而非，惑人之深也。絶之之術無他焉，亦曰反經而已矣。」

孟子曰：「由堯、舜至於湯，五百有餘歲，若禹、皋陶，則見而知之；若湯，則聞而知之。趙氏曰：「五百歲而聖人出，天道之常。然亦有遲速，不能正五百年，故言有餘也。」尹氏曰：「知，謂知其道也。」由湯至於文王，五百有餘歲，若伊尹、萊朱，則見而知之；若文王，則聞而知之。趙氏曰：「萊朱，湯賢臣。」或曰：「即仲虺也，爲湯左相。」由文王至於孔子，五百有餘歲，若太公望、散宜生，則見而知之；若孔子，則聞而知之。散，素亶反。○散，氏；宜生，名；文王賢臣也。子貢曰：「文、武之道，未墜於地，在人。賢者識其大者，不賢者識其小者，莫不有文、武之道焉。夫子焉不學？」此所謂聞而知之也。由孔子而來至於今，百有餘歲，去聖人之世，若此其未遠也；近聖人之居，若此其甚也，然而無有乎爾，則亦無有乎爾。」林氏曰：「孟子言孔子至今時未遠，鄒、魯相去又近，然而已無有見而知之者矣；則五百餘歲之後，又豈復有聞而知之者乎？」愚按：此言雖若不敢自謂已得其傳，而憂後世遂失其傳，然乃所以自見其有不得辭者，而又以見夫天理民彝不可泯滅，百世之下，必將有神會而心得之者耳。故於篇終，歷序羣聖之統，而終之以此，所以明其傳之有在，而又以俟後聖於無窮也，其指深哉！○有宋元豐八年，河南程顥伯淳卒。潞公文彦博題其墓曰「明道先生」，而其弟頤正叔序之曰：「周公没，聖人之道不行；孟軻死，聖人之學不傳。道不行，百世無善治；學不傳，千載無真儒。無善治，士猶得以明夫善治之道，以淑諸人，以傳諸後；無真儒，則天下貿貿焉莫知所之，人欲肆而天理滅矣。先生生乎千四百年之後，得不傳之學於遺經，以興起斯文爲己任。辨異端，闢邪説，使聖人之道焕然復明於世。蓋自孟子之後，一人而已。然學者於道不知所向，則孰知斯人之爲功？不知所至，則孰知斯名之稱情也哉？」

校勘記

〔一〕此承前篇之末三章之意　「此」下，元甲本有「章」字。

〔二〕言吾今然後知者　「然」，司禮監本、吳本及正文均作「而」。

〔三〕並去聲　「並」字原脱，據吳本補。

〔四〕中爲行並去聲　「中爲」、「並」三字原脱，據殘宋本、元甲本、元乙本、司禮監本、吳本補。

〔五〕細微曲折　「細微」二字原脱，據殘宋本、元甲本、元乙本、司禮監本、吳本補。

〔六〕鄉人非有識者　「人」，司禮監本作「原」。

〔七〕則當但爲此世之人　「當但」，司禮監本、吳本均乙倒。

〔八〕萬子曰　「子」，元甲本、司禮監本、仿元本均作「章」。

〔九〕原　「原」，原作「愿」，據司禮監本、吳本及正文改。

附録一　序跋

宋當涂郡齋刻本四書章句集注跋

[宋]馬光祖

當涂郡齋舊有文公語、孟集注，注與本文皆大字，於老眼爲宜，蓋正肅吴公所刊，見謂善本。光祖朅來假守，依仿規制，取中庸、大學章句併刊之，足成四書。語、孟歲月浸久，間有漫滅，就加整治。是書在天地間無窮達老少皆不可一日廢，熟復玩味，則施之行事，其有不敬且畏哉？淳祐壬子孟秋朔旦金華馬光祖敬識。

元泳澤書院刻本四書識語

[元]佚　名

四書家藏人誦，而板行者類多細字，不無訛舛。今得燕山嘉氏所刻宣城舊本于京師，經注字等，實便觀讀。於是補其殘闕，置諸泳澤書院，嘉與學者共之。至正丙午秋八月識。

元至正翠巖精舍刻本大學章句箋注中庸章句箋注識語

兩坊舊刊四書訛謬不一，今得金華魯齋王先生批點箋注正本，仍分章旨，明事義，正句讀，附釋音。端請名儒，三復校正，經注大字，暫新繡梓，視他本實爲明備，願與四方學者共之。至正丙申孟春翠巖精舍謹識。

清嘉慶十六年吴氏真意堂刻本四書章句附考序

〔清〕吴　英

朱子之注四書也，畢生心力於斯，臨没前數日，猶有改筆。但其本行世早，而世之得其定本者鮮，此注本所以有異也。又有因傳寫而異者，亦未免焉。定本如大學「欲其必自慊」，後爲「欲其一於善」而定也；論語「行道而有得於心」，後爲「得於心而不失」而定也，此類是也。傳寫而異，如論語「衛大夫公孫拔」，誤爲「公孫枝」；孟子「自武丁至紂凡九世」，誤爲「七世」之類耳。傳寫之誤，固注疏家之常事，若夫注是書而畢生心力於斯，没前有改筆，則朱子之注四書也，其用心良苦，其用力獨瘁矣。夫朱子之意，必欲精之又精，以造乎其極，亦何爲也哉？立志於爲聖賢，在自得躬行，而不在於注之有定本也；用以治國平天下，在體諸身、施於政，亦不在於注之有定本也；即以講論四書經文，亦在於大本大源，而不在於一句一字之間也。然則我子朱子之苦心瘁力於斯者，何爲也哉？蓋以四子之書爲兩間至精之理，爲孔門至精之文。爲之注者，必至當而不可易，乃與斯文爲無所負焉耳，此子朱子之意也。況有非朱子原文，爲傳寫所誤者耶？況不惟注也，經文歷漢以來，授受既遠，亦不免有傳寫之誤者耶！

英自癸卯而後，困於棘闈者二十餘年。此二三十年間，頗亦手不釋卷，而於朱子注之異同處，不暇詳也。未嘗不研摩於朱子文集及朱門諸子集中語録，然於其自論注處，則置之。未嘗不涉歷於朱子儀禮經傳通解、東發黄氏日鈔，然於其中學、庸注，則置之。何也？以爲通經致用之學不繫此也。十三經義之未通而求通者，汲汲不暇，而奚暇於此也！慨自丁卯，英與兒志忠偕入省，未數日，母病信至，與兒偕返，已抱恨終天。自是每聞人言鄉試，則心痛，盡棄所業，而就業名山。忠兒感予心之摧傷，亦不樂習帖括。今歲，忠徧覓借古本四書及疏釋四書之書，以求朱子章句集注最後改定本及傳寫未誤者，别録一部，而私記考證附於後。有疑則折衷於予，然不能多得善本，予懼其折衷之猶未當，命付梓以廣其就正有道之帙。斯役也，固幼學壯行者所不屑爲之之事也。鄉使英於屢躓場屋之年，即得所願，則兒當亦相從於青雲之路，求所謂通經致用之學而學焉，又奚暇爲此學？乃今而英之所遇可謂窮矣，窮況及於家人，非聽兒之不自量而爲此迂遠也。四方諸君子見其書而教正其中之繆譌，尚其哀英之遇，而諒忠之情也夫！嘉慶辛未重陽日吴邑吴英序。

清嘉慶十六年吴氏真意堂刻本四書章句集注定本辨

［清］吴英

辛未夏，兒志忠學輯四書朱子注之定本，句考之而有所疑，折衷於予。此非易事也，得不盡心焉！定本句有不待辨者，有猶待辨者，有不可不辨者。

不待辨者維何？如大學誠意章「故必謹之於此，以審其幾焉」，爲定本；其初本則曰「慊與不慊，其幾甚微」。如此之類是也。猶待辨者維何？如大學聖經章「欲其必自慊」，此初本，非定本，其定本則曰「欲其一於善」。論語爲政章「行道而有得於心也」，此初本，非定本；其定本則曰「得於心而不失也」。如此之類是也。不可不辨者維何？如中庸首章「蓋人知己之有性，而不知其出於天；知事之有道，而不知其由於性；知聖人之有教，而不知其因我之所固有者裁之也。故子思於此首發明之，而董子所謂道之大原出於天，亦此意也」。此實非定本，其定本則曰「蓋人之所以爲人，道之所以爲道，聖人之所以爲教，原其所自，無一不本於天而備於我。學者知之，則其於學知所用力，而不能已矣。故子思於此首發明之，讀者所宜深體而默識也」。如此之類是也。

所以一爲不待辨，一爲猶待辨，一爲不可不辨，何哉？吾蘇坊間所行之本，多從永樂大全本。相習既久，人情每安於所習，而先入者常爲主。誠意章「故必謹之於此，以審其幾焉」，凡所習坊本既與之相合矣，久而安之矣，此固宜不待辨矣。若夫聖經章「一於善」句、爲政章「得於心」句，二者雖有善本可證，又有朱子及先儒之説，然皆與坊本不合，所以猶待辨也。「蓋人之所以爲人」一段，既與所習熟之坊本不合，爲見聞所駭異，而善本及先儒疏釋本又但從定本而無所辨説，而又爲小儒之所訾，得毋益甚其駭異？所以不可不辨也。

今試辨之：所以知「人之所以」一段之爲定論者，我朝所橅刻宋淳祐版大字本原自如此，即此可知其爲定本而無疑矣。朱子儀禮經傳通解全載學、庸注，其於此段，亦原自如此。朱子之子敬止跋云：「先公晚歲所親定，爲絶筆之書，未脱稿者八篇。」則歿後而書始出也。歿而始出，則學、庸注豈非所改定者乎？於此又可知其爲定本而無疑矣。是則此段之爲定本，得斯二者，正可以決然從焉而不必有旁求矣，而況又下及納蘭氏翻刻西山真氏四書集編亦如是。集編惟學、庸爲真氏所手定。真氏親受業於朱子，而得其精微者也，則其手定學庸集編，安有不從最後定本而遽取未定本以苟且從事者乎？於此又益可知其爲定本而無疑也。格菴趙氏四書纂疏亦如是。趙氏，其父受業於朱子之門人，故以所得於家庭者遡求朱門之源委而作纂疏，又豈有不從最後定本者？於此又益可知其爲定本而無疑也。東發黄氏所著日鈔，亦全載學、庸注，而此段亦如是。黄氏亦淵源朱子而深有得者，日鈔皆其著作，而乃載章句，豈苟然哉？此其爲定本又益可無疑也。雲峯胡氏四書通，此段亦如是。自南宋至前明，爲朱子注作疏解者多矣，若四書通，可謂最善，而通於此段亦如是，但惜無辨説，然以他處有辨者推之，此其爲定本又益可無疑也。旁求之，復有如此，何不可決之堅矣。而坊本則皆作「知己之有性」云云，考其緣由，則惟輯釋之故；而窮究其源，則自四書附録始也。輯釋者，元新安倪氏士毅所作也；附録者，宋建安祝氏洙所作也。今坊本四書注，皆仍明胡氏廣永樂大全本。大全祇勦襲輯釋，學、庸尤無增減，雖謂永樂大全即倪氏之書可耳，其於胡氏又何責焉？故論坊本所從之緣由，不謂大全而謂輯釋也。倪氏之師，定宇陳氏櫟也。陳氏著四書發明，惟主祝氏附録而已。倪氏惟師是從，亦惟主附録而已。故窮究坊本所從之源，則惟在祝氏之附録也。諸儒或多從祝氏者，祇以其父諱穆，字和父，爲朱子母黨，嘗受業於朱子。然跡和父所著方輿勝覽一書，則其人近於風華淹雅，未必内專性學者。今祝氏四書附録雖未見其全書，而即輯釋所載引諸説以觀之，是直不知有定本，已爲四書通道之矣。四書通曰：「如爲政章祝本作『有得於心』，則於改作『得於心而不失』，祝未之見也。」通之説有如此，仍倪氏後生不能擇善以從，而因阿其師以及祝氏。至顛倒是非，即朱子口講指畫之言，而亦弗之信焉，何其無識歟？而祝本之爲非定本可以決然矣。然猶可委者，曰「源略遠，派亦分矣」。乃祝本之爲非定本，更有即出於朱子後嗣之人之言爲祝氏微辨者，即出於信從祝氏之人自呈破綻者。倪氏輯釋引陳氏四書發明之言曰：「文公適孫鑑書祝氏附録本卷端云：『四書元本，則以鑑向得先公晚年絶筆所更定而刊之興國者爲據。』」按此語：曰「元」，宗之也；曰「則以」、曰「所」、曰「者」，别有指之辭也；曰「得」，則已失也。子明題祝本也如是，則是明明謂祝本與子明所得之本不合矣，明明謂祝本非刊之興國之本矣，明明謂祝本非絶筆更定之本矣。朱子之家猶自失之而覓得之，況祝氏何從得乎？其不直告以此非定本，必自有故，不可考矣。然其辭其意則顯然也，而祝氏不達。陳氏信祝本而載之於發明，而倪氏又述之於輯釋，皆引之以爲祝本重，亦未達也。又何其並皆出於鹵莽耶？而祝本之爲非定本更可以決然矣。祝本如此，則其相傳以至於輯釋，亦如此矣；輯釋如此，則其脱胎於此之大全，亦如此矣；大全如此，則從大全之坊本，亦如此矣。總之，不知朱子改筆之所以然爾。

今取此段而細繹之，熟玩之，即其所以必改之旨有可得而窺見者。「人之所以爲人，道之所以爲道」二句，渾括「天命之謂性，率性之謂道」二句，不復分貼，以首節三句原非三平列也。道從性命而來，性命從天而來。「脩道之謂教」，即道中之事，即天命中之事也。其不曰「性之所以爲性」者，以經義繫於明吾人之有道，而不繫於明性也。「人之所以爲人，道之所以爲道，聖人之所以爲教」三句，一氣追出「原其所自，無一不本於天而備於我」二句來，方纔略頓，使下文「學者知之，則其於學知所用力而自不能已矣」二句，直騰而上接也。「本於天而備於我」，與此章總注「本原出於天，實體備於己」恰相針對，雖總注多「不可易」、「不可離」兩層，然「不可易」即「出於天」足言之耳，「不可離」即「備於己」足言之耳，非有添出也。即此「無一不本於天而備於我」一句之中，亦已具有「不可易」、「不可離」之意。性、道、教無一非不可易，無一非不可離也。次節經文，特從首節三句中所蘊含之意抽出而顯言之，使首次二節筋絡相聯耳。「學者知之，則其於學知所用力而自不能已矣」，此二句正爲此節經文推原立言之所以然處，正得子思喫緊啓發後學心胸之旨。此節注要義在此，故下文「子思於此首發明之」二句，十分有力。一部中庸，其使學者知所用力自不能已之意居其半也。「讀者所宜深體而默識也」，乃是勉勵之辭。改本之精妙如此。若初本「知己之有性」云云，尚覺粗漫而未及精深，況三平列，亦依文而失旨，雖似整齊，而仍於第一句遺「命」字，於第三句遺「道」字，文亦未能盡依。董子所謂「道之大原」云云，爲知言則可矣；若引來證中庸此節，則爲偏重「本於天」意，而未及「備於我」意，則是仍未免遺卻親切一邊意矣。定本與未定本相較，雖皆朱子之筆，而盡善與未盡善縣殊。朱子豈徒爲好勞？豈樂人之取其所舍而舍其所取耶？乃輯釋反爲引陳氏之言曰：「元本含蓄未盡，至定本則盡發無餘蘊。」是粗淺則得解而以爲盡發，精深則不得解而以爲含蓄，似爲無學。又引史氏之言曰：「『學者知之，則其於學知所用力而自不能已矣』，不過稱讚子思勉勵學者之言，不復有所發明於經。」是以鉤深致遠之言，僅視爲稱讚而勉勵，似爲無見。又引陳氏之言曰：「『知己有性』六句，義理貫通，造語瑩潔，『所以爲人』三句，未見貫通之妙。至『無一不本於天而備於我』，其義方始貫耳。」是討尋章句而僅乃用其批評帖括之筆，似爲無知。此所以繆從祝本，而致令聖經賢傳傳授心法之文，大儒畢生盡心力而爲之以成其至粹者，千百闕其一二，故曰不可不辨也。

「欲其一於善而無自欺也」一句，四書通曰：「初本『必自慊』，後改作『一於善』。朱子嘗曰：『只是一箇心，便是誠；纔有兩，便自欺。』愚謂易以陽爲君子，陰爲小人，陽一而陰二也。一則誠，二則不誠。改『一於善』，旨哉！」通之説如此，則「一於善」爲定本無疑也。「誠其意者」，自修之首，故提善字，以下文「致其知」句方有知爲善以去惡之義，而此節後言「致知」先言「誠意」，不比下節及第六章皆承「致知」來也。「一於」二字，有用其力之意，正與第六章注「知爲善以去其惡，則當實用其力」，恰相針對也。若作「必自慊」，則終不如「一於善」之顯豁而縝密也。改本之勝於初本又如此，而輯釋顧乃又引陳氏之言曰：「『一於善』，不若『必自慊』對『毋自欺』，只以傳語釋經文，尤爲痛快該備。」夫傳本釋經，何勞挹注？

以用傳釋經爲快，不如不注，而但讀傳文矣。聖經三綱領猶必言善，若注自修之首而不提善字，何以反謂該備耶？「得於心而不失也」一句，四書通曰：「初改本云：『行道而有得於心。』後改本云：『得於心而不失。』門人胡泳嘗侍坐武夷亭，文公手執扇一柄，謂胡泳曰：『便如此扇，既得之而復失之，如無此扇一般。』所以解『德』字用『不失』字。」通之所引如此，則「不失」爲最後定本無疑也。政者，正也；德者，得也。得字承上「爲政」二字來。得於心者，心正也。心正而後身正，身正而後朝廷正，朝廷正而後天下正，所謂「正人之不正」者，此也。不失者，兢兢業業，儆戒無虞，罔失法度也。不失，便是不已無息也。若作「行道」，則上文既言「政之爲言正也，德之爲言得也」，則「得於心」句正宜直接，而於此復加以「行道」二字，豈不贅乎？初本是「行道而有得於身」，次改「身」作「心」而仍未去「行道」二字者，沿古注而未能盡消鎔耳。況不失，則道之行也自在其中而不待言矣。行道，則雖有得於心而未見其必不失也。最後改本之勝於初次二本又如此，而輯釋顧乃又引陳氏之言曰：「此必非末後定本，終不如『行道而有得於心』之精當。『得於心而不失』，得於心者何物乎？方解德字，未到持守處，不必遽云不失。『據於德』注『得之於心而守之不失』，道得於心而不失，乃是自『據』字上説來。況上文先云德，則行道而有得於心者也；若遽云不失，則失之急。大學序謂『本之躬行心得』，躬行即行道，心得即有得於心，參觀之而祝氏定本爲尤信。」是又皆繆證。夫大學序之言躬行也，上有「自王公以下至於庶人之子弟，自天子之元子、衆子，以至公、卿、大夫、元士之適子，與凡民之俊秀」之文，下有「當世之人」之文，故其間不得不言躬行也。若爲政以德，則其所爲者即其所以。所爲所以，非有異時，何得多添「行道」二字於其間乎？「據於德」注之言行道也，經文上有「志於道」之文。「據於德」德字原根道字來，故注德字不得不言行道也。若爲政以德，德字即承政字來，何必增「行道」二字，反似政在行道之外乎？中庸説到「不顯惟德」，亦此德字，何得謂方解德字，未到持守處耶？又引史氏之言曰：「定宇謂得於心者何物？此説極是。大學釋明德曰：『所得乎天。』便見所得實處。今但曰得於心，而不言所得之實，可乎？況不失爲進德者言，爲政以德是盛德，不失不足以言之。」是又繆議。不失二字即得字而足言之也。爲邦章注曰：「一日不謹則法壞矣。」故必言不失以足之。豈盛德不可言不失耶？大學注謂「人之所得乎天」，以見德非大人所獨有；此節注不言行道，以見聖人之德所性而有，而乃妄以爲罅漏也而議之耶？故曰猶待辨也。

若夫誠意章注，坊本與定本合，固不待辨矣。然祝本有諸處不合定本，而獨於最後所改之誠意章「故必謹之於此，以審其幾焉」無殊。夫此，以年譜考之，是在没前三日所改者也，何以祝本反得與之合耶？陳氏信祝本爲定本，以他本爲未定本，而惟此無殊，陳氏亦自不解。即倪氏從陳氏，而倪氏亦自不解。然此亦易解也。子明之題祝本也，即曰「向得先公晚年絶筆所更定」，則晚年所更必不能縷述，而絶筆所更必爲之述於此，以揚先人之精勤。祝氏得此語，潛爲改正，而秘其因題得改之由。自謂此本今而後人之見之者皆以爲晚年絶筆所更定之本矣，於是但述所云「四書元本」以下二十六字，示人謂此最後定本之證也。況朱子之疾，來問者衆，殁前有改筆，及門必述傳一時，祝氏因得聞而竊改。若其餘諸處，安得盡聞之而改之乎？此所以他處多未定本，此處反得定本也。陳氏既不得其解，易年譜以就之。輯釋引陳氏之言曰：「『欲其必自慊而無自欺也』一句，惟祝氏附録本如此，他本皆作『欲其一於善』。年譜謂：『慶元庚申四月辛酉，公改誠意章句。甲子，公易簀。』今觀誠意章，則祝本與諸本無一字殊，惟此處有『一於善』三字異，是其絶筆改定在此三字也。」倪氏又不得其解，亦疑年譜。於輯釋摘録年譜而附其説於後曰：「鑑有晚年改本之説，愚考之年譜，無一語及晚年改本之論，似爲可疑。」信如陳氏、倪氏之言，是年譜有謁文也。夫惟知信祝本，而於其罅隙可疑之處，不能因疑生悟，而强斷年譜之文爲有謁，抑何愚乎！不待辨者，竊更有所解如此，若不可不辨者甚多，不能盡記。

予有健忘之疾，恐盡忘而無以請正於先生朋友也，故姑取其尤要者記焉。忠所學附考粗就，因命忠刻此以弁於卷首。

附録二　著録

直齋書録解題卷二禮類　［宋］陳振孫

大學章句一卷或問二卷中庸章句一卷或問二卷

朱熹撰。其説大略宗程氏，會衆説而折其中。又記所辨論取舍之意，别爲或問以附其後，皆自爲之序。至大學則頗補正其脱簡闕文。

同上卷三語孟類　同上

論語集注十卷孟子集注十四卷

朱熹撰。大略本程氏學，通取注疏古今諸儒之説，間復斷以己見。晦翁生平講解，此爲第一，所謂毫髮無遺憾者矣。

文淵閣四庫全書本四書章句集注提要

臣等謹案：大學章句一卷、論語集注十卷、孟子集注七卷、中庸章句一卷，宋朱子撰。案：論語自漢文帝時立博士。孟子，據趙岐題詞，文帝時亦立博士，以其旋罷，故史不載。中庸説二篇，見漢書藝文志。戴顒中庸傳二卷、梁武帝中庸講疏一卷，見隋書經籍志。惟大學無別行之本，然書録解題載司馬光有大學廣義一卷、中庸廣義一卷，已在二程以前，均不自洛、閩諸儒始爲表章。特其論説之詳，自二程始。定著四書之名，則自朱子始耳。原本首大學，次論語，次孟子，次中庸，後刊本以大學、中庸篇頁無多，併爲一册，遂移中庸於論語前。明代科舉命題，又以作者先後移中庸於孟子前。然非宏旨所關，不必定復其舊也。大學古本爲一篇，朱子則分別經傳，顛倒其舊次，補綴其闕文。中庸亦不從鄭注分節，故均謂之章句。論語、孟子融會諸家之説，故謂之集注，猶何晏注論語裒八家之説，稱集解也。惟晏注皆標其姓，朱子則或標或不標，例稍殊焉。大學章句，諸儒頗有異同，然所謂「誠其意者」以下並用舊文，所特創者不過補傳一章，要非增於八條目外，既於理無害，又於學者不爲無裨，何必分門角逐歟！中庸雖不從鄭注，而實較鄭注爲精密。蓋考證之學，宋儒不及漢儒；義理之學，漢儒亦不及宋儒。言豈一端，要各有當。況鄭注之善者，如「戒慎乎其所不睹」四句，未嘗不採用其意；「雖有其位」一節，又未嘗不全襲其文。觀其去取，具有鑒裁，尤不必定執古義相爭也。論語、孟子亦頗取古注，如論語「瑚璉」

一條與明堂位不合，孟子「曹交」一注與春秋傳不合，論者或以爲疑，不知「瑚璉」用包咸注，「曹交」用趙岐注，非朱子杜撰也。又如「夫子之墻數仞」，注「七尺曰仞」；「掘井九仞」，注「八尺曰仞」，論者尤以爲矛盾，不知「七尺」亦包咸注，「八尺」亦趙岐注也。是知鎔鑄羣言，非出私見，苟不詳考所出，固未可概目以師心矣。大抵朱子平生精力殫於四書，其判析疑似、辨别毫釐，實遠在易本義、詩集傳上，讀其書者要當於大義微言求其根本。明以來議朱子者務摭其名物度數之疏，尊朱子者又併此末節而回護之，是均門户之見，烏識朱子著書之意乎！乾隆四十二年五月恭校上。

四庫全書簡明目録卷四

大學章句一卷論語集注十卷孟子集注七卷中庸章句一卷

宋朱子撰。自是始有四書之名，而章句、集注亦遂爲説四書者之所祖。先儒舊解，不復能與爭席矣。

摛藻堂四庫全書薈要本四書章句集注提要

［清］孫士毅

内府開雕有二本，其一夾注，即世所稱監本者；其一仿宋板，注字亦大書單行，蓋取淳祐中泳澤書院本依刻，尤爲精善。二本間有互異一二字，或多至數十字。今海内童而習之既並從夾注本，故繕録篇式亦盡準之，而悉取其與宋本不同者詳爲標識以資辨證云。乾隆四十五年五月恭校上。

天禄琳琅書目卷一宋版經部

[清]于敏中

四書五函二十七册。

朱子章句集注大學一卷中庸一卷論語十卷孟子十四卷朱子序説讀法

咸淳癸酉，衢守長沙趙淇刊於郡庠，每版中有「衢州官書」四字。中興館閣續録：祕書郎莫叔光上言：今承平滋久，四方之人益以典籍爲重。凡搢紳家世所藏善本，外之監司郡守搜訪得之，往往鋟版，以爲官書，其所在各自版行。宋時郡守刻書於此可證。此本淇爲衢守所刻，時度宗九年。按虞集道園學古録：淇乃趙葵次子，幼以郊恩補承奉郎，舉童子科，刻書後六年而入元，拜湖南道宣慰使。又趙希鵠洞天清録：鏤版之地有三：吴、越、閩。衢郡屬越，由來舊矣。琴川毛氏藏本印記最夥，其「鼎」「元」雙印，祕殿珠林内錢選洪崖圖幀首有之，上有錢氏印，下曰「仲雅」，又見宋版漢書，下曰「伯雅」，而此曰「季雅」，似昆弟行，好古鑒藏家也。餘無考。

經籍跋文

〔清〕陳　鱣

宋本四書跋

宋淳祐本四書：大學章句一卷中庸章句一卷論語集注十卷孟子集注十四卷。大學序後有跋云：「四書家藏人誦，而版行者類多細字，不無訛舛。今得燕山嘉氏所刻宣城舊本於京師，經注字等，實便觀讀。於是補其殘闕，置諸泳澤書院，嘉與學者共之。淳祐丙午秋八月識。」凡五行。

考嘉氏，宋有嘉正，太平興國進士，湘鄉人。又有嘉承，永州司法。此燕山嘉氏，不知何人。「京師」，原本空格，蓋指臨安。而「泳澤書院」亦未詳何地。四書最先刻者爲臨漳本，此宣城舊本不知視臨漳所刻何如。而繕寫精良，字大悦目，誠爲至善。近得是本於吴中，似係國初繙刻者，與向所藏易本義、詩集傳諸宋本規模具體而微。每葉十六行，行十五字，注作大字，低一格。

嘗以今本校之，大學「其命維新」，作「惟新」。中庸「必有妖孽」，作「妖孼」。「黿鼉蛟龍」，作「鮫龍」。「考諸三王而不謬」，作「不繆」。論語序後有讀論語孟子法一篇。「惟仁者」，作「唯仁」。「女得人焉耳乎」，作「爾乎」。「惟我與爾有是夫」，作「唯我」。「忽然在後」，作「忽焉」。「没階趨進翼如也」，作「没堦趨」，無「進」字。按：注引陸氏曰：「『趨』下本無『進』字，俗本有之，誤也」。蓋經文無之，故引是説。惟「堦」字偶從俗，下文「阼階」仍作「階」也。「廄焚」，作「廏焚」。「斯爲之仁矣乎」，作「已乎」。「毋自辱焉」，作「無自」。「期月而已可也」，作「朞月」。「冉子退朝」，作「冉有」。「唯上知與下愚」，作「惟上」。「鐘鼓云乎哉」，作「鍾鼓」。孟子「將以釁鐘」，作「釁鍾」，下「鍾鼓」并同。「其如是孰能禦之」，作「若是」。「王曰吾惛」，作「吾惽」。「行者有裹糧也」，作「裹囊」，與鹽鐵論取下篇云「行者有囊」合。「古公亶父」，作「亶甫」。「凶年饑歲」，作「飢歲」。「思以一毫」，作「一豪」。「則塞乎天地之間」，作「塞于」。「泰山之於丘垤」，作「太山」。「矢人惟恐不傷人」，作「唯恐」，下同。「吾聞之也君子不以天下儉其親」，無「也」字。「又從而爲之辭」，無「而」字。「古之爲市者」，作「市也」。「予三宿而出晝」，作「而後出晝」。「其命維新」，作「惟新」。「井地不均」，作「不鈞」。「有小人之事」，作「小民」。「有攸不爲臣」，作「惟臣」，注同。按：趙注「無不惟念臣子之節」，本作「惟」也。「泰誓」，四作「太誓」，後同。「此率獸而食人也」，「獸」上有「禽」字。「事在易而求諸難」，作「求之」。「則天下平」，作「而天下平」。「瞽瞍底豫」，作「厎豫」，注有「厎，之而反」四字。「好勇鬬狠」，作「鬬很」。「王使人瞷夫子」，作「瞯夫子」，下「瞯良人」同。「則其小者不能奪也」，作「弗能」。「必至於彀」，作「必志」。「孝悌而已矣」，作「孝弟」。「彊恕而行」，作「强恕」。「見且猶不得亟」，作「由不」。「無不知愛其親也」，作「親者」。「獨孤臣孽子」，作「孼子」。「可以無饑矣」，作「足以無飢矣」。「亦不隕厥問」，作「不殞」。「來者不拒」，作「不距」。「人能充無穿窬之心」，作「穿踰」。俱與唐、宋石經及七經孟子考文補遺合。孟子集注十四卷，尚仍趙注古本之舊，明初刻本猶然，不知坊本何以並爲七卷也。

其注之與今本異者：大學「古之欲明明德」，注「欲其必自慊」，作「欲其一於善」。「先慎乎德」，注作

「先謹」，避諱。中庸「天命之謂性」，注「蓋人知己之所以爲人，道之所以爲道，聖人之所以爲教，原其所自，無一不本於天而備於我。學者知之，則其於學知所用力而自不能已矣。故子思於此首發明之，讀者所宜深體而默識也」。「道也者」，注「則豈率性之謂哉」，作「則爲外物而非道矣」。「天下國家可均也」，注「至難也」下，作「然不必其合乎中庸，則質之近是者皆能以力爲之。若中庸，則雖不必皆如三者之難，然非義精」云云。此三條，皆依未改原本。前二條與四朝聞見録合。「德輶如毛」，注作「德輕」。「上天之載」，注作「之事」。論語「道千乘之國」，注「道，治也」下有「馬氏云八百家出車一乘」十字。「爲政以德」，注「行道而有得於心也」，作「得於心而不失之謂也」。「慎終追遠」，注「慎終者」，作「謹終者」。「殷禮吾能言之」，注「宋，殷之後」，作「商之後」。「揖讓而升」，注「揖讓而升者」，作「揖遜」。「能以禮讓爲國乎」，注「讓者」，作「遜者」，皆避諱。「據於德」，注「德則行道而有得於心也」，作「德者得也，得其道於心而不失之謂也」。「得見有恒者」，注「有恒者」，作「有常」。「君子篤於親」，注「慎終」，作「謹終」，皆避諱。「莫春者」，注「莫春和煦之時」，無此六字。「禮云禮云」，注「且如置兩椅」，作「兩倚」。「夫子之得邦家者」，注「聖而進於」，無「進於」二字。「雖有周親，不如仁人」，注「不如周家之多仁人」，作「少仁人」，與書泰誓傳合。孟子「無恒産而有恒心者」，注作「常産、常心」。夫子當路於齊章，注「一匡天下」，作「一正」，避諱。「二老者」，注「其意暗與此合」，無「其意」二字。「帝使其子」，注「又言」，作「史記言」。「主司城貞子」，注作「正子」，避諱。「富歲子弟多賴」，注「故使其所賴藉」，作「顧藉」。「山徑之蹊間」，注「山路也」，作「小路」。「動容周旋中禮者」，注「細微曲折」，無「曲折」二字。

凡皆勝於今本，其注之尤爲切要者：大學「此以没世不忘也」，注「詠歎淫泆」，作「淫液」。論語「子問公叔文子」，注「衛大夫公孫枝也」，作「公孫拔」。按困學記聞云：「大學章句『詠歎淫液』，刊本誤爲『淫泆』。」又云：「論語孔注作『公孫拔』，集注云『公孫枝』蓋傳寫之誤。」此在宋季已然，然毛大可四書改錯妄加指斥，豈知本不誤也。孟子「紂之去武丁未久也」，注「凡七世」，作「九世」。閻百詩四書釋地嘗言其誤，宋本并未曾誤。「抱關擊柝」，注「柝，夜行所擊木也」，作「行夜」。四書釋地引何屺瞻曰：「集注『柝，行夜所擊木也』，本用趙氏注，今皆訛爲『夜行』，雖監本亦然。」百詩謂：「『行夜』、『夜行』，何啻霄壤！」假使兩家得見斯本，當亦爽然。其它一二字異同，及助語、音切之增損者，猶不可悉數。向藏明内府所刻四書大字本，已與時刻不同，然經、注字不相等，且不免舛謬，注語間有删削。自後坊版漸失其初。夫以家藏人誦童而習之之書，何可任其謬種流傳？不意衰年獲見善本，如撥霧開天，詎非幸事？

家中又有國初繙刻宋咸淳本周易本義，與所藏宋本次序悉合，紙墨并佳，較之是書，大略相等。然咸淳本周易本義，世尚有之，錢辛楣詹事曾有題跋。獨此淳祐本四書從未有語及者，一旦得之，不尤足珍重耶〔一〕？

〔一〕逐一比勘文字，知陳鱣所見實清康熙内府仿元至正刻本，而非原瞿氏鐵琴銅劍樓所藏宋當涂郡斋刻本。江標宋元本書目行格表卷上按語云：「仲魚所藏係國初繙本。」亦可爲一證。

鄭堂讀書記卷一二經部四書類

［清］周中孚

四書章句集注二十六卷附録六卷

清吴志忠真意堂刊本

宋朱子定本，國朝吴志忠輯。志忠，吴縣人。是編校刊於嘉慶辛未，凡大學章句一卷、中庸章句一卷、論語集注十卷、孟子集注十四卷。其孟子作十四卷者，從讀書志、書録解題、通考、宋志所載趙注本也。朱子章句集注元有初本、定本之分，其略見於文集、語録中。今坊本皆仍明永樂大全之本，大全則襲元倪氏士毅四書輯説之誤〔一〕，釋則襲宋祝氏洙四書集注附録之誤也。有堂以宋真氏德秀四書集編、趙氏順孫四書纂疏、元詹氏道傳四書纂箋、胡氏炳文四書通及翻宋淳祐本四書朱注、儀禮經傳通解、黄氏震讀書日鈔各本，以求朱子章句集注最後改定之本及傳寫未誤者，别録一部，而并記考注四卷附於後。有疑則折衷於其父伯和英。凡改字，一字一句無不各有所本。即所著經注句讀，亦非浸然下筆。後附伯和所輯四書家塾讀本句讀一卷，即校定經注當讀而成。又四書章句集注定本辨一卷，即略辨朱注初本、定本之異同。又章句附考一卷、集注附考三卷，則仿陸氏釋文之例，考證經文音注之異文異字，即所以分别初出、定本之異同也。從此，四百餘年來朱注之誤本，一旦得以盡發其覆。若吴氏父子者，可謂有功於朱注非尠矣。

〔一〕四書輯説之誤 「説」，當作「釋」。

大學章句一卷中庸章句一卷論語集注十卷孟子集注七卷

宋朱子撰，朱子仕履見禮類四。

雲間華氏敬義堂刊本

四庫全書著録。按書録解題，學、庸章句入禮類，論、孟集注入語孟類。宋志則論語集注自入論語類，而以孟子集注入儒家類，作十四卷，與陳氏同，然作七卷者乃後人所併也。朱子當日本以大學、中庸同稱章句，且篇帙無多，故併爲一册。若爲學者講説，必先大學，次及論、孟，後及中庸。翟晴江灝四書考異言之最詳。蓋自是始有四書之名，而章句集注亦遂爲説四書者之所祖，先儒舊解不復能與爭席矣。凡學、庸前各有淳熙己酉自序，論、孟前各有序説。考序説，皆前載史記，後載諸儒之説，但可稱爲「集説」而不可稱爲「序説」，此朱子之偶誤也。

鐵琴銅劍樓藏書目録卷六經部四書類

〔清〕瞿　鏞

四書章句集注二十六卷　宋刊本

大學章句一卷中庸章句一卷論語集注十卷孟子集注十四卷。大學卷末題「從政郎、提領江淮茶鹽所準備差遣劉夢高校正」一行。後有跋云：「當塗郡齋舊有文公語、孟集注，注與本文皆大字，於老眼爲宜，蓋正肅吴公所刊，見謂善本。光祖揭來假守，依倣規制，取中庸、大學章句併刊之，足成四書。語、孟歲月浸久，間有漫滅，就加整治。是書在天地間無窮達老少皆不可一日廢，熟復玩味，則施之行事，其有不敬且畏哉？淳祐壬子孟秋朔旦，金華馬光祖敬識。」每半葉八行，行十五字。經文皆頂格，注文亦作大字，低一格。

以今本校之，大學「其命維新」，作「惟新」。「無諸己而後非諸人」，無此八字。疑宋本脱。「黿鼉蛟龍」，作「鮫龍」。論語卷首有讀論語孟子法一篇。「没階趨進翼如也」，作「没堦趨」，無「進」字。案：注引陸氏曰：「『趨』下本無『進』字，俗本有之，誤也。」蓋經文無之，故引是説。惟「堦」字偶從俗。「毋自辱焉」，作「無自」。「冉子退朝」，作「冉有」。「鐘鼓云乎哉」，作「鍾鼓」。孟子「將以釁鐘」，作「釁鍾」，下「鍾鼓」并同。「古公亶父」，作「亶甫」。「凶年饑歲」，作「飢歲」。「思以一毫」，作「一豪」。「泰山之於丘垤」，作「太山」。「吾聞之也，君子不以天下儉其親」，無「也」字。「予三宿而出晝」，「晝」上有「後」字。案：「後」字當在「出」上，誤倒耳。「其命維新」，作「惟新」。「井地不均」，作「不鈞」。「有小人之事」，作「小民」。「南面而征北狄怨」，作「北夷」。疑涉上文「夷」字而誤。「有攸不爲臣」，作「惟臣」，注同。案：趙注「無不惟念臣子之節」，本作「惟」也。「此率獸而食人也」，「獸」上有「禽」字。「事在易而求諸難」，作「求之」。「由己溺之也」，無「也」字。「好勇鬬狠」，作「鬬很」。「則其小者不能奪也」，作「弗能」。「見且猶不得亟」，作「由不」。「無不知愛其親也」，作「親者」。「可以無飢矣」，作「足以」。「亦不隕厥問」，作「不殞」。「四肢之於安佚也」，作「四枝」。「來者不拒」，作「不距」。「人能充無穿窬之心」，作「穿踰」。「萬章曰一鄉皆稱原人焉」，作「萬子曰」，俱與唐、宋石經及七經孟子考文補遺合。孟子集注十四卷，尚仍趙氏古本之舊，不同今本并爲七卷。

其注之與今本異者：大學「古之欲明明德」，注「欲其必自慊」，作「欲其一於善」。中庸「天命之謂性」，注「欲其必自慊」，作「欲其一於善」。中庸「天命之謂性」，注「蓋人知己之有性云云」，作「蓋人之所以爲人，道之所以爲道，聖人之所以爲教，原其所自，無一不本於天而備於我。學者知之，則其於學知所用力而自不能已矣。故子思於此首發明之，讀者所宜深體而默識也」。「道也者」，注「則豈率性之謂哉」，作「則爲外物而非道矣」。「天下國家可均也」，注「至難也」下，作「然不必其合於中庸，則質之近似者皆能以力爲之。若中庸，則雖不必皆如三者之難，然非義精」云云。此四條皆爲最後定本。論語「道千乘之國」，注「道，治也」下有「馬氏云八百家出車一乘」十字。「有所不行」，注「則亦非復禮之本然矣」，又「此禮之自然」，二「禮」字，皆作「理」。「爲政以德」，注「行道而有得於心也」，作「得於心而不失之謂也」。「據於德」，注「德則行道而有得於心者也」，作「德則行道而有得於心而不失之謂也」。「莫春者」，注「莫春和煦之時」，無此六字。「夫子之得邦家者」，注「聖而進於不可知之之神矣」，無此十一字。孟子「師行而糧食」，注「二千五百人爲師」，作「千二百五十人爲師」。「紂之去武丁未久也」，注「凡七世」，作「九世」。閻氏四書釋地嘗言「七世」之誤，不知宋本實未曾誤也。「帝使其子九男二女」，注「又言」，作「史記言」。「請無以辭卻之」，注「但無以言辭間而卻之」，作「言語問」。「抱關擊柝」，注「柝，夜行所擊木也」，作「行夜」。四書釋地引何屺瞻曰：「集注『柝，行夜所擊木也』，本用趙氏注，今皆訛爲『夜行』，雖監本亦然。」百詩謂：「『行夜』、『夜行』，何啻霄壤！」使兩家得見宋本，當亦爽然。「今夫弈之爲數」，注「識者恨之」，無此四字。「亦終必亡而已矣」，注「終必並與其所爲而亡之」，作「其小仁」。「動容周旋中禮者」，注「細微曲折」，無「細微」二字。皆較今本爲勝。

其他一二字異同，及助語、音切之增損者，猶不可悉數。凡宋諱弘、殷、匡、恒、慎、讓、貞、桓等字，於經文皆闕筆，於注文則以洪代弘、商代殷、康代匡、常代恒、謹代慎、遜代讓、正代貞、威代桓，亦間有不代而闕筆者。案：陳氏鱣經籍跋文所載國初繙宋淳祐本四書，卷第行式與此悉合，惟云大學序後有淳祐丙午一跋，凡五行；今是本無之，則所繙者非是本也。吳氏真意堂所刊四書，末有附考，搜羅最夥，亦僅見國初繙宋本，而未見是本。翟氏灝四書考異梁惠王篇云：「『行者有裹糧也』，宋本作『裹囊』。」今是本仍作「裹糧」。公孫丑篇云：「『古之爲市者』，宋本作『市也』。」今是本仍作「市者」。則翟所據亦非是本也。是本爲諸家所未見，故並無題識及收藏印記，而間有妄加塗改之處。然楮墨完好，字大悦目，真宋槧之上品也。

宋元舊本書經眼録卷一

［清］莫友芝

四書集注宋本

每半葉七行，行十五字，經、注皆有句讀，注及序有□抹。其文字異今本處，與元和吳氏所言宋本大同，蓋即其所據也。序後及每卷末皆附音考，於名物制度亦有補益，不知何人所爲。音考字形稍狹而活，蓋本書繫用舊本翻雕，所附音考則當在用以取士，時稱淳熙本則未確。項氏舊藏，後歸蔣氏，今歸錢塘丁氏。卷中有「萬卷堂印」、「項氏少谿主人子信筥周家藏」、「鴻城蔣懷堂珍藏」、「袁又愷藏書」、「吳越錢氏鑑藏書畫」、「芥青」、「拳石山房」〔一〕、「項氏世家」八印。

蔣氏跋云：「曾王父諱升瀛，號步蟾，一字懷堂，又號采若。南宋希魯公之二十世孫，世居吳淞之鄧巷村。公自幼勵志讀書，性沖粹，好施與。早歲有聲黌序，旋貢成均，栽培弟姪輩，成立者頗衆。日以書史自娱，當代名公咸樂與交。後遷入城蕭家巷，辟鏡古齋，藏書多宋槧本。郡守鼇石蘇公重刊魏公譚訓，稱壽松堂蔣氏宋本校刊者，即公所藏也。淳熙四書，江南相傳僅二部，一藏藝芸書舍汪氏，一即此部。惜逸公孫丑二卷，余嘗以爲憾。因遍訪收藏家，於咸豐己未借虞山瞿氏本影鈔，得成完璧。瞿本蓋即汪氏所藏者。此書在余家，傳至余兒芥青凡五世，敬謹什襲，不敢忘先人遺意。庚申之變，轉展遷徙，家之所有，蕩焉泯焉，惟祖遺書籍，命芥兒好爲護持，所在輒隨，因得免於浩劫，是芥兒實有功於是書。今余幸還故土，而芥兒遽化，覩物觸情，能毋於邑？且余未有嗣，則此書將來又誰爲之護持耶？噫！余雖以不克承先貽後爲憾，而物無常主，但得珍藏家金匱玉函守之弗失，余亦可無負於此書也已。丙寅仲夏下浣，培澤敬識。」

〔一〕「芥」，當作「介」。「拳」，當作「卷」。

元刻本四書章句集注題跋

［清］丁丙

是書版心均題「晦庵大學、中庸、論語、孟子」等字。每葉十四行，行大字十五，小字雙行，魚尾上有字數，每卷後有音考。凡一節之義、一章之旨、一篇之凡，皆有旁抹。衍文加圓圍，誤字加方圍，主意字眼加上下圓圍。其中大學「維新」，作「惟新」。中庸「蛟龍」，作「鮫龍」。「考諸三王而不謬」，「謬」作「繆」。論語「女得人焉耳乎」，「耳」作「爾」。「忽然在後」，作「忽焉」。「没階趨進」，無「進」字。「冉子退朝」，作「冉有」。孟子「古公亶父」，作「亶甫」。「井地不均」，作「不鈞」。「有小人之事」，作「小民」。「此率獸而食人」，「獸」上有「禽」字。「必至于彀」，作「必志」。其注之異者，大學中「欲其必自慊」，作「欲其一於善」之類，皆與陳鱣經籍跋文所記淳祐本合。又考楊士奇東里文續編四書集注跋云：「句讀、旁抹之法兼取黄氏、北山何氏、魯齋王氏、導江張氏諸本之長，宣城張師曾爲之參校，加以音考，蓋今之最善本也。刻版在常州府學。」此則句讀、旁抹、音考一一吻合，中庸末有「平江章有常校」六字，其爲常州版所出無疑矣。有「萬卷堂印」、「吴越錢氏鑑藏書畫」、「項篤壽項氏世家」、「項氏少谿主人子信家藏」、「袁又愷藏書」、「卷石山房」、「鴻城蔣培澤印」、「介青」諸圖記。又有高望曾爲介青藏護是書題記。少谿主人者，明嘉興項夢原别號也。夢原爲篤壽之子，萬曆己未進士。（録自南京圖書館藏本，又載善本書室藏書志卷四，文字小異）

明成化十六年吉府刻本四書集注題跋

［清］丁　丙

大學朱子章句，前有淳熙己酉二月甲子新安朱子序，後附大學或問。中庸朱子章句，前有淳熙己酉春三月戊申新安朱子序，後附中庸或問。論語十卷，前有朱子集注序説。孟子十四卷，前有朱子集注序説，後附讀論語孟子法。有「吉府圖書」大方印。按：古者周宏祖輯古今書刻，吉府刊四書集注當即翻正統司禮監刊本，故蓋印於每卷之前。（録自南京圖書館藏本；又藏善本書室藏書志卷四，文字小異）

明嘉靖二十七年伊藩刻本四書集注題跋

［清］丁　丙

各書前均有朱子序及序説，又讀論語孟子法。并有「嘉靖戊申十月伊藩掌國正派體元子親筆撰序於欽賜正誼樓」，云「予於嘉靖乙巳奏請頒降五經、四書等書以備觀覽，既而小兒輩少知向學，紀善、伴讀等官持南版四書以進，紙粗字訛，有誤後學。因命工正官將原頒官本四書翻刻，傳之子孫，貽於後世」云。所謂原頒官本四書即正統間司禮監所刻之五經、四書也。行寬字大，槧印頗精，翻刻悉仍舊觀，惟無大學與中庸或問耳。（録自南京圖書館藏本；又載善本書室藏書志卷四，文字小異）

儀顧堂續跋卷四

［清］陸心源

元覆宋槧本四書跋

大學一卷中庸一卷，題曰「朱熹章句」；大學或問一卷中庸或問一卷，題曰「朱氏」；論語十卷孟子七卷，題曰「朱熹集注」。論語版心或題「晦菴吾注」，或作「晦菴論語」。孟子版心間有「晦菴注孟」、「晦菴注孟子」等字。大學版心題「晦菴大學」。中庸版心題「晦菴中庸章句」。前有刻四書凡例，每卷後有音考。每頁十四行，行大字十五，小字雙行，版心有字數。凡一節之義、一章之首、一篇之凡，皆有旁抹。經中衍文，依朱子孝經刊誤之例，於字之外加圓圜，誤字加方圜，主意字眼則加上下圓左右直之圜。注中宋人避諱改用之字則加方圜，段則以畫，句則以圜。蓋元時常州刊本，其圜抹之法兼取勉齋黄氏、北山何氏、魯齋王氏、導江張氏諸本之長。音考則宣城張師曾所爲也。見楊士奇東里續集卷中。有「周筤私印」白文方印、「毘陵周氏九松迂叟藏書記」朱文長印、「周良金印」朱文方印。按：周良金，自號九松、迂叟，嘉靖中常州藏書家也。

郘園讀書志卷二經部

葉德輝

四書章句集注二十六卷

内府仿宋淳祐補刻燕山嘉氏宣城本

此内府仿宋淳祐丙午補修燕山嘉氏所刻宣城舊本四書章句集注二十六卷。每半葉八行，行十五字。朱子自序後刻有識語，述補修緣由，云置版泳澤書院。字大悦目。前無重刻序跋，故不知刻書年歲。四庫全書總目著録但云通行本，而不擇一善本，殊爲忽略。據天禄琳琅書目宋版類經部有宋咸淳癸酉衢州守長沙趙淇刻四書章句集注，明版類有正統時官刻五經、四書，必較通行本校刻精美，不知何以全不檢閲，豈當時未奉諭頒出耶？此本疑刻於國初，各家書目無從考證。惟余見貴筑黄再同編修國瑾家藏此本，上鈐「汲古閣毛斧季扆」諸印，且鈐以「宋本」二字朱文篆書橢圓印，不知毛氏戲爲之，抑真誤以爲宋刻？然足見此時此書已有印本，斷非雍、乾以來所仿雕者。嘉慶辛未吴門吴志忠刻有小字宋本四書，未知所據何本？以此視之，彼誠欽丕之於鸞鳳矣。

宋刻本大學章句題跋

鄧邦述

大學章句一册，宋刊宋印，凡三十三葉，癸亥得之金陵。書不避「殷」、「慎」字，而獨避「恒」。當時刻工習避「恒」字，至明代，版本沿襲未已。與獨山莫楚生丈言之，亦云：「劂氏所知有限，惟『恒』、『匡』二字易曉，久則習以爲常耳。」吴門聞有中庸半部，已爲他人收去。童讀之書，以大學爲首，今得此而珍之，豈還童之徵耶！長至後五日邦述記。

序中於「宋」字、「國家」字提行，當時尊王之證。甲子二月述再書。（録自南京圖書館藏本；又載羣碧樓善本書録卷一，文字小異）

元刻本四書章句集注題跋

袁克文

四書集注，宋刊傳世以淳祐本爲最善。此南宋刊之絶精者〔一〕，與淳祐本悉合，從未見於著録。況經明代巨儒魏莊渠先生精楷批注，益增珍貴，洵希世寶也。周九松藏書無下乘，信然。寒雲記於百宋書藏。（録自上海圖書館藏本）

〔一〕中國古籍善本書目著録爲元刻本。

黃珅 校點

四書或問

四書兔聞

校點説明

一

自唐以前，儒者以五經爲重。將大學、論語、孟子、中庸合稱「四書」，成於朱熹。他平日教人，反復叮嚀應先致力於「四書」，以此爲求道之要、進學之本，并以一生精力，字斟句酌，剖析疑似，闡發大義，從事對四書的注釋研究。朱熹对理學的最大貢獻，或許就在殫心竭慮，建立了一箇嚴密的四書學體系。

朱熹早年對四書的研究，其成果便是四部集解。後會合衆説，斷以己意，作大學章句、中庸章句，又取石𡼏集解，删其繁，以成輯略。并取前輩十二位道學家關於論語、孟子的論説，輯爲論孟精義（後改名要義，又改名集義）。又本於注疏，會合各家之言，成訓蒙口義，更名爲詳説；然後取其精粹，成論語集注、孟子集注。再於章句、集注之外，用辨論的文體，將其議論，别爲或問，以見其取舍之意。

據年譜，淳熙四年夏六月，論孟集注或問成。在答蔡季通書見續集二答蔡季通三十六。

中，朱熹自云：「某數日整頓得四書頗就緒，皆爲集注，其餘議論別爲或問。」淳熙六年，朱熹在給皇甫斌的信中，見別集五與皇甫文仲四。提到了大學或問。朱熹在白鹿洞書院開講，所講的就是中庸或問首章的內容。大學或問、中庸或問的完成，估計和論語或問、孟子或問同步。

朱熹在完成章句、集注、或問後，曾給一些朋友門生看過。對章句，張栻贊不絕口，認爲足以詔示後學，但對或問，則委婉地提出了自己的看法：「或問之書，大抵固不可易之論，但某意謂此書卻未須出，蓋極力與辨説，亦不能得盡。」見南軒文集二十四答朱元晦七。就連朱熹自己，對章句、集注、或問，也語含軒輊。一方面，他對章句、集注的修改日益精密，可以自豪地説：「某語孟集注，添一字不得，減一字不得。」見語類卷十九。另一方面，對或問卻又無暇修訂，感到很不滿意。在答張元德問時，他説：「論孟集注後來改定處多，遂與或問不甚相應，又無工夫修得或問，故不曾傳出。今莫若且就正經上玩味，有未適處，參考集注，更自思索爲佳，不可恃此未定之書，便以爲是也。」見文集卷六十二答張元德。因爲或問與集注牴牾頗多，甚至還得出「不須看」的結論。見語類卷一百五。朱熹生前只刻印了論孟集注，從未將論孟或問付印。其弟子郭友仁問道：「論語或問甚好，何故不肯刊行？」朱熹答道：「便是不必如此。文字儘多，學者愈不將做事了。只看得集注儘得。」見語類卷一百十六。但據中庸章句序，他在世時，已將或問附於章句之後。

盡管如此，或問畢竟還是有用之書。朱熹説他作或問，「蓋欲學者試取正意。觀此書者，當於其中見得此是當辨，此不足辨，删其不足辨者，令正意愈明白可也。」見語類卷一百二十一。或問和章句、集注，一詳一略，互有發明，可相互補充印證，加上朱熹當日的學術聲望，故或問依然爲學者所需要，也就成了書商偷刻的目標。據王懋竑朱子年譜引洪嘉植年譜語：「時書肆有竊刊行者，亟請於縣官追索其板，故惟學者私傳録之。」

二

最早將四部或問合爲一帙的四書或問刻本，即書商偷刻於建陽的丁酉本。見文集卷六十二答張元德及朱子年譜。南宋陳振孫的直齋書録解題，録有大學或問二卷、中庸或問二卷、論語或問二十卷、孟子或問十四卷。據王應麟玉海，當時大學、中庸、論語、孟子均有或問。文獻通考經籍考中，録有大學章句或問、中庸章句或問各三卷，論語或問十卷、孟子或問十四卷。這些當時的刻本或抄本，都已亡佚。國内現存惟一的一部宋刻本，爲藏於上海圖書館的大學或問二卷、中庸或問二卷、論語或問纂要□卷、孟子或問纂要一卷。該書爲殘本，現存大學或問上一册、大學或問下一册、中庸或問上一册、中庸或問下三册、論語或問纂要二册、孟子或問纂要一册。因爲是「纂要」，故其章節、文字，與足本或問，出入頗大。

在瞿鏞鐵琴銅劍樓藏宋元本書目中，録有宋刊本大學章句一卷附大學或問二卷、中庸章句一卷附中庸或問二卷、論語集注十卷、孟子集注十四卷，不詳何時所刻，「其佳處往往與淳祐本合」。此書原爲毘陵周良金所藏。今上海圖書館藏有元刻四書章句集注十册，里面包括大學章句或問（分上下二卷）一册、中庸章句或問（分上下二卷）一册、論語集注四册、孟子集注四册。此書有明儒魏莊渠句讀批抹，爲周良金舊藏，後歸袁克文的「百宋書藏」。據袁跋，此書「與淳祐本悉合」，不知同瞿鏞所録宋刊本有何關係。現存元刻本中無單刻四書或問，只是在大學章句、中庸章句之後，附有或問。除上面所説的一部，另外一部爲藏於國家圖書館的元至正刻本大學章句一卷或問一卷、中庸章句一卷或問一卷，有元王侗箋注批點。此書紙張破碎，已殘缺不全。

至明，除大學或問、中庸或問依然附於章句之後，足本四書或問在民間已不可得。據楊士奇等人所編的文淵閣書目，當時有四書或問一部（十五册全）。南昌張元禎在翰林院讀書時，手抄了一部論孟或問，弘治初至南康，交知府郭瑨刻印，於弘治七年（甲寅）畢功，沉寂多年的四書或問，才又回到社會。弘治十七年（甲子）再刻於湖藩。初刻本今已不可見，再刻本僅剩殘本，即大學或問一卷、論語或問卷五至卷二十，現藏寧波天一閣。在清之前，現存惟一完整的四書或問爲明正德十二年（丁丑）仲冬吳興閔聞重刊本，包括大學或問一册（不分卷）、中庸或問一册（不分卷）、論語或問三册二十卷、孟子或問一册十四卷。此書現存兩部，分别藏於上海辭書出版社圖書館及河北大學圖書館。正德本顯然是根據弘治本重刻的，其中論語或問的版式和弘治本論語或問的版式相同，但注改爲小體字，弘治本中的許多錯誤，正德本都原封不動地保留下來。只是弘治本大學或問附於章句之後，正德本無章句，在這上面有所不同。

無論弘治本還是正德本，都有不少錯誤。萬曆二年（甲戌）春，朝鮮金偉幸等人經過仔細校勘，正要付印，因故未成。恰巧朴民獻、尹先覺等人也有志於此，於是請秀才尹元璘、趙璹等人重新監刻四書或問。萬曆朝鮮刊本現已亡佚，但日本正保四年（丁亥歲一六四七年）京都書肆風月莊左衛門刻本，便是據該本刻印的。正保本四書或問現藏北京大學圖書館，共三十八卷（在中庸或問後另收有中庸輯略上下二卷），論語或問、孟子或問中的注也都是小體字。从正保本的情況看，萬曆朝鮮刊本顯然也是根据弘治、正德本再刻的，雖然已改正了不少錯誤，但仍有一些錯誤，和正德本一字不變，完全相同。就字體説，正德本和正保本也有不少相似之處，如「冰」字均刻作「氷」，「己」字均刻作「巳」，「差」字均刻作「羌」，「參」字均刻作「叅」，「據」字均刻作「攄」，「沿」字均刻作「沿」等。明代四書或問足本刻本，現在可見的只有這三種，此外像明廠本四書集註，其中大學章句、中庸章句後所附的或問，版式、字體全和正德本一致，可見在明代流行的四書或問本，都來自弘治、正德本。

弘治、正德、萬曆所刻四書或問，均爲三十六卷本。癸未三月，高沙徐方廣刻印或問小注，包括大學一卷、論語二十卷、中庸二卷、孟子十四卷，共三十七卷（而非一些著録書中所説的三十六卷）。據王懋竑題四書或問小注前，見白田草堂存稿卷八。他在康熙壬申、癸酉間（一六九二至一六九三年）已於書坊中見此書，則此「癸未」當爲明崇禎十六年（一六四三年），此書初刻爲明本而非清本。據周中孚鄭堂讀書記，乾隆年間，陳其凝編四書或問語類，亦爲三十七卷。

但有清一代，四書或問通行的卻是三十九卷本，即大學或問二卷、中庸或問三卷、論語或問二十卷、孟子或問十四卷。據丁丙藏、丁仁編的八千卷樓書目，丁氏藏有吕氏刊本四書或問三十九卷，這大概是最早的三十九卷本。但現存康熙中吕氏寶誥堂重刊白鹿洞原本朱熹遺書中，只有論語或問二十卷、孟子或問十四卷，無大學或問、中庸或問。丁氏藏書後多歸南京圖書館收藏，現南京圖書館藏有清刊本四書或問三十九卷（另附中庸輯略二卷），即原丁氏藏書，可能就是八千卷樓書目中的吕刊本。在此之後，四庫全書文淵閣本四書或問、賀瑞麟西京清麓叢書中朱子遺書重刻合編所收四書或問、洪汝奎唐石經館叢書中據同治十二年霍山劉氏刊本所刻的四書或問，也都是三十九卷。四庫全書本乃江蘇巡撫採進，來歷不詳。四庫本对正德本的改正之處，大部分和呂刊本相似，而同正保本的出入相對説要大一些（但也有一些地方，呂刊本仍同明刻本，而四庫本卻作了改動）。據此，江蘇巡撫所採進的四書或問本，很可能是呂刊本。

這次整理四書或問，以上海圖書館所藏元刻四書章句集註所含大學章句或問、中庸章句或問及康熙中呂氏寶誥堂重刊論語或問、孟子或問爲底本，以上海圖書館所藏宋刻纂要本、明正德本、清四庫全書本、日本正保本爲校本。

二〇〇〇年二月　黄　珅

目録

大學或問……五〇三
大學或問上……五〇三
大學或問下……五二一
中庸或問……五四六
中庸或問上……五四六
中庸或問下……五七九
論語或問……六〇五
卷一……六〇五
學而第一……六〇五
卷二……六三五
爲政第二……六三五

卷三……六五八
八佾第三……六五八
卷四……六七三
里仁第四……六七三
卷五……六九六
公冶長第五……六九六
卷六……七一五
雍也第六……七一五
卷七……七三六
述而第七……七三六
卷八……七五五
泰伯第八……七五五
卷九……七六六
子罕第九……七六六
卷十……七七六

鄉黨第十……七七六
卷十一……七八五
先進第十一……七八五
卷十二……七九六
顔淵第十二……七九六
卷十三……八一〇
子路第十三……八一〇
卷十四……八二一
憲問第十四……八二一
卷十五……八四三
衛靈公第十五……八四三
卷十六……八六四
季氏第十六……八六四
卷十七……八七二
陽貨第十七……八七二

卷十八……八八九
微子第十八……八八九
卷十九……八九六
子張第十九……八九六
卷二十……九一二
堯曰第二十……九一二
孟子或問……九一七
卷一……九一七
卷二……九二五
卷三……九二九
卷四……九三九
卷五……九四二
卷六……九四八
卷七……九五一
卷八……九五六

卷九……九六九
卷十……九七四
卷十一……九七七
卷十二……九八八
卷十三……九九二
卷十四……一〇〇五
附録……一〇一五

大學或問上

或問：大學之道，吾子以爲大人之學，何也？曰：此對小子之學言之也。曰：敢問其爲小子之學，何也？曰：愚於序文已略陳之，而古法之宜於今者，亦既輯而爲書矣，學者不可以不之考也。曰：吾聞君子務其遠者大者，小人務其近者小者。今子方將語人以大學之道，而又欲其考乎小學之書，何也？曰：學之大小，固有不同，然其爲道則一而已。是以方其幼也，不習之於小學，則無以收其放心，養其德性，而爲大學之基本。及其長也，不進之於大學，則無以察夫義理，措諸事業，而收小學之成功。是則學之大小所以不同，特以少長所習之異宜，而有高下淺深先後緩急之殊，非若古今之辨、義利之分，判然如薰蕕冰炭之相反而不可以相入也。今使幼學之士，必先有以自盡乎灑掃應對進退之間，禮樂射御書數之習，俟其既長，而後進乎明德、新民，以止於至善，是乃次第之當然，又何爲而不可哉？曰：幼學之士，以子之言而得循序漸進，以免於躐等陵節之病，則誠幸矣。若其年之既長，而不及乎此者，欲反從事於小學，則恐其不免於扞格不勝、勤苦難成之患；欲直從事於大學，則又恐其失序無本，而不能以自達也，則如之何？曰：是其歲月之已逝者，則固不可得而復追矣，若其功夫之次第條目，則豈遂不可得而復補耶？蓋吾聞之，敬之一字，聖學所以成始而成終者也〔一〕。爲小學者，不由乎此，固無以涵養本原，而謹夫灑掃應對進退之節，與夫六藝之教。爲大學者，不由乎此，亦無以開發聰明，進德脩業，而致夫明德新民之功也。是以程子發明格物之道，而必以是爲説焉。不幸過時而後學者，誠能用力於此，以進乎大，而不害兼補乎其小，則其所以進者，將不患於無本而不能以自達矣。其或摧頽已甚，而不足以有所兼，則其所以固其肌膚之會、筋骸之束，而養其良知良能之本者，亦可以得之於此，而不患其失之於前也。顧以七年之病，而求三年之艾，非百倍其功，不足以致之。若徒歸咎於既往，而所以補之於後者，又不能以自力，則吾見其扞格勤苦日有甚焉，而身心顛倒，眩瞀迷惑，終無以爲致知力行之地矣，況欲有以及乎天下國家也哉！曰：然則所謂敬者，又若何而用力耶？曰：程子於此，嘗以主一無適言之矣，嘗以整齊嚴肅言之矣。至其門人謝氏之説，則又有所謂常惺惺法者焉。尹氏之説，則又有所謂其心收斂不容一物者焉。觀是數説，足以見其用力之方矣。曰：敬之所以爲學之始者然矣，其所以爲學之終也，奈何？曰：敬者，一心之主宰，而萬事之本根也。知其所以用力之方，則知小學之不能無賴於此以爲始；知小學之賴此以始，則夫大學之不能無賴乎此以爲終者，可以一以貫之而無疑矣。蓋此心既立，而由是格物致知以盡事物之理，則所謂尊德性而道問學；由是誠意正心以脩其身，則所謂先立其大者而小者不能奪；由是齊家治國以及乎天下，則所謂脩己以安百姓，篤恭而天下平。是皆未始一日而離乎敬也，然則敬之一字，豈非聖學始終之要也哉？

曰：然則此篇所謂「在明明德，在新民，在止於至善」者，亦可得而聞其說之詳乎？

曰：天道流行，發育萬物，其所以爲造化者，陰陽五行而已。而所謂陰陽五行者，又必有是理而後有是氣，及其生物，則又必因是氣之聚而後有是形。故人物之生必得是理，然後有以爲健順仁義禮智之性；必得是氣，然後有以爲魂魄五臟百骸之身。周子所謂「無極之真，二五之精，妙合而凝」者，正謂是也。然以其理而言之，則萬物一原，固無人物貴賤之殊；以其氣而言之，則得其正且通者爲人，得其偏且塞者爲物，是以或貴或賤而不能齊也。彼賤而爲物者，既梏於形氣之偏塞，而無以充其本體之全矣。惟人之生乃得其氣之正且通者，而其性爲最貴，故其方寸之間，虛靈洞徹，萬理咸備，蓋其所以異於禽獸者正在於此，而其所以可爲堯舜而能參天地以贊化育者，亦不外焉，是則所謂明德者也。然其通也或不能無清濁之異，其正也或不能無美惡之殊，故其所賦之質，清者智而濁者愚，美者賢而惡者不肖，又有不能同者。必其上智大賢之資乃能全其本體，而無少不明，其有不及乎此，則其所謂明德者已不能無蔽而失其全矣。況乎又以氣質有蔽之心，接乎事物無窮之變，則其目之欲色，耳之欲聲，口之欲味，鼻之欲臭，四肢之欲安佚，所以害乎其德者，又豈可勝言也哉！二者相因，反覆深固，是以此德之明，日益昏昧，而此心之靈，其所知者不過情欲利害之私而已。是則雖曰有人之形，而實何以遠於禽獸，雖曰可以爲堯舜而參天地，而亦不能有以自充矣。然而本明之體，得之於天，終有不可得而昧者，是以雖其昏蔽之極，而介然之頃一有覺焉，則即此空隙之中，而其本體已洞然矣。是以聖人施教，既已養之於小學之中，而後開之以大學之道。其必先之以格物致知之説者，所以使之即其所養之中，而因其所發，以啓其明之之端也；繼之以誠意、正心、脩身之目者，則又所以使之因其已明之端，而反之於身，以致其明之之實也。夫既有以啓其明之之端，而又有以致其明之之實，則吾之所得於天而未嘗不明者，豈不超然無有氣質物欲之累，而復得其本體之全哉！是則所謂明明德者，而非有所作爲於性分之外也。然其所謂明德者，又人人之所同得，而非有我之得私也。向也俱爲物欲之所蔽，則其賢愚之分，固無以大相遠者。今吾既幸有以自明矣，則視彼衆人之同得乎此而不能自明者，方且甘心迷惑没溺於卑汙苟賤之中而不自知也，豈不爲之惻然而思有以救之哉！故必推吾之所自明者以及之，始於齊家，中於治國，而終及於平天下，使彼有是明德而不能自明者，亦皆有以自明，而去其舊染之汙焉，是則所謂新民者，而亦非有所付畀增益之也。然德之在己而當明，與其在民而當新者，則又皆非人力之所為，而吾之所以明而新之者，又非可以私意苟且而爲也。是其所以得之於天而見於日用之間者，固已莫不各有本然一定之則，程子所謂「以其義理精微之極，有不可得而名」者，故姑以至善目之。而傳所謂君之仁、臣之敬、子之孝、父之慈、與人交之信，乃其目之大者也。衆人之心，固莫不有是，而或不能知，學者雖或知之，而亦鮮能必至於是而不去，此爲大學之教者，所以慮其理雖粗復而有不純，己雖粗克而有不盡，且將無以盡夫脩己治人之道，故必指是而言，以爲明德、新民之標的也。欲明德而新民者，誠能求必至是而不容其少有過不及之差焉，則其所以去人欲而復天理者，無毫髮之遺恨矣。大抵大學一篇之指，總而言之，不出乎八事，而八事之要，總而言之，又不出乎此三者，此愚所以斷然以爲大學之綱領而無疑也。然自孟子没而道學不得其傳，世之君子，各以其意之所便者爲學。於是乃有不務明其明德，而徒以政教法度爲足以新民者；又有愛身獨善，自謂足以明其明德，而不屑乎新民者；又有略知二者之當務，顧乃安於小成，狃於近利，而不求止於至善之所在者。是皆不考乎此篇之過，其能成己成物而不謬者鮮矣。

曰：程子之改親爲新也，何所據？子之從之，又何所考而必其然耶？且以己意輕改經文，恐非傳疑之義，奈何？曰：若無所考而輒改之，則誠若吾子之譏矣。今親民云者，以文義推之則無理，新民云者，以傳文考之則有據，程子於此，其所以處之者亦已審矣。矧未嘗去其本文，而但曰某當作某，是乃漢儒釋經不得已之變例，而亦何害於傳疑耶？若必以不改爲是，則世蓋有承誤踵訛，心知非是，而故爲穿鑿附會，以求其說之必通者矣，其侮聖言而誤後學也益甚，亦何足取以爲法耶？

曰：「知止而后有定，定而后能靜，靜而后能安，安而后能慮，慮而后能得。」何也？曰：此推本上文之意，言明德新民所以止於至善之由也〔一〕。蓋明德新民，固皆欲其止於至善，然非先有以知夫至善之所在，則不能有以得其所當止者而止之。如射者固欲其中夫正鵠，然不先有以知其正鵠之所在，則不能有以得其所當中者而中之也。知止云者，物格知至，而於天下之事，皆有以知其至善之所在，是則吾所當止之地也。能知所止，則方寸之間，事事物物，皆有定理矣；理既有定，則無以動其心而能靜矣；心既能靜，則無所擇於地而能安矣；能安，則日用之間，從容閒暇，事至物來，有以揆之而能慮矣；能慮，則隨事觀理，極深研幾，無不各得其所止之地而止之矣。然既真知所止，則其必得所止，固已不甚相遠。其間四節，蓋亦推言其所以然之故，有此四者，非如孔子之志學以至從心，孟子之善信以至聖神，實有等級之相懸，爲終身經歷之次序也。

曰：「物有本末，事有終始，知所先後，則近道矣。」何也？曰：此結上文兩節之意也。

誠知先明德、新民，兩物而內外相對，故曰本末； 知止、能得，一事而首尾相因，故曰終始。 誠知先其本而後其末，先其始而後其終也，則其進爲有序，而至於道也不遠矣。

曰：「古之欲明明德於天下者，先治其國； 欲治其國者，先齊其家； 欲齊其家者，先脩其身； 欲脩其身者，先正其心； 欲正其心者，先誠其意； 欲誠其意者，先致其知； 致知在格物。」何也？ 曰：此言大學之序，其詳如此，蓋綱領之條目也。 格物、致知、誠意、正心、脩身者，明明德之事也。 齊家、治國、平天下者，新民之事也。 格物致知，所以求知至善之所在； 自誠意以至於平天下，所以求得夫至善而止之也。 所謂明明德於天下者，自明其明德而推以新民，使天下之人皆有以明其明德也。 人皆有以明其明德，則各誠其意，各正其心，各脩其身，各親其親，各長其長，而天下無不平矣。 然天下之本在國，故欲平天下者，必先有以治其國。 國之本在家，故欲治國者，必先有以齊其家。 家之本在身，故欲齊家者，必先有以脩其身。 至於身之主則心也，一有不得其本然之正，則身無所主，雖欲勉强以脩之，亦不可得而脩矣，故欲脩身者，必先有以正其心。 而心之發則意也，一有私欲雜乎其中，而爲善去惡或有未實，則心爲所累，雖欲勉强以正之，亦不可得而正矣，故欲正心者，必先有以誠其意。 若夫知則心之神明，妙衆理而宰萬物者也，人莫不有，而或不能使其表裏洞然，無所不盡，則隱微之間，真妄錯雜，雖欲勉强以誠之，亦不可得而誠矣，故欲誠意者，必先有以致其知。致者，推致之謂，如「喪致乎哀」之致，言推之而至於盡也。至於天下之物，則必各有所以然之故，與其所當然之則，所謂理也，人莫不知，而或不能使其精粗隱顯，究極無餘，則理所未窮，知必有蔽，雖欲勉强以致之，亦不可得而致矣。故致知之道，在乎即事觀理，以格夫物。格者，極至之謂，如「格于文祖」之格，言窮之而至其極也。此大學之條目，聖賢相傳，所以教人爲學之次第，至爲纖悉。然漢、魏以來，諸儒之論，未嘗有及之者，至唐韓子乃能援以爲説，而見於原道之篇，則庶幾其有聞矣。然其言極於正心誠意，而無曰致知格物云者，則是不探其端，而驟語其次，亦未免於擇焉不精，語焉不詳之病矣，何乃以是而議荀、揚哉？

曰：「物格而后知至，知至而后意誠，意誠而后心正，心正而后身脩，身脩而后家齊，家齊而后國治，國治而后天下平。」何也？曰：此覆説上文之意也。物格者，事物之理，各有以詣其極而無餘之謂也。理之在物者，既詣其極而無餘，則知之在我者，亦隨所詣而無不盡矣。知無不盡，則心之所發能一於理而無自欺矣。意不自欺，則心之本體物不能動而無不正矣。心得其正，則身之所處不至陷於所偏而無不脩矣。身無不脩，則推之天下國家亦舉而措之耳，豈外此而求之智謀功利之末哉？曰：篇首之言明明德，以新民爲對，則固專以自明爲言矣；後段於平天下者，復以明明德言之，則似新民之事亦在其中，何其言之不一，而辨之不明耶？曰：篇首三言者，大學之綱領也。而以其賓主對待先後次第言之，則明明德者，又三言之綱領也。至此後段，然後極其體用之全而一言以舉之，以見夫天下雖大，而吾心之體無不該，事物雖多，而吾心之用無不貫。蓋必析之有以極其精而不亂，然後合之有以盡其大而無餘，此又言之序也。

曰：「自天子以至於庶人，壹是皆以脩身爲本，其本亂而末治者否矣；其所厚者薄，而其所薄者厚，未之有也。」何也？曰：此結上文兩節之意也。以身對天下國家而言，則身爲本而天下國家爲末。以家對國與天下而言，則其理雖未嘗不一，然其厚薄之分亦不容無等差矣。故不能格物致知，以誠意正心而脩其身，則本必亂而末不可治。不親其親，不長其長，則所厚者薄而無以及人之親長，此皆必然之理也。孟子所謂「於所厚者薄，無所不薄」，其言蓋亦本於此云。

曰：治國平天下者，天子諸侯之事也，卿大夫以下，蓋無與焉〔三〕。今大學之教，乃例以明明德於天下爲言，豈不爲思出其位，犯非其分，而何以得爲爲己之學哉？曰：天之明命，有生之所同得，非有我之得私也。是以君子之心，豁然大公，其視天下，無一物而非吾心之所當愛，無一事而非吾職之所當爲，雖或勢在匹夫之賤，而所以堯、舜其君，堯、舜其民者，亦未嘗不在其分内也。又况大學之教，乃爲天子之元子、衆子，公侯、卿大夫、士之適子，與國之俊選而設，是皆將有天下國家之責而不可辭者，則其所以素教而預養之者，安得不以天下國家爲己事之當然，而預求有以正其本、清其源哉！後世教學不明，爲人君父者，慮不足以及此，而苟徇於目前，是以天下之治日常少，亂日常多，而敗國之君，亡家之主，常接迹於當世，亦可悲矣！論者不此之監，而反以聖法爲疑，亦獨何哉？大抵以學者而視天下之事，以爲己事之所當然而爲之，則雖甲兵、錢穀、籩豆、有司之事，皆爲己也；以其可以求知於世而爲之，則雖割股、廬墓、弊車、羸馬，亦爲人耳。善乎張子敬夫之言曰：「爲己者，無所爲而然者也。」此其語意之深切，蓋有前賢所未發者，學者以是而日自省焉，則有以察乎善利之間而無毫釐之差矣。

曰：子謂正經蓋夫子之言，而曾子述之，其傳則曾子之意，而門人記之。何以知其然也？曰：正經辭約而理備，言近而指遠，非聖人不能及也，然以其無他左驗，且意其或出於古昔先民之言也，故疑之而不敢質。至於傳文，或引曾子之言，而又多與中庸、孟子者合，則知其成於曾氏門人之手，而子思以授孟子無疑也。蓋中庸之所謂明善，即格物致知之功；其曰誠身，即誠意、正心、脩身之效也。孟子之所謂知性者，物格也；盡心者，知至也；存心、養性、脩身者，誠意、正心、脩身也。其他如謹獨之云，不慊之說，義利之分，常言之序，亦無不吻合焉者。故程子以爲孔氏之遺書，學者之先務，而論、孟猶處其次焉，亦可見矣。

曰：程子之先是書而後論、孟，又且不及乎中庸，何也？曰：是書垂世立教之大典，通爲天下後世而言者也。論、孟應機接物之微言，或因一時一事而發者也。是以是書之規模雖大，然其首尾該備，而綱領可尋，節目分明，而工夫有序，無非切於學者之日用。論、孟之爲人雖切，然而問者非一人，記者非一手，或先後淺深之無序，或抑揚進退之不齊，其間蓋有非初學日用之所及者。此程子所以先是書而後論、孟，蓋以其難易緩急言之，而非以聖人之言爲有優劣也。至於中庸，則又聖門傳授極致之言，尤非後學之所易得而聞者，故程子之教未遽及之，豈不又以爲論、孟既通，然後可以及此乎？蓋不先乎大學，無以提挈綱領而盡論、孟之精微；不參之論、孟，無以融貫會通而極中庸之歸趣；然不會其極於中庸，則又何以建立大本，經綸大經，而讀天下之書，論天下之事哉？以是觀之，則務講學者，固不可不急於四書，而讀四書者，又不可不先於大學，亦已明矣。今之教者，乃或棄此不務，而反以他説先焉，其不溺於虚空，流於功利，而得罪於聖門者，幾希矣。

或問：一章而下，以至三章之半，鄭本元在「没世不忘」之下，而程子乃以次於「此謂知之至也」之文，子獨何以知其不然，而遂以爲傳之首章也？曰：以經統傳，以傳附經，則其次第可知，而二説之不然審矣。

曰：然則其曰「克明德」者，何也？曰：此言文王能明其德也。蓋人莫不知德之當明而欲明之，然氣稟拘之於前，物欲蔽之於後，是以雖欲明之而有不克也。文王之心，渾然天理，亦無待於克之而自明矣。然猶云爾者，亦見其獨能明之，而他人不能，又以見夫未能明者之不可不致其克之之功也。

曰：「顧諟天之明命」，何也？曰：人受天地之中以生，故人之明德非他也，即天之所以命我，而至善之所存也。是其全體大用，蓋無時而不發見於日用之間。人惟不察於此，是以汩於人欲，而不知所以自明，常目在之，而真若見其參於前倚於衡也，則成性存存而道義出矣。

曰：「克明俊德」，何也？曰：言堯能明其大德也。

曰：是三者，固皆自明之事也，然其言之亦有序乎？曰：康誥通言明德而已。太甲則明天之未始不爲人，而人之未始不爲天也。帝典則專言成德之事，而極其大焉。其言之淺深，亦略有序矣。

或問：盤之有銘，何也？曰：盤者，常用之器；銘者，自警之辭也。古之聖賢，兢兢業業，固無時而不戒謹恐懼，然猶恐其有所怠忽而或忘之也，是以於其常用之器，各因其事而刻銘以致戒焉，欲其常接乎目，每警乎心，而不至於怠忘也。曰：然則沐浴之盤，而其所刻之辭如此，何也？曰：人之有是德，猶其有是身也，德之本明，猶其身之本潔也，德之明而利欲昏之，猶身之潔而塵垢汙之也。一旦存養省察之功，真有以去其前日利欲之昏而日新焉，則亦猶其疏瀹澡雪，而有以去其前日塵垢之汙也。然既新矣，而所以新之之功不繼，則利欲之交，將復有如前日之昏；猶既潔矣，而所以潔之之功不繼，則塵垢之集，將復有如前日之汙也。故必因其已新而日日新之，又日新之，使其存養省察之功，無少間斷，則明德常明，而不復爲利欲之昏；亦如人之一日沐浴而日日沐浴，又無日而不沐浴，使其疏瀹澡雪之功，無少間斷，則身常潔清，而不復爲舊染之汙也。昔成湯所以反之而至於聖者，正惟有得於此，故稱其德者，有曰「不邇聲色，不殖貨利」，又曰「以義制事，以禮制心」，有曰「從諫弗咈，改過不吝」，又曰「與人不求備，檢身若不及」，此皆足以見其日新之實。至於所謂「聖敬日躋」云者，則其言愈約而意愈切矣。然本湯之所以得此，又其學於伊尹而有發焉。故伊尹自謂與湯「咸有一德」，而於復政太甲之初，復以「終始惟一，時乃日新」爲丁寧之戒。蓋於是時，太甲方且自怨自艾於桐，處仁遷義而歸，是亦所謂苟日新者。故復推其嘗以告于湯者告之，欲其日進乎此，無所間斷，而有以繼其烈祖之成德也，其意亦深切矣！其後周之武王，踐阼之初，受師尚父丹書之戒曰：「敬勝怠者吉，怠勝敬者滅，義勝欲者從，欲勝義者凶。」退而於其几席、觴豆、刀劍、户牖，莫不銘焉，蓋聞湯之風而興起者。今其遺語尚幸頗見於禮書，願治之君，志學之士，皆不可以莫之考也。曰：此言新民，其引此何也？曰：此自其本而言之，蓋以是爲自新之至，而新民之端也。

曰：康誥之言「作新民」，何也？曰：武王之封康叔也，以商之餘民，染紂汙俗而失其本心也，故作康誥之書而告之以此，欲其有以鼓舞而作興之，使之振奮踴躍，以去其惡而遷於善，舍其舊而進乎新也。然此豈聲色號令之所及哉？亦自新而已矣。曰：孔氏小序以康誥爲成王、周公之書，而子以武王言之，何也？曰：此五峯胡氏之説也。蓋嘗因而考之，其曰朕弟寡兄者〔四〕，皆爲武王之自言，乃得事理之實，而其他證亦多。小序之言，不足深信，於此可見。然非此書大義所關，故不暇於致詳，當別爲讀書者言之耳。

曰：詩之言「周雖舊邦，其命維新」，何也？曰：言周之有邦，自后稷以來千有餘年，至于文王，聖德日新，而民亦不變，故天命之，以有天下。是其邦雖舊，而命則新也。蓋民之視效在君，而天之視聽在民，君德既新，則民德必新，民德既新，則天命之新亦不旋日矣。

曰：所謂「君子無所不用其極」者，何也？曰：此結上文詩、書之意也。蓋盤銘言自新也，康誥言新民也，文王之詩，自新、新民之極也。故曰「君子無所不用其極」。極即至善之云也。用其極者，求其止於是而已矣。

或問：此引玄鳥之詩，何也？曰：此以民之止於邦畿，而明物之各有所止也。

曰：引綿蠻之詩，而系以孔子之言，孔子何以有是言也？曰：此夫子説詩之辭也。蓋曰鳥於其欲止之時，猶知其當止之處，豈可人爲萬物之靈，而反不如鳥之能知所止而止之乎？其所以發明人當知止之義，亦深切矣。

曰：引文王之詩，而繼以君臣父子與國人交之所止，何也？曰：此因聖人之止，以明至善之所在也。蓋天生烝民，有物有則，是以萬物庶事，莫不各有當止之所。但所居之位不同，則所止之善不一。故爲人君，則其所當止者在於仁；爲人臣，則其所當止者在於敬；爲人子，則其所當止者在於孝；爲人父，則其所當止者在於慈；與國人交，則其所當止者在於信。是皆天理人倫之極致，發於人心之不容已者，而文王之所以爲法於天下可傳於後世者，亦不能加毫末於是焉。但衆人類爲氣稟物欲之所昏，故不能常敬而失其所止。惟聖人之心，表裏洞然，無有一毫之蔽，故連續光明，自無不敬，而所止者，莫非至善，不待知所止而後得所止也。故傳引此詩，而歷陳所止之實，使天下後世得以取法焉。學者於此，誠有以見其發於本心之不容已者而緝熙之，使其連續光明，無少間斷，則其敬止之功，是亦文王而已矣。詩所謂「上天之載，無聲無臭。儀刑文王，萬邦作孚」，正此意也。曰：古人引詩

子之説詩，既以敬止之止爲語助之辭，而於此書，又以爲所止之義，何也？曰：古人引詩

斷章，或姑借其辭以明己意，未必皆取本文之義也。曰：五者之目，詞約而義該矣。子之說，乃復有所謂究其精微之藴，而推類以通之者，何其言之衍而不切耶？曰：舉其德之要而總名之，則一言足矣。論其所以爲是一言者，則其始終本末，豈一言之所能盡哉！得其名而不得其所以名，則仁或流於姑息，敬或墮於阿諛，孝或陷父，而慈或敗子，且其爲信，亦未必不爲尾生、白公之爲也。又況傳之所陳，姑以見物各有止之凡例，其於大倫之目，猶且闕其二焉，苟不推類以通之，則亦何以盡天下之理哉！

曰：復引淇奥之詩，何也？曰：上言止於至善之理備矣，然其所以求之之方，與其得之之驗，則未之及，故又引此詩以發明之也。夫「如切如磋」，言其所以講於學者，已精而益求其精也；「如琢如磨」，言其所以脩於身者，已密而益求其密也。此其所以擇善固執，日就月將，而得止於至善之由也。恂慄者，嚴敬之存乎中也；威儀者，輝光之著乎外也。此其所以睟面盎背，施於四體，而爲止於至善之驗也。盛德至善，民不能忘，蓋人心之所同然，聖人既先得之，而其充盛宣著又如此，是以民皆仰之而不能忘也。盛德，以身之所得而言也；至善，以理之所極而言也；切磋琢磨，求其止於是而已矣。曰：切磋琢磨，何以爲學問自脩之别也？曰：骨角脈理可尋，而切磋之功易，所謂始條理之事也；玉石渾全堅確，而琢磨之功難，所謂終條理之事也。

曰：引烈文之詩，而言前王之没世不忘，何也？曰：賢其賢者，聞而知之，仰其德業之盛也；親其親者，子孫保之，思其覆育之恩也；樂其樂者，含哺鼓腹，而安其樂也；利其利者，耕田鑿井，而享其利也。此皆先王盛德至善之餘澤，故雖已没世，而人猶思之，愈久而不能忘也。上文之引淇奥，以明明德之得所止言之，而發新民之端也。此引烈文，以新民之得所止言之，而著明明德之效也。

曰：淇奥、烈文二節，鄭本元在誠意章後，而程子置之卒章之中，子獨何以知其不然，而屬之此也？曰：二家所繫，文意不屬，故有不得而從者，且以所謂道盛德、至善、没世不忘者推之，則知其當屬乎此也。

或問：聽訟一章，鄭本元在「止於信」之後，「正心脩身」之前，程子又進而置之經文之下，「此謂知之至也」之上，子不之從，而置之於此，何也？曰：以傳之結語考之，則其爲釋本末之義可知矣。以經之本文參之，則其當屬於此可見矣。二家之説，有未安者，故不得而從也。曰：然則聽訟無訟，於明德新民之義，何所當也？曰：聖人德盛仁熟，所以自明者，皆極天下之至善，故能大有以畏服其民之心志，而使之不敢盡其無實之辭，是以雖其聽訟無以異於衆人，而自無訟之可聽，蓋己德既明，而民德自新，則得其本之明效也。或不能然，而欲區區於分爭辯訟之間，以求新民之效，其亦末矣。此傳者釋經之意也。曰：然則其不論夫終始者，何也？曰：古人釋經，取其大略，未必如是之屑屑也。且此章之下，有闕文焉，又安知其非本有而并失之也耶？

大學或問下

或問：「此謂知本」，其一爲聽訟章之結語，則聞命矣。其一鄭本元在經文之後，「此謂知之至也」之前，而程子以爲衍文，何也？曰：以其複出而他無所繫也。曰：「此謂知之至也」，鄭本元隨「此謂知本」，繫於經文之後，而下屬誠意之前，程子則去其上句之複，而附此句於聽訟知本之章，以屬明德之上，是必皆有説矣，子獨何據以知其皆不盡然，而有所取舍於其間耶？曰：此無以他求爲也。考之經文，初無再論知本、知至之云者，則知屬之經後者之不然矣。觀於聽訟之章，既以知本結之，而其中間又無知至之説，則知再結聽訟者之不然矣。且其下文所屬明德之章〔五〕，自當爲傳文之首，又安得以此而先之乎？故愚於此皆有所不能無疑者。獨程子上句之所刪，鄭氏下文之所屬，則以經傳之次求之而有合焉，是以不得而異也。曰：然則子何以知其爲釋知至之結語，而又知其上之當有闕文也？曰：以文義與下文推之，而知其釋知至也；以句法推之，而知其爲結語也；以傳之例推之，而知其有闕文也。

曰：此經之序，自誠意以下，其義明而傳悉矣。獨其所謂格物致知者，字義不明，而傳復闕焉，且爲最初用力之地，而無復上文語緒之可尋也。子乃自謂取程子之意以補之，則程子之言，何以見其必合於經意，而子之言，又似不盡出於程子，何耶？曰：或問於程子曰：「學何爲而可以有覺也？」程子曰：「學莫先於致知，能致其知，則思日益明，至於久而後有覺爾。書所謂『思曰睿，睿作聖』，董子所謂『勉强學問，則聞見博而智益明』，正謂此也。學而無覺，則亦何以學爲也哉？」或問：「忠信則可勉矣，而致知爲難，奈何？」程子曰：「誠敬固不可以不勉，然天下之理不先知之，亦未有能勉以行之者也。故大學之序，先致知而後誠意，其等有不可躐者。苟無聖人之聰明睿智，而徒欲勉焉以踐其行事之迹，則亦安能如彼之動容周旋無不中禮也哉？惟其燭理之明，乃能不待勉强而自樂循理爾。夫人之性，本無不善，循理而行，宜無難者，惟其知之不至，而但欲以力爲之，是以苦其難而不知其樂耳。知之而至，則循理爲樂，不循理爲不樂，何苦而不循理以害吾樂耶？昔嘗見有談虎傷人者，衆莫不聞，而其間一人神色獨變，問其所以，乃嘗傷於虎者也。夫虎能傷人，人孰不知，然聞之有懼有不懼者，知之有真有不真也。學者之知道，必如此人之知虎，然後爲至耳。若曰知不善之不可爲而猶或爲之，則亦未嘗真知而已矣。」此兩條者，皆言格物致知所以當先而不可後之意也。又有問進脩之術何先者。程子曰：「莫先於正心誠意，然欲誠意，必先致知，而欲致知，又在格物。致，盡也。格，至也。凡有一物，必有一理，窮而至之，所謂格物者也。然而格物亦非一端，如或讀書，講明道義，或論古今人物，而別其是非，或應接事物，而處其當否，皆窮理也。」曰：「格物者，必物物而格之耶？將止格一物，而萬理皆通耶？」曰：「一物格而萬理通，雖顔子亦未至此，惟今日而格一物焉，明日又格一物焉，積習既多，然後脱然有貫通處耳。」又曰：「自一身之中，以至萬物之理，理會得多，自當豁然有箇覺處。」又曰：「窮理者，非謂必盡窮天下之理，又非謂止窮得一理便到，但積累多後，自當脱然有悟處。」又曰：「格物，非欲盡窮天下之物，但於一事上窮盡，其他可以類推。至於言孝，則當求其所以爲孝者如何？若一事上窮不得，且別窮一事，或先其易者，或先其難者，各隨人淺深。譬如千蹊萬徑，皆可以適國，但得一道而入，則可以推類而通其餘矣。蓋萬物各具一理，而萬理同出一原，此所以可推而無不通也。」又曰：「物必有理，皆所當窮，若天地之所以高深，鬼神之所以幽顯是也。若曰天吾知其高而已矣，地吾知其深而已矣，鬼神吾知其幽且顯而已矣，則是已然之詞，又何理之可窮哉？」又曰：「如欲爲孝，則當知所以爲孝之道，如何而爲奉養之宜，如何而爲温凊之節，莫不窮究然後能之，非獨守夫孝之一字而可得也。」或問：「觀物察己者，豈因見物而反求諸己乎？」曰：「不必然也，物我一理，纔明彼即曉此，此合内外之道也。語其大，天地之所以高厚，語其小，至一物之所以然，皆學者所宜致思也。」曰：「然則先求之四端可乎？」曰：「求之情性，固切於身，然一草一木，亦皆有理，不可不察。」又曰：「致知之要，當知至善之所在，如父止於慈，子止於孝之類，若不務此，而徒欲泛然以觀萬物之理，則吾恐其如大軍之遊騎，出太遠而無所歸也。」又曰：「格物，莫若察之於身，其得之尤切。」此十條者，皆言格物致知所當用力之地，與其次第功程也。又曰：「格物窮理，但立誠意以格之，其遲速則在乎人之明暗耳。」又曰：「入道莫如敬，未有能致知而不在敬者。」又曰：「涵養須用敬，進學則在致知。」又曰：「致知在乎所養，養知莫過於寡欲。」又曰：「格物者，適道之始，思欲格物，則固已近道矣，是何也？以收其心而不放也。」此五條者，又言涵養本原之功，所以爲格物致知之本者也。凡程子之爲説者，不過如此，其於格物致知之傳詳矣。今也尋其義理既無可疑，考其字義亦皆有據。至以他書論之，則文言所謂「學聚問辯」，中庸所謂「明善擇善」，孟子所謂「知性知天」，又皆在乎固守力行之先，而可以驗夫大學始教之功爲有在乎此也。愚嘗反覆考之，而有以信其必然，是以竊取其意，以補傳文之闕，不然，則又安敢犯不韙之罪，爲無證之言，以自託於聖經賢傳之間乎？曰：然則吾子之意，亦可得而悉聞之乎？曰：吾聞之也，天道流行，造化發育，凡有聲色貌象而盈於天地之間者，皆物也。既有是物，則其所以爲是物者，莫不各有當然之則，而自不容已，是皆得於天之所賦，而非人之所能爲也。今且以其至切而近者言之，則心之爲物，實主於身，其體則有仁義禮智之性，其用則有惻隱羞惡恭敬是非之情，渾然在中，隨感而應，各有攸主，而不可亂也。次而及於身之所具，則有口鼻耳目四肢之用。又次而及於身之所接，則有君臣父子夫婦長幼朋友之常。是皆必有當然之則，而自不容已，所謂理也。外而至於人，則人之理不異於己也；遠而至於物，則物之理不異於人也；極其大，則天地之運，古今之變，不能外也；盡於小，則一塵之微，一息之頃，不能遺也。是乃上帝所降之衷，烝民所秉之彝，劉子所謂天地之中，夫子所謂性與天道，子思所謂天命之性，孟子所謂仁義之心，程子所謂天然自有之中，張子所謂萬物之一原，邵子所謂道之形體者。但其氣質有清濁偏正之殊，物欲有淺深厚薄之異，是以人之與物，賢之與愚，相與懸絶而不能同耳。以其理之同，故以一人之心，而於天下萬物之理無不能知；以其稟之異，故於其理或有所不能窮也。理有未窮，故其知有不盡，知有不盡，則其心之所發，必不能純於義理，而無雜乎物欲之私。此其所以意有不誠，心有不正，身有不脩，而天下國家不可得而治也。昔者聖人蓋有憂之，是以於其始教，爲之小學，而使之習於誠敬，則所以收其放心，養其德性者，已無所不用其至矣。及其進乎大學，則又使之即夫事物之中，因其所知之理，推而究之，以各到乎其極〔六〕，則吾之知識，亦得以周偏精切而無不盡也。若其用力之方，則或考之事爲之著，或察之念慮之微，或求之文字之中，或索之講論之際。使於身心性情之德，人倫日用之常，以至天地鬼神之變，鳥獸草木之宜，自其一物之中，莫不有以見其所當然而不容已，與其所以然而不可易者。必其表裏精粗無所不盡，而又益推其類以通之，至於一日脱然而貫通焉，則於天下之物，皆有以究其義理精微之所極，而吾之聰明睿智，亦皆有以極其心之本體而無不盡矣。此愚之所以補乎本傳闕文之意，雖不能盡用程子之言，然其指趣要歸，則不合者鮮矣，讀者其亦深考而實識之哉！曰：然則子之爲學，不求諸心，而求諸迹，不求之内，而求之外，吾恐聖賢之學，不如是之淺近而支離也。曰：人之所以爲學，心與理而已矣。心雖主乎一身，而其體之虚靈，足以管乎天下之理；理雖散在萬物，而其用之微妙，實不外乎一人之心，初不可以内外精粗而論也。然或不知此心之靈，而無以存之，則昏昧雜擾，而無以窮衆理之妙。不知衆理之妙，而無以窮之，則偏狹固滯，而無以盡此心之全。此其理勢之相須，蓋亦有必然者。是以聖人設教，使人默識此心之靈，而存之於端莊静一之中，以爲窮理之本；使人知有衆理之妙，而窮之於學問思辯之際，以致盡心之功。巨細相涵，動静交養，初未嘗有内外精粗之擇，及其真積力久，而豁然貫通焉，則亦有以知其渾然一致，而果無内外精粗之可言矣。今必以是爲淺近支離，而欲藏形匿景，别爲一種幽深恍惚、艱難阻絶之論，務使學者莽然措其心於文字言論之外，而曰道必如此然後可以得之，則是近世佛學詖淫邪遁之尤者，而欲移之以亂古人明德新民之實學，其亦誤矣。

曰：近世大儒有爲格物致知之説者曰，格猶扞也，禦也，能扞禦外物，而後能知至道也。又有推其説者曰，人生而靜，其性本無不善，而有爲不善者，外物誘之也，所謂格物以致其知者，亦曰扞去外物之誘，而本然之善自明耳。是其爲説，不亦善乎？曰：天生烝民，有物有則，則物之與道，固未始相離也。今曰禦外物而後可以知至道，則是絶父子而後可以知孝慈，離君臣然後可以知仁敬也，是安有此理哉？若曰所謂外物者，不善之誘耳，非指君臣父子而言也，則夫外物之誘人，莫甚於飲食男女之欲，然推其本，則固亦莫非人之所當有而不能無者也，但於其間自有天理人欲之辨，而不可以毫釐差耳。惟其徒有是物，而不能察於吾之所以行乎其間者，孰爲天理，孰爲人欲，是以無以致其克復之功，而物之誘於外者，得以奪乎天理之本然也〔七〕。今不即物以窮其原，而徒惡物之誘乎己，乃欲一切扞而去之，則是必閉口枵腹，然後可以得飲食之正，絶滅種類，然後可以全夫婦之别也。是雖裔戎無君無父之教，有不能充其説者，況乎聖人大中至正之道，而得以此亂之哉？

曰：自程子以格物爲窮理，而其學者傳之，見於文字多矣，是亦有以發其師説而有助於後學者耶？曰：程子之説，切於己而不遺於物，本於行事之實而不廢文字之功，極其大而不略其小，究其精而不忽其粗，學者循是而用力焉，則既不務博而陷於支離，亦不徑約而流於狂妄，既不舍其積累之漸，而其所謂豁然貫通者，又非見聞思慮之可及也。是於説經之意，入德之方，其亦可謂反復詳備，而無俟於發明矣。若其門人，雖曰祖其師説，然以愚考之，則恐其皆未足以及此也。蓋有以必窮萬物之理同出於一爲格物，知萬物同出乎一理爲知至。如合内外之道，則天人物我爲一；通晝夜之道，則死生幽明爲一；達哀樂好惡之情，則人與鳥獸魚鼈爲一；求屈伸消長之變，則天地山川草木爲一者，似矣。然其欲必窮萬物之理，而專指外物，則於理之在己者有不明矣；但求衆物比類之同，而不究一物性情之異，則於理之精微者有不察矣。不欲其異而不免乎四説之異，必欲其同而未極乎一原之同，則徒有牽合之勞，而不睹貫通之妙矣。其於程子之説何如哉？又有以爲窮理只是尋箇是處，然必以恕爲本，而又先其大者，則一處理通，而觸處皆通者。其曰「尋箇是處」者則得矣。而曰「以恕爲本」，則是求仁之方，而非窮理之務也。又曰「先其大者」，則不若先其近者之切也。又曰「一處通而一切通」，則又顔子之所不能及，程子之所不敢言，非若類推積累之可以循序而必至也。又有以爲天下之物不可勝窮，然皆備於我而非從外得也，所謂格物，亦曰反身而誠，則天下之物無不在我者，是亦似矣。然反身而誠，乃爲物格知至以後之事，言其窮理之至，無所不盡，故凡天下之理，反求諸身，皆有以見，其如目視、耳聽、手持、足行之畢具於此，而無毫髮之不實耳。固非以是方爲格物之事，亦不謂但務反求諸身，而天下之理，自然無不誠也。中庸之言明善，即物格知至之事，其言誠身，即意誠心正之功。故不明乎善，則有反諸身而不誠者，其功夫地位固有序，而不可誣矣。今爲格物之説，又安得遽以是而爲言哉？又有以今日格一物，明日格一物，爲非程子之言者，則諸家所説程子之言，此類非一，不容皆誤。且其爲説，正中庸學問思辯弗得弗措之事，無所拂於理者，不知何所病而疑之也。豈其習於持敬之約，而厭夫觀理之煩耶？抑直以己所未聞而不信他人之所聞也？夫持敬觀理，不可偏廢，程子固已言之，若以己偶未聞而遂不之信，則以有子之似聖人，而速貧速朽之論，猶不能無待於子游而後定，今又安得遽以一人之所未聞，而盡廢衆人之所共聞者哉？又有以爲物物致察，而宛轉歸己，如察天行以自强，察地勢以厚德者，亦似矣。然其曰「物物致察」，則是不察程子所謂「不必盡窮天下之物」也。又曰「宛轉歸己」，則是不察程子所謂「物我一理，纔明彼即曉此」之意也。又曰「察天行以自强，察地勢以厚德」，則是但欲因其已定之名，擬其已著之迹，而未嘗如程子所謂「求其所以然，與其所以爲」者之妙也。獨有所謂「即事即物，不厭不棄，而身親格之以精其知」者，爲得致字向裏之意。而其曰「格之之道，必立志以定其本，居敬以持其志，志立乎事物之表，敬行乎事物之内，而知乃可精」者，又有以合乎所謂「未有致知而不在敬」者之旨，但其語意頗傷急迫，既不能盡其全體規模之大，又無以見其從容潛玩、積久貫通之功耳。嗚呼！程子之言，其答問反復之詳且明也如彼，而其門人之所以爲説者乃如此，雖或僅有一二之合焉，而不免於猶有所未盡也，是亦不待七十子喪而大義已乖矣，尚何望其能有所發而有助於後學哉！間獨惟念昔聞延平先生之教，以爲「爲學之初，且當常存此心，勿爲他事所勝，凡遇一事，即當且就此事反復推尋，以究其理，待此一事融釋脱落，然後循序少進，而别窮一事，如此既久，積累之多，胸中自當有灑然處，非文字言語之所及也。」詳味此言，雖其規模之大，條理之密，若不逮於程子，然其功夫之漸次，意味之深切，則有非他説所能及者。惟嘗實用力於此者，爲能有以識之，未易以口舌爭也。曰：然則所謂格物致知之學，與世之所謂博物洽聞者，奚以異？曰：此以反身窮理爲主，而必究其本末是非之極至；彼以徇外誇多爲務，而不覈其表裏真妄之實。然必究其極，是以知愈博而心愈明；不覈其實，是以識愈多而心愈窒。此正爲己爲人之所以分，不可不察也。

或問：六章之指，其詳猶有可得而言者耶？曰：天下之道二，善與惡而已矣。然揆厥所元，而循其次第，則善者天命所賦之本然，惡者物欲所生之邪穢也。是以人之常性，莫不有善而無惡，其本心莫不好善而惡惡。然既有是形體之累，而又爲氣稟之拘，是以物欲之私，得以蔽之，而天命之本然者，不得而著。其於事物之理，固有瞢然不知其善惡之所在者，亦有僅識其粗，而不能眞知其可好可惡之極者。夫不知善之眞可好，則其好善也，雖曰好之，而未能無不好者以拒之於内；不知惡之眞可惡，則其惡惡也，雖曰惡之，而未能無不惡者以挽之於中。是以不免於苟焉以自欺，而意之所發有不誠者。夫好善而不誠，則非惟不足以爲善，而反有以賊乎其善；惡惡而不誠，則非惟不足以去惡，而適所以長乎其惡。是則其爲害也，徒有甚焉，而何益之有哉？聖人於此，蓋有憂之，故爲大學之教，而必首之以格物致知之目，以開明其心術，使既有以識夫善惡之所在，與其可好可惡之必然矣，至此而復進之以必誠其意之説焉，則又欲其謹之於幽獨隱微之奥，以禁止其苟且自欺之萌。而凡其心之所發，如曰好善，則必由中及外，無一毫之不好也；如曰惡惡，則必由中及外，無一毫之不惡也。夫好善而中無不好，則是其好之也，如好好色之真，欲以快乎己之目，初非爲人而好之也；惡惡而中無不惡，則是其惡之也，如惡惡臭之真，欲以足乎己之鼻，初非爲人而惡之也。所發之實，既如此矣，而須臾之頃，纖芥之微，念念相承，又無敢有少間斷焉，則庶乎内外昭融，表裏澄徹，而心無不正，身無不脩矣。若彼小人，幽隱之間，實爲不善，而猶欲外託於善以自蓋，則亦不可謂其全然不知善惡之所在，但以不知其真可好惡，而又不能謹之於獨，以禁止其苟且自欺之萌，是以淪陷至於如此而不自知耳。此章之説，其詳如此，是固宜爲自脩之先務矣。然非有以開其知識之真，則不能有以致其好惡之實，故必曰「欲誠其意者，先致其知」。又曰「知至而後意誠」。然猶不敢恃其知之已至，而聽其所自爲也，故又曰「必誠其意，必謹其獨，而毋自欺焉」。則大學功夫，次第相承，首尾爲一，而不假他術以雜乎其間，亦可見矣。後此皆然，今不復重出也。

曰：然則慊之爲義，或以爲少，又以爲恨，與此不同，何也？曰：慊之爲字，有作嗛者，而字書以爲口銜物也，然則慊亦但爲心有所銜之義，而其爲快、爲足、爲恨、爲少，則以所銜之異而別之耳。孟子所謂「慊於心」，樂毅所謂「慊於志」，則以銜其快與足之意而言者也。孟子所謂「吾何慊」，漢書所謂「嗛栗姬」，則以銜其恨與少之意而言者也。讀者各隨所指而觀之，則既並行而不悖矣。字書又以其訓快與足者，讀與愜同，則義愈明而音又異，尤不患於無別也。

或問：人之有心，本以應物，而此章之傳，以爲有所喜怒憂懼，便爲不得其正，然則其爲心也，必如槁木之不復生，死灰之不復然，乃爲得其正耶？曰：人之一心，湛然虛明，如鑑之空，如衡之平，以爲一身之主者，固其真體之本然，而喜怒憂懼，隨感而應，妍蚩俯仰，因物賦形者，亦其用之所不能無者也。故其未感之時，至虛至靜，所謂鑑空衡平之體，雖鬼神有不得窺其際者，固無得失之可議；及其感物之際，而所應者，又皆中節，則其鑑空衡平之用，流行不滯，正大光明，是乃所以爲天下之達道，亦何不得其正之有哉？惟其事物之來，有所不察，應之既或不能無失，且又不能不與俱往，則其喜怒憂懼，必有動乎中者，而此心之用，始有不得其正者耳。傳者之意，固非以心之應物，便爲不得其正，而必如枯木死灰，然後乃爲得其正也。惟是此心之靈，既曰一身之主，苟得其正，而無不在是，則耳目口鼻、四肢百骸，莫不有所聽命以供其事，而其動靜語默，出入起居，惟吾所使，而無不合於理。如其不然，則身在於此，而心馳於彼，血肉之軀，無所管攝，其不爲「仰面貪看鳥，回頭錯應人」者，幾希矣。孔子所謂「操則存，舍則亡」，孟子所謂「求其放心，從其大體」者，蓋皆謂此，學者可不深念而屢省之哉？

或問：八章之辟，舊讀爲譬，而今讀爲僻，何也？曰：舊音舊說，以上章例之而不合也，以下文逆之而不通也，是以間者竊以類例文意求之，而得其說如此。蓋曰人之常情，於此五者，一有所向，則失其好惡之平，而陷於一偏，是以身有不脩，不能齊其家耳。蓋偏於愛，則溺焉而不知其惡矣；偏於惡，則阻焉而不知其善矣。是其身之所接，好惡取舍之間，將無一當於理者，而況於閨門之内，恩常掩義，亦何以勝其情愛昵比之私，而能有以齊之哉？曰：凡是五者，皆身與物接所不能無，而亦既有當然之則矣。今曰一有所向，便爲偏倚，而身不脩，則是必其接物之際，此心漠然，都無親疏之等，貴賤之别，然後得免於偏也。且心既正矣，則宜其身之無不脩，今乃猶有若是之偏，何哉？曰：不然也。此章之義，實承上章，其立文命意，大抵相似。蓋以爲身與事接，而後或有所偏，非以爲一與事接，而必有所偏。所謂心正而後身脩，亦曰心得其正，乃能脩身，非謂此心一正，則身不待檢而自脩也。

曰：親愛、賤惡、畏敬、哀矜，固人心之所宜有，若夫敖惰，則兇德也，曾謂本心而有如是之則哉？曰：敖之爲兇德也，正以其先有是心，不度所施而無所不敖爾。若因人之可敖而敖之，則是常情所宜有，而事理之當然也。今有人焉，其親且舊，未至於可親而愛也；其位與德，未至於可畏而敬也；其窮未至於可哀，而其惡未至於可賤也；其言無足去取，而其行無足是非也，則視之泛然如塗之人而已爾。又其下者，則夫子之取瑟而歌，孟子之隱几而卧，蓋亦因其有以自取，而非吾故有敖之之意，亦安得而遽謂之兇德哉？又況此章之旨，乃爲慮其因有所重，而陷於一偏者發，其言雖曰有所敖惰，而其意則正欲人之於此更加詳審，雖曰所當敖惰，而猶不敢肆其敖惰之心也，亦何病哉？

或問：「如保赤子」，何也？曰：程子有言，赤子未能自言其意，而爲之母者，慈愛之心出於至誠，則凡所以求其意者，雖或不中，而不至於大相遠矣，豈待學而後能哉？若民則非如赤子之不能自言矣，而使之者反不能無失於其心，則以本無慈愛之實，而於此有不察耳。傳之言此，蓋以明夫使衆之道，不過自其慈幼者而推之，而慈幼之心，又非外鑠而有待於强爲也。事君之孝，事長之弟，亦何以異於此哉！既舉其細，則大者可知矣。

曰：仁讓言家，貪戾言人，何也？曰：善必積而後成，惡雖小而可懼，古人之深戒也。書所謂「爾惟德罔小，萬邦惟慶；爾惟不德罔大，墜厥宗。」亦是意爾。

曰：此章本言上行下效，有不期然而然者，今曰「有諸己而后求諸人，無諸己而后非諸人」，則是猶有待於勸勉程督而後化。且内適自脩，而遽欲望人之皆有，己方僅免，而遂欲責人以必無也。曰：此爲治其國者言之，則推吾所有，與民共由，其條教法令之施，賞善罰惡之政，固有理所當然而不可已者。但以所令反其所好，則民不從，故又推本言之，欲其先成於己，而有以責人。固非謂其專務脩己，都不治人，而拱手以俟其自化；亦非謂其矜己之長，愧人之短，而脅之以必從也。故先君子之言曰：「有諸己，不必求諸人。」以爲求諸人而無諸己，則不可也。「無諸己，不必非諸人。」以爲非諸人而有諸己，則不可也。正此意也。曰：然則未能有善而遂不求人之善，未能去惡而遂不非人之惡，斯不亦恕而終身可行乎哉？曰：恕字之旨，以如心爲義，蓋曰如治己之心以治人，如愛己之心以愛人，而非苟然姑息之謂也。然人之爲心，必嘗窮理以正之，使其所以治己愛己者，皆出於正，然後可以即是推之以及於人，而恕之爲道，有可言者。故大學之傳，最後兩章始及於此，則其用力之序，亦可見矣。至即此章而論之，則欲如治己之心以治人者，又不過以强於自治爲本。蓋能强於自治，至於有善而可以求人之善，無惡而可以非人之惡，然後推以及人，使之亦如我之所以自治而自治焉，則表端景正，源潔流清，而治己治人，無不盡其道矣，所以終身力此，而無不可行之時也。今乃不然，而直欲以其不肖之身爲標準，視吾治教所當及者，一以姑息待之，不相訓誥，不相禁戒，將使天下之人，皆如己之不肖而淪胥以陷焉，是乃大亂之道，而豈所謂終身可行之恕哉！近世名卿之言有曰：「人雖至愚，責人則明；雖有聰明，恕己則昏。苟能以責人之心責己，恕己之心恕人，則不患不至於聖賢矣。」此言近厚，世亦多稱之者。但恕字之義，本以如心而得，故可以施之於人，而不可以施之於己。今曰「恕己則昏」，則是已知其如此矣，而又曰「以恕己之心恕人」，則是既不知自治其昏，而遂推以及人，使其亦將如我之昏而後已也，乃欲由此以入聖賢之域，豈不誤哉！藉令其意但爲欲反此心以施於人，則亦止可以言下章愛人之事，而於此章治人之意，與夫中庸以人治人之説，則皆未有合者。蓋其爲恕雖同，而一以及人爲主，一以自治爲主，則二者之間，毫釐之異，正學者所當深察而明辨也。若漢之光武，亦賢君也，一旦以無罪黜其妻，其臣郅惲不能力陳大義以救其失，而姑爲緩辭以慰解之，是乃所謂不能三年而緦功是察，放飯流歠而齒決是問者。光武乃謂惲爲善恕己量主，則其失又甚遠，而大啓爲人臣者不肯責難陳善以賊其君之罪。一字之義，有所不明，而其禍乃至於此，可不謹哉！

曰：既結上文，而復引詩者三，何也？曰：古人言必引詩，蓋取其嗟歎詠歌，優遊厭飫，有以感發人之善心，非徒取彼之文，證此之義而已也。夫以此章所論齊家治國之事，文具而意足矣，復三引詩，非能於其所論之外，別有所發明也。然嘗試讀之，則反復吟詠之間，意味深長，義理通暢，使人心融神會，有不知手舞而足蹈者，是則引詩之助，與爲多焉。蓋不獨此，他凡引詩云者，皆以是而求之，則引者之意可見，而詩之爲用亦得矣。曰：三詩亦有序乎？曰：首言家人，次言兄弟，終言四國，亦「刑於寡妻，至於兄弟，以御於家邦」之意也。

或問：上章論齊家治國之道，既以孝弟慈爲言矣，此論治國平天下之道，而復以是爲言，何也？曰：三者，人道之大端，衆心之所同得者也。自家以及國，自國以及天下，雖有大小之殊，然其道不過如此而已。但前章專以己推而人化爲言，此章又申言之，以見人心之所同而不能已者如此，是以君子不惟有以化之，而又有以處之也。蓋人之所以爲心者，雖曰未嘗不同，然貴賤殊勢，賢愚異禀，苟非在上之君子，真知實蹈，有以倡之，則下之有是心者，亦無所感而興起矣。幸其有以倡焉而興起矣，然上之人乃或不能察彼之心，而失其所以處之之道，則彼其所興起者，或不得遂而反有不均之歎。是以君子察其心之所同，而得夫絜矩之道，然後有以處此，而遂其興起之善端也。曰：何以言絜之爲度也？曰：此莊子所謂「絜之百圍」，賈子所謂「度長絜大」者也。前此諸儒，蓋莫之省，而强訓以挈，殊無意謂〔八〕，先友太史范公乃獨推此以言之，而後其理可得而通也。蓋絜，度也。矩，所以爲方也。以己之心度人之心，知人之所惡者不異乎己，則不敢以己之所惡者施之於人。使吾之身一處乎此，則上下四方，物我之際，各得其分，不相侵越，而各就其中，校其所占之地，則其廣狹長短，又皆平均如一，截然正方，而無有餘不足之處，是則所謂絜矩者也。夫爲天下國家，而所以處心制事者，一出於此，則天地之間，將無一物不得其所，而凡天下之欲爲孝弟不倍者，皆得以自盡其心，而無不均之歎矣，天下其有不平者乎？然君子之所以有此，亦豈自外至而强爲之哉？亦曰物格知至，故有以通天下之志，而知千萬人之心即一人之心，意誠心正，故有以勝一己之私，而能以一人之心爲千萬人之心，其如此而已矣。一有私意存乎其間，則一膜之外，便爲胡、越，雖欲絜矩，亦將有所隔礙而不能通矣。若趙由之爲守則易尉，而爲尉則陵守；王肅之方於事上，而好人佞己，推其所由，蓋出於此。而充其類，則雖桀、紂、盜跖之所爲，亦將何所不至哉！曰：然則絜矩之云，是則所謂恕者已乎？曰：此固前章所謂如愛己之心以愛人者也。夫子所謂「終身可行」，程子所謂「充拓得去，則天地變化而草木蕃；充拓不去，則天地閉而賢人隱」，皆以其可以推之而無不通耳。然必自其窮理正心者而推之，則吾之愛惡取舍，皆得其正，而其所推以及人者，亦無不得其正，是以上下四方以此度之，而莫不截然各得其分。若於理有未明，而心有未正，則吾之所欲者，未必其所當欲；吾之所惡者，未必其所當惡。乃不察此而遽欲以是爲施於人之準則，則其意雖公，而事則私，是將見其物我相侵，彼此交病，而雖庭除之内，跬步之間，亦且參商矛盾，而不可行矣，尚何終身之望哉？是以聖賢凡言恕者，又必以忠爲本，而程子亦言忠恕兩言，如形與影，欲去其一而不可得。蓋惟忠，而後所如之心始得其正，是亦此篇先後本末之意也。然則君子之學，可不謹其序哉！

曰：自身而家，自家而國，自國而天下，均爲推己及人之事，而傳之所以釋之者，一事自爲一説，若有不能相通焉者，何也？曰：此以勢之遠邇，事之先後，而所施有不同耳，實非有異事也。蓋必審於接物，好惡不偏，然後有以正倫理，篤恩義，而齊其家；其家已齊，事皆可法，然後有以立標準，胥教誨，而治其國；其國已治，民知興起，然後可以推己度物，舉此加彼，而平天下。此以其遠近先後，而施有不同者也。然自國以上，則治於内者，嚴密而精詳；自國以下，則治於外者，廣博而周徧，亦可見其本末實一物，首尾實一身矣，何名爲異説哉！

曰：所謂「民之父母」者，何也？曰：君子有絜矩之道，故能以己之好惡，知民之好惡，又能以民之好惡，爲己之好惡也。夫好其所好，而與之聚之，惡其所惡，而不以施焉，則上之愛下，真猶父母之愛其子矣，彼民之親其上，豈不亦猶子之愛其父母哉！

曰：此所引節南山之詩，何也？曰：言在尊位者，人所觀仰，不可不謹。若人君恣己徇私，不與天下同其好惡，則爲天下僇，如桀、紂、幽、厲也。

曰：「得衆得國，失衆失國」，何也？曰：言能絜矩，則民父母之，而得衆得國矣；不能絜矩，而爲天下僇，而失衆失國矣。

曰：所謂「先慎乎德」，何也？曰：上言有國者不可不謹，此言其所謹而當先者，尤在於德也。德即所謂明德，所以謹之，亦曰格物、致知、誠意、正心，以脩其身而已矣。

曰：此其深言務財用而失民，何也？曰：有德而有人有土，則因天分地，不患乎無財用矣。然不知本末，而無絜矩之心，則未有不爭鬬其民而施之以劫奪之教者也。易大傳曰：「何以聚人？曰財。」春秋外傳曰：「王人者，將以導利而布之上下者也。」故財聚於上，則民散於下矣，財散於下，則民歸於上矣。「言悖而出者，亦悖而入；貨悖而入者，亦悖而出。」鄭氏以爲君有逆命，則民有逆辭，上貪於利，則下人侵畔，得其旨矣。

曰：前既言命之不易矣，此又言命之不常，何也？曰：以天命之重，而致其丁寧之意，亦承上文而言之也。蓋善則得之者，有德而有人之謂也；不善則失之者，悖入而悖出之謂也。然則命之不常，乃人之所自爲耳，可不謹哉！

曰：其引秦誓，何也？曰：言好善之利，及其子孫，不好善之害，流於後世，亦由絜矩與否之異也。曰：媢疾之人，誠可惡矣，然仁人惡之之深，至於如此，得無疾之已甚之亂耶？曰：小人爲惡，千條萬端，其可惡者，不但媢疾一事而已。仁人不深惡乎彼，而獨深惡乎此者，以其有害於善人，使民不得被其澤，而其流禍之長，及於後世而未已也。然非殺人于貨之盜，則罪不至死，故亦放流之而已。然又念夫彼此之勢雖殊，而苦樂之情則一，今此惡人放而不遠，則其爲害雖得不施於此，而彼所放之地，其民復何罪焉，故不敢以己之所惡，施之於人，而必遠而置之無人之境，以禦魑魅而後已。蓋不惟保安善人，使不蒙其害，亦所以禁伏兇人，使不得稔其惡。雖因彼之善惡，而有好惡之殊，然所以仁之之意，亦未嘗不行乎其間也，此其爲禦亂之術至矣，而何致亂之有？曰：迸之爲屏，何也？曰：古字之通用者多矣，漢石刻詞有引「尊五美，屏四惡」者，而以尊爲遵，以屏爲迸，則其證也。曰：仁人之能愛人，能惡人，何也？曰：仁人者私欲不萌，而天下之公在我，是以是非不謬，而舉措得宜也。

曰：命之爲慢，與其爲怠也，孰得？曰：大凡疑義，所以決之，不過乎義理、文勢、事證三者而已。今此一字，欲以義理、文勢決之，則皆通，欲以事證決之，則無考，蓋不可以深求矣。若使其於義理、事實之大者，有所鄉背，而不可以不究，猶當視其緩急以爲先後，況於此等字既兩通，而於事義無大得失，則亦何必苦心極力以求之，徒費日而無所益乎！以是而推，他亦皆可見矣。

曰：好善惡惡，人之性然也，有拂人之性者，何哉？曰：不仁之人，阿黨媢疾，有以陷溺其心，是以其所好惡，戾於常性如此，與民之父母，能好惡人者正相反，使其能勝私而絜矩，則不至於是矣。

曰：忠信驕泰之所以爲得失者，何也？曰：忠信者，盡己之心，而不違於物，絜矩之本也。驕泰，則恣己徇私，以人從欲，不得與人同好惡矣。

曰：上文深陳財用之失民矣，此復言生財之道，何也？曰：此所謂有土而有財者也。夫洪範八政，食貨爲先，子貢問政，而夫子告之亦以足食爲首。蓋生民之道，不可一日而無者，聖人豈輕之哉！特以爲國者以利爲利，則必至於剥民以自奉，而有悖出之禍，故深言其害以爲戒耳。至於崇本節用，有國之常政，所以厚下而足民者，則固未嘗廢也。吕氏之說，得其旨矣。有子曰：「百姓足，君孰與不足？」孟子曰：「無政事，則財用不足。」正此意也。然孟子所謂政事，則所以告齊、梁之君，使之制民之産者是已，豈若後世頭會箕斂厲民自養之云哉！

曰：「仁者以財發身，不仁者以身發財」，何也？曰：仁者不私其有，故財散民聚而身尊；不仁者惟利是圖，故捐身賈禍以崇貨也。然亦即財貨而以其效言之爾，非謂仁者眞有以財發身之意也。

曰：「未有府庫財非其財」者，何也？曰：上好仁，則下好義矣，下好義，則事有終矣，事有終，則爲君者安富尊榮，而府庫之財可長保矣，此以財發身之效也。上不好仁，則下不好義，下不好義，則其事不終，是將爲天下僇之不暇，而況府庫之財，又豈得爲吾之財乎？若商紂以自焚，而起鉅橋、鹿臺之財，德宗以出走，而豐瓊林、大盈之積，皆以身發財之效也。

曰：其引孟獻子之言，何也？曰：雞豚牛羊，民之所畜養以爲利者也。既已食君之禄，而享民之奉矣，則不當復與之爭，此公儀子所以拔園葵、去織婦，而董子因有「與之齒者去其角，傅之翼者兩其足」之喻，皆絜矩之義也。聚斂之臣剥民之膏血以奉上，而民被其殃；盜臣竊君之府庫以自私，而禍不及下。仁者之心，至誠惻怛，寧亡己之財，而不忍傷民之力，所以「與其有聚斂之臣，寧有盜臣」，亦絜矩之義也。昔孔子以臧文仲之妾織蒲，而直斥其不仁；以冉求聚斂於季氏，而欲鳴鼓以聲其罪。以聖人之宏大兼容，温良博愛，而所以責二子者，疾痛深切，不少假借如此，其意亦可見矣。

曰：「國不以利爲利，以義爲利」，何也？曰：以利爲利，則上下交征，不奪不厭；以義爲利，則不遺其親，不後其君。蓋惟義之安，而自無所不利矣。程子曰：「聖人以義爲利，義之所安，即利之所在。」正謂此也。孟子分别義利，拔本塞原之意，其傳蓋亦出於此云。

曰：此其言「災害並至」，「無如之何」，何也？曰：怨已結於民心，則非一朝一夕之可解矣。聖賢深探其實而極言之，欲人有以審於未然，而不爲無及於事之悔也。以此爲防，人猶有用桑羊、孔僅、宇文融、楊矜、陳京、裴延齡之徒，以敗其國者。故陸宣公之言曰：「民者，邦之本，財者，民之心。其心傷，則其本傷，其本傷，則枝幹凋瘁，而根柢蹷拔矣。」呂正獻公之言曰：「小人聚斂，以佐人主之欲，人主不悟，以爲有利於國，而不知其終爲害也。賞其納忠，而不知其大不忠也；嘉其任怨，而不知其怨歸於上也。」嗚呼！若二公之言，則可謂深得此章之旨者矣，有國家者，可不監哉！

曰：此章之文，程子多所更定，而子獨以舊文爲正者，何也？曰：此章之義博，故傳言之詳，然其實則不過好惡、義利之兩端而已。但以欲致其詳，故所言已足，而復更端以廣其意，是以二義相循，間見層出，有似於易置而錯陳耳。然徐而考之，則其端緒接續，脈絡貫通，而丁寧反復爲人深切之意，又自別見於言外，不可易也。必欲一二說中判，以類相從，自始至終畫爲兩節，則其界辨雖若有餘，而意味或反不足，此不可不察也。

校勘記

〔一〕聖學所以成始而成終者也 「聖學」下，四庫本有「之」字。

〔二〕所以止於至善之由也　「由」，四庫本作「中」。

〔三〕蓋無與焉　「蓋」，四庫本作「皆」。

〔四〕其曰朕弟寡兄者　「兄」下，四庫本有「云」字。

〔五〕且其下文所屬明德之章　自此句至下「皆言格物致知所以當先而不可後之意也」一段，宋刻本缺。

〔六〕以各到乎其極　「到」，四庫本作「造」。

〔七〕得以奪乎天理之本然也　「也」，宋刻本作「耳」。

〔八〕殊無意謂　「謂」，四庫本作「味」。

中庸或問上

或問：名篇之義，程子專以不偏爲言，呂氏專以無過不及爲説，二者固不同矣，子乃合而言之，何也？曰：中，一名而有二義，程子固言之矣。今以其説推之，不偏不倚云者，程子所謂在中之義，未發之前無所偏倚之名也；無過不及者，程子所謂中之道也，見諸行事各得其中之名也。蓋不偏不倚，猶立而不近四旁，心之體、地之中也。無過不及，猶行而不先不後，理之當、事之中也。故於未發之大本，則取不偏不倚之名；於已發而時中，則取無過不及之義，語固各有當也。然方其未發，雖未有無過不及之可名，而所以爲無過不及之本體，實在於是；及其發而得中也，雖其所主不能不偏於一事，然其所以無過不及者，是乃無偏倚者之所爲，而於一事之中，亦未嘗有所偏倚也。故程子又曰：「言和，則中在其中；言中，則含喜怒哀樂在其中。」而呂氏亦云：「當其未發，此心至虛，無所偏倚，故謂之中；以此心而應萬物之變，無往而非中矣。」是則二義雖殊，而實相爲體用，此愚於名篇之義，所以不得取此而遺彼也。

曰：庸字之義，程子以不易言之，而子以爲平常，何也？曰：惟其平常，故可常而不可易，若驚世駭俗之事，則可暫而不得爲常矣。二説雖殊，其致一也。但謂之不易，則必要於久而後見，不若謂之平常，則直驗於今之無所詭異，而其常久而不可易者可兼舉也。況中庸之云，上與高明爲對，而下與無忌憚者相反，其曰庸德之行，庸言之謹，又以見夫雖細微而不敢忽，則其名篇之義，以不易而爲言者，又孰若平常之爲切乎！曰：然則所謂平常，將不爲淺近苟且之云乎？曰：不然也。所謂平常，亦曰事理之當然，而無所詭異云爾，是固非有甚高難行之事，而亦豈同流合汙之謂哉！既曰當然，則自君臣父子、日用之常，推而至於堯、舜之禪授，湯、武之放伐，其變無窮，亦無適而非平常矣。

曰：此篇首章先明中和之義，次章乃及中庸之説，至其名篇，乃不曰中和，而曰中庸者，何哉？曰：中和之中，其義雖精，而中庸之中，實兼體用。且其所謂庸者，又有平常之意焉，則比之中和，其所該者尤廣，而於一篇大指，精粗本末，無所不盡，此其所以不曰中和，而曰中庸也。

曰：張子之言如何？曰：其曰須句句理會，使其言自相發明者〔一〕，真讀書之要法，不但可施於此篇也。

曰：吕氏爲己爲人之説，如何？曰：爲人者，程子以爲欲見知於人者，是也。吕氏以志於功名言之，而謂今之學者未及乎此，則是以爲人爲及物之事，而涉獵徼幸，以求濟其私者，又下此一等也。殊不知夫子所謂爲人者，正指此下等人爾。若曰未能成己，而遽欲成物，此特可坐以不能知所先後之罪，原其設心，猶愛而公，視彼欲求人知以濟一己之私而後學者，不可同日語矣。至其所謂立喜怒哀樂未發之中，以爲之本，使學者擇善而固執之者，亦曰欲使學者務先存養，以爲窮理之地耳。而語之未瑩，乃似聖人强立此中以爲大本，使人以是爲準而取中焉，則中者，豈聖人之所强立，而未發之際，亦豈容學者有所擇取於其間哉！但其全章大指，則有以切中今時學者之病，覽者誠能三復而致思焉，亦可以感悟而興起矣。

或問：「天命之謂性，率性之謂道，脩道之謂教」，何也？曰：此先明性、道、教之所以名，以見其本皆出乎天，而實不外於我也。天命之謂性，言天之所以命乎人者，是則人之所以爲性也。蓋天之所以賦與萬物而不能自已者，命也；吾之得乎是命以生而莫非全體者，性也。故以命言之，則曰元、亨、利、貞，而四時五行，庶類萬化，莫不由是而出；以性言之，則曰仁、義、禮、智，而四端五典，萬物萬事之理，無不統於其間。蓋在天在人，雖有性命之分，而其理則未嘗不一；在人在物，雖有氣稟之異，而其理則未嘗不同，此吾之性，所以純粹至善，而非若荀、揚、韓子之所云也。率性之謂道，言循其所得乎天以生者，則事事物物，莫不自然，各有當行之路，是則所謂道也。蓋天命之性，仁、義、禮、智而已。循其仁之性，則自父子之親，以至於仁民愛物，皆道也；循其義之性，則自君臣之分，以至於敬長尊賢，亦道也；循其禮之性，則恭敬辭讓之節文，皆道也；循其智之性，則是非邪正之分別，亦道也。蓋所謂性者，無一理之不具，故所謂道者，不待外求而無所不備。所謂性者，無一物之不得，故所謂道者，不假人爲而無所不周。雖鳥獸草木之生，僅得形氣之偏，而不能有以通貫乎全體，然其知覺運動，榮悴開落，亦皆循其性而各有自然之理焉。至於虎狼之父子，蜂蟻之君臣，豺獺之報本，雎鳩之有别，則其形氣之所偏，又反有以存其義理之所得，尤可以見天命之本然，初無間隔，而所謂道者，亦未嘗不在是也。是豈有待於人爲，而亦豈人之所得爲哉！脩道之謂教，言聖人因是道而品節之，以立法垂訓於天下，是則所謂教也。蓋天命之性，率性之道，皆理之自然，而人物之所同得者也。人雖得其形氣之正，然其清濁厚薄之禀，亦有不能不異者，是以賢智者或失之過，愚不肖者或不能及，而得於此者，亦或不能無失於彼。是以私意人欲或生其間，而於所謂性者，不免有所昏蔽錯雜，而無以全其所受之正；性有不全，則於所謂道者，因亦有所乖戾舛逆，而無以適乎所行之宜。惟聖人之心，清明純粹，天理渾然，無所虧闕，故能因其道之所在，而爲之品節防範，以立教於天下，使夫過不及者，有以取中焉。蓋有以辨其親疏之殺，而使之各盡其情，則仁之爲教立矣；

有以别其貴賤之等，而使之各盡其分，則義之爲教行矣；爲之制度文爲，使之有以守而不失，則禮之爲教得矣；爲之開導禁止，使之有以别而不差，則智之爲教明矣。夫如是，是以人無知愚，事無大小，皆得有所持循據守，以去其人欲之私，而復乎天理之正。推而至於天下之物，則亦順其所欲，違其所惡，因其材質之宜，以致其用，制其取用之節，以遂其生，皆有政事之施焉。此則聖人所以財成天地之道，而致其彌縫輔贊之功，然亦未始外乎人之所受乎天者而强爲之也。子思以是三言著於篇首，雖曰姑以釋夫三者之名義，然學者能因其所指，而反身以驗之，則其所知，豈獨名義之間而已哉！蓋有得乎天命之説，則知天之所以與我者，無一理之不備，而釋氏所謂空者非性矣；有以得乎率性之説，則知我之所得乎天者，無一物之不該，而老氏所謂無者非道矣；有以得乎脩道之説，則知聖人之所以教我者，莫非因其所固有，而去其所本無，背其所至難，而從其所甚易，而凡世儒之訓詁詞章，管、商之權謀功利，老、佛之清淨寂滅，與夫百家衆技之支離偏曲，皆非所以爲教矣。由是以往，因其所固有之不可昧者，而益致其學問思辨之功；因其所甚易之不能已者，而益致其持守推行之力，則夫天命之性，率性之道，豈不昭然日用之間，而脩道之教，又將由我而後立矣。

曰：率性、脩道之説不同，孰爲是耶？曰：程子之論率性，正就私意人欲未萌之處，指其自然發見各有條理者而言，以見道之所以得名，非指脩爲而言也。呂氏「良心之發」以下，至「安能致是」一節，亦甚精密，但謂人受天地之中以生，而梏於形體，又爲私意小知所撓，故與天地不相似而發不中節，必有以不失其所受乎天者，然後爲道，則所謂道者，又在脩爲之後，而反由教以得之，非復子思、程子所指人欲未萌自然發見之意矣。游氏所謂無容私焉，則道在我，楊氏所謂率之而已者，似亦皆有呂氏之病也。至於脩道，則程子養之以福，脩而求復之云，卻似未合子思本文之意，獨其一條所謂循此脩之，各得其分，而引舜事以通結之者，爲得其旨，故其門人亦多祖之，但所引舜事，或非論語本文之意耳。呂氏所謂先王制禮，達之天下，傳之後世者，得之。但其本説率性之道處已失其指，而於此又推本之，以爲率性而行，雖已中節，而所稟不能無過不及，若能心誠求之，自然不中不遠，但欲達之天下，傳之後世，所以又當脩道而立教焉，則爲太繁複而失本文之意耳。改本又以時位不同爲言，似亦不親切也。

曰：楊氏所論王氏之失，如何？曰：王氏之言，固爲多病，然此所云「天使我有是」者，猶曰上帝降衷云爾，豈真以爲有或使之者哉！其曰在天爲命，在人爲性，則程子亦云，而楊氏又自言之，蓋無悖於理者。今乃指爲王氏之失，不惟似同浴而譏裸裎，亦近於意有不平，而反爲至公之累矣。且以率性之道爲順性命之理，文意亦不相似。若游氏以遁天倍情爲非性，則又不若楊氏人欲非性之云也。

曰：然則呂、游、楊、侯四子之説孰優？曰：此非後學所敢言也。但以程子之言論之，則於呂稱其深潛縝密，於游稱其穎悟温厚，謂楊不及游，而亦每稱其穎悟，謂侯氏之言，但可隔壁聽。今且熟復其言，究覈其意，而以此語證之，則其高下淺深亦可見矣，過此以往，則非後學所敢言也。

或問：既曰「道也者，不可須臾離也，可離非道也，是故君子戒慎乎其所不睹，恐懼乎其所不聞」矣，而又曰「莫見乎隱，莫顯乎微，故君子慎其獨也」，何也？曰：此因論率性之道，以明由教而入者，其始當如此，蓋兩事也。其先言道不可離，而君子必戒謹恐懼乎其所不睹不聞者，所以言道之無所不在，無時不然，學者當先其事之未然而周防之，以全其本然之體也。又言莫見乎隱，莫顯乎微，而君子必謹其獨者，所以言隱微之間，人所不見，而己獨知之，則其事之纖悉，無不顯著，又有甚於他人之知者，學者尤當隨其念之方萌而致察焉，以謹其善惡之幾也。蓋所謂道者，率性而已，性無不有，故道無不在，大而父子君臣，小而動静食息，不假人力之爲，而莫不各有當然不易之理，所謂道也。是乃天下人物之所共由，充塞天地，貫徹古今，而取諸至近，則常不外乎吾之一心。循之則治，失之則亂，蓋無須臾之頃，可得而暫離也。若其可以暫離，而道自爲道，我自爲我，則是人力私智之所爲者，而非率性之謂矣。聖人之所脩以爲教者，因其不可離者而品節之也；君子之所由以爲學者，因其不可離者而持守之也。是以日用之間，須臾之頃，持守功夫一有不至，則所謂不可離者雖未嘗不在我，而人欲間之，則亦判然二物而不相管矣，是則雖曰有人之形，而其違禽獸也何遠哉！是以君子戒慎乎其目之所不及見，恐懼乎其耳之所不及聞，瞭然心目之間，常若見其不可離者，而不敢有須臾之間，以流於人欲之私，而陷於禽獸之域。若書之言防怨，而曰「不見是圖」，禮之言事親，而曰「聽於無聲，視於無形」，蓋不待其徵於色、發於聲，然後有以用其力也。夫既已如此矣，則又以謂道固無所不在，而幽隱之間，乃他人之所不見，而己所獨見；道固無時不然，而細微之事，乃他人之所不聞，而己所獨聞。是皆常情所忽，以爲可以欺天罔人，而不必謹者，而不知吾心之靈，皎如日月，既已知之，則其毫髮之間，無所潛遁，又有甚於他人之知矣。又況既有是心，藏伏之久，則其見於聲音容貌之間，發於行事施爲之實，必有暴著而不可揜者，又不止於念慮之差而已也！是以君子既戒懼乎耳目之所不及，則此心常明，不爲物蔽，而於此尤不敢不致其謹焉，必使其幾微之際，無一毫人欲之萌，而純乎義理之發，則下學之功，盡善全美，而無須臾之間矣。二者相須，皆反躬爲己，遏人欲、存天理之實事。蓋體道之功，莫有先於此者，亦莫有切於此者，故子思於此，首以爲言，以見君子之學，必由此而入也。曰：諸家之說，皆以戒謹不睹，恐懼不聞，即爲謹獨之意,子乃分之以爲兩事,無乃破碎支離之甚邪?曰:既言道不可離,則是無適而不在矣,而又言「莫見乎隱,莫顯乎微」,則是要切之處,尤在於隱微也。既言戒謹不睹,恐懼不聞,則是無處而不謹矣;又言謹獨,則是其所謹者,尤在於獨也。是固不容於不異矣,若其同爲一事,則其爲言,又何必若是之重複耶?且此書卒章「潛雖伏矣」、「不愧屋漏」,亦兩言之,正與此相首尾。但諸家皆不之察,獨程子嘗有不愧屋漏與謹獨是持養氣象之言,其於二者之間,特加與字,是固已分爲兩事,而當時聽者有未察耳。曰:子又安知不睹不聞之不爲獨乎?曰:其所不睹不聞者,己之所不睹不聞也,故上言道不可離,而下言君子自其平常之處,無所不用其戒懼,而極言之以至於此也。獨者,人之所不睹不聞也,故上言「莫見乎隱,莫顯乎微」,而下言君子之所謹者,尤在於此幽隱之地也。是其語勢自相唱和,各有血脈,理甚分明。如曰是兩條者皆爲謹獨之意,則是持守之功,無所施於平常之處,而專在幽隱之間也,且雖免於破碎之譏,而其繁複偏滯而無所當亦甚矣。

曰:程子所謂隱微之際,若與吕氏改本及游、楊氏不同,而子一之,何耶?曰:以理言之,則三家不若程子之盡,以心言之,則程子不若三家之密,是固若有不同者矣。然必有是理,然後有是心,有是心,而後有是理,則亦初無異指也,合而言之,亦何不可之有哉?

曰:他説如何?曰:吕氏舊本所論道不可離者得之,但專以過不及爲離道,則似未盡耳。其論天地之中、性與天道一節，最其用意深處。然經文所指不睹不聞隱微之間者，乃欲使人戒懼乎此，而不使人欲之私得以萌動於其間耳，非欲使人虚空其心，反觀於此，以求見夫所謂中者，而遂執之，以爲應事之準則也。吕氏既失其指，而所引用不得於言、必有事焉、參前倚衡之語，亦非論、孟本文之意。至謂隱微之間，有昭昭而不可欺，感之而能應者，則固心之謂矣。而又曰「正惟虚心以求，則庶乎見之」，是又别以一心，而求此一心、見此一心也，豈不誤之甚哉？若楊氏無適非道之云則善矣，然其言似亦有所未盡。蓋衣食、作息、視聽、舉履，皆物也，其所以如此之義理準則，乃道也。若曰所謂道者，不外乎物，而人在天地之間，不能違物而獨立，是以無適而不有義理之準則，不可頃刻去之而不由，則是中庸之旨也。若便指物以爲道，而曰人不能頃刻而離此，百姓特日用而不知耳，則是不惟昧於形而上下之别，而墮於釋氏「作用是性」之失，且使學者誤謂道無不在，雖欲離之而不可得。吾既知之，則雖猖狂妄行，亦無適而不爲道。則其爲害將有不可勝言者，不但文義之失而已也。

曰：吕氏之書，今有二本，子之所謂舊本，則無疑矣。所謂改本，則陳忠肅公所謂程氏明道夫子之言而爲之序者，子於石氏集解雖嘗辨之，而論者猶或以爲非程夫子不能及也。奈何？曰：是則愚嘗聞之劉、李二先生矣。舊本者，吕氏太學講堂之初本也。改本者，其後所脩之别本也。陳公之序，蓋爲傳者所誤而失之，及其兄孫幾叟具以所聞告之，然後自覺其非，則其書已行而不及改矣。近見胡仁仲所記侯師聖語，亦與此合。蓋幾叟之師楊氏，實與呂氏同出程門，師聖則程子之内弟，而劉、李之於幾叟，仁仲之於師聖，又皆親見而親聞之，是豈胸臆私見、口舌浮辯所得而奪哉！若更以其言考之，則二書詳略雖或不同，然其語意實相表裏，如人之形貌，昔腴今瘠，而其部位神采，初不異也，豈可不察而遽謂之兩人哉？又況改本厭前之詳，而有意於略，故其詞雖約，而未免反有刻露峭急之病，至於詞義之間，失其本指，則未能改於其舊者，尚多有之，校之明道平日之言，平易從容而自然精切者，又不翅碔砆之與美玉也。於此而猶不辨焉，則其於道之淺深，固不問而可知矣。

或問：「喜怒哀樂之未發謂之中，發而皆中節謂之和。中也者，天下之大本也；和也者，天下之達道也。致中和，天地位焉，萬物育焉。」何也？曰：此推本天命之性，以明由教而入者，其始之所發端，終之所至極，皆不外於吾心也。蓋天命之性，萬理具焉，喜怒哀樂，各有攸當。方其未發，渾然在中，無所偏倚，故謂之中；及其發而皆得其當，無所乖戾，故謂之和。謂之中者，所以狀性之德，道之體也，以其天地萬物之理，無所不該，故曰天下之大本。謂之和者，所以著情之正，道之用也，以其古今人物之所共由，故曰天下之達道。蓋天命之性，純粹至善，而具於人心者，其體用之全，本皆如此，不以聖愚而有加損也。然靜而不知所以存之，則天理昧而大本有所不立矣；動而不知所以節之，則人欲肆而達道有所不行矣。惟君子自其不睹不聞之前，而所以戒謹恐懼者，愈嚴愈敬，以至於無一毫之偏倚，而守之常不失焉，則爲有以致其中，而大本之立，日以益固矣；尤於隱微幽獨之際，而所以謹其善惡之幾者，愈精愈密，以至於無一毫之差謬，而行之每不違焉，則爲有以致其和，而達道之行，日以益廣矣。致者，用力推致而極其至之謂。致焉而極其至，至於靜而無一息之不中，則吾心正，而天地之心亦正，故陰陽動靜各止其所，而天地於此乎位矣；動而無一事之不和，則吾氣順，而天地之氣亦順，故充塞無間，驩欣交通，而萬物於此乎育矣。此萬化之本原，一心之妙用，聖神之能事，學問之極功，固有非始學所當議者。然射者之的，行者之歸，亦學者立志之初所當知也。故此章雖爲一篇開卷之首，然子思之言，亦必至此而後已焉，其指深矣！

曰：然則中和果二物乎？曰：觀其一體一用之名，則安得不二？察其一體一用之實，則此爲彼體，彼爲此用，如耳目之能視聽，視聽之由耳目，初非有二物也。

曰：天地位，萬物育，諸家皆以其理言，子獨以其事論。然則自古衰亂之世，所以病乎中和者多矣，天地之位，萬物之育，豈以是而失其常耶？曰：三辰失行，山崩川竭，則不必天翻地覆，然後爲不位矣；兵亂兇荒，胎殰卵殈，則不必人消物盡，然後爲不育矣。凡若此者，豈非不中不和之所致，而又安可誣哉！今以事言者，固以爲有是理而後有是事；彼以理言者，亦非以爲無是事而徒有是理也。但其言之不備，有以啓後學之疑，不若直以事言，而理在其中之爲盡耳。曰：然則當其不位不育之時，豈無聖賢生於其世，而其所以致夫中和者，乃不能有以救其一二，何耶？曰：善惡感通之理，亦及其力之所至而止耳。彼達而在上者，既曰有以病之，則夫災異之變，又豈窮而在下者所能救也哉？但能致中和於一身，則天下雖亂，而吾身之天地萬物，不害爲安泰；其不能者，天下雖治，而吾身之天地萬物，不害爲乖錯。其間一家一國，莫不皆然，此又不可不知耳。曰：二者之爲實事可也，而分中和以屬焉，將不又爲破碎之甚耶？曰：世固未有能致中而不足於和者，亦未有能致和而不本於中者也；未有天地已位而萬物不育者，亦未有天地不位而萬物自育者也。特據其効而推本其所以然，則各有所從來，而不可紊耳。

曰：子思之言中和如此，而周子之言則曰「中者，和也，中節也，天下之達道也」，乃舉中而合之於和，然則又將何以爲天下之大本也耶？曰：子思之所謂中，以未發而言也，周子之所謂中，以時中而言也。愚於篇首已辯之矣，學者涵泳而别識之，見其並行而不相悖焉者可也。

曰：程、吕問答如何？曰：考之文集，則是其書蓋不完矣。然程子初謂凡言心者，皆指已發而言，而後書乃自以爲未當。向非吕氏問之之審，而不完之中，又失此書，則此言之未當，學者何自而知之乎？以此又知聖賢之言，固有發端而未竟者，學者尤當虚心悉意，以審其歸，未可執其一言而遽以爲定也。其説中字，因過不及而立名，又似并指時中之中，而與在中之義少異。蓋未發之時，在中之義，謂之無所偏倚則可，謂之無過不及，則方此之時，未有中節不中節之可言也，無過不及之名，亦何自而立乎？又其下文，皆以不偏不倚爲言，則此語者，亦或未得爲定論也。吕氏又引「允執厥中」，以明未發之旨，則程子之説書也，固謂允執厥中所以行之，蓋其所謂中者，乃指時中之中，而非未發之中也。吕氏又謂求之喜怒哀樂未發之時，則程子所以答蘇季明之問，又已有既思即是已發之説矣。凡此皆其決不以吕説爲然者，獨不知其於此何故略無所辨，學者亦當詳之，未可見其不辯，而遽以爲是也。曰：然則程子卒以赤子之心爲已發，何也？曰：衆人之心，莫不有未發時，亦莫不有已發時，不以老稚賢愚而有别也。但孟子所指赤子之心純一無僞者，乃因其發而後可見，若未發，則純一無僞，又不足以名之，而亦非獨赤子之心爲然矣。是以程子雖改夫心皆已發之一言，而以赤子之心爲已發，則不可得而改也。曰：程子明鏡止水之云，固以聖人之心爲異乎赤子之心矣，然則此其爲未發者耶？曰：聖人之心，未發則爲水鏡之體，既發則爲水鏡之用，亦非獨指未發而言也。曰：諸説如何？曰：程子備矣，但其答蘇季明之後章，記録多失本真，答問不相對值，如耳無聞目無見之答，以下文前旒黈纊之説參之〔二〕，其誤必矣。蓋未發之時，但爲未有喜怒哀樂之偏耳，若其目之有見，耳之有聞，則當愈益精明而不可亂，豈若心不在焉，而遂廢耳目之用哉？其言静時既有知覺，豈可言静，而引復以動見天地之心爲説，亦不可曉。蓋當至静之時，但有能知覺者，而未有所知覺也。故以爲静中有物則可，而便以才思即是已發爲比則未可；以爲坤卦純陰而不爲無陽則可，而便以復之一陽已動爲比則未可也。所謂無時不中者，所謂善觀者，卻於已發之際觀之者，則語雖要切，而其文意亦不能無斷續，至於動上求静之云，則問者又轉而之他矣。其答動字静字之問，答敬何以用功之問，答思慮不定之問，以至若無事時須見須聞之説，則皆精當。但其曰當欲祀時，無所見聞，則古人之制，祭服而設旒黈〔三〕，雖曰欲其不得廣視雜聽，而致其精一，然非以是爲真足以全蔽其聰明，使之一無見聞也。若曰履之有絇，以爲行戒；尊之有禁，以爲酒戒，然初未嘗以是而遂不行不飲也。若使當祭之時，真爲旒黈所塞〔四〕，遂如聾瞽，則是禮容樂節，皆不能知，亦將何以致其誠意，而交於鬼神哉？程子之言，決不如是之過也。至其答過而不留之問，則又有若不相直而可疑者。大抵此條最多謬誤，蓋聽他人之問，而從旁竊記，非惟未了答者之意，而亦未悉問者之情，是以致此亂道而誤人耳。然而猶幸其間紕漏顯然，尚可尋繹以別其僞，獨微言之湮没者，遂不復傳，爲可惜耳。吕氏此章之説，尤多可疑，如引屢空、貨殖及心爲甚者，其於彼此蓋兩失之。其曰由空而後見夫中，是又前章虚心以求之説也，其不陷而入於浮屠者幾希矣。蓋其病根，正在欲於未發之前，求見夫所謂中者而執之，是以屢言之而病愈甚。殊不知經文所謂致中和者，亦曰當其未發，此心至虚，如鏡之明，如水之止，則但當敬以存之，而不使其小有偏倚；至於事物之來，此心發見，喜怒哀樂各有攸當，則又當敬以察之，而不使其小有差忒而已，未有如是之説也。且曰未發之前，則宜其不待著意推求，而瞭然心目之間矣；一有求之之心，則是便爲已發，固已不得而見之，況欲從而執之，則其爲偏倚亦甚矣，又何中之可得乎？且夫未發已發，日用之間，固有自然之機，不假人力。方其未發，本自寂然，固無所事於執；及其當發，則又當即事即物，隨感而應，亦安得塊然不動，而執此未發之中耶？此爲義理之根本，於此有差，則無所不差矣。此吕氏之説，所以條理紊亂，援引乖剌，而不勝其可疑也。程子譏之，以爲不識大本，豈不信哉！楊氏所謂「未發之時，以心驗之，則中之義自見，執而勿失，無人欲之私焉，則發必中節矣」，又曰「須於未發之際，能體所謂中」，其曰驗之，體之，執之，則亦吕氏之失也。其曰「其慟其喜，中固自若」，疑與程子所云「言和則中在其中」者相似。然細推之，則程子之意，正謂喜怒哀樂已發之處，見得未發之理，發見在此一事一物之中，各無偏倚過不及之差，乃時中之中，而非渾然在中之中也。若楊氏之云中固自若，而又引莊周出怒不怒之言以明之，則是以爲聖人方當喜怒哀樂之時，其心漠然同於木石，而姑外示如此之形，凡所云爲，皆不復出於中心之誠矣。大抵楊氏之言，多雜於老、佛，故其失類如此。其曰「當論其中否，不當論其有無」，則至論也。

或問：此其稱仲尼曰，何也？曰：首章夫子之意，而子思言之，故此以下，又引夫子之言以證之也。曰：孫可以字其祖乎？曰：古者生無爵，死無謚，則子孫之於祖考，亦名之而已矣。周人冠則字而尊其名，死則謚而諱其名，則固已彌文矣，然未有諱其字者也。故儀禮饋食之祝詞曰：「適爾皇祖伯某父」，乃直以字而面命之。況孔子爵不應謚，而子孫又不得稱其字以别之，則將謂之何哉？若曰孔子，則外之之辭，而又孔姓之通稱，若曰夫子，則又當時衆人相呼之通號也，不曰仲尼而何以哉？

曰：君子所以中庸，小人之所以反之者，何也？曰：中庸者，無過不及而平常之理，蓋天命人心之正也。惟君子爲能知其在我，而戒謹恐懼以無失其當然，故能隨時而得中。小人則不知有此，而無所忌憚，故其心每反乎此，而不中不常也。

曰：「小人之中庸」，王肅、程子悉加「反」字，蓋疊上文之語。然諸説皆謂小人實反中庸，而不自知其爲非，乃敢自以爲中庸，而居之不疑，如漢之胡廣，唐之吕温、柳宗元者，則其所謂中庸，是乃所以爲無忌憚也。如此，則不煩增字而理亦通矣。曰：小人之情狀，固有若此者矣，但以文勢考之，則恐未然。蓋論一篇之通體，則此章乃引夫子所言之首章，且當略舉大端，以分别君子小人之趣向，未當遽及此意之隱微也。若論一章之語脈，則上文方言君子中庸而小人反之，其下且當平解兩句之義以盡其意，不應偏解上句而不解下句，又遽别生他説也。故疑王肅所傳之本爲得其正，而未必肅之所增，程子從之，亦不爲無所據而臆決也。諸説皆從鄭本，雖非本文之意，然所以發明小人之情狀，則亦曲盡其妙，而足以警乎鄉原亂德之姦矣。今存吕氏以備觀考，他不能盡録也。

或問：「民鮮能久」，或以爲民鮮能久於中庸之德，而以下文「不能期月守」者證之，何如？曰：不然。此章方承上章「小人反中庸」之意而泛論之，未遽及夫不能久也。下章自能擇中庸者言之，乃可責其不能久耳。兩章各是發明一義，不當遽以彼而證此也。且論語無能字，而所謂矣者，又已然之辭，故程子釋之，以爲民鮮有此中庸之德，則其與「不能期月守」者不同，文意益明白矣。曰：此書非一時之言也，章之先後，又安得有次序乎？曰：言之固無序矣，子思取之而著於此，則其次第行列，決有意謂，不應雜置而錯陳之也。故凡此書之例，皆文斷而意屬，讀者先因其文之所斷，以求本章之説，徐次其意之所屬，以考相承之序，則有以各盡其一章之意，而不失夫全篇之旨矣。然程子亦有久行之説，則疑出於門人之所記，蓋不能無差謬。而自世教衰之一條〔五〕，乃論語解，而程子之手筆也。諸家之說，固皆不察乎此，然呂氏所謂厭常喜新，質薄氣弱者，則有以切中學者不能固守之病，讀者徙諸期月之章而自省焉〔六〕，則亦足以有警矣。侯氏所謂「民不識中，故鮮能久，若識得中，則手動足履無非中者」，則其疏闊又益甚矣。如曰若識得中，則手動足履皆有自然之中而不可離，則庶幾耳。

或問：此其言道之不行不明，何也？曰：此亦承上章民鮮能久矣之意也。曰：智愚之過不及，宜若道之所以不明也；賢不肖之過不及，宜若道之所以不行也。今其互言之，何也？曰：測度深微，揣摩事變，能知君子之所不必知者，知者之過乎中也。昏昧蹇淺，不能知君子之所當知者，愚者之不及乎中也。知之過者，既惟知是務，而以道爲不足行，愚者又不知所以行也，此道之所以不行也。刻意尚行，驚世駭俗，能行君子之所不必行者，賢者之過乎中也。卑汙苟賤，不能行君子之所當行者，不肖者之不及乎中也。賢之過者，既唯行是務，而以道爲不足知，不肖者又不求所以知也，此道之所以不明也。然道之所謂中者，是乃天命人心之正，當然不易之理，固不外乎人生日用之間，特行而不著，習而不察，是以不知其至而失之耳。故曰：「人莫不飲食也，鮮能知味也。」知味之正，則必嗜之而不厭矣；知道之中，則必守之而不失矣。

或問：此其稱舜之大知，何也？曰：此亦承上章之意，言如舜之知而不過，則道之所以行也。蓋不自恃其聰明，而樂取諸人者如此，則非知者之過矣，又能執兩端而用其中，則非愚者之不及矣。此舜之知所以爲大，而非他人之所及也。兩端之說，呂、楊爲優，程子以爲執持過不及之兩端，使民不得行，則恐非文意矣。蓋當衆論不同之際，未知其孰爲過、孰爲不及、而孰爲中也，故必兼總衆説，以執其不同之極處，而求其義理之至當，然後有以知夫無過不及之在此，而在所當行。若其未然，則又安能先識彼兩端者之爲過不及，而不可行哉？

或問七章之説。曰：此以上句起下句，如詩之興耳。或以二句各爲一事言之，則失之也。

或問：此其稱回之賢，何也？曰：承上章「不能期月守」者而言，如回之賢而不過，則道之所以明也。蓋能擇乎中庸，則無賢者之過矣，服膺弗失，則非不肖者之不及矣。然則茲賢也，乃其所以爲知也歟？曰：諸說如何？曰：程子所引「屢空」，張子所引「未見其止」，皆非論語之本意，惟呂氏之論顏子有曰：「隨其所至，盡其所得，據而守之，則拳拳服膺而不敢失，勉而進之，則既竭吾才而不敢緩，此所以恍惚前後而不可爲象，求見聖人之止，欲罷而不能也。」此數言者，乃爲親切確實而足以見其深潛縝密之意，學者所宜諷誦而服行也。但「求見聖人之止」一句，文義亦未安耳。侯氏曰：「中庸豈可擇，擇則二矣。」其務爲過高，而不顧經文義理之實也，亦甚矣哉！

或問：「中庸不可能」，何也？曰：此亦承上章之意，以三者之難，明中庸之尤難也。蓋三者之事，亦知仁勇之屬，而人之所難，然皆取必於行，而無擇於義，且或出於氣質之偏，事勢之迫，未必從容而中節也。若曰中庸，則雖無難知難行之事，然天理渾然，無過不及，苟一毫之私意有所未盡，則雖欲擇而守之，而擬議之間，忽已墮於過與不及之偏而不自知矣。此其所以雖若甚易，而實不可能也。故程子以克己最難言之，其旨深矣。游氏以舜爲絶學無爲，而楊氏亦謂「有能斯有爲之者，其違道遠矣。循天下固然之理，而行其所無事焉，夫何能之有？」則皆老、佛之緒餘。而楊氏下章所論不知不能爲道遠人之意，亦非儒者之言也。二公學於程氏之門，號稱高弟，而其言乃如此，殊不可曉也已！

或問：此其記子路之問强，何也？曰：亦承上章之意，以明擇中庸而守之，非强不能，而所謂强者，又非世俗之所謂强也。蓋强者，力有以勝人之名也。凡人和而無節，則必至於流；中立而無依，則必至於倚；國有道而富貴，或不能不改其平素；國無道而貧賤，或不能久處乎窮約，非持守之力有以勝人者，其孰能反之？故此四者，汝子路之所當强也。南方之强，不及强者也；北方之强，過乎强者也；四者之强，强之中也。子路好勇，故聖人之言所以長其善而救其失者類如此。曰：和與物同，故疑於流，而以不流爲强。中立本無所依，又何疑於倚，而以不倚爲强哉？曰：中立固無所依也，然凡物之情，惟强者爲能無所依而獨立，弱而無所依，則其不傾側而偃仆者幾希矣，此中立之所以疑於必倚，而不倚之所以爲强也。曰：諸説如何？曰：大意則皆得之，惟以矯爲矯揉之矯，以南方之强爲矯哉之强與顔子之强，以抑而强者爲子路之强與北方之强者，爲未然耳。

或問十一章素隱之説。曰：吕氏從鄭注，以素爲傃，固有未安。惟其舊説有謂無德而隱爲素隱者，於義略通，又以遯世不見知之語反之，似亦有據。但素字之義，與後章「素其位」之素，不應頓異，則又若有可疑者。獨漢書藝文志劉歆論神仙家流引此，而以素爲索，顔氏又釋之以爲求索隱暗之事，則二字之義既明，而與下文「行怪」二字，語勢亦相類，其説近是。蓋當時所傳本猶未誤，至鄭氏時乃失之耳。游氏所謂離人而立於獨，與夫未免有念之云，皆非儒者之語也。

或問十二章之説。曰：道之用廣，而其體則微密而不可見，所謂費而隱也。即其近而言之，男女居室，人道之常，雖愚不肖亦能知而行之；極其遠而言之，則天下之大，事物之多，聖人亦容有不盡知盡能者也。然非獨聖人有所不知不能也，天能生覆而不能形載，地能形載而不能生覆，至於氣化流行，則陰陽寒暑，吉凶災祥，不能盡得其正者尤多，此所以雖以天地之大，而人猶有憾也。夫自夫婦之愚不肖所能知行，至於聖人天地之所不能盡，道蓋無所不在也。故君子之語道也，其大至於天地聖人所不能盡，而道無不包，則天下莫能載矣；其小至於愚夫愚婦之所能知能行，而道無不體，則天下莫能破矣。道之在天下，其用之廣如此，可謂費矣，而其所用之體，則不離乎此，而有非視聽之所及者，此所以爲費而隱也。子思之言，至此極矣，然猶以爲不足以盡其意也，故又引詩以明之，曰「鳶飛戾天，魚躍于淵」，所以言道之體用，上下昭著，而無所不在也。造端乎夫婦，極其近小而言也；察乎天地，極其遠大而言也。蓋夫婦之際，隱微之間，尤見道之不可離處〔七〕，知其造端乎此，則其所以戒謹恐懼之實，無不至矣。易首乾、坤而重咸、恒，詩首關雎而戒淫泆，書記釐降，禮謹大婚，皆此意也。

曰：諸説如何？曰：程子至矣。張子以聖人爲夷、惠之徒，既已失之，又曰：「君子之道達諸天，故聖人有所不知；夫婦之知淆諸物，故聖人有所不與。」則又析其所不知不能而兩之，皆不可曉也已。曰：諸家皆以夫婦之能知能行者，爲道之費；聖人之所不知不能而天地有憾者，爲道之隱，其於文義協矣。若從程子之説，則使章内專言費而不及隱，恐其有未安也。曰：謂不知不能爲隱，似矣。若天地有憾，鳶飛魚躍，察乎天地，而欲亦謂之隱，則恐未然。且隱之爲言，正以其非言語指陳之可及耳，故獨舉費而隱常默具乎其中，若於費外别有隱而可言，則已不得爲隱矣。程子之云，又何疑耶？

曰：然則程子所謂「鳶飛魚躍，子思喫緊爲人處」，與「必有事焉而勿正，心之意同活潑潑地」者，何也？曰：道之流行發見於天地之間，無所不在，在上則鳶之飛而戾于天者此也，在下則魚之躍而出于淵者此也，其在人則日用之間，人倫之際，夫婦之所知所能，而聖人之所不知不能者，亦此也。此其流行發見於上下之間者，可謂著矣。子思於此指而言之，惟欲學者於此默而識之，則爲有以洞見道體之妙而無疑。而程子以爲「子思喫緊爲人處」者，正以示人之意，爲莫切於此也。其曰「必有事焉而勿正，心之意同活潑潑地」，則又以明道之體用，流行發見，充塞天地，亘古亘今，雖未嘗有一毫之空闕，一息之間斷，然其在人而見諸日用之間者，則初不外乎此心，故必此心之存，而後有以自覺也。「必有事焉而勿正，心活潑潑地」，亦曰此心之存，而全體呈露，妙用顯行，無所滯礙云爾，非必仰而視乎鳶之飛，俯而觀乎魚之躍，然後可以得之也。抑孟子此言，固爲精密，然但爲學者集義養氣而發耳。至於程子借以爲言，則又以發明學者洞見道體之妙，非但如孟子之意而已也。蓋此一言，雖若二事，然其實則必有事焉半詞之間已盡其意，善用力者，苟能於此超然默會，則道體之妙，已躍如矣，何待下句而後足於言耶！聖賢特恐學者用力之過，而反爲所累，故更以下句解之，欲其雖有所事，而不爲所累耳，非謂必有事焉之外，又當别設此念，以爲正心之防也。曰：然則其所謂「活潑潑地」者，毋乃釋氏之遺意耶？曰：此但俚俗之常談，釋氏蓋嘗言之，而吾亦言之耳，彼固不得而專之也。況吾之所言，雖與彼同，而所形容，實與彼異。若出於吾之所謂，則夫道之體用，固無不在，然鳶而必戾于天，魚而必躍于淵，是君君、臣臣、父父、子子，各止其所，而不可亂也。若如釋氏之云，則鳶可以躍淵，而魚可以戾天矣，是安可同日而語哉？且子思以夫婦言之，所以明人事之至近，而天理在焉，釋氏則舉此而絶之矣，又安可同年而語哉？

曰：吕氏以下，如何？曰：吕氏分此以上論中，以下論庸，又謂費則常道，隱則至道，恐皆未安。謝氏既曰「非是極其上下而言」矣，又曰「非指鳶魚而言」，蓋曰子思之引此詩，姑借二物以明道體無所不在之實，非以是爲窮其上下之極，而形其無所不包之量也；又非以是二物專爲形其無所不在之體，而欲學者之必觀乎此也。此其發明程子之意，蓋有非一時同門之士所得聞者，而又别以夫子與點之意明之，則其爲説益以精矣。但所謂察見天理者，恐非本文之訓，而於程子之意，亦未免小失之耳。游氏之説，其不可曉者尤多。如以良知良能之所自出爲道之費，則良知良能者，不得爲道，而在道之外矣。又以不可知不可能者爲道之隱，則所謂道者，乃無用之長物，而人亦無所賴於道矣。所引天地明察，似於彼此文意兩皆失之。至於所謂七聖皆迷之地，則莊生邪遁荒唐之語，尤非所以論中庸也。楊氏以大而化之，非智力所及，爲聖人不知不能；以祁寒暑雨，雖天地不能易其節，爲道之不可能，而人所以有憾於天地，則於文義既有所不通。而又曰「人雖有憾而道固自若」，則其失愈遠矣。其曰「非體物而不遺者，其孰能察之」，其用體字察字，又皆非經文之正意也。大抵此章若從諸家以聖人所不知不能爲隱，則其爲説之弊，必至於此而後已。嘗試循其説而體驗之，若有以使人神識飛揚，眩瞀迷惑，而無所底止，子思之意，其不出此也必矣。惟侯氏不知不能之説，最爲明白，但所引「聖而不可知」者，孟子本謂人所不能測耳，非此文之意也。其他又有大不可曉者，亦不足深論也。

或問：十三章之説，子以爲以人治人，爲以彼人之道，還治彼人，善矣。又謂責其所能知能行，而引張子之説以實之，則無乃流於姑息之論，而所謂人之道者，不得爲道之全也耶？曰：上章固言之矣。夫婦之所能知能行者，道也；聖人之所不知不能而天地猶有憾者，亦道也。然自人而言，則夫婦之所能知能行者，人之所切於身而不可須臾離者也；至於天地聖人所不能及，則其求之當有漸次，而或非日用之所急矣。然則責人而先其切於身之不可離者，後其有漸而不急者，是乃行遠自邇、升高自卑之序，使其由是而不已焉，則人道之全，亦將可以馴致。今必以是爲姑息，而遽欲盡道以責於人，吾見其失先後之序，違緩急之宜，人之受責者，將至於有所不堪，而道之無窮，則終非一人一日之所能盡也，是亦兩失之而已焉耳。

曰：子、臣、弟、友之絶句，何也？曰：夫子之意，蓋曰我之所責乎子之事己者如此，而反求乎己之所以事父，則未能如此也；所責乎臣之事己者如此，而反求乎己之所以事君，則未能如此也；所責乎弟之事己者如此，而反求乎己之所以事兄，則未能如此也；所責乎朋友之施己者如此，而反求乎己之所以先施於彼者，則未能如此也。於是以其所以責彼者，自責於庸言庸行之間，蓋不待求之於他，而吾之所以自脩之則，具於此矣。今或不得其讀，而以父、君、兄、友四字爲絶句，則於文意有所不通，而其義亦何所當哉！

曰：諸説如何？曰：諸家説論語者，多引此章以明一以貫之之義，説此章者，又引論語以釋違道不遠之意，一矛一盾，終不相謀，而牽合不置，學者蓋深病之。及深考乎程子之言，有所謂動以天者，然後知二者之爲忠恕，其迹雖同，而所以爲忠恕者，其心實異，非其知德之深，知言之至，其孰能判然如此而無疑哉！然盡己推己，乃忠恕之所以名，而正爲此章違道不遠之事〔八〕。若動以天，而一以貫之，則不待盡己，而至誠者自無息；不待推己，而萬物已各得其所矣。曾子之言，蓋指其不可名之妙，而借其可名之粗以明之，學者默識於言意之表，則亦足以互相發明，而不害其爲同也。餘説雖多，大概放此，推此意以觀之，則其爲得失自可見矣。違道不遠，如齊師「違穀七里」之違，非背而去之之謂，愚固已言之矣。諸説於此，多所未合，則不察文義，而强爲之説之過也。夫齊師違穀七里，而穀人不知，則非昔已在彀而今始去之也，蓋曰自此而去以至於彀纔七里耳。孟子所云「夜氣不足以存，則其違禽獸不遠矣」，非謂昔本禽獸而今始違之也，亦曰自此而去以入於禽獸不遠耳。蓋所謂道者，當然之理而已，根於人心而見諸行事，不待勉而能也。然惟盡己之心而推以及人，可以得其當然之實，而施無不當，不然，則求之愈遠而愈不近矣。此所以自是忠恕而往，以至於道，獨爲不遠，其曰違者，非背而去之之謂也。程子又謂「事上之道莫若忠，待下之道莫若恕」，此則不可曉者。若姑以所重言之，則似亦不爲無理；若究其極，則忠之與恕，初不相離，程子所謂要除一箇除不得，而謝氏以爲猶形影者，意可見矣〔九〕。今析爲二事而兩用之，則是果有無恕之忠、無忠之恕，而所以事上接下者，皆出於强爲，而不由乎中矣，豈忠恕之謂哉？是於程子他説，殊不相似，意其記録之或誤，不然，則一時有爲言之，而非正爲忠恕發也。張子二説，皆深得之，但「虚者仁之原，忠恕與仁俱生」之語，若未瑩耳。吕氏改本太略，不盡經意，舊本乃推張子之言而詳實有味，但「柯猶在外」以下爲未盡善。若易之曰：所謂則者，猶在所執之柯，而不在所伐之柯，故執柯者必有睨視之勞，而猶以爲遠也。若夫以人治人，則異於是，蓋衆人之道，止在衆人之身，若以其所及知者責其知，以其所能行者責其行，人改即止〔一〇〕，不厚望焉，則不必睨視之勞，而所以治之之則，不遠於彼而得之矣。忠者，誠有是心而不自欺也；恕者，推待己之心以及人也。推其誠心以及於人，則其所以愛人之道，不遠於我而得之矣。至於事父、事君、事兄、交友，皆所以求乎人者，責乎己之所未能，則其所以治己之道，亦不遠於心而得之矣。夫四者固皆衆人之所能，而聖人乃自謂未能者，亦曰未能如其所以責人者耳。此見聖人之心，純亦不已，而道之體用，其大天下莫能載，其小天下莫能破，舜之所以盡事親之道，必至乎瞽瞍厎豫者，蓋爲此也。如此，然後屬乎庸者常道之云，則庶乎其無病矣。且其曰「有餘而盡之，則道難繼而不行」〔一一〕，又不若游氏所引「耻躬不逮」爲得其文意也。謝氏、侯氏所論論語之忠恕，獨得程子之意。但程子所謂天地之不恕，亦曰天地之化，生生不窮，特以氣機闔闢，有通有塞。故當其通也，天地變化草木蕃，則有似於恕；當其塞也，天地閉而賢人隱，則有似於不恕耳。其曰不恕，非若人之閉於私欲而實有忮害之心也。謝氏推明其説，乃謂天地之有不恕，乃因人而然，則其説有未究者。蓋若以爲人不致中，則天地有時而不位，人不致和，則萬物有時而不育。是謂天地之氣，因人之不恕，而有似於不恕，則可；若曰天地因人之不恕，而實有不恕之心，則是彼爲人者，既以忮心失恕，而自絶於天矣，爲天地者，乃效其所爲，以自己其於穆之命也，豈不誤哉！游氏之説，其病尤多，至謂「道無物我之間，而忠恕將以至於忘己忘物」，則爲已違道而猶未遠也，是則老莊之遺意，而遠人甚矣，豈中庸之旨哉！楊氏又謂「以人爲道，則與道二而遠於道」，故戒人不可以爲道，如執柯以伐柯，則與道二，故睨而視之，猶以爲遠，則其違經背理，又有甚焉。使經而曰，人而爲道則遠人，故君子不可以爲道，則其説信矣。今經文如此，而其説乃如彼，既於文義有所不通，而推其意，又將使道爲無用之物，人無入道之門，而聖人之教人以爲道者，反爲誤人而有害於道，是安有此理哉？既又曰：「自道言之，則不可爲，自求仁言之，則忠恕者莫近焉。」則已自知其有所不通，而復爲是説以救之，然終亦矛盾而無所合，是皆流於異端之説，不但毫釐之差而已也。侯氏固多疏闊，其引顔子樂道之説，愚於論語已辯之矣。至於四者未能之説，獨以爲若止謂恕己以及人，則是聖人將使天下皆無父子君臣矣，此則諸家皆所不及。蓋近世果有不得其讀，而輒爲之説曰，此君子以一己之難克，而知天下皆可恕之人也。嗚呼！此非所謂將使天下皆無父子君臣者乎？侯氏之言於是乎驗矣。

或問十四章之説。曰：此章文義，無可疑者，而張子所謂當知無天下國家皆非之理者，尤爲切至。吕氏説雖不免時有小失，然其大體，則皆平正慤實而有餘味也。游氏説亦條暢，而存亡、得喪、窮通、好醜之説尤善。但楊氏以反身而誠爲不願乎外，則本文之意，初未及此，而詭遇得禽，亦非行險僥倖之謂也。侯氏所辯常總默識自得之説甚當，近世佛者妄以吾言傳著其説，而指意乖刺，如此類者多矣，甚可笑也。但侯氏所以自爲説者，卻有未善，若曰識者知其理之如此而已，得者無所不足於吾心而已，則豈不明白真實而足以服其心乎！

或問十五章之説。曰：章首二句，承上章而言，道雖無所不在，而其進之則有序也。其下引詩與夫子之言，乃指一事以明之，非以二句之義爲止於此也。諸説惟吕氏爲詳實，然亦不察此，而反以章首二言發明引詩之意，則失之矣。

或問：鬼神之説，其詳奈何？曰：鬼神之義，孔子所以告宰予者，見於祭義之篇，其説已詳，而鄭氏釋之，亦已明矣。其以口鼻之嘘吸者爲魂，耳目之精明者爲魄，蓋指血氣之類以明之。程子、張子更以陰陽造化爲説，則其意又廣，而天地萬物之屈伸往來，皆在其中矣。蓋陽魂爲神，陰魄爲鬼，是以其在人也，陰陽合，則魄凝魂聚而有生；陰陽判，則魂升爲神，魄降爲鬼。易大傳所謂「精氣爲物，遊魂爲變，故知鬼神之情狀」者，正以明此。而書所謂徂落者，亦以其升降爲言耳。若又以其往來者言之，則來者方伸而爲神，往者既屈而爲鬼。蓋二氣之分，實一氣之運，故陽主伸，陰主屈，而錯綜以言，亦各得其義焉。學者熟玩而精察之，如謝氏所謂做題目、入思議者，則庶乎有以識之矣。曰：諸説如何？曰：吕氏推本張子之説，尤爲詳備，但改本有「所屈者不亡」一句，乃形潰反原之意，張子他書亦有是説，而程子數辯其非，東見録中所謂「不必以既屈之氣，復爲方伸之氣」者，其類可考也。謝氏説則善矣，但歸根之云，似亦微有反原之累耳。游、楊之説，皆有不可曉者，惟「妙萬物而無不在」一語近是，而以其他語考之，不知其於是理之實，果何如也？侯氏曰：「鬼神形而下者，非誠也，鬼神之德，則誠也。」按經文本贊鬼神之德之盛，如下文所云，而結之曰「誠之不可揜如此」，則是以爲鬼神之德所以盛者，蓋以其誠耳，非以誠自爲一物，而別爲鬼神之德也。今侯氏乃析鬼神與其德爲二物，而以形而上下言之，乍讀如可喜者，而細以經文事理求之，則失之遠矣。程子所謂「只好隔壁聽」者，其謂此類也夫！曰：子之以幹事明體物，何也？曰：天下之物，莫非鬼神之所爲也，故鬼神爲物之體，而物無不待是而有者。然曰爲物之體，則物先乎氣，必曰體物，然後見其氣先乎物而言順耳。幹，猶木之有幹，必先有此，而後枝葉有所附而生焉，貞之幹事，亦猶是也。

或問十七章之說。曰：程子、張子、吕氏之説備矣。楊氏所辯孔子不受命之意，則亦程子所謂非常理者盡之。而侯氏所推以謂舜得其常，而孔子不得其常者，尤明白也。至於顔、跖壽夭之不齊，則亦不得其常而已。楊氏乃忘其所以論孔子之意，而更援老聃之言，以爲顔子雖夭而不亡者存，則反爲衍説，而非吾儒之所宜言矣。且其所謂不亡者，果何物哉？若曰天命之性，則是古今聖愚公共之物，而非顔子所能專；若曰氣散而其精神魂魄猶有存者，則是物而不化之意，猶有滯於冥漠之間，尤非所以語顔子也。侯氏所謂孔子不得其常者善矣，然又以爲天於孔子固已培之，則不免有自相矛盾處。蓋德爲聖人者，固孔子之所以爲栽者也。至於禄也、位也、壽也，則天之所當以培乎孔子者，而以適丁氣數之衰，是以雖欲培之而有所不能及爾，是亦所謂不得其常者，何假復爲異説以汨之哉！

中庸或問下

或問十八、十九章之説。曰：吕氏、楊氏之説，於禮之節文度數詳矣，其間有不同者，讀者詳之可也。游氏引泰誓、武成以爲文王未嘗稱王之證，深有補於名教，然歐陽、蘇氏之書，亦已有是説矣。郊禘，吕、游不同，然合而觀之，亦表裏之説也。

曰：昭穆之昭，世讀爲韶，今從本字，何也？曰：昭之爲言，明也，以其南面而向明也。其讀爲韶，先儒以爲晉避諱而改之，然禮書亦有作佋字者，則假借而通用耳。曰：其爲向明，何也？曰：此不可以空言曉也，今且假設諸侯之廟以明之。蓋周禮建國之神位左宗廟，則五廟皆當在公宫之東南矣，其制則孫毓以爲外爲都宫，太祖在北，二昭二穆以次而南是也。蓋太祖之廟，始封之君居之，昭之北廟，二世之君居之，穆之北廟，三世之君居之，昭之南廟，四世之君居之，穆之南廟，五世之君居之。廟皆南向，各有門堂室寢，而牆宇四周焉。太祖之廟，百世不遷，自餘四廟，則六世之後，每一易世而一遷。其遷之也，新主祔於其班之南廟，南廟之主遷於北廟，北廟親盡則遷其主於太廟之西夾室，而謂之祧。凡廟主在本廟之室中皆東向，及其祫於太廟之室中，則惟太祖東向自如，而爲最尊之位。群昭之入乎此者，皆列於北牖下而南向，群穆之入乎此者，皆列於南牖下而北向。南向者，取其向明，故謂之昭；北向者，取其深遠，故謂之穆。蓋群廟之列，則左爲昭而右爲穆，祫祭之位，則北爲昭而南爲穆也。曰：六世之後，二世之主既祧，則三世爲昭，而四世爲穆，五世爲昭，而六世爲穆乎？曰：不然也。昭常爲昭，穆常爲穆，禮家之説，有明文矣。蓋二世祧，則四世遷昭之北廟，六世祔昭之南廟矣；三世祧，則五世遷穆之北廟，七世祔穆之南廟矣。昭者祔，則穆者不遷，穆者祔，則昭者不動。此所以祔必以班，尸必以孫，而子孫之列，亦以爲序。若武王謂文王爲穆考，成王稱武王爲昭考，則自其始祔而已然，而春秋傳以管、蔡、郕、霍爲文之昭，邘、晉、應、韓爲武之穆，則雖其既遠而猶不易也，豈其交錯彼此若是之紛紛哉！曰：廟之始立也，二世昭而三世穆，四世昭而五世穆，則固當以左爲尊而右爲卑矣。今乃三世穆而四世昭，五世穆而六世昭，是則右反爲尊而左反爲卑也，而可乎？曰：不然也。宗廟之制，但以左右爲昭穆，而不以昭穆爲尊卑。故五廟同爲都宫，則昭常在左，穆常在右，而外有以不失其序。一世自爲一廟，則昭不見穆，穆不見昭，而内有以各全其尊。必大祫而會於一室，然後序其尊卑之次，則凡已毁未毁之主，又畢陳而無所易。惟四時之祫，不陳毁廟之主，則高祖有時而在穆，其禮未有考焉，意或如此，則高之上無昭，而特設位於祖之西，禰之下無穆，而特設位於曾之東也與？　曰：然則毁廟云者，何也？曰：春秋傳曰：「壞廟之道，易檐可也，改塗可也。」說者以爲將納新主，示有所加耳，非盡撤而悉去之也。　曰：然則天子之廟，其制若何？　曰：唐之文祖，虞之神宗，商之七世三宗，其詳今不可考，獨周制猶有可言，然而漢儒之記，文已有不同矣。　謂后稷始封，文、武受命而王，故三廟不毁，與親廟四而七者，諸儒之說也。　謂三昭三穆與太祖之廟而七，文、武爲宗，不在數中者，劉歆之說也。　雖其數之不同，然其位置遷次，宜亦與諸侯之廟無甚異者。　但如諸儒之說，則武王初有天下之時，后稷爲太祖而組紺居昭之北廟，太王居穆之北廟，王季居昭之南廟，文王居穆之南廟，猶爲五廟而已。　至成王時，則組紺祧，王季遷，而武王祔。　至康王時，則大王祧，文王遷，而成王祔。　至昭王時，則王季祧，武王遷，而康王祔。自此以上，亦皆且爲五廟，而祧者藏於太祖之廟。　至穆王時，則文王親盡當祧，而以有功當宗，故别立一廟於西北，而謂之文世室，於是成王遷，昭王祔，而爲六廟矣。　至共王時，則武王親盡當祧，而亦以有功當宗，故别立一廟於東北，而謂之武世室，於是康王遷，穆王祔，而爲七廟矣。　自是以後，則穆之祧者藏於文世室，昭之祧者藏於武世室，而不復藏於太廟矣。如劉歆之說，則周自武王克商，即增立二廟於二昭二穆之上，以祀高圉、亞圉，如前遞遷，至於懿王，而始立文世室於三穆之上，至孝王時，始立武世室於三昭之上，此爲少不同耳。

曰：然則諸儒與劉歆之説，孰爲是？曰：前代説者，多是劉歆，愚亦意其或然也。曰：祖功宗德之説尚矣，而程子獨以爲如此，則是爲子孫者，得擇其先祖而祭之也，子亦嘗考之乎？曰：商之三宗，周之世室，見於經典，皆有明文，而功德有無之實，天下後世自有公論。若必以此爲嫌，則秦政之惡夫子議父、臣議君，而除謚法者，不爲過矣。且程子晚年嘗論本朝廟制，亦謂太祖、太宗皆當爲百世不遷之廟，以此而推，則知前説若非記者之誤，則或出於一時之言，而未必其終身之定論也。曰：然則大夫士之制，奈何？曰：大夫三廟，則視諸侯而殺其二，然其太祖昭穆之位，猶諸侯也。適士二廟，則視大夫而殺其一，官師一廟，則視大夫而殺其二，然其門堂室寢之備，猶大夫也。曰：廟之爲數，降殺以兩，而其制不降，何也？曰：降也。天子之山節、藻棁、復廟、重檐，諸侯固有所不得爲者矣；諸侯之黝、堊、斲、礱，大夫有不得爲矣；大夫之倉楹、斲桷，士又不得爲矣，曷爲而不降哉？獨門堂室寢之合，然後可名於宮，則其制有不得而殺耳。蓋由命士以上，父子皆異宮，生也異宮，而死不得異廟，則有不得盡其事生事存之心者，是以不得而降也。曰：然則後世公私之廟，皆爲同堂異室，而以西爲上者，何也？曰：由漢明帝始也。夫漢之爲禮略矣，然其始也，諸帝之廟皆自營之，各爲一處，雖其都宮之制，昭穆之位，不復如古，然猶不失其獨專一廟之尊也。至於明帝，不知禮義之正，而務爲抑損之私，遺詔藏主於光烈皇后更衣別室，而其臣子不敢有加焉。魏、晉循之，遂不能革，而先王宗廟之禮，始盡廢矣。降及近世，諸侯無國，大夫無邑，則雖同堂異室之制，猶不能備，獨天子之尊，可以無所不致，顧乃梏於漢明非禮之禮，而不得以致其備物之孝。蓋其别爲一室，則深廣之度，或不足以陳鼎俎，而其合爲一廟，則所以尊其太祖者，既褻而不嚴，所以事其親廟者，又厭而不尊，是皆無以盡其事生事存之心，而當世宗廟之禮，亦爲虚文矣。宗廟之禮既爲虚文，而事生事存之心，有終不能以自已者，於是宗廟之儀，不得不盛。然亦至於我朝而後都宫别殿，前門後寢，始略如古者宗廟之制，是其沿襲之變，不惟窮鄉賤士有不得聞，而自南渡之後，故都淪没，權宜草創，無復舊章，則雖朝廷之上，禮官博士，老師宿儒，亦莫有能知其原者。幸而或有一二知經學古之人，乃能私議而竊歎之，然於前世，則徒知譏孝惠之飾非，責叔孫通之舞禮，而於孝明之亂命，與其臣子之苟從，則未有正其罪者；於今之世，則又徒知論其惑異端徇流俗之爲陋，而不知本其事生事存之心，有不得伸於宗廟者，是以不能不自致於此也。抑嘗觀於陸佃之議，而知神祖之嘗有意於此矣，然而考於史籍，則未見其有紀焉。若曰未及營表，故不得書，則後日之秉史筆者，即前日承詔討論之臣也，所宜深探遺旨，特書總叙，以昭示來世，而略無一詞以及之，豈天未欲使斯人者復見二帝三王制作之盛，故尼其事而嗇其傳耶？嗚呼惜哉！然陸氏所定昭穆之次，又與前説不同，而張琥之議，庶幾近之，讀者更詳考之，則當知所擇矣。

或問二十章蒲盧之説，何以廢舊説而從沈氏也？曰：蒲盧之爲果蠃，他無所考，且於上下文義，亦不甚通，惟沈氏之説，乃與「地道敏樹」之云者相應，故不得而不從耳。曰：沈説固爲善矣，然夏小正十月玄雉入於淮爲蜃，而其傳曰「蜃者，蒲盧也」，則似亦以蒲盧爲變化之意，而舊説未爲無所據也。曰：此亦彼書之傳文耳，其他蓋多穿鑿不足據信，疑亦出於後世迂儒之筆，或反取諸此而附合之，決非孔子所見夏時之本文也。且又以蜃爲蒲盧，則不應二物而一名，若以蒲盧爲變化，則又不必解爲果蠃矣。况此等瑣碎，既非大義所繫，又無明文可證，則姑闕之，其亦可也，何必詳考而深辯之耶？

曰：達道達德，有三知三行之不同，而其致則一，何也？曰：此氣質之異，而性則同也。生而知者，生而神靈，不待教而於此無不知也；安而行者，安於義理，不待習而於此無所咈也。此人之稟氣清明，賦質純粹，天理渾然，無所虧喪者也。學而知者，有所不知，則學以知之，雖非生知，而不待困也；利而行者，真知其利而必行之，雖有未安，而不待勉也。此得清之多，而未能無蔽，得粹之多，而未能無雜，天理小失，而能亟反之者也。困而知者，生而不明，學而未達，困心衡慮，而後知之者也；勉强而行者，不獲所安，未知其利，勉力强矯而行之者也。此則昏蔽駁雜，天理幾亡，久而後能反之者也。此三等者，其氣質之稟，亦不同矣，然其性之本，則善而已。故及其知之而成功也，則其所知所至，無少異焉，亦復其初而已矣。曰：張子、呂楊侯氏皆以生知安行爲仁，學知利行爲知，困知勉行爲勇，其説善矣。子之不從，何也？曰：安行可以爲仁矣，然生而知之，則知之大，而非仁之屬也；利行可以爲知矣，然學而知之，則知之次，而非知之大也。且上文三者之目，固有次序，而篇首諸章，以舜明知，以回明仁，以子路明勇，其語知也不卑矣，夫豈專以學知利行者爲足以當之乎？故今以其分而言，則三知爲智，三行爲仁，所以勉而不息，以至於知之成功之一爲勇；以其等而言，則以生知安行者主於知而爲智，學知利行者主於行而爲仁，困知勉行者主於强而爲勇。又通三近而言，則又以三知爲智，三行爲仁，而三近爲勇之次，則亦庶乎其曲盡也歟！

曰：九經之説？奈何？曰：不一其内，則無以制其外；不齊其外，則無以養其中。靜而不存，則無以立其本；動而不察，則無以勝其私。故齊明盛服，非禮不動，則内外交養，而動靜不違，所以爲脩身之要也。信讒邪，則任賢不專；徇貨色，則好賢不篤。賈捐之所謂「後宫盛色，則賢者隱微；佞人用事，則諍臣杜口」，蓋持衡之勢，此重則彼輕，理固然矣。故去讒、遠色、賤貨而一於貴德，所以爲勸賢之道也。親之欲其貴，愛之欲其富，兄弟婚姻欲其無相遠，故尊位重禄，同其好惡，所以爲勸親親之道也。大臣不親細事，則以道事君者得以自盡，故官屬衆盛，足任使令，所以爲勸大臣之道也。盡其誠而恤其私，則士無仰事俯育之累，而樂趨事功，故忠信重禄，所以爲勸士之道也。人情莫不欲逸，亦莫不欲富，故時使薄斂，所以爲勸百姓之道也。日省月試，以程其能，既稟稱事，以償其勞，則不信度作淫巧者無所容，惰者勉而能者勸矣。爲之授節，以送其往，待以委積，以迎其來，因能授任，以嘉其善，不强其所不欲，以矜其不能，則天下之旅皆悦而願出於其塗矣。無後者續之，已滅者封之，治其亂，使上下相安，持其危，使大小相恤，朝聘有節，而不勞其力，貢賜有度，而不匱其財，則天下諸侯，皆竭其忠力，以蕃衛王室，而無倍畔之心矣。凡此九經，其事不同，然總其實，不出乎脩身、尊賢、親親三者而已。敬大臣，體群臣，則自尊賢之等而推之也；子庶民，來百工，柔遠人，懷諸侯，則自親親之殺而推之也。至於所以尊賢而親親，則又豈無所自而推之哉？亦曰脩身之至，然後有以各當其理而無所悖耳。曰：親親而不言任之以事者，何也？曰：此親親、尊賢並行不悖之道也。苟以親親之故，不問賢否，而輕屬任之，不幸而或不勝焉，治之則傷恩，不治則廢法，是以富之貴之，親之厚之，而不曰任之以事，是乃所以親愛而保全之也。若親而賢，則自當置之大臣之位，而尊之敬之矣，豈但富貴之而已哉！觀於管、蔡監商，而周公不免於有過，及其致辟之後，則惟康叔、聃季相與夾輔王室，而五叔者有土而無官焉，則聖人之意，亦可見矣。曰：子謂信任大臣而無以間之，故臨事而不眩，使大臣而賢也則可，其或不幸而有趙高、朱异、虞世基、李林甫之徒焉，則鄒陽所謂「偏聽生姦，獨任成亂」，范睢所謂「妬賢疾能，御下蔽上，以成其私，而主不覺悟」者，亦安得而不慮耶？曰：不然也。彼其所以至此，正坐不知九經之義而然耳，使其明於此義，而能以脩身爲本，則固視明聽聰，而不可欺以賢否矣。能以尊賢爲先，則其所置以爲大臣者，必不雜以如是之人矣；不幸而或失之，則亦亟求其人以易之而已，豈有知其必能爲姦以敗國，顧猶置之大臣之位，使之姑以奉行文書爲職業，而又恃小臣之察以防之哉？夫勞於求賢，而逸於得人，任則不疑，而疑則不任，此古之聖君賢相，所以誠意交孚，兩盡其道，而有以共成正大光明之業也。如其不然，吾恐上之所以猜防畏備者愈密，而其爲眩愈甚；下之所以欺罔蒙蔽者愈巧，而其爲害愈深。不幸而臣之姦遂，則其禍固有不可勝言者，幸而主之威勝，則夫所謂偏聽獨任、御下蔽上之姦，將不在於大臣而移於左右，其爲國家之禍，尤有不可勝言者矣，嗚呼危哉！曰：子何以言柔遠人之爲無忘賓旅也？曰：以其列於懷諸侯之上也。舊説以爲蕃國之諸侯，則以遠先近，而非其序。書言「柔遠能邇」，而又言「蠻夷率服」，則所謂柔遠，亦不止謂服四夷也。況愚所謂授節委積者，比長、遺人、懷方氏之官掌之，於經有明文耶！

曰：楊氏之説，有虚器之云者二，而其指意所出，若有不同者焉，何也？曰：固也。

是其前段主於誠意，故以爲有法度而無誠意，則法度爲虚器，正言以發之也；其後段主於格物，故以爲若但知誠意，而不知治天下國家之道，則是直以先王之典章文物爲虚器而不之講，反語以詰之也，此其不同審矣。但其下文所引明道先生之言，則又若主於誠意，而與前段相應，其於本段上文之意，則雖亦可以宛轉而説合之，然終不免於迂回而難通也，豈記者之誤耶？然楊氏他書，首尾衡決，亦多有類此者，殊不可曉也。

曰：所謂前定何也？曰：先立乎誠也。先立乎誠，則言有物而不躓矣，事有實而不困矣，行有常而不疚矣，道有本而不窮矣。諸説惟游氏誠定之云得其要。張子以精義入神爲言，是則所謂明善者也。

曰：在下獲上、明善誠身之説，奈何？曰：夫在下位而不獲乎上，則無以安其位而行其志，故民不可治。然欲獲乎上，又不可以諛説取容也，其道在信乎友而已，蓋不信乎友，則志行不孚，而名譽不聞，故上不見知。然欲信乎友，又不可以便佞苟合也，其道在悦乎親而已，蓋不悦乎親，則所厚者薄，而無所不薄，故友不見信。然欲順乎親，又不可以阿意曲從也，其道在誠乎身而已，蓋反身不誠，則外有事親之禮，而内無愛敬之實，故親不見悦。然欲誠乎身，又不可以襲取强爲也，其道在明乎善而已，蓋不能格物致知，以真知至善之所在，則好善必不能如好好色，惡惡必不能如惡惡臭，雖欲勉焉以誠其身，而身不可得而誠矣。此必然之理也。故夫子言此，而其下文即以天道、人道、擇善、固執者繼之。蓋擇善所以明善，固執所以誠身。擇之之明，則大學所謂物格而知至也；執之之固，則大學所謂意誠而心正身脩也。知至，則反諸身者將無一毫之不實；意誠心正而身脩，則順親、信友、獲上、治民，將無所施而不利，而達道達德，九經凡事亦一以貫之而無遺矣。曰：諸説如何？曰：此章之説雖多，然亦無大得失，惟楊氏反身之説爲未安耳。蓋反身而誠者，物格知至，而反之於身，則所明之善無不實，有如前所謂如惡惡臭、如好好色者，而其所行自無内外隱顯之殊耳。若知有未至，則反之而不誠者多矣，安得直謂但能反求諸身，則不待求之於外，而萬物之理，皆備於我，而無不誠哉？况格物之功，正在即事即物而各求其理，今乃反欲離去事物而專務求之於身，尤非大學之本意矣。

曰：誠之爲義，其詳可得而聞乎？曰：難言也。姑以其名義言之，則真實無妄之云也。若事理之得此名，則亦隨其所指之大小，而皆有取乎真實無妄之意耳。蓋以自然之理言之，則天地之間，惟天理爲至實而無妄，故天理得誠之名，若所謂天之道、鬼神之德是也。以德言之，則有生之類，惟聖人之心爲至實而無妄，故聖人得誠之名，若所謂不勉而中、不思而得者是也。至於隨事而言，則一念之實亦誠也，一行之實亦誠也，是其大小雖有不同，然其義之所歸，則未始不在乎實也。曰：然則天理、聖人之所以若是其實者，何也？曰：

一則純，二則雜，純則誠，雜則妄。此常物之大情也。夫天之所以爲天也，冲漠無朕，而萬物兼該，無所不具，然其爲體則一而已矣，未始有物以雜之也。是以無聲無臭，無思無爲，而一元之氣，春秋夏冬，晝夜昏明，百千萬年，未嘗有一息之繆；天下之物，洪纖巨細，飛潛動植，亦莫不各得其性命之正以生，而未嘗有一毫之差，此天理之所以爲實而不妄者也。若夫人物之生，性命之正，固亦莫非天理之實，但以氣質之偏，口鼻耳目四支之好，得以蔽之，而私欲生焉。是以當其惻隱之發，而忮害雜之，則所以爲仁者有不實矣；當其羞惡之發，而貪昧雜之，則所以爲義者有不實矣。此常人之心，所以雖欲勉於爲善，而内外隱顯，常不免於二致，其甚至於詐僞欺罔，而卒墮於小人之歸，則以其二者雜之故也。惟聖人氣質清純，渾然天理，初無人欲之私以病之。是以仁則表裏皆仁，而無一毫之不仁，義則表裏皆義，而無一毫之不義。其爲德也，固舉天下之善而無一事之或遺，而其爲善也，又極天下之實而無一毫之不滿，此其所以不勉不思，從容中道，而動容周旋，莫不中禮也。曰：然則常人未免於私欲，而無以實其德者，奈何？曰：聖人固已言之，亦曰擇善而固執之耳。夫於天下之事，皆有以知其如是爲善而不能不爲，知其如是爲惡而不能不去，則其爲善去惡之心，固已篤矣。於是而又加以固執之功，雖其不睹不聞之間，亦必戒謹恐懼而不敢懈，則凡所謂私欲者，出而無所施於外，入而無所藏於中，自將消磨泯滅，不得以爲吾之病，而吾之德，又何患於不實哉！是則所謂誠之者也。曰：然則大學論小人之陰惡陽善，而以誠於中者目之，何也？曰：若是者，自其天理之大體觀之，則其爲善也誠虛矣，自其人欲之私分觀之，則其爲惡也何實如之，而安得不謂之誠哉？但非天理真實無妄之本然，則其誠也，適所以虛其本然之善，而反爲不誠耳。曰：諸說何如？曰：周子至矣，其上章以天道言，其下章以人道言，愚於通書之說，亦既略言之矣。程子無妄之云至矣，其他說亦各有所發明，讀者深玩而默識焉。則諸家之是非得失，不能出乎此矣。

曰：學、問、思、辨，亦有序乎？曰：學之博，然後有以備事物之理，故能參伍之以得所疑而有問；問之審，然後有以盡師友之情，故能反復之以發其端而可思；思之謹，則精而不雜，故能有所自得而可以施其辨；辨之明，則斷而不差，故能無所疑惑而可以見於行；行之篤，則凡所學、問、思、辨而得之者，又皆必踐其實而不爲空言矣。此五者之序也。曰：呂氏之說之詳，不亦善乎？曰：呂氏此章，最爲詳實，然深考之，則亦未免乎有病。蓋君子之於天下，必欲無一理之不通，無一事之不能，故不可以不學，而其學不可以不博，及其積累而貫通焉，然後有以深造乎約，而一以貫之，非其博學之初，已有造約之心，而姑從事於博以爲之地也。至於學而不能無疑，則不可以不問，而其問也或粗略而不審，則其疑不能盡決，而與不問無以異矣，故其問之不可以不審。若曰成心亡而後可進，則是疑之說也，非疑而問，問而審之說也。學也，問也，得於外者也，若專恃此而不反之心，以驗其實，則察之不精，信之不篤，而守之不固矣，故必思索以精之，然後心與理熟，而彼此爲一。然使其思也，或太多而不專，則亦泛濫而無益，或太深而不止，則又過苦而有傷，皆非思之善也。故其思也，又必貴於能謹，非獨爲反之於身，知其爲何事何物而已也。其餘則皆得之，而所論變化氣質者，尤有功也。

曰：何以言誠爲此篇之樞紐也？曰：誠者，實而已矣。天命云者，實理之原也。性其在物之實體，道其當然之實用，而教也者，又因其體用之實而品節之也。不可離者，此理之實也。隱之見，微之顯，實之存亡而不可掩者也。戒謹恐懼而謹其獨焉，所以實乎此理之實也。中和云者，所以狀此實理之體用也。天地位，萬物育，則所以極此實理之功效也。中庸云者，實理之適可而平常者也。過與不及，不見實理而妄行者也。費而隱者，言實理之用廣而體微也。鳶飛魚躍，流動充滿，夫豈無實而有是哉！道不遠人以下，至於大舜、文、武、周公之事，孔子之言，皆實理應用之當然。而鬼神之不可掩，則又其發見之所以然也。聖人於此，固以其無一毫之不實，而至於如此之盛，其示人也，亦欲其必以其實而無一毫之僞也。蓋自然而實者，天也，必期於實者，人而天也。誠明以下累章之意，皆所以反復乎此，而語其所以。至於正大經而立大本，參天地而贊化育，則亦真實無妄之極功也。卒章尚絅之云，又本其務實之初心而言也。内省者，謹獨克己之功；不愧屋漏者，戒謹恐懼而無已；可克之事，皆所以實乎此之序也。時靡有爭，變也；百辟刑之，化也；無聲無臭，又極乎天命之性、實理之原而言也。蓋此篇大指，專以發明實理之本然，欲人之實此理而無妄，故其言雖多，而其樞紐不越乎誠之一言也，嗚呼深哉！

或問誠明之説。曰：程子諸説，皆學者所傳録，其以内外道行爲誠明，似不親切。惟先明諸心一條，以知語明，以行語誠，爲得其訓，乃顔子好學論中語，而程子之手筆也，亦可以見彼記録者之不能無失矣。張子蓋以性、教分爲學之兩塗，而不以論聖賢之品第，故有由誠至明之語。程子之辯，雖已得之，然未究其立言本意之所以失也。其曰誠即明也，恐亦不能無誤。吕氏性、教二字得之，而於誠字，以至簡至易、行其所無事爲説，則似未得其本旨也。且於性、教，皆以至於實然不易之地爲言，則至於云者，非所以言性之之事，而不易云者，亦非所以申實然之説也。然其過於游、楊則遠矣。

或問：至誠盡性諸説，如何？曰：程子以盡己之忠、盡物之信，爲盡其性，蓋因其事而極言之，非正解此文之意，今不得而録也。其論贊天地之化育，而曰不可以贊助言，論窮理盡性以至於命，而曰只窮理便是至於命，則亦若有可疑者。蓋嘗竊論之，天下之理，未嘗不一，而語其分，則未嘗不殊，此自然之勢也。蓋人生天地之間，禀天地之氣，其體即天地之體，其心即天地之心，以理而言，是豈有二物哉？故凡天下之事，雖若人之所爲，而其所以爲之者，莫非天地之所爲也。又况聖人純於義理，而無人欲之私，則其所以代天而理物者，乃以天地之心，而贊天地之化，尤不見其有彼此之間也。若以其分言之，則天之所爲，固非人之所及，而人之所爲，又有天地之所不及者，其事固不同也。但分殊之狀，人莫不知，而理一之致，多或未察，故程子之言，發明理一之意多，而及於分殊者少，蓋抑揚之勢不得不然，然亦不無小失其平矣。惟其所謂止是一理，而天人所爲，各自有分，乃爲全備而不偏，而讀者亦莫之省也。至於窮理至命，盡人盡物之說，則程、張之論，雖有不同，然亦以此而推之，則其說初亦未嘗甚異也。蓋以理言之，則精粗本末，初無二致，固不容有漸次，當如程子之論；若以其事而言，則其親疏近遠，深淺先後，又不容於無別，當如張子之言也。呂、游、楊說皆善，而呂尤確實。楊氏萬物皆備云者，又前章格物誠身之意，然於此論之，則反求於身，又有所不足言也，胥失之矣！

或問致曲之說。曰：人性雖同，而氣禀或異。自其性而言之，則人自孩提，聖人之質悉已完具；以其氣而言之，則惟聖人爲能舉其全體而無所不盡，上章所言至誠盡性是也。若其次，則善端所發，隨其所禀之厚薄，或仁或義，或孝或弟，而不能同矣。自非各因其發見之偏，一一推之，以至乎其極，使其薄者厚而異者同，則不能有以貫通乎全體而復其初，即此章所謂致曲，而孟子所謂擴充其四端者是也。程子之言，大意如此，但其所論不詳，且以由基之射爲説，故有疑於專務推致其氣質之所偏厚，而無隨事用力，悉有衆善之意。又以形爲參前倚衡，所立卓爾之意，則亦若以爲己之所自見，而無與於人也，豈其記者之略而失之與？至於明動變化之説，則亦無以易矣。若張子之説，以明爲兼照，動爲徙義，變爲通變，化爲無滯，則皆以其進乎内者言之，失其指矣。蓋進德之序，由中達外，乃理之自然，如上章之説，亦自己而人，自人而物，各有次序，不應專於内而遺其外也。且夫進乎内之節目，亦安得如是之繁促哉？游氏説亦得之，但説致曲二字不同，非本意耳。楊氏既以輝光發外爲明矣，而又引明則誠矣，則似以明爲通明之明；既以鶴鳴子和爲動矣，而又曰化非學問篤行所及，則似以化爲大而化之之化。此其上下文意，不相承續，且於明動之間，本文之外，别生無物不誠一節，以就至誠動物之意，尤不可曉，今固不能盡録，然亦不可不辯也。

或問至誠如神之説。曰：吕氏得之矣，其論動乎四體，爲威儀之則者，尤爲確實。游氏心合於氣、氣合於神之云，非儒者之言也。且心無形而氣有物，若之何而反以是爲妙哉？程子用便近二之論，蓋因異教之説，如嵩山人、董五經之徒，亦有能前知者，故就之而論其優劣，非以其不用而不知者爲真可貴，而賢於至誠之前知也。至誠前知，乃因其事理朕兆之已形而得之，如所謂不逆詐、不億、不信而常先覺者，非有術數推驗之煩，意想測度之私也，亦何害其爲一哉！

或問二十五章之説。曰：自成自道，如程子説，乃與下文相應。游、楊皆以無持而然論之，其説雖高，然於此爲無所當，且又老、莊之遺意也。誠者物之終始，不誠無物之義，亦惟程子之言爲至當，然其言太略，故讀者或不能曉，請得而推言之。蓋誠之爲言，實而已矣。然此篇之言，有以理之實而言者，如曰誠不可掩之類是也；有以心之實而言者，如曰反諸身不誠之類是也。讀者各隨其文意之所指而尋之，則其義各得矣。所謂誠者物之終始，不誠無物者，以理言之，則天地之理，至實而無一息之妄，故自古至今，無一物之不實，而一物之中，自始至終，皆實理之所爲也；以心言之，則聖人之心，亦至實而無一息之妄，故從生至死，無一事之不實，而一事之中，自始至終，皆實心之所爲也。此所謂誠者物之終始者然也。苟未至於聖人，而其本心之實者，猶未免於間斷，則自其實有是心之初，以至未有間斷之前，所爲無不實者；及其間斷，則自其間斷之後，以至未相接續之前，凡所云爲，皆無實之可言，雖有其事，亦無以異於無有矣。如曰三月不違，則三月之間，所爲皆實，而三月之後，未免於無實，蓋不違之終始，即其事之終始也。日月至焉，則至此之時，所爲皆實，而去此之後，未免於無實，蓋至焉之終始，即其物之終始也。是則所謂不誠無物者然也。以是言之，則在天者本無不實之理，故凡物之生於理者，必有是理，方有是物，未有無其理而徒有不實之物者也。在人者本無不實之心，故凡物之出於心者，必有是心之實，乃有是物之實，未有無其心之實而能有其物之實者也。程子所謂徹頭徹尾者蓋如此。其餘諸説，大抵皆知誠之在天爲實理，而不知其在人爲實心，是以爲説太高，而往往至於交互差錯，以失經文之本意。正猶知愛之不足以盡仁，而凡言仁者遂至於無字之可訓，其亦誤矣。呂氏所論子貢、子思所言之異亦善，而猶有未盡者，蓋子貢之言主於知，子思之言主於行，故各就其所重，而有賓主之分，亦不但爲成德入德之殊而已也。楊氏説物之終始，直以天行二字爲解，蓋本於易「終則有始，天行也」之説，假借依託，無所發明。楊氏之言，蓋多類此，最説經之大病也。又謂「誠則形而有物，不誠則輟而無物」，亦未安。誠之有物，蓋不待形而有，不誠之無物，亦不待其輟而後無也。其曰「由四時之運已，則成物之功廢」，蓋亦輟而後無之意。而又直以天無不實之理，喻夫人有不實之心，其取譬也，亦不親切矣，彼四時之運，夫豈有時而已者哉？

或問二十六章之説。曰：此章之説，最爲繁雜。如游、楊無息不息之辯，恐未然。若如其言，則「不息則久」以下，至何地位，然後爲無息耶？游氏又以得一形容不貳之意，亦假借之類也，字雖密而意則疏矣。呂氏所謂「不已其命，不已其德」，意雖無爽，而語亦有病。蓋天道聖人之所以不息，皆實理之自然，雖欲已之而不可得，今曰「不已其命，不已其德」，則是有意於不已，而非所以明聖人天道之自然矣。又以積天之昭昭，以至於無窮，譬夫人之充其良心，以至於與天地合德，意則甚善。而此章所謂至誠無息，以至於博厚高明，乃聖人久於其道，而天下化成之事，其所積而成者，乃其氣象功効之謂，若鄭氏所謂「至誠之德，著於四方」者是已，非謂在己之德，亦待積而後成也，故章末引文王之詩以證之，夫豈積累漸次之謂哉？若如吕氏之説，則是因無息然後至於誠，由不已然後純於天道也，失其旨矣。楊氏「動以天故無息」之語，甚善。其曰「天地之道，聖人之德，無二致焉」，故方論聖人之事，而又曰「天地之道，可一言而盡」，蓋未覺其語之更端耳。至謂天之所以爲天，文王之所以爲文，皆原於不已，則亦猶吕氏之失也。大抵聖賢之言，内外精粗，各有攸當，而無非極致。近世諸儒，乃或不察乎此，而於其外者，皆欲引而納之於内，於其粗者，皆欲推而致之於精，若致曲之明動變化，此章之博厚高明，蓋不勝其繁碎穿鑿，而於其本指，失之愈遠，學者不可不察也。

或問二十七章之説。曰：程、張備矣。張子所論逐句爲義一條，甚爲切於文義，故吕氏因之，然須更以游、楊二説足之，則其義始備爾。游氏分别至道至德爲得之，惟優優大哉之説爲未善。而以無方無體，離形去智，爲極高明之意，又以人德、地德、天德，爲德性廣大高明之分，則其失愈遠矣。楊氏之説，亦不可曉。蓋道者自然之路，德者人之所得，故禮者道體之節文，必其人之有德，然後乃能行之也。今乃以禮爲德，而欲以凝夫道，則既誤矣，而又曰：「道非禮，則蕩而無止；禮非道，則梏於儀章器數之末，而有所不行。」則是所謂道者，乃爲虚無恍惚元無準則之物，所謂德者，又不足以凝道，而反有所待於道也，其諸老氏之言乎？誤益甚矣。温故知新，敦厚崇禮，諸説但以二句相對，明其不可偏廢。大意固然，然細分之，則温故然後有以知新，而温故又不可不知新；敦厚然後有以崇禮，而敦厚又不可不崇禮。此則諸説之所遺也。大抵此五句，承章首道體大小而言，故一句之内，皆具大小二意。如德性也，廣大也，高明也，故也，厚也，道之大也；問學也，精微也，中庸也，新也，禮也，道之小也。尊之，道之，致之，盡之，極之，道之，温之，知之，敦之，崇之，所以脩是德而凝是道也。以其於道之大小無所不體，故居上居下，在治在亂，無所不宜。此又一章之通旨也。

或問：子思之時，周室衰微，禮樂失官，制度不行於天下久矣，其曰「同軌同文」，何耶？曰：當是之時，周室雖衰而人猶以爲天下之共主，諸侯雖有不臣之心，然方彼此爭雄，不能相尚，下及六國之未亡，猶未有能更姓改物，而定天下於一者也。則周之文軌，孰得而變之哉？曰：周之車軌書文，何以能若是其必同也？曰：古之有天下者，必改正朔，易服色，殊徽號，以新天下之耳目，而一其心志，若三代之異尚，其見於書傳者詳矣。軌者，車之轍迹也。周人尚輿，而制作之法，領於冬官，其輿之廣六尺六寸，故其轍迹之在地者，相距之間，廣狹如一，無有遠邇，莫不齊同。凡爲車者，必合乎此，然後可以行乎方内而無不通；不合乎此，則不惟有司得以討之，而其行於道路，自將偏倚杌棿，而跬步不前，亦不待禁而自不爲矣。古語所謂「閉門造車，出門合轍」，蓋言其法之同；而春秋傳所謂「同軌畢至」者，則以言其四海之内政令所及者，無不來也。文者，書之點畫形象也。周禮司徒教民道藝，而書居其一，又有外史掌達書名於四方，而大行人之法，則又每九歲而一喻焉，其制度之詳如此，是以雖其末流，海内分裂，而猶不得變也。必至於秦滅六國，而其號令法制有以同於天下，然後車以六尺爲度，書以小篆、隸書爲法，而周制始改爾。孰謂子思之時而遽然哉？

或問二十九章之説。曰：三重，諸説不同，雖程子亦因鄭注，然於文義皆不通，惟吕氏一説爲得之耳。至於上下焉者，則吕氏亦失之，惜乎其不因上句以推之，而爲是矛盾也。曰：然則上焉者以時言，下焉者以位言，宜不得爲一説，且又安知下焉者之不爲霸者事耶？曰：以王天下者而言，則位不可以復上矣，以霸者之事而言，則其善又不足稱也，亦何疑哉？曰：此章文義，多近似而若可以相易者，其有辨乎？曰：有。三王，以迹言者也，故曰不謬，言與其已行者無所差也。天地，以道言者也，故曰不悖，言與其自然者無所拂也。鬼神無形而難知，故曰無疑，謂幽有以驗乎明也。後聖未至而難料，故曰不惑，謂遠有以驗乎近也。動，擧一身兼行與言而言之也。道者，人所共由，兼法與則而言之也。法謂法度，人之所當守也；則謂準則，人之所取正也。遠者悅，其德之廣被，故企而慕之；近者習，其行之有常，故久而安之也。

或問小德大德之説。曰：以天地言之，則高下散殊者，小德之川流；於穆不已者，大德之敦化。以聖人言之，則物各付物者，小德之川流；純亦不已者，大德之敦化。以此推之，可見諸説之得失矣。曰：子之所謂兼内外、該本末而言者，何也？曰：是不可以一事言也，姑以夫子已行之迹言之。則由其書之有得夏時贊周易也，由其行之有不時不食也，迅雷風烈必變也，以至於仕止久速之皆當其可也，而其所以律天時之意可見矣。由其書之有序禹貢述職方也，由其行之有居魯而逢掖也，居宋而章甫也，以至於用舍行藏之所遇而安也，而其襲水土之意可見矣。若因是以推之，則古先聖王之所以迎日推策，頒朔授民，而其大至於禪授放伐，各以其時者，皆律天時之事也。其所以體國經野，方設居方，而其廣至於昆蟲草木各遂其性者，皆襲水土之事也。使夫子而得邦家也，則亦何慊於是哉！

或問至聖至誠之説。曰：楊氏以聰明睿智爲君德者，得之而未盡，其寬裕以下則失之。蓋聰明睿智者，生知安行而首出庶物之資也；容執敬别，則仁義禮知之事也。經綸以下，諸家之説，亦或得其文義，但不知經綸之爲致和，立本之爲致中，知化之爲窮理以至於命，且上於至誠者無所係，下於焉有所倚者無所屬，則爲不得其綱領耳。游氏以上章爲言至聖之德，下章爲言至誠之道者，得之。其説自德者其用以下，皆善。

或問卒章之説。曰：承上三章，既言聖人之德而極其盛矣，子思懼夫學者求之於高遠玄妙之域，輕自大而反失之也，故反於其至近者而言之，以示入德之方，欲學者先知用心於内，不求人知，然後可以謹獨誠身，而馴致乎其極也。君子篤恭而天下平，而其所以平者，無聲臭之可尋，此至誠盛德自然之効，而中庸之極功也，故以是而終篇焉。蓋以一篇而論之，則天命之性，率性之道，脩道之教，與夫天地之所以位，萬物之所以育者，於此可見其實德。以此章論之，則所謂「淡而不厭，簡而文，温而理，知遠之近，知風之自，知微之顯」者，於此可見其成功。皆非空言也。然其所以入乎此者，則無他焉，亦曰反身以謹獨而已矣。故首章已發其意，此章又申明而極言之，其旨深哉！其曰不顯，亦充尚絅之心以至其極耳，與詩之訓義不同，蓋亦假借而言，若大學敬止之例也。諸説如何？曰：程子至矣。吕氏既失其章旨，又不得其綱領條貫，而於文義尤多未當。如此章承上文聖誠之極致，而反之以本乎下學之初心，遂推言之，以至其極而後已也。而以爲皆言德成反本之事，則既失其章旨矣。此章凡八引詩，自「衣錦尚絅」以至「不顯維德」，凡五條，始學成德疏密淺深之序也；自「不大聲色」，以至「無聲無臭」，凡三條，皆所以贊夫不顯之德也。今以「不顯惟德」，通前三義而并言之，又以後三條者，亦通爲進德工夫淺深次第，則又失其條理矣。至以知風之自，爲知見聞動作皆由心出；以知微之顯，爲知心之精微明達暴著；以不動而敬、不言而信，爲人敬信之；以貨色、親長、達諸天下，爲篤恭而天下平；以德爲誠之之事，而猶有聲色，至於無聲無臭，然後誠一於天，則又文義之未當者然也。然近世說者，乃有深取乎其知風之自之說，而以爲非大程夫子不能言者，蓋習於佛氏「作用是性」之談，而不察乎了翁序文之誤耳。學之不講，其陋至此，亦可憐也。游氏所謂「無藏於中，無交於物，泊然純素，獨與神明居」，所謂「離人而立於獨」者，皆非儒者之言。「不失足於人，不失色於人，不失口於人」，則又審於接物之事，而非簡之謂也。其論三知，未免牽合之病。其論「德輶如毛」以下，則其失與吕氏同。楊氏知風之自，與吕氏舊本之說略同，而其取證，又皆太遠，要當參取吕氏改本，去其所謂見聞者，而益以言語之得失，動作之是非，皆知其有所從來，而不可不謹，則庶乎其可耳。以「德輶如毛」爲有德而未化，則又吕、游之失也。侯氏說多疏闊，惟以此章爲再叙入德成德之序者，獨爲得之也。

校勘記

〔一〕使其言自相發明者　「自」，四庫本作「互」。

〔二〕以下文前旒黈纊之説參之　上十一字，正德本作「以下文若無事時須見須聞之説參之」。

〔三〕而設旒黈　「黈」，正德本作「纊」。

〔四〕真爲旒黈所塞　「黈」，正德本作「纊」。

〔五〕自世教衰之一條　「教」字原缺，據正德本補。

〔六〕讀者徙諸期月之章而自省焉　「徙諸」，四庫本作「諷誦」。

〔七〕尤見道之不可離處　「尤」下，四庫本有「可」字。

〔八〕而正爲此章違道不遠之事　「爲」，四庫本作「謂」。

〔九〕意可見矣　「意」，四庫本作「已」。

〔一〇〕人改即止　「改」，四庫本作「能」。

〔一一〕則道難繼而不行　「難」，四庫本作「雖」。

論語或問卷一

學而第一

或問：學之爲效，何也？曰：所謂學者，有所效於彼而求其成於我之謂也。以己之未知，而效夫知者，以求其知；以己之未能，而效夫能者，以求其能，皆學之事也。曰：習之爲鳥數飛，何也？曰：說文文也。習之字從羽從白，月令所謂鷹乃學習是也。學而時習，何以說也？曰：言人既學而知且能矣，而於其所知之理，所能之事，又以時反復而溫繹之，如鳥之習飛然，則其所學者熟，而中心悅懌也。蓋人而不學，則無以知其所當知之理，無以能其所當能之事，固若冥行而已矣。然學矣而不習，則表裏扞格，而無以致其學之之道；習矣而不時，則工夫間斷，而無以成其習之之功。是其胸中雖欲勉焉以自進，亦且枯燥生澀，而無可嗜之味，危殆杌棿，而無可即之安矣。故既學矣又必時習之，則其心與理相涵，而所知者益精，身與事相安，而所能者益固，從容於朝夕俯仰之中，凡其所學而知且能者，必皆有以自得於心，而不能以語諸人者，是其中心油然悦懌之味，雖芻豢之甘於口，亦不足以喻其美矣，此學之始也。曰：以善及人，而信從者衆，若何而樂耶？曰：理義人心之所同然，非有我之得私也。向也吾獨得之，雖足以爲説矣。然以之告人而人莫之信，以之率人而人莫之從，則是獨擅乎此理，而舉世倀倀不得於其心之所同也。是猶十人同食，一人既飽，而九人不下咽，則吾之所説雖深，亦曷爲而能達於外耶？今吾之學所以得於己者既足以及人，人之信而從者又如此其衆也，則將皆有以得其心之所同然者，而吾之所得不獨爲一己之私矣。夫我之善有以及於彼，彼之心有以得乎我，吾之所知者，彼亦從而知之也，吾之所能者，彼亦從而能之也，則其歡忻交通，宣揚發暢，雖宫商相宣，律吕諧和，亦不足以方其樂矣，是學之中也。曰：人不知而不愠，何以爲君子也？曰：常人之情，人不知而不能不愠者，有待於外也。若聖門之學，則以爲己而已，本非爲是以求人之知也。人知之，人不知之，亦何加損於我哉？然人雖或聞此矣，而信之有不篤，養之有不厚，守之有不固，則居之不安，而臨事未必果能真不動也。今也人不見知，而處之泰然，且略無纖芥含怒不平之意，非成德之君子，其孰能之？自是日進而不已焉，則不怨不尤，下學上達，雖至於聖人可也，此學之終也。曰：學有大小，此所謂學者，其大學耶？曰：不然也。學而習，習而説，凡學皆然，不以大小而有間也。且灑掃應對之事，正門人小子所宜先也，聖人豈略之哉！曰：程子之於習，有兩義焉，何也？曰：重復思繹者，以知者言也；所學在我者，以能者言也。學之爲道，不越乎兩端矣。然諸説或概舉其凡，而不指其目，或各指其一，而不能相兼，惟程子則先後兩言皆指其目，而有相發之功焉。然諸説如范、謝、楊、尹，就其所指，亦各有所發明。但范氏所引性習近遠及伊尹之言，則與此章文意爲不類耳。曰：時習之所以説，諸説孰近？曰：夫習而熟，熟而説，脈絡貫通，最爲精切，程子所謂浹洽者是已。而祖其説者，皆莫知以爲言。其次則惟范氏之所謂串，尹氏之所謂自得者近之。然范氏本爲知所以脩身治人而説，則不待習之串而已説矣。其後復引兑卦之象，乃有「比於説而未正夫説」之説，則是所謂習而串者，又未足以盡夫説也，其自爲矛盾益甚矣。或以爲德聚而説者，語意亦疏。或借理義悦心之云以爲説，則理義之可説，乃人心之同然，不待習而後得也。或借習矣不察之云以爲説，則察之與習已爲二事，而其於説又不相關也。且凡並緣假借，最釋經之大病，蓋或文句偶同，而旨意實異；或旨意略似〔一〕，而向背實殊；或反以彼之難，而釋此之易；或强以彼之有，而形此之無。使意已親者引之而反疏，義已明者引之而反暗，甚則彼此俱昧，而欲互以相明，如獐邊之鹿，鹿邊之獐，循環無端，而卒無所決。其偶值文意之適同，而無前數者之患，亦不免爲倚重於人，而取信於外，終不若出於吾之所親見而自言者之的確而真實也。至於周氏獨以習熟爲言則似矣，顧亦以爲熟而察、察而說，則首尾衡決，氣脈不通，而不復有所發明也。豈其以習熟爲常言，而習察有經據，故必借而雜之其間，然後爲慊耶？曰：謝氏朋來之意，如何？曰：不止其所而放乎言外以爲高，此最謝氏之大弊也。曰：朋來之樂，奈何？曰：以爲樂其可以取益，以爲樂其相與講學，則我方資彼以爲益，彼又安能自遠而來哉？以爲樂其義理之不二，則是未能自信，而藉外以爲樂也。以爲樂於才大而友遠，以爲樂於充實輝光而聞譽有以致之，則是以此自幸而有驕吝之私也。至於知不講之爲憂，則知講學以爲樂，則正前所謂以彼之有，形此之無者，夫樂與不樂，決於吾心可矣，豈待此而後判耶？惟以程子之言求之，然後見夫可樂之實耳。且其「以善及人而信從者衆」之云，纔九字爾，而無一字之虛設也，非見之明而驗之實，其孰能與於此？其次則游氏所謂成物者爲近之，但必引三樂以爲言，則又墮於假借之病耳。曰：然則程子所謂不見是而無悶者，非耶？且古人之言，必引詩、書以爲證，何哉？曰：程子所謂易語，非其立意之所恃，而古人之引經，亦吾說已立而資彼以爲助耳，非初無所主而藉彼以立也。且又有一說焉，嘗讀胡氏春秋獲麟之卒章，幾無一語之出於己，而讀者不覺其爲他人之辭也，若此者又安得以假借而病之耶？曰：說、樂皆出於心，而程子有內外之辨，何也？曰：程子非以樂爲在外也，以爲積滿於中而發越乎外耳。說則方得於內而未能達乎外也。或不及此而反其言，則失之甚矣。曰：不慍之說，孰爲得之？曰：君子之學，固不求人之知，亦非有意於求人之不知也。然有實者，人自知之，豈必有求知之心，然後人得以知之耶？此所謂人不知者，正以宜見知而或有不然者耳。而或者乃以聖人之事當之，則已過高而失之矣。至其爲說，又謂上焉者存其德脩其身，故人莫得而知之，下焉者爲善以求知，而後人得以知焉，則亦疏且戾矣。且其以潛龍無悶爲聖人之德，有諸内而形諸外乃下焉者之事，則是乾之六爻，獨初九爲盛德，至於九二之德博而化，則既少貶，而九五之萬物咸睹，反爲下焉者之爲矣，世豈有此理哉？有引老聃知我者希則我貴以爲說者，則又過高而有自私之病。夫君子固不求人之知，然豈有幸人之不知，而自喜其身之貴者哉？異端之言，大率如此，引者豈偶未之思與？又引孔、顏之樂以明此句之義，亦猶聖者能之之云耳。又有謂不慍則其自待厚者，又有謂安於命故不慍者，皆非。夫君子之不慍，自見其無可慍耳，豈以自待之厚與迫於不得已而後然哉！又有引不念舊惡以明之者，則非其類。又有以遺佚不怨，阨窮不憫當之，則亦已太高矣。又有以爲既說且樂便能不慍者，則其說似亦太快，不若程子、楊氏爲得之也。至論其所以然者，則尹氏爲尤切，使人之始學，即知是説以立其心，則庶乎其無慕於外矣。曰：有信於始中終爲此章之說者，何如？曰：是其言之也約，未有以見其得失，然亦無所當於文義矣。曰：是諸先生君子之說，子程子則不容議矣，敢問餘說之大體得失何如？曰：是亦豈區區之所敢議，然嘗竊揣之，則其寬平正大者，或失於未精；整峻嚴恪者，或苦於未暢；通達奇偉者，或有過高之病；醞藉敷腴者，或有柔緩之失；而清和靡密者，又未免牽合支離之患也。惟周氏敦厚易直，雖言不皆中，而頗有醲郁之風。尹氏平淡簡約，雖意有不周，而其精實之味，爲不可及耳。若張子之學，雖原於程氏，然其博學詳説，精思力行，而自得之功多矣。故凡其説皆深約嚴重，意味淵永，自成一家之言，雖或有賢知之過，如程子之所譏者，然其大體非諸人所能及也。曰：謝、楊之書，傳者不同，何也？曰：謝氏之書，今本出於胡氏，蓋其所裁定者，比舊爲差約，然語脈亦有不貫處，顧無大害，不復追正爾。楊氏書乃其所自筆削，前後三本，今此乃其中本，然亦有改之而反不如舊者。如此章初本，未有承蜩貫蝨兩句〔二〕，文意自完，中本增之，則語涉空幻，而上下文意亦齟齬而不屬矣。後本改爲持弓矢審固正己而後發，雖則稍就平實，又覺其辭意燥澀，而未免齟齬之病，殊不可曉也。

或問：仁何以爲愛之理也？曰：人稟五行之秀以生，故其爲心也，未發則具仁義禮智信之性，以爲之體，已發則有惻隱羞惡恭敬是非誠實之情，以爲之用。蓋木神曰仁，則愛之理也，而其發爲惻隱。火神曰禮，則敬之理也，而其發爲恭敬。金神曰義，則宜之理也，而其發爲羞惡。水神曰智，則别之理也，而其發爲是非。土神曰信，則實有之理也，而其發爲忠信。是皆天理之固然，人心之所以爲妙也，仁之所以爲愛之理，於此其可推矣。或曰：然則程子以孝弟爲行仁之本，而又曰論性則以仁爲孝弟之本，何也？曰：仁之爲性，愛之理也，其見於用，則事親從兄仁民愛物，皆其爲之之事也，此論性而以仁爲孝弟之本者然也。但親者我之所自出，兄者同出而先我，故事親而孝，從兄而弟，乃愛之先見而尤切，人苟能之，則必有不好犯上作亂之效。若君子以此爲務而力行之，至於行成而德立，則自親親而仁民，自仁民而愛物，其愛有差等，其施有漸次，而爲仁之道，生生而不窮矣，又豈特不好犯上作亂而已哉！此孝弟所以爲行仁之本也。曰：然則所謂性中只有仁義禮智而無孝弟者，又何耶？曰：此亦以爲自性而言，則始有四者之名，而未有孝弟之目耳。非謂孝弟之理，不本於性，而生於外也。曰：然則君子之務孝弟，特以爲爲仁之地也耶？曰：不然，仁者天之所以與我，而不可不爲之理也。孝弟者天之所以命我，而不能不然之事也。但人爲物誘而忘其所受乎天者〔三〕，故於其不能不然者，或忽焉而不之務，於此不務，則於其所不可不爲者，亦無所本而不能以自行矣。故有子以孝弟爲爲仁之本，蓋以爲是皆吾心之所固有，吾事之所必然。但其理有本末之殊，而爲之有先後之序，必此本先立，而後其末乃有自而生耳，非謂本欲爲彼，而姑先借此以爲之地也。大率聖賢之言，若此類者甚衆，皆以是説求之，則不失其立言之旨矣。曰：然則義禮智信爲之亦有本耶？曰：有。請問之，曰：亦孝弟而已矣。但以愛親而言，則爲仁之本也；其順乎親，則爲義之本也；其敬乎親，則爲禮之本也；其知此者，則爲知之本也；其誠此者，則爲信之本也。蓋人之所爲五常百行之本，無不在於此。孟子之論仁義禮智禮樂之實者，正爲是爾，此其所以爲至德要道也歟！曰：諸家之説，如何？曰：范説大概得之，但所引脩身、正心、誠意者，爲衍説耳。孝弟自爲人道之大端，非以其可以誠意而先之也。且所謂誠意者，欲其造次顛沛之間，思慮隱微之際，必以誠實而無一毫自欺之心，又豈獨於孝弟一事爲然哉！爲是説者既不察乎論語之文，又不考乎大學之意，其亦甚矣！謝氏則正與程子説中或人所問由孝弟可以至仁者相似，而反乎程子之説者也。但其意不主乎爲仁而主乎知仁，比之或説，其失益遠耳。蓋其平日論仁，嘗以活者爲仁，死者爲不仁，但能識此活物乃爲知仁，而後可以加操存踐履之功；不能識此，則雖能躬行力踐，極於純熟，而終未足以爲仁也。夫謂活者爲仁，死者爲不仁可矣，必識此然後可以爲仁，則其爲説之誤也。其誤如此，故其於旁引四條者，皆有若不知仁，則但爲某事而已之説，而又以孝弟特爲近仁而非仁也。夫四條者，皆所以求仁之術，謂之非仁猶可也，若孝弟則固仁之發而最親者，如木之根，水之源，豈可謂根近木而非木，源近水而非水哉！其曰「以事親從兄充之，則何往而非仁」，又以不好犯上作亂，特爲閭巷之人由而不知之事，必其深念自省而有以察夫事親從兄之時之心，然後爲知仁，皆此意也。夫曰由孝弟充之而後爲仁，則是孝弟非仁，必其識此活物而充之然後爲仁也。故又以爲閭巷之人，徒能謹於事親從兄，而不識其爲活物，則終不可以入道，必其潛聽默伺於事親從兄之時，幸而得其所謂活物者，然後可以爲知仁也。然直曰知仁，而不曰爲仁，則又并與其擴充之云者而忘矣。必如其説，則是方其事親從兄之際，又以一心察此一心，而求識夫活物，其所重者乃在乎活物，而不在乎父兄，其所以事而從之，特以求夫活物，而初非以爲吾事之當然也。此蓋源於佛學之餘習，而非聖門之本意。觀其論此，而吕進伯以爲猶釋氏之所謂禪，彼乃欣然受之而不辭，則可見矣。又所謂人心之不僞，莫如事親從兄者，亦非是。有子之意，乃論其當然之要，非論其僞不僞也。且若專以孝弟爲不僞，則五常百行，豈皆出於人爲之僞耶？曰：然則程子之論，手足頑痺爲不仁者，奈何？曰：是固所謂愛之理者，與謝氏活者之説相似，而其所以用力者不同，學者不可不察也。蓋人能事親而孝，從兄而弟，則是吾之所謂愛之理者，常存不息，而爲仁之本於此乎在也。事親而不知所謂孝，從兄而不知所謂弟，則是吾之本心頑然不仁，而應乎事者皆不得其當，如手足之痺頑矣。仁與不仁，皆必責之踐履之實，非若謝氏反因孝弟以求活物，幸其瞥然見之，而遂以爲得仁也。曰：游氏以下諸説得失，願卒聞之。曰：游氏説不好犯上作亂者得之，其論爲仁之本，則失程子之意矣。楊氏舉彼加此之説得之，其引有犯無隱，則非本文之旨矣。其曰務本之一事，蓋以務本爲泛言，而孝弟爲指其事耳。然曰一事則似有大務本而小孝弟之意，亦其言之小疵也。周氏進於道者不可曉，豈非猶有惑志於老氏「失道而後德，失德而後仁」之說耶？

或問：子於前章，既以仁爲愛之理矣，於此又以爲心之德，何哉？曰：仁之道大，不可以一言而盡也。程子論乾四德，而曰「四德之元，猶五常之仁，偏言則一事，專言則包四者」，推此而言，則可見矣。蓋仁也者，五常之首也，而包四者，惻隱之體也，而貫四端。故仁之爲義，偏言之，則曰愛之理，前章所言之類是也；專言之，則曰心之德，此章所言之類是也。其實愛之理，所以爲心之德，是以聖門之學，必以求仁爲要，而語其所以行之者，則必以孝弟爲先，論其所以賊之者，則必以巧言令色爲甚。記語者所以列此二章於首章之次，而其序又如此，欲學者知仁之爲急，而識其所當務與其所可戒也。曰：夫子所謂鮮仁，程子乃以非仁釋之，何也？曰：夫子之言，所謂辭不迫切，而意已獨至者也。程子則懼夫讀者之不察，而於巧言令色之中求少許之仁焉，是以推本聖人之意，直斷其不仁，以解害辭之惑也。說經如此，其可謂有功矣。而後之說者，猶紛紛然置曲說於其間，其亦不察也夫！曰：范氏之說如何？曰：聖人之意，所謂鮮矣仁者，蓋曰如是之人，少有仁者之云耳，非謂如是之人，其仁少也。今曰有時而仁，又曰其心未必不仁，則失之矣。夫人心本皆仁，雖或賊之，而豈可以多少論哉？且曰有時，則又不在乎心而在乎時矣。又曰爲利而其心未必不仁，則豈有其心爲利，而猶得爲仁者耶？是皆牽於鮮之爲少，而不察乎聖言婉微之體，是以曲爲之説而失之。觀夫程子之言，則可以見其得失矣。曰：呂氏之説，不亦善乎？曰：言固欲巧，而不可巧其言，色固欲令，而不可令其色。今曰欲巧欲令，而不明此意，則已疏矣。且徒以脩之内外爲别，而不知爲己爲人之有異，亦未足以定取舍之極也。蓋誠爲己也，則脩於外者，乃所以養其内，而不患本之不立。誠爲人也，則其飾乎外者，安得謂之脩，其爲害又豈但本之不立而已哉！曰：謝氏之説，所引多端，而不爲判決，子以其意爲如何也？曰：彼其所引若多端者，然一言以蔽之，亦曰爲己爲人之不同而已。蓋意誠在於爲己，則容貌辭氣之間，無非持養用力之地；一有意於爲人，而求其説己，則心失其正而鮮仁矣。故夫子告顔淵以克己復禮之目，不過視聽言動之間，而曾子所言君子所貴乎道者，亦在於容色辭氣四者而已。所謂「遜以出之，情信辭巧」者，但不欲其直情徑行，以招悖人之患而已。至於詩人所謂令儀令色者，則大賢成德，能遠暴慢之效；鄉黨之所記恂恂怡怡者，則聖人盛德之至，動容周旋中禮之妙也。若夫小人訐以爲直，色厲内荏，則雖若與爲巧令者不同，然覈其矯情飾僞之心，則實巧令之尤者耳！學者於謝氏之説，以是辯之，庶乎其得之也。但所謂出詞氣者，則非曾子之意，請及其本章而論之。曰：游、楊、周氏之説，如何？曰：游氏大抵不切，而其所謂誠敬僞諂者，名義皆若未當。其曰不絶其爲仁者，則又若范氏之失而小不同也。楊氏所謂便儇皎厲者，其初本也意本甚正，而其次本乃引表記以爲説，則本末倒置，而非聖人之意矣。彼雖託於夫子之言，其流傳之有誤乎，喜援據而不擇是非，其累有如此者。且不察乎巧令之所以爲巧令者，亦若吕氏之失。其曰非盡不仁者，又若范、游之失，而復小不同也。蓋范氏乃以一人而言，游氏以二人惡有淺深而言，楊氏則直以善惡相對而言耳。若周氏者，其庶幾乎！然其曰違仁多矣，似亦失程子本意，而狂者蕩、愚者詐以下不可曉，豈其辭之未達者與？

或問：程子所謂盡己之謂忠，以實之謂信，何也？曰：盡己之心而無隱，所謂忠也，以其出乎内者而言也。以事之實而無違，所謂信也，以其驗乎外者而言也。然未有忠而不信，未有信而不出乎忠者也。故又曰：「發己自盡謂忠，循物無違謂信。」此表裏之謂也，亦此之謂而加密焉爾。曰：程子又謂忠信者，以人言之，要之則實理者，何也？曰：前章五常之目，已具此意矣，請復詳之。夫信之爲信，實有之理也。凡性之所謂仁義禮智，皆實有而无妄者，信也，所謂實理者是也。其見於用，則出於心而自盡者謂之忠，以循物而無違者謂之信，而凡四端之發，皆必以是爲主焉，所謂以人言之是也。蓋五行之氣，各居乎一方而王一時，惟土無不在，故居中央而分王於四季，是乃天理之本然，而人之所稟以生者，莫不象之，此人之所以克肖天地而爲萬物之靈也。曰：傳不習乎之説，不從程子、范、尹，而從謝、楊、周氏，何也？曰：以文義考之則然，且先忠信而後傳習，亦後章餘力學文之意。或曰：諸說何如？曰：謝說九流皆出於聖，此蓋襲史遷之誤。又謂「謀而忠、交而信、傳而習爲直知。道無二致，人己爲一，而膠於無我者則過之」。又謂「謀非臨事而謀，信非踐言而信」。亦皆失於太高而非事實，少有餘味也。游說雖非曾子之事，然深有警於學者，但以處己接人，正心應物，分而爲二，則失之耳。蓋閒居獨處，固有所謂不動而敬、不言而信者，今曰立行無不信，則固以其循物無違者言之，而無不言不動之謂也。豈有接人之際，猶有不忠不信之累，而遽可謂之立行無不信，處己無可憾者乎？就使其立行之云，或出於一時立言之差，而失其本章之所謂，則誠内形外，初無二致，未有正心處己無不忠信，至於内省一無可憾，接人之際反入於不忠不信而自不悟者也。至於正心誠意，則又初無專於内而不通乎外之限，且既曰無須臾忘矣，則宜其動靜語默，無一息之或違也。若應物之際，又遽失念如違仁，則其所省正心誠意無須臾忘者，又安在耶？細考其說，似未免於老、釋之弊，惜乎其篤於爲己，而擇之不精以至此也。楊氏傳習之說得之，至於違仁違道之別，則吾有不知其說者矣。周氏内則見道於忠信，外則見道於傳習，亦不可曉。豈其謂道別爲一物，而於此見之，亦如二章之失耶？且此章正爲力行體道之實，亦不當以見道爲說也。

或問：道之爲治，何也？曰：道者，治之理也，以爲政者之心而言也。曰：然則曷爲不言治？曰：治者，政教號令之爲治之事也。夫子之所言者，心也，非事也。若范氏以魯變至道爲言，則其失既遠，至其卒章，又以富之而未及夫教爲言，則其自相矛盾又甚矣。游氏引養引恬之說，似以道爲引導之義，然與孔氏書傳不合，豈新義之云耶？然下文五者，亦非引導之事，其說不得通矣。曰：千乘之說，包氏、馬氏孰爲得耶？曰：此義蓋嘗考之，疑馬氏爲可據。蓋如馬氏之說，則八百家而出車一乘，如包氏之說，則八十家而出車一乘。凡車一乘，甲士步卒合七十五人，而馬牛兵甲糧糗芻茭具焉，恐非八十家之力所能給也。然與荀子王制之說不同，疑孟子未嘗盡見班爵分土之籍，特以傳聞言之，故不能無小誤。若王制則固非三代古書，其亦無足據矣。曰：五者之目，諸說孰爲得之？曰：程子、張子至矣。楊氏之說，曲折詳備。周氏以愛人爲主，而四者爲之先後，雖非本文之意，然其說亦善。尹氏後世不能先此以下，蓋本二夫子之意，而其卒章尤切也。若范氏則疏而不切。謝氏以子路何必讀書之言爲是，當於本章辯之。其曰「古人得百里之地而君之，皆能以朝諸侯有天下，則千乘之國，亦足以用心者」，則又若以爲小國寡民本不足治，特以其治之之道與天下同，而治之之效有如此者，然後勉而治之耳。蓋其素論嘗有不屑卑近之意，是以其言多類此。若如其說，則其所以敬事而愛民者，亦豈出於誠心哉！曰：節用愛人，游、楊之說不同，孰爲得耶？曰：互相發明而義各有當也。蓋楊氏之說，胡氏發明之爲尤詳。胡氏曰：節用者，愛人之本也。然愛人者，其名覃衆〔四〕，故慕之而易道；節用者，其事切己，故憚之而難行。徒以愛人之名揚于衆，而不能以節用之實本諸己，則雖曰愛人，而人終不蒙其愛矣。而游氏所譏，則申子、韓侯弊袴之說耳。

或問六章之說。曰：程子、范游尹氏得之。但程子本立而文自至者，失之太快耳。所謂「盡得孝弟，然後讀書」，亦曰盡夫爲子爲弟者平日所當爲之事耳，非謂盡孝弟之道，如所謂孝弟之至者，然後可以讀書也。若謝氏所謂「盡孝弟之則，正謂孝弟之至」，而其言過矣。必若是而後學文，則豈復有學文之日乎？范氏以泛愛衆爲以所愛及所不愛，謝氏以爲充其無害人之心，皆非是。此但爲泛愛衆人而無忿疾忮害之心，若游氏所謂處衆而泛愛衆人者也，未嘗遽及此也。此所謂行有餘力，但謂行此數事而有餘暇之力耳，而游氏去其力字，則亦若謝氏盡孝弟之云矣。夫是數者，終身由之而常患於不足，又何如而爲有餘乎？曰：他說如何？曰：謝氏以學文爲游於藝，似亦太輕。程子以爲讀書，則凡所以講乎先王之道，以爲脩己治人之方者，皆在其中矣，豈特游於藝而已哉！楊氏以文學爲餘事，意亦類此。至於專以推其所爲說，蓋亦便於假借而不悟其所包之有不盡也。周氏語意亦若繁冗，然自多識前言往行以下則佳。若游氏之敷陳詳盡，有以深究後世棄本逐末之弊。而蘇氏之說，又有以正近世好高躐等之失，則尤讀者所宜詳味也。蘇氏曰：孝弟仁信，本也，行有餘力，則以學文，此孔子所以教人也。蓋曰不賢者自是以寡過，而賢者自是以無所不至也。故曰下學而上達，雖孔子亦然。今之教人者，不亦異乎！引之極高，示之極深，未嘗養之於學，游之於藝也，而遽告之矣。教者未必能，而學者未必信，則亦妄相從而已。少而習之，長而行之，務以誕相勝也，風俗之壞，必自此始矣。

或問七章之說。曰：此章諸說大旨略同，而程子、游尹氏爲優，惟賢賢易色，當從舊說。蓋孔子兩言未見好德如好色，而中庸亦以遠色爲勸賢之事，則古人之言，其以德色相爲消長也舊矣。范、謝之說，於此爲得。但范氏論好色賢賢之優劣失之〔五〕，而謝氏便以如好色爲易色亦非是。所謂如好色者，特孔子責人之緩辭，非以爲既好色而且好德也。吕氏謂此所未學者文耳，質具而文不足，非所患也，此意亦疏。子夏所謂未學，豈特文而已乎？質具而文不足，特比之以文滅質者爲愈耳。以爲非所患而止於是焉，則亦非聖門之所許矣。子夏蓋疾時人之不務本實，而徒事空言，且以爲是非學者不能耳。然其言抑揚之間，若有過中之弊，故吴氏病之，而周氏亦以爲有激而言，蓋得之矣。范氏以本立質美言之，輕重之間，似得其適，但語少倒耳。吕氏之説，乃因子夏之言而又過之者，讀者於此，亦不可以不察也。謝氏所謂「長幼必能有序，夫婦必能有别」者，既横溢而旁出，其曰「大舜爲法，聖人生知」，則又失於過高矣。楊氏尊賢親親之説巧矣，然子夏之言，未必有此意也，必若其言，則上章所言之序，又何説以通之乎？

或問：八章張子學則不固之説，如何？曰：此蓋古注舊説，而張子從之，但文勢若有反戾而不安者。蓋曰不重則不威，則當曰不學則固；若曰學則不固，則當曰重則有威。且學之爲功，又豈止於不固而已哉！吕、楊之説，蓋亦如此。而楊氏所謂可與權者，則又過之。且以夫子之言推之，則學而後可與適道，適道然後可與立權，豈易遽言也哉！曰：范氏忠信之説，如何？曰：是亦以内外爲言，若程子之意者，但其以誠訓忠，則爲未精耳。程子誠忠之辨，見於第七篇之二十四章，考之則可見其得失矣。曰：吕氏以主爲託者，如何？曰：觀上下文意，皆在己之事，恐其未應及此。且夫子所以對樊遲崇德之問者亦云，而以徙義繼之，則又如何而可通也？曰：謝氏以主忠信爲不言而信，如何？曰：是亦過高而失之矣。然不獨此而已，凡其所謂忠信者皆然，蓋得於程子實理之云，而於其所謂以人言之者，則有所略而不察也。曰：謝氏所謂改過之説，如何？曰：仁義者，心之正也；不仁不義者，行之失也。既不幸而陷於不仁不義矣，不知則已，既知之則其可以憚改而不復於仁義之正乎？蓋其理有所不得，則其心有所不安，故不容憚改以自棄於小人之域耳，非曰知其無常而後改之也。且如謝氏之言，則善之與惡，勢均體敵，而無賓主輕重之分，既可以忽然而爲善，則亦可以暫時而爲惡矣。蓋其意急於勸勉而誘人之改過，而不知其言之失於輕也。曰：謝氏所謂此章非論生知安行，如何？曰：聖人之言，皆爲學者而言也。若生知安行，則固無所待於聖人之言矣，豈獨此章而已哉！謝氏獨以此章爲非論生知安行者，則其於他章宜其每每過高而失之也。且人之爲過，亦有淺深，不必專以過而改爲困而學之事，以其所引顔淵、季路之事觀之，亦自可見。蓋此章之説，惟游氏爲無病，而楊氏取友改過之説亦善，詳味之可見。曰：不如己之説，程子、周尹氏以爲不忠信者，楊氏亦以爲合志同方者，如何？曰：此蓋不欲自謂人不如己而生自滿之心，且慮夫必勝己者而後友之，則勝己者又將視我爲不勝己而不吾友耳，其意已善矣。然考之不詳，而慮之或過，則亦不得而不論也。蓋人之賢否優劣，隱之於心，則有準則，非彼我好惡之私所能蔽也。故學者之心，雖不敢輕謂人不如己，然至於接人待物之際，或親或疏，或高或下，亦有不容以分別爲嫌者。故於齒德之殊絶者，則尊而師之；於賢於己者則尚而友之；其不若己者，雖不當就而求之以爲吾友，然亦必有矜而容之，勉而進之。是皆理勢之自然，非我之敢爲自滿，而亦未嘗輕以絶人也。彼賢於我者，其視我者亦若是耳，又何自棄我爲哉？且世之陋者之所以樂以不若己者爲友者，其故亦可知已。蓋樂於縱恣，故憚直諒者之正己而不敢親；安於淺陋，故忌多聞者之少己而不肯問；至於凡庸鬼瑣之流，則喜其臨己而足以爲高〔六〕；便僻佞柔之徒，則説其下己而足以自肆也。夫其所以定取舍者如是，是以賢智日遠，而所與居者，無非厮役徒隸之人，雖有美才良質，亦且忽不自知，而墮於小人之歸矣。是則聖人安得不一言以警之，然亦曷嘗使之輕爲自滿而謂人莫己若也。蘇氏之説，蓋得其略。蘇氏曰：世之陋者，樂以不己若者爲友，則自足而日損，故以此戒之，是謂不以文害辭，不以辭害意。如必勝己而後友，則勝己者亦不吾友矣。

或問九章之説。曰：程子、游氏善矣。而謝氏所引申顔事亦甚善。范氏慎字之説非是，其曰使民勿倍勿忘，亦非也。君子之慎終追遠，乃吾事所當然，吾心之不可已者，豈爲教民而後爲之哉？若謂曾子之行，一於孝而及此，則爲得之。謝氏之説，於歸厚之義無所當，且歸字之義，正謂民歸於厚耳，今曰己德歸厚，似亦羨於文也。楊氏因歸厚之文，而引惟民生厚，因物有遷，以就夫反其生之説，則亦巧矣。然詳曾子意，恐不如是之支也。尹氏蓋總程子之説而改大爲事，則失之矣。此外又有蘇氏、洪氏之説，亦可觀焉。蘇氏曰：略於喪祭，則背死忘生者衆，而俗薄矣。洪氏曰：曾子之學，以忠信孝弟爲本，故其言如此。

或問：夫子未嘗求聞諸侯之政，而子貢有夫子求之之説，何也？曰：此就子禽之言，借其求字而反言之，以明夫子之未嘗求，如孟子之言伊尹以堯、舜之道要湯也。若謂夫子欲聞其政，而爲是卑巽以求之，則失之矣。楊氏以爲聖人求之在我，正謂此病。又謂暴慢侈泰，人所忌嫉，則雖欲求之而不可得者，雖足以警夫如是之人，然其説之流，亦將有求容患失之耻，學者尤不可以不知也。吕氏真以爲求而人與之，則又甚矣。曰：他説之得失，奈何？曰：范氏之説，皆非所以言聖人。謝氏以爲此一節論學成而光輝著見，亦非本旨，以爲因是足以見之可也。其論聖人之容，夸張迫急，而於文義之間，多不暇擇，如以温爲清和之發之類，皆非是，細考之可見矣。又與周氏皆引吾其與聞之爲説，恐亦未然。此言至於是邦，則非其居魯時矣。大抵此章説之善者，莫踰於程子，而胡氏亦有所發明也。胡氏曰：凡人未見聖，若不克見，既見聖，亦不克由聖。彼既語夫子以政矣，未聞一君舉國以聽其所爲。然是亦可以爲之兆也。而聖人一言不契，則委而去之，未嘗屑就在濟時，行道之心雖篤，而未嘗屈道以信身也。曰：程子之訓五德，二説不同，如何？曰：前説訓其體之言也，後説推其用與效之言也。尹氏雜而用之，已失其旨，又於不侮無欲之下各以也字係焉，其失愈甚矣。

或問十一章之説。曰：觀志觀行，范氏以爲子觀父之志行者，善矣，然以文勢觀之，恐不得如其説也。蓋觀志而能承之，觀行而能述之，乃可爲孝。此特曰觀而已，恐未應遽以孝許之也。且以下文三年無改者推之，則父之志行，亦容或有未盡善者，正使實能承述，亦豈遽得以孝稱也哉？謝、楊、周氏蓋用舊説，而晁氏、洪氏之説亦當。晁氏曰：三年無改於父之道，此觀行之一節也。洪氏曰：父没雖可以行其志，然改父之道於三年之中，則無愛親之心，而其行亦不足觀矣。三年無改於父之道，程子之説不明。范、楊、周氏爲一説，謝、游、尹氏爲一説，而小不同。蓋尹氏得其用心之本，而游氏得其制事之宜，二説相須，爲不可易。意者程氏亦若尹氏之云也，謝氏則過之矣。夫孝子居喪，思慕哀痛，則誠有不可堪者。然視不明，聽不聰，行不正，不知哀，君子病之。豈有三年之久，視其父之所爲有不可不改者，顧乃恍然惘然，如醉眠夢魘而恬不知省，而可以爲孝乎？范、楊、周氏之説，則所不改者，乃子道也，非父道也。若以於字爲言，則於之爲字，未見施之如此其重者。曰：必若尹、游之説，則夫子之言，得無有所不盡者乎？曰：爲人子者，本以守父之道，不忍有改爲之心。至有所遇之不同，則隨其輕重而以義制之耳。三年而改者，意其有爲而言也。其不可改，則終身不改，固不待言。其不可以待三年者，則又非常之變，亦不可以預言矣。善讀者推類而求之，或終身不改，或三年而改，或甚不得已，則不待三年而改，顧其所遇如何。但不忍之心，則不可無耳。或曰：昔謝方明承代前人，不易其政，其必宜改，則以漸變之使無迹可尋。爲人子者，不幸而父之過有當必改者，以是爲法，而隱忍遷就於義理之中，不亦可乎？曰：吾嘗聞之師矣，以爲此其意則固善矣，然用心每每如此，即騣騣然所失卻多，必不得已，但當至誠哀痛以改之而已，何必隱忍遷就之云乎？至哉此言，足以警學者用心之微矣。

或問：小大由之，諸説不同，而皆屬之下文，今獨從程子而屬之上文，何也？曰：以上文考之，既曰禮之用和爲貴，則所謂斯爲美者，皆指禮與和而言也。今若以爲由禮，則上固云和，是豈得越和而指禮。且小大之事，正欲其一由於禮，豈有一由於禮，而反至於不可行耶？若以爲由和，則上之所謂和者，又未始離於禮也，亦不得遺禮而主和矣。且既曰由和而有不可行，則其曰不以禮節之亦不可行者，不亦重復之甚乎？若楊氏之意，則以小大由和，爲不知和而和者，與小大雖能知和而和，而不以禮節者爲兩説。如其説雖足以巧免重復之弊〔七〕，然小大由之一句，亦未見其必爲由和也。故此章之説，惟程子爲得之，而范、周、尹氏皆祖其説，蓋亦不可易也。曰：若如范氏之説，則遂以樂爲禮之用，可乎？曰：樂記有之：「天高地下，萬物散殊，而禮制行矣。流而不息，合同而化，而樂興焉。」則其相爲體用也，古有是言矣。曰：謝氏之説，如何？曰：其論禮之有和者，善矣。蓋曰：「禮之所以有是品節之詳者，皆出於人心自然之節，聖人制禮，特使人由是以中其節，而非以人之所不欲者强之也，故行之雖或甚苦，而自有不失其和。若不本於此，而徒勉强於儀貌之間，則是徒禮而無和矣。」此説蓋得之。但其曰「爲禮至於難從，則不若夷俟踞肆之愈」，則其抗激之弊，又有甚焉者耳。其論季氏之祭，爲有禮而無和者，亦恐未然。詳禮家之説，正謂季氏之祭，舒肆不肅，故遲緩至此。及子路爲宰，而室事交乎户，堂事交乎階，室事者，祭時。堂事者，儐尸。則宗祝有司各供其事，而無前日之失。然則豈和不足之謂哉？請問楊氏之説。曰：本文之意，蓋曰禮之用以和爲貴耳。今曰用和，則既失其句讀矣。又引「履和而至」，以明以和爲貴之義，恐亦非易意也。詳易之文，蓋曰履之爲卦，君臣上下，各履其位，而得其和者也。和則疑於夷易而非極至之義。然各得其所而不亂焉，則是乃所以爲至也。其下八卦之説，其例皆然，不應獨以和而至爲和，而後不可以有加也。其下云云，則前已辨之矣。

或問：所謂約信而合宜，則言必可踐，何也？曰：人之約信，固欲其言之必踐也，然其始也，或不度其宜焉，則所言將有不可踐者矣。以爲義有不可，而遂不踐，則失其信；以爲信之所在，而必踐焉，則害於義，二者無一可也。若約信之始而又求其近於義焉，則其言無不可踐，而無二者之失矣。或曰：然則葉公所云復言非信者，何耶？曰：此特爲人之不顧義理，輕言而必復者發，以開其自新之路耳。若信之名，則正以復其言而得之也。今不警其言不近義之差於前，而責其必復其言之失於後，顧與信之所以得名者而亂之，則亦矯枉過其直矣。諸家乃引之以釋此句，以爲信不近義，則言有不必復者，是乃使人不度於義而輕發其言，以開誕謾欺僞之習，其弊且將無所不至，非聖賢所以垂世立教之旨也。曰：爲恭而中節，則能遠耻辱，何也？曰：致敬於人，固欲其遠於耻辱。然不合於節文，則或過或不及，皆所以自取耻辱。惟致恭而必求其近於禮焉，則其可遠耻辱也必矣。或曰：先儒又有以爲恭而近禮，然後君子行之，以遠耻辱，若非禮之恭，則寧身被困辱而不爲也。其説何如？曰：此其意善矣，然亦非有子之意也。有子之意，本爲謹其言行，以防後患於未然之前，所謂言必慮其所終，行必稽其所弊者也，豈使人不戒於初，而徐計之於已然之後，崎嶇反側，如或者之言哉！曰：因是二者，因不失所親，則爲可宗，何也？曰：信近義矣，恭近禮矣，而或失其所親焉，則亦不足尚也。故必因此而又得其所親，然後爲可宗耳。楊氏之説，蓋如此。且此章前有孝弟謹信而親仁之説，厚重忠信而友勝己之説，後又有不求安飽，敏行慎言，而就正有道之説，其與此章之意亦相表裏也。或曰因，猶依也；宗，主也。言人欲有所依，必度其人之賢而後依之，則在我不失其所親，而彼亦可以爲宗主矣。此説小異，而亦可通，更思之可也。曰：諸説不同者非一，其得失奈何？曰：程子四説，大率相似，其意蓋曰：「爲信而言終可復，則其信爲近於義矣；爲恭而能遠耻辱，則其恭爲近於禮矣；因恭信而不失其近於禮義，則亦可宗矣。」此文義固亦可通，但語意曲折，似稍費力，而遠耻辱之意，尤不分明。蓋其本意固以爲不合禮而自耻辱者，然於文未有所見，則安知不有苟爲卑巽，以求免乎耻辱者，而冀其得近於禮者耶？此由不先求近乎禮義，而俟其言之終可復，且既遠乎耻辱，而後卜之，是以其説至於若是迂遠而難通也。張子信恭之説，已辨於前，可宗之説，蓋亦類此。至引此章以蒙上章之義，則是將以復言、遠耻、可宗爲和，而不復言、不遠耻、不失所親爲禮也。夫遠耻、可宗之爲和可也，若以復言爲和，而不復爲禮，則無乃反其類之甚乎？呂氏上二句本張子說，而下一句自爲一義，則尤迂晦而不通矣。謝氏復字之説，與上文信字殊不相干，恭近禮而遠耻辱之説，則得之矣。因不失其親一句，與呂氏略相似，特可宗之云爲少異耳。范、楊、周氏大意皆得之，而皆不免於小失。蓋徒憂復言之害義，而不察乎有子之言，意之所重，乃在乎不復之害信也。是以其大意雖若得之，而終未免近乎張子之説。至恭近於禮之説，則皆得之。但范、周所引恭而無禮則勞者，爲不切耳。楊氏推説兩句，以及聖人理固如此，然聖賢之言，本爲學者而發，自與聖人不同。若此每事如此推説，則亦不勝其費於辭矣。末句之説，惟楊氏爲得。范氏既不可曉，而周氏又因程子之言，前固已論之矣。

或問十四章之説。曰：尹氏最善，范、呂、侯、周氏説次之。但謹言之説，范、呂皆以爲恥躬不逮之意，侯氏又但戒於多言，則未盡聖人之意。夫所以謹於言者，豈徒爲是二者而已哉！范氏就有道之説，似亦太輕，若論主善爲師，固當如此，但非此章之旨耳。又引孔文子之好學，以配孔、顔，而歎知學者之鮮，則其輕重亦不倫矣。若文子之所謂學，則亦豈難知哉？且好學下問自兩事，亦非以下問而得爲好學也。侯氏以無字爲非禁止之辭，是矣。其曰與不字不同，則不字亦非禁止之辭也。疑或有誤字，不然則不可曉矣。周氏貪之本也一句，未有所當，其他則皆善也。此外則胡氏及張敬夫之説亦善。胡氏曰：食期飽，居期安，人之情也。而聖人之言如此，豈反人之情而强其所難，亦曰有志於學，則不當以此爲念耳。食必求飽，居必求安，役役焉惟口體之奉而無所不至焉，其去於道也，不亦遠乎？張敬夫曰：世固有不徇物欲而勉於言行者，然其所學毫釐之差，則其所謂敏者，有非所當敏，而所謂慎者，有非所當慎，其弊有不可勝言者矣。若謝氏之説，則過高甚矣。不求安飽，本文亦謂志其大者，而不留情於此耳，未遽及乎孔、顔、曾、孟之事也。孟子五鼎，乃謂其喪祭之禮，非若主父偃所謂五鼎食也。其論敏慎大意既不的當，而務爲夸張隱秘，使人不可曉。然以其後改之説考之，則所謂敏者，可見又以其平日之言推之，則所謂謹者，又不過曰出辭氣而已耳。若但如此，則胡爲其不直言之，而必爲是枝蔓之辭乎？然夫子敏謹之云，恐亦未遽及此也。就有道而正焉，亦方語夫學者求師取友之時耳。顔、孟之云，乃其終身事業之所就，豈遽責之於此時哉？楊氏引終日不違、求其放心等語，以明不求安飽之説，亦大過矣。夫未得有道而正焉，則未知其何以爲仁，而志之如此其切；已能從事於仁，如此其切，則又何爲方且就正於人而考其是非哉？大凡此章本意，且爲學者大概立志、脩身、求師、取友而言，而諸公推之太過，以至於此，其亦誤矣。孟子所謂不敢不飽者，乃晉平公食於亥唐之家，不敢以其尊貴而略賢者之禮耳，非亥唐之食而飽也。楊氏所引，似亦誤矣。

或問：何以知無諂無驕之爲子貢質其學也？曰：常人貧則必諂，富則必驕，今能若此，則可謂有志而能自强矣。子貢雖未免於貨殖，然以其志之所存，與其學之所至，庶乎其不諂不驕者，故以質之夫子，而審其淺深也。曰：然則切磋琢磨之别，其詳可得聞乎？曰：古之工事，不可考也。以今言之，則治骨角者，切以刀，磋以鑢；治玉石者，琢以錐鑿，而磨以沙石也。大抵切琢成形，磋磨入細，以理推之，古今當亦不相遠耳。曰：大學之傳，亦引此詩，而以道學自脩釋之，今諸家引爲此章之説，而子不然，何也？曰：古人引詩，斷章取義，姑以發己之志而已，或疏或密，或同或異，不能齊也。彼傳所釋，蓋亦以精粗爲言，然於詩文，則磋琢二字有不協者，今必引以釋此，不亦拘之甚哉？曰：然則蘇氏之釋，亦若此矣，子剽其説而没其名，何耶？蘇氏曰：磋者，切之至者也；磨者，琢之詳者也。切之可矣，而復磋之，琢之可矣，而復磨之，君子之學也，欲其見可而不止也。往者，其已言者也；來者，其未言者也。子貢言「貧而無諂，富而無驕」，此之所謂可者。蓋貧則防其諂也，富而防其驕也，紛紛乎自防之不給。孔子曰：「貧而樂，富而好禮。」夫貧而樂，雖欲諂不可得也；富而好禮，雖欲驕亦不可得也，豈不賢於彼二言哉！然亦未可以爲至也。自是而上，見可而不止，則必有至焉者矣。子貢得是二言而識其所未言者，故孔子予之。曰：蘇氏之説，於文意最爲得之，吾之説，誠不異乎彼矣。然其大旨則有不同焉者，故不得據以爲説也。蓋彼謂樂而好禮，未足爲至，自是而不已，則是將有至焉者矣。而吾謂以貧富而爲言，則至於樂與好禮而無以加矣。夫蘇氏之意，豈以爲將有忘乎貧富者，然後爲至耶？此老、佛之餘，而非孔子之意矣。故胡氏非之曰：「貧而樂，非顔子不能；富而好禮，非周公不能。夫子所以誘掖子貢者高矣，猶以爲未至，則孰可以爲至者耶？」其説當矣。曰：諸説大旨，則皆異乎子之云矣，其亦有可論者耶？曰：無諂無驕，程叔子以爲能處其分，與伯子所論樂與好禮互相發明者，皆善矣。然以樂與好禮爲隨貧富所治，叔子亦以爲能自脩，則似皆未安也。夫好禮以爲脩治可也，樂則豈脩治之謂耶？周、尹氏以爲非自脩不能者，其説若可通矣，然於「其斯之謂與」者，又有所不協。范、楊氏與周、尹同，而以道學自脩，分屬樂與好禮而言，則又加密矣。然其所不協者，終亦不能以不協也〔八〕。謝氏以問學成德爲言，亦倣大學程子之意。乃必以成德易夫自脩，則固知夫貧樂之非自脩所及而避之也。其論問學成德之不同，則亦有未盡者。夫子之意，本但以無諂無驕僅爲能處其分，而未有以進於道，若樂而好禮，則其造道入德之深，有非前人之所及耳，非必以接於人而後見者爲不足，求於己而自得者爲有餘也。況不諂之士，豈必皆出於人，而不驕之士，亦豈必皆出於吝哉！周氏之説，蓋必類夫謝氏物我之云，然因人不爲之説，則又益疏矣。至於告往知來，其説亦多不通。如程子説，則子貢第能詠歎夫子之言，未有以見其知來者。如范、楊、尹氏説，則反若告往而知來者。如謝氏説，則子貢第能形容夫子所言之階級，亦未有以見其知來也。大抵此章，諸説皆不得其文義，故説雖精而終有不合也。若范氏以爲外有餘而内不足，故以無諂無驕爲善，亦非是。使子貢而果不免於如此，則亦不足以知無諂無驕之爲美者矣。吕氏之説，不見於語解而見於文集，豈其少時未定之論也與？此外則曾氏、張敬夫之説，亦有可觀者。曾氏曰：以貧故無諂，以富故無驕，貧富之道耳。樂非以貧，好禮非以富，出於情性而貧富不能解也。張敬夫曰：安於無諂無驕，而不知進學，固未足貴。而所謂無諂無驕者，學者亦非可忽也。居貧而有一毫求之之意，居富而有一毫自恃之心，皆諂與驕也。此病未除，而曰吾樂與好禮，未之聞也。必也無諂無驕，而後樂與好禮可得而進焉，又不可以不知也。

或問十六章之説。曰：尹氏善矣，范、楊亦佳。但知人之説，二家各得其一偏。而范氏未有不知之云，楊氏求爲可知之説，則非此章之所指矣。吕氏充知有命之説，皆非至論。謝氏之説，既非本文意，而又不免驕吝之私，亦猶其首章不愠之云也。侯、周氏上句似范氏，下句似吕、謝，皆已辨於前矣。

校勘記

〔一〕或旨意略似 「旨」原作「志」，據正德本改。

〔二〕未有承蜩貫蝨兩句　「蜩」，原作「挺」，據四庫本改。

〔三〕但人爲物誘而忘其所受乎天者　「受」，日本正保本作「得」。

〔四〕其名覃衆　「覃」，四庫本作「覆」。

〔五〕但范氏論好色賢賢之優劣失之　「色」字原缺，據日本正保本補。

〔六〕則喜其臨己而足以爲高　「臨己」，四庫本作「可臨」。

〔七〕如其説雖足以巧免重復之弊　「如」，原作「等」，據四庫本改。

〔八〕終亦不能以不協也　下「不」字，四庫本作「强」。

論語或問卷二

爲政第二

或問：北辰之爲樞，何也？曰：天圓而動，包乎地外，地方而静，處乎天中。故天之形，半覆乎地上，半繞乎地下，而左旋不息，其樞紐不動之處，則在乎南北之端焉，謂之極者，猶屋脊之謂極也。然南極低入地三十六度，故周回七十二度，常隱不見。北極高出地三十六度，故周回七十二度，常見不隱。北極之星，正在常見不隱七十二度之中，常居其所而不動，其旁則經星隨天左旋，日月五緯右轉，更迭隱見，皆若環繞而歸向之。知此，則知天樞之説，而聖人所以取譬者，亦可見矣。謝氏以爲以其所建周於十二辰之舍，則是北斗，非北辰也。曰：諸説如何？曰：程子、張子、范、尹得之，吕氏意亦謹嚴，但所以語夫德者則粗矣。謝氏由誤認北辰爲北斗，故有無爲而爲，推吾所有之説，甚失聖人取譬之本旨。楊氏所謂中心守正，周氏所謂居中不移，似皆便以居其所爲有德之譬，亦恐未然。詳聖人之意，但以爲有德，然後能無爲而天下歸之，如北辰之不動，而衆星拱之耳，非以北辰爲有居中之德也。二家又皆以中而不遷，有定次而不移，故謂之辰，亦恐非是，辰蓋天象之名耳。

或問二章之義。曰：程子、范氏正矣。曰：或謂詩三百篇，雖有美惡怨刺之不同，然皆發乎情而止乎禮義者也，此其所以爲思無邪者與？曰：此詩序之言也，然愚嘗竊有疑焉。夫變風鄭、衛之詩，發乎情則有矣，而其不止乎禮義者，亦豈少哉！或曰：然則夫子删詩，何取於此而不之去也？曰：夫子之存之也，特以見夫一時之事，四方之俗，使讀者考焉，以監其得失，而心得以卒歸於正焉爾，非盡以爲合於禮義而使人法之也。曰：是亦安知其非當時賢者所作，以刺夫爲此之人，故其言雖邪，而義則不害其爲正乎？曰：詩雖或主於譎諫，然其譏是人也，亦必優游含蓄，微示所以譏之之意，然後其人有以覺悟而懲創焉。若但探其隱匿而播揚之，既無陳善閉邪之方，又無懇切諷諭之誠，則正恐未能有益於其人，而吾之言固已墮於媟慢刻薄之流，而先得罪於名教矣，夫子亦何取乎爾哉！曰：然則詩之不正者多矣，又可以思無邪之一言而盡斷之耶？曰：吾固言之矣，聖人之意，固將使人考焉以監其得失，而心得以卒歸於正爾，非欲使人習焉而效其所爲也。則其爲義，夫亦豈不卒歸於思無邪之一言耶？或又曰：然則思無邪之一言者，其讀詩之法耶？曰：夫子所謂一言以蔽之者，非謂是也。然誠能是也，則治心、脩身、讀書、窮理，無適而不可，又豈但讀詩之法而已哉！曰：諸説如何？曰：大旨則皆失之，而就其中又有甚可疑者。如謝氏專以先王之澤爲言，而其所引之詩，不過怨而不怒之一端耳。其於夫子特舉思無邪之一言，以警學者於思慮隱微之際者，亦太疏而不近矣。楊氏所以辨蘇氏者，善矣。然謂詩皆出乎國史，則序詩者固已失之，而楊氏又因荆舒新義之説，以國史爲國人之文勝者，則其失愈遠矣。其後所著三經義辨蓋嘗辨之，豈爲此説之時，其尚論有未定者與？周氏專以美刺爲言，其失近於謝氏。尹氏主於删詩而言，以爲凡夫子之所取者，皆思無邪之言也，是亦不考於詩而已矣。

或問三章之説。曰：楊、侯、周氏得之。但楊説以爲有德禮則刑政在其中者，意則甚善，而微有異乎此章之意，不若周氏之得其本旨也。侯氏以道爲治，於政猶可通，於德則無所當矣。范、吕、謝、尹氏皆以苟免爲言，殊失文意。蓋所謂免，正以其革面而不敢爲非，真有以免於罪戾耳，豈冒犯不義，以至於犯上作亂，而脱漏憲網〔一〕，以幸免於刑誅之謂哉？若以説專任政刑之弊，其流必至於此，則可矣。吕氏謂先治内以格其非心，亦非此章之意。蓋與范氏皆有廢置政刑，而專任德禮之意。恐董子所謂承天意以從事者，亦不至如是之偏也。謝氏所謂先後表裏者，則庶幾得之矣。

或問：大學之道，何道也？曰：格物、致知、誠意、正心、脩身、齊家、治國、平天下之道，其説具於大學之篇矣。曰：聖人生而知之，其必十有五而後志於學，何也？曰：程子以爲夫子立法以勉進後人之辭是也。楊、周、尹氏蓋守其説，特周氏血氣之説無所當，而所謂知所嚮者爲太輕耳。蓋其於此章通以血氣爲言，而語皆輕，至於下文兩節，則意愈疏而言愈輕也。張子以爲聖人之學，真有次第，而自志學之年，固已明道，因以爲天已定而所以爲天不窮譬之，則恐其理之不通也。蓋聖人生知安行，渾然天理，固不應年十有五乃志於學，其後不應又必累年而後一進也。若天之無窮，則自古至今，曷嘗見其加益而有所進哉？其不得引以爲比明矣。謝氏以爲聖人爲童子時，已知從心所欲不踰矩之妙，特行之未熟，故必由志學而漸進，蓋亦近乎張子之説。若如其言，則是聖人之所以爲聖，固有徒生知而不能安行者，雖或不思而得，而未至於不勉而中也。然則所謂自誠而明者，又何必聖人而後可以當之乎？其曰「生知，非物物而知之，有所未知，亦當學而知之」，則程子嘗言之矣。然所未知者，不過指夫名器事物之間，非以爲義理之本原，亦待學而後知也。又曰：「安行，非物物而安之，有所未安，亦當學而安之。」則是聖人之義理物欲，猶未免交戰乎胸中也，而可乎哉？至於范氏以爲聖人有與人異者，而又有與人同者，則其説依阿兩可而不可曉矣。呂氏不言聖人學者之分，其意殆亦若張子之云。其以信有諸己爲志學之説，則非孟子本文之意。意者其曰信，知善之固有於我云爾，此以學者言之則無不可，若以聖人言之則亦誤矣。曰：所謂立者，何也？曰：自志乎學，積十五年進脩持守之功，而其所立之地，確然堅固，物莫能摇也。程子、吕、謝之説得之。至於張子、范氏必以禮言，則少拘矣。張子所謂器於禮以成性，而非强立之謂，則又必以爲聖人之事，而極其言之過也。曰：所謂不惑者，何也？曰：既立矣，加以十年玩索涵養之功，而知見明徹，無所滯礙也。蓋於事物之理，幾微之際，毫釐之辨，無不判然於胸中，若程子、張子、范吕謝氏之説，是也。但范氏引孟子不動心爲比，似亦小差，蓋曰不惑而後能不動心則可耳。曰：所謂天命者，何也？曰：無所疑惑，而充積十年，所知益精，所見益徹，而至於是也。蓋天道運行，賦與萬物，莫非至善無妄之理而不已焉，是則所謂天命者也。物之所得，是之謂性，性之所具，是之謂理，其名雖殊，其實則一而已。故學至於不惑而又進焉，則理無不窮，性無不盡，而有以知此矣。曰：然則程子之直以窮理盡性言之，何也？曰：程子之意，蓋以理也性也命也，初非二物而有是言耳。夫三者固非二物，然隨其所在而言，則亦不能無小分别。蓋理以事别，性以人殊，命則天道之全，而性之所以爲性，理之所以爲理者也。自天命者而觀之，則性理云者，小德之川流；自性者而觀之，則天命云者，大德之敦化也。故自窮理、盡性，而知天命，雖非有漸次階級之可言，然其爲先後，則亦不能無眇忽之間也。亦猶不惑之與不動心，雖其相去不能以髮，然以此訓彼，則有所未可耳。周氏之説，蓋亦放此，然以孟子知性則知天者驗之，前説益明白矣。曰：他説奈何？曰：程子所謂生而知之者當矣。若張子所謂知天之命則過也。范氏學易之云，尤無所謂，吾於本章已略記所聞矣。謝氏所謂「理之所自來，性之所自出」，又似以理性與命真爲二物。其曰與之無間，則又有張子至命之嫌，而非知之所能及矣。其曰與道爲二者，猶此意也。楊氏所論世人皆知窮達有命，而信之不篤，乃其知之未至者，得之矣。然又以爲孔子所知殆不止此，則未知其所止果何謂也？但以爲窮達之命耶？則所知云者，又若别有所屬；以爲賦受萬物之命耶？則與上文不相應；而但欲其信夫窮達之有命，則亦不待知此而後能也。曰：然則命有二乎？曰：命一也，但聖賢之言，有以其理而言者，有以其氣而言者。以理言者，此章之云是也；以氣言者，窮達有命云者是也。讀者各隨其語意而推之，則各得其當而不亂矣。曰：所謂耳順，何也？曰：其義則程子、張子言之詳矣，其序則自知天命又加十年，若用力，若不用力而自至於此，蓋其德盛仁熟而幾於化也。然程子之意，主於貫通；張子之意，主於神速。而程子最後一説，又與張子相似，蓋義不害於兩通也。其曰不思而得者，引據尤精。所謂滯於迹者，豈以其猶必耳有所聞，然後心有所通，爲未免滯於有形之累，而不若從心所欲不自踰矩之渾然無迹也乎！至張子後説，所謂盡人物之性者，則恐其未安也。范氏所言疏略，無以知其意之所指，若曰耳之所聞，無不有以别其是非可否之理，則可；若曰凡耳所聞〔二〕，更無姦聲，則恐其言之過也。然誠有以別其是非可否之理焉，則謂之無姦聲亦可，但恐其或出於列禦寇、莊周之謂，則不可耳。呂氏、周氏蓋皆祖其師之初說。謝氏所謂內外兩忘者，則又非儒者所當言也。曰：從心所欲不踰矩，何也？曰：此聖人大而化之，心與理一，渾然無私欲之間而然也。自耳順及此，十年之間，無所用力，而從容自到，如春融凍釋，蓋有莫知其所以然而然者，此聖人之德之至，而聖人之道所以爲終也。曰：從心之從，舊讀爲縱，且至心字而句絶，諸先生之説皆如此，而今獨不然，何也？曰：經之本文作從，而陸氏無別音，則舊固讀如本字爾。讀如縱者，乃近世習俗流傳之誤，而諸先生偶未察耳。以理言之，則有心於縱，亦豈聖人與天爲一、從容中道之謂哉？范氏雖不以從心爲絶句，然其音讀，亦不免於誤也。若其大義，則程子、張子固不害於得之。但張子兼不思不勉而言，不若程子之分之爲當耳。其論不夢周公，迂回難通，殊不可曉。曰：諸説如何？曰：范氏之説，殊無倫次，而養血氣、一其德、致命遂志等語，尤不可曉，且與其下文所引舜、孔子事亦相反，不知其果何謂也？呂、謝、楊説皆善，但從字之讀，則皆失之耳。程子謂五十知天命而未至命，七十然後至於命，何也？曰：至命之云，言其與天爲一而已。五十知命，誠有所未至也。然易大傳之言，「窮理盡性，以至於命」，則以易、書所發之理言之，爲言亦蒙上文窮盡之云而繫之耳，非指聖人所造之地也。然古今以爲聖人之事者亦多，故程子因之，蓋不害於理也。

或問：三家僭禮，其於夫子之三言者，其有考乎？曰：魯之三家，殯設撥，則其葬也僭而不禮矣；以雍徹，則其祭也僭而不禮矣。其事生之僭，雖不可考，然亦可想而知矣。嗚呼！彼爲是者，其心豈不以爲是足以尊榮其親，而爲莫大之孝，夫豈知一違於禮，則反置其親於僭叛不臣之域，而自陷於莫大之不孝哉！夫子因其問孝，而知其有愛親之心，故以此告之，庶其有所感發而能自改也。雖然，聖人亦豈務爲險語以中人之隱，而脅之以遷善哉！亦循理而言，而物情事變，自有所不得遁焉耳。嗚呼！此其所以爲聖人之言也與？曰：諸説如何？曰：程子以告懿子者爲告衆人之言，蓋以其所包之廣，而未及乎孟氏之僭禮也，雖於其事有所未合，然直以理而觀之，則聖人此言，固亦無所施而不可也。范、尹則以此章爲箴懿子之失矣，然不得其事之實，而以其事君者推之，則亦疏矣。又以懿子力不能問，而夫子復以告之，蓋亦或有此意，然不直告而因樊遲以及之，則亦無問一而告二之瀆矣。吕氏以仁言之，亦過高而傷贅，其言僭禮之意則善，而考之亦未詳也。謝氏通以性與天道并釋四章之意亦高矣，然聖人之言，何者而非性與天道之發，不特此章爲然也。其論葬祭以禮，遺事實而騖高遠，亦若其前篇所論朋來忠信之病也。又以樊遲非不知此，特問之以質其目者，其待樊遲似亦少過矣。以聖言之淵懿如此，而樊遲平日又非敏悟通達之才，亦何以知其非有所不知也耶？楊氏之言，爲世之貧賤而愛親者言，則得之矣，以爲夫子告孟孫之意，則恐其未然也，然亦可以見聖言所包之廣，而爲程說之驗矣。周氏之說雖約，庶幾得之。

或問六章之說。曰：此章惟謝氏之說，切於人心，使學者知有所警省而用其力。若如諸說之意，則夫子於武伯之問，何不直告之曰「不爲不義，以貽父母之憂，可謂孝矣」，而顧爲是迂昧不切之語以告之，反若使之必致疾以憂其親，而後可以爲孝者，是豈聖人平日教人敬身謹疾之意哉！

或問：父母至尊親，犬馬至卑賤，聖人之言，豈若是之不倫乎？曰：此設戒之言也，故特以其尊卑懸絶之甚者明之，所以深著夫能養而不敬者之罪耳。謝氏言之已詳，學者考之可也。曾氏引孟子「愛而不敬，獸畜之也」，亦其明驗。諸説於此疏略，惟范、尹氏之說犬馬皆能有養，則犬馬之有力於人，初無致養之意，恐聖言取譬，必不若是其拙也。此殆欲避前說之嫌，而遷就之耳。

或問：色難之說不同，何也？曰：二說固不同矣。然務承順其親之色，則必有和氣婉容矣；有和氣婉容，則必承順顔色者矣。但以文義考之，則似當以程子、楊周氏說爲正。而程子後說，則似有闕文誤字，而不可解也。謝氏於服勞具饌，又皆以爲孝焉，則亦似失立言之意矣。楊、周亦以二子之失爲言，然不若程子之言爲盡矣。

或問九章之說。曰：程子至矣，其以私爲自得爲中心者，亦密矣。但以燕私言之，則尤足以見其隱顯一致之實耳。然程子於退省二字，意亦不同。前說以爲孔子省之，而後說以爲顔子之自省，恐當以前說爲正。發字之義亦然，蓋以爲開發者二，以爲發明者一，亦恐當以一說爲正也。蓋若以爲顔子退省乃有發明，則是無違之時初未了了也。以爲開發，則未知其以爲顔子心有開發，以爲孔子發之耶？若曰顔子心有開發，則當云「亦可謂能有所開發」，而不當云「亦足以發」。若以爲孔子發之，如憤悱啓發之云，則雖於文義可通，而其語意乃若以顔子爲僅可開發，而視他人爲全不足教者，恐聖人之辭氣，不如是之驕倨而忽易也。范氏專以顔子退與門人講論爲説，蓋用古注，然亦狹矣，夫子所以省顔子之私者，豈獨其講論之云乎？謝氏不違之說，以爲觀書不如聽言之切，固有此理，然遂爲觀書決不足以得聖賢深微之意，則聖人之立言垂教，又何望於後世聞而知之者，且不可復有其人矣。其論顔子之不違，不言其義理之契合，而專以神受爲說，不知方以耳聽，若之何而又以神者受之也？不言其氣稟之高明，而專以好篤心虛爲言，則亦得其然而不得其所以然者矣。然好篤心虛之說，於學者猶有所益；神受之云，則或能使馳騖恍惚而流於怪誕之域，其爲害將有不可勝言者矣！楊氏教不凌節云者，亦得之，然非聖人陰以告顔子而不欲使衆人得聞之也，蓋或偶因其問答而詳言之，以至於終日耳。謝、侯氏皆以爲聖人言此，欲以證其察之之詳，而發門人之進，恐亦或有此意。周氏又以爲欲門人觀顏子之朝夕者，尤善，而亦皆少偏。蓋雖聖人之於顏子，固有不待省而知者，然蓋必常有省焉，非全無事實而妄爲此言，以爲教於門人也。曾氏、胡氏、張敬夫之説，亦善。曾氏曰：入乎耳，著乎心，默而識之，故不違如愚。退而察其履踐，則布乎四體，形乎動静，故足以發。胡氏曰：顏子之質，鄰於生知，故聞夫子之言，心通默識，不復問辨，反如愚蒙之未達者；及侍坐而退，夫子察其燕私，則其視聽言動，皆能以聖人所教，隨用發見，然後知向之所謂愚者，乃所謂上智也。然聖人久矣知顏子之不愚矣，而必曰退而省其私之云者，所以見其非無證之空言，且以明進德之功，必由内外相符，隱顯一致，欲學者之慎其獨也。嗚呼！夫子與回言終日，則言多矣，而今存者無幾，可勝惜哉！張敬夫曰：夫子之言，顏子皆能體之於日用之間，所以夫子退而省其私，而知其足以發明斯道，乃其請事斯語之驗也。

或問十章之説。曰：惟程子得之。范氏之説，則疏矣。人之易見者，莫如行事，難知者，莫如用心，今先視其用心而後察其行事。且歸趣之云，又迫夫所安者之地矣。今以歸趣語所由，而所安者，乃特爲所處之是非，則其輕重淺深，無一當其所者矣。吕氏亦疏，其以所由爲昔者所經由者，則尤有所不通也。謝氏説似甚雜，然細考之，意亦貫通，但上二句恐有未當。而引何莫由斯道也，殊不可曉，蓋已贅矣。所安之云則得之，然兼君子小人而言，亦似非此章之本旨。至曰「小人何嘗一日不在於善」，則其進小人也亦驟矣。楊氏三句，大抵略似謝意，然引左氏之言以釋以字之義，而謂所以爲才，則其支離遷就，抑又甚矣。周氏亦然。尹氏則又似范氏説而小不同，然亦不必論矣。蘇氏説亦得之，但所安之云，亦如謝説耳。蘇氏曰：見其所爲者誠善矣，則未知其所自爲之者果善乎？所自爲之者果善矣，則未知其能久而安之乎？惡亦如之。至於久而安之，則其爲善惡也決矣。小人有幸而中於善，君子有不幸而入於惡，然終不可以易其人者，所自爲之者非也。

或問：學必温故而後可知新乎？抑温故者必貴於知新乎？豈爲師之道，亦足於此而已乎？曰：故者，昔之所已得者也；新者，今之所始得者也。昔之所得，雖曰既爲吾有，然不時加反復尋繹之功，則亦未免廢忘荒落之患，而無所據以知新矣。然徒能温故，而不能索其義理之所以然者，則見聞雖富，誦説雖勤，而口耳文字之外，略無毫髮意見，譬若無源之水，其出有窮，亦將何以授業解惑，而待學者無已之求哉？學記所謂記誦之學，不足以爲人師者，正謂此耳。若能尋繹其所已得者，而每有得於其所未得者焉，則譬諸觀人，昨日識其面，而今日識其心矣，於以爲師，其庶矣乎？夫子之言，所謂可云者，正所以明夫未至此者，不足以爲師，非以爲能如是而爲師有餘也。且昔程子晚而自言：「吾年二十時，解釋經義，與今無異，然其意味，則今之視昔爲不同矣。」此温故知新之大者，學者以是爲的而深求之，則足以見夫義理之無窮，而亦將不暇於爲師矣。程子惡夫氣象之狹而爲斯言，可師之説，美則美矣，其無乃非本文之意乎？至引子夏之言，則其文義亦有倒置而錯陳者，當於本章論之耳。范、楊、周氏説亦放此，而楊氏又并夫子、子思之意而一之，則其牽合甚矣。吕氏據程子專以多聞爲師之事，失之尤遠，審究其説，則記誦之學，何爲而不足以爲師乎？謝氏過高不實，於此尤甚，至引高明、中庸、廣大、精微以爲極致，而不察其理，所謂分殊者，則亦誤矣。夫聖賢所以言之如是之詳者，正以謂學者各極其功，而無所偏廢，則兩得之；概以爲同，而不察其異，則將有兩失之患耳。

或問十二章之説。曰：程子、尹氏得之矣。范氏大意亦善，其語意繁雜，其引形而上下之云，亦無所當於此章之意矣。且聖人教人，先盡其小者近者，而後進夫遠者大者，但君子不溺其心於是，而有以貫通之焉耳。若曰以道爲本，而忘夫小者近者，則是離物以求道，而又爲子游之譏子夏也。必以形而上下爲言，則聖人亦豈教人以遺器而取道者哉？游氏意亦類此，而語涉老、莊，則尤虚泛而不實矣。楊氏引揚雄大器之言，以釋不器之義，是徒喜其有據，而不悟其施安之失所也〔三〕。彼規矩準繩，雖方圓平直之所自出，然亦各專其用而不能相通，豈不器之謂哉？侯氏所引，語自倒置，於大義若有所偏。蓋若曰「不器，故不可小知而可大受」，則所包者廣，而不專於一事，今直以不可小知而可大受爲不器，則意專在是，而不盡乎不器之理矣。周氏之說，則亦支而無所當也。

或問十三章之說。曰：程子凡三說而兩意，其首末兩說，則一意也，中一說，又自爲一意，而其語有不可解者。以其所謂因子貢多言而發者推之，恐亦若范、周氏之說也與？范、周之說也則當矣，而周尤明白。謝氏說中語意雜亂，尤不可曉。以其所謂「所有雖不言而可喻」，及「德諧頑嚚，能讓千乘之國」者推之，則爲不待言而人信從之之意。以「行其所言，言其所行」者推之，則又若范、周之說。則本文初無人信從之之云者，不知其何故重復言之，以至於繁而不殺如此也。今姑論而闕之，不敢以意斷也。楊氏疏矣，君子切己之事多矣，夫子曾不及之，而以此爲說何耶？且曰先行而不言何人，固無以知其爲他人矣，以爲他人，則所謂其言者，又安得爲己之言耶？蓋與其所引孟子，文勢自有不同者，不得强取以爲證也。且子貢之言語，乃善於辭令耳，初未嘗以言干世，如史氏之所記亡吴霸越之辨也，告之以此，亦何爲哉？尹氏之說不明，豈亦程子中說之意與？

或問十四章之說。曰：程子之解善矣，但其曰「周而不比，比故不周」，則語勢若不倫者。然「周而不比」、「比而不周」者，本文之意也，「比故不周」者，推其意而言之者也。程子之意，豈其以是互相發歟？諸家得失，亦以是推之可也。一說以周爲周旋，則亦以世俗之說發明徧及之義耳。其周字固非若奉以周旋之云，其語意又非委曲以成就一人之事，若宗魯所謂以周氏子之周也。范氏所引是與比周，則正此之謂也。以爲小人於不善亦周，而同於偏及之義，則非也。義之與比，恐不爲親比於人而言。然如易所謂外比於賢，亦以理之所當親之，非有暱比之私，則固不害其爲周偏之道也。今謂君子於善亦比，而同於阿黨之意，則又非矣。若謝氏、張敬夫之説，則皆足以推明程子之意矣。張敬夫曰：君子内恕以及人，其於親疏、遠近、賢愚，處之無不得其分。蓋其心無不溥焉，所謂周也。若小人則有所偏繫而失其正，其所親暱，皆私情也。周則不比，比則不周，天理人欲不並立也。曰：舊説以忠信爲周，奈何？曰：忠信非以訓周也。忠信則無彼此於人，周之道也。楊氏之説得之矣。

或問：學思罔殆之辨，既曰昏且危矣，而又繫以無得不安之説，不已贅乎？曰：罔者，其心昏昧，雖安於所安，而無自得之見；殆者，其心危迫，雖得其所得，而無可即之安。此固兼夫内外始終而言，而後足以盡夫罔殆之義也。昏以心言，無得者，無得於理，而卒於罔也；危以事言，不安者，不安於理，而卒於殆也。考之精義，則程子、范謝楊尹氏言之詳矣。但程子以殆爲勞，未有所考，又以爲無進故殆，於文義亦不切也。范氏則語多不瑩，而其章末亦有闕文。謝氏不可不兩進者，賢於温故知新之説遠矣。以思爲知及之，亦似少過，彼其所以思者，正謂知有所未及耳。其引六言六蔽者，亦不相類。若吕氏以罔爲如網之無綱，則失之矣。罔之得名，正以其惑禽獸而取之，使之罔焉而無所覺耳。至游氏之説，則所謂思者，非以思夫義理之所在，特兀然癡坐，如釋子禪觀之爲耳。以罔爲不能爲己而無實，殆爲不足以涉事而不安，亦皆生於思字之失，遂疑學非爲己之事，思有遺物之蔽，而不悟聖人所謂學與思者，初不在於是也。彼其親見先覺，得聞後學之所不聞，而差失有如此者，可不戒哉！周氏意雖正而語差冗，其間不能無失云。

或問攻乎異端之説。曰：程子、范、尹之言正矣。自張子、呂謝楊周氏皆誤以攻爲攻擊之攻，而其所以爲説者，亦不同也。曰：其不同，奈何？曰：張子之言，若有是孔非孟之意，與其平日之言行，有大不相似者，蓋不可曉。然謂孔子不闢異端，則其考之亦不詳矣。當時所謂異端，固未有以見其爲誰氏，姑以楊、墨論之，如墨氏之無父，則悖德悖禮之訓，固已深闢之矣；楊氏之無君，則潔身亂倫之戒，又已深闢之矣。若以好辨爲孟子之疵，則彼世俗之毀譽，又豈君子之所屑意哉！若呂氏之所以爲説者則善矣，然亦非也。蓋不務反經而徒與之角其無涯之辨，固所以自苦，然熟視異端之害，而不一言以正之，則亦何以祛習俗之蔽而反之於經哉！蓋正道異端，如水火之相勝，彼盛則此衰，此强則彼弱，反經固所當務，而不可以徒反異端，固不必辨；然亦有不可不辨者，熟觀孟子所以答公都子好辨之問者，則可見矣。謝氏以夫子爲不闢異端，則亦若張子之云也。然其所謂姑存而無害者，吾恐聖人之憂天下慮後世不如是之淺且近也。謂其識吾之門墻，能以善意從我，則於異端不待言而判者，其乖於事理益以甚矣。夫吾之所以闢之，正爲其不識吾之門墻而陷於彼之邪說耳，若既識於正而從我矣，則又何闢之云乎？楊氏歸斯受之之說，亦正類此。周氏則又并與子夏、孟子之言而失其旨。是數說者，豈其猶有取乎老、佛之言，故欲曲吾說以衛之，而不知其失聖人之本意以至於此耶！

或問十七章之說。曰：程子、尹氏之言實矣，其次則范、楊氏近之。但范氏所謂强其所知以爲不知者，求之子路平日之言，似無此事。又引禹之行水爲言，則讀是知之，知爲去聲，恐亦未安。且曰必由其誠者，又與行其所無事之意，初不相似也。謝氏之說則新矣，然尤非本文之意。其曰能充是非之心者，似亦以知爲智。然所謂充其是非之心者，亦曰善善惡惡，不以毫髮之私而亂其真耳，豈此之謂哉？周氏無大得失，但直以知爲智，不知其傳寫之誤耶，抑亦若范、謝之云也？

或問：子張學干禄，而夫子告之如此，何也？曰：人之處己接物，莫大於言行，而聞見者，所以爲言與行之資也。然積之不多，則孤陋卑淺，無以參驗而知所疑殆。知而不闕，則冒昧苟且〔四〕，無所依據，而流於繆妄，能闕疑殆，則庶幾矣。顧於其餘，遂以爲已信已安，而無事於謹，則言行之間，物我交戾，而尤悔之積，有不能免，是將無以行乎州里，尚何禄之可干哉？誠反是而觀之，則夫子之所以告子張者，其意亦可知矣。然自寡聞見而積之多，多聞見而擇之審，擇之審而猶曰謹其餘焉，則其反身亦切矣。而聖人之訓，猶曰僅足以寡尤悔而已，蓋未敢以爲絶無也。聖人之於言行之際，其重之如此，而推本所從，有始有卒又如此，學者亦可以盡心矣。曰：然則是果何以得禄耶？聖人教人，真使以是求禄耶？曰：程子言之詳矣。蓋先王之世，教民以德行道藝而賓興之，故士能謹其言行，則有得禄之道。然聖人之意，則以爲君子亦脩其在我者而已，其得與不得，非所計也，故曰禄在其中。如曰仁在其中，樂在其中，直在其中，餒在其中，皆本爲此而反得彼之辭也，豈真教之以是而求禄哉？嗚呼！三代之時，先王之法行於上者既如彼，聖人之教行於下者又如此，是雖欲人才之不成，風俗之不厚，蓋亦不可得矣。正使士之不賢者，或不免於外慕，有司之不明者，或不足以爲得人；然其所以相求者，蓋猶出於脩身謹行之意，一得其人，則其法固萬世不易之良法也。豈若後世專以詞藝取人，而不考其言行之素，使士之賢者，猶不免急於彼而緩於此，有司之良者，每恨無以必得行藝才業之人，而其不賢且良者，則固皆以爲當然而不之怪也。然則人材風俗之所成就，又安得不愧於古上之人，亦何重於此而不之革哉！曰：諸説如何？曰：程子、張子、范吕楊氏得之。但程子所引謀道不謀食者，恐於文義反類不通，當於本章辨之耳。范氏以脩身干禄爲二事，則失聖人之意。而楊氏以子張爲琴張，則亦考之不詳也。謝氏以見爲識見之見，尤爲自尤之尤，似皆未當。又謂寡尤寡悔，爲非特言滿天下無口過，行滿天下無怨惡而已，則其輕重倒置，殊不可曉。其論得禄之道，又有斷然取必之意，尤失聖人之深旨也。游氏尤字之説，不若程、張之安。周氏餘字之説，亦非是。尹氏因程子説，大概亦善，但程子之解，略舉經文，例不必盡，尹氏不能補而因之，似便以闕疑殆爲謹言行者，則於其餘二字，意有所不盡矣，學者詳之。

或問十九章之説。曰：程子至矣。諸説大略無甚異，而楊氏語意尤相似。然曰當人心，不若其曰得義者之有準則也。曰：當是時也，三家專魯，哀公豈得而擅舉錯之權哉！曰：胡氏有言，使公復問孰爲枉直，而付舉錯之柄於夫子，必有所處矣。民心既服，公室自張，何至乞師於越而卒以旅死哉！此言得之矣。

或問二十章之説。曰：諸説皆得之，而楊氏爲密。但范氏以夫子爲君大夫有問，必以正對，爲急於民而然。然夫子於他人之問，亦未嘗不以正對也，豈必急於民而後然哉？謝氏敬忠二義，文意不明，似有爲政者自致其敬忠以率民之意，然與下句文勢不類，計亦不至若是之疏也。但得自養之云，則過於本文之意，而失之明矣。周氏問其説甚善，但以爲使民勸於敬忠，則非文意耳。尹氏大意亦善，但語勢倒置，不免有病。張敬夫之説，其亦偶中其失者與？

或問二十一章之説。曰：引書之義，惟程子、楊侯氏得之。但兼孝友而一言之，則恐非夫子專舉孝乎而言之本意耳。張子以有政爲有政之人，范、謝、尹氏皆以爲施之於家而有政，則非也。謝氏又讀孝乎屬之下句，尤失之矣。是亦爲政，夫子蓋曰彼以是爲可推以爲政，則我之爲是，是亦未嘗不爲政耳。范、謝、尹氏之説近之。張子、楊侯周氏皆謂真有爲政之效，則失之矣。曰：聖人未嘗忘天下，今不爲政而其言如此，將不爲獨善之私耶？曰：聖人未嘗不欲仕，而亦不求仕也。況定公之初，陽虎用事，又非可仕之時也。然此意有難以告或人者，故特告之以此，而爲政之本，實不外焉，舉而措之，則愾乎天下矣。嗚呼，此所以爲聖人之言歟！

或問二十二章之説。曰：楊、尹氏説爲近之。諸説皆以有諸己者爲言，則非但不究此章之旨，又將並與孟子之意而失之矣。游氏以中有主爲言，亦非文義。夫言而有信，夫子固常言之矣，曷爲其必舍此而務鑿焉以爲深乎？且其曰大德小德所由以進之屬，皆欲就車取義，亦大泥矣。聖人之言，如天地之生萬物，豈若是其譾譾拘拘也。曰：然則楊氏以倚衡之説，亦因車而發耳，而不病焉，何也？曰：是其意以言忠信者爲主，而蔓衍以及此耳，其所爲説者，初不主於此也。若進德之云，則正其所專恃以爲説者，亦不得同日而語矣。

或問：何謂三綱？曰：按邢疏白虎通云：「君爲臣綱，父爲子綱，夫爲妻綱，大者爲綱，小者爲紀，所以張理上下整齊人道也。」何謂五常？曰：仁義禮智信也，首篇詳矣。何謂文質？曰：夏尚忠，商尚質，周尚文也。何謂三統？曰：王者受命，而改正朔，所以新民之視聽也。故夏以建寅之月爲正，謂之人統；商以建丑之月爲正，謂之地統；周以建子之月爲正，謂之天統。孔氏以爲商湯始改正朔，而周因之，鄭氏以爲自古帝王皆然，蓋不可考。然以理求之，疑孔氏爲得之也。曰：子於是既取夫馬氏之説矣，其下有曰「物類相召，世數相生，其變有常，皆可預知」者，非馬説耶，何不録也？曰：以疏例考之，非馬氏也，是何晏不曉其文義，而妄改易之耳。曰：何以知其不曉也？曰馬氏之説雖約，然其義則可推而知也。蓋以所因爲主，而御夫損益之變，故雖損益之無窮，而其不能甚異可知。今是説者，乃遺其所因，而專以損益爲言，則夫損益之變，又豈有常而可預知者耶？此雖其不察於文義之失，然迹其所由，殆亦源於祖尚浮虚，捐棄禮法，故其議論之際，不自知其逐末忘本而至於斯也！曰：夫子之言，以三代之事言之可矣，若以繼周者言之，則秦不能因周之禮而損益之矣，漢繼秦而反因秦禮以爲損益，然則夫子之言，其不驗乎？曰：不然也。秦滅先王之法，漢懲亡秦之禍，皆非欲因其禮而損益之者。然其所謂君臣、父子、夫婦之實，則秦不能有以甚異乎周，而漢亦不能有以甚異乎秦也。至於秦之罷侯置守，廢德任刑，漢之苛解，與民休息，亦皆損有餘補不足，其勢有不得而不然者，然卒亦不能變其所因之大體也。推之萬世，亦莫不然，雖昏狂乖亂之極，不能出此，但其得失有多少之差耳，然則夫子之言，豈可謂之不驗乎？曰：然則諸家之説，皆不出此，何也？曰：何晏誤之也。然至於胡氏、吴氏而獨得之，則理之所在，亦有不可得而誤者矣。前此楊氏略有此意，而其説不若二家之明且決也。吴氏曰：凡稱可知者，若曰其大略不能甚異也。三綱、五常，天下之達道，夏以是而爲夏，商以是而爲商，周以是而爲周。商雖不期於因夏，而必至於因夏；周雖不期於因商，而必至於因商。世異事殊，不過就其已行已成之間，或少損以裁其過，或少益以救其不及，而皆不能易其大體。前乎夏者，固不能甚異於夏，則後乎周者，亦豈能甚異於周哉！雖千萬世，其不能外乎此者，必矣！

或問：見義不爲，或以承上文而言之，何如？曰：此非相因之文。范、吕、周氏之説得之矣。謝亦以相因爲言，且失之過，而其所論鬼神之意，則學者所宜深考也。楊氏謂見義不爲，故餒而無勇，則語倒而意亦支。周氏自朝夕惟義之知以下，亦不免有此失也。

校勘記

〔一〕而脱漏憲綱　「綱」原作「綱」，據四庫本、日本正保本改。

〔二〕若曰凡耳所聞　「凡」，原作「横」，據四庫本改。

〔三〕而不悟其施安之失所也　「施安」，四庫本作「安頓」。

〔四〕則冒昧苟且　「冒」，日本正保本作「茫」。

論語或問卷三

八佾第三

或問：八佾舊說，有謂上下通以八人爲佾者，何如？曰：是不可考矣。然以理意求之，舞位必方，豈其佾少而人多如此哉！曰：或以忍爲容忍之忍，聖人辭氣，豈其若是之迫哉？曰：未必然也。然胡氏曰：「聖人量同天地，以恕待人，惟於亂臣賊子則治之甚嚴，其法備於春秋，所以扶大倫立人紀也。」若以此說通之，則亦無可疑者，但恐本意未必然耳。曰：孰不可忍，呂說如何？曰：聖人方欲極言其僭叛不臣之心，不應反卻而譏其僭諸侯之小罪也。是與孰不知禮之云，文義亦有不同者矣。

或問二章之說。曰：此無異說，但范氏以爲成王賜魯以王禮，惟得以祀周公者，未有考，然以魯之郊祀觀之，則初不爲周公之廟而設也，恐其說亦不得通矣。謝氏以爲聖人所傷，不在於禮樂，語勢激切，有過乎事理之實者。又以兩章爲有不仁不智之異，則亦似未安耳。

或問三章之説。曰：程子至矣。張子之意，以爲不仁之人，僭亂悖逆之心，無所不至，然禮樂制數，則有一定而不可易者，少有干犯，人必知之，故曰「其如禮樂何」耳。此亦一意，然恐不若程子之安也。范氏雜用程、張之意，不知其何以通之。至以愛人自愛爲言，則其所以語仁者又太淺矣。吕氏以下皆祖程説，而游氏、周氏尤爲詳盡。謝氏所謂以何爲此者，險怪極矣。而其所謂「亦足以備禮，亦足以敦樂」者，反若緩而不切之辭，一何輕重之不倫也耶？至其所謂「顛沛造次必於是，非仁者不能」，語亦倒置。楊氏不主於仁而主於禮樂，則徒見禮樂之盛，非不仁者所能舉，而未見不仁者之所以不能與於禮樂之實也。

或問四章之説。曰：程子、張子至矣，但張子易字之説恐未安。范氏引據訓釋之功，所發明於奢易二字尤多，但遂以儉戚爲禮之本，則失之耳。謝、周、尹氏皆祖程説，但謝氏情性之説爲未當。禮之恭敬，喪之哀痛，夫亦非出於情耶？但得情之正而合乎性之理耳。若如其説，則是性善情惡，而判然不可以相入也而可乎？周與謝氏略同，但所引二事，則不若謝之爲得，而謝氏朝祥暮歌之云，亦有所未盡耳。尹氏則約取程説而補其未備，最爲有功，讀者以其説而參之程子則可見矣。楊氏直以儉戚爲本者，似亦簡便。但考之夫子之所論，則四者均在去取之間，而儉戚爲差愈耳，似未嘗直以二者遂爲本也。其告林放，豈欲其因吾去取之意，而有以默識夫本之所在也歟？

或問五章之説。曰：此義明白，但范、吕爲不同。然臣之不可無君，猶人之不可無首也，植遺腹，朝委裘，蓋出於一時之不得已。然自有中國以來，其能如是而不亂者，蓋亦希矣，聖人豈以是爲可常哉！周氏説似少異，而於文義有不通者，蓋特其辭之未瑩耳。

或問六章之説。曰：諸説大概多同，惟謝氏祭則受福之云，恐夫子當時之意，未若是之巧曲而幽深也。楊氏所謂小貞吉者，恐亦未有此意。張敬夫以爲當冉有爲宰之時，始有是事，故夫子欲其救之，以爲之兆，其説幾是。楊氏又謂昭公失此，卒至敗亡，其説尤誤，冉求爲宰，自哀公時也。

或問七章之説。曰：此章諸説各殊，而皆有未通者。如程子、周、尹皆以射爲本無可爭，則既不察乎衆人之情，謝氏又以射有似乎君子者言之，則又遠於文義矣。若然，則其下文曷爲不遂以失諸正鵠反求諸身者言之，而必以揖遜之禮爲言耶？惟楊氏以射宜有爭，而君子不爭者，近之。然直謂君子以射而不爭，則又未考乎其爭也君子之説也。揖讓而升，下而飲之説，程子以下飲爲非下堂而飲，則合乎大射之説矣。然謂但爲離去射位而飲之，則又不考乎下而復升之説也。張子以爲禮無讓下之文是也，然謂亦無下飲之文，則亦未考乎既下而復升之説也。至謂自宜下而請飲於勝者，則亦無所據矣。謝、周氏從禮記鄭注之讀至下字而句絶，則既不足於辭，而其説之誤，張子又已辨之矣。「其爭也君子」，程子、楊周尹氏皆以爲言君子其爭乎者，文勢牽强不安。張子以爲其爭也，爭非謙遜，亦非文意。謝氏以爲其不爭也，乃所以爭爲君子，而引老氏之言以爲證，則又陷於巧譎之私，而大失聖人之意矣。若范氏之説，則其首尾文義，既無一言之中，而又以是爲君子之所爭，則亦失之也。曰：然則子之所謂射之有爭，而爭也君子，奈何？曰：君子恭敬退讓，不與人爭，至於射，則皆欲中鵠以取勝也。然大射之儀，耦進三揖而後升堂，射畢又揖而降，勝者袒決遂，執張弓，不勝者襲，脱決拾，卻左手，右加弛弓於其上，遂以執弣，揖，如始升射，及階，勝者先升堂少右，不勝者進北面坐，取豐上之觶興，立飲卒觶，坐奠於豐下，興揖，先降。其雍容謙遜乃如是，是則雖曰有爭，而其爭也，亦不失其爲君子之道矣。此則注疏舊説，而諸家失之，是以徒爲紛紛，而其説愈不明耳。曰：此其猶曰君子而時中者，何也？曰：是其所謂君子者，亦曰有君子之心云爾。

或問：子夏所引之詩，蓋衛風碩人之篇，或以云「素以爲絢兮」一句云者，夫子删而去之也。曰：删詩者，去其不合於義理者耳。今此句之義，夫子方有取焉，而反見删者，何哉？且碩人之詩四章，而章皆七句，不應此章獨多一句而見删，又不應因删此句而并及他章，例損一句以取齊也。蓋不可知其爲何詩矣！曰：諸家之説，如何？曰：舊説以素喻禮者，失之遠矣，程子始正其先後之序，則得之。然其曰質待禮、素待畫者，不若范、謝、楊說之爲協於文也。周、尹因之，蓋亦誤矣。張子之說，迂滯難通，又以二素字字同用異，而義不相害，亦無此理。且白之受采，見於禮書，最爲明證，曷爲舍此而必爲異說以强通之耶？范氏以倩盼爲外有其容，内有其質，而以素爲德之譬，絢爲容之譬；謝氏以爲有素然後有倩盼之容；周氏以爲有德而文之以婦容，亦皆非是。詩人之意，但謂既有倩盼之質，而又加以粉黛之飾。夫子之意，則以爲必有是質，然後可加以飾耳。起予之說，程子、尹氏語簡而意未明，然恐其亦若楊、周之說，以子夏爲能發明夫子所言之意也，然則皆有所未安者。惟謝說近之，然其所以爲說，亦有過高之弊。夫子本意，但謂子夏之言，足以有感發我之心耳。

或問九章之說。曰：程子以徵爲成，蓋從古注，其意則曰無以證成吾言云爾。吾能徵之，意其亦若集注之云乎？其以法度釋獻字之義，蓋以獻通爲憲也，其或有所考歟？今不能知，則姑存舊說焉可也。張子蓋本中庸而言，但聖人作爲，自然審重，非獨爲此而後不言也。范氏專以無人爲言，則似并以文獻皆爲指賢人者，恐亦未安。且謂夫子以二代之禮無人而不可行，然後從周，亦非是。設使二代之後足證夫子之言，則夫子豈遂舍周禮而擅用二代之制乎？且中庸固曰「今用之，吾從周」，蓋以有德無位，而不敢作禮樂焉爾，豈以二代之無證，而後從周也哉？呂氏則得之多矣。但夫子自謂吾能言之，則於制度文爲之實迹，必有可以一二數者，非但能言其制作之意而已也。楊氏之説，大抵支離，就其説中推之，固亦有可觀者，但出而觀於聖賢立言之本意，則往往無所當耳。曰：孔子所言之禮，今有存者幾乎？曰：胡氏有言：「先儒言孔子嘗定禮樂，今以此章之指觀之，則三代之禮，孔子欲爲一書而不果成也。至於樂則與詩相須，故樂正而雅、頌各得其所，然亦無全書矣。」疑其説之或然也。

或問：先儒禘禮之説多矣，獨取趙氏何也？曰：先儒以禘爲合祭於大廟，上極其祖之所自出，而下及毁廟未毁廟之主；祫則合祭於太廟，而不及祖之所自出也。惟趙伯循引曾子問、春秋傳以明祫之爲合，如諸儒之説；禘則直祭其祖之所自出，而以其祖配之，但設兩位，而不及羣廟之主，爲其尊遠不敢褻也。此説最爲得之，而其具於春秋纂例者詳矣。其曰鬱鬯者，何也？曰：禮家以爲釀秬爲酒，煮鬱金香草和之，其氣芬芳而條暢也。曰：孔子不欲觀之意，諸説不同，如何？曰：程子以僭禮言之當矣，然不察乎失禮之中又失禮焉之説，則是自其未灌之時，已不足觀，不必言既灌而往也。又以逆祀爲言，則又異乎僭禮之説。然如趙氏，則禘祭本不合羣廟之主，必如舊説，則未有以見觀鬯設主之孰先孰後，亦恐其説之不通也。謝、尹從僭禮説，范、周從逆祀説，其得失於此可見矣。如楊氏則方灌之時，已不足觀，不必更言而往矣。如吕氏則是既灌之後，薦獻禮節，又皆無實之繁文也。聖人之意，其亦必不然矣。

或問十一章之説。曰：諸説皆善，而各得其一偏。蓋吕氏得其報本追遠之意，游氏得其仁孝誠敬之心，程子得其不王不禘之法，此皆其説之善者也。然游氏又兼郊社禘嘗言之，其義雖廣，而於此章之旨，則不若程子、吕氏之專也。程子又有逆祀之説，然纔一言之，而僭禮之意尤備，則疑當以多者爲正也。謝氏專以交神明之道言之，似非此章答問之本意。蓋或人之問，未應及此，而指掌云者，又何以見其爲交神明之道哉？其曰「知鬼神之情狀，則能以神道設教而天下服」者，其失益遠矣。游氏所譏禮大義衆者，正楊氏所引祭通之説。游氏則既偏矣，而楊氏又以爲其義有至賾者，而非度數之謂，則亦失所引記文之本意也。周氏以爲中庸之言，與此不同，而各有所當，亦或未然。蓋其專以逆祀爲説，故覺此章義狹而不若中庸之廣耳。然中庸實兼四祀而言，郊所以事天，社所以事地，禘所以追遠，嘗所以親親，故其義誠有廣於此章者。而此章發明追遠之意，則與中庸之意亦未始不同也。張敬夫將明程子之説，而又自爲一義，亦有可觀，今附於此。張敬夫曰：禮者，天所秩也。禘之爲禮，惟天子得用之，而諸侯不得用，蓋天理之所當然也。天下萬事，莫不皆然，所當得爲者，天之所爲也。知此説者，則於治天下也不難，亦曰循其理而已矣。

或問十二章之説。曰：諸説皆善，而程子至矣。但范氏有神非其鬼之説，則失彼章之意。彼所謂其鬼者，通謂己之所得祀者耳，非專以先祖爲言也。謝氏章首二句不可曉，疑有誤脱，其引伯高之事則甚善。

或問十三章之説。曰：程子以奥喻貴臣者非是，其釋夫子之答辭，則諸家所不及也。周氏因其貴臣之説誤矣。范氏以奥爲祭之尊，户、竈爲祭之小，而以夫子特爲不媚竈而已者，亦非是。吕氏之説，得之爲多，惜乎其未及考於奥、竈之禮。謝氏於人無所媚之語，不可曉。其曰「我寧媚於奥，直求福於天」者，亦非。楊氏直以媚竈爲逆理則是，以媚奥爲順理，而復陷於范氏之失矣。聖人事君盡禮者，天理之公也，一有媚之之心，則流於人欲之私矣，豈聖人之所爲哉，以爲順理誤矣。又以天爲理之所自出，語亦未瑩，不若胡氏、張氏之爲得也。胡氏曰：天即理也，理無不在，在人則人心之昭昭者是也。張敬夫曰：胸中所存，一有不直，則爲獲罪於天矣。夫欲求媚，是不直之甚者也。斯言即禱祠而論之，而所以答其意者，亦無不盡也。曰：然則子之所論祀竈之禮，何所據而言也？曰：月令夏三月，其祀竈，而鄭氏之注云爾也。凡祭五祀，户、竈、門、行、中霤，皆先設席於奥，而設主奠俎於其所祭之處，乃設饌迎尸於奥。而孔疏以爲逸禮中霤之文。蓋唐初猶有其書，而今亡之也，亦可惜哉！

或問十四章之説。曰：諸説惟尹氏得之。范氏以爲時措之宜，當從周禮。周氏以爲周禮大備，後世無以加者，以夫子所以告顔淵者推之，則固將有不盡從者，而亦不得爲無以加矣。謝氏、侯氏以爲不敢不從，則是以聖人之所不取而强從之也。且「監於二代，郁郁乎文哉」之語，又將何所措乎？楊氏以爲從其監於二代之意，而非從其文，則郁郁之歎，亦將無所施也。且立先代之後以統承先王，蓋未有知其所由始者，而虞、夏之際，已見於書傳矣，豈獨周爲然乎？大抵聖人不得其位，固當從時王之禮，而周禮之盛，又非有所繆戾而不可從也。設使夫子得位而有作焉，竊意其從二代之禮，固不能多於從周也。

或問十五章之説。曰：程子至矣。尹氏發明，意尤詳備。呂氏、周氏之説，恐亦或有此意，然非其本也。范氏以立宗廟爲教民孝，則不本於有國者思念其親之誠心；以每事問爲敬鬼神，則又非聖人敬慎其事之本意。如謝氏之説，則是聖人本欲以是肆其詆訐於當時，既而又託於敬慎之説以文之也，其必不然矣。楊氏以籩豆之事，夫子真所不知，恐亦未安。夫籩豆之事，特非有位者所當察於其間耳，豈謂可以初不識其名物，必待入廟而後問耶？侯氏蓋兼引程子、呂氏之意，然亦雜矣。曰：子何以知其爲始仕時也？曰：以或人所稱鄹人之子者觀之，則其爲少賤之時無疑矣。曰：繼此而復入，則將復問乎？曰：問而復問，則不誠矣。惟其所未見而未及問者，則固將必問焉。而其前所已問而今當行者，則亦必復問而後從事也。

或問十六章之說。曰：程子三說，於文義皆未有暢者。范、周、尹氏因之，恐其考之未詳也。張子之說則善矣，然以爲此乃爲力不同科之一事，則於文未有所見。謝氏以爲或主皮，或不主皮，以其力之不同者，亦非是。楊氏於此，獨爲得之，但專以容飾爲言，而不主於中，則於義亦若有所遺也。儀禮之言，射固有此二類，然此專以其不主皮者而言耳。

或問十七章之說。曰：此章之說，皆無異義。但范氏小體大體之說，無所當。而周氏疾之之說，非子貢之本意耳。若愛羊之說，則范氏所謂省費者得之。或以爲猶齊宣王之不忍於釁鍾之牛，亦不然也。謝氏曰：三代以後文不足，不可以興斯道。語亦未盡。

或問十八章之說。曰：諸說皆善，但范氏推說非本意。謝氏鄙薄魯、衛之君，而以爲聖人爲此，特以畏天命、畏大人而然，則亦不類聖人之心耳。又謂孟子參校彼我，未能合一，亦恐未然。孟子之所以不如孔子者，正爲於理義有未合一耳。彼之與我，果若何而可合一乎？尹氏用程子說而加歎字，亦失其旨。程子推時人所以不知夫子之故，以爲由其如此而已，非以夫子之言，爲歎此事而發也。集注所引欒山黄資政說，最爲得之，然亦本出程子之意。此外則胡氏之說亦善。胡氏曰：聖人事君盡禮，非自賢以駭俗，内交以媚君也，亦曰畏天命畏大人而已矣。以子思、孟子之言觀之，則聖賢之分可見矣。然仰遵夫子，則作中和之德；師法二子，則强不弱之志，二者審己所聞，擇而從之可也。

或問十九章之説。曰：范説大概贊聖言之混成耳，然謂未嘗以私意鑿，則凡君子之言皆然，蓋不待聖人而後然也。今曰非賢者所及，則過矣。其他則吕、謝、侯氏之説，以君臣各盡其道而言之，正也。楊、周、尹氏則爲君而言之爾，若爲臣而言，則曰君之使臣，雖不以禮，而臣之事君，亦豈可以不忠也哉？兩説之中，吕氏、尹氏各得其要，可以互相發明者也。至如謝氏，所以爲説，則是别有貴治賤、賤事貴之道，而無待於禮義，必爲君臣而後始以禮義相與也而可乎？侯氏仁敬之説，既無所當，至謂知禮知忠，則誠敬之道立而仁矣，則語意尤不倫，而又幾於衍説也，定公以下數語則善。謝、楊皆以飲食宴賜，爲使臣之禮，似亦未盡。夫君所以使臣者，一事一物，何往而非禮之所在哉！

或問二十章之説。曰：程子兩説，皆引詩大序之文，以釋此章之義，而謝、楊、周、吳氏因之。以今觀之，序乃因夫子之言以爲説，而不能無失其意者，不若其第三説之云者，與范氏直以詩之本文釋之之爲當也。夫淫者，樂之過而失其正者也；傷者，哀之甚而害於和者也。今謂爲淫其色傷於善，則亦失其義而贅於辭矣。然范氏專以聲和爲言，似亦未究其本原者。謝氏雖引序文，而所以爲説者，又涉乎程子之三説。尹氏又兼范説而言之，不知其何以通之也。楊氏引序文而不盡其意，似已覺夫淫色傷善者之失其義也。游氏既引序文，乃不用程子之説，而祖鄭氏、王氏之義，則又甚矣。吕氏所謂惻怛至誠者，似亦未深考乎詩之文也。諸說多引「發乎情，止乎禮義」者爲言，以序考之，此言乃爲變風而發，然已頗有可疑者，尤非所以論關雎也。張敬夫所論性情之際，亦有可觀，今附於此。張曰：哀樂情之爲也，而其理具於性。樂而至於淫，哀而至於傷，則流於情而汩其性也。樂而不淫，哀而不傷，發不踰節，則性情之正也。

或問：使民戰栗，或者以爲哀公之言，信乎？曰：使是言果出於哀公，則當以「公曰」發之，而夫子之責宰予亦不若是之迂且晦矣。曰：蘇氏以爲公與宰我謀誅三桓，而爲隱辭以相語，則固無嫌於晦矣。曰：吾聞之，昔嘗有以是問於尹子者，尹子艴然不答，既而曰：「說經而欲新奇，則亦何所不至矣，此言可畏也哉！」故此章之旨，但當以程子、張子、范、尹爲正，若呂、謝、楊、侯、周氏之說，則失之矣。然程子、張子皆以社當爲主，蓋不可曉。而楊氏遂事既往之云，其失爲尤甚也。曰：胡氏以社爲祭地之禮，然乎？曰：未可知也，然其言則有據矣，存而考之可也。胡氏曰：古者祭地於社，猶祀天於郊也。故泰誓曰「郊社不脩」，而周公祀於新邑，亦先用二牛於郊，後用太牢於社也。記曰：「天子將出，類於上帝，宜於社。」又曰：「郊所以明天道，社所以神地道。」周禮以禋祀祀昊天上帝，以血祭祭社稷，而別無地示之位，兩圭有邸舞雲門以祀天，兩圭有邸舞咸池以祀地，而別無祭社之說，則以郊對社可知矣。後世既立社又立北郊，失之矣。

或問：三歸之爲臺名，何也？曰：說苑有謂「管仲築三歸之臺」，而韓非亦曰「桓公使管仲有三歸之家」，是其證也。曰：舊説婦人謂嫁曰歸，三歸云者，一娶三姓而備九女，如諸侯之制也。且雖臺名，安知其不以處是人而名之乎？曰：若此則爲僭上失禮，與塞門反坫同科矣。今夫子但以爲不儉，則亦但爲極臺觀之侈，而未至於僭也。曰：禮以大夫具官爲僭，今管氏之官事不攝是也，而夫子以與三歸並稱，則亦安知其不爲僭哉？曰：禮家之言若此者，皆不可據也。如曰「家不藏龜」，則臧文仲之居蔡，亦僭禮而不仁矣，而夫子但譏其作虛器爲不智，則禮家之説，又可盡信也耶？凡此類者，折衷以夫子之言可也。曰：或人聞器小而以爲儉，則似矣，聞其不儉而遽以爲知禮，何哉？曰：當是時也，世方尊管仲之功，而不敢議其失，故以爲凡管仲之所爲，則是禮之所存矣。又方文勝，故徒知儉而不及者之爲非禮，而不知奢而過者之尤失禮也。曰：謝、楊之説，如何？曰：夫子之小管仲，正以其用狹而量淺耳。用狹者，其本也；量淺者，其驗也。揚雄氏之言得其本，而所謂量淺者，亦在其中矣。故諸説者，多遵用之，而程子所謂器大則自知禮，尹氏所謂器小可知者，皆兼夫量淺者而論之也。謝氏有見於量淺之説，而不究其所以淺，固失之矣。楊氏有見於用狹之意，而遂折夫量淺者，以爲所謂器小者，初不在此，則與謝氏之説胥失之也。蓋如謝説，則是當是時一狐裘三十年，豚肩不掩豆者，遂可爲大器矣。如楊説，則是苟有王佐之才，則雖三歸反坫而不害其爲大器也而可乎？故觀此章者，以揚子、程子之説爲主，而以范、周、尹氏說輔之，則其意得矣。然謝、楊之說，亦不可廢，擇其善者而取之可也。

或問二十二章之說。曰：程子、范氏大意得之。翕、純、皦、繹之義，則謝氏得之爲多。楊氏純、繹之義不當，其物皦如之說，則又過深矣。此方論樂之音節，豈當遽及此乎？周氏之說，蓋亦類此。楊氏又謂此孔子反魯樂得其所之意，亦恐未然。味其語勢，蓋將正樂而語之之辭耳。侯、尹無大病，然細考之，其文義亦有未盡善者。

或問二十四章之說，諸家皆以喪爲斯文之喪，子獨以爲失位之喪，何也？曰：此劉侍讀之說，而蘇氏因之，得其旨矣。蓋封人亦曰「何患於喪」而已，固未有以知其爲斯文之喪。且當是時，夫子固無恙也，二三子又何患於斯文之喪乎？抑夫子之設教門人爲日久矣〔一〕，又何至是而始曰「天將以夫子爲木鐸」乎？然蘇氏以天使夫子東西南北，未嘗寧居，如木鐸之徇於道路，則亦恐未安也。

或問二十五章之說。曰：程子第二說得之矣。范氏、謝氏各得一意而發明之，尤爲詳備。游氏之說亦善，而於美、善二字，辨析尤有功。周氏以盡美爲德，則其說有不通者矣。曰：程子釋傳之說，如何？曰：樂記有之，然程子蓋亦兼存之耳，非專以此爲說也。

或問：卒章之說，或以爲何所觀，或以爲何足觀，子獨以爲無所觀其事之得失，何也？曰：此以其文意推而得之也。蓋在上則以其量而觀其大小，爲禮則以其敬而觀其淺深，臨喪則以其哀而觀其厚薄。今既無其本矣，則雖欲觀之，其將何以觀之乎？彼曰何所觀、何足觀者，雖於大義可通，然恐其未盡文意之曲折也。

校勘記

〔一〕抑夫子之設教門人爲日久矣　「爲」，日本正保本作「已」。

論語或問卷四

里仁第四

或問：里仁之説，孟子嘗引以明擇術之意矣，今直以擇鄉言之，何也？曰：鄭氏、程叔子皆云爾矣。以文義考之，則擇云者，不復指言所擇，而特因上句以爲文，恐聖人之本意止於如此，而孟子之言，姑借此以明彼耳。然程子之意，亦似以里爲人之擇里而居者，則又非文意也。程伯子、張子及范、謝、楊氏多從孟子，吕、周、尹氏又兼兩意，以里仁爲譬喻之言，胡氏又自爲一説，義皆可通，但恐或非本文之意耳，讀者詳之。胡氏曰：里，居也。居仁如里，安仁者也；擇而處仁，利仁者也。

或問二章之説。曰：諸説皆善，然其細微之間，時猶有未安者。如約、樂之説，則謝氏之病爲多。如以約爲事，樂爲情，而所性不存焉，惟體仁而盡性者，爲能無累於此。語意雖精，然細味之，似有性情不相管攝之意，而流於老、佛之弊。其曰「不仁者，不知我之爲我，而以物爲我」，則又甚矣。聖人之意，但謂不仁者不能安於義理而固其所守耳，豈若是險怪而不平哉！楊氏於長久二字，則亦有功矣。然所謂未能敦仁者，乃利而未安之事，非直不仁也，刻意厲行，亦有志者之所爲，豈不仁者之所及哉！若通下文之義，而曰未能安仁利仁，而徒出於一時意氣之所爲而爲之，其處約也，未必濫則可矣。胡氏於此發明，似得其本旨者。胡氏曰：舜之飯糗茹草，若將終身，衣袗衣鼓琴，若固有之，此安仁者之久處約、長處樂也。原憲環堵，閔損汶上，魯之季文子，齊之晏平仲，此利仁者之久處約、長處樂也。侯氏大意得之，而語多繁複。周氏其智自私之云，則亦疏矣。安仁利仁之説，程子發明亦切至矣，但若欲爲而爲之之類，看利仁者則太淺矣。若徒爲名而已，則是豈其真知仁之爲利者，而亦何足以得爲仁之利哉？范氏所謂有諸己而體之者，恐未足以明安仁之意。吕氏所謂向慕勉强者，亦未及乎利仁也。以中庸達德、表記三仁之序考之可見矣。謝氏之説則善矣，然初不見利字之意，而於所以安仁者，亦未親切。其他如曰樂天、畏天、由仁、行仁、生知、學知者，皆不能有所發明。而畏天、生知、學知云者，語尤不類。周氏所謂自得者亦然。惟尹氏二説，雖約而皆不失其旨，所謂泰者亦以其事而言，非與矯爲對者也，其語利仁，則文義爲尤密矣。

或問三章之説。曰：程子之言，約而盡矣。公者心之平也，正者理之得也，一言之中，體用備矣。范氏敬脩可願之云，亦曰如是之人，仁者所好耳。然可願之云，若與所好者相亂，亦其立言之疏也。謝氏本無好惡人之心者，過矣。是非之心，人皆有之，而好惡之，則又出於天賦之秉彝而不可易者，豈仁者而反無之哉？亦曰無私而當理焉可耳。游氏之説則善矣，但以仁者爲宅心於大中至正之地，則是仁者之心，初不中正，而大中至正云者，又自爲一處，必以此心納於彼處，而後得爲無私也而可乎？且宅心之云，見於書者，與上文克知、三有、宅心者，宜爲一説，今之説者，疑已失之，然不過曰有以居是心，而不爲事物侵動耳，豈曰宅此心於一處哉？楊氏會物於一己者，僧肇之言也。夫謂無私心，而自無物我之間可也，若有意會物，而又必於己焉，則是物我未忘，率彼以合乎此也，且物之與己又若之何而可會哉？此記佛者之言而較之，猶未得爲極至之論，況楊氏以儒者而數稱之，則不可曉矣。周氏詳潤而不甚切。尹氏以公盡仁，又得程子之説而不得其意者也。曰：然則游氏所謂智而未仁，則不足以與此，何如？曰：知及之矣，而不足以與此者，非謂懵然不知所好惡也。私意人欲一有介乎其中，則雖好惡之不差，而其輕重淺深之間，必不能無毫髮之偏者，此所以必仁者而後能也。

或問四章之説。曰：程子、楊、尹得之矣。范氏之説，太重志於仁者，謂其有意乎此則可，以爲已能如此則不可。謝氏以志仁爲知仁，以去聲讀惡字，則又誤矣。蓋志仁則實有意於爲仁，非但知之而已也。且上章適言惟仁者能好人、能惡人，則仁人曷嘗無所好惡哉？今曰無惡，然則謂其獨有所好可乎？故胡氏力排其說，以爲貪無惡之美名，失仁人之公道，非知仁者，蓋得之矣。然此又或有説焉。蓋仁固公矣，而主於愛，故仁者於物之當好者，則欣然悦而好之，有所不得不惡者，則惻然不得已而惡之，是以好惡各當其物，而愛之理未嘗不行乎好惡之間也。以此而觀，則胡氏之言，其亦未免於偏與？曰：然則謝氏所謂惡人之惡如惡己之惡者，如何？曰：此自覺其説之不安，而爲是以補其闕耳。然其語意，有不可曉者，今姑就其文而推之則易矣。曰：常人之情，惡己之惡必恕，惡人之惡必深，然以恕己之心恕人，則其惡之也，必不至於已甚，所以謂之無惡可也。果如此言，則是不惟先昧己心，而又將不復以君子之道待天下之人也，以此爲仁，不亦遠乎？不然，則意其文之或誤也。若曰惡己之惡如惡人之惡，則於理爲庶幾矣，然與其上文不類，而亦非經之本意也。

或問：五章諸説如何？曰：衆人固欲富貴矣，然立位以行道，亦君子之所欲也。衆人固惡貧賤矣，然身困則道否，亦君子之所惡也。欲富貴而惡貧賤，人之常情，君子小人，未嘗不同。君子所以異於人者，特以非義而得富貴則不處，不幸而得貧賤則不去耳。此舊説之意，而范、謝、游、楊氏皆用之，惟程子意異，而侯、尹氏獨守其説。愚嘗考之，以文義則舊説勝，以意味則程子深。然平心以觀，程子之説，於文義間有甚費力而卒不可通者，恐不若從舊之爲安也。若謝氏所謂君子樂富貴而悲貧賤者，則已卑而不及於理。若二章所謂何與我事者，則又失於過高，而有所略於事也。楊氏所引趙孟之云，若以孟子之意言之，則非君子所以非道而得富貴則不處之意，但未知其復以孟子之説爲如何？若必合於此文而言之，則吾恐其既失於此，而又叛於彼也。然其後本已刊去之，則亦豈自覺其所引之誤與？其曰去其所以得貧賤之道，則亦未安。蓋既曰君子，則固無得貧賤之道矣，設其有之，則脩身改過者，乃吾事之當然，初豈以是爲去貧賤之計也哉！曰：然則君子而有非道以得富貴者，何也？曰：是亦一時不期而得之，非語其平日之素行也。蓋如孔子主我，衛卿可得，行一不義，殺一不辜而得天下之類耳。曰：去仁之説，奈何？曰：范氏善矣，然所謂「存乎不仁，則成不仁之名」者，非本文之正意也，若然則又豈可謂去仁則無所成名乎？謝氏去仁實亡之説亦善，但其他辭冗雜有不勝辨者，而又不足與辨也。若以去仁以下二句，繫之范説其名從之之後，則兩長集矣。其他諸家之説，亦不親切，今皆不能復辨也。曰：子以爲終食造次顛沛，言每進而加密，何也？曰：吳氏嘗言之矣。終食猶是無事之時，造次則異於閒暇，顛沛則又異造次矣。吕氏之説，蓋亦類此，而其訓釋字義，又加詳焉爾。曰：諸家之説如何？曰：程子至矣。張子推説亦善。范氏因可離非道而生可違非仁之説，其於彼此之文義皆不審矣。夫道以人所共由而得名，故子思有可離非道之說。若仁則違與不違，在人而已，豈可謂可違非仁哉？其下文以如是則可以謂之學者，則尤未當矣。謝氏非有意於不違之說，過矣。而其所謂「身之所在，仁斯從之，如形聲之有影響」，則反析人與仁爲二物而相隨者，其亦疏矣。至謂終食之間，無放飯流歠者，則得其實，與周氏食不知味之說相表裏。雖經文本意但謂無一食之頃，然以食時言之，而指其實，則此亦爲可據也。曰：或以飲食必祭爲言，與此若無異者，而游、楊皆斥其陋，何也？曰：是其說有二焉：若曰祭而必敬，則不違仁之一事也，游、楊何譏焉？若但以其不忘本而加恩惠焉以爲仁，則信乎其陋矣。然推本而言，則制禮者之於此，固亦其仁之發，但不可專以此爲仁耳。曰：侯氏所謂仁不可離，在知不知之間者，如何？曰：其病與謝同，而又甚焉者也。知之非艱，行之惟艱，孰謂知之而遂無間之可離哉？學者以是爲心，吾恐其流於異端，而無復操存踐履之功也。周氏語多未瑩，而卒曰學者宜知所謂是，則小怪矣。楊氏雖亦有此意，而繼之曰仁而已矣，則義有所歸而不爲病也。曰：尹氏造次顛沛必於是，爲純亦不已者，如何？曰：此誦程子之言而失之者也。程子曰：「純亦不已，天德也；造次顛沛必於是，三月不違仁之氣象也；又其次則日月至焉。」蓋以純亦不已爲聖人之事，造次顛沛必於是爲顏子之事，日月至焉爲學者之事，凡三等也。尹氏通上兩等而一言之，其失也甚矣。

或問六章之説。曰：程子至矣。張子大意亦善，但以好惡爲一人之事，則經文有二者字，恐其本意或不然耳。范氏亦得之，而説其爲仁矣，與周、尹氏皆自爲一句，而不屬之下文，則恐於文義有不通者。此言之意，蓋曰惡不仁者，其所以爲仁者，如下文所云耳。吕氏無以尚之、不加其身、未見力不足者，皆爲勝物之事，則非克己爲仁之意矣。謝氏所謂真好惡者亦善，但生知之説太過，而無以尚之一句未安，不若遂以真好惡者推之之爲善耳。楊、周氏好仁之説類謝氏，惡不仁之説近吕氏。又謝氏所謂志、所謂此心，疑其指上文好惡者而言之，以爲如是之人，用力於仁，則無力不足之患也。然好仁而無以尚之，惡不仁而不加乎身，則用力於仁也久矣，恐不得復以此爲説也。難易之説，則亦程子之意也。楊氏之失，前已辨之。其曰天下歸仁者，則又失之大快矣。既以爲仁由己，何力不足之有？而又有人嘗用力以下之説，則又似真有力不足者，而特夫子未之見，亦不知其説之所定也。尹氏之説，則尤瞀亂而無序，蓋不可得而通矣。但曰用力以下之説，諸説不同，未有以屈其説，而集注所用程子之意，則未見之云，與章之首尾兩未見者不類，而蓋有之矣。又曰：力不足者，而上繫於用力於仁之文，疑亦未安，奈何？曰：是固嘗思之矣。如范氏説，則力不足者，爲能用力於仁而其力不足以至於仁，而與畫焉者有間矣。夫子思其上者而不可得，故思其次，而歎其未見耳。此則未見之云，與下文者不異矣。然聖人方疑未有用力於仁者，則且歎其未見此等之人，而未應遽歎夫未見其次之人。且其下文二句又止因程說，則又不免乎跨越之弊，此亦有所未能安者。呂、謝、楊說，前已辨之矣。而周氏力不足之說，則同於程子，而以下文二句爲蓋有力不足之人，但我未之見，所以深言必無用力而不足之人也。此則蓋有之矣，不必有所越而繫乎一句之前矣。然未見之云，又未免其戾於前後之云也。是數說者，其前後得失如此，不可盡用。必不得已，則力不足之云者從范氏，而下文二句從周氏之訓，以指夫力不足之人，用程子之意，以不絕夫進善之路，其庶幾乎！然程子舊說未敢遽廢，姑存此意而熟考之可也。曰：子所謂無以尚之者，何以言之也？曰：李氏之說然也。李氏曰：好仁好色，舉天下之物，未有以尚之者。有以尚之，則其好可移矣。曰：好仁者，不幾於安乎？曰：謝氏之說蓋然，然亦未也。胡氏以好仁爲利之、惡不仁爲强之者得之矣。曰：爲仁者亦用力乎？曰：蘇氏言之矣。蘇氏曰：仁之可好，甚於美色，不仁之可惡，甚於惡臭，而人終不知所趨避者，物欲蔽塞之也。解其蔽，達其塞，不用力可乎？故又曰自勝者强，又曰克己復禮爲仁。

或問七章之說。曰：程子至矣。尹氏又推明之，亦盡矣。前乎此者，則有劉氏之說，後乎此者，又有吳氏之說焉。劉侍讀曰：周公使管叔監殷，而管叔以殷畔；魯昭公實不知禮，而孔子以爲知禮，實過也。然周公愛其兄，孔子厚其君，是乃所以爲仁也。吳說已見集注。而楊氏亦因之，但所引表記以爲説者，則已支離矣。曰：諸説如何？曰：如范氏説，則宜曰責小人以恕，則可以爲仁，而不必言知仁矣。如呂氏説，則宜曰類族辨物，則仁術弘，而又不必專於觀過矣。如謝氏之説，則但觀人之運動作爲，而識其運動作爲之所以然者，即可以知仁，而亦不必專於觀過矣。范、呂既疏，而謝氏之失爲尤甚。蓋其論仁，每以活者爲訓，知見爲先，遂以此所謂知爲彼之知，此所謂仁爲彼之活而誤焉耳。曰：世有因謝氏之説而推之者，曰人能自觀其過，則知其所以觀此者，即吾之仁，是説如何？曰：此説最爲新奇而可喜，吾亦嘗聞而悦之矣。然嘗以質之於師，而曰不然，既又驗諸行事之實，而後知其果不然也。蓋方其無事之時，不務涵養本原，而必欲求過以爲觀省之資，及其觀之之際，則又不務速改其過，而徒欲藉之以爲知仁之地，是既失其所以求仁之方矣；且其觀之而欲知觀者之爲仁也，方寸之地，俄頃之間，有過者焉，有觀者焉，有知者焉，更相攫挐，迭相排逐，煩擾猝迫，應接不暇，蓋不勝其險薄狂怪，而於仁之意味，愈不得其彷彿。原其所以然者，蓋亦生於以覺爲仁，而謂愛非仁之説耳。夫有是性，必有是情，故仁之愛，知之覺，猶水之寒，火之熱也。程子謂「不可以愛爲仁」，蓋曰不可以情爲性，猶不可以寒爲水而已。然其所謂「以仁爲愛體，愛爲仁用」，則於其血脈之所係，未嘗不使之相爲流通也。故於有子之言，以及此章之旨，未嘗不以愛爲言，至於以覺訓仁，則蓋嘗明斥其非矣。今宗本程氏而不深考於此，乃直謂覺爲仁，而深疾夫愛之説，則是謂熱爲水，而惡言水之寒也。溺於新奇，而不自知其陷於異端，誠以是説推之，則庶乎其有改矣。

或問：朝聞夕死，得無近於釋氏之説乎？曰：吾之所謂道者，固非彼之所謂道矣。且聖人之意，又特主於聞道之重，而非若彼之恃此以死也。曰：何也？曰：吾之所謂道者，君臣、父子、夫婦、昆弟、朋友當然之實理也。彼之所謂道，則以此爲幻爲妄而絶滅之，以求其所謂清淨寂滅者也。人事當然之實理，乃人之所以爲人而不可以不聞者，故朝聞之而夕死，亦可以無憾。若彼之所謂清淨寂滅者，則初無所效於人生之日用，其急於聞之者，特懼夫死之將至，而欲倚是以敵之耳。是以爲吾之説者，行法俟命而不求知死；爲彼之説者，坐亡立脱，變見萬端，而卒無補於世教之萬分也。故程子於此，專以爲實見理義重於生，與夫知所以爲人者爲説，其旨亦深切矣。但所謂不虚生死得是者，意若小偏耳。張子前説大意，與程子前説同，後改之説，則幾於釋氏之云。而吕氏又祖其説，亦誤矣。范説既疏，而謝氏又不可曉，以意推之，其所謂道者，又若其論活者爲仁之説也。故又以爲不聞此而死，則謂生而死者，爲吾身血氣之爲；聞此而死，則知生而死者，乃道之出乎生、入乎死而無所復憂。若其果然，則與釋氏之言尤不能有以異矣。楊氏與程子皆引易簀之事，然其意則有不同者。程子之意，蓋以道之重於生，明正之安於死，言有夫子所言之志，而後能有曾子所處之事耳。非以聞道便爲得正，亦非以聞道而得正者，便無餘事而可以死也。若楊氏既以聞道爲得正，而又有無餘事之説焉，則是曾子將死而後始得聞夫所謂道者，既聞道而遽遂無餘事之可爲也。是亦生於不虛生死得正之偏，而與此條之説不得爲同矣。周氏蓋亦生於不虛生之云者，而其所以爲説者，則賢於楊氏矣。尹氏誦程子之言，而以誠有所得者，明夫實見實理之説，意義益明白矣。

或問：恥惡衣惡食者，其爲未免於求飽求安之累者乎？曰：此固然也。然求飽與安者，猶有以適乎口體之實也，此則非以其不可衣且食也，特以其不美於觀聽而自恧焉。若謝氏所謂食前方丈，則對客泰然，疏食菜羹，則不能出諸其户者，蓋其識趣卑凡，又在求飽與安者之下矣。志於道而猶不免乎是焉，則其志亦何足言哉！曰：諸説如何？曰：程子至矣。范、尹因之，而范氏又能有所發明者也。謝氏則别爲一説，而意尤高遠。楊氏、周氏若皆以爲不能忘情而有愠焉者，則吾已辨於前矣。然周氏所謂其志分者，覽者猶可以有取焉。

或問十章之説。曰：此章諸説多誤，蓋由音讀之學不明，以適爲子適衛之適之故也。惟吕氏以爲主，謝氏以爲可，似吾誰適從、誰適與謀之適。然吕氏之説不明，而義之與比亦同衆説，誤爲比於有義之人者。獨謝氏爲不差，而其所論老、佛之失，亦最明白也。

或問十一章之説，程子兩義不同，何所據而爲取舍也？曰：以例求之，凡言君子小人而相須者，則君民之謂也，如愛人與易使之類是也；言君子小人而相反者，則善惡之謂也，如周比和同之類是也。以相反爲言，而上下章又且多義利之說，則固當爲善惡之類矣。況以君民爲説，則其懷惠之云，亦迂晦而不通矣。尹氏多本程說，而於此亦不之從，則又可見其亦有所未安矣。謝氏又自爲一說，而以是四者，皆爲下懷其上之事，若曰君子賢其賢而親其親，小人樂其樂而利其利云爾。但彼因前王不忘之言而發，而此無所繫，則恐不得而同之耳。楊氏能言君子之不懷居矣，而未見懷德之意，以刑爲體，出於莊生之書，援以釋此，亦未足以爲據也。周氏蓋發明程子初說，然皆易懷爲安，則安惠云者，其說有不通矣。尹氏雖因謝氏之語，而實用程子第二說，是最爲得旨。樂善、惡不善，猶曰好仁惡不仁也。必以刑爲言，則猶管仲所謂畏威如疾，申公巫臣所謂慎罰務去之之謂耳。大抵懷德之君子，不待懷刑而自安於善，懷土之小人，特欲全其所保，而未必有逐利貪得之心。其爲善惡，亦各有淺深矣。此外則蘇氏說亦佳，然必以利害爲言，則終不近聖賢氣象也。蘇氏曰：懷，安也。君子安其所必安，小人之所安，有不安者矣。德之可安也，固於土；法之可安也，久於惠。利在耳目之前，而患在歲月之後者，小人不知也。

或問十一章之說。曰：程子至矣。范氏亦爲得之，但其語多病，如乾之利物爲利之大，放利而行爲利之小，其比擬之不倫甚矣。夫利物之與自利，其爲善惡，如陰陽水火之相反，豈特有小大之殊哉！若以乾道變化對夫解衣推食者而言之，其可哉？謝、楊、周氏之說，是亦一道，但非本文之意。而謝、周氏又并所謂躬自厚而薄責人者失之耳。此外則晁氏亦善。晁氏曰：依於義而行，則此既宜之，彼亦宜之，雖傷不怨。依於利而行，則專利於此，貽害於彼，不勝怨也。

或問十三章之說。曰：此章之旨，諸家皆不能盡善。今詳上句之說，則范氏得之，下句之說，則李氏得之。李氏曰：能以禮讓，然後能行禮，不能以禮讓，則雖禮文具在，亦且如之何哉？蓋以禮之繁文末節，當世所尚，皆時人所易行者；至於辭讓之心，則禮意之實，而人所憚爲。故言能以禮讓爲國而先民，則其爲國也不難；若不能以禮讓爲國，而徒相與從事乎繁文末節之間，則亦無以爲禮耳。至於句讀之間，諸說亦多不同，往往多至讓字爲絕句，而以爲國者屬之下文，雖於上句爲通，然施之下句則不通甚矣。要之，此但當爲三句，而中句至國字爲絕乃安耳。謝、楊、周說皆失之。謝氏上句猶可通，而下句以如禮何者，爲一身之禮，則無所據矣。且其上句之讀，與下句文勢正相戾，又與諸說不同也。楊氏、周氏以禮而讓之說，則巧曲而支離矣。李氏之讀，恐亦未免此病也。

或問十四章之說。曰：程子、范氏皆以患無位爲患無位以行道，所以立爲身有所立，皆失其文義之所指矣。謝氏專以才稱其位爲言，其文義則似矣，而君子之所以立乎其位者，固當以德爲貴，不當專以才而爲言也。畏名喜名之説，殊不近本文之意，而其所謂至論者，則過高甚矣。我貴之説，首篇之首蓋已辨之，今不重出。且所謂求爲可知云者，正以爲字爲重，而范、謝語或遺之，亦太疏略矣。楊氏之説，顛倒重復，殊不可曉。此章之意，正爲未有以立而患無位，未有可知而患不知者言耳。若有以立而有可知矣，則又何患之有哉？周氏無甚病，然語亦多不切也。曰：未有位而先求所以立乎其位，則先事而迎矣；人不己知而必求爲可知，則是乃所以患乎人之莫己知也。聖人之言若此，奈何？曰：此亦對待之言，欲人之反求諸己耳。蓋所以立乎其位者，進於其道而已矣；所以爲可知者，勉於其實而已矣。固非事事物物預爲防擬，且爲皎皎之行而必其可知也。若必以此爲嫌，則將必如謝氏所謂至論者然後可，然則無乃反爲過論也耶！

或問：一貫之旨，夫子不俟曾子之問而呼以告之，曾子無所問辨而唯焉以對，何也？曰：曾子之學，主於誠身，其於聖人一言一行之際，蓋無不詳視審記而力行之也。至是，則其積之久，行之熟，日用之間，所以應物處事者，各有條理而無不盡矣。所未達者，特未知反求其本，而得夫衆理之所自來，然其下學之功亦至，而將有以上達矣。夫子於此，蓋得之眉睫之間也，故不俟其問而呼以告之。若曰吾之所謂道者，雖有精粗、小大、内外、本末之殊，然其所以爲道者，則一而已矣。曾子之心，於是豁然而有以得夫衆理之所自來者，故無所復疑而直應曰唯，蓋不惟無待於問辨，而亦不容有所稱贊也。孟子所謂君子之教，有如時雨化之者，正謂此爾。然以史記考之，則夫子卒時，曾子之年才二十有九耳，其聞道之早蓋如此，可畏也哉！曰：曾子於門人之問，而以忠恕告之，何也？曰：夫子之告曾子也，門人莫不聞之矣，然獨曾子爲能默契其旨，而他人不與，是以因夫子之出而問焉耳。然彼未及究夫衆目之殊，則所謂一者，亦將安所措哉？使曾子而非有以實得乎此，則必重以己意推繹聖言，而反益其惑矣。今乃不然，而直以忠恕告之，則雖未嘗誦言一貫之旨，而所以發明其實者，蓋無餘藴。其曰而已矣者，邢氏以爲萬理一貫，更無他説之辭，亦得其文意者也。蓋盡己爲忠，道之體也；推己爲恕，道之用也。忠爲恕體，是以分殊而理未嘗不一；恕爲忠用，是以理一而分未嘗不殊。此聖人之道，所以同歸殊塗，一致百慮，而無不備、無不通也。以是爲言，正欲使門人不求之空言恍惚之中，而考諸聖人用心行事之實，有以默識而加勉强之功焉爾。曰：然則中庸所謂違道不遠者，何也？曰：曾子之言忠恕，自聖人之心而言也。中庸所指，則學者勉行之事爾，其理雖同，其分則異。程子所以有動以天降一等之辨也，學者第深考於其書，則有以别乎此矣。曰：程子以來，其門人爲説者衆，而亦有不同者，何也？曰：程子發明曾子之意極精微矣，蓋欲學者默而識之也。而其論中庸之旨，以爲下學上達，掠下教人，則欲學者勉而進之爾。蓋致知力行，不可偏廢，故其言每如此。至其門人之説，謝氏、侯氏專明曾子默識之意，楊氏、尹氏獨推中庸勉强之説，則各得其一偏，而不能以相通矣。學者正當兼取而並觀之，則於夫子之心，曾、程之意，庶幾其有以得之矣。曰：其所謂下學上達之義者，何也？曰：此謂中庸之言，欲學者之下學乎忠恕，而上達乎道也。若此章之云，則聖人之事，而非有等級之可言矣。曰：兩程子之言忠而不異，而言恕有不同者，宜何從？曰：侯氏論之，其去取之意得矣。然其所以爲説者，則語意支離而不及載於精義之書也。以今論之，則伯子之言，舉植而不及動，指氣而不及性，必若叔子之言，則庶乎耳！曰：然則天地亦盡己之心而推以及物乎？曰：此以天道著人事，取其理之屬乎是者而分之耳。若天之自然而無外，則又何必己之盡而有待乎推以及物耶？亦曰其本體之流行者，在人則謂之忠，由是而生物者，在人則謂之恕耳。曰：推程子動以天之云者，則聖人之忠恕爲動以天，而賢人之忠恕爲動以人矣，而又以忠爲天道，恕爲人道，何耶？且盡己推己均有涉乎人爲，又何以有天人之分耶？曰：彼以聖賢而分也，此以内外而分也。盡己雖涉乎人爲，然爲之在己而非有接乎物也。縱横錯綜，見其並行而不相悖者焉，則於此無所疑矣。曰：程伯子以推己爲恕，爲違道不遠之事，而叔子以釋曾子之言，何也？曰：恕之所以得名，本以其推己而言也。伯子特以聖人之恕，爲無待乎推，是以屬之學者之事；叔子則以爲聖人之恕，亦不過此，但其所以推之，自有不同耳。二説雖異，蓋不害其爲同也。曰：其引盡心知性之云，何也？曰：是不可曉矣。以一本之説驗之，其闕文耶？然并其一本之説而論之，亦若未甚切於文義，而與其別章之解不同，蓋不可曉矣。曰：其曰沖漠無朕，而萬象昭然者，又似以理之本末上下而言，而與此章之旨不類，何耶？曰：此亦縱横錯綜之言也。蓋方其忠而恕之理已具，及其恕而忠之理未嘗不行乎其間也，體之於身，則内外物我之間，其亦不異乎此矣。曰：程子又言「忠恕貫道，若他人言之，則不可信，曾子言之，則其盡也必矣」者，何也？曰：此疑記者之失也。蓋其意若曰：「他人未盡忠恕，而億度以言，則其言雖或偶中，而其所以言者，有不足信；若曾子乃以其實見而言，則其必盡聖人之藴無疑也。」今記録不明，乃似不知其言之是否，而惟其人之信，若侏儒之觀優者，夫豈然哉！曰：其曰忠恕乃所以爲一，而繼之曰言仁義亦可，何也？曰：是乃所以爲一，此言非程子不能言，而曰言仁義亦可者，亦非程子不敢言也。蓋以仁義言之，則仁之成己猶忠也，義之處物猶恕也，是亦所以爲一而已矣。曰：然則其不曰仁義，而必忠恕之云，何也？曰：張子言之詳矣。曰：程子之引君子之道四者，如何？曰：是則小誤。以中庸之文推之，則此四者，乃反其所以責人者爲責己之事，非欲苟自恕而并恕人也。曰：或又以謂忠恕非所以言聖人，而欲易忠以誠，易恕以仁，其亦可乎？曰：聖人之忠，則固誠之發也；聖人之恕，則固仁之施也。然曰忠曰恕，則見體用相因之意；曰誠曰仁，則皆該貫全體之謂，而無以見夫體用之分矣。曰：諸說如何？曰：忠固誠之屬也，然以自然用力之或異，則固不能無分別於其間。故程子曰：「一心之謂誠，盡心之謂忠」，則其辨亦已明矣。且所謂忠者，亦曰盡己之心而已矣，未遽及乎人也。今范氏曰「忠則無不誠矣」，又曰「忠則在己，恕則在人」，則其言皆無所當矣。夫忠恕之所以一貫，正以其出於自然之理，而相爲表裏也。今呂氏曰「欲道之行於天下，非此不可」，而又以二者皆爲待物之事，則其不察於此亦甚矣。夫聖門之學，升高自下，陟遐自邇，先博以文，而後約之以禮，始於繁悉，而終於簡易，固亦有其序而不可躐矣。夫子之所以告夫曾子、子貢者，正以其幾有以遍觀盡識乎此也。今謝氏乃謂夫子懼夫弟子之不能遍觀盡識，將無以入道，而告之以此，則是憂夫正途之迂遠，而示之以捷徑之易入也。且夫所謂道者，固亦未嘗離夫事物之間，又安得謂其不可以入道，而必告以一貫者而後可哉？其以流而不息、萬物散殊言忠恕者，蓋推程子之意。然不言維天之命，則無以見夫流而不息者之爲體；不言乾道變化，則無以見夫萬物散殊者之所自來也。其論盡心知性者，恐非孟子之意，今未暇辨。至其誦程伯子充擴之語則至矣〔一〕。夫孔子之所謂一貫者，非曰貫彼我而一之也，亦曰其所以酬酢應變者，雖千變萬化，而未嘗不一也。今游氏以天地一指、萬物一馬、至人無己論之，則既失其旨矣。而又皆出乎異端之說，其擇焉而不精，亦甚矣哉！又謂「忠恕未免乎違道」，則又未察乎違道不遠云者，正以其自是而之道也不遠云爾，豈背道之謂哉！又謂「恕爲盡物」，則恕其足以盡物矣，而恕之所以得名者，正自其未盡而足以盡者名之也。又謂「反身而誠，爲一貫之事」，亦非也。反身而誠，方謂反求諸身，而萬理無不足耳，未及乎推以及物，而無所不當之大也。又謂「仲尼、曾子所以授受，門人有不得聞者」，亦非也。夫師弟子相與處於一堂之上，其可爲呫囁耳語以私於一人哉？特學至者，聞之而有得，其未至者，雖聞而若弗聞耳。故門人之問，以何謂爲辭，則固聞其言而不曉其所謂者也。若初不聞，則又豈得而筆之於書耶？楊、周、尹氏之失，大概類此。而侯氏又以爲孔、顏、子思、孟子地位不同，其爲忠恕亦異，則亦有所未盡也。蓋以孔、顏之忠論之，則此說可也，若中庸所謂忠恕，則非子思之言，而孔子所爲學者言之者也。且其告子貢、仲弓亦同，曰「己所不欲，勿施於人」耳。豈可謂孔子之恕，猶有待於勿施哉？其曰「天未嘗一歲誤萬物」者，其爲譬亦不切矣。若曰一氣流行，元無間息，未嘗少有僞妄雜乎其間也，則得之矣。

或問：均是人也，或爲君子而喻於義，或爲小人而喻於利，何也？且程子、楊周氏以爲深喻而後篤好，范氏以爲好之而後喻焉，其不同何也？曰：論其所禀則有清濁之不同，論其所習則有高卑之或異，蓋不可以一説定也。故有先喻之而好愈篤者，有先好之而喻愈深者，亦不可以一例拘也。要知君子小人之分，則不可易矣。若周氏所謂其失在於用心之初者，其切要之言與？使非其用心之失，則雖所禀之不善，亦可以習而變矣。然喻字之義，惟吕氏之釋得之。蓋心解通達，則其幾微曲折無不盡矣。程子、范楊周氏大旨多善，然或推其前，或引其後，而正釋喻字之意殊少。謝氏則自待甚恕，而於君子小人之際，初亦未甚剖判，必其所喻之既分，然後從而名之，則其意與周氏正相反矣。曰：然則所謂君子小人之所喻者，各爲一事耶？將一事之中具此兩端，而各隨其人之所見也？曰：是皆有之，但君子深通於此，而小人酷曉於彼耳。曰：對義言之，則利爲不善，對害言之，則利非不善矣。君子之所爲，固非欲其不利，何獨以喻利爲小人乎？曰：胡氏言之悉矣。胡氏曰：義固所以利也，易所謂「利者義之和」者是也。然自利爲之，則反致不奪不饜之害；自義爲之，則蒙就義之利而遠於利之害矣。孟子之告梁王，意猶是也。

或問：十七章諸説如何？曰：謝氏得之，楊氏、周氏皆引大學而言，則支離而無所當矣。

或問：諸家幾諫之説，多以爲見微而諫者，如何？曰：其説固善矣，然此章之語，乃内則之節文耳。以彼文考之，則正所謂「下氣怡色，柔聲以諫」者，而曲禮亦有不顯諫之文焉，則爲證也亦明矣。且不以彼文推之，則下文又敬不違，將爲苟焉以從父之令者，而勞而不怨，亦將無所屬於上文矣。曰：諸説固失之矣，其他文義亦有可論者乎？曰：范氏他說皆善，所引曾子之言亦佳。但恐其所以爲説者，亦若見幾之云爾。謝、周、尹氏他説，則皆失之，而楊氏於勞而不怨者，遂略而不説，不知其意果以爲何如也？侯氏所謂不違幾諫之初心者得之矣。

或問十九章之説。曰：范、謝氏得之，其次則侯氏亦可觀也。

或問二十章之説。曰：胡氏得之矣。范氏所謂各記所聞者，或未必然也，後有重出者皆放此。楊氏於字之説，已見於首篇矣。

或問二十一章之説。曰：侯、尹得之。楊、周自爲一説亦通。謝氏則恐非聖人之本意，然事親者，亦不可以不知也。

或問二十二章之説。曰：范氏、周氏得之，諸家亦無異説。惟謝氏爲不同，恐非聖人之本意，然於學者，亦足以有警也。

或問二十三章之説。曰：謝、尹得之。但所謂失之者，本謂事之失而已，謝氏乃以爲不外馳以失道；約，本謂斂束簡省而已，尹氏乃以爲約之以禮，則皆未安。而周氏失之之説，亦與謝氏相類也。范、侯皆以爲儉約之約，恐聖人之意，或不止此。楊氏之説，則太支離矣。

或問二十四章之説。曰：此無異説。但范氏所謂人性因所有者，未知其可。意豈以爲氣質之稟，有辨有訥，而自脩者，則欲其訥而不欲其辨，即有以能行而不能言，爲君子之所貴，則其於義有所偏矣。能言而不能行者，固可賤矣，而君子亦何必取於不能言者而貴之耶？夫子之教伯魚，稱公西赤，又曷爲不直使之爲君子之所貴，而反出於其所賤之域耶？謝氏所論禮樂進反之意則善矣，但所謂「在道不在物」者，不可曉，豈以爲禮樂在於情性，而外玉帛鐘鼓之謂乎？然則未免有厭離事物，而必求道於杳冥昏默之間之意。其論訥言敏行者亦善矣，然所謂「心亦可謂之不放」者，亦不免有卑言行而貴心術之病也。蓋訥言而敏行，雖足以制於外而養其中，然言訥則寡過，行敏則有功，亦非專爲欲心之不放而爲是也。楊氏所謂「惡其取憎」者，失之尤甚，聖人之意，豈爲是而戒人以寡言哉？其説之弊，使學者以此爲心，而不察乎理義之正，則必將有闇然媚世，而爲鄉愿之爲者矣。周氏無他發明，而侯氏尤疏闊，尹氏所謂君子之志者，則語雖緩而意切矣。此外則胡氏之説，亦有補也。胡氏曰：言而能訥，畜德則固，喻人則信，謀事則密，不訥者反是。行而能敏，遷善則速，改過則勇，應務則給，不敏者反是。敏與訥，雖若出於天資，然可習也。言煩以訥矯之，行緩以敏勵之，由我而已。不自變其氣質，學豈有功哉！

或問：德不孤，與易文言之意同否？曰：此泛言事理，凡有德者必不孤立，當有朋類聚來與爲鄰。程子所謂「事物莫不各以類聚，凡爲善者以類應」之説是也。文言之云，則以釋爻辭大字之意，蓋言其德之盛爾。程子所謂「一德立而百善從之，志於義理而心不安樂，只是德孤」者是也。至於所謂「與物同，故不孤」，則於易文此書之意皆不相似。其引易以説此書，又自與下文爲善類應者不合，蓋不可考。讀者擇其通者而從之，則類應之説無以易矣。故張子、范氏亦同其説，而周氏兼而用之，前以德盛爲言，而後以類應爲説，於文義亦可通也。至於謝、楊皆以孤爲孤特之孤，恐或近於程子物同之説，然以易之本文求之，既有所不通，而其説之流，將必有不顧理之是非，惟欲其易知而有親者，恐亦未免乎同流合汙之弊也。

或問卒章之説。曰：諸説皆善。但謝氏所謂「期於功之必成」者，以下文惟予與女以求助之云者例推之，則爲患失固寵之意耳。詳子游之言，本以警學者於幾微之際，不應遽指此等輩而言也。且若其言，則是乃所以綢繆固結而不可解，事君者何自而辱，而交友者亦何自而疏哉？

校勘記

〔一〕至其誦程伯子充擴之語　「充擴」，四庫本作「擴充」。

論語或問卷五

公冶長第五

或問首章之説。曰：程子至矣。張子不爲非義之説，亦得之，但以爲設辭則誤矣。范氏以爲孔子欲妻以女，而辨其非罪者失之，然有罪無罪在我而已以下，亦足以警世俗簡賢附勢之私矣。謝氏以爲聖人非子其子，以爲可託，則過於人情，至於以智帥人之説，則牽合甚矣。且夫子之於公冶長，特取其不爲非義而已，豈遽及夫不爲桎梏而死哉？苟如其言，則凡繫於縲絏而能以知免者，不問其有罪無罪，皆聖人所取矣而可乎？楊氏不累室家之説，正與謝氏相反，似又失之苟且，而不及聖人之意，然施之今世，亦足以破夫過計求全之惑也。周氏論二子之優劣，則賢於尹氏之無所分别矣。胡氏所論後世婚姻之失，尤爲有補。胡氏曰：聖人之於婚姻，參度彼己如是之審，所以能保終而無斁也。後世或以富貴結，或以急難合，或憑媒妁兩美之言，或因意氣一時之諾，初未嘗深知二人之性行也。雖然，壻猶易見，女最難知，人多謹於擇壻，不能慎於擇女，逮德下衰，又惟財色是迷，而不思家之隆替，自内助始也，可勝歎哉！

或問二章之説。曰：范氏得之，謝、楊、周氏亦善，而胡氏、吴氏亦有可取者。胡氏曰：家語云：「子賤少孔子四十九歲，有才智仁愛，爲單父宰，民不忍欺。」以年計之，孔子卒時，子賤方年二十餘歲，意其進師夫子，退從諸弟子游，而切磋以成其德者，故夫子歎之如此。吴氏曰：説苑云：「子賤爲單父宰，所父事者三人，所兄事者五人，所友者十一人，皆教子賤以治人之術。」程子斯焉之訓，有所未安，侯氏蓋用其意則誤矣。但范氏推言魯有君子而不用，蓋以講筵開導及之，非經之正意也。謝氏以魯多君子，爲夫子之力，事理固當出此，然亦非此章之本旨也。

或問三章之説。曰：程子以器爲尚飾之物，恐非本意，蓋器亦有不尚飾如陶匏者，不得概以尚飾目之也。夫子所以稱子貢者，正以其可用而已。瑚璉之飾則盛矣，然不言他器之華靡者，則所取者乃在乎宗廟貴器爲重也。若其後説，所謂宗廟可觀之貴器，則語意始不偏耳。至與范氏皆以子貢爲自矜自賢，則恐未必然，亦見夫子之稱子賤，而意其或可以庶幾焉耳。范氏又直以器爲不通乎變，而子貢小之，恐當日答問之意，亦未遽及此。蓋但本稱其可用之實，而今較其輕重，則誠與其稱子賤者有差等耳。楊氏説亦類此，而加以抑揚之説，則又似子貢本能不器，而夫子故抑之，未能爲宗廟之貴器，而夫子故揚之，恐其説尤有所未安也。謝、周二説相似，而謝氏甚焉。其曰「能輝光，則何害爲不器」，則今固未能約，而所得多矣。

非指其地位之稱，且又豈判然二物而可以去此而即彼乎？諸説惟尹氏最爲平實，其説雖

不器矣，又安可遽以爲小成乎？其曰「何害爲形而上者」，則夫形而上者，乃名理之辭，而

或問四章之説。曰：程子之解善矣。其後説以爲仁則佞不害，惟不知仁則無所用佞

者，恐未安也。大抵諸家皆不解此句之義，故其説多不通。呂氏口給之訓，甚善。但不仁

而佞，不若仁而不佞者，亦太緩於辭而徒贅其説矣，此其優劣，又豈待較而知哉？楊氏以

爲佞者，畏君子之求諸非道而取憎，則以佞爲諂諛之意，此於字義既已失之〔一〕，又特畏人

之憎己而不爲諂諛，則其爲諂諛也大矣，豈君子之心哉！前篇第二十四章亦已頗論之矣。

尹氏直以孔子許仲弓之仁，亦不考於不知其仁之句，而又并讀七字爲句之失也。曰：仲弓

以德行名，而子以爲未能全體不息於仁，何也？曰：仁之難能甚矣，以顔子之賢，僅能三

月不違而已，則仲弓之未能全體而不息也，亦何疑哉！

或問：漆雕開未能自信，而程子以爲已見大意，見道分明，何也？曰：人惟不見其大

者，故安於小，惟見之不明，故若存若亡，一出一入，而不自知其所至之淺深也。今開之不

安於小如此，則非見乎其大者不能矣。卒然之間，一言之對，若目有所見而手有所指者，且

其驗之於身，又如此其切而不容自欺也，則其見道之明，又爲如何！然曰見大意，則於其

細微容或有所未盡；曰見道分明，則固未必見其反身而誠也。曰：程子又以開與曾點並稱，敢問二子孰爲賢乎？曰：論其資禀之誠慤，則開優於點；語其見趣超詣，脱然無毫髪之累，則點賢於開，然開之進則未已也。曰：諸説如何？曰：程子、范、謝得之，而胡語亦可取也。胡氏曰：漆雕開之言如此，蓋爲己之心勝，而進道之志大也。若楊氏以不自欺爲進乎信，則有躐等而過予之失，又以爲孔子見其如此，而後使之仕，則又非事序矣。且既曰進乎信矣，而又曰充之有未至者，其與前章又若相矛盾也，蓋不可曉矣。曰：程子所謂道著信，便是止，何也？曰：此言學者當以漆雕開爲法，而未可遽以信自許也。見之未明，守之未篤，而輕自許焉，則止於此而不能進矣。曰：其曰「只是這箇理，已上卻難言」者，豈此理之上，又有理之難言也？曰：不然也，徹上徹下一理而已。故曰只是這箇理。但見之明，養之至，以至於德盛而仁熟焉，則其所獨到有非言意之所及者，豈曰此理之上復有一理而不可言哉！孟子所謂「能與人規矩，不能使人巧」者，意亦如此耳。曰：其以子使開仕爲求禄，則似以開爲未足乎仕者，又曰其仕有餘，則又與前説若不同者，何也？曰：所謂求禄之仕，正以其於此有未信者，而明夫非若聖賢之達可行於天下而後行者也。然以其篤志如此，則夫子平日亦豈全不知其短長而姑使之爲餔啜計耶？使效一官脩一職，而無愧於其禄焉，則宜亦已有餘矣。

或問六章之説。曰：程子得之矣。但其曰譏無賢君者，不若吕氏、周氏之爲善也。然吕氏不忍絶中國、無所取材之説則未安，不若周氏之完善矣。程子又於佛肸之召，有示人以迹之言，而引此章以爲比。今范氏於此章，亦因以爲説焉，則恐其未必然也。夫道固無所往而不在，然直言其無所不在可也，亦何必故爲是説，然後可以明之耶？既爲是説以明之，而卒不往，則又惡在其能明也？若曰自今觀之，可以見海之可浮、夷之可居、亂人之或可從則可矣，以爲聖人之言，先有此意，則恐其不容有此安排計較之心也。謝氏以浮海爲設言，亦非是，聖人欲稱子路之勇而可共患難，蓋一言而足矣，又何必迂回宛轉曲爲是説，然後足以信之耶？且夫子之言，正爲憂則違之，不得已而去耳，豈憤世過中之謂哉！又謂聖人豈終乘桴浮海者，亦未然也。逢萌、管寧遭漢之亂，皆嘗浮海而居夷矣，使夫子而甚不獲已焉，則其浮而去也，豈終爲虚言哉！但度其未至於是，所以雖有此歎，而卒不行也。子路則不能度於此，而遽喜焉，所以有無所取材之譏也。好勇過我，無所取材，正抑揚之辭也，未有楊氏所謂聖人之勇不可過之意，然自今觀之，則亦可以爲偏勝過中之戒矣。

或問七章之説。曰：諸説皆未有卓然不可易之論。范氏深譏三子，并與其材而不之取，過也。治賦、爲宰、與賓客言，皆有國家者所不可廢之事，雖當隆盛之時，仕天子之朝，亦豈能一無事於此，而直以從容風議爲高哉！此與前篇訥言之説，大率相似。蓋元祐議論意趣多類此，此所以墮於一偏之見，既不足以救當時之弊，而又反啟後來之禍也。又以三子爲有願乎其外，固不足以爲仁，恐亦未然。三子之於仁，固亦勉焉而未能至耳。謝、侯皆以仁爲覺者，故皆以爲三子之材之發爲仁，而特未能有其全體。但謝氏引子貢問管仲及聖人語道，不若諸子之漫無統約者，則未有以知其旨意之所在。而侯氏所謂「觀其進退周旋，則其仁可知」者，尤可見其歸於覺之説也。又謂「夫子恐武伯不識仁」，又謂「子路盡仁而仁止於是」者，則其顧慮忖度，尤不近聖人之氣象也。其他如云「使武伯知仁通上下，則知三子之仁，而可以知爲仁之方」者，皆可疑。使聖人之意果出於此，則何爲不直告以通上下之云者，而爲是溟涬澒漾之説以迷之耶？楊氏雜引論、孟之言，旨意向背，亦不相入。如道二，仁與不仁而已矣，此謂趨嚮善惡之分，極於細微，而終於廣大之言也。君子而有不仁者，此謂勉慕於仁，而力有未至，未能無有毫髮之間斷者而言也。若以趨嚮之極而言，則雖曰未仁，不害其爲小人，若以其毫髮間斷言之，則雖曰不仁，亦豈害其爲君子哉？今曰「君子固有不仁」者，而又謂「不可正言其不仁」，則亦自相戾矣。且聖人之言，豈其計畫籌度，至於如此，然後出之哉？周氏亦以三子之事，爲非仁不能矣，又謂「其器重道遠，而非三子之所及」，首尾衡決，蓋不可曉矣。至尹氏則幾矣，然所謂「盡仁之道，斯謂之仁」者，亦不親切。讀者但以此篇四章之説通之，則其説曉然，不待辯費而決矣。

或問八章之說。曰：諸說皆同，但惟周氏以與爲許，他皆以與爲及，恐未安耳。程說第四條不喻以下，恐說之者誤，不若第三條語爲完也。范氏以子貢爲知足以知之，而仁不能及者，非此章之意也。夫子貢之對而夫子與之者，正以其知不及而言耳，豈遽及夫仁哉？又謂子貢晝焉，亦無所據。吕氏論知十知二最善，胡氏又推明之，亦得其旨。胡氏曰：聞一知十，舉始知終，無不盡也。聞志學則知從心不踰矩之妙，聞可欲之善則知聖而不可知之神，此上知之資，生知之亞也。聞一知二者，序而進、類而達也，語以出告反面，而知昏定晨省，語以徐行後長，而知天顯克恭，此中人以上之資，學而知之之才也。子貢平日以己方回，見其不可企及，故稱之如此。謝氏以知十知二，爲材品之高下，而非造道入德之謂，故夫子與不如回者亦以材言，而未害於其造道入德之實也。爲是說者，新則新矣，其未免於過也歟？其他大抵皆祖程子說，亦無大得失也。

或問：程子、謝周尹氏晝寢之說，如何？曰：前乎此者，劉侍讀嘗言之矣，蓋以寢爲寢室之寢，而非眠寢也。曰：然則然乎？曰：以其文義推之，恐其未必然也。況晝居於內，未有以見其必爲邇聲色者，遽以耽惑責之，則其探人之私而發揚之，亦大不恕矣。故范、楊氏皆從舊說，蓋知當晝而寢，其怠惰自棄之罪爲顯然而可責也。諸家多以朽木糞墻爲譬其質惡者，亦不然也。若其質之本然，則亦哀矜之而已矣，豈當若是其切責之乎？聽言觀行，夫子亦設此以警學者耳，謝、楊以爲誠然者誤矣。周氏又以今昔爲言，亦未得爲通論也。

或問申棖之剛。曰：諸説皆善，而蘇氏亦有味。蘇氏曰：有志而未免於欲者，其志嘗屈於欲，惟無欲者能以剛自遂。但張子、范蘇楊氏之説失之緩，不若程子、謝周氏之言緊而切也。范氏無心之説，已辨於前篇之十章矣。

或問：十一章程子之説不同，何也？曰：第一條出於程子之手筆，其言最爲的當。其他則傳録之間，亦容有誤矣。曰：然則其語仁恕之别，奈何？曰：以無言者，自然而不待禁止也；以勿言者，禁止之辭、勉强之意也，此仁與恕之辨也。范氏以下，皆失之也。惟楊氏則語太簡，而未有以知其意之所在也。

或問文章性命之説。曰：程子、張子、吕氏以爲聖人未嘗不言性命，但其旨淵奥，學者非自得之，則雖聞而不喻也，此説善矣。然考之論語之書，則聖人之言性命者蓋鮮焉，故門人又記之曰：「子罕言利與命與仁。」竊恐子貢之本意，亦不過於如此也。范氏以爲聖人教人，各因其材，性與天道，實未嘗以語子貢，則亦近矣。但不察乎罕言之旨，而以爲聖人之教，有屏人附耳而後及之者，則誤矣。抑如子貢者，夫子嘗告以「一以貫之」矣，又告以「天何言哉」矣，又告之以「知我其天」矣，則固不可謂未嘗以告之。謝氏、楊氏以爲性命之微，聖人未嘗言，而每著見於文章之中，要在學者默識而自得之，則亦誤矣。使聖人果絶口而未嘗言也，則學者何以知夫性與天道之目，而求所以自得之？若其曉然號於衆曰：「吾有所謂性與天道者，在乎不言之中，而欲學者之自得。」則其言之已甚，而又駸駸乎佛、老之意矣，安得謂之未嘗言而不可聞哉！游氏以性與天道爲有精粗之別，而謂夫人論性之妙，則預於天道，而雖聖人有所不知，非但子貢不得聞也，則又甚焉。夫謂論性而預於天道，非但不成義理，而亦不成文辭，且聖人既不能知矣，又若何而能論之耶？亦不待辨説而知其不通矣。彼其親炙先覺之門，而一旦差誤至於如此，學者可不深切爲戒，而精思力行，以求盡其心傳之實耶！

或問子路恐聞之説。曰：諸説皆得之，惟謝氏爲異。蓋其説每以知爲重、而行爲輕，故反以聖賢力行之意，爲知道之具，其亦誤矣。至於吴氏之説，則又可以補諸説之未備也。吴氏曰：子路勇矣，然一於敢行，不復置思，於其間有不能無失者，故夫子嘗以其兼人而退之。

或問：孔圉之得謚以「文」，何也？曰先王之制，謚以尊名節以一惠，故人生雖有衆善，及其死，則但取其一以爲謚，而不盡舉其餘也。以是推之，則其爲人，或不能無善惡之雜者，獨舉其善而遺其惡，是亦謚法之所許也。蓋聖人忠孝之意，所以爲其子孫之地，與銘器者稱美而不稱惡同旨。惟其無善之可稱，而純於惡焉，則名之曰「幽」、「厲」，有不能已耳。

曰：諸說如何？曰：范氏以敏爲敏行之敏，不若吕氏以爲不敏之敏者得之。范氏又引舜以爲說，則過矣。吕氏所謂物相雜者求之，亦太過矣。其他諸說，皆得其大意，而吴氏之說，意義尤備。吴氏曰：孔圉之行如此，然孔子責人以恕，居其國不非其大夫，又戒子貢以方人，故止以所長稱之。

或問十五章之說。曰：范氏善矣，惟所謂陳善閉邪者，恐孔子之意未必及此也。謝氏所謂難以一事言，蓋至理當如此，而引文王事以明之者，亦過高矣。凡觀書者，於此等處，正當反求諸己，而驗之踐履之間，惟愈近而愈卑，則其體之愈實。若但廣求證左，推致高遠，則恐其無益於爲己之實，而徒爲口耳之資也。至以子産爲成人，則其許之亦太高矣。尹氏之失蓋亦類此。惟范氏爲得其輕重之宜爾。曰：是四事者，亦有序耶？曰：行己恭，則其事上非有容悦之私而能敬矣；惠於民，而後使之以義焉，則民雖勞而不怨矣。

或問十六章之說。曰：程子至矣，范、楊亦爲得之，蓋久而其敬不衰耳，非久而加敬也。謝氏意則善矣，然謂非有意於久交者，辭意俱病。又以盛德而有常者語晏嬰，則恐其未足以當之也。

或問十七章之說。曰：張子、楊氏得之，若程子、范、楊、尹之說，則吾於管氏之章已辨之矣。程子采地之說，恐其或誤也。謝氏又謂「文仲不知僭上害禮之事於我何益」，則是僭上失禮之事，若爲之而有益，則爲之也而可乎？

或問十八章之説。曰：諸説各有發明，然似皆未得其所安，獨程子之言則至矣，而亦或有未備者焉，請得推其意而極論之。蓋子文之質，近於好仁者，文子之質，近於惡不仁者，而其事皆卓然非常人之所能及也。子張之行有難能者，故疑以爲仁而問之，而孔子則以爲是亦忠清而已，至於仁則未知其何以得之也。蓋仁者心之德而天之理也，自非至誠盡性，通貫全體，如天地一元之氣，化育流行，無少間息，不足以名之。今子文仕於蠻荆，執其政柄，至於再三，既不能革其僭王之號，又不能止其猾夏之心，至於滅弦伐隨之事，至乃以身爲之，而不知其爲罪。文子立於淫亂之朝，既不能正君以禦亂，又不能先事而潔身，至於篡弑之禍已作，又不能上告天子，下請方伯，以討其賊，去國三年，又無故而自還復，與亂臣共事。此二人者，平日之所爲，止於如此，其不得爲仁也明矣。若據子張之問，就其一節而論之，則子文三仕未知其所以行者何説，三已未知其所以止者何爲，告新令尹則又未知所以言者何事，而所謂無喜愠者，又特不見於色而已，亦安知其心之果無喜愠耶？至於文子，則其去國之時，未知其果能脱然而無所累於心耶？抑其恐畏躁迫，特出於不得已，而有所未能忘懷也？是又皆未足以見其有合於仁者之意，則指其事實而言之，不過命之以忠清而無以加矣，若之何而可輕以仁許之耶？然聖人之言，辭不迫切，而意已獨至，雖不輕許，而亦不輕絶也。學者因其言而反以求之，則於仁之理、與人之所以得是名者，庶幾其可默識乎？程子之意，大概恐出於此，但其謂夫子不信子文無愠之事，而獨指舊政告新爲忠，則恐或未然也。曰：程子又謂「子文若果無喜愠，則何以知其非仁」，然則古者遁世之人，後世異端之學，蓋有能是者已，亦可遂以仁許之耶？曰：程子之意，亦曰若子文之心，其至公無私果如此，則必有以盡心之德，全天之理，而五常百行無不貫通耳。若徒能心如木石，無所喜愠，而所爲有不合於理者焉，則又何仁之可言哉！曰：程子以爲二子之事，聖人爲之，亦曰忠清而已，何也？曰：其事則謂之忠清，誠有不可易者。若聖人之心，則豈有一事之非仁哉？但遂以忠清爲仁，則不可耳。曰：然則夷、齊、三仁之見許於夫子，何也？曰：此三仁者，考事察言，以求其心，則其中洞然無復一毫私欲之累，其亦異乎二子之爲矣。故程子以爲「比干之忠，見得時便是仁」，亦此意也。曰：諸説之得失，奈何？曰：人之仁與不仁，論其心如何耳。范氏以必有以及於天下，然後爲仁，何其言之戾邪？比干之忠，伯夷之清，固亦未能有以及於天下也。而況窮居一介之士，終身何可以有望於仁也邪？呂氏以子文不知進退之義，文子不知去就之義。文子之失，又不專在於亂作而後去之一節也，且詳其意，似亦以不知似矣。然子文楚之宗臣，無必退之義，知之云釋未知之意，而未有以驗其必然也，使出於此，則其失又甚矣。謝氏又以二子爲質厚之人，不待學問而自能入德，其忠其清，固亦非仁不能，但不可遂以忠清爲仁，如答孟武伯之意耳。前章辨之已詳，此不復重出也〔二〕。楊氏以文子爲事君人，而又謂其不爲容悦。孟子本文之意，似不如此。所以謂之事君人者，正以其事是君，則爲容悦，而無所擇於義理也。若不爲容悦，則又安得謂之事君人哉？且孟子所謂容悦，特謂求容於君、求悦於君耳。楊氏以釋子文之喜色，似以爲容悦之貌者，於文義尤不通也。又以比干、伯夷爲仁，而謂仁不可以迹論，則其意蓋曰比干、伯夷之仁在心，子文、文子之事在迹，故雖相似而不得爲仁耳。然比干、伯夷之所以爲仁，正以推迹之曲折，以知其心之隱微而得之耳。若欲舍迹而惟心之論，則所謂心者，又何所因而可見乎？程子之譏文子，正以心迹之不可判耳。楊氏蓋亦聞其説矣，而反爲此論何耶？且其爲説，與范氏之下者正相反，而其失則均，若銖較而寸度之，則恐反不若范説之爲實也。侯氏所謂理之得者，可以言德，而非所以名仁之義，又且得於三者，而獨不得於仁，豈又以仁爲覺於是三者之云乎？至色有歉於心以下，全體踐形之説，則其意之所指，殊不可知，以大概而觀之，則其遠於聖人之意，而出於强爲一偏之説，亦可想而知矣。其論二子之所爲，又直以爲末事，而不知爲臣爲仁之道。蓋以失夫未知之説，而與上文全體一事之云者，了無系屬，又不知其以何而爲説也？至謂「二子不知爲仁之道，使聖人爲之，亦只可謂之清忠」，則又以己之意，附於程子之説，而不知其有不同者也。程子蓋謂聖人之行，或有出於忠清者耳，夫豈以聖人爲不知爲仁之道如侯氏之云哉？

或問十九章之説。曰：程子嘗以使晉之説則狹矣。且以傳考之，亦未見其再慮而當之實也。其謂「思至於再則已審，三則私意起」者，則至矣。蓋天下之事，以義理斷之，則是非當否，再思而已審；以私意揣之，則利害得喪，萬變而無窮。思止於再者，欲人之以義制事，而不汩於利害之私也。且以文子言之，其每事三思，如使晉而求遭喪之禮以行，可謂審矣。然宣公弒立，則爲之如齊納賂而請會，及公薨未葬，則又背之而逐其所任之臣，豈非思之之過，而反牽於計較之私也與？曰：諸説如何？曰：此特爲臨事之思耳，范氏通以學問求道之思爲言，誤矣。周公仰而思之，亦爲其有不合耳，若事理曉然者，又何待於如是耶？謝氏再思之説善矣，然亦有所未盡，若因其説而益之曰：「始也擇於可否之間以爲可也，徐思之而果可焉則行，有不可焉則止；始也擇於可否之間以爲不可也，徐思之而果不可焉則止，有可焉則行。」則庶幾其全耳。若楊氏之説，則又略矣，若是，則皆爲一思而已，何名爲再哉？

或問二十章之説。曰：武子之事見於左氏之書者，可考矣。若曰邦無道而佯爲暗默以免其身，則是無以異於張禹、孔光之徒，而夫子亦何取哉？大抵此章之説，皆不考其事實，故多失之，惟程子意圓而理備。若張子，則固以武子爲暗默而罪之。范、謝則直以暗默爲當然。而謝氏計較利害之間，幾有流於爲我之意，則又甚矣。楊氏過高無實，則其失聖人之意又益遠云。

或問二十一章之説。曰：程子之説善矣，然以孟子之説考之，恐其或未然也。蓋孟子所謂進取，即此所謂斐然成章者也。孟子所謂不忘其初，即此所謂不知所以裁之者也。特所傳聞之有異辭爾，豈得彼爲一説，而此又自爲一説耶？范、吕成章之説，亦與孟子不合。又如所謂不成章不達者，亦豈立言之謂乎？但范氏似以爲裁其性行之過，而吕氏似以爲裁其立言之非，則范氏爲長耳。謝氏大意近之，但其言多病耳。夫夫子之初心，固在於行道，而不在於傳道，然豈其牢關固拒而不肯以一言稍發其秘乎？且其志雖在於行道，而得英材而教之，其樂初亦不相妨也。狂狷雖不中道，然以聖人教人不倦之心，恐亦無厭而薄之之意也。況必若是而得邦家焉，則教不素明，材不素具，其亦將何以自輔而有爲耶？其後所引孟子之文，亦非此章之意，蓋其以簡爲狷之誤也。吕氏亦然，則又有過不及之説近於得之，而意有未備，亦非是，當於本章辨之耳。楊氏又私淑諸人，恐孟子本文，亦非教人之事也。

或問：夷、齊之有舊惡，何也？曰：蘇氏蓋嘗言之，然無所考，未敢斷以爲必然也。蘇氏曰：夷、齊之事遠矣，傳失其辭。意其出也，父子之間，有間言焉，若申生之事與？不若是，則又何惡之可念哉！曰：其不念而怨希也，奈何？曰：程子之言詳矣。其於扣馬，蓋不決然以爲無也，但以其諫辭，爲不可信耳。范、呂皆以怨爲人怨，以文考之，恐亦未當。而范氏所謂樂天順理，則太寬而不切。呂氏所謂清能遠怨者，與此章所指，亦無所合，而適相反矣。謝氏始以横逆彎弓爲言，而結之以攻人之惡，則文意殊不相類。楊氏則又直以公天下之善惡爲言，則全非此章之意矣，如是，則他人之惡何必深念，而又何以新舊之擇乎？所引所過者化，亦非孟子本意。

或問微生乞醯之説。曰：程子、范氏之説至矣。楊氏亦爲得之，則不察其幾而失之也。曰：或有謂直非中庸之行，微生之事，夫子蓋美之者，然乎？曰：爲是説者，新則新矣，然即其言以觀之，有以知其無正大之情也。夫醯非難得之物，或乞於我，而我無之，則直答以無而已，彼將去而求之他人，豈患其不得哉？設其有急難之用，而不知可得之處，則告之可也，求之而不得焉，則往助其求可也。今微生高之乞諸鄰也，必不告以求者之意，其與之也，必不告以得之之所，其掠美行私，左右異態如此，夫子尚何美之云哉！善乎沂國王文正公之言曰：「恩欲己出，怨使誰當？」至哉斯言，其亦異乎微生之用心矣。且直之爲言，在昔聖賢未有以爲非美德者，特惡其直而失於絞訐而已。今概以直爲非中庸之行，吾不知其何所取而爲斯言耶？然則斯人之所謂中庸者，乃胡廣之中庸，而非子思之中庸必也。

或問：左丘明非傳春秋者耶？曰：未可知也。啖、趙、陸氏辨之於纂例詳矣。程子蓋因其説，而范、吕、楊氏則固以爲當世之人也。先友鄧著作名世考之氏姓書曰：「此人蓋左丘姓而明名，傳春秋者乃左氏耳。」鄧名名世，字元至云。

或問二十五章之指。曰：程子之言無餘藴矣，學者宜熟讀而深味之，不可但玩其文而已也。曰：然則其以顔子之心，爲出於有心，疑若以聖人爲無心者，不亦淪於空寂之弊乎？曰：是其言心，亦若意之云爾，且安知其非紀録之或誤乎？曰：其言孔、顔天理性分之别，而不及子路，以今觀之，亦有以補其闕耶？曰：吾意子路之言，其或志氣之發也歟？曰：其以子路爲亞於浴沂者，何也？曰：取其胸懷灑落，無所繫累於物而言耳。謝氏每稱子路揀難割舍底要不做便不做，以爲真百世之師者，豈其有見於此歟？世之學者，不察於此，輕以好勇議之，以爲是特賁、育之倫耳，其亦誤矣。張子亦猶程子之意也，但三樂之云，立語稍疏，而所謂合内外而成其仁者，則亦善形容聖人之志者。范氏蓋祖述程子之意，但其所以論子路者，則太卑矣，其亦未察於程子亞於浴沂之論乎？若吕氏之語，則亦皆未足以明聖賢之意。謝氏以有志爲至道之病，而欲二子於不篤不捐之間有所省發，此正老、佛之餘論也。又以夫子所言爲非志，而聊以答子路之問，則其言亦太容易矣。蓋其所論浴沂御風，何思何慮之屬，每每如此，豈非有所發於玩物喪志之一言，而不知其反以至於斯乎？陸子壽嘗論此，以爲如謝氏者，未免爲程門之醉人，蓋得之矣，學者不可以不戒也。其後説則差約矣，然其曰更不作用者，亦猶此説之意也。游氏之説，則亦太支離矣，而於文義亦不通也。楊氏專以志之廣狹爲言，則徒校其量，而未及實指其體也。又以二子皆爲志於仁者之事，則淺乎其知二子，而於顔氏尤非所以名之也。尹氏獨超然謹誦師説，而無所增損於其間，夫豈其不能言哉，蓋必有默識於其言，而深知其不可易者矣。此外則張敬夫廣推程子之説，其意亦善。張曰：人之不仁，病於有己，故雖衣服車馬之間，此意未嘗不存焉。子路蓋欲先去其私於事物之間者，其志可謂篤而用工，亦實矣。至於顔子則幾於廓然大公而無物我之間矣，然猶所謂誠之者，人之道也。至於孔子則純乎天矣，物各付物，止於其分而無不得焉，此誠者天之道也。然而學者有志於求仁，則子路之事亦不可忽，要當如此用力，然後顔子之事可以馴致，若慕高遠而忽卑近，則亦妄意躐等，終身無所成就而已耳。

或問二十六章之説。曰：程子至矣，范、楊亦善。但尹氏述程説而去其首句，則直以知過爲非難者，其亦誤矣。謝氏以見其過爲見他人之過，則於文義有不通，以内自訟爲内省之比，則省之於訟，其用力亦不同矣。張子有言，人有過，則曰觀其黨否，疾己甚否，内自訟否。其意亦若謝氏，而觀其黨則若范氏之説也，此恐亦未安也。

或問卒章之説。曰：程子之意到而語勢小戾。其曰忠信質也，猶曰所謂忠信，以其生質而言耳。語生質則不異於人，猶曰語生質，則人之忠信，固有與聖人同者耳。今其語不分明，似以爲聖人之質，全與衆人無異者，則失之矣。范、呂皆以爲聖人必待學而知，蓋不悟此爲設辭以勉人學之意也。且夫子之言，亦曰必有忠信如丘者耳，非謂事事皆如己也。呂氏遂亦以忠信爲聖人之質，則又誤矣。若使果有聖人之質，自無不學之理，正使初無文字師友之傳，亦不害其獨知先覺也。其言自盡不欺以下則善。謝氏忠信又如其前説之云，其失甚明，今不復辨。如楊氏説，則亦人人皆有聖質，不待積十室而後或有之也，然其論夫子不以聖賢自居以下則善。尹氏用程子説，而人誰無質之云，亦不免呂、楊之誤，其於程子之言，蓋有所未察者矣。胡氏之説，亦有所發明云。胡氏曰：十室之邑，尚有忠信如孔子者，況以天下之大，萬民之衆，千歲之遠，其可以學而入聖者宜亦多矣。然自孟子之後，以至於今，讀書學問者不絶於世，而求如曾、閔者不能以一二數，則以不知孔子所好之學而好之耳。

校勘記

〔一〕此於字義既已失之　「此於」，四庫本、日本正保本作「於此」。

〔二〕不復重出也　「重」字原缺，據正德本、四庫本、日本正保本補。

論語或問卷六

雍也第六

或問：仲弓之有人君之度，何以知其然耶？曰：以前篇不佞之譏，後章居敬行簡之對，而有以知其然也。謝氏以爲簡以臨之，莊以莅之，蓋近之矣，然其深厚廣博，宜在人上之意，則未之發也。曰：諸説如何？曰：才德之云，足以兼仲弓之所長矣，然此曰南面，而不曰爲政，則疑其主於德而言也。范氏之證，亦爲得之。謝、楊遂以仲弓爲仁，則亦未達乎前篇夫子所以對或人之文意耳。

或問：子桑伯子何人也？曰：胡氏以爲莊子所稱子桑戶，與孟子反、子琴張爲友者，蓋老氏之流也。然家語亦云「孔子見其不衣冠而處」，則固略於禮法，如莊生之所稱矣。曰：夫子以子桑伯子爲可，而又以簡稱之，何也？曰：程子之説得之矣。謝氏以爲亦可南面，則恐失之。游、楊既不見程子未盡善之意，尹氏又因未盡善之説，而專指其居敬爲言，若是，則不復得以可爲言矣。大率夫子之意，但言其人之可，而以其簡者明其所以可，雖不正言其居簡之失，而所謂可者，固有未盡善之之意矣。仲弓乃能默契聖人之微旨，而分別其居敬居簡之不同，夫子所以深許之也。曰：居敬居簡之不同，何也？曰：持身以敬，則心不放逸而義禮著明，故其所以見於事者，自然操得其要，而無煩擾之患。若所以處身者，既務於簡，而所以行之者，又一切以簡爲事，則是義理準則，既不素明於内，而紀綱法度又無所持循於外也。太簡之弊，將有不可勝言者矣。程子之言，蓋已曲盡其旨，熟考而深思之可也。若范氏專以簡爲臨民之道，則是居敬者無與乎臨民，而内外判矣。且子桑伯子之行簡，其於堯、舜之事，又豈可同日而語哉！謝氏似以居敬爲舉其大，居簡爲略其細，疑亦未安。夫君子無衆寡、無小大、無敢慢，敬豈獨爲舉其大哉！且居敬而行簡者，自然理得而不煩之謂，亦非有所略也，有所略，則與不事事者無以異矣。游氏語若有未密者。楊氏簡而廉之説，亦贅而且狹矣。曰：仲弓以居簡行簡爲太簡，而程子以爲不簡，何也？曰：程子以其有心於簡而言耳。然内無道揆，外無法守，苟以無事於一時可也，久則蠱弊生焉，將不勝其多事矣。曰：范氏之説，如何？曰：此亦記一時之言耳，未必有相發明之意也。謝氏説，蓋亦此意而辭差緩，然夫子之許仲弓以南面者，又非以其知此而許之也。

或問：韓子不貳過之説，如何？曰：愚嘗聞之師矣，曰：「程子云：『不貳過者，念慮小差，隨即冰釋，不復形於心術之間。』若如韓子之言，則是心常有過，而直遏閉之，使不形於事爾，亦何足以爲顔子乎？」蓋其所論過字則是，而所以爲不貳者則非，學者不可不審而別之也。曰：此章諸説，如何？曰：程子詳且盡矣。其曰「微有差失，便能知之，纔知之，便更不萌作」者，尤善。張子之説，本皆與程子同，後乃易其遷怒之説，則既非文義之所安，而又皆曰不使焉，則亦恐非所以語顔子也。范氏所謂性不移於怒者，理則善矣，而於文義有所未安。其曰知幾，則亦猶韓子之説云爾。謝氏大意，如曰「不患有過，過不害其爲改」，則檢身之意亦太疏矣。游氏不遷怒之説，亦程子之意，而其論不貳過，則猶范氏之云也。又以聖人寂然不動故無過，然則謂凡有動者皆過也而可乎？至以不遷不貳，爲有正心脩己之別，則説益以支矣。又概以能自强者語之，則於顔子之事，亦無所當也。夫顔子之賢，利仁蓋不足以言之，又何自强之有哉？所謂絶學，亦老氏之語，若聖人，則固不待學，然亦未嘗絶學也。楊氏求放心之説，意亦善矣，然謂顔子之學，止於如此，則恐未然。蓋顔子之不遷不貳，乃其終身好學之所就，未至於是，則雖欲勉學而力行之，政恐未易可至，豈能求放心而遽可至是哉！

或問四章之指。曰：程、張備矣。若范氏循理之云，則非所以語孔子，周急不繼富，乃義理之當然，亦無使人可繼之意，至其後説則善。吕説亦善，但皆不見爲使爲宰所以取與辭受之當然，非獨以富不富分不分而言也。謝氏示人之説，恐未嘗有此意。以張子之説觀之，可見禄秩之説，亦恐未然。以程子之説觀之，可見游氏食功之説支矣，而其於相賙之説，則得之。楊氏深譏世之君子以嗇與爲吝、寡取爲廉者，其意則亦善矣，而其語有相戾之嫌。以文勢考之，若曰以嗇與爲吝，則其下宜曰多取爲貪；以寡取爲廉，則其上宜曰以多與爲惠，其文意乃相應耳。抑其大意亦頗有未安者。蓋聖人以義制事，雖極謹嚴，而其宏裕寬大、優暇廉退之意，又未嘗不行乎其間也。故雖以富爲不當繼，而不直拒冉子之請；雖以禄爲當受，而不責原憲之辭，且又教以及人，而不曰以爲私積也。若徒知彼之説，而不察乎此，則其流之弊，將使實吝者，得託於一介不與之説以蓋其陋；實貪者，得託於受堯天下之説以便其私；至於輕財重義、清苦廉遜之人，則必衆疾而共排之，以爲是皆不近人情而欺世以盜名者，此其爲害，且將舉一世而溺之汙穢沉濁之中，不但有如所譏之紛紛者而已也。故愚嘗竊以爲學者未得中行，不幸而過，寧與毋吝，寧介毋貪，則庶其不失聖人之意。曾氏蓋亦得此意者，其説當矣。曾氏曰：或問冉求之請，夫子不與可乎？曰：請而不與則固，與而不至於傷惠則可矣。此外則胡氏之説亦善。胡氏曰：冉子爲其母請，聖人所以重違而少予之也。

或問五章之説。曰：范、楊之説當矣。程子欲去曰字，蓋嫌於與其子言而斥其父之惡，而欲用子產、子賤之例故爾。蘇氏以爲此其論仲弓云爾，非與仲弓言也，此説得之矣。蓋以論語考之，其歎顔淵未見其止，乃顔淵死後之言，而亦以謂曰起之，非必親與之言而後得用此例也。張子之説，蓋亦避程子之嫌，然果如此，則當就一物之身而取譬，不當以父子而言也。且凡祭祀之犧牲，通謂之用，今以勿用爲不用於大祀，而山川之次祀取之，則其説蓋勞而於義益無所當矣。而吕氏、尹氏皆祖之，不其誤與！

或曰：仁，人心也，則心與仁宜一矣。而又曰心不違仁，則心之與仁，又若二物焉者，何也？曰：孟子之言，非以仁訓心也，蓋以仁爲心之德也，人有是心，則有是德矣。然私欲亂之，則或有是心，而不能有是德，此衆人之心，所以每至於違仁也。克己復禮，私欲不萌，則即是心而是德存焉，此顔子之心，所以不違於仁也。故所謂違仁者，非有兩物而相去也，所謂不違者，非有兩物而相依也。深體而默識於言意之表，則庶乎其得之矣。曰：其以三月期，何也？曰：顔子之於仁熟矣，然以其猶有待於不違而後一也，是以至於踰時之久，而或不能無念慮之差焉，然其復不遠，則其心之本然者，又未嘗有所失也。向使天假之年，大而化之，則其心與仁，無待於不違而常一，而又豈復可以三月期哉！曰：日月至焉者，何也？曰：此言諸子從事於仁，或能終日而不失，或能終月而不失也。大抵此章之説，程、張、侯、尹得之爲多。然程子之解，以得善弗失言之，似與此章文意不協，未能識其何意也。其解日月至焉者則密矣。至其所改周伯温説，與夫所見規模意味氣象之云，則非其身親而實有之，亦豈能發明至此耶！張子内外賓主之云，蓋曰不違者，仁在内而我爲主也；日月至者，仁在外而我爲客也。誠如此辨，則其不安於客而求爲主於内必矣，故曰「使心意勉勉循循而不能已」。而其曰「過此幾非在我」者，則豈以爲用功至此而極矣，過此以往，則必德盛仁熟而自至，而非吾力之所能與也？與范氏無他異説。吕氏徒贊仁道之大，而不言其所以大，固爲疏略。又謂「賢人身之可久而已」，是使凡身之者絶望於不息而終於可久之域也。其曰氣不能守者，蓋將以明夫顔子之不能不違者，非出於本源之病，至謂「必致養其氣而成性，然後能不繫所稟之盛衰」，則其説反忘本以徇末，而非顔子之事矣。大抵持志養氣、内外夾持之功，在衆人則可謂云爾已矣。至於顔子之未達一間，則程子所謂「直是峻絶，又大段著力不得」者乃爲得之，非可以常情測度也。其以自强不息者爲大而化之之事，又以顔子爲幾於賢人之德，則其於地位之淺深亦舛矣。游氏以仁爲人心，則仁之與心非二物矣；然曰不可須臾離，而謂人心不可一日不依於仁，則心之與仁，又爲二物，而或相離或相依也。是其爲説，亦自相矛盾而不可通矣。至以用力於仁爲行仁，不違仁爲以仁存心，而有内外難易之别，則其離内外判心迹，而倍其師説益甚矣。且以仁存心，亦豈不違仁之謂耶？楊、侯不遠而復之説，蓋自其既違而旋復之際言之，雖無害於本文之意，然學者正當於其不違之際而體焉，乃可見其所以用功之意味耳。

或問七章之說。曰：程子之言至矣。范氏、胡氏亦庶幾矣。胡氏曰：求爲季氏宰久矣，此問從政，謂可使爲大夫否也？蓋宰有家事而已，大夫則與聞國政也。然康子卒不能與三子同升諸公，此魯之所以卒不競也。呂氏之訓，不甚親切，然亦無病。謝氏之云，則季康子未必有此意也。楊氏所引以釋果、達之云者，非聖言之本意。考之本章，可見藝之爲言，能其事之謂爾，亦不必拘以六藝之目也。

或問八章之說。曰：程子、范氏得之矣。謝氏之說，粗厲感奮，若不近聖賢氣象者，而吾獨有取焉，亦以其足以立懦夫之志而已。楊氏惟顏、閔不仕之説，原於程子而失之，孔門之不仕者，如曾皙、漆雕開之徒必多有之，不但二子而已也。

或問：伯牛之疾，先儒以爲癩，信乎？曰：以淮南子而言耳，其信否則不可知也。其曰命者，何如也？曰：有生之初，氣質之禀，蓋有一定而不可易者，孟子所謂莫之致而至者也。范氏、楊氏言之詳矣，然范氏引易而言則不類，而又曰「能盡人之道，則能窮理盡性以至於命」，則益錯亂而非其序矣。曰：不入其室，而自牖執其手，何也？曰：舊注以爲惡疾不欲見人，未必然也。欒肇以爲禮：病者居北牖，君視之，則遷南牖，欲令君入而南面也。孔子視伯牛疾時，伯牛家以此禮尊孔子，而孔子不敢當，故不復入其室，止於牖下取其手而執之，理或然矣。

或問顔樂之説。曰：程子之言詳矣，然其言皆若有所指者，而卒不正言以實之，所謂引而不發躍如也，學者所宜詳味也；若必正言以實之，則語滯而意不圓矣。范氏疏淺，類非所以語顔子，然其富貴能憂之説，則亦得乎言外之意也。吕氏以理義悦心言之，尤非所以語顔子者。謝氏心不與物交之説，求顔子用心所在而不可得之説，則又流而入於老、佛之門者耳。獨楊氏之説，爲庶幾乎程子者耳！曰：然則程子答鮮于侁之問，其意何也？曰：程子蓋曰顔子之心，無少私欲，天理渾然，是以日用動静之間，從容自得，而無適不樂，不待以道爲可樂然後樂也。若范氏、吕氏之説，蓋皆未免乎侁之蔽。而王公信伯論之，則又以爲心上一毫不留，若有心樂道，則有著矣，道亦無可樂，莊子所謂「至樂無樂」是也。以是爲説，則又流於異端之學，而不若樂道之雖淺而猶有據也。彼其及門升堂，親受音旨，而其差失有若此者，而况於後世之傳聞者哉！程子所謂顔子之樂，仁而已者，則胡氏、張氏發明之尤詳。

或問十一章之説。曰：張子、吕、謝、楊、尹之説，皆得之。但張子以中道而廢，爲顔子之事則過矣；又以樂正子爲信道，亦非孟子有諸己之意。楊氏引求也退，故進之爲説，亦非是。所謂今汝畫者，乃責其不勉之辭，而非誘進之之意也。若程子、范氏之説，意則善矣，然以其說推之，則覺其三句止是一意，而徒然煩複，恐非聖言之本旨也。

或問十二章之說。曰：程子至矣，諸說皆不能出於其間。而謝說利非必殖貨者，尤可以警學者用心之微也。洪氏之說亦善。洪氏曰：讀論語者，必先知其言之先後，若參也魯，必先於一唯之對也；片言折獄，必後於由之行詐也；子張未仁，必先於能行五者也；子夏切問近思，必後於小人儒也。門人所記，初無次序，不可以不考也。

或問十三章之說。曰：范、楊、謝氏皆善，而其間不能無小得失也。行不由徑，乃其所行之實事，非以設譬而已。但既有正塗，則自不當由徑，然亦必不至如程子所譏之迂耳。曰：「不在其位，不謀其政」，然則滅明之所謂公事者，何事也？曰：以士民之分言之，則凡飲酒讀法而羣至乎有司者，公事也。以邑宰之知己而訪問焉，則凡一邑之間，利病休戚之所關，而當以告於有司者，亦公事也。以是而至其室，亦何嫌之有？且既曰得人矣，則安知其不已受署而爲之屬乎？去古既遠，風俗之變不可知，固有不可以懸料而盡知者，然大意其無煦濡媚說之私〔一〕，則亦可見矣。

或問：孟之反何人也？曰：胡氏以爲即莊子所謂孟子反，蓋聞老氏懦弱謙下之風而悦之者也。曰：諸說如何？曰：此本無異說，而諸家横出他意以汩之，殊不可曉。若范氏衆必有爭功、必有矜之說，夫讓而不伐，理之當然，非爲有爭有伐，而後以是爲美也。謝氏之説，尤爲過之。夫操無欲上人之心，固足以抑夫好勝之私矣。然人之私意，多端發見，亦各不同，豈有但持此一行，而便可必得大道之理。孟之反之行，固可爲法，然遂以爲但師孟之反而可，則恐非夫子之意也。范氏於此，復爲得之，夫子之意，如是而已。吕氏説亦費力，夫子所言，未有加人一等之意也。楊氏之説，尤失本旨。此言其不伐之美，豈論其功耶？以此爲言，不但非夫子之意，亦非孟之反之意也。尹氏辭約意盡，優於衆説，若更以又爲乃則盡善矣。

或問：十五章程子説，與本文而字若有戾焉，曷若從范氏之説，無鮀之佞而獨有朝之美者〔二〕，爲協於文耶？曰：巧言令色，衰世之所同好，不得而輕重於其間也。且其立言，猶書所謂「無虐惸獨，而畏高明」者，聖人豈使人不虐惸獨，而獨畏高明哉？曰：諸説如何？曰：謝氏所謂善觀世之治亂者，非聖人之本旨也。楊氏之説，若以非巧言令色不足以避遊談之禍者，尤恐未然，遊談相傾，乃戰國之事，夫子之時，未有是也。且夫子之言，本豈有此意哉？侯氏改字之説，則其不解甚矣。

或問十六章之説。曰：諸先生之説，其理深矣，然以文義考之，則洪氏爲得。曰：何也？曰：何莫之云，猶曰何莫學夫詩耳。若直以出不能不由户，譬夫行之不能不由道，則世之悖理犯義而不由於道者，爲不少矣，又何説以該之耶？程子之云，終身由之而不知其道，亦嘗以爲世又有不知而不能由者矣，何獨於此而不然耶？若范氏之説，則是賢人之行，與衆人不異，特其知之爲異耳，豈有此理哉！

或問十七章之説。曰：謝氏美矣，然聖人本言文質不可以相勝，而謝氏專以觀人爲言，故其説雖高，而於文義首尾皆所不合，其引子貢文質之言亦非是，且使學者無復矯揉損益之矣，殆非聖人之本意也。得其旨者，其楊氏乎？

或問十八章之説。曰：程伯子之言，約而盡矣。蓋上生字爲始生之生，下生字爲生存之生，雖若不同，而意實相足。蓋曰天之生是人也，實理自然，初無委曲，彼乃不能順是，而猶能保其終焉，是其免特幸而已矣。叔子之意，當亦類此，而語不分明，似并以上生字爲生存之生者，其於義理固亦可通，但於上句文義差不甚協耳。張子於兩生字義，亦皆爲生存之生，而又增入吉凶，其非正之説，蓋欲以對下文幸免爲一事者，然於上句本文之意，則無所當矣。范説人之性善，故其生直者，合於程伯子之意矣。而其下文生字，皆以爲生出之生，則與本文殊不合，不知其偶用此字，而不計其同異耶？抑直以生直之生、亦爲生出之生也。大凡其説自罔無如也以下，皆不可曉。吾聞范公莊敬誠實，而其訓説聖言，散漫不謹，乃至於此，亦不能識其何説也。吕氏足以免於世之云，如張子之説，其以罔爲無常，則於此章之意，無所當矣。又疑如綱之下，少「之無綱」三字，然亦未見其有無常之意也。謝氏以順理爲直，生爲生存之生。游氏以循理爲直，生爲盡生之經，其論直字略同，而生字少異，然以經之本文，與程伯子之説推之，則皆有所未合。蓋生理本直，不待人順之而後得直之名，若至大至剛以直之，直亦氣之本然，不待人以直養之而後得此名也。生存之生，已辨於前，盡生之經，則又所以能保其生存之道也，於經之文，亦無所當矣。楊氏以生對死，則不類，以不益生助長爲直，則與本直之云者，益相遠矣。原聖賢之本意，豈若是其支蔓，而無所切於日用之實乎？益生不祥，本老氏語，吾不知其所謂，然其語意，似爲養生者發，與孟子助長之云，殊不類，此又學者所宜别也。尹氏蓋發明程子伯子之意，而語亦未瑩，然其賢於諸説遠矣。蘇氏之説亦近之。蘇氏曰：罔，不直也。天之生物，必直，其曲必有故，非生之理也。木之曲也，或抑之，水之曲也，或礙之，水不礙、木不抑，未嘗不直也。凡物皆然，而況於人乎？故生之理直，不直而生者幸也，非正也。

或問十九章之説。曰：程子至矣。范、吕、尹氏亦得之，而尹氏爲尤切於文意，但其以安訓樂，爲未盡其宣揚發暢之意耳。謝氏過高，而楊氏以夫婦之愚可以與知爲知之者，則反以卑矣。

或問二十章之説。曰：程子至矣，後一説尤佳。張子之説，則又備矣。范氏中人以下可以入於下愚者，殊不可曉；其曰性善以下，又有論性不論氣之弊。謝、楊又各得其一偏也，楊氏所引不失人言，亦與程子不類，彼蓋泛言應世接物之事，此則專爲引進學者而言也。

或問：樊遲問知，而夫子告之以務民之義，敬鬼神而遠之，何也？曰：人道之所宜，近而易知也，非達於事理，則必忽而不務，而反務其所不當務者矣；鬼神之理，幽而難測也，非達於事理，則其昧者必至於慢，惑者必至於瀆矣。誠能專用其力於人道所宜而易知者，而不昧不惑於鬼神之難測者，則是所謂知也。意者樊遲或有此病，故夫子以是警之與？曰：所謂鬼神者，非祀典之正耶，則聖人使人敬之，何也？若以爲祀典之正耶，則又使人遠之，何也？曰：聖人所謂鬼神，無不正也。其曰遠者，以其處幽，故嚴之而不瀆耳。若非其正，則聖人豈復謂之鬼神哉？在上則明禮以正之，在下則守義以絶之，固不使人敬而遠之，然亦不使人褻而慢之也。曰：問仁而夫子告之以先難後獲，何也？曰：爲是事者，必有是效，是亦天理之自然也。然或先計其效，而後爲其事，則其事雖公，而意則私，雖有成功，亦利仁之事而已。若夫仁者，則先爲其事，不計其效，惟循天理之自然，而無欲利之私心也。董子所謂「仁人者，正其誼不謀其利，明其道不計其功」，正謂此意爾。然正誼未嘗不利，明道豈必無功，但不自夫功利者而爲之耳。樊遲蓋有先獲之病，故夫子既告之以此，又嘗以先事後得告之，其所以警之者至矣。曰：諸説如何？曰：程子之論先難後獲者至矣，敬遠鬼神，第二、三、四説亦善，第一、第五説，皆以非鬼神淫祀言之，則恐聖人所謂鬼神者，初不爲此等也。若於此等猶致其敬，而於鬼神之正，乃或親之而不能遠焉，則亦何以爲知之事哉？以臧文仲祀爰居作虚器者，質之聖人之意可見矣。其釋務民之義，以民爲人者當矣。而其前三説，似亦未安也。范氏以務民之義爲振民，已無所當，又以敬遠鬼神者爲明民，則尤無謂矣。其論先難後獲，似亦未達程子之意，若先有心於育德，則豈後獲之謂哉？吕氏之説，庶幾其近之矣。謝氏以義爲利者，非此文之意，知鬼神之情狀，又未見其所以敬而遠之之意，亦大漫矣。先難後獲，意若可觀，而亦非程子之旨。其曰「於此時可以見仁」者，則尤非夫子之意矣。學者之於仁，固欲其終身體之而不失，豈欲一時見之而遂已耶？楊氏以義事而爲二，猶有新學之餘習也與？其論鬼神之意，則固善矣。先難後獲，雖非程子之意，而在熟之之云，則優於謝氏也。尹氏全用程説，無所復論。此外則蘇氏、曾氏之説，亦可觀矣。蘇氏曰：孔子之言，常中弟子之過，樊遲問崇德，孔子答以先事後得，則須也有苟得之意也與？其問知也，曰「務民之義，敬鬼神而遠之」，教之以專脩人事，而不求僥倖之福也。其問仁也，曰「仁者先難而後獲」，教之以脩德進業，而不貪無故之利也。曾氏曰：務民之義，而不務利，敬鬼神而不近之，非明智不惑者不能也。

或問：仁知之説，如何？曰：程子至矣。蓋夫子之意，正爲仁者之於山，知者之於水，誠有喜而好之者，非但如之而已也。故程子以喜好訓之，又以氣類相合言之，則雖其他說之或略於此者，亦可以類推矣。張子乃謂「特言其成德之後性相類耳，非謂仁知者必有所樂」，則失之矣。程子所謂「仁者安其常」，亦言仁者之所以壽者以此，非以安常爲壽也。以其所謂「以靜而壽，靜則自壽」者觀之，則亦可見其意矣。張子無戕賊之說，蓋亦類此。古注范、游氏說皆然，獨張子一說，乃以壽爲安靜長久之象，則與呂、謝、楊氏之說皆若過高而失之矣。謝氏若夫以下，蕩而無止，不類儒者之言，所謂「其樂有不存焉」者，文義亦不可曉也。曰：程子謂樂水、樂山與夫動靜，皆言其體。而呂氏又以體用分之，如何？曰：程子所謂體者，體段之云耳，非有體用之分也。若其分之，則必易置呂氏之說而後可耳。曰：仁壽之說，諸家之得失，則固然矣，然其失之淺深，奈何？曰：張子之初，蓋以仁或不壽而爲是言耳，然於聖人之意，猶未太遠也。及其論顏子之不壽而歸諸天，則不壽復有疑於此矣。謂澤及萬世者，雖粗而猶有實。曰「盡性而與天爲一」，則論愈高而病愈深矣。

或問二十三章之說。曰：以地言之，則齊險而魯平；以財言之，則齊厚而魯薄；以勢言之，則齊强而魯弱；以俗言之，則齊尚夸詐而魯習禮義。蓋其風氣本不同矣。而太公治齊，尊賢尚功；伯禽治魯，尊尊親親，其治化又不同矣。齊自桓公、管仲不無變亂太公之法，而益趨於薄；魯則雖日衰弱廢墜，而其規模氣象，猶有周公之遺意，則其舊俗之變，又不同也。是以自其本而言之，則雖太公之盛時，已必一變而後可以至於周公、伯禽之王道；自其末而言之，則齊俗益壞之後，又必一變而後可以及魯之衰也。然當是時，非夫子之得邦家，亦孰能成此一變之功哉？諸家於此，蓋各得其一端，而遂據以爲說，故雖爲説之多，而終不能無所遺也。而又有避嫌之病，益使其說不得不有所遺。如避周公、太公優劣之嫌，則曰「非二公遺化之不同」，而凡史書之言太公就封報政遲速者，皆舉而廢之。避魯以侯國而行王道之嫌，則曰「有王者起，而取法於魯，則王道翕然丕變」，此其說雖似美，然恐其不免於有意之私，而非聖言公平正實之本旨也。又或以爲齊一變可比於魯之治時者，亦非文義，若果其言出於此，則魯之治時乃周公之政，即王道本末之大備也，又何待一變而後至道乎？

或問二十四章之說。曰：夫子之意，本爲觚發，而推之則天下之物皆然也。上觚指其器，下觚語其制，觚哉觚哉，歎器之失其制也。諸家推而廣之，各得一意，但楊氏所謂正名者，與此事同而文意不類。蓋正名之意，就實以正名，此章之旨，循名而責實，其事雖同，而不可以相明也。

或問：宰我井有仁焉之問，何也？曰：孔氏以爲欲以極觀仁者憂樂之所至是已。而程子所謂好仁不避難，范氏所謂憂爲仁之陷害者，亦得之也。然諸家有以爲井有仁人，當往救之者，則凡人墜井，亦所當救，不必仁人也。有以爲仁人在井，當往從之者，則豈有仁人無故入井，而吾又何爲從之哉？有以爲赴井可以爲仁者，則亦不待往而後知其詐也。惟以爲入井救人，可以爲仁者爲近之。若吳氏以爲仁當作人者，則亦或有此理，而未敢以爲必然也。曰：欺罔之別，其詳復有可得而言者乎？曰：欺者，乘人之所不知而詐之也；罔者，掩人之所能知而愚之也。夫人之墜井，世有此理，而其有無，則非君子所能必知，雖或未必真有，而可欺使往視之也。自入井中而可以救人，則其無是理也，蓋不待智者而知之矣，又安得以此罔之，而使陷於井中哉？孟子之論舜、子產事，亦引此語，以彼證之，則明白矣。程子所謂陷以非其所履，又謂陷之於不知，則不深考於文義之過。范氏以逝爲不見善而去，陷謂陷於不義，則有人在井，未爲不善，而入井救人，亦未爲陷於不義也。大抵諸家之釋陷字，皆不爲陷之於井之意，故其失至此。惟呂氏首尾大概得之，但所謂以施仁術，爲未協於文義。所謂不能自陷以行救，則恐能字之下脱「使之」二字也。而所謂欺以可救，亦有所未安耳。謝、楊皆以逆詐億不信爲言，固與此意有相似者，然宰予之問，不爲此發，觀於孔、程、范氏之説，則可見矣。謝氏又謂「仁者之心，正不如是」，而不言仁者之心，竟爲如何？卒又歎仁者之難知而已，無乃愈疑後人，使徒以知仁爲事，而不務於爲仁之實也乎！曰：往視而井實有人，則如之何？曰：蘇氏之説，所以處於輕重緩急之間者密矣。蘇氏曰：拯溺，仁者之所必爲也。殺其身無益於人，仁者之所必不爲也。惟君父在險，則臣子有從之之道，猶然挾其具不徒從也。事迫而無具，雖徒從可也。其餘則使人拯之，要以窮力所至而已。

曰：此外諸説之異同，奈何？曰：程子下有闕文。

或問：程子以約之以禮爲約束之意，而於顏子之歎，則又以約爲知要，何也？曰：愚意二者之訓不異，其義亦同，皆爲約束之意，但在此章則爲學者之分，而與顏子所至有不同耳。程子於此章之工夫次序地位淺深，蓋深得之，獨論顏子之説，則鄙意有未安耳。推孟子説約之云，是乃所謂知要者，而顏子之歎，則恐其指此也。曰：諸説如何？曰：張子以文爲禮之文，而謂理爲禮之理，似與程子兩説皆不同。范、謝則又以程子之論顏子者，而施諸此矣。謝氏以學文爲舉而措之之事，幾若王氏之徒，爲史官者稱其罷相之後，方怳然有所得者，其失甚矣。吕氏蓋宗張子之説，然謂學愈深則愈約，而以博文約禮皆人事之當然而非其至者，則是約禮之上，又有愈深之約，人事之上，又有天道之約，恐張子所謂至簡，所謂一歸於是者，必不如是也。楊説似得程子之意，然曰「趨於中則太密」，又曰「不出於大防則太疏」也，蓋欲著意影帶形容禮字，而不知其重複之中反生此病也。

或問：孔子之見南子，何也？曰：按史記：孔子至衛，南子使人謂孔子曰：「四方之君子，不辱欲與寡君爲兄弟者，必見寡小君，寡小君願見。」孔子辭謝，不得已而見之也。

曰：仕於其國而見其小君，禮與？曰：是於禮無所見，穀梁子以爲大夫不見其夫人，而何休獨有郊迎執贄之説，不知其何所考也。然禮家又謂陽侯殺繆侯而竊其夫人，故大饗廢夫人之禮，而使人攝焉。則是大夫雖或有見小君之禮，疑亦久已不行於世，而靈公、南子特舉之爾。曰：南子既非正嫡，且以淫亂聞於諸侯，而是禮也又非當世之所常行者，則夫子曷爲而不辭也？曰：南子之行則醜矣，然其願見，蓋亦有善意焉。且衛君既以爲夫人，而已將仕於其國，則所謂禮從宜、使從俗者，其亦有所不得已焉者矣。又况聖人道隆德盛，雖磨而不磷，雖涅而不緇，亦何爲拘拘譾譾於此，而避一見之嫌乎？曰：矢之爲誓，何也？曰：矢、誓聲相近，盤庚所謂矢言，亦憤激之言，而近於誓者也。且所言之爲誓辭也，其見於傳者多矣，若曰「所不與舅氏同心者，有如白水」、「所不與崔、慶者，有如上帝」，皆是也。曰：邢氏引蔡謨説，訓矢爲陳，引欒肇説，讀否爲泰否之否，如何？曰：程子、諸家多用此説，其義則美，顧其文義，若有所未安者，故范氏獨從舊説，而今亦遵用之也。曰：子路之不悦也，不告以可見之理而誓之，何也？曰：曾氏言之得矣。曾氏曰：見南子過物之行，子路不悦，非常談所能曉，故誓之如此。曰：楊氏包承小人之説，然乎？曰：易之説亦有云爾者，而楊氏獨屢言之，若使大人處否，而包承乎小人，以得亨利，則亦不足以爲大人矣。是説之行，將啟後世爲苟容幸免之弊，懼非所以爲訓也。

或問：二十八章程子二説，自相爲異，何也？曰：解之言正也，語録則或有記録之差焉。曰：諸説如何？曰：久字之意，則皆失之。然謝、楊氏所論至德高明中庸之意，皆善，但其以高明中庸分體用，而謂高明猶所謂至者，則未安耳。其曰賢知者多賢字，其曰愚不肖者多不肖字，亦其小失也。侯氏蓋用程子識得則事事物物上皆天然有中之説而失之，彼亦曰誠知此理，則事事物物皆有自然無過不及之地耳，豈曰吾之手舉足履，無非中乎？其論仁處，亦多此類，甚矣其不精也！

或問：博施濟衆，必也聖乎，此言必聖人而後能之乎？曰：不然，此正謂雖聖人亦有所不能耳。必也聖乎，蓋以起下文堯、舜病諸之意，猶曰必也射乎，而後言射之有爭也。曰仁恕之别，何也？曰：凡己之欲，即以及人，不待推以譬彼而後施之者，仁也。以己之欲，譬之於人，知其亦必欲此而後施之者，恕也。此其從容勉强故有淺深之不同，然其實皆不出乎常人一念之間，學者亦反求諸己而足矣。豈必博施濟衆，務爲聖人之所不能者，然後得之乎？曰：此章之意，諸家孰爲得之乎？曰：程子詳矣，然亦未免以博施濟衆不止於仁而爲聖者之事，故其辨論仁聖之别雖詳，而堯、舜病諸之語反無所當。其答仁不足以盡之一條，尤不可曉。蓋既不與其同於聖，既曰「堯、舜不能」，而又曰「能博施濟衆，則是堯矣」〔三〕。然則堯、舜獨非聖耶？今以吾説通其文義，則彼之兩辨仁聖之别，固不害於貫通也，但仁在事不可爲聖一說，亦不可曉耳。其他如曰「博施濟衆，何干仁事」，似亦太過。博施濟衆實仁者之極功，但不可謂必如此而後得爲仁耳。又如謂「聖人之至仁，獨能體是心而已」，此類亦恐記者失之。至以博爲厚者，則非此字義，且與前後數條之意，亦不相類，而又出其手筆，則或恐其考之未詳也。范氏博施濟衆之説，得其文義，伊尹以下，則已緩而不切，子貢以下，則又遂失其本文之旨矣。呂氏分博施濟衆爲仁聖之事，殊不可曉，子貢有志於仁以下，則爲得之。謝氏分别仁之功用、仁之得名者，善矣，然謂立人、達人爲仁之方而非仁，則蓋以爲仁道發用著見之所也，此但以章句文義而言已爲失之。而「能近取譬」，乃聖人直指子貢用力爲仁之術，非但使之知其所在而已也。楊氏所引孔子告顏、冉者，亦要切矣，然與此章之旨不類，蓋仁之爲仁，雖無二致，然聖人所以示人求之之術，亦各不同，不可一概論也。

校勘記

〔一〕然大意其無煦濡媚説之私　「其」，四庫本作「斷」。

〔二〕無鮀之佞而獨有朝之美者　「獨」，正德本作「猶」。

〔三〕則是堯矣　「矣」，四庫本作「舜」。

論語或問卷七

述而第七

或問首章之說。曰：程子之解善矣，語録之說則未安。然解之云，亦合之以蘇氏之說，然後爲善。蘇氏曰：自生民以來，至於孔子，作者略備矣，特未有折衷者耳，故述而不作。然猶不敢當折衷之名，而自託於傳述，此則聖人之謙辭也。謝氏以其卑而恥之，故必侈其說以自高，其失聖人之意也遠矣。其論老彭，則與尹氏之說皆善，以爲老聃、彭祖者，疑未然也。楊氏所論作春秋之意亦善。大抵此篇聖人之謙辭爲多，疑以此類記之也。

或問：默識二義，孰爲得之？曰：不言而得其理者，不待問辨而無疑也。不言而存諸心者，拳拳服膺而弗失也。二義皆通，蓋皆聖人之所不居也，但未知當時立言之本意，果何所指耳。然以得言者，程子、范、尹得之，而楊氏過高；以存言者，呂氏得之，而謝氏過高，又不可不審也。曰：何有於我，諸說不明，而子又自爲一說，奈何？曰：謝、楊不解，固無可説矣。諸説之中，吕氏爲差易了〔一〕，然如其説，則當增此外復字，然後文意乃足，恐聖人之言，不如是之簡而晦也。聖人處此，雖爲自貶，然其辭氣抑揚之間，亦不當如此之夸。惟程子、范、尹共爲一説，但言以身處之，自以爲有，而不言文義之所以然者。推其所自，蓋皆出於古注所謂「人無是行，我獨有之」者，是以但言其意，而不復釋其文義也。然以經文考之，則何下當有人字，有下當有此字，乃得如其所説，而經固無之，則有所不通矣。就使果如其説，則聖人之所以處此者，乃其自貶之意，而其所以爲言者，乃若自大之辭，與夫所謂不如丘之好學，則可謂云爾已矣者，殊不相似也。故竊以爲不若直以不居爲言，則於文爲順，而無增加矯揉之煩；於理爲通，而無夸大激揚之弊。且第九篇十五章之言，意亦類此，讀者誠通玩之，倫類可見。然或者又疑二章所陳，皆庸行之常，非聖人平日所不居之例，此則有未通者，姑闕焉以俟知者，其亦可也。

或問三章之説。曰：楊、尹得之矣。謝氏以言道爲易，而難於講學，則未知其所言者，果何道也〔二〕？以四者爲非顯過，則無乃又陷於自恕之失耶〔三〕？至謂此非聖人之自憂，則又尊聖人而耻其卑屈之過也。

或問四章之説。曰：程子至矣，然其語録一節，字義不精，不若其正解及謝、楊之説爲愈也。而楊氏蓋其心廣體胖以下，重複散緩，亦異乎程子、謝氏之云矣。范氏舒遲和樂之云則善，至以心體和敬内外而言，則不識其何説矣。又曰所以進德而不已，此又豈所以語大聖人之德哉！

或問：孔子不夢周公之説，程子以爲初實未嘗夢也，如何？曰：孔子自言不夢之久，則其前固嘗夢之矣。程子之意，蓋嫌於因思而夢者，故爲此説，其爲義則精矣，然恐非夫子所言之本意也。曰：諸説如何？曰：張子之説，有所未喻。范氏之意，蓋以爲聖人因自覺其衰之久，而歎其將不得復夢見周公之事，其以夢非真夢，與程子略相似，而其爲説實不同也。然夢見之云，乃若今人之戲語，聖人之言，似不如是之不莊也。謝氏以爲聖人誠不厭，健不息，故夢寐不忘周公之事；然而又曰「然後無意於經世」，則是誠有時而厭，健有時而息也，而可乎哉？其以己無意於經世，爲天無意於斯文，則又推言聖人與天爲一之意，亦横泆而無所止矣。楊氏夢見不可復以下，似范語而意又不同，蓋其正説自如本義，而辭有所不足，其下乃復以己意推而言之以及於此耳。此外則胡氏説夢，亦有可取者焉。胡氏曰：心爲萬物之至靈，非但藏往，固能知來，凡天地古今之所有，無一外乎此者，無明晦、古今、遠邇、通塞之間，此人之所以有夢，夢之所以多變也。然聖人誠存，賢人存誠，則其夢治。若夫思慮紛擾，神精不定，則所夢雜亂，或正或邪，亦與旦晝之所爲等爾。善學者既謹其言動，而又必驗諸夢寐之間。

或問：道爲義理之總名，何也？曰：道以人所共由而得名，若父子之仁、君臣之義者是也。曰：德者，己之所自得，何也？曰：若爲父子而得夫仁，爲君臣而得夫義者是也。曰：其志之、據之何也？曰：潛心在是，而期於必至者，志也。既已得之，而謹守不失者，據也。曰：不違仁者，奈何？曰：吾於顏子之事既言之矣。敢問六藝之目，與所以游之之説？曰：五禮：吉、凶、賓、軍、嘉也。六樂：雲門、大咸、大韶、大夏、大濩、大武也。五射：白矢、參連、剡注、襄尺、井儀也。五御：鳴和鸞、逐水曲、過君表、舞交衢、逐禽左也。六書：象形、會意、轉注、處事、假借、諧聲也。九數：方田、粟米、差分、少廣、商功、均輸、方程、贏不足、旁要也。是其名物度數，皆有至理存焉，又皆人所日用而不可無者。游心於此，則可以盡乎物理，周於世用，而其雍容涵泳之間，非僻之心，亦無自而入之也。蓋志、據、依、游，人心之所必有而不能無者也；道、德、仁、藝，人心所當志、據、依、游之地，而不可易者也。以先後之次言之，則志道而後德可據，據德而後仁可依，依仁而後藝可游。以疏密之等言之，則志道者未如德之可據，據德者未若仁之可依，依仁之密乎内，又未盡乎游藝之周於外也。詳味聖人此語，而以身體之，則其進爲之序，先後疏密，皆可循序以進，而日用之間，心思動作，無復毫髮之隙漏矣。曰：諸説如何？曰：程子、張子至矣，然其語意，類皆簡奧未易遂曉。今請試論其旨意之大略，如曰「學者當如是涵泳於其中」者，統言一章之旨也；其曰「兼内外而言之」者，以上文言依仁止於所行，而爲是語以發其未盡之意，明所行者，非獨事爲可見之行也。張子之意，大略放此，而其得寸守寸，得尺守尺之説，意味尤深，非躬行實踐之至，不能爲是言也。其一説以爲人能志道，則能求至其極，而有所進，故所據之德，不至於中道而止；依仁，則大者有守，故小者可游，而不失其和。和對理而言，則一張一弛之意也。其以藝爲日爲之分義者，亦指六藝而言，其皆日用之品節耳。涉而不有、過而不存云者，亦言其當游於此，則心存乎此，去之則不專係念於此也。曰：諸説如何？曰：程、張至矣。范氏平實，而仁字之説未盡。吕氏簡約，而依字之訓或疏。謝氏以志爲趨向，亦曰其大概不倍乎此耳。以夫子三軍奪帥之言質之，則所謂志者，不應如是之輕且疏也。君子有時不善之云，則縱而不謹，以啓自恕之門甚矣。戴天履地之譬則幾矣，然未知其所謂道者，果何物也？至於無藝不害爲君子之語，則又慢而不虔矣。游氏念念不忘之説善矣，而以其下文所論推之，則所指以爲道者，則恐其未免於老、佛之餘也。志者，有思之主而有爲之端也，若之何以無思無爲當之，而無思無爲，又豈惟精惟一之謂耶？至以精一分管中庸，亦無是理。堯、舜、禹皆自誠而明者，而允執厥中，乃時中之中也。今曰三聖執中，皆志道之效，其亦不可曉矣。以據德爲止其所而自得，亦於彼此文義皆有所不合，蓋此所謂據於德者，守其所得之德耳，非以有所據而後有所得也。若易所謂止其所者，亦曰止於其所當止之所而已，豈固守不動之謂哉？以依仁爲不違仁者善矣，然謂「不仁則皇皇然無所依」，則非文義也。蓋所以依於仁者，正謂其未得於仁，而欲其依於是耳，非謂既仁而後有所依也。且其依之，亦反諸乎身而去其不仁者而已，非若子之依父、妻之依夫，雖曰至尊至親，而猶爲兩物也。其曰「據德以體道，依仁以成德」者，則亦得之。但其所謂道者既差，則其二者亦未有所附也。其論游於藝以閑邪而守仁者，意亦甚善，然亦必以張子、范氏之説爲正，然後可以及此。若但如游説而已，則是徒爲是物以繫其心，而於日爲之分義，初無所當也而可乎？楊氏大抵皆以其已然之效而言，而求其所以用力之地，則未之及也。尹氏則賢於諸説遠甚，其曰志道以致之者，尤爲切當，但據德以行之者，似稍疏耳。

或問七章之説。曰：諸説無他異，惟范氏成人所以成己者，失之遠矣。

或問八章之説。曰：程子至矣。范氏亦庶幾焉，但所引孟子爲未當耳。呂氏之訓釋有功，而楊氏引據亦有助也。謝氏一隅不識者，奪之大過，復於王之復，乃下告上之辭，引以爲説，亦非是。曰：反之爲還以相證，何也？曰：如易所謂原始反終者也。

或問九章之説。曰：程子至矣。謝説亦善。楊氏舊本，仁人有不忍者，後改忍爲能，蓋用程子之意。不忍不能，語意之精粗，蓋有間矣，然終不若程語之完且善也。□説有病〔四〕，聖人之心，豈其若是之支哉！

或問：十章之與，不爲許與之與，何也？曰：若爲許與之與，文義亦通。但以子路之問觀之，則所謂與者，正謂與之俱耳。曰：諸說如何？曰：程、張之說，無以易矣。范、謝亦皆得之，但知物我之分云者，恐非所以言聖人耳。呂、楊分別孔、顏不同處，亦有此意。蓋此章猶以物我對待而言，若孔子之仕止久速，則其可否之幾，渾然在我而無與於物矣。此章之意，猶止以一己之從違而言，若孔子之天下文明，則風動神化，有不知其所以然者矣。

或問十一章之說。曰：程子可求不可求皆決於義，謝、楊可求不可求皆決於命，至於張子、尹、呂則以可求者爲義，而不可求者爲命，三說不同，然愚意以謝、楊之說爲未安也。蓋此本設言，以明富之不可求，故有執鞭之說。若曰命可求，則寧屈己以求之，則是實有此意矣，豈聖人之心哉！曰：聖人言義而不言命，則奈何其言此也？曰：言義而不言命者，聖賢之事也。其或爲人言，則隨其高下而設教，有不同者，豈可以一律拘之哉！故此章之意，亦爲中人而發耳。如曰「死生有命，富貴在天，求之有道，得之有命」者，夫豈皆不言命乎？魏國韓忠獻公有言：「貴賤貧富，自有定分，枉道以求，徒喪所守。」蓋得此章之意。中人以下，其於義理有未能安者，以是曉之，庶其易知而有信耳。蘇氏之說，蓋亦如此，其非孟子則失其旨，而吾亦已辨之矣。蘇氏曰：凡物之可求者，求則得之，不求則不得也，仁義是也。故曰：「仁遠乎哉！我欲仁，斯仁至矣。」若富貴，則有求而不得者，有不求而得者，是不可求也。故曰：「富而可求也，雖執鞭之士，吾亦爲之，如不可求，從吾所好。」聖人之於利，未嘗有意於求也，豈問其可不可哉？然將教人以勿求，則人猶有可得之心，特迫於聖人而止。迫於聖人而止，則亦有時而作矣，故告之以不可求者，以爲高其閈閎，固其扃鐍，不如開門發篋而示之以無有也。

或問十二章之説。曰：尹説得之。曾氏之説，亦可觀焉。曾氏曰：鬼神恍惚，戰疾危殆，斯須不在焉，則失之矣。謝、楊説亦善。楊氏舊説，引孔子事甚佳，而後復删去之。范氏正人之説語意最爲疏濶，皆不可曉。

或問：十三章之文，程子改三月爲音字，如何？曰：彼以一日聞樂，而三月忘味，聖人不當固滯如此故爾。然以史記考之，則習之三月而忘肉味也。既有音字，又自有三月字，則非合分之誤矣。故范氏獨引史文爲正，而其爲説，亦他説所不及，但以爲樂爲學樂，則未然耳。蘇氏説亦得之。蘇氏曰：孔子之於樂，習其音，知其數，得其志，知其人。而於文王也，見其穆然而深思，見其高望而遠志，見其黮然而黑，頎然而長，其於舜也可知，是以三月不知肉味。

或問夫子不爲衛君之説。曰：程子、尹氏盡之矣，但程子并引諫伐之事，似非此章問答之本意耳。謝氏所引王氏之言，夸而不實。楊氏於此最爲留意，所引檀弓之説，及以蒯聵處伯夷之地，皆得之矣。但以郢處叔齊之地而不及輒，則於文義之間，似失當年答問之本意也。至其卒章，深詆善兄弟之讓，而惡父子之爭者，以爲失旨，亦不可曉。蓋此章大體正此句，檀弓立孫之説，乃其間小小曲折耳。二子之疑，雖由此起，而夫子所斷，則以其父子之爭而絶之，初不復論此曲折也。至第二條始以蕢、輒父子，當夷、齊兄弟之處，然則前此蓋牽於文勢之波流，而自失其所主之正意，悦於新説之有據，而遂以舊義爲無可，是以其言不能無小失耳。曰：夫子以夷、齊爲賢，則其不爲衛君之意明矣。而子貢復有怨乎之問，至聞得仁之語，然後知夫子之不爲，何耶？曰：夷、齊之賢，天下孰不知之，子貢蓋不待夫子之言而知之矣。然意二子雖賢，而其所爲或出激發過中之行，而不能無感慨不平之心，則衛君之爭，猶未爲甚得罪於天理也，故問怨乎以審其趣，而夫子告之如此，則子貢之心，曉然知夫二子之爲是，非其激發之私，而無纖芥之憾矣。持是心燭乎衛君父子之間，其得罪於天理，而見絶於聖人，尚何疑哉？此其所以必再問而後知所決也。

或問十五章之説。曰：聖人之心，無時不樂，如元氣流行天地之間，無一處之不到，無一時之或息也，豈以貧富貴賤之異，而有所輕重於其間哉！夫子言此，蓋即當時所處，以明其樂之未嘗不在乎此，而無所慕於彼耳。且曰亦在其中，則與顔子之不改者，又有間矣。必曰不義而富貴，視如浮雲，則是以義得之者視之，亦無以異於疏食飲水，而其樂亦無以加爾。記者列此以繼衛君之事，其亦不無意乎！曰：諸説如何？曰：程子至矣，然金革百萬之語，又於張子説中見之，不知其何故也。以太公云者，推之金革百萬之言，始有所系，或本張説而誤入程語也耶？范氏説亦得之。謝氏無所樂之云，則老、佛之談耳。又謂聖人視義富貴，亦如浮雲，則亦過而失乎聖言之旨也。楊氏以天爵之貴，備萬物之富爲言，若將與世之富貴者校勝負，則既病矣，然必挾此而後樂，又非聖人無所不樂之意也。又謂「聖人於不義之富貴，視其去來，如浮雲之輕」者，亦誤矣。聖人於此方言其視之之輕，未遽及其去來也。且聖人視之之輕，亦以自義理而觀之爲不足道耳，非以趙孟能賤來去無常而輕之也。

或問：程氏學易無大過之云，何也？曰：此以爲聖人之未學易也，不應嘗有大過，其既學易也，不應猶有小過，而爲是説矣。然以文勢考之，恐不如此。蓋既曰謙辭，則又何所言而不可耶？曰：范氏以下如何？曰：謝、尹皆宗程氏者也，惟范、楊爲小異。然范氏真以聖人爲有過，則疑未然。楊氏説又過高而無實，至所論五十字，則皆未知其誤而云爾。

或問十七章之説。曰：程子之言，自有不同，然其曰雅素云者得之矣。正音之説，恐未必然。諸説大略皆通，范、尹雅字之訓甚善，執禮之説，恐不必然也。

或問十八章之説。曰：程子至矣，其次則尹氏得之，蘇氏蓋亦得之，而不能無病者也。曰：何也？聖人之自言，非惡其不讓，慮其非實而後爲是含蓄之言也。盛德之至，横口所言，如天地之生物，而不自知其功耳。曰：諸説如何？曰：張子一説，真以孔子爲發憤而至於聖，蓋其平日所論如此，恐或未然。其一説，論樂以忘憂者，則盡乎人情矣。范氏分好學好道二事，得無老氏損益之遺意耶？謝氏不悟其爲聖人之謙辭，而欲引而極之於無我之事，其亦誤矣。且發憤忘食，樂以忘憂，其主意要重在上字，今乃以濟欲累物反之，則未知其所主之安在也。

或問二十章之説。曰：程子、謝、尹得之矣。范、楊三字之説得之，而并以神爲不正亂俗之事則失之。吕氏三字之説皆病，而獨神字之説近之，但此乃鬼神而直以爲妙理，亦少過耳。若妙理之神〔五〕，則聖人固未易言之，然不當列於此四者之間也。游説亦佳，而未免有所偏也。曰：孔子於春秋，紀災變戰伐篡弑之事，於易、禮論鬼神者尤詳，今曰不語四者，何也？曰：聖人平日之常言，蓋不及是，其不得已而及之，則於三者必有訓戒焉，於神則論其理以曉當世之惑，非若世人之徒語而反以惑人也，然其及之也亦鮮矣。

或問二十一章之説。曰：此無異論，獨張子所引顔子之説，乃正蒙所謂達善達不善者，恐非易大傳之本意也。

或問：孔子何以知天之生德於己也？曰：天之生我，而使之氣質清明，義理昭著，則是生德於我矣，豈其不自知哉？曰：諸説如何？曰：程子之説固如此矣，但其連下文而言，則其意若曰：「天之生德於我者如此，其死生禍福固有不偶然者矣，使桓魋得以害己，是亦天也，而豈魋之所能爲哉？」夫其上句之説則善矣，而其所論下句爲不自必之意，則予未能不疑也。范氏假手之云，則下句蓋用程説，但其分别天命之殊，則有不可解者爾。謝氏以下，下句皆用程説，而謝氏所謂與天合德者，恐非生德於予之文意也。尹氏又以天其或者爲言，則是并與生德而不自必矣，於孔子、程子之意，恐皆未有所合也。曰：子之有疑於程子之言，何也？曰：聖賢之臨患難，有爲不自必之辭者，有爲自必之辭者，隨事而發，固有所不同也。爲不自必之辭，孔子之於公伯寮，孟子之於臧倉是也。其爲自必之辭，則孔子之於桓魋、匡人是也。以文考之，則彼曰其如命何，此曰其如予何，固不同矣。以事考之，則寮、倉之爲譖愬，利害不過廢興行止之間，其説之行，世固有是理矣，聖賢豈得而自必哉！至於桓魋、匡人直欲加害於孔子，則聖人固有以知其決無是理也，故孔子皆以自必之辭處之，言各有當，不可以此而廢彼也。曰：聖人之自必如此，而又微服以過宋，何也？曰：程子論之詳矣。然按史記：孔子適宋，與弟子習禮大樹之下，桓魋伐其樹，孔子去之。弟子曰：「可以速矣！」子曰：「天生德於予，桓魋其如予何！」遂之鄭。疑孔子既遭伐樹之厄，遂微服而去之，弟子欲其速行，而孔子告以此語也。蓋聖人雖知其不能害己，然避患亦未嘗不深，避患雖深，而處之亦未嘗不閒暇也，所謂並行而不悖者，學者宜深玩於斯焉。

或問無隱之説。曰：程子、張子、范吕尹氏之説，得其實矣。游氏亦爲得之。謝、楊氏爲説雖同，然其所以爲説者，則恐其過而流於老、佛之意也。

或問：程子所謂誠忠孚信之别，奈何？曰：誠忠以體用而言也，孚信以内外而言也。曾氏曰：「忠者心不欺，信者言不妄。」其義亦通。曰：諸説如何？曰：范氏之意亦善，但所引行有餘力以上云云者，乃爲子爲弟之常事；四教之云，又自學文以後而言也，然要其歸宿，卒亦不外乎爲子爲弟之常事也。但能博學於文，而又約之以禮，則行日益脩，而忠信日益篤耳。謝氏三事之説亦善，但説有内外之殊，則亦不得不合用其力耳。尹氏之説，又若四事各爲一門而不相須者。恐亦未免有病也。

或問二十五章之説。曰：諸説皆善，獨楊氏爲太支，然其末句之説亦善。此外則吴氏、曾氏説亦得之。吴氏曰：君子蓋有賢德而又有作用者，特不及聖人耳。若善人，則粗能嗣守成務，不至於爲惡而已，非若君子之能有爲也。曾氏曰：當夫子時，聖人固不可得而見，豈無君子、善人、有恒者乎？而夫子云然者，蓋其人少而思見之也。及其見，則又悦而進之，曰「君子哉若人」。凡此類，當得意而忘言。善人，明乎善者也；有恒，雖未明乎善，亦必有一節終身不易者。若本無一長而爲有之狀，未能充實而爲盈之狀，貧約而爲泰之狀，此亦妄人而已矣。孟子所謂「雨集溝澮皆盈，其涸可立而待也」，烏能久乎？曰：無有、虚實、約泰之分，奈何？曰：無，絶無也，虚則未滿之名耳，二者兼內外、學之所至、事之所能而言。約之與泰，則貧富貴賤之稱耳。爲之云者，作爲如是之形、作爲如是之事者也。爲之無以繼，則雖欲爲有常，不可得矣。

或問二十六章之說。曰：此無他異，獨射宿之義，小有不同。蓋謝、楊得之爲多。驚衆之云，意似廣而實不切；暴物之云，蓋取田不以禮之意，然其取義亦疏矣。范氏造次必於是，尹氏操於心以往，皆非所以言聖人。此外則張敬夫所論亦佳。張敬夫曰：聖人之心，天地生物之心也。其親親而仁民，仁民而愛物，皆是心之發也。然於物也，有祭祀之須，有奉養賓客之用，則其取之也，有不得免焉。於是取之有時，用之有節，若夫子之不絶流、不射宿，皆仁之至義之盡，而天理之公也。使夫子之得邦家，則王政行焉，鳥獸魚鼈咸若矣。若夫窮口腹以暴天物者，則固人欲之私也。而異端之教，遂至禁殺茹蔬，殞身飼獸，而於其天性之親，人倫之愛，反恝然其無情也，則亦豈得爲天理之公哉！故梁武之不以血食祀宗廟，與商紂之暴殄天物，事雖不同，然其咈天理以致亂亡，則一而已矣。

或問二十七章之說。曰：諸說大意略同，但文義各異，至句讀亦有不同者，然程子之說，無以易矣。尹氏發明其意，亦爲得之。張子說略而義亦正。楊氏、謝氏、胡氏似程子而小不同，三家復自有小不同處，然皆不若程子之密也。胡氏曰：聖人生而知之，作無非理，故無不知而作之者。孔子不以生知自居，今乃自謂其無不知而作之者，又以見聞擇識之知爲次，則孔子之知乃生知也。夫不爲妄作，在聖人爲不足道，然味之則無所不知，非聖人不能矣。若君子有所未知，則不作可也。多聞多見，耳目所受也。擇善去不善，致知之端也。從之，效於事爲也。識之，記而不忘也。內外並進利仁之事，雖異於生知，亦其次矣。至於呂氏則以知之屬上句，其說以從之、識之、知之三者，爲求道淺深之序，則固不得而從之。范氏在楊、胡之間，但以爲聖人有所不知而闕之則誤矣。

或問二十八章之說。曰：諸說皆善，但謝氏爲小異，然大意亦同耳。曰：不保其往，舊說往謂往日之事，如何？曰：此於字義爲得，但文勢差倒耳。若以錯簡推之，則自其潔己而往日之不善亡矣，故不保其往日之不善，亦不與其退去而爲非，取其今日潔己以進之心耳。如此，則似或本於中心之不能已者，而每出於有意計度之私也，夫豈然哉？

或問：三十一章之說，所謂聖人謙遜審慎，不掩人善，何以言之也？曰：聖人天縱多能，其於小藝，不待取於人而後足，而必欲得其詳如此，其謙遜審慎可知也。然若不俟其曲終而遽和之，則亦幾於伐己之能，以掩彼之善矣。故必俟其曲終，以盡見其首尾節奏之善，然後使人復歌而始和之，則既不失其與人取善之意，而又不掩其善也。然此亦聖人動容周旋自然中禮處，非有意於爲之也，抑又見其從容不迫，不輕信而易悅之意。曰：諸說如何？曰：程子以爲善人之歌而遽和之，則己之所歌乃殘章耳，故必使反之而後和，則己之所歌亦全章也。此意亦善，但未見善字之意耳。他説則又并必使反之之意而失之也。

或問三十二章之説。曰：程子之意善矣。然曰人於文皆曰吾勝人，則莫字之上，更有人字，下合更有曰字，文意乃足。又此句吾字，設爲衆人自稱之辭，而下句吾字，乃爲孔子之自稱，文勢亦不相屬也。如范説，則二吾字不相戾矣，然其於文行之間，無所輕重，則亦未得爲至論。其曰進而不已者，又非所以言聖人也。吕氏莫字之訓善矣，其論文意大概亦皆得之，而辭或未瑩，至於此非謙辭以下，則非此章之旨矣。謝氏爲得之，但聖人雖不讓於文，而猶人之説，猶其論聽訟耳，亦未嘗自以爲過人也。躬行君子，對文而言，自有虛實難易急緩之殊，故不居以勉人，非必謂其可以入聖，而後不敢當也。楊氏似程説，而下句語意不足，無以審其必然。尹氏上范下程，尤爲疏闊矣。曰：然則奈何？曰：此其文義集注備矣，若其所以然者，則未可以一言盡也。蓋於文，言其可以及人，足見其不難繼之意；言其不能過人，又見其不必工之意；且合而觀之，又見其雖不讓其能，而亦不失其謙也。於行，言其未之有得，則見其實之難焉，見其必以得爲效焉，見其汲汲於此而不敢有毫髮自足之心焉。一言之中，而旨意反覆，更出互見，曲折淵永，至於如此，非聖人而能若是哉？

或問三十三章之説。曰：程子説子華之意，似以爲雖夫子之誨人不倦，然已則未能學以承聖人之誨耳，如此，恐於文義有所不通。張子之説善矣。范氏專以不自聖、不當仁，爲能聖且仁者，雖若近似張子之言，然其意本不同也。若不論其實，而惟其所不敢當者則與之，則世人之不敢自聖當仁者多矣，果皆可以爲聖且仁矣乎？又以不厭、不倦分屬聖仁，亦非是。若孟子所引子貢之言，則可謂云爾矣。謝氏謂不厭、不倦，則聖且仁矣，亦未見其所以學、所以誨者果何如也？且自始學以至成德，其梯級有不若是其易以躐者，若之何而遽以仁聖之名加之乎？楊氏以功施於人爲仁，殊不類其平日之言，蓋不可曉。又以弟子所不能學者，特在於有其實而不居其名之一事，其病亦若范氏之類也。尹氏最爲得之，但不當雜取子貢之言，以亂此章之旨耳。

或問：行禱五祀，著於禮經，今子路請之，而夫子不從，何也？曰：以理言之，則聖人之言盡矣，諸家之説當矣；以事言之，則禱者臣子至情迫切之所爲，非病者之所與聞也。病而與聞於禱，則是不安其死，而諂於鬼神，以苟須臾之生，君子豈爲是哉！曰：然則聖人之言，乃不及此，而直以爲無事於禱，何也？曰：是蓋有難言者，然以理言，則既兼舉之矣。蓋祈禱卜筮之屬，皆聖人之所作，至於夫子而後教人一決諸理，而不屑屑於冥漠不可知之間，其所以建立人極之功，於是爲備，觀諸易之十翼亦可見矣。曰：諸説如何？曰：孔氏得之，但其語似有以此合彼，未能爲一人之病，類非所以語聖人者。若程子則至矣。范氏恐其於禮未得，則不考士喪禮之過者。又曰不與其誠，則非聖人之事，而其語意亦似重複不辭者。謝氏以爲非夫子之不禱，乃語子路以禱之理，則又甚矣。據此文，實夫子之不禱，而詳味語意，又未嘗告子路以禱之理也。蓋其務爲高奇，廢舊文而生新意，每每如此。至論鬼神之有無，則又其所聞於程子者，理則然矣，然非此章之意，今不擇其所當出，於凡曰鬼神者，則舉而一施之，其亦誤矣。且言交鬼神之誠意則同，必有禱而後用之，今夫子未嘗禱，則又安得以此而言之耶？若曰聖人平日自然之誠，則又不當對鬼神而言也。楊氏合吉凶之論似矣，然所謂合吉凶者，言聖人之好善惡惡，賞善刑淫，如鬼神之禍福，無不合於理也，豈以一己之吉凶爲言哉？尹氏合用程子之語善矣，而加以自求多福之云，則非所以語聖人也。曰：子以禱非病者所自爲，而程子以禱爲悔過遷善祈神之佑，何也？曰：禱雖臣子之禮，而其詞則固述其君父悔過遷善之詞，以解謝鬼神之譴怒也。夫子初無是也，則豈待至此而復有禱哉！諸說之外，胡、張二説，亦爲得之。胡氏曰：禱之爲禮，非正禮也，而忠臣孝子切至之情有不可廢者，故聖人之立制，猶盟詛之類爾。然君子不自爲也，惟君父則可，而又必於其鬼焉。若非其鬼，則是淫祀而已，又安取福乎？子路所謂上下神祇者，殆非大夫之所得禱也。以此推之，後世祀典之失，又豈可勝言哉！又曰：上下神祇，與人一理，夫子道參天地，誠貫幽顯，仰無所愧，俯無所怍，豈疾病而後禱哉！生而知之，安而行之，少而壯，壯而老，非日月至焉者，其何以如之？張敬夫曰：聖人之心，天且弗違，而況於鬼神乎？而獨曰丘之禱久矣，辭氣謙厚，所以發子路者深矣。

或問三十五章、三十六章之説。曰：程子盡之矣，他説皆不能出其規模之内，而往往偏主於一事，細參考之，優劣深淺見矣。

或問卒章之説。曰：程子、謝、尹之説盡之矣。但所謂聖人之時者，非是。所記程、張問答，語意尤精，至於所以推之，則不若前説之善矣。范氏以三者爲德之脩，則非所以語聖人。吕氏不言三者之所以然，而論其效，固已失之，而所論之效，又不切於本文之義也。楊氏所言，皆非聖人之事，惟德盛爲庶幾，然以上下文推之，其爲德也，亦或非其至者矣。

校勘記

〔一〕吕氏爲差易了　「易」字，四庫本無。

〔二〕果何道也　「道」，四庫本作「如」。

〔三〕則無乃又陷於自恕之失耶　「失」，四庫本作「説」。

〔四〕□説有病　□，日本正保本作「謝」。

〔五〕若妙理之神　「神」，日本正保本作「微」。

論語或問卷八

泰伯第八

或問曰：何以言三讓之爲固讓也？曰：古人辭讓，以三爲節，一辭爲禮辭，再辭爲固辭，三辭爲終辭。故古注至是，但言三讓，而不解其目也，今必求其事以實之，則亦無所據矣。曰：何以言其讓於隱微之中也？曰：泰伯之讓，無揖遜授受之迹，人但見其逃去不返而已，不知其讓也；知其讓者，見其讓國而已，而不知所以使文、武有天下者，實由於此，則是以天下讓也。曰其爲至德，何也？曰：讓之爲德既美矣，至於三，則其讓誠矣；以天下讓，則其所讓大矣；而又能隱晦其迹，使民無得而稱焉，則其讓也，非有爲名之累矣，此其德所以爲至極，而不可以有加也。曰：太王有廢長立少之意，非禮也。泰伯又探其邪志而成之，至於父死不赴，傷毁髮膚，皆非賢者之事，就使必於讓國而爲之，則亦過而不合於中庸之德矣，其爲至德，何耶？曰：太王之欲立賢子聖孫，爲其道足以濟天下，而非有愛憎之間，利欲之私也。是以泰伯去之而不爲狷，王季受之而不爲貪，父死不赴，傷毁髮膚，而不爲不孝。蓋處君臣父子之變，而不失乎中庸，此所以爲至德也。其與魯隱公、吴季子之事，蓋不同矣。曰：逃去可矣，何必斷髮文身哉？曰：先儒論之多矣。蘇氏以爲讓國，盛德之事也，然存其實而取其名者，亂之所由起，故泰伯爲此，所以使名實俱亡而亂不作也。此以利害言之，固不足以論聖賢之心。而其弟黄門又曰：「子貢言泰伯端委以治吴，則固未嘗斷髮文身也。且漢東海王以天下授顯宗，唐宋王成器以天下授玄宗，皆兄弟終身無間言，何必斷髮文身哉！」此引子貢之言，則其事固有不可考者，然以漢、唐二事例之，則亦未足以盡聖賢之心也。蓋使王季之心，但如顯宗、玄宗則可，若有叔齊之義，則亦不能以一朝居矣。使泰伯而不有以深自絶焉，則亦何以必致國於王季而安其位哉！然顯宗、玄宗之心，其厚薄又自不同也。曰：程子既曰「泰伯知王季、文王必能開基成王業矣」，又曰「不必革命，使紂賢，文王必爲三公」，何也？曰：此亦推廣假設之辭耳。曰：謝氏以爲泰伯亦能有天下，信乎？曰：泰伯固爲至德，然恐非文王之倫也。使其德業果與文王不異，則太王之欲立季歷乃邪心矣。大率此爲推本而言，楊氏之説得之矣。

或問二章之説。曰：程子、張子至矣。范、吕亦得之。謝氏不就理之云過於高，養德之云偏於内。楊氏則辭費甚矣。

或問：三章之説，如何？曰：程子、范謝尹氏皆善。吕氏所謂得禮者過之。而楊氏以啟手足爲不虧其體，戒慎恐懼爲不辱其身，則支矣。曰：其以易簀爲死生無變於己者，諸説之所不及，不其至乎？曰：昔晁詹事嘗問此義於程子，程子曰禮也。晁曰今人蔽於老、佛之説，則不謂之禮，而謂之達矣，程子然之。不知楊氏於此，其果以禮爲重乎？以達爲重乎？是未可知也。

或問：曾子三言，其爲脩身之驗，奈何？曰：此程伯子、尹氏之意也。夫不莊不敬，則其動容貌也非暴即慢，惟恭敬有素，則動容貌斯能遠暴慢矣；内無誠實，則其正顔色也色莊而已，惟誠實有素，則正顔色斯能近信矣；涵養不熟，則其出辭氣也必至鄙倍，惟涵養有素，則出辭氣斯能遠鄙倍矣。曾氏亦以爲君子於是，持養既久而熟，睟面盎背，不待施設而自爾也，故皆以斯言之，此説當矣。曰：道無精粗本末之間，今以籩豆爲末節，而獨貴乎此，何也？曰：夫謂道無本末者，非無本末也，有本末而一以貫之之謂也。一以貫之而未嘗無本末也，則本在於上，末在於下，其分守固不同矣。故君子所貴，貴乎其本而已，苟所以本於身者，不足遠邪而去僞，則屑屑於儀章器數之末，亦何爲哉？曰：程叔子之説如何？曰：容貌莊敬，則可遠暴慢，養於中而言自順理者，得之矣。解中所論正顔色、出辭氣二句，則與上句之例不同，而又各爲一説，不知其何故也。曰：有爲此章之説者曰：「道之所貴，有此三事：動容貌以遠暴慢也，正顔色以近誠信也，出辭氣以遠鄙倍也。動也、正也、出也，閑邪而收放心之術也。心少不存，則動之、正之、出之者誰歟？動容貌，矜莊以脩之也，心一矜莊，則輕忽夷易之態，自不形於聲。正顔色，端儼以莊之也，心一端儼，則僞妄不情之事，自不入於念。出辭氣，審度以發之也，心一審慎，則僻違背理之言，自不道於口矣。」子以爲何如？曰：此本謝氏之説也。然經文但曰動曰正曰出而已，其動之中否，正之真僞，出之得失，皆未可知也。所貴者乃在其平日莊敬誠實，涵養有素，故其動能遠暴慢，其正能近信，其出能遠鄙倍耳。今乃以動爲矜莊，出爲審度，則其文義自無所當。又謂一矜莊便能遠暴慢，一端儼便能近信，一審度便能遠鄙倍，則是其所用其力者，止於揚眉瞬目之際，而遽責其有睟面盎背之功，吾恐其無沈浸醲鬱之風，而未免於浮躁急迫之病也。且一爲端儼之色，安知其非色莊也耶？此又不但文義之疵而已，其始皆自謝氏失之，吾不得而不論也。曰：諸説如何？曰：呂氏以爲三者皆道之正，謝氏亦云三者皆道者，皆非是。楊氏説將死而言善者得之，但以暴慢也、信也、鄙倍也，皆爲人所以施於己者，似亦非是。而胡氏所考曾子之事則善。胡氏曰：曾子之疾，見於此者二，而見於檀弓者一。愚嘗考其事之先後，竊意此章最先，前章次之，而易簀之事最在其後，乃垂絶時語也。當是時也，氣息奄奄僅在，而聲爲律，身爲度，心即理，理即心，其視死生猶晝夜然，夫豈異教坐亡幻語、不誠不敬者所可彷彿。學者誠能盡心於此，則可以不惑於彼也。

或問：能矣而問於不能，多矣而問於寡，不幾於巧僞以近名乎？曰：愚嘗聞之於師矣，曰：「顔子深知義理之無窮，惟恐一善之不盡，故雖能而肯問於不能，雖多而肯問於寡，以求盡乎義理之無窮者而已，非挾其能而故問也。但自他人觀之，則見其如此耳。」謝説意蓋如此。而洪氏曰：「吾固能矣，然豈不猶有所不能；彼固不能矣，然或不能於此，而能於彼也。吾固多矣，然豈不猶有所闕；彼固寡矣，然或失於此而得於彼也，是以下問而不以爲難。」亦此意也。曰：楊氏視天下無一物之非仁，夫誰與之校，如何？曰：過矣。其言孟子三自反，不如顔子之不校，信乎？曰：孟子所言，學者反身脩德之事；若顔子則心理渾然，不待自反，物我一致，不見可校者也。二者優劣，固不待言而喻矣。然自學者觀之，則隨其所至之深淺而用力，各有所當，不可以此廢彼，而反陷於躐等之失也。曰：有謂「犯而不校，非特自反，且有包之之意焉，有彼之之意焉，有愧之之意焉，莫非理也」。其説然乎？曰：夫犯而不校，固不待於自反，今曰非特自反，則既失之矣；且其所謂包之者驕也，彼之者狹也，愧之者薄也，是豈顔子之心哉？吴氏曰：「子貢多聞，故於顔子見其聞一知十；曾子力行，故又見其如此，信乎其優入聖域也。」如何？曰：即其言足以見三子之氣象，亦善也。

或問：六章楊氏之説，然乎？曰：曾子之稱此，正以其非君子不能，故設爲答問之辭以審訂之耳。且楊氏又何以知此君子之未仁耶？此言一立，其流之弊，將有排死節而賤正直之意，非小失也。

或問七章之説。曰：程子至矣，但毅字之訓，恐或未然。説文以謂有決者近之矣。謝説如何？曰：謂顔子弘包其毅，孟子毅勝其弘，可也。自任以天下之重，爲任重可矣，然亦未見道遠之意。蓋此二字，曾子已自釋之，學者涵泳其言，足以識其氣象，正不必別下語也。楊氏分別，最爲有功，而或者病之，誤矣。但擴大作弘之事，若曰非弘則不能容納之可也。尹氏疏矣。

或問古者之教，十年學幼儀，十三學樂，誦詩，舞勺，成童舞象，二十始學禮，舞大夏。今夫子之言，其序如此，乃與教之先後不同，何也？曰：詩者，樂之章也，故必學樂而後誦詩。所謂樂者，蓋琴瑟塤篪，樂之一物，以漸習之，而節夫詩之音律者也。然詩本於人之情性，有美刺諷喻之旨，其言近而易曉，而從容詠歎之間，所以漸漬感動於人者，又爲易入，故學之所得，必先於此，而有以發起其仁義之良心也。至於禮，則有節文度數之詳，其經至於三百，其儀至於三千，其初若甚難强者，故其未學詩也，先已學幼儀矣。蓋禮之小者，自爲童子而不可闕焉者也，至於成人，然後及其大者，又必服習之，久而有得焉，然後内有以固其肌膚之會，筋骸之束，而德性之守，得以堅定而不移；外有以行於鄉黨州閭之間，達於宗廟朝廷之上，而其酬酢之際，得以正固而不亂也。至於樂，則聲音之高下，舞蹈之疾徐，尤不可以旦暮而精，其所以養其耳目，和其心志，使人淪肌浹髓而安於仁義禮智之實，又有非思勉之所及者，必其甚安且久，然後有以成其德焉，所以學之最早，而其見效反在詩、禮之後也。曰：諸說如何？曰：程子備矣，然其間亦有疏密緩急之異，詳味而審思焉可也。謝氏說亦得之，但立禮說，諸家多所未備。至於楊氏所謂樂非鐘鼓羽籥者，則過矣。

或問：子謂民可使之由於是理之當然，而不能使之知其所以然者，何也？曰：理之所當然者，所謂民之秉彝、百姓所日用者也，聖人之爲禮樂刑政，皆所以使民由之也。其所以然則莫不原於天命之性，雖學者有未易得聞者，而況於庶民乎？其曰「不可使知之」，蓋不能使之知，非不使之知也，程子言之切矣。曰：呂氏之說如何？曰：此非聖言之本意，然亦頗中近世學者之病矣。曰：謝氏之說如何？曰：其意則善矣，然謂禮樂法度之外，自有覺處，則所未安，易外以中，其庶幾乎！曰：游氏如何？曰：此其所謂道者，老、佛之所謂道而已，若吾之所謂道者，則豈有搏噬毒螫薄惡之患哉！其說之病，與前篇同，學者審擇可也。

或問：十章之說如何？曰：諸說皆善，但張、呂未通耳。胡氏上句小異，然亦可取。

胡氏曰：好勇而不疾貧，則不肯爲亂；疾貧而不好勇，則不能爲亂；自古亂民，皆其材力出衆而迫於飢寒者也。爲人上者，其可不思制其產、厚其生乎？抑學者不幸而勇，勇又不幸而貧，苟無道以持之，自行一不義，取非其有，日長月滋，其不流於亂也幾希矣！此又學者所當自警也。

或問驕吝之說。曰：程子至矣。諸說不同，然皆是足以有警。張敬夫論周公事亦善。張敬夫曰：周公以叔父之尊，位上宰，握大權，勳烈如此其光也，而方且握髮吐哺，惟恐失天下之賢才，思兼三王，坐以待旦，夫豈有絲毫驕吝存於其間哉！

或問十二章之說。曰：此章文意難明，諸儒之說不一。孔氏、范氏以善爲穀，惟楊氏以穀爲祿。其以穀爲善者，下句又皆不同。孔氏、范氏以爲無不得乎善，言三年學，則必無不得善者，誘人以學之意也。程子、侯、尹以爲難得乎善，言三年學，而猶不至乎善，則終不足以進於善，勉人汲汲於學之意也。謝氏引王氏之言，則以爲三年學而不至乎善，明善非易得之物，勉學者自强之意也。愚按此三說，文義皆不甚通，惟楊說爲近之，但訓釋有未備耳。蓋不易得者，歎美之辭，若楊說而易至以志，頗足其訓釋以明之，則文意曉然矣。且上章論疾貧驕吝之失，下章記去就出處之方、在位謀政之事，亦一類也。若以穀爲善，則胡氏之釋爲善。胡氏曰：穀，善也，成也。爾雅曰：「信善爲穀。」言善之成實也。今世方言，亦以物之成實者爲穀。

或問：篤信好學，守死善道，何也？曰：此言人當篤於信道，而又好學以明乎善，然後能守死以善其道也。善道，猶工欲善其事之善，守死善道，言寧死而不爲不善，以害其道也。曰：子所謂更相爲用，何也？曰：非篤信則不能好學，非守死則無以善道。然徒篤信而不能好學，徒守死而不足以善道，則又君子之所不取也。蓋能守死者，篤信之功，而能善道者，好學之力。然雖曰篤信，而未能至死不變，則其信亦不篤矣；雖曰好學，而不能推以善道，則其學亦無用矣。此四者之所以更相爲用，而不可一有闕焉者也。曰：諸說如何？曰：皆得之，而程子所論篤信之意，尤宜深味。

或問：十四章范氏之說，如何？曰：夫子之言，無上下之異，但爲不在此位，則不謀此政耳。范氏爲人君言，故自上而下，然其意終不備。更當自下而推，如士不可侵大夫之職，以至於天子不可過於天道，乃爲備耳。然不止此，又當知左右前後彼此之間，各有分守，皆不可以相踰，乃爲大備，而盡得聖人之意。胡氏所論，亦其一事，今附於此。胡氏曰：東漢季年，黨錮禍起，潁川杜密去官家居，每謁守令，多所請託，而同郡劉勝亦自蜀還，閉門掃軌，太守王昱見杜密，獨稱季陵清高以箴之。密謂昱曰：「劉勝位爲大夫，見禮上賓，知善不薦，見惡不論，隱情惜己，自同寒蟬，乃罪人也。今密舉志義力行之賢，糾違道失節之士，使明府賞罰得中，令聞休暢，不亦萬之一乎？」昱乃慚服。以愚觀之，昱從善服義，固不可訾，若密之爲，是代昱行事也。不在其位，而謀其政者，大概如此，黨錮諸賢多陷此失，可不戒哉！

或問十五章之説。曰：程子以夫子反魯爲定公時，誤矣。又説魯樂既正，放棄舊工，以兩處文義考之，恐亦未然。師摯適齊，當用張子、范氏之説，但張子洋洋盈耳之義，爲未安耳。

或問：舜、禹之有天下而不與，程子二説，一以爲不與治，一以爲不與求，諸説雖多，皆不出此，子之不同，何也？曰：如前説，則有宜爲治矣，如後説，則有宜爲得矣，今曰有而不與，則愚説雖陋，恐或得其文意也。楊氏此章用莊生語，語既不倫，遂不見其旨意之所在，然以卒章之説參之，則蓋亦如愚説云。

或問十九章之説。曰：諸説皆得之，而程子爲尤盡。惟天爲大，惟堯則之，則范氏、尹氏爲得之。楊氏説雖密，然氣象反狹，與本文氣象不相似也。

或問：舜之臣衆矣，而獨稱五人，何也？曰：舜之天下所以治者，以此五人而已，故孟子亦獨稱之，他人不得而與也。曰：唐、虞之際，於斯爲盛，孔、范二説不同，何如？曰：孔氏於文義若不順，疑范氏之説得之也。曰：文王服事商則善矣，然以諸侯而有天下之大半，得爲順乎？曰：胡氏嘗言之矣。胡氏曰：孔子稱武王、周公善繼人之志，善述人之事，蓋文王受命作周，大統未集，武王嗣爲西伯，又十一年，而紂益不悛，於是武王順天應人，繼志述事，一服戎衣，天下大定，此文、武之實也。而論者乃謂文王無意於伐紂，獨武王行之，此考之不詳也。夫文王之時，三分天下既有其二，以加倍之力，可取而不取，猶北面臣節，此周之德所以爲至德也，言周則文、武兼舉矣。誠使仲尼有取文貶武之意，曷不曰文王之德以白之乎？誠使文王無廣周於天下之心，曷不專守分地，而取其三分之二乎？聖人之動，莫非天理，當文王時，商歷未終，文王安得而取之？及武王時，受罪貫盈，武王安得而不取？向若文王享堯、舜之壽，則夫三分之一，亦不待周師而服矣。

或問溝洫之制。曰：見於周禮遂人、匠人之職詳矣。蓋禹既平水患，又治田間之水道，使無水旱之災，所謂濬畎澮距川是也。曰：禹之若是，何也？曰：胡氏嘗論之矣。然禹之儉勤，乃其常德，未必專爲是也，然其意亦深矣。胡氏曰：禹爲天子有常奉矣，然以鯀功不就而殛死，故心常痛之，而不忍享其奉也。至豐享祀、華黻冕，則以奉其先也；盡力溝洫，則以終其事也。古之聖人，愛其親有深長之恩如此，然而不棄天下者，不敢以一家之私，而害天下之公也。若王裒、嵇紹，則終身不仕可也。曰：孔子之稱之，何也？曰：洪氏蓋有說焉，然夫子亦稱其實而已，未必真爲此也。洪氏曰：衰周之時，禮失其本，而奢僭極矣，夫子蓋嘗救之，然而矯枉又不可以過正也，故稱禹爲法焉，與墨者之宗禹異矣。

論語或問卷九

子罕第九

或問：夫子之有罕言，何也？曰：利者，義之和也，惟合於義，則利自至；若多言利，則人不知義，而反害於利矣。命者，天之令也，然人當脩己以俟之，然後可以立命；若多言命，則人事不脩，而反害於命矣。仁者，性之德也，然必忠信篤敬，克己復禮，然後能至；若多言仁，則學者憑虛躐等，而反害於仁矣。三者皆理之正，聖人所不能不言，而其憂深慮遠，則又不可以多言也，故罕言而已。言利如易之「利建侯」、「利有攸往」之類是已。曰：諸説如何？曰：程子、張子之言皆至矣。范氏亦得之，而以利爲有二則非也，蓋利一而已。自義爲之，則君子之爲；自利爲之，則小人之事也。謝氏疏而不切。楊説亦善，但所謂仁則未嘗言者，不若程子之説，爲孔子但罕言耳，豈未嘗言之謂哉？所論合而言之道也，疑亦非孟子意。

或問二章之指。曰：黨人之意，程子盡之矣。尹氏所謂慕聖人而不知者，亦善。范、呂以黨人爲知聖人者，非是。蓋無所成名，與無得而名，語意之抑揚自不同也。但孔子答辭，如程子説，則亦微著黨人之不知己者，恐亦未安，但作自言吾將何執御之意乃安爾。蓋嘗執御，即能鄙事之意也。楊氏以爲黨人不知孔子有一以貫之者，詳黨人語意所疑，未遽及此。執御成名，亦與子非多學之意不同。

或問三章之説，曰：程子、范、尹得之。

或問：聖人從容中道，而有所絶、有所毋，何也？曰：絶非屏絶之絶，蓋曰無之盡云爾。毋、無古蓋通用，故論語作毋，而史記作無。然經傳多以無爲有無之稱，毋爲禁止之辭，則當以史記爲正。曰：四者之説，其詳奈何？曰：無意者，渾然天理，不任私意也；無必者，隨事順理，不先期必也；無固者，過而不留，無所凝滯也；無我者，大同於物，不私一身也。四者始於意，而行於必，留於固，而成於我。蓋意、必常在事前，固、我常在事後，而我復生意，循環不窮也。曰：程子之説，固皆有深旨矣，獨所謂學者之始，須絶四者，何也？曰：此本言聖人之事，而程子以爲學者亦所當勉也。張子以爲自始學至成德，竭兩端之教，其説亦然耳。曰：諸説如何？曰：張子前四條皆善，而所謂「四者有一焉，則與天地不相似」，謂天理一貫，則無四者之鑿，其旨尤精。范氏意者己之私也以下，及呂、楊説，皆得之。

或問五章之説。曰：孔氏、馬氏舊説，蓋以將喪未喪相因而爲已決之辭也。精義諸説，則以爲相對而未定之辭也。從馬氏，則後死者乃孔子之自名；從程子，則後死者當從吴氏爲後我而死者。言我若當死，則後人不得與聞斯道；我若未當死，則匡人無奈我何也。然以文義推之，恐當如孔氏、馬氏之説，七篇三十二章已詳言之矣。曰：程子聖人自做著天之説，如何？曰：以文義考之，則固不然。以理而言，則亦謂夫與天爲一，而不覺其言之若此則可；以爲聖人有心以天自處，而爲是言則不可。讀者不以辭害意可也。

或問：何以言太宰或吴或宋也？曰：當時惟二國有是官也。鄭氏以爲吴，而邢疏曰：「左傳：魯哀公會於橐皐，吴子使太宰嚭請尋盟，公使子貢辭焉。子貢又嘗適吴。此鄭氏所據也。」洪氏曰：「宋太宰也。列子稱商太宰見孔子，曰：『丘聖者與？』宋，商後，又都商丘是也。」二説不同，未知孰是，故兩存之。但列子多寓言，恐或不足據耳。曰：舊説訓將爲大，今以爲殆，何也？曰：此蘇氏説也。將固有訓大者，然與此書前後文體不類，故從蘇氏説耳。曰：諸説如何？曰：諸説皆得之，而范氏爲長，但論孔子自謂多能處，語有未備。尹氏謂所以爲君子者，在明道而不在於多能，故太宰疑夫子果聖，則不應多能如此者，亦非是。太宰豈知此理，正以多能爲聖耳。尹氏蓋以己之心言之，而未嘗以太宰之心觀之也。然既曰聖人，則其多能必矣，如尹氏説，亦有所偏也。

或問無知之説。曰：張子之過，則程子言之矣。然程子之説，於文義亦不甚通也。惟以爲謙辭，則無二者之嫌矣。空空，蓋指鄙夫而言，張子以爲無知之意，文意隔絶，恐不然也。范、尹蓋從程子，謝意亦然。楊氏獨從張子無知之説，而以空空屬之鄙夫，蓋欲附其有挾之説耳，似亦非是。

或問八章之説。曰：諸説不相遠，但謝氏之説，原於柳子「貞符」之論，聖人於天人相與之際，恐不若是其恝然也。

或問九章之説。曰：古注得之，范氏祖其説，但謂所以教民之云者，非聖人自然中禮之謂。楊氏以凡此皆自盡而非爲人者，亦得之，但謂所以廣愛敬者，復與此語相戾耳。至曰於瞽者，非以其不見而加敬焉者，似失之過。蓋如其説，則聖人愛敬之誠心，何適不然，何獨於此三者而然耶？尹氏所謂不欺其不見者，亦非是。夫見之必作，過之必趨，蓋實加敬焉，非但不欺而已。蓋不欺之名，由有欺而後得，聖人心本無欺，則其作其趨，固未有不欺之意也。

或問：顔子之歎，諸家之説如何？曰：程子至矣，但章首四言，正是顔子得見聖人之道，真實高妙，而苦未端的處。今程子以瞻在前，忽在後，爲過不及，恐其未然。而約字之義未安，則前已辨之矣。得此義理一條，尤爲卓絶，然讀者亦當深造以道而自得之，一毫之差，則入於老、佛之門矣。張子之說亦精，但其辭艱奧，當熟味之乃可曉耳。高明博厚言博也，中言約也，亦以知要而言也，其論極大止中亦然。范氏之說，詳備正當。呂氏竭才而進以下失之矣，且又以此章首尾皆爲善誘之事，亦非也。所謂善誘，但博文約禮二事而已。謝氏謂求於所性之中，似亦贅語。夫天下之事，莫非所性之内者，故聖人謂學，但有爲己爲人之異，而無性内性外之殊也。吳氏之言，有曰「所謂卓爾，亦在乎日用行事之間，非所謂窈冥昏默者」，此言得之矣。謝氏又以張子正容謹節之學，爲外面威儀，非禮之本，故其學無傳之者，此亦不然。考諸程子之言，則正取其以禮教人，使人有所據守，其所病者，乃在於清虚一大之云，使人向别處走耳。謝氏之言，大率未免好高之弊也。楊氏所立卓爾一句未安，他皆得之。侯說博約二字甚善，諸家所不及，自顔子自得下，則有不可曉者矣，豈以博文爲感通天下之故而脱守邪？此外則胡說最爲完備，但歸功聖人一句未安。蓋此非有所歸功，但叙其所學之本末，而歎其未能遽至聖人之地耳。

或問十一章之說。曰：范、楊最善。謝氏所原子路之意，亦得之矣。則胡氏言之爲詳，今附於此。胡氏曰：此必夫子失司寇之後、未致其事之前也。若夢奠則子路死於衛久矣。大夫老而致事，而得復從其列。無家臣者，無禄故也。孔子初未嘗知爲臣之事，而曰「吾誰欺」者，引咎歸己以深責子路也。或曰：如使夫子疾病不間，非禮之臣遂以奉終，豈不仰累聖德乎？曰：夫子倘至大故，耳目所接有異，必遂正之矣。聖人病則不能無，若其方寸決不以病而懵也。

或問十二章之説。曰：范説至矣，但「人君不致敬盡禮，則不足與有爲」一句，非此之意耳。謝氏道大不容之論，蓋原於史記，亦其好高之過。若楊氏所謂取賤之道，則君子初不爲此而後不行也，況聖人乎？侯氏説亦得之。

或問九夷之説。曰：邢以爲九夷蓋玄菟、樂浪、高驪之屬，而胡氏亦曰：「君子指箕子也。箕子居於遼東九夷之地，其教條風俗，至漢猶存，夫子之時，又當純固。」此説蓋出於班固，然恐非聖人之本意也。若洪氏則又以爲書有淮夷徐戎，蓋徐州、莒、魯之間有東夷雜居中國者，亦未詳孰是也。諸説如何？曰：程子所謂「所居則化，何陋之有」者，聖人之事也，今精義失此語。張子所謂「忠信篤敬，蠻貊可行」者，學者之事也。范、尹雜之，兩失其旨矣。明道乘桴之説，則已論之於第五篇矣。

或問十四章之説。曰：范、謝、游失之，楊、侯、尹得之，其詳則洪氏又言之矣。洪氏曰：季札觀樂，以小雅爲周衰，以大雅爲文王，蓋以正變爲小大也。是時王迹息而詩亡，其存者謬亂失次，孔子自衛反魯，復得之他國以歸，定著爲三百五篇，於是雅、頌各得其所。

或問十五章之説。曰：程子之意精矣，但失不以「何有於我」爲聖人之謙辭耳。范、楊亦然。謝氏則過矣。

或問：川上之歎，程子所謂純亦不已者，其果聖人之本意乎？曰：程子之言，非以爲聖人之意本如是也，亦曰非其心之如是，則無以見天理之如是耳。其曰：其要只在慎獨者，何也？曰：言人欲體此道者，當如此也。蓋道無時而不然，惟慎其獨，則可以無所間斷而不虧真體。曰：諸說如何？曰：范、謝、尹氏之說，皆述其所聞者，而互有得失。楊氏不逝之說，則老、佛之云，非聖人之意矣。曰：荀子稱孔子見大水必觀焉，而孟子論仲尼亟稱於水，特取有本之意，其與此意有以異乎？曰：此未必一時之言也。然孟子之言，推其極則亦程子意矣。

或問十七章之說。曰：諸說皆善，而胡氏詳矣。胡氏曰：好德而好色，是好德而未能深也。不好色而不好德焉，則其不好色亦何所就也。是故色者，人之所好，好而難疏；德亦人所同好，好而難親。知其病而痛藥之，不使稂莠得害嘉穀，則志氣清明而獨立乎萬物之表矣。

或問十八章之說。曰：諸說皆善，而其論吾止吾往者，皆不得其說。楊氏進止在我之云，則得其文義矣，而於其大旨，乃反失之。惟胡氏爲盡善耳。胡氏曰：顔淵曰：「舜何人也，予何人也，有爲者亦若是。」此吾往者也。冉求曰：「非不悅子之道，力不足也。」此吾止者也。其進其止，皆非他人所能與，此君子所以自强不息也。

或問十九章之說。曰：程子、范氏得之，呂說未安，謝說不異，蓋又以不惰爲領受之意也，亦失之矣。

或問二十章之說。曰：止特謂惰而不進耳。諸說以此爲聖人之極致，以上下章意考之，恐不然也。然張子之言自爲一義，亦不可不深玩耳。

或問二十一章之説。曰：范、侯、尹氏得之，謝氏疏矣。楊氏乃爲苗生義，而以孟子宋人之譬言之，其支甚矣。

或問二十二章之説。曰：范、吕、尹氏得之。楊氏聖人與人爲善，又惡其怠而止之說，亦有功。

或問二十三章之説。曰：范、謝、楊、尹得之，而楊氏爲尤密。胡氏本韓文公、宋貫之、蘇氏之說，又別一意，然亦可觀。胡氏曰：法言者，伊尹所謂逆於汝心者也。理不可拒，故勉而從之，然以其逆心也，故能改革者鮮矣。巽言者，伊尹所謂遜於汝志者是也。情無所牾，故甘而悦之，然以其遜志也，故能尋繹者鮮矣。改則法言爲有功，繹則巽言爲無取，此身之脩壞，國之治亂之所由也。

或問二十五章之説。曰：侯氏得之，楊氏遠矣。

或問二十六章之説。曰：范、吕、尹氏説皆得之。但范氏耻不若人、疾惡之心之語，未安。謝氏之意亦佳，但「不忘其初，幾於小成」二語，不知其所謂，後段語意亦偏。學者不見可欲，未嘗不加存養，豈必求見可欲，然後用其力邪？楊氏以不忮不求爲脩德之事，而又曰非所以進於日新，則其語自反矣。夫脩德而不能日新，則亦何貴於脩德也邪？曾氏以爲子路尚志而忘物，惟其不耻敝衣，故能車馬輕裘與朋友共敝之而無憾，此意亦善。

或問二十七章之説。曰：范、謝得之。謝説舊本有「欲學者必周於德」一句，最能發明此章之意，後本削之，不識其何意也。

或問二十八章之説。曰：謝氏得之，但辭氣少和平耳。

或問二十九章之説。曰：程子、楊氏至矣，而程子論權非反經之意，則非先儒所及也。然原先儒之爲是説，蓋由以下章合於此章而有唐棣偏反之云，遂誤以爲此説耳。夫章句之差，初若小失，而其説之弊，遂至於此，章句之學，其亦豈可忽哉！程子雖知先儒之失，而未及究所以失者乃在於此，故論此章之意雖得之深，而亦不免於通下章以爲説也。諸家論權，皆祖程子之説，而謝氏爲尤密，然皆并下章爲説，故皆有所不通。惟范氏始正分章之失，而其所辨夫反經者，則亦未知其所以失之之端也。曰：程子、范氏諸説，似皆以爲稱二物而舍輕取重之意，謝氏則爲稱一物而進退以權平者也。今以諸家皆祖程説，而謝尤密，何邪？曰：諸家之説固疑於稱二物而舍輕取重矣，而范氏之説爲詳，今請以其所别堯、舜之説論之。蓋天下者，物也；與賢與子者，分兩之所在也。當堯、舜之時，以權加諸與子，則天下重與子輕，而其權仰矣；然加諸與賢而屬之四岳皋陶，則未足以勝天下之重，而未免於仰也，故必歸之舜、禹而後適得其平焉。此范氏不盡之意而諸家之所同也。其於謝氏之説亦何異哉？

或問三十章之説。曰：其意則程子難易之説盡之矣，其文義則凡係於上章者皆失之，而范氏亦未爲得也。曰：或以小雅棠棣之一章，而夫子所删而不取者也，信乎？曰：不然也。按爾雅棠棣：「棣，唐棣，移。」則小雅之棠棣，與此章之唐棣，非一物矣。且彼詩文義屬連，無刊削之迹，必爲所删，則未知以此爲彼之第幾章乎？考之無證，而驗之不合，且又非大義之所存也，亦何必曲爲之説，而强通之耶？曰：子何以偏爲翩也？曰：非獨晉史爲然也，角弓之詩，固有「翩其反矣」之句矣，而漢武之賦，所謂「偏何姗姗其來遲」，説者以姗姗爲行貌，則亦以翩爲偏字也。

論語或問卷十

鄉黨第十

或問：序篇諸説，如何？曰：是皆原於程子，而尹氏約而精矣。楊氏詆世儒之説爲有功。范氏説，在篇中亦明白而切至也。

或問：恂恂，或以爲誠信，或以爲温恭，何也？曰：以詩、書訓詁考之，宜以爲信實，然亦有温恭之意也。曰：楊氏便便之説，如何？曰：其説美矣，然無所據，且下文不屬，當從明辨之訓爲得之。曰：誾誾、侃侃之訓不同，説文爲得，何也？曰：太史公稱魯道之衰，洙、泗之間，齗齗如也，亦作誾誾。説者以爲爭辨之意，而晉人亦有侃侃正色之語，蓋以音義求之，亦宜如此，此説文之訓，所以爲得也。誾誾之爲中正，義有不盡。衎衎而樂，自作此衎字，不作侃也。後漢書云：「誾誾衎衎，得禮之容，寢嘿抑心，非朝廷福。」其意亦以爲爭辨剛直，爲是而有此言，但侃侃誤作衎耳。曰：踧踖尹義如何？曰：此未及夫行也，當從楊氏。曰：與與二義，如何？曰：此未可判，兩存可也。曰：此其先下大夫，次上大夫，而後及君，何也？曰：由卑以及尊也。

或問：君召使擯諸說，如何？曰：范說得之。謝說誠於所揖，恐無此意。楊氏躩如之說亦善。賓不顧之說，則張子善矣。儀禮聘禮篇，亦有賓不顧之文，鄭氏以爲於此君可以反路寢是也。襜如之說，洪氏以謂非心平體正、敏給安詳、不能爾者，亦爲得之。

或問中門之說。曰：疏門中有闑，兩旁有棖，中門，謂棖闑之中，然則門之左右扉各有中，所謂「闔門左扉立於其中」是也。曰：諸說如何？曰：言似不足，屏氣不息，謝氏得之。攝齊之說，胡氏推之亦善。或問：升堂攝齊，則手無所執與？曰：古者君臣所執五玉三帛二生一死，皆以爲贄而已。笏則止用以指畫記事而已，不執之以爲儀也。宇文周復古，乃不脩贄而執笏，於是攝齊鞠躬之禮廢，升堂而蹴齊者多矣〔一〕。曰：趨進翼如，何以知「進」字必爲衍文也？曰：降而盡階，則爲趨而退矣，不得復有進字也。曾氏以爲音義作退者，亦誤。

或問：所謂命圭者何？曰：古者諸侯受封，天子授之以圭爲瑞節，其具見於注疏矣。曰：上如揖，下如授，其說不同，何也？曰：儀禮有受如爭、承下如送之文，應與此同，而注疏不類，未詳其說。今且據此論之，若如舊說，以下爲下堂，則是時已不執圭，而「勃如戰色，足蹜蹜如有循」之文，不當系於其下矣。禮有執國君之器則平衡之說，而左氏記子貢譏哀公邾子執圭高卑容有俛仰。故以此但爲奉之平衡不高不卑之意，於義爲安也。曰：享禮注疏，與諸說不同，何也？曰：注據儀禮當從之，以爲燕享者誤矣。且燕享之禮，亦自不同，不得并舉也。曰：私覿，見於聘禮，孔子行之，而記禮者以爲非禮，何也？曰：胡氏以爲若聘禮所記，孔子所行者正也。當時大夫僭於邦君，於是有庭實旅百如享禮然，則非正矣。故記曰：「庭實旅百，何爲乎諸侯之庭？」此說是也。

或問：色有正間，奈何？曰：青赤黄白黑，五方之正色也。以木克土，則青黄合而成緑；以金克木，則白青合而成碧；以火克金，則赤白合而成紅；以水克火，則黑赤合而成紫；以土克水，則黄黑合而成騮。此五方之間色也。曰：侯氏以紅紫爲上服之飾，何也？曰：此說誤也。曰：表而出之，舊說以爲必加表而後出，今說不然，何也？曰：若如舊說，則當云加表而後出，不得云表而出之矣。故諸家雖皆因之，而范氏獨謂絺綌出於表，表不可以親膚，則固已如今之說矣。但其語不甚明白，故不得不自爲說耳。曰：寢衣之簡，何以知其錯出於此也？曰：以必有之辭，與下章必有明衣者同，知其非常日之衣矣。且此章褻裘之文，本自一類，而忽以此儳之，又似若不倫者，今出之以歸於下章，則彼此皆得其適矣。曰：寢衣其今之被乎？曰：愚嘗意其非被，而曾氏之說，亦以爲然也。曰：楊氏狐貉之說，如何？曰：是亦誤矣，諸侯狐裘以朝，何取於善疑哉？曰：吴氏之說疑，如何？曰：是亦有可疑者，姑存其説可也。此章之首，以君子發之，何也？吴氏曰：此篇雖雜出弟子所記，至纂集而成，必出一人之手。故自篇首稱之，皆蒙上所言以見之也。獨於此章之首，又以君子發之，不知何謂？蓋既謂之君子，則不得獨爲夫子之事，豈自此之後，皆三代典禮，而夫子行之，不得獨稱夫子耶？又不知食不厭精以下，亦三代之禮耶？彼宗廟朝廷聘享之禮，三代行之，有異於夫子者，故獨稱夫子也耶？此愚竊有疑之。

或問：不時不食，諸説皆謂朝夕日中之時，何不從也？曰：食以飢飽爲節，聖人與人同耳。若朝夕日中既食矣，則他時不食，自不待言；若朝而有故，乃終朝不食，以俟日中，則非循理者之所爲矣。惟胡氏以爲王制所謂五穀未成，果實未熟，漢詔所謂「穿掘萌芽，鬱養强熟」之類，最爲得之。謝氏説人不爲飢而死，雖不食可也，此與下章人死無委壑之理者，語氣激揚，似少謹厚之意，讀者詳之。曰：割不正，奈何？曰：范氏得之矣。邢疏所引解析牲體，禮食則然，燕居私食，恐其未必爾也。不得其醬，其物則如疏所引，其義則亦當以范説爲正。曰：楊氏諸説如何？曰：色惡、臭惡，未必如周禮所言，但蒙魚餒肉敗而言耳。肉不勝食之説，亦未必然。但食以穀爲主，范、謝之説得之矣。其曰治未病者則善，而遂謂疾醫施於萬民而君子不與，則支矣。曰：惟酒無量，不及亂之説，如何？曰：程子之言，雖非聖人之事，其所以戒學者至矣。若解此文，則惟字連上文而言，蓋曰肉多則不食，而酒無量，但不使過醉耳。胡氏説得之。胡氏曰：亂者，内昏其心志，外喪其威儀，甚則班伯所謂「淫亂之原皆在於酒」。聖人飲無定量，亦無亂態，蓋從心所欲而不踰矩，是以如此。學者未能然，則如晉元帝永嘉初鎮江東，以酒廢事，王導以爲言，帝命酌引觴而覆之，於此遂絶。

或問：祭肉不出三日，出三日不食之矣，諸説如何？曰：范氏所謂寧不食者，失其義也。謝、楊説亦不然。蓋不出三日，記其事也，出三日不食之矣者，言其所以然者爲此耳。

或問：寢食不言語之説，如何？曰：范、謝得之，而曾氏者尤約。曾氏曰：食在口，非語時；寢靜默，非言時。楊氏亦通，然亦抑末矣[二]。曰：言語有别乎？曰：食對人，寢獨居，故即其事而言之也。曰：瓜之爲必，何也？曰：既曰蔬食菜羹矣，而又以瓜繼之，則不辭矣。曰必祭，則明無不祭之食也。曰必齊如，則明無不敬之祭也。其義則諸説皆得之，而尹氏爲尤約也。曰：席不正之説，如何？曰：范、謝、尹得之注疏，楊氏恐未然。蓋曰失尊卑之序，則不待聖人而不敢坐矣。列女傳言：「古者婦人姙子，寢不側，坐不邊，立不蹕，割不正不食，席不正不坐。」亦此意也。

或問：儺之爲禮，何也？曰：見於周禮月令詳矣。朝服何也？曰：大夫朝服以祭，於禮亦有文也。

或問康子饋藥之說。曰：范氏、楊、尹之說得之。曰：既不敢嘗矣，則范氏所謂可飲而飲，不可飲而不飲，皆在其中，何耶？曰：吳氏以爲古者賜之車，則乘以拜；賜之衣服，則服以拜；賜之飲食，則嘗而拜也。蓋今未達，故不敢嘗而拜耳。已而達焉，則可服而服，不可服而不服，皆在其中也。

或問：廄焚而不問馬，何也？曰：退朝聞之，一時之間，急於問人，故未及問馬爾，然亦豈終不問哉？蓋必將有以告者矣。諸説惟尹氏得之。范氏每以教人爲説，非也。聖人之動，無非至教，然以爲是而必以教人則拘矣。謝氏捐情之説，楊氏未離公門，侯氏禮敬之説，亦皆未然也。曰：陸氏釋文一讀至不字絶句，如何？曰：於理則通，然亦不辭矣。曾氏又以不字自爲一句，亦未安也。

或問：聖人席不正不坐矣，豈必君賜食而後正之耶？曰：席固正矣，將坐而又正焉，所以爲禮也。曲禮：「主人既迎賓，則請入爲席矣，賓既升堂，主人則又跪正席矣。」〔三〕豈先爲不正之席，至此然後正之哉？蓋敬慎之至耳。曰：諸説如何？曰：皆得之，而楊氏食則或恐餕餘以下又精矣。

或問侍食先飯之説。曰：程子第二説得之，然亦注疏之舊也。楊氏説，則飯字當去聲讀，失之矣。

或問：舊説君視疾，則遷居南牖之下，於此文何所見耶？曰：疾者雖居北牖下，亦未嘗不東首，此亦本其禮之當然，非爲此文設也。

或問君命召不俟駕之説。曰：孟子之時，去聖未遠，其言必有據矣。范氏之説，恐亦有可議者。蓋士之未仕，雖其國君召之，亦不當往，但致仕之後，或召而往，則異他國之君耳。謝氏之説，雖曰人之大倫，不以人廢，然實有輕君之心焉，學者於此，但當觀聖人事君之禮，不當更作此意想也。楊氏之説，尤不可曉。夫孟子固曰「在國曰市井之臣，在野曰草莽之臣」矣，則固無所適而不爲臣，但不傳贄而仕於其朝，則不得同於在位之臣耳。今曰不得於齊則無適不可，故有不爲臣之義，則非孟子之意，而於義亦益薄矣。且天下雖定於一，而君子之進退辭受，固未嘗不有義也，豈曰率土莫非其臣，無召而必往哉！況以外無所逼迫，不獲已而後委其身焉，非所以明君臣之義也。侯氏説亦疏。不俟駕者，事君之一事耳，豈遽爲是足以盡臣道哉？惟尹氏得之。

或問：朋友一節，如何？曰：謝説無所歸，則在我者得之，其餘激昂奮厲，非聖人本意矣。楊氏殯而不葬之説，恐亦未然。蓋殯者，殯於西階之上，有子弟親戚而在遠，及其月時而葬之者權也。若曰殯而不葬，則孔子之家，此殯無時而啓，不復可以行吉禮矣，夫豈然哉？謝、楊説不拜之意，亦恐不然。獨范、尹爲得耳。

或問：寢不尸，諸説皆同，而楊氏獨異，何也？曰：諸説正矣。楊氏之云，其旁支之小義耳，其論食不語、寢不言者，亦然。

或問：謝説齊衰，如何？曰：舉衰以見斬耳，未必兼功緦而言也。曰：胡氏以負版爲喪服之在背者，此蓋記者釋上文式兇服爲必重服，有負版者，乃式之也，然乎？曰：未可知也。然禮家説大功以下無負版，恐亦或有此禮，姑存其説，以俟知者擇之。

或問盛饌之説。曰：范、楊得之，謝氏過矣。

或問。曰：胡氏以爲雉之飛也決起，其止也下投，無翔集之狀，足以破此説矣。大抵此等處必有闕文，自不必强爲之説也。

或問車中之容。曰：禮之所以如此者，爲惑人心也，聖人則非必爲其惑人心而戒之也。楊氏之説得之矣。范氏知其非止爲惑人心則善，而以爲以禮自防，視必以禮，則亦非所以語聖人也。此一章，在或問色舉之上。

校勘記

〔一〕升堂而蹴齊者多矣　「蹴」，四庫本、日本正保本作「躐」。

〔二〕然亦抑末矣　「亦抑」，四庫本作「抑亦」。

〔三〕主人則又跪正席矣　「矣」，原作「夫」，據四庫本、日本正保本改。

論語或問卷十一

先進第十一

或問首章之説曰：以夫子所以答林放之意考之，則似當以程伯子、謝氏或范氏、楊氏説爲正，如何？曰：彼亦以奢儉對言，則儉爲本。故與其過而失之奢，則寧不及而失之儉，則爲得其本耳，非正以儉爲法也。且安知當世所謂儉者，非昔之所謂中耶？

或問：四科之目，何也？曰：德行者，潛心體道，默契於中，篤志力行，不言而信者也。言語者，善爲辭令者也。政事者，達於爲國治民之事者也。文學者，學於詩、書、禮、樂之文，而能言其意者也。蓋夫子教人，使各因其所長以入於道，然其序則必以德行爲先。誠以躬行實造，具體聖人，學之所貴，尤在於此，非若三者各爲一事之長而已也。然程子猶以爲游、夏所謂文學，固非秉筆學爲詞章者，學者尤不可以不知也。曰：何以知其爲門人所記也？曰：吳氏例曰：「凡稱名者，夫子之辭，弟子師前相謂之辭；稱字者，弟子自相謂之辭，亦或弟子門人之辭。」得之矣。諸説或以此章盡爲夫子之言者，考之不審也。

或問閔子騫之孝。曰：吴氏詳矣。吴氏曰：韓詩外傳：「子騫早喪母，父娶後妻，生三子，疾惡子騫，以蘆花衣之。父察知之，欲逐後母，子騫啓曰：『母在一子寒，母去三子單。』父善之而止。母悔改之，後至均平，遂成慈母。」此夫子所以稱之也。且夫子於弟子，未嘗稱字，此或集語者之誤。曰：然獨取胡氏之説，何也？曰：諸説善矣，而於文義皆有未協者，惟胡氏爲可通耳。

或問六章之旨。曰：諸説備矣，而胡氏所論記言之例，亦學者所當知也。胡氏曰：記言之例，君問，則稱孔子以對，尊君也。大夫之問亦然，則非禮矣，盍稱氏以異乎？門人而去對，以降於國君者乎！

或問：以弟子之年考之，則顔淵之死先於伯魚，故有以鯉死之言，爲夫子之設言也，諒乎？曰：以人情考之，不應如此。且王肅推信家語最爲深篤，而亦以此爲年數之錯誤，而未可詳也。今亦安得固守而必信之乎？曰：各言其子之説，范氏以爲夫子視顔淵猶子，楊氏以引後章視予猶父之言〔一〕，以爲二子之才不同，而皆夫子之子，侯氏則又以爲己之子與他人之子不同，其説孰是？曰：范、楊同而侯異，然以文意考之，則皆不協。然二説之流，一則害於分殊之義，一則害於理一之仁，亦其氣象之偏所發如此。故此句之文，惟尹氏爲得之。

或問八章之說。曰：范、侯、尹氏得之。其曰同道，則前已辨之矣。楊氏直以予指斯文而言，意殊迫狹。必若尹氏之云，然後其言爲有序耳。

或問九章之說。曰：范氏謂哀發於誠心，故不知其慟。聖人之喜怒哀樂，莫非誠心之發，何獨於顔子而後發於誠心哉？楊氏之說，亦爲過之。惟尹氏之言，爲得其平耳。

或問顔淵厚葬之說。曰：諸說皆善，惟楊氏爲詳。但其論不得視猶子者，若有罪顔路之意，恐非聖人忠厚之心也。蓋但言我之所以葬顔淵，不如葬鯉之得宜者，以門人之故耳。深責門人，則顔路之失，亦自見矣。曰：邢疏以門人爲顔淵之弟子，然乎？曰：顔淵早死，未必開門授徒也。范氏以爲夫子之門人也，近是。曰：謝氏引王氏之說曰：「不得視猶子者，分也。」如何？曰：非文意也。夫子所謂不得視猶子者，乃歎恨之辭耳。若以爲分之當然，則下文爲無所係也。

或問十一章之說。曰：程子至矣，范、吕之説亦得之。但范以爲孔子不告子路，而尹氏深非學不躐等之説，則兩失之。蓋學固有序，而夫子之告子路，正以其序告之也。曰：楊氏以爲通乎晝夜而知，則人鬼死生，當源源自見，後本乃削其所謂當源源自見者，何也？曰：源源自見，是張子之言，蓋曰以漸而見云耳。然張子曰「學至於知天，則死生鬼神，當源源自見」，爲學者而言，故以爲漸而見之耳。楊氏因其説，以爲此文而以通乎晝夜而知易。夫知天者則是聖人之事，而以漸而見不足以言之矣。删而去之，豈其覺於斯與？

或問：誾誾侃侃，於前篇之訓，其亦通矣乎？曰：誾誾者，外和内剛，德氣深厚，所謂和悦而諍者也。侃侃，則和順不足，而剛直稍見矣。前篇之訓，固亦如此，無不同也。曰：諸説如何？曰：是其意亦皆善矣，但盡誠不僞之説，於文之義未有以見其必然者，殆不若謝、楊之説爲近也。然楊説亦既雜取諸説之意矣，惟其所引英材之語，尤深得之。不得其死，亦二家之説爲勝，而楊氏所論爲尤精。但以子路之死，爲傷勇之故，則非孟子之文意耳。至侯氏若字之訓，其鑿甚矣。

或問十三章之説。曰：謝、楊之説，各有所偏，蓋其情性氣象之不同如此。而楊氏欲使天下之事，皆至於極弊而後圖之，則其害爲尤甚，豈懲於熙、豐新政之禍，而矯枉過直〔二〕，以至於斯乎？此章之説，惟范、侯、尹氏爲善。

或問十四章之説。曰：程子至矣，范氏蓋推其意而失之。夫程子所謂與己不同，以釋夫奚爲於丘之門耳。范氏則謂夫子以子路所見與己不同，而以不如琴瑟之和者譬之，聖人之言，豈其若是之迂哉？楊氏論子路所以升堂者，直以結纓一事言之，則古今之勇不懼死者多矣，子路之所以得升孔氏之堂，恐其未可專以此論之也。

或問：楊、墨之學，出於師、商，信乎？曰：胡氏論之當矣。胡氏曰：楊朱，即莊周所謂楊子居者，與老聃同時。墨翟又在楊朱之前，宗師大禹，而晏嬰學之者也。以爲出於二子，則其考之不詳甚矣。

或問：冉求學夫子，於門弟子中，亦可謂明達者，今乃爲季氏聚斂，何耶？曰：冉求之失，不待於聚斂而後見，自其仕於季氏則已失之矣。蓋當是之時，達官重任，皆爲公族之世官，其下則尺地一民，皆非國君之有，士惟不仕則已，仕則未有不仕於大夫者。冉求於此，豈亦習於衰世之風，而不自知其非與？然使其仕於季氏，而能勸之黜其强僭，而忠於公室，則庶乎小貞之吉矣。今乃反爲之聚斂，是使權臣愈强，公室愈弱也。故孟子以「無能改於其德，而賦粟倍他日」言之，蓋不自知其學之未至，而謂從仕爲士之常，是以漸靡以至此耳。曰：然則夫子曷爲不於其仕季氏而責之也？曰：聖人以不仕爲無義，而猶望之以小貞之吉也。

或問十七章之説。曰：愚、魯之説，楊氏得之；辟、喭之説，吕氏得之。

或問屢空之説。曰：空爲匱乏，其説舊矣。何晏始以爲虚中受道，蓋出老、莊之説，非聖言本意也，諸先生亦或從之，誤矣。惟范氏不從，而胡氏亦論之曰：「以屢空爲虚中受道，聖人之言，未嘗如是之僻而晦也。屢而有間，是頻復耳。方其不空之時，與庸人亦奚遠哉？」此得之矣。且下文以子貢貨殖方之，尤見舊説之不可易也。然考程子之説，則但爲去夫利欲之私耳，雖非文義，然理則不差。至於吕、楊則又過而不知所止矣。夫易所謂不遠復者，豈若佛氏覺速念止之云哉！曰：若以吕氏之説言之，則貨殖而屢中者，正爲虚中受道之反矣。曰：吕氏之説，程子非之當矣，不得復引以爲説也。曰：程子諸説，如何？曰：所論州舉學試之得失者，可以警學者較計之私，日用之間，所當深察。其曰「子貢之知，亞於顔子」，則張敬夫以爲夫子嘗問其與回也孰愈，至此又並稱焉，則所以進之也遠矣，亦其言之一驗也。其一説，以命爲爵命，則恐或未安耳。

或問善人之説。曰：此文簡奥，有不可知者，今考衆説而反之於心，惟張子及程子循途守轍之説爲善。而楊氏亦爲得之，但必以孟子之言合之於此，則爲費辭耳，聖賢之言，各有所止，不必强説而牽合之也。或以爲善人不循轍迹，則亦不能至於聖神；或以爲不循善人之迹，則亦不能至其閫奥。是二説者，或引其進，或原其初，而未嘗答其所問，則未知使之以何爲迹而踐之耶？或以爲不踐爲惡之迹，則以本文觀之，又未見其果爲爲惡之迹也。或以爲不蹈古人已成之迹，則古人已成之迹，皆聖賢所以垂教於後世者，又安得不蹈哉？凡此數説，皆有所未安者，故特以程、張之説爲正耳。

或問：論篤之説，程子兩義不同，如何？曰：是亦皆通，然以是字文勢推之，疑前説得之爲多。尹氏蓋用程子説，而上一句用前説，下兩句用後説〔三〕，其擇之亦不精矣。或連上篇爲説者，亦非是。蓋子張嘗有堂堂之譏，故誤以色莊者繼之耳。

或問二十一章之説。曰：程子、楊氏得之矣。范氏以稅人爲不可專，而爲仁由己，則可以不待父兄之命，則是夫子之告子路專以稅人之事，而告冉有專以爲仁之事也。謝氏爲勇者徒行，而未必中義，則是夫子不爲其有父兄，而特救其不合於義也。以文意求之，恐皆非是。蓋夫子之意，非論其事，特救其心之偏耳。子路勇於行，而有無父兄之心，冉有怠惰退縮，而有不勇於行之失，故各就其偏而救之。夫子之答公西華，固已明白，豈可舍此而自爲之説乎？故惟敬夫之言，本末爲備，然諸説或引成德達材，因其材而篤焉者，正與救失之意相戾，亦其小失也。

或問：程子之言，顏淵親在，不得爲夫子死者，如何？曰：以其下文搏虎之云者推之，則不得有是言矣。疑記録之或誤，徒得其設爲辨詰之辭，而不得其所處之正意也。且遺書所記此條之説，不止如精義所載者。大抵相死之説爲多，亦可以考其意之所歸矣。此類學者尤當精考，蓋大義所係，不容於誤也。胡氏亦嘗論之，乃程子之遺意，然其言尤簡約而明白，今附見於此，可以證程子之説云。或曰：顏淵若死於夫子之難，其如顏路何？胡氏曰：程子嘗言之矣。閭巷之人，辭親遠適，則同患難有相死之理，況朋友乎？況弟子之於師乎？其可不可，當未行而預斷，不可臨難而始謀也。曰：呂氏之説如何？曰：此章之旨，但見師弟子之分，臨難有相死之義，而顔子之於夫子，其恩義爲尤重，使夫子遇難，則顔子有相死之理耳。呂氏之説，與楊氏所論天喪予之章，其病正同。且以顔子志道，然後如此，又似以計較利害爲言，而不見恩義之所存者。抑夫子之死，道之在夫子者，既不幸而喪之矣，己又以死從之，則道之在己者，又將自滅之也。然則其於利害，無乃反有所不審乎？曰：謝氏果敢之説如何？是蓋避程夫子所謂遇害不當言敢不敢者，然似未察夫文義而過疑之也。若以呂氏所謂死謂死戰者言之，則敢與不敢，胡爲不在我乎？至程子之讀死爲先，則本韓子之説，而胡氏亦以論之矣。

或問：由、求之爲具臣也，奈何？曰：諸説皆善，而楊氏尤備。然其後本乃悉删去，而直以格君心之非爲説，高則高矣，恐不如前本之正而慤也。又曰一條尤詳，弑逆以下，或從一事，即不得爲大臣，此意尤切也。胡氏、張敬夫説，亦有所發明云。胡氏曰：亂臣賊子，欲動於惡，其不從者，未有能全其身者也。然則夫子此言，是以死難不可奪之節許二子矣。況使季氏先聞此言，則邪謀亂心，豈不潛消於冥冥之中乎？張敬夫曰：弑父與君，不必由、求而知不從矣。然世之順從者，其始也惟利之徇而已矣，未遽有悖逆作亂之心也。履霜堅冰之不戒，馴習蹉跌以至於從人而弑逆者多矣，此二子所以賢與！曰：謝氏以由、求爲事事，非事道者，如何？曰：如此，則事道者，乃在於事之外，而見於事者，皆非道也。大抵謝氏之説多如此，觀其所論四子言志，以曾點不著一事，而以三子爲未識道體，則可見矣。且書所謂事事，孟子所謂事道者，所指各異，不當引以爲對，而又分别其精粗也。

或問：子路所謂何必讀書，然後爲學，夫子不之許也。而謝、楊、尹氏皆以爲不然，何哉？曰：楊氏之説高矣。夫三代以上，六經雖未具，然以書、禮考之，則舜之教胄子，敷五典，與夫成周鄉官樂正之法，其所以優游涵養，而誘掖夫未成之才者，蓋有道矣。豈遽使之從事於人民社稷之間，以試其未能操刀之手，而不慮夫美錦之傷乎？范氏蓋得此意，然猶必以讀書爲言，則似不足以解諸説之疑者。然三代而下，既有書矣，則事物終始，古今得失，脩己治人之術，皆聚於此，好學者豈可以不之讀而遽自用乎？以此而論，則范氏之説正爲不過。但讀者樂聞諸説之高，故以其説爲卑，而不之察耳。殊不知好高之弊，將使學者恃其聰明，率意妄作，而無所忌憚，則其失不但卑陋而已也。侯氏以爲社稷人民固可學，而猶謝、楊、尹之説，特其所謂學詩學禮之後者，則猶爲有序云爾。

或問：何以知四子之以齒爲序也？曰：洪氏以爲子路少孔子九歲，曾參少孔子四十六歲，而點，參之父也。則其齒或亞於子路矣。曰：何以言浴之爲盥濯祓除也？曰：漢志三月上巳初除，官民潔於東流水上，而蔡邕引此爲證是也。韓、李疑夫裸身川浴之非禮，而改浴爲沿，蓋不察乎此耳。曰：何以言曾點之見道無疑，心不累事，而氣象從容，志尚高遠也？曰：方三子之競言所志也，點獨鼓瑟於其間，漠然若無所聞，及夫子問之，然後瑟音少間，乃徐舍瑟而起對焉，而悠然遜避，若終不肯見所爲者，及夫子慰而安之，然後不得已而發其言焉。而其志之所存，又未嘗少出其位，蓋澹然若將終身焉者，此其氣象之雍容閒暇，志尚之清明高遠爲何如？而非其見道之分明，心不累事，則亦何以至於此耶？曰：何以言其直與天地萬物各得其所也？曰：夫暮春之日，生物暢茂之時也〔四〕；春服既成，人體和適之候也；冠者五六人，童子六七人，長少有序而和也；沂水、舞雩，魯國之勝處也；既浴而風，又詠而歸，樂而得其所也。夫以所居之位而言，其樂雖若止於一身，然以其心而論之，則固藹然天地生物之心，聖人對時育物之事也，夫又安有物我內外之間哉！程子以爲與聖人之志同，便是堯、舜氣象者，正謂此耳。或曰：謝氏以爲曾皙胸中無一毫事，列子馭風之事近之，其説然乎？曰：聖賢之心，所以異於佛、老者，正以無意必固我之累，而所謂天地生物之心，對時育物之事者，未始一息之停也。若但曰曠然無所倚著，而不察乎此，則亦何以異於虛無寂滅之學，而豈聖人之事哉！抑觀其直以異端無實之妄言爲比，則其得失亦可見矣。曰：何以言夫子之許三子也？曰：此無貶辭，固已可見，而答孟武伯之言，尤足以見其平日之與之也。曰：「惟求非邦」以下，舊説皆以爲孔子之言，何也？曰：彼亦見其不以曰字起之，而不察夫前乎此者「求爾何如」、「赤爾何如」之説，皆無曰字也。且他書之例其若此者尤多，是以晁、洪、胡氏皆以爲問答之辭，而今從之也。

校勘記

〔一〕楊氏以引後章視予猶父之言　「引」字，四庫本無。

〔二〕而矯枉過直　「直」，四庫本作「甚」。

〔三〕下兩句用後說　「兩」，四庫本作「一」。

〔四〕生物暢茂之時也　「生」，四庫本作「萬」。

論語或問卷十二

顔淵第十二

或問：克之爲勝，何也？曰：楊子固曰勝己之私之謂克矣。而此書之説，自劉炫發之，其説曰：「克，勝也。己，身也。身有嗜欲，當以禮儀齊之，嗜欲與禮儀戰，使禮儀勝其嗜欲，身得復歸於禮，如是乃爲仁也。復，反也。言情爲嗜欲所迫，已離禮而更歸復之也。克己復禮，謂能勝去嗜欲，反復於禮也。」炫言如此，雖若有未瑩者，然章句之學及此者，亦已鮮矣。曰：顔淵問仁，而夫子告之以此，何也？曰：人受天地之中以生，而仁義禮智之性具於其心。仁雖專主於愛，而實爲心體之全德；禮則專主於敬，而心之所以爲規矩者也。然人有是身，則耳目口體之間，不能無私欲之累，以違於禮而害夫仁。人而不仁，則自其一身莫適爲主，而事物之間，顛倒錯亂，益無所不至矣。此聖門之學，所以汲汲於求仁，而顔子之問，夫子特以克己復禮告之，蓋欲其克去有己之私欲，而復於規矩之本然，則夫本心之全德，將不離乎此而無不盡也。然人但患於不爲耳，誠能一旦用力於此，則本心之全德在我，而天下之善將無不由是而出，天下雖大，亦孰有不與其仁者乎？然己者，人欲之私也，禮者，天理之公也，一心之中，二者不容並立，而其相去之間，不能以毫髮，出乎此則入乎彼，出於彼則入於此矣。是其克與不克，復與不復，如手反復，如臂屈伸，誠欲爲之，其機固亦在我而已，夫豈他人之所以得與哉！顏子之質，幾於聖人，故其問仁，夫子告之，爲獨要切而詳盡耳。曰：然則顏子請問其目，而夫子告以四勿之云，何也？曰：顏子聞夫子克己復禮之言，蓋已洞然默識仁之爲體矣。然夫所謂克己復禮者，必有條目而後可以從事於其間也，故復問以審之，而夫子復以此告之也。蓋禮爲心之規矩，而其用無所不在，以身而言，則視聽言動四者，足以該之矣。四者之間，由粗而精，由小而大，所當爲者皆禮也，所不當爲者皆非禮也。禮即天之理也，非禮則己之私也，於是四者謹而察之，知其非禮，則勿以止焉，則是克己之私，而復於禮矣。且非禮而勿視聽者，防其自外入而動於内者也；非禮而勿言動者，謹其自内出而接於外者也。内外交進，爲仁之功不遺餘力矣。顏子於是，請事斯語而力行之，所以三月不違，而卒進乎聖人之域也。然熟味聖言，以求顏子之所用力，其幾特在勿與不勿之間而已。自是而反則爲天理，自是而流則爲人欲，自是而克念則爲聖，自是而罔念則爲狂。特毫忽之間耳，學者可不謹其所操哉？曰：諸説如何？

曰：程子至矣，然記録所傳，不免有難明而似可疑者，亦有謬誤而真可疑者。如曰：「公言克己，不是道亦是道也，實未嘗離得，故曰可離非道。」此皆言道之無所不在，雖言之有失，而道則未嘗可離。蓋惟道不可離，是以知其言之失，而不得遁耳，非以爲道無是非得失，言之雖失而不害其爲道也。如曰「積習儘有功，禮在何處」者，言德盛仁熟，自然中禮，無所待於勉强，而非爲學者言也。如曰「視聽言動一於禮之謂仁，仁之與禮非有異」者，言能復於禮，則仁心自存，有不待他求而得者，非以仁與禮爲一物也。如曰「禮者理也」，亦言禮之屬乎天理，以對己之屬乎人欲，非以禮訓理，而謂真可以此易彼也。如曰「事事皆仁」，言所行無非仁者，而後人得以是稱之，非若吕、謝、游、楊之説也。如曰「克己盡仁，克盡己私，只有禮時方始是仁處」，亦若其言仁、禮不異之意也。此皆其難明而似可疑者也，各以是説通之，亦可以無疑矣。若曰「克己自能復禮，不必學文」，若曰「有諸中則無不中理，慎獨敬義，所以爲克己復禮」，若曰「敬立則無妄，無妄即禮」，若曰「敬則便是禮，無己可克」，凡或過而失中，或亂而無序，是則真可疑而不可通者，豈其記録之誤耶？　惟其所論克己爲道之説，偏處自克己之説，視聽言動之説，心廣體胖之説，天下歸仁之説，則其所以發明深切，無可疑者。至於四箴，則又精確縝密，而無纖芥之可疑。其曰「制外閑邪，而禁躁妄」，則克己復禮之事也。曰「内安誠存，而内静專」，則吾心之德，於此其得之矣。是固未嘗遽以禮、仁爲不異，而亦未嘗以爲有待於他求也。學者深體而力行之，其庶幾乎。范氏之説，則其疏甚矣。吕氏專以同體爲言，而謂天下歸仁，爲歸吾仁術之中，又爲之贊以極言之，則不免過高而失聖人之旨。抑果如此，則夫所謂克己復禮而天下歸仁者，乃特在於想象恍惚之中，而非有脩爲效驗之實矣。謝氏以禮爲攝心之規矩，善矣。然必以理易禮，而又有循理而天、以我視聽，以斯視聽。自然合禮之説焉，亦未免失之過高，而無可持循之實。蓋聖人所謂禮者，正以禮文而言，其所以爲操存持守之地者密矣。若曰「循理而天，自然合理」，則又何規矩之可言哉？其言克己之效，則又但曰「克己之私，則心虛見理」，則是其所以用力於此者，不以爲脩身踐履之當然，特以求夫知之而已也。至於游氏之説，以爲視人如己視物如人，則其失近於吕氏，而無天序天秩之本，且謂人與物等，則其害於分殊之義爲尤甚。以爲非必積日累月而後可至，一日反本復常，則萬物一體，無適而非仁者，則又陷於釋氏頓悟之説，以啓後學僥倖躐等之心。以爲安仁則縱目所視而無亂色，縱耳所聽而無姦聲，則又生於莊周、列禦寇荒唐之論，若以聖人爲恃其中心安仁之故，而有意於縱其視聽者。至其所論仁聖之辨，則又以博施濟衆爲言，則於夫子所以告子貢者，似有所未察也。楊氏以爲先克己，而後復禮以閑之，則其違聖人之意遠矣。惟尹氏庶幾近之，然其以理易禮，而遂以復禮爲仁，則亦失程子之意矣。

或問二章之説。曰：脩己以敬，則私意無所萌矣；推己以恕，則私意無所施矣。如是，則天理流行，内外一致，而仁在我矣。至於在邦在家，無怨惡於我者，則是敬恕之功、而仁之效也。夫爲仁非以求是效也，而并言之，蓋將使之以是自考耳。然顔子有王佐之才，故以天下歸仁言之；仲弓可邦君佐之任，故以臨民及物、在邦在家之事告之，亦各有當也。曰：弟子之問多矣，獨二子有請事之對，何也？曰：二子蓋度其能踐是言而後對，記者亦以其能充是對而記之也。曰：諸説如何？曰：程子至矣，但無怨之説恐未安。張子亦然。吕氏則固以怨爲人之怨己矣。楊氏所謂「仲弓由是守之，可以爲仁而已」者，若有少之之意焉。夫聖人之言，貫徹上下，其所以告人踐脩之法，猶大匠之規矩、羿之彀率也，功力之至不至，則在其人耳。過則聖，及則賢，不及則亦不失於令名，非先以是爲限約之也。使仲弓因是言也而盡其力焉，至於從容自得，而敬恕之名亡，亦何害其爲聖，豈必克己復禮之云，然後爲可充也哉！

或問：爲之難者，不謂仁之難爲耶？曰：仁者之言無不訒，蓋知事之無不難也，豈獨仁之難爲，而後難於言耶？且必若此，則凡事皆可易言，而獨於言仁爲不可易矣，豈其然乎？曰：游氏之説如何？曰：是又自爲一説，然本文以仁者爲言，則猶立人達人，指其人之身而言之也。又曰：其言也訒，則固謂是人之言發之不易也，是與孟子浩氣難言之說，亦不得而同矣。曰：謝氏「心有所覺謂之仁」者，信乎？曰：吾於觀過知仁之章，既言之矣。而侯氏以爲「謂仁者心有所覺則可，謂心有所覺謂之仁則不可」者，亦得之矣。且程子以穀種喻心，而曰「生之性則仁也」，今直以爲草木五穀之實謂之仁，亦失其旨矣。其後又以可識知味爲言，則又首章之失也。

或問四章之旨。曰：此章本末，范氏得之，特其所謂「先正其心，而後與之入德」者，其語有未粹耳。謝、楊不推内省之意，而專引仁勇之説以明之，其亦無所當矣。尹氏雖以内省爲言，然其説與章旨向背，似不同也。

或問：司馬之無令兄弟，何也？曰：以傳考之，桓魋嘗欲弑宋公，而欲殺孔子，其惡著矣。而其弟子頎、子車亦與之同惡，此牛之所以爲憂也。曰：有命在天之不同，何也？曰：張子、謝氏言之矣。在天之説，若不同者，然隨其所遇而貧富貴賤當然之理無不在焉，則二説亦互相發明也。若范、尹氏知命樂天之説，則其語意疏矣。蓋告之以死生有命、富貴在天者，欲其知此而有以安之耳。今但曰當知命，而不曰安命，則知爲無益。曰當樂天，則樂天者乃聖人之事，人雖知其當然，而豈易及耶？若曰順天其可也。曰：四海兄弟之説，如何？曰：謝氏得之矣。胡氏謂意圓者，蓋得諸此。楊氏歸仁之説，首章已辨之，今不復論。然其施之此章，又將有流於墨氏之失，學者亦不可以不審也。曰：程子之言敬而無失者，奈何？曰：此言人能持敬而無間斷，則喜怒哀樂渾然在中而無所偏倚也。子夏之言，本不爲此，程子取其有會於吾心耳。曰：其論張子之説，如何？曰：是亦至言，而學者所當守也。曰：范説他義如何？曰：其疏之甚，亦不待辨而可知矣。

或問：何以言膚受爲切於身也？曰：易曰「剥牀以膚」，而象以切近災也釋之。且傳亦有「湔□及膚」之言，則凡言膚者，皆爲切於身無疑矣。蓋譖爲毁人之行，愬爲伸己之寃，若事本非實，而譖者遽然極言其事，愬者泛然不切於身，則亦不足以惑人矣。故以此二者之相爲反對而互言之，見其事變之不同，而明無不照也。若以膚受爲微淺之意，則與浸潤何以異，而其不行不足爲難矣。此章之旨，惟楊氏爲得，而蘇氏之説，亦中不明不遠者之病，學者所當深戒也。蘇氏曰：譖愬之言，常行於偏暗而隘迫者，蓋一有所聞而忿心應之也。明且遠者，虚以察之，則不旋踵而得其情矣。曰：諸説如何？曰：范氏譖愬不至之説，欲以高出乎聖人，而亦不入堯舜〔一〕。亦惟察之而不行，然後能使其有所懲、無所售而不至，若不能察而辨之，則又安能使之不至哉？此可以談之以爲高，而無可行之實，殆不類其平日之言也。吕氏譖愬二字得之，而又下文所釋，於文辭意義皆不可曉。謝氏遠字之説，亦有可觀，然恐不若蘇氏、楊氏之説。

或問：七章之説，其詳可得聞乎？曰：制其田里，薄其賦斂，使民有常産而不失其時，則倉廩實而足食矣。比其什伍，時其簡教，使民有勇而知方，則戒備飭而足於兵矣。有是二者，則民以信事其上，而無欺詐離叛之心，所謂民信之者也。曰：然則兵之可去，何也？曰：食足而民信，則民親其上，死其長，如子弟之衛父兄，手足之捍頭目，可使制梃以撻秦、楚之堅甲利兵矣。故必不得已而去，則兵或可無也。曰：食之可去，何也？曰：以序言之，則食爲先，以理言之，則信爲重。蓋死生常理，人之所必不免者，若民無信，則失其所以爲民者，而無以立乎天地之間。是以必有以使民寧無食以死，而不失其尊君親上之心，則其政之所以得民心而善民俗者，可得而言矣。其大義則諸説皆得之，而程子爲尤至。惟呂氏以去食無信爲均死，而不若守信者，則恐非聖人之意。蓋不得已而去之者，則去信所以求不死也。今以均死而後不爲不信，則固已不免乎謀計之私矣。若使其去食者死，而不去信者，則又將若何而處之乎？

或問：棘子成之言，與夫子之答林放何異，而子貢非之若是耶？曰：夫子之言，權衡審密，而詞氣和平，蓋未始以文爲可盡去也。若子成則詞氣矯激，而取舍則過中矣，其流之弊，將必至於棄禮滅法，如西晉君子之爲者，故子貢惜其言之失，而力正之也。曰：何以言子貢之言之有弊也？曰：子成之説偏矣，而子貢於文質之間，又一視之而無本末輕重緩急之差焉，則又矯子成之失而過中者也。蓋立言之難如此，自非聖人孰能無所偏倚而常適其平也哉？曰：諸説如何？曰：范、楊、侯氏爲一説，謝氏自爲一説，而尹氏推焉，要當以范、楊、侯説爲正。但范以駟不及舌，爲戒人之辭，則非是，蓋此正爲子成發耳。若謝氏以文質爲不能以相無，則善矣。然虎豹犬羊之云，則有正相反者，不知其何以通之也？尹氏既曰不能去，而又曰不可去，擇之不精，亦何甚耶！

或問：洪氏以爲哀公之不足，非不足也，什取其二，不歸於公室，而歸於三家也。其説如何？曰：以春秋傳考之，是亦然矣。曰：然則雖徹，而何補於哀公之不足耶？曰：徹法行，則自一夫百畝等而上之，士、大夫、卿各有差等，以至於君，什卿禄之制，皆可以次第而舉，蓋不惟野人之井地均，而君子之穀禄亦平矣。諸説如何？曰：諸説皆善，而范氏、楊氏尤爲詳盡。但孰與之説，侯氏不同，今當以侯爲正耳。蓋君之所與者民也，民足矣，則君雖不足，亦無與共其不足者；民苟不足，則君雖自足，而誰與共其足哉？此蓋告之以君民一體，不必厚斂之意。若如尹氏之説，以爲民足，則無人與君以不足；民貧，則無人與君以足，則恐非文勢之所安。抑其言不信，出於利害之間，殆非有若之意也。

或問：崇德辨惑，何以有是目，而子張、樊遲皆以爲問也？曰：胡氏以爲或古有是言，或世有是名，而聖人標而出之，使諸弟子隨其所欲知，思其所未達，以爲入道之門户也，其説得之矣。曰：主忠信、徙義之所以爲崇德，何也？曰：主忠信，則其徙義也有地而可據；能徙義，則其主忠信也有用而日新。内外本末，交相培養，此德之所以日積而益高也。曰：愛之欲其生，惡之欲其死，既欲其生，又欲其死，所以爲惑者，何也？曰：溺於愛惡之私，而以彼之生死定分，爲可以隨己之所欲；且又不能自定，而一生一死交戰於胸中，虚用其力於所不能必之地，而實無所損益於彼也，可不謂之惑乎？曰：諸説如何？曰：謝氏爲得之，然亦有所未盡。聖人言此，正欲學者審而戒之，以辨其惑，而彼專以知之爲言，則不盡乎聖人之意。

或問：景公審能悦夫子之言而繹之，則如之何？曰：舉齊政而授之夫子，則君臣父子之倫，正之有餘矣，惜其不能，此齊所以卒於亂也。曰：諸説如何？曰：蓋皆得之。但君臣、父子、兄弟、夫婦、朋友，所謂達道也；君君、臣臣、父父、子子，則行達道而至其極也。今侯氏以四者爲達道，則既差矣，又以爲先王達此道於天下，則又非達道之所得名也。

或問：片言折獄之爲半言，何也？曰：辭未畢而人已信之也。曰：宿諾之説，以宿爲豫，諸先生皆從之，蓋嫌於不越一宿以償其諾爲太迫耳。然恐當如或説，但爲不濡滯遷延之意耳，非必謂一宿也。諸説如何？曰：此無他異。但范氏宿諾之云，語意不密。楊氏專以果毅爲言，則程子已辨於前矣。

或問聽訟之説。曰：范、楊之説當矣。范氏兼舉本末而言，其理尤備。然楊氏專以本言，其得之亦多矣。謝氏以訟不待聽而決爲無訟，恐非聖人無訟之本意，不知其何必爲此衍説也。胡氏、吴氏説亦可取。胡氏曰：聖人耳順目徹，物無遁情，其聽訟豈可及也，而曰吾猶人也者，將以深顯夫使人無訟之難也。吴氏曰：家語曰：「孔子爲魯司寇，聽訟皆進衆議者而問之何若？皆曰云云，然後孔子曰當從某子。」幾是。大學曰：「無情者，不得盡其辭，大畏民志。」言使民無情實者，不得盡其欺誕之辭，不敢自欺其心志，此所以能使民無訟。

或問十六章之説。曰：各有發明，特未完備。惟范氏以成爲稱，則不盡聖人之意，自與君子處以下，其推言之意則善，然亦亂本文之旨矣。

或問十七章之説。曰：諸説略同，惟楊氏以禮齊之者，爲贅説耳。

或問十八章之説。曰：惟張子、范、尹爲異，然於文之義，則有所不通。楊氏推本不欲之意善矣，然以爲使民皆知此而不爲盜，則恐其過也。此章之意，但爲在民上者，無所貪欲，則民亦安分知耻，而不爲盜耳。夫已嘗爲盜之人，安能使其皆知有貴於己者而樂之哉！

或問十九章之説。曰：諸説略同，惟楊氏通三章而序言之，爲近於鑿耳。侯氏意最詳備，然亦大浸。此章之意，大概專勉康子，以爲政者上之所趨欲善，則民善耳，未及乎政教法令之施者。

或問二十章之説曰：以達爲所行通達，何也？曰：其在邦也，事上則獲於上，治民則得乎民；其在家也，父母安其孝，兄弟悦其友，凡吾之見於行者，莫不通達而無所繫礙焉，斯可以謂之達矣。曰：程子以明達爲言者，非與？曰：是於文義若有不通，然其論務實而不近名以下，則至論也。諸説何如？曰：聞達之辨，吕氏最爲得之，尹氏次焉，謝氏以名聞四達爲言者，乃子張之所謂聞，而非夫子之所謂達矣。范氏論質直好義，察言觀色，在家之説，意象皆正，而所指者狹，不足以盡聖言之藴。其所謂通乎聖者，又非此章之意也。楊氏以察言觀色爲在己，亦非文意。夫以己之言爲可察猶可也，己之色，則又安得而觀之乎？慮以下人之説，則謝氏、尹氏得之，而范、楊氏之説，亦狹而有所未盡。況夫謙恭下人者，乃理之當然，非有爲而然也。今必以求益爲仁，而後下人，則吾之所以下人者，非出於誠心之自然，而出於較計利害之私耳。

或問二十一章之説。曰：崇德之説，范氏大概得之，特所謂「上義下利」，義字比事字差重，蓋曰義所當爲之事耳。其以上下二字訓先後，則爲切當也。謝氏以爲志在於事，而不在苟得者，亦得之。然此所謂得，非專爲苟得也，凡有得心，則於所以崇德者爲有害矣。侯氏以爲其進於道，則其失爲甚，蓋其意若曰「先能從事，後必有得」云爾。若果如此，則與聖人之本意，幾何而不相伐也耶？楊氏之病，蓋亦類此。尹氏所謂不計利者善矣，然又不見其事以爲先之意。蓋皆不若范氏上下之説之爲全也。脩慝之説，范、謝、楊氏皆得之，而謝尤切。侯氏以遠怨爲説，似慝爲怨慝之慝，如此，則是爲畏人之怨己，而後不敢攻人之惡也。況樊遲所問三者，皆在己之事，又不應以他人之怨雜之。尹氏於攻其惡者得之，而於所謂無攻人之惡之意，有不察也。辨惑之説，范、楊、侯氏得之，謝、尹之言亦善。但皆以知忿之爲害，而不能懲爲惑，則又未然。蓋聖人之意，正以其爲忿所蔽，而不知利害之所在爲惑，欲其懲之於此以辨焉耳。蓋夫子告子張者，戒其惑於愛惡，而告樊遲者，戒其惑於忿怒，豈各因其有是失而警之耶？曰：楊氏所謂聖賢之異者，如何？曰：以文考之，殆未見其有異也。楊氏之意，豈以其悠然者爲從容自得，而詠歸者猶未免爲有所作爲也耶？以是爲言，吾恐其淪於老、佛之空無也。其所謂遊焉息焉無非學者，則足以發明言外之意矣。但以爲自今觀之，可以見其如此則可，若以爲記言之人，本有此意，則恐亦未必然也。

或問：樊遲之問仁知，夫子所以告之者，亦明白而易知矣。而樊遲猶未達，何也？曰：曾氏之説得之矣。曾氏曰：樊遲未達者，疑二者之相悖也。蓋知人則有分辨，愛人則無之。子曰「舉直錯諸枉，能使枉者直」，言二者可以並行而不相悖也。遲退而問子夏，又以謂夫子所言者，答其問智而已。子夏曰：「富哉言乎！」一言而兼仁知也。舉直而民遠於不仁，能使枉者直也。其餘則諸先生盡之，而程子之説爲尤善也。曰：范氏之説，如何？曰：蓋用程子之説，特所謂費而隱者，非中庸之旨； 而富哉之義，不若楊氏之爲當也。

或問二十三章之説。曰：此無異説，但范氏爭友之云過矣。所謂爭者，亦忠告而善道，但其不可而止，則以厚薄爲淺深耳。呂氏善術誘掖之，似非文意。蓋所謂善道云者，心平氣和，理明意盡，或從容深厚，或親切簡當，使聞者不忤而樂於聽從之謂也。若但曰以善道之，則所謂忠告者，固已包舉之矣，又何爲贅於辭乎？尹氏蓋用説知而已，以其義合也，易其所謂異於君親者，則其義加密矣。曾氏以爲人有過而告之曰勿爲此，則其所謂忠告也；道之曰當爲此，則所謂善道也，亦爲明白，然恐亦近於呂氏之説。

或問：以文會友，諸説之不同，如何？曰：以文考之，竊以張子、范、楊之説爲安。而范氏所謂文者德之著，則未然。若謝氏以文爲威儀，則失之過矣。蓋朋友之會，然後有威儀，非以威儀而會朋友也。況朋友之會，亦冀其切磋講習之益，苟徒以威儀爲事，則賓客而已矣，豈朋友之謂哉！若侯氏則吾有不知其説者矣。張子説，精義印本未詳。

校勘記

〔一〕而亦不入堯舜 「入」字原缺，據四庫本補。

論語或問卷十三

子路第十三

或問：先之勞之，人爲一説，何以獨取乎蘇氏？曰：身先之先，其義明於左右師保之爲先；身勞之勞，其事切於佚使勸相之爲勞也。故蘇氏云爾，而張子亦不約而同焉，吾是以取之爾。

或問：二章程子之説，何以言人各親其親，然後能不獨親其親也？曰：此所以明夫人必各舉其所知，然後可以得其所不知也。然斯語也，舊本或誤別以爲一條，則全章之旨，首尾衡決，而皆失之矣。程子此章之説，廣大精微，無所不備，學者所宜詳玩也。請問諸説孰善？曰：諸説皆善，而蘇、晁、吳、曾氏之説，亦可觀焉。蘇氏曰：有司既立，則責有所歸，然常赦其小過，則賢才可得而舉也。惟庸人與姦人爲無小過，張禹、胡廣、李林甫、盧杞是也。若小過不赦，則賢者避罪不暇，而此等出矣。晁氏曰：是時魯之侵官濫刑，賢才廢棄，皆季氏之爲也。仲弓正乎季氏，季氏正乎魯君，則其爲治也何有？仲弓不患有司之難爲先〔一〕，小過之未可赦，獨患賢才之不知，仲弓真可以南面哉！吴氏曰：仲弓、子貢、子路、冉有皆事季氏〔二〕，仲弓、子貢，夫子未嘗責之，季路之責，又不若冉有之甚，此可以見其優劣矣。惜乎四子不能如閔子之辭，而閔子又不若顔子之賢，而康子不得而知也。嗟乎！若淵、騫者，其孔門之超絶者乎！曾氏曰：季氏以閔子騫爲費宰，又以仲弓、子路、冉有爲宰，皆取諸孔門德行政事之科，亦可謂得人矣。然閔子獨去之而不顧，此其所以爲顔、閔與！

或問三章之説。曰：諸説皆善，而程子所論西監申狀之事，尤足以驗聖言於日用之間也。范禹皆以正名爲盡道者過之〔三〕，此章所謂正名者，亦曰姑使事物之名，各得其正而不紊，未遽及此也。然極其言，則亦必至於此而後止爾。謝、楊氏以爲禮樂不興則無教，而廉耻和睦之風衰，故刑罰不中，亦非也。此方自爲政者之身言之，至於民無所措手足，然後主於民而言耳。故獨范氏之説爲得之，而其所謂「暴慢鄙詐之心入」者，亦似衍説。蓋但無序不和，而禮樂不興，則凡天下之事，皆無序不和，而其施之刑罰，必無自而能中耳。

或問四章之説。曰：諸説皆善，但尹氏小體大體之説，非孟子之本意爾。

或問五章之説。曰：諸説人情、物理、風俗盛衰、政治得失，莫不具於詩，誠能誦而通之，則授之以政無不達矣。楊氏以爲知王政之廢興，則不足以盡風人之情。謝氏特以爲窮理，則又不足以舉事變之實也。楊氏又謂「得其所以言，斯能專對」，以揚子雲之本語推之，亦似過高矣。侯氏以爲詩可興、可觀、可羣、可怨，故學之者，如此則亦太漫。直以可興、可觀言之，則庶乎其可爾。尹氏以爲詩者，政之所繫，語既倒置，以釋此文，亦不切矣。

或問七章之説。曰：程子、楊、尹氏爲一説，吕氏爲一説，謝、侯氏爲一説，然各有所偏，不若范説之爲備也。曰：然則其相似也，亦有稽乎？曰：蘇氏言之詳矣。蘇氏曰：按世家，當是時，魯哀公之七年，衛出公之五年也。孔子知二君皆失志無常，棄國野死之君，故譏之云爾。卒之哀公孫邾，出公奔宋，皆死於越。

或問八章之説。曰：諸説亦同，然皆有不事事之意，獨胡氏之説爲備爾。胡氏曰：自合進而完，自完進而美，非善乎其事，不能彌光於前，而公子荆知此非所存心者，直謂之苟且而已。既見其不以殖產自能，又見其不以多財自累，富而無驕，滿而弗溢，非賢而能之乎？此可爲居室之法。

或問九章之説。曰：諸説皆善，而曾氏尤佳。曾氏曰：孟子曰：「雞鳴犬吠相聞，達乎四境，而齊有其民矣。行仁政而王，莫之能禦也。」適衛庶乎之言，殆謂是與？然人之聞其言也，必謂常談而置之，置之，則無用之言耳。冉有獨能再問，以究其説，然後有所發明。庶而不富，則無以聚人；富而不教，則近於禽獸；至於教之，則不可以有加矣。

或問十章之説。曰：程子至矣，諸説亦善。但謝氏拔本塞源、略法先王之語，爲不可曉爾。曰：孔子之言如此，然其爲魯司寇聞政亦久矣，而未見其效，何也？曰：胡氏嘗言之矣。胡氏曰：以春秋考之，定公十年，會齊于夾谷，孔子以中都宰攝行相事，以禮折齊，齊人歸田，魯之國勢已强矣。至十二年夏，墮三都，是孔子行乎季孫三月不違之時也。而少正卯已誅，男女已別於途，商賈已信於市矣。郈、費既墮，圍郕弗克〔四〕，於是桓子聽公伯寮之譖，受齊女樂之饋。至十三年春，郊不致膰俎于大夫，而孔子去魯矣。蓋其明年築囿大蒐，若孔子爲政，則不爲此可驗也。然則孔子爲大司寇，纔歷三時，又不得專其政，而其功烈已如此，使魯舉國以聽，而又及於期月三年之久，則其效宜如何哉？愚按胡氏所說年數，與周公、孔子世家皆不合，蓋以意言之爾。

或問十一章之說。曰：勝殘去殺云者，下之殘虐可勝，而上之刑殺可去也。勝殘之說，程子得之，去殺之說，謝氏得之，參而取焉可也〔五〕。楊氏以可繼爲言，則於聖人之意有未盡者。善人雖有可繼之道，而無其人以繼之，亦安能以成勝殘去殺之功乎？程伯子舉進士時，嘗有對策，論此數節甚詳，而精義失之。學者盍詳考之〔六〕，則聖人之指見矣。

或問十二章之說。曰：所謂仁者，以其天理流行，融液洞徹，而無一物之不體也。舉一世而言，固無一人不然，即一人而言，又無一事之不然也。求之詩、書，惟成、康之世爲足以當之。范、尹并以禹、湯爲證，則其說無徵而費於辭矣，范氏又以漢文帝、唐太宗爲言，則尤失之。文帝、太宗能富其民則有之，至於教則猶未及也，又安能使其化民而一於仁乎？二帝之治，文帝爲優，然以賈誼流涕太息之言觀之，則當時之風俗可見，而況太宗略無關雎、麟趾之意，又豈足以庶幾成、康之萬一耶？謝、楊以爲爲當時而言，亦未必然，蓋通論其理當如是爾。

或問：十三章之説，何以異乎六章而複出之也？曰：晁氏以爲此專爲爲臣而發，理或然也。

或問：十四章之説，程子、范氏得之矣，而謝、尹有不同焉者，何也？曰：公父文伯之母謂季康子曰：「外朝子將業君之官職焉，内朝子將庀季氏之家政焉。」夫君之官職，則所謂政也；季氏之家政，則所謂事也。冉子之所得聞者，季氏内朝之事耳；政則康子必將合諸大夫而謀之外朝，非冉有之所得而與也。冉有以家事爲國政，故夫子抑之。程、范之説，可謂無以易也。必若謝氏之説，則政事之名，以冉子之賢而不能知其辨也，魯君、大夫又安知其爲政，而以問之孔子乎？若楊氏則又但言以事爲政，而不指言其爲何事，辭亦大簡略矣。其引夫子之言爲政，亦不如呂氏之説爲實也。曰：或者以爲此季氏與其家臣謀國政於私朝，而不使諸大夫與焉，故孔子爲不知者，而微辭以正之，如何？曰：此似於文義得矣，然疑其頗若傷巧者，姑存而考之可也。

或問十五章之説。曰：諸説皆善，但范氏聽言納忠之説，爲未足以該聖言之意耳。吳氏之說，亦有可觀者焉。吳氏曰：定公之問，亦可謂有意於治矣，使其能用夫子之言，兢兢業業，以媚己之人爲可畏，三子之徒庶其少悛，而魯其或興也。惜乎女樂之事，公既欲之，而桓子又助成之，是亦言不善而莫之違之類，是以用夫子而不克終也。嗟乎！魯之衰也，豈獨三子之過與？抑嘗詳味「言不可以若是其幾也」，及「如其善而莫之違」以下，曲折見聖人之言，平正穩密，無毫髮偏重處，此又言外之意。

或問十六章之說。曰：謝、尹兩句各爲一義，諸說皆相因爲義，皆各得其一端，合而論之則善矣。然夫子所以告葉公之本意，則但如謝、尹之說，諸說蓋其餘意耳。范氏所謂近悦本於親親者，夫子之言，未有此意，然其所引之詩則當矣。楊氏引書殊爲不切。尹氏來之二字，文勢若有未順云。

或問十七章之說。曰：諸說皆善，但楊氏以見利爲言，而遺其所謂小者，爲未盡聖人之意耳。張敬夫之言，亦爲得之。張敬夫曰：欲速則急於成，而所爲者必苟，故反以不達；見小利則徇目前，而忘久遠之謀，故反以害大事。不欲速，不見小利，則平心易氣，正義明道，爲其可繼而已矣。以子夏之規模近小，故夫子以此告之。

或問父子相隱之說。曰：邢氏引律「大功以上得相容隱告，言父祖者入十惡」，以爲得此意，善乎其推言之也。曰：諸說如何？曰：范氏推廣言之甚善。至於本章之指，則楊氏之説本乎情，謝、侯氏、尹氏之説本乎理，皆有所不同也。今試以身處之，則所謂情者，可體而易見；所謂理者，近於泛而不切。然徒徇夫易見之近情，而不要之以至正之公理，則人情之或邪或正，初無準則，若之何其必順此而皆可以爲直也邪？苟順其情而皆可謂之直，則霍光之夫婦相隱，可以爲直，而周公之兄弟，石碏之父子，皆咈其情，而反陷於曲矣，而可乎哉？況孟子所謂情者，乃指下文四端之善而言，而所謂若者，未必其果爲順也，讀者詳之。

或問十九章之説。曰：程子至矣，讀者宜深味之。范、尹亦平正有味。謝氏屏氣之云，則已奇嶮矣，與人忠，又與惻隱初無干涉，而所謂「非不可棄，不能棄也」者，則尤過高而非聖人之本意也。楊氏「安土敦乎仁」之語，亦非學者之事。

或問二十章之説。曰：程子小人篤實之説至矣，其次吕、謝得之，而晁氏亦有取焉。晁氏曰：尊義於己，不窮於外，士之上也；僅能有義於己而未能不窮於外者，士之次也；孝弟稱於鄉黨，特行己有耻之事也。曰：行己有耻，爲使不辱，亦何足以爲高，而夫子以爲士之上邪？曰：是二者泛而觀之，雖若僅免於羞辱，然嘗反諸身而度之，則能充其實者，正不易得，程子所謂篤實自得者，正謂此也。曰：硜硜小人，而亦可爲士，何也？曰：彼其識量雖淺，而非惡也，至其所守，則雖規規於信果之小節，然與夫誕謾苟賤之人〔七〕，則不可同年而語矣。此與不得中行而取狂狷同意，故下章言之。

或問狂狷之說。曰：楊氏、侯氏以狷爲不及，非也。狂者過於識，狷者過於行，謝氏之說得之矣。然狂狷猶可取也，至於無常，則不可知矣，故下章次之。

或問：不占而已矣之義，何以闕之？曰：不通也。諸家之說，曰易所不占者，一也；曰不待占而必凶可知者，二也；曰無常不可測度者，三也；曰巫醫不誠，則用之者必有凶禍，四也；曰不玩其占者，五也；曰無常之人，占決無所據，六也。是皆有所不通，而不玩其占之說，爲庶幾焉。然亦未敢信其必然，故姑闕之以俟知者耳。或曰：不占自爲一章，亦無來歷，不知其何所指也。

或問二十三章之說。曰：尹氏大意得之，而辭有未盡。謝氏出處語嘿之說，似非此文之本旨也。呂、楊、侯氏說，皆祖晏子之意。然晏子之言，乃就事而言，而此章之意，則直指君子小人之情狀而言，似不可引以爲證也。蓋此所論君子之和者，乃以其同寅協恭，而無乖爭忌克之意；其不同者，乃以其守正循理，而無阿諛黨比之風。若小人則反是焉。此二者，外雖相似，而内實相反，乃君子小人情狀之隱微，自古至今如出一軌，非聖人不能究極而發明之也。且以本朝諸公論之，韓、富、范公上前議論不同，或至失色，而未嘗失和氣；王、呂、章、曾、蔡氏父子兄弟，同惡相濟，而其隙也無所不至焉。此亦足以驗聖言之不可易矣。如此說，則君子之心，無同異可否之私，而惟欲必歸於是；若晏子之說，則是必於立異，然後可以爲和而不同也，豈非矯枉過直之論哉！然其爲齊景公、梁丘據發之，則亦切中其病耳。

或問二十四章之說。曰：范、謝得之，雖皆以知人取人爲言，然是亦可以爲學者脩身之驗矣。但范氏所謂審其所好惡者，文勢反戾。若曰審其好惡云者，則於義爲得矣。謝氏引孟子以爲證，則不類。蓋孟子之意，以人之善惡決於好惡之多寡，而夫子以人之善惡決於好惡之公私，一則救偏聽之失，一則核義理之真，言亦各有當也。尹氏善惡可知之説，疑衍惡字，蓋此方論人之善，不應以惡而併言之也。

或問二十五章之說。曰：諸說各有發明，而皆未盡，亦有援據疏闊而不切於文意者。洪氏、張氏說亦類此。洪氏曰：君子任理，小人任情，君子不以己之有餘而責人，小人不以己之不足而自責。張敬夫曰：易事者，平恕之心也；難悦者，正大之情也。其所悦者義理而已，而非悦人之悦己也，故悦之不以其道則不悦。與人爲善，而取人不求備，故使人則器之。若小人則徇於一己之私而已，故順己則喜，而不察其非道也；勝己則忌，而惟欲責其全也。此公私之分也。

或問二十六章之說。曰：諸說得失，同於上章。惟楊氏爲得之，但其立言傷巧，不若直以心廣體胖明泰之狀，虚驕盛氣釋驕之形，則讀者對互以求，其有以自得之矣。或問近仁之説。曰：程子、楊氏、曾氏得之。曾氏曰：剛則必能無欲，毅者必能力行，木者無令色，訥者無巧言，天資如此，故於仁近之。謝氏之説，機警有餘，然四者本以質言，而仁非知覺可訓，則亦誤矣。

或問：切切偲偲之義，其詳奈何？曰：切切者，教告懇惻，而不揚其過。偲偲者，勸勉詳盡，而不强其從。二者皆有忠愛之誠，而無勁訐之害。子路剛直，故夫子以此告之也。但於其所以責善而進德之曲折，則其言之有未備耳。范、尹氏直以切切爲責善，偲偲爲進德，而謂子路不足於中和，則其大概亦頗得之。謝氏以爲能使其朋友切切偲偲，兄弟怡怡，爲脩身之效，其意雖善，然夫子所以告子路，其始未及乎朋友兄弟也，亦教子路當以如是三者而已。謝氏乃以其下文解釋之詞爲正意，恐其考之或未詳也。楊氏語意不明，然細尋之，疑其意蓋亦以切偲爲責善，而謂朋友之交既親，然後得以施其責善之義爾。子路行行，則於朋友之交，有所不親，故孔子告之如此，欲其致親親於朋友，然後得以施其責善之義也。此亦未有見其必然，使其果出於此，則夫子曷爲不直告子路以致親於朋友，而預告之以致親以後之事耶？且朋友之交，而以致親爲先，責善爲後，則其始合必有不以正者，此説之流，恐其弊不止於文義之間也。

或問教民之説。曰：吴氏言之詳矣。吴氏曰：白虎通曰：「教民者，皆里中之老而有道德者爲右師，教里中之子以道藝、孝弟、行義。朝則坐於閭門，弟子皆出就農，復罷亦如之。若既成歲，皆入教學，立春而就事。故無不教之民，非謂教之戰也。」然而三時務農，一時講武，則金鼓旗物之用，坐作進退之節，亦有所教矣。

校勘記

〔一〕仲弓不患有司之難爲先　「先」字，四庫本無。

〔二〕仲弓子貢子路冉有皆事季氏　「事」，四庫本作「從」。

〔三〕范禹皆以正名爲盡道者過之　「禹」疑爲「尹」之誤。

〔四〕圍郕弗克　「郕」，原作「成」，據四庫本改。

〔五〕參而取焉可也　「焉」，四庫本作「之」。

〔六〕學者盍詳考之　「盍」，原作「蓋」，據四庫本改。

〔七〕然與夫誕謾苟賤之人　「人」，四庫本作「行」。

論語或問卷十四

憲問第十四

或問首章之説。曰：原憲安貧守道，其志卓然，能有不爲者也。其爲此問，固知邦無道而枉道得禄之爲耻矣，特欲質諸夫子以言其志耳。夫子深知其然，而亦知其學之未足以有爲也，則恐其或當有道之時，雖無枉道之羞，而未免於素餐之愧，故以是而并告之，使因其所已知而推之，以及其所未及知者，庶乎其有以廣其業而益充其所爲耳。吾聞諸師者如此，而胡氏亦云，故獨以是言之。或乃以謂夫子之意，止於無道得禄之可耻，以憲能安貧而告之。然則是徒以其已能者而瀆告焉，豈所以進於日新耶？

或問：問之説，程子以爲聖人開示之深，而原憲不能再問。敢問使憲也而再問，夫子告之宜奈何？曰：聖人未發之，夫孰能測之？然以程子之意而言，則四者之不行，亦制其末而不行於外耳，若其本則固著之於心而不能去也。譬之木焉，不去其根，則萌蘖之生，自不能已，制而不行，日力亦不給矣。且雖或能制之，終身不見於外，而其鬱屈不平之意，乃日鬭進於胸中，則夫所謂仁者，亦且殫殘蔽害而不能以自存矣。必也絶其萌芽，蹙其根本，不使少有毫髪留於心念之間，則於仁也，其庶幾乎！嗚呼，非程子之學之至，何足以及此！然以爲學者苟不能深省而力行之，則亦徒爲無當之大言而已，故雖發之，而亦有所不敢盡其言者，其旨深矣。楊、尹發明，不失其旨。至於范氏以爲仁之爲道，不止於四者，則其所謂仁者，不知其何所指也？呂氏以爲四者不行，足以去不仁，而未可爲仁，亦非也。夫道二，仁與不仁而已矣。出此入彼，其間無地可容髪也。誠能去不仁矣，則非仁而何哉？顧四者之不行，方且蓄其念於隱伏之中，而未足以去夫不仁耳。謝氏所謂「四者不行，未必不出於仁」者，以程子之言考之，可見其失。至謂未足以見仁之本體，則又專以知見爲言，而不察乎操存踐履之實矣。

或問張子懷居之説。曰：有爲而重遷者，有所繫而不去乎此也；無爲而輕遷者，無所繫而有慕乎彼也。有繫乎此者，固懷居也；有慕乎彼者，亦懷居也。然夫子之言，則亦謂夫有爲而重遷者爾。張子蓋推言之也。曰：諸説如何？曰：范氏言之詳矣，其推士而言以及天子者，亦廣矣。但以居廣居爲有天下之事，則非孟子之本意也。謝、楊之論，亦爲得之。蘇氏引管仲之言曰：「畏威如疾，民之上也；從懷如流，民之下也。」尤學者所宜深念也。

或問四章之說。曰：諸説皆善，而尹、范所推，爲有益於人之國也。洪氏、吴氏亦爲得之。洪氏曰：危非矯激也，直道而已。孫非阿諛也，遠害而已。吴氏曰：言孫者，亦非失其正也，特少致其委曲，如夫子之對陽貨云爾。

或問五章之説。曰：諸説皆善，但仁必有勇，未有切當之説，惟侯、尹庶幾得之。

或問六章之説。曰：此章之説，本若難明，今以文意推尋，姑爲此説，亦夫子罕言命之意爾。或秖從程子、范、尹之説亦善。謝氏過高不實，楊則專以枝葉而言，聖人之意，亦必不然也。

或問七章之説。曰：仁與不仁，正當以心爲説，而范氏皆以君子之行爲言，則於聖人之意有不盡矣。吕氏所謂德心稍懈者得之，特所謂「公天下、私一己」者，亦未當也。仁者固公天下，不仁者固私一己，然仁不仁之名，則不於此而得也。謝氏之説善矣，然其曰「心不在焉，不仁也」，則直以心字訓夫仁者，恐亦未安。若曰「心不在焉，則不仁矣」，其庶幾乎。其曰「未害爲君子」者，則亦有以啓學者自恕之弊，尤不可以不察。

或問八章之説。曰：蘇、楊、尹氏之説皆善，然聖人之意，正所以明夫愛而不勞者之不足爲愛，忠而不誨者之不足爲忠，則三説者皆未及也。如范、謝之釋，則勞字無所當矣。

或問九章之説。曰：諸説皆善，然以春秋傳考之，與此有不同者，未知孰是。其曰「子產爲政，擇能而使之」，則能使衆賢各盡其用者，子產之功也。洪氏說亦善。洪氏曰：鄭，小國也，能慎重其辭命，而信任於賢者如此。爲天下者，辭命宜亦重矣，而反輕之；討論潤色，宜益衆也，而獨任於一官，何哉？且古之賢者，求辭命之善耳，不有其己也。故世叔討論，而裨諶不以爲歉；子產潤色，而子羽不以爲羞。後世爲命者反是，此辭命所以有愧於古也。

或問十章之說。曰：諸說皆通，而胡氏子產之說爲詳。胡氏曰：鄭，小國也，介乎晉、楚。子產爲政，黜汰侈，崇恭儉，作封洫，鑄刑書，惜幣爭承，皆以豐財足國，禁姦保民，其用法雖深，爲政雖嚴，而卒歸於愛，故夫子以惠人蔽之。及其卒也，聞之出涕，而曰：「古之遺愛也。」然孟子以爲惠而不知爲政，禮記以爲能食民而不能教者，蓋先王之政之教，子產誠有所未及也。諸家都不論子西之爲何人，然則何以究聖言之旨歸耶？此近世好高之弊，獨吳氏爲能考而論之爾。吳氏曰：當時有三子西：鄭駟夏、楚宜申、公子申也。駟夏未嘗當國，無大可稱，宜申謀亂被誅，相去又遠，宜皆所不論者。獨公子申與孔子同時，又讓國。昭王欲用孔子，而子西止之，其後又召白公，以致楚亂，則其爲人可知矣。管仲之說，則蘇氏爲當。但人也二字，范氏以爲盡人道，恐非管仲所能當。楊氏之說，則牽於援据，而支離甚矣。侯氏說亦迂曲而難通。吳氏別爲一說，未知是否，姑存之亦可也。吳氏曰：荀子論管仲云：「與之書社三百，貴賤長少，秩秩焉莫不從桓公而貴敬之。」則是桓公奪伯氏之邑，以與管仲也。秩秩亦無怨言之意。

或問十一章之說。曰：諸說皆善，特范氏欲蒙上章伯氏爲說者，似非聖人之意。蓋上章乃美管仲之功，而非美伯氏之安貧也，亦不當以是爲説矣。謝氏引據迂曲，反不若經文之明白而易曉也。張敬夫説亦佳。張敬夫曰：富而無驕，不矜於外物者能之；至於貧而無怨，非内有所守者不能也。或謂世固有處貧賤而無失，至於一旦處富貴之地，則失其本心，然則難易之論，有時而不然耶？此蓋未知夫無怨之味也。所謂處貧賤而無失者，特未見其失於外耳，又烏能保其中之無怨耶？蓋一毫有所不平于其中，皆爲怨也。故貧無諂易，貧而無怨難，無怨則進於樂矣。曰：程子、侯氏所論怨諂之不同也，孰是？曰：皆是也。蓋諂之病甚於怨，而無怨之難則甚於無諂，語若相反，而其意則各有所主也。

或問四子之事。曰：武仲則春秋傳詳矣。公綽他無所見，而前章所稱，亦可以得其爲人。卞莊子事見新序，曰：「莊子養母，戰而三北。及母死，齊伐魯，莊子赴鬬，三獲甲首以獻，曰此塞三北。遂赴齊師，殺十人而死。」冉求之藝，則夫子固嘗稱之也。曰：必兼四子之長，而又必文之以禮樂，然後可以爲成人，何也？曰：四子各有所長，而不能相兼，又無禮樂以文之，故知者至於要君，勇者至於輕死，藝者至於聚斂，而不欲者又或不能以小國之大夫也，亦難以爲成人矣。故孔子言必兼此四人之能而又文之以禮樂，則集其所長，去其所短，而後可以爲成人也。洪氏以爲特以四子爲言者，四子皆魯人，而莊子與子路皆卞人，冉求又朋友也，舉其近而易知者爾。胡氏以爲言卞莊子，蓋以況子路耳，言有是一能而不能兼衆人之長，與成於禮樂焉，則亦不足爲成人矣，恐亦有此意也。曰：今之成人以下，或以爲子路之言，何如？曰：未可知也，然姑存之，以備參考可也。胡氏曰：此子路之所已能也。夫子方進子路於成人之域，豈又取其已能者而重獎之哉？蓋子路晚節末路，不復聞斯行之之志，而有終身誦之之堅，是以自鳴其善而爲此固非之辭耳，與未見其止者異矣。大率此章之義，程子論之已詳，而諸說亦不失其旨也。

或問：公叔文子何以得不言、不笑、不取之名也？曰：蘇氏得之矣。蘇氏曰：凡事之因物而中理者，人不知其有是也。飲食未嘗無五味也，而人不知者，以其適宜而中度也。飲食而知其有五味，必其過者也。此文子所以得不言、不笑、不取之名也。夫子之疑之，何也？曰：吴氏得之矣。吴氏曰：文子請享靈公也，史鰌曰：「子富君貪，禍必及矣。」觀此，則文子之言豈能皆當，而其取豈能皆善乎？

或問十五章之說。曰：諸說無大異，其小不同者，范、尹以爲時人以武仲能存祀爲賢，故夫子正之。竊味本文之意，但以時人不知其據邑有請之爲要君爾，初不爲能存先祀發也。謝氏若以武仲爲恃齊以請者，亦非也。夫子但言以防求爲後，不言以齊求爲後也，安得舍其據邑之顯罪，而逆探其挾齊之微意乎？侯氏又以求後爲要，亦不察夫所以以防之文爾。

或問：齊桓、晉文之正譎，奈何？曰：程子之說密矣，然以其說求之本文，則未見其有以發晉文之本心，而能使後世慎所舉者。張子以譎爲婉，以事實字義求之，亦若未安。惟胡說爲得之。而吕伯恭考之爲尤詳，文多不能悉載，學者求之左氏之書，自可見矣。

或問管仲不死之說。曰：程子至矣，但以薄昭之言，證桓公之爲兄，則荀卿嘗謂桓公殺兄以爭國，而其言固出於薄昭之前矣，蓋未可以此證其必然。但以公、穀春秋所書之文爲據，而參以此章之言，斷之可也。蓋聖人之於人，有功則稱其功，有罪則數其罪，雜而兼舉之，既不以罪掩其功，亦不以功掩其罪也。今於管仲，但稱其功不言其罪，則可見不死之無害於義，而桓公、子糾之長少，亦從以明矣。又況所謂匹夫匹婦之爲諒者，正指召忽而言。蓋召忽之於子糾，猶石乞於白公耳。至於程子又謂「若使管仲所事者正，而不死其難，則後雖有大功，聖人豈復稱之」，則愚恐記者之失也。蓋曰不與其事桓公則可，曰不稱其功則不可，記者豈因彼言以爲此而遂失之也與？曰：管仲生死之是非，決於一時之義爾。程子又謂「管仲不死而無功，則是貪生惜死，而不若匹夫匹婦之爲諒」，若未免於先功而後義。且管仲又何以自必其後之有功耶？曰：召忽之失，在於輔子糾以爭國，而不在於死；管仲之得，在於九合之功，而不在於不死。後功固不可期，而其在我者固自可必。但其得就此功，而免於匹夫匹婦之諒，則亦幸而已矣。後之君子，有不幸而處此者，苟自度其無管仲之才，是殆不若爲召忽之不失其正也，此又程子言外之意，讀者不可以不察也。曰：諸説如何？曰：范以九合爲仁之大，以死節爲義之小，是謀利計功之言，其害理甚矣。若聖人之心，果出於此，則行一不義、殺一不辜而得天下，亦何憚而不爲之乎？謝氏以管仲於子糾，君臣之義未正，故可以不死，亦非也。夫仲之所以不死者，正以小白兄而子糾弟爾。若使糾兄而當立，則齊國之士，君臣之義，無所逃矣，況如管仲策名委質，親北面而君之，安得幸其未得入國而死，乃託於君臣之義未正，而不死其難哉？楊氏發明程子之意善矣，然不明言小白、子糾長幼之序，則亦略而失之矣。又以忽之死爲傷勇，仲之不死爲徙義，而夫子與仲之不死，恐亦非聖人之意也。夫子特以忽之功無足稱，而其死不爲過，仲之不死未害義，而其功有足褒爾，固非予仲之生而貶忽之死也。曰：九之爲糾，何也？曰：春秋傳展喜犒師之詞云爾，而糾合宗族之類，若此者亦甚衆也。説者不考其然，乃直以爲九會諸侯，至數桓公之會，不止於九，則又因「不以兵車」之文而爲之説曰：「衣裳之會九爾，其餘則兵車之會也。」自公、穀以來，皆爲是説，亦可謂鑿之甚矣。

或問十九章之説。曰：范氏以文爲仁之著，文固仁之著也。然以人之所難曉，而釋其善説經者，呂氏得之爲多，而其所謂文者，必以物相雜爲據，則過矣。侯氏亦然。謝氏所謂無媢疾上人之心，楊氏所謂有禮意，皆溢乎本文之意。殊不知聖人之於文子，特取其惟賢是舉，而無今昔貴賤之嫌，所謂文者，正以其倫理明順，粲然而可觀耳。

或問二十一章之説。曰：程子、范氏三説，意亦皆善，然以文義考之，則當曰「其言之不怍可謂難矣」，然後其説可通。今以「則爲之也難」繼之，則其意或不出於此也。謝氏之説，恐亦未然，蓋本文之意，言之爲言，正指一事，乃其口所謂善而力不能爲者爾。今以所言而不怍者，爲不善之事，而爲之者，乃指爲道而言，則失之矣。楊氏最爲得之，但既以不掩釋爲之之義，則不必複出「之爲也」三字，削而讀之，則文意明矣。尹氏亦善，特所謂未必能爲者，辭若大緩爾。

或問請討陳恒之説。曰：程子至矣。楊氏推明其説，亦有助焉。至謝氏以爲孔子欲以魯伯諸侯，而仗大義以卜天意，則非聖人之心矣。曰：當是之時，魯之兵柄，分屬三家，哀公雖欲從夫子之言，然不告三子，則兵不可出，而孔子之意，乃不欲往告，何哉？曰：哀公誠能聽孔子以討齊亂，則亦召夫三子而以大義詔之耳，理明義正，雖或不從，而孰敢違之哉？今無成命，而反使孔子往而告之，則是可否之權，決於三子，而不決於公也。況魯之三家，即齊之陳氏，其不欲討之必矣，是則不惟名義之不正，而事亦豈可得而成哉？然夫子以君命之重也，故不得已而一往焉，尚冀其萬一之或從也。而三子果以爲不可，則復正言之，以明從違在彼，雖不敢必，而君臣大倫，所繫之重，雖欲不告而不敢以已，其所以警夫三子者亦深矣。曰：程子以左氏所記「以魯之衆，加齊之半」，爲非夫子之言。然則夫子之戰，將不復較其力之强弱，而獨以大義驅之耶？曰：程子之言，固有是矣，然其所謂「必有處置，謀而後行」者，則亦非不量力而浪戰也。但其意以爲夫子之告魯君，又當明君臣之大義，以見弑逆之大惡，天下所不容，人人得而誅之，況在鄰國而可以不討之乎？而其爲計，則必請其君以上告天子，下告方伯，舉天下之兵以誅之也。以天下之兵，討天下之賊，彼雖衆强，亦將奚以爲哉？固不當區區獨較齊、魯之强弱，而以天下之公義，爲一國之私也。左氏所記，蓋當世傳聞之謬，以衆人之腹爲聖人之心者。而程氏門人記其師説，又不能盡其意之曲折，所以啓讀者之疑耳。曰：程子以爲必告之天子，楊氏發明其意，且以孟子所謂天子討而不伐爲證，而胡氏乃有先發後聞之説，其相反若是，何耶？曰：孟子之言，謂三不朝而六師移之之等耳。胡氏乃特爲弑逆而言。考之春秋，先王之時，疑必自有此法，凡弑君者，人人得而討之，如漢所謂天下共誅之者。晉李毅告王濬，以爲弑君之賊，爲惡尤大，當不拘常制者，則以當世本無此法而言爾。然事非一概，告與不告，又在乎時義之如何。使其地近於天子，而可以告也，其事之未至乎迫遽，而得以告也，其力之不足以敵，而不得不告也，則告之而俟命以行，甚則或不俟命而遂行，皆可也。使其地之相去也遠，其事機之來也不可以少緩，而吾之力又自足以制之，而乃區區焉徇請命之小節，忘弑逆之大罪，使彼得以植其根、固其黨，或遂奔逸而不可以復得，則任其事者，亦無以免乎春秋之責矣。夫以魯之弱，而欲討齊，其請於天子，理勢固有當然者。但楊氏以討之一字而決其必請命焉，則亦大拘滯矣。

或問二十三章之説。曰：范、楊得之，但范説不欺故必犯者，爲小戾耳。張敬夫之説亦善。張敬夫曰：盡誠而不欺，犯顔而納忠，事君之義，大要盡是矣。然勿欺其本也。勿欺矣，則誠信充積，必不得已，有時而犯之，則有以感動也。若忠信有所不足，則於事君之道爲未盡，而徒以犯顔爲事，亦鮮味矣。如内交要譽惡其聲之類，一毫之萌，皆爲欺也。以子路之剛强，懼其果於犯焉，故告之以勿欺爲主焉。尹氏之説，以犯爲主，蓋謂事君惟能犯，然後足以盡其忠誠而無所欺，於本文之意，雖若小異，然亦可以爲世之雖無邪心，而惟知苟且順從，以陷於欺君者之戒。顧其辭不足以達之，讀者所當深考也。

或問二十四章之説。曰：程、張、吕、楊得之。范氏上達入於上智以下亦善，而前所謂喻利喻義者，與謝、尹氏皆失其旨矣。

或問爲己爲人之别。曰：程子之解，約而盡矣，范、吕氏次之。程子他説，乃其議論之間，借聖言以明己意，非專爲釋此文意發也。蓋其一，則因古今學者之異，以明古今習俗之變，非獨一事之不同，非以古之仕如今之學，今之學如古之仕也。其二，則因問者之失，而姑答其大意，未暇正其所謂爲人者之失其本旨也，然其大意，則固無所病矣。其三，曰成物，則固非爲人之謂，曰喪己，則其爲人也，亦非謂其有濟人利物之心也。謝氏大意亦善，但所謂爲人者，乃正以成物而言，則失之。尹氏所謂爲己可以及人者，亦善，而謂爲人非務本之學，則亦未免謝氏之失也。楊氏蓋本程子成物喪己之説而推之，但專以格物致知者爲爲己之學，則未盡乎學之道，而於爲己之意，尤無所發明云。

或問二十六章之説。曰：蘧伯玉使者之言，極有味，學者所宜熟玩而深省焉者。范、楊、謝、尹氏得之，胡氏説亦可觀也。胡氏曰：未能寡過，乃伯玉之事，而使者知之。雖伯玉克己日新之事著見於外，而使者亦可謂知德而能言者矣。

或問：二十七、八章之旨，同乎？曰：大旨雖同，而語意所包，有廣狹之異。不在其位，專指在官者而言，不出其位，則泛論其理，以釋上文之言歟？范氏於此，得其旨矣。楊氏一之，其或有未察乎？

或問君子耻其言而過其行之説。曰：諸説皆善矣，然以其文義觀之，則當作耻其言之過其行，乃與諸説意合。如今之文，則恐其當爲兩事也：耻其言者，常若有愧而不及其行也；過其行者，常若勉强而使有餘於言也。然亦未敢據舊説，姑記以俟考焉耳。

或問三十章之説。曰：范氏所謂責己勉人者當矣，他語亦皆善。但其曰「獨立故不懼」，則非矣。蓋獨立不懼之語，亦如遯世無悶之云爾。今曰「獨立故不懼」，則將有曰「遯世故無悶」者矣，其可乎哉？楊、謝、侯氏論夫子不居之意不同，似不必然，而楊、謝語亦有病。蓋聖人所不居，不必盛德之事，其意但欲因責己以勉人耳。達德者，人人之所同得，聖人豈反爲是而不居哉？三者雖備，所造亦有淺深，如孔子所謂成人者，有公綽之不欲，則亦仁矣；有卞莊子之勇，則亦不懼矣；有臧武仲之智，則亦不惑矣，豈可以其備此，而遂謂聖人哉？惟侯氏語近得之，然以責己勉人之説推之，則又不必以此而後不居耳。楊氏謂「所自者道，而仁智勇之名泯」者，其老、佛之餘乎？若如其言，則所謂道者爲一物，而在三者之上矣，夫豈有是哉？尹氏以自道爲夫子之事，則在於文義亦有所不通也。

或問方人之説。曰：諸説略同，而吕、謝、尹氏得之，范、謝則疏矣。侯氏所謂作聰明者，似亦大過。蓋方人以窮理者，未必遽有是心也，其術之流，則或將有此弊耳。楊氏説似渾全者，然夫子之云「三人行必有我師」，正爲擇其善不善而從違耳，非漠然不加較量別白，而悉效其所爲也。

或問：三十二章諸説相類，孰爲最優？曰：侯、尹氏得其要矣。范氏充實而有光輝以上，尤爲詳密，但患不强其所不能之患，疑衍文耳。張敬夫之説亦善。張敬夫曰：四端五典，雖聖人不自以爲能盡也，而況於學者，其不能之患，何有極乎？而何所願乎外也。若有一毫患人不己知之心萌于中，則其害甚矣。

或問三十三章之説。曰：范氏逆詐、億不信之説，文意極疏，其所謂先覺之説則得之，但爲告君之言，故於本文之意有不切耳。逆詐、億不信，乃猜防狡險之意，而以爲心之僞，亦非也。吕氏逆詐、億不信之説，最爲得之。其曰「燭乎事幾之先」者，亦善。但以爲豈容人之見欺，而不使詐與不信加乎己，則失之矣。君子之先覺也，亦燭理之明，自然而覺，如謝氏之説耳。若如吕氏之云，則與逆詐、億不信者，亦奚遠哉？楊氏之説，曲折尤備，但必以至誠前知爲言，則亦必於援引之過也。夫不逆、不億者，誠也，先覺者，知也，二者並行而不相悖，曷爲其必一歸於誠，而匿其知之名哉？且至誠前知，中庸自誠而言耳，至於此文，則初不爲至誠發也。蓋言人不當預設猜防，但又不可爲人偏於聽而失之，若如其説，其以抑字更端，亦可見其非事也與？予於集注雖録是説，而私以吕氏燭乎幾先之語，易其所謂至誠前知者，又易見欺爲見罔，亦據夫子答宰我井有仁焉之語，讀者詳之可也。侯氏引舊注爲説，尤所未安，蓋未審乎抑亦之爲用耳。尹氏章首二句亦未曉，然恐其文義有未通也。而所謂「情僞幾微，無所逃其明」，則優於諸説耳。

或問：范、尹疾固之説，於微生畝無譏焉，無乃厚乎？曰：是欲故爲厚，而不察乎其問答辭意之不相直也。夫微生固自以其隱遁忘世爲高，謂夫子之委曲憂時爲佞，是以夫子即其意而反之，使知其所謂高者，是乃所謂固而已爾。若如范、尹之説，則夫子之對，於微生之問，爲何所當哉？

或問三十五章之説。曰：諸説皆善，而尹氏尤爲精約，謝氏次之，若范、吕氏以才受乎天，德繫乎習，則不可謂之知德矣。人受天地之中以生，是德也固已根於其性之所有，特人不能皆生知而安行，故賴學以成之耳，非因學而後有也，豈可以其專繫乎習、而不受乎天哉？若以氣禀而言，則才之與德，皆有自然勉强之差，又不得專以才爲天賦、德爲人爲也。司馬公論智伯，以金與竹爲才，以鎔範矯揉爲德，其失正與此同。至於蘇氏之書，又以才難强而德易勉，其失之端不過如此，而其末流遂至於貴才而賤德，則其失益甚，而其爲天下後世之禍也益深矣。侯氏所謂力奚與焉者，則加焉爾，則所謂驥者，亦奚以異於駑駘哉？聖人之意，特以驥雖有力，而所稱者則以其德，而不以其力耳。若君子則非無用於才也，周公之多才藝，夫子之多能鄙事，豈非才乎？特所以爲周公、孔子者，則不以才稱，而德稱耳。

或問：以德報怨，亦可謂忠且厚矣，而夫子不之許，何哉？曰：是亦私意之所爲，而非天理之正也。夫有怨有德，人情之所不能忘，而所以報之，各有所當，亦天理之不能已也。顧德有大小，皆所當報，而怨則有公私曲直之不同，故聖人之教，使人以直報怨，以德報德。以直云者，不以私害公，不以曲勝直，當報則報，不當則止，一視夫理之當然，而不爲己之私意所罔耳。是則雖曰報怨，而豈害其爲公平忠厚哉！然而聖人終不使人忘怨，而沒其報復之名者，亦以見夫君父之讎，有不得不報者，而伸夫忠臣孝子之心耳。若或人之言，則以報怨爲薄，而必矯焉以避其名，故於其所怨，而反報之以德，是則誠若忠且厚矣，而於其所德，又將何以報之耶？若等而上之，每欲益致其厚，則以德之上，無復可加。若但如所以報怨者而已，則是所以報德者，僅適其平，而所以報怨者，反厚於德，且雖君父之讎，亦將有時而忘之也，是豈不亦逆人情，悖天理之甚也哉！或曰：然則君父之讎，亦有當報、不當報之别乎？曰：周禮有之：「殺人而義者，令勿讎，讎之則死。」此不當報者也。春秋傳曰：「父不受誅，子復讎可也。」此當報者也。當報而報，不當報而止，是即所謂直也。周公之法，孔子之言，若合符節，於此可以見聖人之心矣。曰：然則諸説孰爲得之？曰：是其大旨，則皆善矣。謝氏剖判，尤爲明白，但不言其人之當誅，而曰誅之亦可，蓋言有所略而未備。其所謂無怨，所謂心不在怨者，則又小過於聖人之言。而楊氏所謂曲在其中者，則辭亦太緩而不切矣。至於侯氏不校之云，又與聖人之意有大相反者，程子之論不校，亦正不如此也。尹氏之説似矣，然又決於情而不要諸理，亦未足以盡聖人之意也。曰：然則楊氏所謂小加委曲，如庾公之斯者，如何？曰：此意善矣，而亦有所未盡也。蓋天下之事，有公義，有私恩，二者常相得焉，則盡其道而不爲私可也。不幸而或至於相妨，則權重輕而處之，使公義行於上而私恩伸於下，然後可耳。若小加委曲，而害夫天下之公焉，則亦君子之所不敢爲也。

或問：不怨不尤，下學上達，何以人莫之知而天偏知之也？曰：其不怨不尤也，則不責之人而責之己。其下學人事也，則又不求之遠而求之近。此固無與於人，而不駭於俗矣，人亦何自而知之耶？及其上達而與天爲一焉，則又有非人之所及知者，而獨於天理之相關耳，此所以人莫之知而天獨知之也。曰：諸説如何？曰：程子至矣，宜深味之。張子亦庶幾焉，但文勢小倒耳。范則疏矣。呂氏、楊氏亦爲得之。尹氏蓋祖張子之意。謝氏則其過益甚，而與夫子之意正相反矣。曰：下學而上達者，言始也下學，而卒之上達云爾。今程子以爲下學人事，便是上達天理，何耶？曰：學者學夫人事，形而下者也；而其事之理，則固天之理也，形而上者也。學是事而通其理，即夫形而下者而得其形而上者焉，非達天理而何哉？曰：然則謝氏以爲下學人理，而上達天理者，何如？曰：既曰理矣，則無天人之異，不待其學於此而通於彼也。

或問：公伯寮學於孔門，而所爲若是，何也？曰：胡氏以爲寮非孔子弟子，特季氏之黨耳。若遊於孔門，則豈至於陷其朋友哉？曰：子路非王佐之才，家臣非卿相之任，其爲用舍無足言矣。而孔子以道之興廢繫焉，何也？曰：此隳三都、出藏甲之時也，道之興廢，故於是乎在耳。曰：侯氏以命爲天理，何也？曰：命者，天理流行、賦於萬物之謂也。然其形而上者謂之理，形而下者謂之氣。自其理之體而言之，則元亨利貞之德，具於一時而萬古不易；自其氣之運而言之，則消息盈虛之變，如循環之無端而不可窮也。萬物受命於天以生，而得其理之體，故仁義禮智之德，根於心而爲性；其既生也，則隨其氣之運，故廢興厚薄之變，惟所遇而莫逃。此章之所謂命，蓋指氣之所運爲言，而侯氏以天理釋之，則於二者之分，亦不察矣。

或問三十九章之説曰：程伯子以事之大小言，張子以人之高下言，二説之不同，奈何？曰：以古聖賢之迹與隨時之義考之，則程子得之。而張子又謂「聖賢於此，迹相似而心不同」，則亦兼以其時與事言之，而不專主於人之優劣也。但避世之士，或志量宏大，而不屑一國之事；或智識明達，而灼見天下之幾，飄然事物之外，以没其身而不悔，此則僅能辟地。辟人之士，猶頗有意於當世者，或有時而不能爲耳。故程叔子所謂遠照，而謝氏、楊氏又皆發明其説，亦爲有理。至尹氏之論辟世，以舉世不見知爲説，則是見棄於人，無所自容而後去，其辟之之權，初不在我，而窮迫不得已之意，反甚於辟地之人矣，豈其然哉！

或問：張子作者七人之説，如何？曰：是不可知，姑存而徐考之可也。然以上下推之，意其爲隱者而發之意爲多耳。

或問四十一章之説。曰：晨門之言，非知夫子者，而范氏以爲誠然則失之，而諸説亦莫有明其不然者。獨楊氏以無不可爲言近爲得之，乃不直以己意發明，而必於援引，殊不知晨門所謂知其不可者，時之不可，而孔子所謂無不可者，己之無不可也。以其字之同，而不察其意之異，蓋不若胡氏之説之爲當也。夫以夫子之聖，雖極亂之世，君苟用之〔一〕，則易危爲安，轉禍爲福，亦反覆手耳，豈知其有不可爲，而冒昧以苟爲之哉！范氏他語亦有牴牾不合者，如既以可不可爲在天，又曰天未嘗遺天下，其亦疏矣。

或問荷蕢之説。曰：諸説之意皆善，但程子、謝氏、楊氏果哉末之難矣之説，范氏斯已而已之説，吕氏末之難矣之説，范氏、尹氏果哉之説，於文義爲未安。楊氏又若以聖人爲無心者，則流於老、佛之意，而以聖之時當其可爲言，於此章之意，亦無所當矣。其論晨門荷蕢之優劣，則近得之。

或問諒陰之説。曰：孔氏曰：「諒，信也。陰，默也。」邢氏釋之曰：「信謂信任冢宰。」胡氏釋之曰：「謂其信能默而不言也。」二家皆用孔訓而爲説不同。鄭氏於禮記，又讀作梁暗，言居倚廬。大抵古者天子居喪之名如此，其義則今古言殊，不可曉矣。曰：諸説如何？曰：范氏得之，楊、侯之説相似，皆非子張所疑之意，然侯爲猶優耳。曰：尹氏之無説，何也？曰：是或有闕文焉。不然，則有所諱避於君前，不得免乎君子之譏矣。

或問四十五章之説。曰：諸説大意皆善，而程子至矣。范氏敬身之説，非是。所論堯、舜猶病者，意雖近是，而語則疏矣。謝氏以安人安百姓爲擴而大之，楊氏以爲推而至於天下平然後爲至，尹氏以爲推而及物，皆若近是，而實有可議者。蓋所謂脩己以敬者，語雖至約，而所以齊家、治國、平天下之本，舉積諸此。子路不喻，而少其言，於是告以安人安百姓之説。蓋言脩己以敬而極其至，則心平氣和，靜虚動直，而所施爲無不自然，各得其理，是以其治之所及者，羣黎百姓，莫不各得其安也，是皆本於脩己以敬之一言。然所謂敬者，非若四端之善，始然始達而可擴，由敬而安人安百姓；非若由格物致知，以至於正身及物，有待夫節節推之也；非若老老幼幼，由己及物，而待夫舉斯心以加諸彼也，亦謂其功效之自然及物者爲然耳。曰：然則夫子之言，豈其略無大小遠近之差乎？曰：脩己以敬，貫徹上下，包舉遠近，而統言之也。安人安百姓，則因子路之問，而以其功效之及物者言也。然曰安人，則脩己之餘而敬之至也；安百姓，則脩己之極而安人之盡也。是雖若有小大遠近之差，然皆不離於脩己以敬之一言，而非有待擴之而後大、推之而後遠也。曰：程子所謂學至堯、舜，則自有堯、舜之事，何也？曰：是以爲脩己以安人，而及於百姓，必有政事之施焉。而夫子之言若此，則疑若脩己於此，而徑可及人者，蓋舉其本而繫其末，以爲施爲之廣狹，皆隨其根本之淺深，而初無所待於外也。曰：吕氏之説，不亦三子之類乎？曰：

彼曰「進之則未有内外之分也」，若曰進其所以安人安百姓者，則失之矣。但其語意不明，終費辭説。又所謂「不言而信，若不怒而威」者，亦化民之事，而非安民之事耳。尹氏之説，不以脩己以敬爲所當然之事，乃主以施於人者以爲言，而後反之於己，以求其本，則尤非此章之意也。諸説之外，胡氏形容脩己以敬之義，亦爲得之。胡氏曰：可願莫如善，敬立則百善從；宜遠莫如邪，敬立則百邪息。敬也者，存心之要法，檢身之切務歟！欲持敬者奈何？曰：君子有言，主一之謂敬，無適之謂一。如執六圭，如捧盤水，如震霆之在上也，如淵谷之在下也，如師保之在前也，如鬼神之在左右也，是則持敬之道也。

或問四十六章之説。曰：程子詳矣。張子安死賊生之説，疑或未安。范、尹氏皆以爲壤非可言諭者，故叩其脛而深責之，亦不然也。禮：「六十杖於鄉，七十杖於國。」此蓋孔子自衛反魯之後，曳杖而出，而適見壤之夷俟也，因數其失，遂以所曳之杖，微擊其脛，使斂其足而不踞耳，豈其不可以言喻，而反可奮然運挺以毆之哉？楊氏之説亦然。蘇氏以爲聖人責人，未有若是之怒者，則失愈甚遠矣。胡氏以爲原壤之喪母而歌也，孔子爲弗聞者矣，今乃責其夷俟，何舍其重而責其輕也？蓋數其母死而歌，則壤當絶，叩其箕踞之脛，則壤猶爲故人耳。盛德中禮，見乎周旋，此亦可見。其説亦善。楊氏所謂「自索以形骸之内，不以毁譽經其心」者，則老、莊之餘論也，亦異乎程子之言矣。曰：然則程子何以知其非莊周之流也？曰：使其爲莊周之流，則夫子必將以理曉之，不但直數其罪而已也。

或問：卒章之說，不從諸家，何也？曰：若如諸家之說，則孔子坐視童子之踰僭，而恬不之正，豈聖人之心哉？胡氏以爲抑而教之，得其旨矣。抑家語記叔仲會少孔子五十歲，與孔璇年相比，每孺子之，此句，猶漢書所謂「呂后兒子畜之」。執筆記事於夫子，二人迭侍左右。所謂闕黨童子，豈即斯人也歟？

校勘記

〔一〕君苟用之　「苟」，四庫本作「果」。

論語或問卷十五

衛靈公第十五

或問：靈公問陳，而夫子遽行，何也？曰：爲國以禮，戰陳之事，非人君所宜問也。況靈公無道，夫子固知之矣，特以其禮際之善，庶幾可與言者，是以往來於衛，爲日最久，而所以啓告之者，亦已詳矣。乃於夫子之言，一無所入，至是而猶問陳焉，則其志可知矣，故對以未學而去之。然不徒曰未學而已，猶以俎豆之事告之，則夫子之去，蓋亦未有必然之意也。使靈公於此有以發悟於心而改事焉，則夫子之行，孰謂其不可留哉？故史記又云：「明日與孔子語，見蜚鴈，仰視之，色不在孔子，孔子遂行。」則是夫子之行，又以禮際之不善而決，不專於問陳一事也。夫子既行，而靈公卒，衛國大亂，俎豆之對，其旨遠哉！曰：諸說如何？曰：尹氏得之。范氏所引知其不可爲而爲之，亦前篇之失也。謝氏之說，亦非夫子去衛之意。蓋以兵而言，陳固兵之末，以治道而言，則兵又治道之末也。夫子去衛，乃以其不問治國安民之事，而問軍旅，非以其不善戰，而問兵之末也。楊氏之説亦非是。俎豆固有司之事，然君子於禮，亦未有舍俎豆而能行者，況此又孔子之謙辭，非以爲禮之末而以對夫軍旅之末也。使靈公聞孔子之對而問禮焉，則其本末無不舉矣，豈必專以其藏於器者，而求夫天下之至賾哉！且賾，雜亂也，亦非隱奥之義。固窮二説，孰是？曰：以文言之，則舊説安，以理言之，則程説勝。然曰「固有窮時，而不若小人之濫」，則程子之意，亦在其中矣。曰：以子路愠見言之，則安知其不如程子之説，以救子路之失乎？曰：固有窮時，則不必愠也。窮斯濫，則不可愠也。是亦不待必如程子之説，而後可以救子路之失矣。諸説如何？曰：范説意善，而語不精。謝氏不欲以子路之愠，爲不能安貧，而以惡上下之無交爲言，又謂「知此則窮達不在我」者，皆失之過也。楊、侯氏皆以窮斯濫爲夫子戒子路，有以見聖人謹微之意。然楊氏委曲詳盡，侯氏切直簡當，又各有所長也，讀者宜深味之。

或問二章之説。曰：聖人生知，不待多學，子貢以己觀夫子，故以爲亦多學也。夫子以一貫告之，此雖聖人之事，然因己以告子貢，使知夫學者雖不可以不多學，然亦有所謂一以貫之，然後爲至耳。蓋子貢之學，固博矣，然意其特於一事一物之中，各有以知其理之當然，而未能知夫萬理之爲一，而廓然無所不通也。若是者，雖有以知夫衆理之所在，而泛然莫爲之統，其處事接物之間，有以處其所嘗學者，而於其所未嘗學者，則不能有以通也。故其聞一則止能知二，非以億而言，則亦不能以屢中，而其不中者亦多矣。聖人以此告之，使之知所謂衆理者，本一理也，以是而貫通之，則天下事物之多，皆不外乎是，而無不通矣。曰：子貢之聞是言也，亦將何所致力而能一以貫之耶？曰：子貢之學，至是其於衆理之萬殊者，固已深知而洞曉矣，其所欠者，猶未知是萬之爲一耳。故夫子當其可告而告之，使其聞之，則亦脱然喻向者之萬殊，爲今日之一致而無疑耳。豈容至是而復用力以求其所謂一，而夫子亦豈不待其可告而浪語之哉！其於曾子亦以其隨事力行之已熟而告之，使之知此所行無非一理，而曾子以忠恕言之，其所謂忠者，則一也，所謂恕者，則一所以貫乎事物之間者也。此章之指，蓋亦如此，而子貢未能有以明之。然所謂一者，則理而已，其所以貫，則是理之行乎事物之間而無不通者也。其所指而言者，雖或不同，然豈有二致哉？諸説皆善，但皆有以博爲病之意，而侯氏爲尤甚。蓋既謂之聖人，則不可以學言，既曰窮理，則不可謂何用多學也。其語意之間，自相牴牾蓋如此，是蓋不察乎所謂一者，固所以該乎萬，若無所謂萬者，則其爲一也，亦將何以貫爲哉？孟子曰：「博學而詳説之，將以反説約也。」此正學者之事也。楊氏之説則善矣，然其引顔子之意爲説，不若但引孟子之言之爲當也。

或問知德者鮮之説。曰：史記以此連上章，爲一時之語，然則以陳、蔡之大夫、子路之愠見、子貢之疑於多學，皆爲未知德也與？諸説惟范氏近之，而其意似專指陳、蔡之大夫也。諸説多謂知德爲自知其德，而以食不知味爲説，若是則曰知道可矣，何知德之云乎？既曰德，則乃己之所得也，豈有己既得之，而反不知者哉？侯氏所謂知德則知道者，語尤倒置，不知其所謂道、德者，如之何而别之也。豈其陷於老子失道而後德之言，而不自知也耶？

或問：恭己之爲聖人敬德之容，何也？曰：純敬不已，無事乎操脩，自外觀之，見其恭己而已爾。其無爲而治之道，何也？曰：若是者，不言而信，不怒而威，有不知其所以然者也。諸説如何？曰：范氏以用人爲説，吕氏以體信達順、與人爲善爲説，楊氏以奉天爲説，固皆善矣，而夫子之言未及乎此也。自古帝王之爲治，蓋亦莫不然者，夫子何獨於舜而稱之乎？故詳味夫子之言，則此章之説，侯、尹氏得之爲多，而謝氏説，又見其所以獨言舜之意，雖若與侯氏小異，然合二説而觀之，則知其時事心迹無一不然，而足以見聖人之言，蓋非偶然而發矣。曰：以書、傳考之，舜之爲治，朝覲、巡狩、封山、濬川、舉元凱、誅四凶，非無事也，此其曰無爲而治者，何耶？曰：即書而考之，則舜之所以爲治之迹，皆在攝政二十八載之間，及其踐天子位，則書之所載，不過命九官十二牧而已，其後無他事也。雖書之所記，簡古稀闊，然亦足以見當時之無事也。曰：若是，則其治也，乃時事之適然，而非恭己之效也，奈何？曰：因其時事之適然也，而舜又恭己以臨之，是以其治益以長久而不替也。若後世之君，當無事之時，而不知聖人恭己之道，則必怠惰放肆，宴安鴆毒，而其所謂無事者，乃所以爲禍亂多事之媒也。

或問：五章諸説如何？曰：程子於此，無所解釋，而微發明其意，或借其語以明學問之大概，故承其説者，多所謬誤。如此章問答行字之意，皆猶曰不行於妻子之行爾。范、謝、楊氏乃皆以爲身不行道之行者，非也。范説道無往而不可，所見無非道之云，亦虚矣。又曰使子張從外而入者，尤非是。夫忠信篤敬，豈從外而入者哉？獨其論子張之學，外有餘而内不足者，得之耳。謝氏焄蒿悽愴之説，亦過之。參倚之説，與楊氏語雖不同，而意實相似也。若以爲别有一物，恍恍惚惚，似有形象而往來乎心目之間，蓋源於程子所謂所見何事者。然本文之意，不過若曰坐則見堯於墻，食則見堯於羹爾。程子亦姑欲以此發學者之疑，而以何事言之，則固未離乎忠信篤敬之間，而其意初不若是之怪誕駭人也。今曰「忘之不可，不忘不可」，既出入乎老、佛之間，其曰「正心誠意，必有事焉而勿正，心不下帶而道存」者，亦但爲頃刻之間，頓整精神，撿攝念慮，以博取其所謂似有形象者耳。是亦出於近世異端之餘論，豈大學、孟子與此章之本意哉？尹氏比諸説最爲平實，然拳拳服膺之説，以言其所以至於見其參前倚衡者則可，直以是爲參前倚衡之事則不可。蓋拳拳服膺者，不忘乎忠信篤敬也，參前倚衡，則服膺之熟而自不能忘乎是耳。抑夫子此言，正欲發明忠信篤敬，必積累久遠而後有成功，非可以一朝一夕僥倖倉卒而冀其效也，其旨深矣。

或問尸諫之説。曰：按家語：衛靈公不用蘧伯玉而任彌子瑕，史魚諫不從，將卒，命其子曰：「吾生不能正君，死無以成禮，宜置尸牖下。」其子從之。靈公弔而問之，子以父言告，公曰：「是寡人之過也。」遂命殯於客位，而進伯玉退子瑕。此其説也。諸説如何？曰：楊氏至矣，然學者亦當知伯玉所以如此，蓋其德性深厚，循理而行，自然中節，初非規規然務爲緘默，而預爲可以卷懷之計也。范氏大意得之。謝氏所謂愛君者，善矣，然專以明哲保身爲説，則亦有所未盡也。夫君子之出處，一於義而已，初非有計較利害之心也。然一不中節，而失於激訐之過，則在己固爲未合於義，且雖曰愛君，而或反陷其君以殺臣之罪，其所以不敢過於爲直，亦不專爲保身計也。侯氏謂史魚知直而不知權。史魚之事於君臣之正，亦或小失之，非獨不知權而已也。

或問七章之説。曰：諸説多善，但范氏以失人爲不得其所處，蓋曰我所以處人者，不得其所耳，而語意不明，讀者不能無疑也。楊氏成德達材之分，德之與材，固有優劣，然其中亦自各有小大之差爾，不可專以德爲上而可與言，才爲下而不可與言也。此章之説，謝氏庶幾得之，但專以教人爲言，則亦太拘而於事理亦有所未盡耳。

或問殺身成仁之説。曰：程子至矣，尹氏亦爲得之，范氏雖不精密，而亦寬博有味。曰：然則此章之旨，其詳奈何？曰：仁者心之德，而萬理具焉。一有不合於理，則心不能安，而害其德矣。順此理而不違，則身雖可殺，而此心之全，此理之正，浩然充塞天地之間，夫孰得而亡之哉？曰：吕氏之説如何？曰：此其意以爲德者，吾身之所有，殺其身，則是不私至德也。然而殺身以成仁，則是雖若不私至德，而乃所以私至德也。其語亦大巧矣。曰：謝氏之説如何？曰：其曰「仁人於死生無擇」云者，蓋以仁人惟仁之安，而於死生不見其有苦樂之異，當死則死，非不得已而舍生以取義也。然但曰死生無擇，則似以仁人之於死生，都無所擇，而聽其自然耳。如此，則與釋氏之説無異，而於聖人此章之旨正相反矣。又謂「外物亦不足以間之」者，則亦有專以心言仁，而不兼於事之弊，若如此言，則老、釋之學，亦有外物不足以間之者，而遽以彼爲仁可乎哉？曰：志士仁人之分，何也？曰：楊氏之説得之。若侯氏遂以志士爲仁人，則非矣。曰：其謂殺身成仁，義也，非仁也，奈何？曰：仁義體一而用殊，故君子之於事，有以仁決者，有以義決者。以仁決者，此章之言是也；以義決者，孟子謂「欲有甚於生，惡有甚於死」是也〔一〕。蓋仁人不以所惡傷所好之體，義士不以所賤易所貴之宜。

或問九章之説。曰：程子、楊氏得之，范氏由己由人之説疏矣。彼仁賢雖外，而所以友而事之者，獨不由己乎哉？所引中庸誠明、明誠，亦非是。顔淵聞夫子之語而請事焉，固不得爲自誠而明矣。若舜之事，則其本固誠，而下兼衆善耳，非自明而誠也。呂氏以事賢友仁爲達仁，則是；以己既有仁而達之，非爲仁之事也。謝氏專以敬心生爲仁，而於觀感切磋之際，皆有所略而不道，恐未免乎容易輕率之病，蓋其平日所以論仁者類如此，非聖賢之本意也。

或問：商、周之改正朔，何以不如夏時之得其正也？曰：陽氣雖始於黄鍾，而其月爲建子，然猶潛於地中，而未有以見其生物之功也。歷丑轉寅，而三陽始備，於是叶風乃至，盛德在木，而春氣應焉。古之聖人，以是爲生物之始，改歲之端，蓋以人之所共見者言之，未有知其所由始也。至於商、周，始以征伐定有天下，於是更其正朔，定爲一代之制，以新天下之耳目，而有三統之説。然以言乎天，則生物之功未著；以言乎地，則改歲之義不明；而凡四時五行之序，皆不得其中正，此孔子所以考論三王之制，而必行夏之時也。曰：周輅爲過侈，何也？曰：夫輅者，身之所乘，足之所履，其爲用也賤矣。運行震動，任重致遠，其爲物也亦勞矣。且一器而工聚焉，則其爲費也廣矣。賤用而貴飾之，則不稱物；勞而華飾之，則易壞；費廣而又增費之，則傷財，周輅之所以爲過侈與？曰：周冕之不爲侈，奈何？曰：加之首，則體嚴而用約；詳其制，則等辨而分明，此周冕所以雖文而不爲過也。夏、商之制，雖不可考，然意其必有未備者矣。諸説如何？曰：程子、張子至矣。范氏但以爲治天下致太平之事，而不察乎夫子所以損益之意，則疏矣。謝氏非使顔子致戒於斯者，猶其論是吾憂也之意。楊氏以此爲亦從周之意者，蓋以其監二代言之，説見第三篇矣。若尹氏庶其不失程子之意也歟？

或問十一章之説。曰：范氏詳矣。凡前三説，皆以事之遠近而言，楊氏以地之遠近而言，合而觀之，則盡矣。

或問十二章之説。曰：范氏之所推言者得之，而其所謂自克者，不若楊氏；所謂無誠心已矣乎之説，則楊氏不如范氏之爲得也。

或問十三章之説。曰：范、楊、侯得之。謝説甚矣，文仲之賢，蓋不至是也。

或問十四章之説。曰：諸説皆善，而范氏尤詳。獨謝氏之意〔一〕，若以爲横逆之來，反己而不以咎人者，似非此章之指。蓋此章之云責者，乃求責之責，非咎責之責，其意則猶所謂責己重以周，待人輕以約耳，非爲横逆而發也。若以横逆言之，則直無責人之理，不應猶以薄責爲言矣。其以不能遠怨，爲未知自愛者，亦不可曉。夫子所謂躬自厚而薄責於人者，乃理之當然，而遠怨者，乃其效耳，非以自愛而厚，薄責於人，以求遠怨也。洪氏之説亦善。洪氏曰：雖責善，義所當責，亦必以自厚爲本。

或問十五章之說。曰：范、侯、尹氏用舊説，謝氏爲一說，集注又有兩說，而其一近蘇氏。蘇氏曰云云。惟謝氏乃莊生過而不悔之論，非聖人本意。他未知其孰是也，讀者求之。

或問十六章之說。曰：君子羣居，將以講道義進德業也。今終日之間，言不及義，則放辟邪侈之心滋；好行小慧，則行僉僥倖之機熟，皆非所以存養善心，而爲造道入德之資也。其自暴自棄，至於如此，聖人得不爲之深憂哉？難矣哉者，憂其不入於道德，而將罹於患害之微辭也。諸說之是非，推此決之可也。曰：子以慧爲智，而謝氏乃有與智相似而不同之說，何也？曰：慧之爲言，固明智之稱也，吾之所言，字之本意也。特所謂小慧者，則不本於義理，而發於計較利欲之私也。謝氏之所譏，以其小者而言之也。然曰「與智相似而實不同」者，亦非是。所謂智者，固亦不能無大小之辨也。曰：察慧才智之說，如何？曰：察慧，蓋謂以察爲明者，非此章之意也。若曰才智，則又質之美而德之正者。尹氏不察夫小者之爲病，而欲併是絶之，其失遠矣。

或問十七章之說。曰：程子、謝氏得之，楊氏尤密。然於孫出、信成二句，不主於義，而主於禮，雖其文勢相因有如此者，然亦當歸之於義，文意始完備矣。

或問十九章之說。曰：程子、范呂謝氏得之矣。程子又嘗語朱長文引此章之語而發明之，其意尤切，而精義失之，今見文集，學者可以考也。范氏引名譽以崇之，謝氏引列禦寇事，則皆若有未安者。

或問：二十章楊氏之説，不太巧乎？曰：雖巧而有益於學者，吾是以著之。

或問二十一章之説。曰：范氏得之。謝氏所謂「不期於爭，不期於黨」者，語涉新奇，無以知其意之所在，恐其直謂不欲其至於是耳。若然，則恐非聖言之本意也。楊氏語意亦疏，蓋崖異未必皆與人爭，其所謂和，蓋陰指乎和而不同者言之，而未有以别乎知和而和之和也。其論古人用字不同之説，則得矣。

或問二十二章之説。曰：諸説皆善，而范氏尤詳。

或問：二十四章之説，一無所取於諸家，何也？曰：諸説之於此章，其意則皆美矣，然其始既未察乎毁譽之所以名，其卒又未知所謂斯民者，爲指今日之民也，是以其爲説也，類皆不附經文，而直述己意，使人讀之，但見義理粲然，曲有條貫，而莫知其果欲置經文本意於何許也。故其是非疏密之際，若有不可得而校者，然熟察之，則於經文之本意，似皆未有所指，是以不得而取耳。曰：然則毁譽之説，奈何？曰：吾既略言之矣，請復詳之。蓋曰譽者，善未顯而亟稱之也；毁者，惡未著而遽詆之也；試云者，亦驗其將然而未見其已然之辭也。蓋聖人之心，光明正大，稱物平施，無毫髪之差，故於人之善惡，稱之未嘗少有過其實者。然以欲人之善也，故但有試而知其賢，則善雖未顯，已進而譽之矣；不欲人之惡也，故惡之未著者，雖有以決知其不善，而卒未嘗遽詆之也。此所以言譽而不及毁，蓋非若後世所謂恥言人過而全無黑白者。但有先褒之善，而無預詆之惡，是則聖人之心耳。曰：若有譽而無毁，則聖人之心爲有所倚矣。曰：有譽無毁，是乃善善速、惡惡緩之意，正書所謂「與其殺不辜，寧失不經，罪疑惟輕，功疑惟重」；春秋傳所謂「善善長，惡惡短」；孔子樂道人之善，惡稱人之惡之意。而仁包五常、元包四德之發見證驗也。聖人之心，雖至公至平，無私好惡，然此意則未嘗不存，是乃天地生物之心也。若以是爲有倚，而以夫恝然無情者爲至，則恐其高者入於老、佛荒唐之説，而下者流於申、商慘酷之科矣。曰：斯民之指爲今日之民，何也？曰：此難遽論，請先考諸家之意，而以經文訂其得失，然後此意可得而言矣。古注范、游氏皆以爲三代之君，賞善罰惡，皆以直道，如夫子之毁譽不私也，此説善矣。然如其説，則經宜云此三代之治民，所以直道而行，而不得如今之云也。謝、侯、尹氏皆以爲三代之毁譽於人，皆以直道，亦如夫子之爲。但侯、尹不指言其爲民，而楊氏又自爲一説，亦以民爲言，但以毁譽者爲一人，直道而行者爲一人耳，此其説亦皆可通矣。然如其説，則經宜云此三代之民所以直道而行，而亦不得如今之云也。凡此數説，既不通矣，則以他文推之，如伊尹所謂此民是民，皆指當日之民而言。況今先言斯民，而後言三代，則是正指今日之民，而上推三代以實之之辭也。且以斯民對三代之所以直道而行，則所謂斯民者，乃三代之時則嘗行其直道之民，又何疑哉？此經意隱微，而衆説雜亂，是以讀者不暇細讀而詳考之耳。班固漢書贊引此文，以明秦、漢不易民而化之意，亦爲粗得其文意者。豈西漢諸儒嘗有是説，而何晏失之歟？曰：或者之一説，如何？曰：是則近於古注范、游之説，但斯民則通古今而言耳。然其旨味，比前説差若淵天，讀者擇焉可也。

或問二十五章之説。曰：諸説之義，皆有所未通，楊氏蓋庶幾焉。而范氏意謂夫子之見聞，猶足以及今日史書之所闕者，蓋如三豕渡河之類，此意亦善。但其下所謂闕以示信以下，則又可疑，恐不若從胡氏而闕之之爲得也。

或問二十六章之説。曰：巧言亂德，楊氏所論巧言爲他人之言者，得之。但以亂德爲疑於有德，則與下文亂大謀者不類矣。范、謝氏以爲自爲巧言能亂己德，是又務内而略外之失，而又欲與下文小不忍者同科，蓋不知彼言之巧，而我聽之，則是我以巧言自亂其德，與小不忍而自亂其大謀者無異矣。且巧言之人，何德之可亂，而巧言之害，又何止於亂德而已乎！若以亂德而言，則其所以亂之者，又不特巧言而已也。尹氏以爲慎言可以成德，則亂德者，乃多言也，非巧言也，其説亦不通矣。小不忍，范、謝、楊以爲無果斷之才，侯氏以爲無含弘之度，兼此二説，乃爲盡其意耳。曰：然則婦人之仁、匹夫之勇，强弱不同，而皆爲不忍，何也？曰：忍之爲義，有所禁而不發焉爾。婦人之仁，不能忍其愛也；匹夫之勇，不能忍其暴也。

或問二十七章之説。曰：諸説皆同，而楊、侯尤善。張敬夫又發明之，義則益備。張敬夫曰：天下之善惡，有如白黑之易明者，衆之好惡，固所同也。至於事若善而其情則有害，事若不善而其情或可取，此衆人之所惑，而君子之所察也。如孟子於仲子、匡章是已。故衆人之好惡，君子必察焉，取於衆而察於獨，理斯無蔽矣。

或問二十八章之説。曰：張子之意，微而顯矣。大率人即道之所在，道即所以爲人之理，不可殊觀。但人有知思，則可以大其所有之理；道無方體，則豈能大其所託之人哉！謝説亦善，但徇道不求道之云，似非本文之意。楊、尹所引皆與此文不類，而楊氏爲尤甚。

或問二十九章之説。曰：諸説皆善。然本文正深責不能改過者之辭，今諸説乃爲能改則復於無過之説，是雖若可以互相發明，然一勸一懲，意之向背則不同矣。

或問三十一章之説。曰：楊、尹之説得之。范氏所謂「餒存焉，禄存焉」者得之。其曰未必得禄以下，則於文勢繚戾而不倫焉。其所謂「治本而不恤末」者，雖若得之，然其所以爲説者，亦非也。吕氏易憂貧以憂道者善矣，然亦非本文之意。謝氏能處貧之説亦非也。君子之於貧賤，自不足以動其心，非以其來既不可却，而吾復有以處之，然後不以爲憂也。

尹、侯氏以耕而謀食，爲學以進道之譬，而不以求祿爲不謀食，意亦善，但文勢不甚平正。此外則胡氏之説，亦有所發明也。胡氏曰：聖人之教，小以成小，大以成大，各因其材而發達之。謀食憂貧，識致之最下者，亦必誘掖使不淪陷於卑陋也。言雖平常，意則高遠矣。

或問三十二章之説。曰：程子備矣，宜深玩之。范、吕氏亦爲得之。謝氏養仁之説，則又重内而輕外，賤物而貴我之意也。楊氏相因之意甚善，但動之不以禮以下，有所未安。蓋動之不以禮，乃於化民成俗之具有未盡善者，非特爲民之不服而已。大抵此章之意，發明内外本末之序，極爲完備，而其要以仁爲重。仁能守之，則大本已立，雖臨民不以莊，動民不以禮，亦其支節之小失耳，然亦不可不自警省，以求盡善而全其德也。曰：程子、范氏皆以此章兼臨政處己而言，何也？曰：知及仁守，爲學之事也；莊莅禮動，爲政之事也。然爲學者，雖未及乎爲政，至於接物處家之際，亦非莊莅禮動不能也。爲政者，雖不專於爲學，然非智識之明，而持守之固，則亦無以爲臨政之地矣。此章之旨，説者所以兩言之也。曰：周氏之問，程子但以爲未能體仁，而不及乎他，豈皆以當於禮乎？曰：周氏所謂莊莅者，不知其爲敬心之發，而以爲外設藩垣，不考曾子之意，而誤用其語；所謂動之以禮者，又不深考於此文之本旨，而誤以動爲己之作爲也，亦不但未知體仁而已。然程子之不辨者，蓋姑指其大失，而未暇悉及其小疵也。

或問三十三章之説。曰：程子至矣，但其所引四十不動心者，若可以明大受之意，而於小知無所當，疑或以孟子之不動心，不及告子之早爲言，然亦未有以必其然也。范氏云「君子之道大」以下得之，但章首四句，語意若不倫者，其亦疏矣。吕氏於文意尤不合，蓋其牽於經文可與不可之云，欲皆主於君子小人之身而言，殊不知若皆主於觀者而言，以爲稱量斟酌之語，則尤無可疑也。謝氏以大受爲受道，固大受之一事，然觀本文之意，似不指此，必以此而言，則亦貴理而賤物之意也。其他語意不明，然細考之，似以爲君子之於道，得其精而遺其粗，故可大受而不可小知；小人之於道，滯其粗而不及其精，故可小知而不可大受。若果如此，則亦誤矣。蓋就其説而論其文義，則不可小知者，自有所不通；以其説而折諸義理，則又安有得其精而決不可以兼其粗，得其粗而決不可以求其精之理乎？其以相馬之説爲喻，則吾已辨於序文矣。楊氏養其大體之云，亦非此章之意，與范氏章首四句，其失略同。侯氏以君子所爲，衆人不識，爲不可小知，似亦近之，而文義亦有小不合者。惟尹氏爲庶幾得之，然亦未知其所謂不可小知爲如何，要不若范氏之説爲明白而無疑耳。此外吴氏、張氏之説，亦善。吴氏曰：方舜之耕稼時，視之猶人也，一旦受堯之天下，若素有之。小人有立談之間而其材可知者，至委以國，則未有不敗者。張敬夫曰：君子而小知，則不盡於用；小人而大受，則必敗於事。此其爲任賢使能之異也與？

或問三十四章之説。曰：舊爲此章之説，以爲仁與水火，皆民之所賴以生者，然有内外輕重之殊，故仁之急，有急於水火者；然水火猶或害人，而仁則未嘗害人，蓋因民之所急，而反復其利害以深曉之。蓋近於侯氏之説，然以今觀之，曲折大多，似傷巧密，殆不若范氏之爲得也。但其語雜亂，今節而取之曰：「凡民之情，以仁爲難，故畏之甚於水火，蓋其蹈水火而死者有之，而畏仁莫肯爲也。故夫子言水火能害人，而仁不傷人，所以教民爲仁也。」如此，則語簡而意明矣。若程子之意，則其論畏仁甚於水火者猶范氏，而以蹈仁而死爲殺身成仁，則可疑矣。蓋蹈仁者，未必皆致死也，殺身成仁，其亦不幸而萬有一焉耳。況聖人之於不肯爲仁之人，而遽責之而必死於仁乎？其地位亦大遼闊矣。謝氏與侯氏略同，但以水火能養人，而亦能殺人，仁能養人，而未嘗殺人，爲甚於水火，則小異耳。楊氏首句與侯氏同，下二句與程子同。但其曰冒利者小不同，而又以蹈水火而不蹈仁，爲喻利而不知害，則是責民之蹈水火而不責其不蹈仁也。侯氏於此章之文義，則固得之矣，但死於仁，是義也，非仁殺之也以下數語，與説殺身成仁處相似，所不可曉。蓋其意若曰：「殺身以成仁者，非以仁致死也，理在當死必死，然後爲仁。故君子不欲生以害仁，而甘心赴死以成其德，非以爲仁之故陷於死地，乃不得已而就死也。」然其辭有未達，似欲爲仁解紛，歸咎於義之意，則失之矣。

或問當仁不讓之説。曰：弟子之於師，每事必讓而不敢先者也〔三〕。至於以仁爲己任，則當自勉而勇爲之，不可以有讓也。蓋仁者己之所有而自爲之，非奪諸彼而先之也，何讓之有？所謂不讓者，則猶程子所謂「不可將第一等事，讓與別人做」者，其事則所謂顔子曰「舜何人也，予何人也，有爲者亦若是」者是已。大抵此與上章皆勉人爲仁之辭，上章爲凡民都不知仁，而憚於爲之者發；此章爲學者粗知仁之爲美，而不知勇於有爲者發，各有所當云爾。曰：諸説如何？曰：程子、范、謝、侯、尹之説皆善，然未有發明夫子勉人勇於爲仁之意者。若呂氏則固失之。楊氏又以爲得之於己不容有讓，高則高矣，然未免乎夸夫義理之爲己私得，而喜其不可以分人也，是亦非聖人之本意矣。且於不讓之文，亦有所未合云。

或問貞諒之别。曰：處義既精，不期固而自固者，貞也；不擇邪正，惟知必信而不易者，諒也。諒信之别，則程子得之，但所引孟子之言爲未安。若曰借彼之執以甚此之固執，則可耳。范、尹之説亦善，但范直以信爲諒，尹以諒當信，則爲未密。至於楊、侯或以貞爲正而不及於固，或以貞爲固而不本於正，亦胥失之。謝氏非以正行之説，似若過高，然亦不失本文之意，但以解釋文義爲不切耳。

或問敬事後食之説。曰：夫子之意，蓋曰敬於其事，而後其求禄之心耳。今諸説於敬其事之説，皆得之；而皆以爲先敬其事，而後可以受禄，則失之。試以范説考之集注，則可見矣。而謝氏之意，又以爲敬其事，然後可以得禄，則其病有甚焉者。學者於此，毫釐之間，尤所當察也。其爲貧而仕之疑，則張敬夫嘗辨之，亦可取也。張敬夫曰：事君者主於敬其事而已。後其食，猶後獲之意。然則爲貧而仕，則奈何？孔子嘗爲委吏矣，亦曰會計當而已矣，蓋亦敬其事以爲主也。若曰爲貧而仕，食焉而已，遑恤其事，則失其義矣。楊氏又以庶官代天，不可不敬爲説，亦不然，但事自當敬耳，豈必爲代天而後敬乎？其曰矯誣而不可禱者，又因代天而遂支蔓以及此耳。

或問有教無類之説。曰：諸説文義皆疏，而侯氏尤不可曉，惟范氏以人性爲言者得之，但以爲有教之以惡者，則非矣。教之得名，本以脩道化民爲義，孰謂導人於惡而可謂之教乎？張敬夫説則詳且盡矣，然其於文義，則不若范氏之爲得也。張敬夫曰：所禀之資，雖有不同，然善惡之類，未有一定而不可變者。蓋均是人也，原其降衷，何莫而不善，故聖人有教焉，所以反之於善也。教之行，愚者可使之明，柔者可使之强，豈有氣類之不可變者乎？然堯之子不肖，舜之子亦不肖，則氣類又若有異，何也？蓋氣有可反之理，人有能反之道，而教有善反之功，其卒莫能反者，則以其自暴自棄而已也。

或問道不同之説。曰：張子兼上章而言善矣，范亦得之，楊、侯之説失之矣。三仁所處不同，而未嘗不相爲謀也。蓋歸苟同矣，則何害其爲謀哉！雖或有如伯夷之於太公者，然非如君子小人決無一事之可相爲謀者也。

或問卒章之説。曰：范、尹得之，但范、尹教人不侮鰥寡云者非是，若曰聖人之仁心於是可見則可矣。謝氏不欺之説，恐非所以語聖人。楊氏之説，則張敬夫推之尤詳矣。張敬夫曰：道無往而不存，聖人之動静語默，無往而非道，蓋各止於其所而已。師冕之見，及階則告之階，及席則告之席，既坐則歷告之以在坐者，蓋待瞽者之道當然耳。子張窺竊而有問焉，夫子以爲固相師之道，辭則近而意亦無不盡矣。事事物物，莫不有其道，蓋所當然者，天之所爲也。夫以一日之間，起居則有起居之道，飲食則有飲食之道，見是人則有待是人之道，遇是事則有處是事之道，道不可須臾離也，一失所宜，則有廢是道矣。是故君子戰兢自持，顛沛必於是，造次必於是，懼其失之也。夫惟天下之至誠，一以貫之，道之所在，如影之隨形，蓋無往而非是也。侯氏以爲聖人之仁者尤善。但聖人之意，告之階席者，慮其不見而或至於覆跌，告之以在坐之人者，恐其不知所爲而抑鬱無聊也，不專爲不使至於有過而已。然使不至於有過，固亦在其中也。

校勘記

〔一〕孟子謂欲有甚於生惡有甚於死是也　「謂」原作「論」，據四庫本改。

〔二〕獨謝氏之意　「謝」，四庫本作「范」。

〔三〕每事必讓而不敢先者也　「讓」，宋刻本作「遜」。下同。

論語或問卷十六

季氏第十六

或問首章之説。曰：諸家之説，皆隨文釋義，而未嘗考其事實，故其言若有無所當者。惟謝氏以爲罪二子之瘠魯以肥三家者得之，但虎兕龜玉之譬未然。而蘇氏所推兩條，考之尤密。蘇氏曰：上富而下貧，則不均矣；君臣相忌，則不和矣；民不信其上，則不安矣。有無相通謂之均，君臣相悦謂之和，上下相保謂之安。又曰：舊説以蕭墻之憂，爲陽虎之難，以吾考之，定公五年，陽虎始專季氏，囚桓子，至九年，欲殺桓子，不克而出奔齊。前此者，季氏之所爲，惟虎之聽，非二子之罪也。定公五年，孔子年四十有七，冉有少孔子二十有九歲，蓋年十八而已，未能相季氏也。定公十二年，子路爲季氏宰，哀公十一年，冉求爲季氏宰，皆見於春秋，則伐顓臾非陽虎出奔之前，其在季康子之世歟？哀公七年，季康子伐邾，以召吴寇，故曰「遠人不服，而不能來也」。十五年，公孫宿以成叛，故曰「邦分崩離析而不能守也」。公患三桓之侈也，而欲以越去之，故曰「吾恐季孫之憂，不在顓臾而在蕭墻之内也」。但均無貧、安無傾、遠人不服等說，亦爲不然耳。蕭墻之禍，亦本泛言，非預知哀公以越伐魯之事也。曰：然則所謂均無貧、和無寡、安無傾者，奈何？曰：是時季氏據魯之半，而公室無尺地一民之勢，不均甚矣。是時四分魯國，季氏取其二，而二家各有其一。不均，則臣疑其君，而以貧爲憂矣；憂貧而求富不已，則君疑其臣，而至於不和矣。不和，則臣益自疑，而常懼於衆少矣；憂寡而求衆愈甚，則君益疑之，而至於不安矣。以臣亢君而不安至此，則雖欲長保其祭祀，而無傾危之患，其可得哉？必也痛自貶損，以復於諸侯千乘、大夫百乘之制，則均而不患於貧矣；君臣輯睦，則和而不患於寡矣；子孫長久，世守職業，則安而不至於傾矣。此在當時，蓋有難顯言者，故夫子微辭以告之，語雖略而意則詳也。曰：然則諸說雖不當其事實，其得失亦有可論者乎？曰：范氏所謂「至誠前知，與鬼神合其吉凶」者，過矣。孔子之言，乃據其事之已然者言之，豈前知之謂哉？其曰「疑冉求教季氏」者，亦非也。求相季氏而以其家事來問，此其與謀必矣，何疑之有？其引億不信者，尤無謂也。呂氏之云，乃爲季氏畫策，以傾魯者，其考之亦太不詳矣。且季氏臣也，魯公君也，等富若何而可等耶？若曰初不指是而爲言，亦未知其若何而爲等也。楊氏真以冉有之所以爲之辭者，爲季氏之本謀，而不察乎夫子之所以辨而詰之也。侯氏器識窄狹之云，似以爲季氏之慮，不能及顓臾，而但在蕭墻之内，其於文義，愈疏闊矣。

或問二章之説。曰：世數之説，吕、謝、楊、尹得之，而吕、楊又兼理勢而言，語尤完備。范氏以爲天子十世失其天下，諸侯五世失其國，大夫三世失其家，則於文勢有所不通，而又於後章强牽其説以附合之，其亦誤矣。庶人不議之説，惟吕氏得之。范氏蓋有所避而迂其説，意則善矣，而非經之本旨也。楊氏之説，過高而不實。尹説又蒙上句而爲言，恐亦不必然也。吕、謝、尹説，併在後章。

或問三章之説。曰：范氏之失，其大意前已辨之矣，其世數之説，亦非也。禄去公室，則政不及於大夫，將何之耶？蓋牽於前諸侯五世而失其國之説，故併與此而失之耳。曰：蘇氏如何？蘇氏曰：或謂田常、三晉何以不失？曰：孔子之言，無其德而用其事者也，苟有其德，雖湯、武以諸侯用天子之事猶可。若田常、三晉雖不足言，然其所以有國者，豈徒然哉？非季氏之比也。曰：不然也。孔子所言常理也，猶書之言「惠迪吉，從逆凶」，易之言積善餘慶，不善餘殃者也。氣數舛戾，則當然而不然者多矣，孰得而齊之？但儒者之所守，則亦知有常理而已矣，其成敗得失，有非所計者，是以雖世故反覆，百千萬變，而在我者未嘗失其守也。況田常、三晉傳世亦皆不過五六，而胡氏又以後世篡奪之迹考之，則如王莽、司馬懿、高歡、楊堅，五胡十國，南朝四姓，五代八氏，皆得之非道，或止其身，或及其子孫，遠不過四五傳而極矣。惟晉祚爲差永，而史謂元帝牛姓，猶吕政之紹嬴統也。以此論之，則所謂常理者，又未嘗不驗也。天定勝人，其此之謂歟？

或問三友之說。曰：張子、尹氏得之。謝說善矣，然猶其論子貢問仁之意也。曰：然則此章之旨，其盡於集注之說而已乎？曰：是亦釋其文之正意云爾。若推而言之，則三者之於人，皆有薰陶漸漬之益焉，皆有嚴憚敬畏之益焉，皆有興起慕效之益焉，不但如彼之所言而已也。曰：損者之友，其相反奈何？曰：便辟則無友善之誠矣〔一〕，善柔則無固守之節矣，便佞則無通貫之實也〔二〕。

或問樂節禮樂之說。曰：諸說皆以爲以禮節樂，以樂節禮，而不使流離相勝，其說美矣，然以下文二句例推之，則此句未應遽至如是之密也。范氏以爲動必以禮樂爲節，雖與諸說不同，然亦未免於太重，而文勢又不順，亦不能使人無疑也。惟呂氏說爲近之，而復有所未盡。故竊獨以爲此但爲講明禮樂之制而裁節之，使其是非不亂而已。曰：樂道人善之說，奈何？曰：夫子之言，以其有益乎己也，諸說皆以益於人言之，失其旨矣。惟呂氏爲小異，然亦非經之本意也。曰：然則三者之爲益，何也？曰：君子之於禮樂也，講明不置則存之熟，是非不謬則守之正。存之熟，則內有以養其莊敬和樂之實；守之正，則外有以善其威儀節奏之文。與夫道人善，而悅慕勉强之意新；多賢友，而直諒多聞之士集。樂是三者而不已焉，雖欲不收其放心以進於善，亦不可得矣，其爲益豈不大哉！損者之樂，則范氏得之矣。曰：然則其相反奈何？曰：驕樂，則不敬不和矣；佚遊，則棄人之善矣；宴樂，則憚親勝己也。

或問三愆之説。曰：范氏之説善矣，然各有所偏，兼而用之可也。不然，則或無以節乎内，或無以齊乎外，而不免於愆矣。吕、楊説過之，此章所戒，以其理察不精，而或蔽於氣質之偏，以失言語之節耳，非有不忠餂人之意也。未見顔色而言，亦失言耳，未見其所謂失人者。侯氏愆字之義，亦非是，愆謂過失之過。固皆過也，但便以過失之過，爲過不及之過，則不可。

或問三戒之説。曰：程子盡矣。范氏亦爲得之，但所引舜曾子事，其意有未盡者。舜之血氣雖衰，然其志節則未嘗衰也，故薦禹於天，而不以天下私厚其不肖之子，與常人之衰而貪得者異矣。若夫曾子之將死，至於不可以變，必舉扶而後能起，則其血氣之衰亦甚矣，但其言如此，則其志氣之不衰可知。若但如其所言而已，則是謂舜不如曾子也而可乎？吕、謝、尹説亦善，但老而戒得之説，吕不如楊；而楊氏至大至剛以下，則務爲過高，而非此章之意也。侯氏所謂制事制心，終日兢兢者，是乃所以爲戒也，非成德也；無終日之間違仁者，成德也，非戒也，乃反置之，其亦不精之甚矣。

或問三畏之説。曰：程子至矣，其次尹氏得之。然大人、聖言，亦天命之所當畏也。

他說語意皆疏，如天命之說，范、謝以爲天賦厚薄之分者，非是。吕氏吾命之云，似亦未當，蓋禀之在我，則謂之性，而不曰命矣。大人之說，范、吕以位言，謝、楊以德言，皆失之偏，合之而後備耳。凡此數者，不止於疏而已也〔三〕。

或問氣質之說。曰：程子言之已詳，亦具於後篇矣。曰：其所以有是四等者，何也？曰：人之生也，氣質之禀，清明純粹，絶無渣滓，則於天地之性，無所間隔，而凡義理之當然，有不待學而了然於胸中者，所謂生而知之聖人也。其不及此者，則以昏明、清濁、正偏、純駁之多少勝負爲差。其或得於清明純粹而不能無少渣滓者，則雖未免乎小有間隔，而其間易達，其礙易通，故於其所未通者，必知學以通之，而其學也，則亦無不達矣，所謂學而知之大賢也。或得於昏濁偏駁之多，而不能無少清明純粹者，則必其窒塞不通然後知學，其學又未必無不通也，所謂困而學之衆人也。至於昏濁偏駁又甚，而無復少有清明純粹之氣，則雖有不通，而懵然莫覺，以爲當然，終不知學以求其通也，此則下民而已矣。曰：諸説如何？曰：范氏之説亦善，此與中庸本文之意，雖非專爲勸戒而發，然其語意上下之勢，似亦有此理者。謝氏所謂人皆有聖質者，亦非也。若以資質而論，則此章正論其所禀之不齊，而非謂其皆有聖質。若以性之理而言，則此章乃論其不齊之質，而非論其一源之性也。又謂「聖愚之分，特在念不念敏不敏耳」。夫生而知之者，豈其氣禀初不異於衆人，特以念與敏而得爲聖人耶？又謂「困而學者，勉强以求復其初」。夫學者固求以復其初也，然以上文考之，所知者殆爲知此義理而已，未遽及乎復其初之事也，不止於疏而已也。

或問九思。曰：不是雜然而思，當這一件上，思這一件。下有闕文。

或問：人當隨事而思，若無事而思，則是妄想。曰：若閒時不思量義理，則臨事而思已無及。若只塊然守自家箇軀殼，直至有事方思，閒時卻莫思量，這卻甚易，只守此一句足矣。聖人說千千萬萬，在這裏何用？事事雖先理會知得了，方做得行得。何故中庸卻不先說篤行之，卻先說博學之，審問之，謹思之，明辨之？大學何故不先便說正心、誠意，卻先說致知是如何？又曰：九思固各專其一，然隨其所當思而思焉，則亦泛然而無統矣。苟能以敬義爲主，戒懼謹獨，而無頃刻之失，然後爲能隨其所當思而思之矣。此有闕文。亦善。張敬夫曰：見善如不及，好義之速也；見不善如探湯，惡不仁之誠也。此篤於自好者能之。至於隱居以求其志，行義以達其道，則其退也，所以安其義之所安；而其進也，所以推其道於天下耳。蓋其所達之道，即其所求之志也。此大人之事，故曰未見其人也。

或問陳亢之問。曰：程子、楊氏得之。范氏以爲興於詩，故可以言者，於文義殊不切，而其他說則善。謝氏詩、禮之說，各得其一偏。若曰學詩則心氣平而事理明，學禮則德性成而分守定，則本末兼舉，無所遺矣。蘇氏之說亦善。蘇氏曰：不學詩而言，則其言皆直情無禮義之文也。侯氏之説，愚所聞於師者近之，但不如是之放肆而慢者耳。蓋曰陳亢實以私己之心期孔子，故有此問，及其聞伯魚之説，而又以孔子爲遠其子，則以其私意之未忘，而以爲聖人故推其子而遠之也，殊不知聖人曷嘗有是心哉？但其教人之法，不過如此，而自世人之私厚其子者觀之，則亦可以有警云爾。

或問卒章之説。曰：此當如吳氏説，諸家皆以正名爲言過矣。此意雖與侯説有相近者，然其氣象則不同矣。當時邦君之妻稱號，未嘗不正。惟侯氏妾母之説爲近之，然又安知此必爲孔子之言耶？

校勘記

〔一〕便辟則無友善之誠矣　「友」，宋刻本作「責」。

〔二〕便佞則無通貫之實也　「通貫之實也」，宋刻本作「貫通之意矣」。

〔三〕不止於疏而已也　此七字原缺，而有小注「下有闕文」四字，兹據日本正保本删補。

論語或問卷十七

陽貨第十七

或問首章之説。曰：程子、尹氏以爲夫子孫辭避禍。謝、楊氏以爲非苟然諾，而無所詘。若是不同，何也？曰：觀夫子所以告微生畝與夫辨長沮、桀溺之語，則聖人之自言，未嘗不正其理而明辨之也。至於告陽貨則隨其所問，應答如響，而略無自明之意，則亦見陽貨之暴而不足告，而姑孫辭以答之，然味其旨，則亦無非義理之正，與其心中之實然者，則是初亦未嘗詘也。四家之説，各以其一意明之，固若有異，然實則無不同也。曰：范、尹氏皆以夫子之不絶陽貨也，諒乎？曰：是蓋本程子之説。程子之説，不見於他書，而獨載於范氏之説，豈其所親聞而識之與？然程、范因聖人之不避陽貨而發則可，尹氏乃以夫子本無絶貨之意，而貨疑其如此，然則欲見而不見，往拜而瞯亡，又何爲哉？曰：他説如何？曰：楊氏以不避陽貨，爲使知所以瞯亡者，恐聖人無此意，而亦不必如此，然後彼知我闞亡也。然其辨揚雄之語則當矣。侯氏以吾將仕爲仕在我者，亦非。蓋與人言而及己事，無不曰吾者，何獨此爲權在我耶？此外則胡、張之説善矣。胡氏曰：揚雄謂孔子於陽貨，爲詘身以伸道，雄之意，蓋以身與道爲二物也。是以其自爲也，黽勉莽、歆之間，而擬論語、周易以自附於夫子，豈不謬哉！張敬夫曰：聖人之待惡人，言雖孫而理未嘗枉，若他人孫言則或至於害理，直理則或至於危言，惟聖人則從容酬酢，而自然中道也。

或問：二章之説，所謂氣稟之性者，何也？曰：張子有言：「形而後有氣質之性，善反之，則天地之性存焉，故氣質之性，君子有弗性者焉。」蓋天地之所以生物者，理也；其生物者，氣與質也。人物得是氣質以成形，而其理之在是者，則謂之性。然所謂氣質者，有偏正、純駁、昏明、厚薄之不齊，故性之在是者，其爲品亦不一，所謂氣質之性者也。告子所謂生之謂性，程子所謂生質之性、所稟之性，所謂才者，皆謂是也。然其本然之理，則純粹至善而已，所謂天地之性者也。孟子所謂性善，程子所謂性之本，所謂極本窮原之性，皆謂此者也。若夫子此章論性，而以相近而言，則固指其氣質而言之矣。故程子以來，爲説如此。吕氏蓋祖其説，而語意有不完者。若范、尹則失之矣。夫既曰善至矣，而又何以相近言也。謝氏説在後，語意亦放此。曰：然則夫子不言性之本，何也？曰：於易大傳詳矣〔一〕。曰：其習而相遠，何也？曰：自其常者而言之，則性之善者，習於善而日進乎高明；性之惡者，習於惡而日流乎汙下。自其變者而言之，則性之善者，或習於惡而失其善；性之惡者，或習於善而失其惡也。凡此四者始皆相近而終則遠矣。

或問三章之説。曰：程子備矣。曰：然則上知下愚之品，不同如此，則可謂相近耶？曰：其品固相絶矣，然其稟生之初，則亦未嘗不相近也。但就其相近之中，又自有遠近之殊，而此爲甚遠爾。曰：其不移也，則終不以習而有所變耶？曰：其習於善而日進乎高明，習於惡而日流乎汙下者，固皆亦有之，但善者不習於惡而失其善，惡者不習於善而失其惡耳。曰：然則終不可移也耶？曰：以聖人之言觀之，則曰不移而已，不曰不可移也。以程子之言考之，則曰以其不肯移，而後不可移耳。蓋聖人之言，本皆以氣質之稟而言，其品第未及乎不肯不可之辨也。程子之言，則以人責其不可移也，而徐究其本焉，則以其稟賦甚異，而不肯移，非以其稟賦之異，而不可移也。若諸家之説，張子、范謝氏皆以爲習既相遠，而後不移，蓋皆失之。至尹氏以才分暴棄而言，則固同於程子之説；然又曰非得於有生之初，則又雜取謝氏之言，而同乎張、范之意矣。二説不容相入，不知其何以合之也。曰：游氏之説如何？曰：其論聖賢言性之不同，曰有探其本者，是矣。其曰有姑據人所見而言，而以性習遠近、惻隱之心之類當之，則非也。性之相近，以氣質之不同也；惻隱之心，性之感而發於情者也。二者既不同矣，然聖賢亦曷嘗姑據人所見，而指是爲性哉？

若曰道未始有名，感於物而出，則善之名立，託於物而生，則性之名立，此則老、佛之言，而分道與善、性爲三物矣。至於形體保神，各有儀則，謂之性者，雖出於莊周之言，然所謂儀則者，猶有儒者之意也。今引其言以論性，而特遺之，且獨以出作入息、飢食渴飲者爲言，則是其所謂性者，無復儀則，而專用佛、老作用是性之言爲主矣。是雖欲極其高妙而言，而不知其所指以爲性者，反滯於精神魂魄之間也。此近世言性之大弊，學者不可以不辨。且所謂託於物而生者，是又以爲先有是物，而性託之以生，如釋氏受胎奪陰之説也。所謂反身而誠者，是以成性爲人之所爲也，其説亦皆誤矣。曰：楊氏之説如何？曰：其大意則善矣，然殊不發明所以不移之意，而專以可移爲言，亦疏矣。其一又曰：從彦者，其門人羅公仲素也。所引天地之性人爲貴者，得之矣。而楊氏所以告之者，是以張子之言爲未至，特以其有益於學者而存之耳，然與上文不可輕議之説不同，恐記録之或誤也。

或問四章之説。曰：范、尹氏得之，但范氏所謂觀子游之對者，恐無此意。而尹氏以爲夫子真笑子游，而不知其爲戲也。曰：諸説如何？曰：禮樂之用，通乎上下，無小大之殊，一身有一身之禮樂，一家有一家之禮樂，一邑有一邑之禮樂，以至推之天下，則有天下之禮樂，亦隨其大小而致其用焉耳，不必其功大名顯而後施之也。今吕氏以爲孔子笑子游施小而效微爲未當，則是禮樂者，尤不可用於脩身齊家，而必施之於天下，然後爲當也，豈聖人之意哉？又以辨之則反惑，不辨則無害，而徒受以爲戲，則亦皆出於較計之私，而非聖人動容周旋中禮之事也。謝氏之失，蓋亦類此，而不至若此之甚。但其曰好惡與人同，若以孔子爲惡子游之爲者，爲不可曉。而君子小人之云，恐亦非文意也。楊氏又以莞爾爲喜聞絃歌，而以牛刀喻子游之才，其意亦善。但果如此，則子游之對，似全不領略夫子之言者，其説亦不通矣。

或問五章之説。曰：程子之説善矣，但東周當從舊注及張子説。其頗未盡者，蘇氏得之。蘇氏曰：孔子之不助畔人，天下之所知也。畔而召孔子，其志必不在於惡矣。故孔子因其有善心而收之，使不自絶而已。弗擾之不能爲東周亦明矣，然而用孔子，則有可以爲東周之道。故子欲往者，以其有是道也；卒不往者，知其必不能也。謝氏之失，則張敬夫辨之矣。張敬夫曰：弗擾不禀命於君，而叛其大夫，逆也。欲以是克亂，是以亂易亂，而又加甚爾。後世亂臣賊子，所以借虚名而爲篡奪之計者，多出於此。夫子豈以是而欲往耶？尹氏辟咎之説，雖易象有之，然非所以論孔子。范氏忠信篤敬之説亦然，已論之於第九篇矣。

或問六章之説。曰：程子至矣，然曰「一恭而仁道盡」者，似亦大快，恐其記録之或差也。蓋以恭爲得求仁之大本則可，以爲盡仁道則未可。不侮，亦謂不侮人耳，范氏之説，恐未然也。又謂「信則不疑，人任其事」，亦非是。其曰「子張未能守也，故告之以五者」，尤非聖人救偏藥病之意也。謝氏以行五者爲所以爲仁是也，而遽以五者之效爲仁之發，則亦太急而無序矣。至於楊氏之說，則又子貢博施濟衆之論也。士有居環堵之室，而足迹未嘗出於鄉閭者，則又若何而得仁乎？侯、尹以五者爲仁之屬，則有非其類者，若曰以包四者而言，則又豈止於此五者耶？侯氏又以爲聖人之仁，則失之益甚，此夫子所以告子張者，豈聖人之事哉？其好爲高說，而不顧文理類如此。

或問七章之說。曰：程子之說善矣，但匏瓜不食之義，恐未安。而示人以跡之說，則已論於第五篇矣。楊說亦佳，其論子路尊其所聞之說，爲尤善。尹氏蓋祖程說，而所謂不絕人者，尤得程子所未發也。張子說，於文義事理皆所未安。范氏歸潔其身之云，非所以語聖人。張敬夫推明楊氏之說，其意亦善。張敬夫曰：子路蓋不悦公山之召矣，及此而復有言者，則以中心所疑，雖聞聖人之言，而自反終未能安，故問以辨之而不敢釋，亦可謂善學矣。然其不悦者，蓋以己觀聖人，而未知以聖人觀聖人耳。

或問八章之說。曰：程子至矣。范、楊、侯氏皆以爲真有六德，而不知學，故至於蔽，以程子之言觀之，其失可見。謝氏以六者似是而非，故有蔽，則與范、侯說正相反矣，而亦非也。蓋本其好之之心，非好夫六者之僞也，但以其不學，故不免於有蔽，而陷於似是而非之域耳。今曰「似是而非故有蔽」，則是所謂蔽者，又在於愚亂賊絞蕩狂之外也。其所謂明善者，則獨爲得之。

或問九章之説。曰：可以興，諸説皆得，而程子、謝氏尤善。可以觀，則諸説皆未安。夫子之意，蓋謂詩之所言，有四方之風，天下之事，今古治亂得失之變，以至人情物態之微，皆可考而知也。而張子以爲觀衆人之志，范氏以爲觀衆人之情，呂氏以爲察事變，楊氏以爲比物象類，有以極天下之賾，皆各得其一偏。而謝、尹氏以爲無所底滯，而閱理自明，則是所以可觀者，不在於詩，而在於學詩之人明理之後也，其失遠矣。可以羣，可以怨，諸説皆得之，而呂氏疏矣。事父事君之説，范氏亦疏，忠孝固人道之大，然詩豈獨爲是而已哉！呂氏之意則善，然詩於君臣父子之際，亦不但如此而已也。謝、楊、尹説則大無發明，而亦未有過。末句之説，則張子、呂氏得之，程子、楊氏之説，似已過高，詳本文之意，恐未及是也。

或問二南何以爲詩之首篇也？曰：周南之詩，言文王后妃閨門之化；召南之詩，言諸侯之國夫人、大夫妻，被文王后妃之化而成德之事。蓋文王治岐而化行於江、漢之域，自北而南，故其樂章以南名之，用之鄉人，用之邦國，以教天下後世誠意、正心、脩身、齊家之道，蓋詩之正風也。曰：諸説如何？曰：程叔子之意善矣，但不然以下，辭若有所不足，疑記者之失之也。以尹氏所謂「欲身脩而家齊，苟不爲周南、召南，則猶面墻而立」者足之，則其義備矣。若程伯子則語雜，而范氏意寬，皆未有見其端的。至張子所謂爲二南之事者，則似過之。惟其以是爲説，是以其所謂正墻面者，不以爲不明乎治家之道，而以爲不通乎治國之事者也。其意欲密，而所以爲説者反疏矣。吕氏之説，意亦同此。謝氏止乎禮義之説，未足以語二南。其曰盡性至命之事，則亦過之。蓋盡性至命之事，固不外此，但語之之序，則未當遽及此耳。豈亦忽二南之近小，而必美其言以至於此，然後厭於心歟？然則與聖人此章之意，正相反矣。楊氏以不得其門而入爲言，亦借用他語之過。此章正爲不能明之於内以達乎外耳，豈反欲其自外而入哉？此其惡出而喜入之意，與前所謂好高而忽下者，大略相似，恐習於老、佛之餘弊也。

或問禮樂之説。曰：程子之言至矣。樂記所謂「天高地下，萬物散殊，而禮制行矣；流而不息，合同而化，而樂行焉」者，正謂此也。詳味而深體之，則於禮樂之本，其庶幾乎？曰：范、尹之言禮也以敬，其異乎程子者，何也？曰：程子以禮言禮之體也[二]，二氏以人言禮之用也，二説雖殊，而各有所指。但此章之旨，則當以程子之説爲當。

或問十二章之説。曰：范、尹之意同，謝氏自爲一説，合而觀之，其意乃盡。楊氏似范氏而小不同。侯氏説賊害者，非是。

或問十三章之説。曰：范氏得之，而蘇氏之説亦當。蘇氏曰：以其似中庸而非也，故曰德之賊。孟子曰：「一鄉皆稱原人，無往而不爲原人。」與中庸相近，必與狂狷相遠。狂者進取，狷者有所不爲，鄉原者，未嘗進取，而無所不爲者也。狂狷與中庸相遠，而孔子取其志之强，可以引而進於道也。鄉原與中庸相近，而夫子惡之，惡其安於陋而不可與有爲也。但其所謂安於陋而不可與有爲者，未中鄉原之病也。吕、謝各爲一説，與衆説異，然皆非是。

或問十四章之説。曰：諸説文義皆不明白，今詳其意，范、楊尤不可曉，且當置之而論其餘。尹氏似以爲有德者之所不取，謝氏、侯氏似以爲自棄其德，二者未知其孰是。然以二字文勢及上章德字之例觀之，則尹氏勝；以上下句相求，而以上章賊字之例推之，則謝、侯説似得之，而有未盡也。蓋以其事言之，則固爲棄其德矣，然不曰棄夫德，而曰德之棄，蓋德之所以見棄，猶鄉原之賊夫德，而以爲德之賊也。若如尹氏之説，謂其爲有德者之所棄，則上章德之賊者，亦曰爲有德者之所賊，可乎？

或問十五章之説。曰：范、侯、謝氏得之，而蘇氏亦足以驗其事實。蘇氏曰：患得之，當云患不得之，闕文也。鄙夫止於營私，其害至於亡國。李斯之立胡亥，張禹之右王氏，其謀皆始於患失。故孔子深畏之，曰無所不至者，言其必至於亡國也。但患得之文義自通，不必增字，今家語亦作患不得之，恐或他論之文耳。吕氏以爲憚於任事故患得，洪氏以爲患其得之而不能當，亦皆誤矣。彼鄙夫者，亦志於得而已矣，豈憚於任事而患其不能當耶？楊説無病，而語意頗疏，既曰無所不至，則又豈但不能盡忠而已哉！

或問十六章之說。曰：尹氏得之爲多。范氏矜字之義得之，而謂狂者以進取而肆則不切，以愚者爲率其性，則與中庸之所謂者不協矣。謝氏矜愚之説則得之，而以狂爲過中，則亦泛而不切。蓋狂固過中，然行之過中者，不止於狂也；若以狷而過中，則何與於肆哉？又以蕩爲自恣，則蕩之與肆，亦無以異矣。楊氏不釋肆字之義，而因蕩字以見之，於理固有所不足，至於廉字之説，則尤支離矣。大抵肆、廉、直三字，皆具美惡二意，如廉者，則有分辨而失於峭刻耳，至於廉而不劌，則是大賢以上全德之事，夔之所以爲教，皋陶之所以取人，不是過也。今以不足通物爲廉，則不取其有辨之意而大貶；又以不劌者當之，則又不見其峭刻之病而大褒，進退無所據矣。愚字之義亦然。其直者，本但爲不達事理而爲姦欺耳，未見其可强而善也；至其爲詐，亦但其疾之不美耳。所謂愚者，初非下愚之愚也，安得遽以不移絶之哉？此又牽於援引之失，至於如此而不自知耳。侯氏肆蕩矜字之義得之，特其所謂難與並爲仁者爲未切。而於愚之直、詐，亦有未盡。蓋以直爲真實不隱，則未見其爲疾；以詐爲直之反，則未見其生於愚也。愚而詐者，豈若史氏所謂塞侯微巧者歟〔三〕？

或問十八章之説。曰：范、尹得之而未盡，謝氏覆冒之説鑿矣，楊氏則尤不可曉也。蓋凡物之類，有邪有正，邪之與正，不同而必相害，此必然之理也。然其顯然不同者，雖相難知之害而易見，惟其實不同而名相似者，則害而難知。易見之害，衆人所能知而避之；難知之害，則非聖智不能察也。是知聖人於此三者，深惡而力言之，其垂戒遠矣。今楊氏乃於三者之中，無故各分二等，以爲有不能爲害者，有能爲害者，既於文義、事理有所未協；而又曰「不能爲害者，遠之可也，必能爲害，然後聖人惡之」。彼既不能爲害矣，而又何以遠爲哉？若必其能爲害者，而後惡之，則吾恐後之有國家者，將有日聽鄭聲、親利口，而曰此未足以亂雅而覆邦也。侯氏章首三句，亦楊氏之失，而所謂似是而非者，則得之，惜乎其推之有未盡也。所謂「足以悦人而易惑」，於鄭聲利口之害，亦切中於事情矣。

或問十九章之説。曰：程子、張子、謝氏之言至矣，學者宜熟讀而深味之。但張子後説，非以正解此章之意，而其語亦小可疑也。曰：其曰山河大地之説，何也？曰：釋氏之言此多矣，今不知其何指也？以上文求之，豈亦幻妄之云乎？范蜀公有言：「持國好閉目而坐，想大地無寸土。」蓋信乎其以是爲病矣。其曰信是會禪，何也？曰：此亦假借之辭，以曉韓公，若曰如此則其爲知道而無事乎彼之虚言，非真以爲知彼之所謂禪也。其卒章數字，則疑其闕文誤字，而不可曉矣。諸説如何？曰：范氏所謂「有言則入於二」者，莊生之説也。以爲夫子未免於有言，而方有意於不言，是亦不足以言聖人矣。吕氏以爲德孚於人，故不言而信者，亦非夫子之意。若如其説，則是孔子以爲德孚於人，而欲不言以信之也，其廣己而造大如此，聖人氣象其必不然矣。楊氏以爲子貢能言，而理有言之不能論者，故夫子以是發之。夫謂夫子固以是發子貢者，信矣，然理之實，形於事物之間，而其論不必得於言說之際，蓋無不可論之理也。聖人於此，但以子貢專求之於言語之間，而不察諸踐履事爲之實，故言此以發之，以見夫言之所論者，其實在此，而非以爲子貢能言，而於此有所不能論也。故因子貢之未喻，而復以四時行、百物生曉之。夫天之不言，而四時行、百物生者，特不待言而理自著耳，豈言不能論之謂耶？且其所引以爲説者，如曰默而成之，不言而信，天道至教，聖人至德，夫豈言不能論之謂耶？且必以爲理有不可論者，是亦老、佛之意耳。夫既曰理矣，則仁義禮智，君臣父子之間，無不可言者。特以爲專求之言，而不察其實，則爲不可。而其實則又有不待言而顯者耳，夫豈以爲日用彝倫之外，别有一物，恍恍惚惚，迥脱根塵，而不可以言論耶？必由是説，近則失其文義，而不可尋繹，遠則乖於天理，而流於異端，不可以不深察也。尹氏謂聖人與天地同德，故以是發子貢，亦非也。夫聖人固與天地同德矣，然非自以爲己與天地同德，而欲以無言自表也。此其爲病，又有甚於吕氏者，然恐其意不至如是之差，特其辭有未達而陷於此耳。

或問二十章之説。曰：其大旨則程子得之矣。謝、楊各有發明，而皆有未盡者。蓋禮際不善，無所稽考，難以指言，而以爲不足見者，尤非所以言聖人之心也。惟吳氏得之爲多，故今集注取其文，而頗以謝、楊之意足之。蓋聖人之門，來者不拒，儻非有故，未有卻之如此其峻者，而其事則不可知耳。洪氏、胡氏皆以爲學士喪禮乃此後事，聖人蓋不終絶之，又與吴氏小異云。

或問：二十一章諸家之説，有謂宰我之問，蓋聞禮家至親期斷之言，故以質之夫子，非自執喪而欲短之也，如何？曰：此蓋以宰我爲聖人之徒，不應問此，而欲爲之文其過也，其意則忠且厚矣。然三年之喪，生於人心，非由外至，而禮家固亦已有加隆之説矣。設使宰我實聞期斷之説，而不能察其是非，盡其曲折，則其愛親之薄，亦可知矣，雖非自短其喪，然其情亦何以異耶？曰：又有以宰予爲不察理，不知仁，而不知愛親之道者，信乎？曰：是其意若曰予非不愛親也，特不察理而不知其道也，非不仁也，特不知仁也，是亦爲之文其過之言耳。然人之有三年之愛於父母，蓋心之不能已者，而非有難明之理也，是其存焉則爲仁，失之則爲不仁，其間蓋不容髮，而其存不存，又不待於知之而後能勉也，亦係於吾心之厚薄如何耳。宰我食稻衣錦，自以爲安，則其無愛親之心可見，而夫子所以斥之者亦明矣。説者乃欲曲爲之諱，而末減其不仁不孝之罪，是以其説徒爲辭費，而不足以掩其實也。曰：或謂宰我非不知短喪之爲薄，直以有疑，故不敢自隱於夫子，只此無隱，便是聖人誠處〔四〕，如何？曰：言宰我之心雖薄，而其不敢自隱者，猶有聖門氣象可也。謂之無隱而直以聖人誠處許之，則又激於世俗矯情飾詐之私，而不自知其言之過矣。然此章正意，在於問喪，而喪之主於哀者，又非自外而至。今不論此，而摘其旁支瑣細之説，以爲已死之人，文不可贖之過，亦何益哉？曰：或謂夫子之言「女安則爲之」，爲不與人爲僞者，信乎？曰：是因無隱之説，而又失之之甚也。夫聖人固不與人爲僞矣，然不曰不肖者跂而及之乎？其曰安則爲之者，乃深責而痛絶之辭也，豈使之真以爲安而遂爲之也哉！若如其言，則聖人之所以垂世立教者，初無一定之則，直徇世俗情意之厚薄，使人之自爲禮，而不慮夫壞法亂紀之原自我始也。其引樂正子春之言則似矣，而亦未察乎子春之事，乃其不用情而過於禮者，故悔而思有以俯就之耳。若宰予之情，則又烏可用而遂短其喪也。曰：若以宰我之無所不薄爲不仁，如何？曰：是亦未知其短喪之已爲不仁之甚，不待至於無所不薄然後爲不仁也，豈習於孝弟爲仁之本之説而失之與？然則諸説孰爲得之無本之木？曰：范氏之説，爲有當於人心矣。謝氏特恐賢者過中以上亦然。洪氏所謂禮壞樂崩之意亦善，洪氏曰：禮樂之實，乃自事親從兄而出，宰我輕所重而惜其末，故夫子推本以告之。然亦有所未盡。蓋禮樂無所不在，喪固有喪之禮矣，惟樂爲無所用於喪者，然當喪而不樂，是乃樂之所以爲樂也。若當喪而玉帛陳焉，鐘鼓作焉，則其壞禮而崩樂也，益以甚矣。然其言之失，有不待言而喻者，故夫子不之答，而直以不忍之端告之。此章之通義，則李氏之説尤爲有功，李氏曰：宰予於三年之喪，自度其有不能免者，又聞期斷之論，是以疑而問之。故夫子先示之以君子之所不安，待其出也，而後言父母於其子之懷，使知以父母之心爲心，則安與不安，固當自有處矣。齊宣王欲短喪，孟子謂公孫丑亦教之孝弟而已，言非徒告之以短喪之不可，當示之以孝弟之真情，使知其所由來也。但其以懷爲懷念之懷，則於文義爲未當耳。推而合於范、謝說之善者，使相表裏焉，則此章之旨，庶乎其無所遺矣。

或問二十二章之說。曰：李氏說得之，諸說真以博奕爲可爲，則失之矣。

或問二十三章之說。曰：程子、范謝尹氏得之，而尹氏爲尤善。呂氏之意，以君子爲有德之稱，則誤矣。若以德言，則豈至於無義而爲亂哉！鬻拳兵諫，世或有之，然亦鮮矣，非聖人之通言也。楊氏以君子爲有德位之通稱，而釋二字之義甚善，蓋古者不以不肖治賢，不以賢事不肖，凡在上者，必其賢於所臨所治之人也，故後世因以君子爲有德之稱。蓋其義初不異，但所施有不同者，如此章言君子者三，其上二者，以德言之也，其對小人者，則皆以位言之耳。其以守約對守義而言，於孟子之文義，亦有所未安者。爲亂之說，亦非也。爲亂之名，所包甚廣，非必皆後其君者之所爲，顧亦牽於援據而至此耳。

或問二十四章之說。曰：稱人之惡，在己則長浮淺刻薄之心，於人則絶勸勉愧耻之意，是以君子樂道人之善，聞人之過如聞父母之名，耳可聞而口不可道也。居下流而訕上，使人尊君親上之誼薄，悖逆作亂之釁萌，是以君子造辟而言，詭辭而出，居是邦不非其大夫也。胡氏以下流爲卑穢之人，上謂賢於己者，然舉凡在己上者而兼言之則可，欲以一説遂廢其餘則偏矣。然此兩言者，豈亦以救子貢多言、方人之失與？勇謂材力强猛，果敢則其材力未必過人，而臨事敢爲者也。范氏之説，於此二句，亦爲得之，他則疏矣。其以諫爲訕，尤害於理。訕之得名，正其以不告於上，而顯言於衆耳。謝氏訕上無禮，似是而非之説，得之。然謂特惡其欺世亂俗，則未察乎其取名之善，而用意之不臧耳。楊氏之説則善矣。侯氏章首兩句甚善，而其下文意若不相屬者。若曰但衆人或蔽於私而失，惟聖賢則不失其所惡之正，所謂惟仁者能惡人者也，如此則得之矣。者字，蓋指人而言之，尹氏誤以爲在己之事，故有二者之别。以徼爲伺察，蓋本洪氏之説。古注以徼爲抄，蘇氏以徼爲僥倖，似皆若不如洪氏之説。

或問：二十五章之小人，何以知其爲僕隸下人也？曰：若爲惡之小人，則君子遠之，惟恐不嚴，怨亦非所恤矣。諸家説皆失其旨也。

或問卒章之説。曰：此無異義，但其終也已，尹氏似以已字爲重，恐非文義。侯氏之説尤疏，惟楊氏説爲庶幾耳。謝説亦未安。無聞，特無善可稱耳。見惡，則又有惡而可惡焉，亦不得爲同矣。

校勘記

〔一〕曰於易大傳詳矣　此句下，宋刻本有「氣質之性，固有美惡之不同矣。然以其初而言，則皆不甚相遠也，但習於善則善，習於惡則惡，於是始相遠耳」四十二字。

〔二〕程子以禮言禮之體也　上「禮」字，正德本作「理」。

〔三〕豈若史氏所謂塞侯微巧者歟　「塞侯」，正德本作「蜜佞」。

〔四〕便是聖人誠處　「誠」，原作「作」，據四庫本改。

論語或問卷十八

微子第十八

或問：三子之心，同出於至誠惻怛，則可見矣，抑何以知其所處之各適其可耶？曰：按史記殷周紀、宋世家所記，此事先後皆不同，惟殷紀以爲微子先去，比干乃諫而死，然後箕子佯狂爲奴爲紂所囚者近是。蓋微子，帝乙元子，當以先王宗祀爲重，義當早去，又決知紂之不可諫也，故遂去之而不以爲嫌。比干，少師，義當力諫，雖知其不可諫，而不可已也，故遂以諫死而不以爲悔。箕子見比干之死，則知己之不可諫，且不忍復死以累其上也；見微子之去，則知己之不必去，且不忍復去以背其君也，故佯狂爲奴而不以爲辱。此可以見三仁之所當爲，易地皆然矣。或以爲箕子以天畀九疇未傳而不敢死，則其爲說迂矣。同謂之仁者，以其皆無私而各當理也。無私，故得心之體而無違；當理，故得心之用而不失，此其所以全心之德而謂之仁與？曰：然則史記三子之事，與夫子之言，先後不同，何也？

曰：史所書者事之實，此所記者以事之難易爲先後耳。曰：諸説如何？曰：范氏疏矣，三子之仁，豈以足以有天下而名之耶？呂、謝意同，而謝密矣，但三子之於仁，非但知之而已，謝氏之論仁多如此，蓋不可曉。或其章首本有知字，故其下文如此，蓋謂讀者言之，如侯氏之云則可耳。游氏所謂「仁人之用心，惟仁所在則從之，不論所以」者，似非知仁之言。蓋仁者心之德，有是心而不失其德，則謂之仁人。一時如此，則一時之仁也，一事如此，則一事之仁也，其時與事雖有不同，而所謂仁者，則常在此而不在彼也，蓋始出乎此，而終合乎此耳。若如游氏之言，則是所謂仁人者，與仁自爲二物，人常在此，仁在彼，而以人往從乎仁也。其曰彼獨以是求仁焉，則又甚矣。彼夷、齊者，亦曰不如是則無以得其心之所安而賊夫德耳，豈曰仁在於彼，而餓死以求之哉？其論宰我之問，則予於本章已辨之矣。楊、尹氏則皆得之，而尹氏所謂當爲者，則當以予前説通之耳。

或問柳下惠仕而屢黜，黜而復仕，至於三黜，而又不去焉，何也？曰：進不隱賢，必以其道，不以三公易其介，所以屢黜而至於三也。降志辱身，援而止之而止，雖袒裼裸裎於我側，不以爲浼，所以黜而復仕，既三黜遂不去也。或曰：惠知直道之必黜而不去，然則其將枉道以事人乎？曰：不然也。惠之意，若曰我但能直道事人，則固不必去魯而適他國矣；若能枉道以事人，則亦不必去魯而適他國也。其言泛然，若無所指，蓋和者之氣象如此，而其意則固自信其不能枉道而事人矣。是以三黜之後，雖不屑去，然亦意其遂不復仕，故孔子得以列之於逸民之目。諸説尹氏得之，謝説玩世不恭之意，亦善。重適他邦以下，則非柳下惠之意。楊氏以孔子無可無不可爲近於和，亦非也。夫無可者近於清，無不可者近於和，是以孔子之於夷、惠，集其大成而時出之，豈曰無可無不可，而反獨近於一偏之和歟？蓋爲是説者，其立心制行，有近於柳下之風者，故未察乎孔子之言，而並以爲亦若惠之爲也。馬援稱漢高祖無可無不可，其失夫子之意，亦若此耳。楊氏發明一篇之旨則善，然亦有疑於牽合者。侯氏和而介者善矣，所謂介之量，則不可曉，豈放程子清者之量而失之歟？若曰和之守，其庶幾乎。其以降志辱身爲絶其流，亦非也。聞之師曰：「柳下惠之直道，其自知甚審，其自信甚篤，所謂確乎其不可拔者也。若漆雕開之未能自信，豈其自度有未至於斯者歟？」蓋范、尹之意同。張敬夫曰：其曰「焉往而不三黜」，則亦幾於不恭矣。此與謝氏意亦相發。

或問三章之説。曰：程子、尹氏得之矣。范氏所論折衷之意亦善。楊氏以景公不能致敬有禮，又不能行其言，而孔子去，則有合於孟子之云矣。然以文意考之，而參以程子、尹氏之説，則恐未安也。夫季氏之專强僭逼，夫子所深惡也，又何必以是自處，而責人之不我從也耶？楊説見下章。

或問：史記載孔子之去魯也，有「彼婦之口，可以出走」之歌。今尹氏直以爲知魯之君相無敬賢之心而去，何耶？曰：齊人之謀，固欲以是沮孔子矣，蓋欲以女子爲間於魯之君相，使之先有以熒惑其耳目，感移其心志，遂乘間而進説，以沮敗其所爲，甚則或遂中以不測之禍，而不慮孔子之覺之早去之速也。然孔子之覺之也，直以其無敬賢之心，知其不足與有爲耳，而其禍之將至者，則固亦不外乎此也。尹氏之言，不及其他，其有得於孔子之初心，與范氏所引膰肉事，亦得其旨。

或問五章之説。曰：此無他説，但侯氏似以鳳德之衰，爲孔子之不見用於時，恐不如舊説之善也。

或問六章之説。曰：諸説皆善，而范、尹氏尤詳，可熟復也。但程子、張子「誰以易之」一句，文義微有未安。蓋桀溺言天下皆亂，夫子將誰與變易之？故夫子解之曰：「若天下有道，則我無用與人變易矣。」是所謂誰者，乃指世人而言，而所謂易者，皆主夫子而言之也。今曰「誰可以易之」，又曰「誰肯以夫子之道，易己所爲」，則皆不主夫子而言。又曰「如何變易之」，則又不見誰字之爲何人也。楊氏謂夫子爲非辟人者，而以鳥獸不可同羣，爲夫子自辨其不辟人之辭，則失之。夫子去魯適衛，去衛適陳，至於微服而過宋，以辟桓魋之難，則固不免於辟人矣。桀溺既以辟世自處，故譏孔子之不能辟世而徒辟人也。然辟人者，特以義去就，而未嘗遂與人絶；若辟世則遂與人絶，直與鳥獸同羣矣。故夫子所謂鳥獸不可與同羣者，乃所以譏桀溺之辟世而與人絶耳〔一〕，非以自解其不辟人也。

或問七章之説。曰：諸説皆善，但范氏所謂名不足以累之者，非是。丈人之名，偶不見於經耳，何以知其不累於名而固匿之耶？所謂扶世立教者，亦非是。大抵范氏所論聖人之事多如此，已辨於前者之章矣〔二〕。謝氏以夏、商之衰，未有辟世之士，但偶不見於聖人之經耳，書傳所載，固多有之，而此篇大旨，亦初不在是也。又以不知身世之有間，爲聖人之無我，恐亦未然。所謂無我者，但爲無彼我之私耳，曷嘗誤以我爲人、而認人爲我哉？而楊氏論子路丈人處，尤得其曲折也。侯説疏矣。曰：然則知道之不行矣，而徒仕可乎？曰：仕所以行義也，義則有可不可矣，義合而從，則道固不患於不行，不合而去，則道雖不行，而義亦未嘗廢也。是以君子雖知道之不行，而未嘗不仕，然亦未嘗懷私徇禄，而苟一時之安也。由此觀之，道義之未嘗相離也，亦可見矣。曰：接輿以下數子，尹氏以爲皆素隱者，而楊氏獨以丈人爲求志，而非素隱，何也？曰：無德而隱、無故而隱，皆素隱也。若楊氏之意，則丈人者，庶其免於無德之隱矣。然其知子路之賢而止之宿，乃未嘗一言以及其所求之志也，則又安得而逃夫尹氏之譏哉！

或問八章之意。曰：范、謝、尹氏得之。吕氏中慮之説非是。楊氏制行相救之辨，於此章發之，不若其於孟子第十篇首章論之之當，而其所以爲説者，亦不若彼之詳且明也。侯氏以夷、齊爲鄰於仁者，與所謂求仁得仁者異矣。其論無可無不可者，則得之。

或問：何以知亞飯爲侑食之官也。曰：白虎通曰：「王者平旦食、晝食、餔食、莫食，凡四飯。諸侯三飯。大夫再飯。」故魯之樂官，自亞飯以下，蓋凡三飯也。諸説則張子、謝氏得之。程子以爲此數人之去，由樂正魯不用而放棄之。則未知其爲魯不能用正樂而棄賢耶？抑以爲魯樂既正而黜此人也。如前之説，則與張子不異，如後之説，則此篇所記，皆潔身遯世之士，不應以曠官失職，淫樂之矇，參於其間也。其辭太簡，無以考其歸趣，是以論而闕之。范氏以爲記樂所由廢，恐初無此意。又謂諫不用而去者，亦非也，此章之説，大抵本無所據，但其寬平廣博者取數或多，此説所指太偏，未有以必其然耳。楊氏以爲著之以見周公之澤，而通其意於下章，則又太偏而近於鑿矣。

或問：施之爲弛，何也？曰：陸氏釋文云爾，而吳氏考開元五經文字，亦作弛，是唐本初未嘗誤也。然孔説已訓爲易，則漢本已作施，而讀如衛綰傳之施易者耳。如音移，顔音弋豉反。此不可曉，然作弛者於義爲得，故程伯子以三句反復而言，恐其意或出此。但其辭簡略，未有以驗其必然耳。至於呂氏則固明言之，但不引二書爲證，豈其暗合也與？曰：他説如何？曰：有以施爲施與之施者，言不私其親暱也。然考之於經，未見不私之文，則疑於不通有無，而恝然無恩者。有以謂無失其爲親者，則似呂氏之説矣。然其旨不分明，則未知其果以何爲説也？有以施爲施報往來之意者，則人之所以害其親親之恩者，其失在於望報，而不在於施，今不責其望報，而徒曰不施，恐文勢之輕重，不應如此也〔三〕。是皆不考於釋文之過也。又有謂施爲施刑之施，而引左傳晉施邢侯〔四〕、漢書成帝欲施諸舅之語爲證，以爲考之於書，魯公氣象，頗傷嚴急，故周公以此四言者戒之，其意美矣。然施字之説，則恐過深。君子所以爲親親之道，豈但當不殺之而已哉！至於四言之序，則亦呂氏得之。范氏以爲記魯之所由衰者，恐亦未必有此意也。

校勘記

〔一〕乃所以譏桀溺之辟世而與人絶耳　「之」，原作「於」，據四庫本改。

〔二〕已辨於前者之章矣　上八字，日本正保本、四庫本作「已辨於前章之下矣」。

〔三〕不應如此也　「應」，原作「因」，據四庫本改。

〔四〕而引左傳晉施邢侯　「邢」，原作「刑」，據四庫本改。

論語或問卷十九

子張第十九

或問首章之説。曰：諸説皆善，而謝氏尤有力。范氏語意繁複，蓋不可曉。而又以已爲止，非子張之意。楊氏分別成人與士之別，則已支矣。曰「其可已矣」，豈不猶首篇之十五章所謂「可也」者歟？曰：可之爲可則同，然曰「可也」，則其語抑；曰「其可已矣」，則其語揚，此又有不同者，讀者所當辨也。

或問：弘之爲寬廣，奈何？曰：此以人之量而言也。蓋人之所以體道者存乎德，而其所以執德者存乎量，量有大小之不同，故人之所以執德，有弘而有不弘也。夫總羣言、該衆理，而不自以爲博；兼百善、具衆美，而不自以爲得；知足以周萬物，而於天下之事，有不深察；才足以濟衆務，而於天下之事，有不屑爲；恢恢乎其胸中常若有餘地焉，此非其量之大，則其所以執德者，孰能如是之寬廣而不迫哉？易所謂「寬以居之」，而曾子所謂

「可以任天下之重」者，正謂此耳。其量之小者，一善之得，則先爲主，而若不可以有所容；一事之當，則喜自負，而若不可以有所加；小有知，則必欲用其知；小有才，則必欲試其才；所謂執德不弘者，蓋如此，雖其所守之固若不可奪，然亦安能爲有亡哉？程子之言，雖若與經文小戾，然子張以天資之美爲言，故以執德弘爲主；程子以進學之序爲言，故以信道篤爲主也。夫既非其資禀之本然，而又信之不篤，則其所守何由積累充擴，以至於弘哉？范氏以爲發强剛毅，而後能執德，則執字之義，反重於弘；以有執德，然後能信道，則於其先後淺深之序，又有未得者。謝氏所謂心不廣者，最爲近之。但范氏所謂不足有容，則鄙詐入之。謝氏所謂物莫能勝，則若有不切者。然不弘則鄙薄纖巧之心生，而是非利害得喪之自外至者，足以奪其所守，要熟復而深體之，乃可見其意耳。楊氏所謂大不足以有容，侯氏所謂無所容，立語既約，而又不若范氏之下文有可考者，故未有以知其所以指，意者或但爲容物之容乎？容物固弘之事，然於執德字無所當；若以容字指夫所執之德而言，則與下句信道不篤者，又不相類，恐不得以是爲說也。曰：焉能爲有亡之說，如何？曰：楊、尹得之，但言其人不足爲輕重耳。其他則張子、謝氏爲一說，范氏、侯氏爲一說，似皆未得其旨也。曰：尹氏所謂一出一入者，其於信道不篤，不能爲有亡者，則得之矣。執德不弘，則又何以言之耶？曰：其執德也不弘，如前所云者，則雖不出不入，固守其所，而亦無所係於有亡之數矣。

或問：三章之説，古注以二子論交，有泛交、擇交之異，而尹氏亦用其説，程子乃以爲有初學、成德之不同，二説孰是？曰：人之交際，固有親疏厚薄之不同，然未有容之於始，而拒之於終者。包氏之説，於此爲不通矣。初學固當從子夏之説，然不求諸己，而遽以拒人爲心，則非急己緩人之道。成德固當如子張之説，然於是非善惡之間，一無所擇，則又非所謂仁者能好惡之心矣。以此觀之，則程子之説，亦若有未安者焉。曰：然則奈何？曰：二子之言，各有所偏，吾既已論之矣。折以聖人之中道，則初學大略，當如子夏之言，然於不可者，亦疏之而已，拒之則害乎交際之道。成德大略，當如子張之説，然於其有大故者，亦不得而不絶也。以是處之，其庶幾乎！曰：他説如何？曰：范氏既以爲孔子有所與有所拒，以合乎子夏之言，而又稱其見互鄉不絶原壤，以明子張之道廣，首尾衡決，殊不可曉。蓋其所以病子夏者，未有以異乎夫子損益之云者，是以其語意不屬，而無抑揚之力耳。謝既以交際當如子張，則是凡人皆當如此，而又謂非大賢不能，則又若非衆人所及者，其亦自相矛盾矣。楊氏蓋用程子之説，而似以爲二子之言，有相爲先後之意，則非當日之本意矣。

或問：何以言小道之爲農圃、醫卜、技巧之屬也。曰：小者對大之名。正心脩身以治人，道之大者也；專一家之業以治於人，道之小者也。然是皆用於世而不可無者，其始固皆聖人之作，而各有一物之理焉，是以必有可觀也。然能於此者，或不能於彼，而皆不可以達於君子之大道，是以致遠恐泥，而君子不爲也。范、楊之說，蓋本於此。若謝氏初意，蓋亦謂此，而其後乃以莊、老、釋氏當之，則其說將有自矛盾而不可通者矣。蓋曰坦途之支別，則非異端之謂，謂之異端，則其所可觀者，非真可觀，亦不待致遠而已不可行矣，豈可謂其皆坦途之支別而可由乎？侯氏之失，近亦類此。尹氏雖不明言小道之爲異端，然曰足以惑人，則猶謝氏之意也。

或問五章之說。曰：尹氏最爲得之。范氏之云，則於彼此先後之序，兩失之矣。且以知所亡爲知新者猶可也，以無忘所能爲温故則不可。蓋温故者，慮其遺忘而温習之，無忘所能，則其見之之明，守之之固，無待於温習，而自不能忘矣。觀尹氏不失之云，則可見其得失也。謝氏謂學非讀書之謂，而以體常盡變爲言，則失之過高矣。子夏之言，所謂知其所亡者，正以其講習問辨而有所益耳，豈遽若是之大而無當乎？夫日用不窮者，雖因於應變，然其理則初未嘗不素定也，不得爲所亡；不離大體，固所謂體常，然非人之智力所及也，不得爲所能。又曰「非爲人者能之」，則是凡讀書者，皆爲人之學也。此蓋懲於玩物喪志之一言，而推之過於其分，不察乎所謂爲己爲人者，蓋以其心而言耳。楊、侯氏日益之云，以之言日知所亡則可，而於無忘所能，則有所未盡也。楊氏又以習察爲言，與此殊不相似，疑其意以日知所亡爲習，以無忘所能爲察也。若是，則於彼此文義之間，皆有所不通矣。

或問：六章之説，以爲心不外馳，而事皆有益者，何也？曰：程伯子之言，心不外馳之謂也；叔子之言，事皆有益之謂也。心不外馳，則仁之體無不存；事皆有益，則仁之用無不得矣。曰：兩程子所謂近思，其義亦若有不同者，奈何？曰：是亦如其前説之殊也。伯子之意，蓋曰思之以不遠乎己耳；叔子所謂類推者，則以思之有序爲近也。伯子之言，固亦得其本者，然不參以類推之説，則將有捐事棄物，專以反思默造爲功，而不自知其陷於異端者，是則二子之説雖殊，要之不可以偏廢也。曰：如子之言，凡言在其中者，皆爲求此而得彼之辭，則此四者，亦不爲求仁之事耶？曰：四者之效，雖卒歸於得仁，而其言則講學之事，初未有求仁之意也。聖賢之言，求仁必本於實踐，而非空言之所可與，然於講學之間，能如子夏之云，則於吾之心有所制而不放，於事之理有所當而不差矣。志於講學而可以爲仁，亦何害其爲求此而得彼哉！曰：然則視聽言動之必以禮，居處執事之必恭且敬，與人之必以忠，亦其理之所當爲，而非有求仁之意也，則亦可以爲求此而得彼乎？曰：吾固嘗言之矣，彼以履踐之實事，而告夫問仁之言，此以講習爲言，而非本有求仁之心也，蓋亦不得而同之矣。曰：諸説如何？曰：范氏四者之分，泛而不切。謝氏心不外馳者得之，而以博學爲成吾切問近思之理，則失之矣。蓋四者之序如此。若曰切問近思，所以成吾博學之功，則可矣。今方博學，則又何以預成乎後日之切問近思哉？是蓋惑於博學爲非心不外馳之事，而又懲乎玩物喪志之言，故曲爲之説如此。且獨不聞孟子、張子之言乎？孟子曰：「博學而詳説之，將以反説約也。」張子曰：「書所以維持此心，一時放下，則一時德性有懈，讀書則此心常在。」觀此二言，則玩物喪志、心不外馳二説之疑，可釋然矣。楊氏爲仁由己，尹氏成吾之仁，似皆以爲吾之所以講學者，爲己有意於求仁，非此章之旨也。

或問七章之説。曰：范、楊以學爲重，謝、尹以致道爲重，亦各有理，然必合而觀之，其義始備耳。謝氏以學不能致道，爲工不信度之比，則非也。蓋信度在作器之前，而致道在爲學之後，其取譬亦不精矣。又以二者皆爲逸居而無所事，亦非也。工不信度，正謂有事而無法；學不致道，則爲有事而不要其成耳，豈無所事之謂哉？侯氏之説亦疏。蓋學固所以琢磨其所未中，然以琢磨未中爲盡乎學，則不可；中固所以形道，然以中爲盡乎道則不可。況本文初無是語，而必强加之乎？

或問八章之説。曰：范氏引證甚善，謝、侯説亦爲得之，但亦互有得失。蓋謝氏深得小人之情，而所謂昔過今非者，殊無悔懼愧耻之意，似亦太輕易矣。侯説善發君子之意，而所謂耻過作非者，亦爲未盡必文之事也。合而觀之，則庶乎兩得矣。楊説文意有未盡善者，若曰君子自訟，故能改過則可，今以改過先自訟，則倒置矣。耻過亦衆人之常情，但君子耻而改之，小人耻而文之，則不同矣。今專以耻過爲小人之事，亦未安也。

或問九章之説。曰：程子至矣，其曰非禮勿言者，蓋曰不言云爾，而傳者失之。以囁嚅形厲之反，尤爲明白。所謂合開口者，亦曰理之所當然耳。樊於期事，非理之所得言者，蓋取其事之難言而猶言之，非以爲理之當言也。其曰孔子全之者，蓋以孔子明之，而或者因以爲子夏之言，正爲孔子發也。諸説惟楊、謝、尹爲得之。范氏蓋本程子之説，而自敬義以下，則其附益之贅也。以儼然爲直内，則言厲者獨不由直内而出乎？以言厲爲方外，則儼然者獨非方外之事乎？以不孤爲温，則尤無所當，豈以孤爲孤特之孤乎？其亦誤矣。謝氏第二説，但以言不輕發爲厲，蓋本程子之説，然不決於理，而徒務於不言，似亦未盡其意也。

或問十章之説。曰：程子、楊尹氏皆專以信爲在己，謝氏專以信爲在人，以文勢推之，恐皆未盡。惟范氏爲有誠意交孚之意，斯得之矣。謝氏所引量而後入者，恐亦非禮記之本旨也。曰：然則盤庚之遷、比干之諫，奈何？曰：子夏之言，亦論其常理耳，事或有變，則其輕重之間，又有所謂權者，不可以執一論也。

或問十一章之說。曰：程子、張子至矣，但張子之說，又相因而爲文耳。謝氏以未至於聖爲言，正與張子相反，若然，則出入乃其自恕而不能勉者，而非子夏之所可矣。范、尹之說，亦有此病，然謝氏學者貴知大體以下則善，而楊氏爲得程子之意耳。

或問：十二章之説，程子所謂灑掃應對，便是形而上之事，何也？曰：灑掃應對，所以習夫形而下之事；精義入神，所以究夫形而上之理也。其事之大小，固不同矣，然以理言，則未嘗有大小之間而無不在也。程子之言，意蓋如此。但方舉灑掃應對之一端，未及乎精義入神之云者，而通以理無大小結之，故其辭若有所不足，而意亦難明耳。徐繹其緒，而以是説通之，則其辭備而意可得矣。抑程子之意，正謂理無大小，故君子之學，不可不由其序，以盡夫小者近者，而後可以進夫遠者大者耳。故曰「其要只在慎獨」，此甚言小之不可忽也。而說者反以爲理無大小，故學者即是小者而可以并舉其大，則失之遠矣。其曰便是云者，亦曰不離乎是耳，非即以此爲形而上者也。曰：其曰與佛家默然處合，何也？曰：佛氏以有言有説爲二，而以默然無言爲不二法門，亦曰有以契夫理之全體云爾。然此亦爲世之習乎彼者言之，因以彼之言形此之理爾，非以爲此之理即彼之言也。蓋吾之所謂灑掃應對者，其理則一，而是非當否之間，毫釐有不可失者；彼之所謂默然者，則泯然而無是非善惡之分焉，其不同也亦審矣。程伯子語多如此，如第十七篇予欲無言之説，亦爲夫習於彼者而言之耳。今讀者類不深察，信之過者，則遂以爲儒、釋之歸，實無二致；不信之甚者，則又直詆以爲竊取釋氏之妙，以佐吾學之高。二者其向背出入之勢雖殊，然其爲失旨均矣。曰：既以爲理無大小，而又以爲教人有序，何也？曰：無大小者，理也；有序者，事也。正以理無大小，而無不在，是以教人者，不可以不由其序，而有所遺也。蓋由其序，則事之本末鉅細，無不各得其理，而理之無大小者，莫不隨其所在而無所遺。不由其序，而舍近求遠，處下窺高，則不惟其所妄意者不可得，而理之全體，固已虧於切近細微之中矣。此所以理無大小，而教人者尤欲必由其序也。子游之説，蓋失於此。故不知理之無大小，則以灑掃應對爲末而無本；不知教人之有序，故於門人小子，而欲直教之精義入神之事，以盡夫形而上者之全體也。子夏與程子此條之説，蓋直以其有序者言之，然其所以有序而不可易者，則又必以程子先後諸説推之，而後得其説也。曰：其然所以然之説，奈何？曰：灑掃應對之事，其然也，形而下者也；灑掃應對之理，所以然也，形而上者也。自形而下者而言，則灑掃應對之與精義入神，本末精粗，不可同日而語矣。自夫形而上者言之，則初未嘗以其事之不同，而有餘於此不足於彼也。曰：其曰物有本末，而本末不可分者，何也？曰：有本末者，其然之事也；不可分者，以其悉具所以然之理也。曰：舞射以下三條之說，若皆以即此便爲聖人之事，何也？　曰：亦言其理之在是，而由是可以至於彼，苟習焉而察，而又勉焉，以造其極，則不俟改塗而聖可至爾。豈曰一灑掃、一應對之不失其節，而遂可直以聖人自居也哉？　曰：諸說如何？　曰：張子先傳後倦之說，求之文義，有所不通。其所謂始學之人，未必能繼，妄以大道教之，是誣之也，則得之，而亦深中近世學者之失矣。范氏於程子爲近，但先傳後倦，意小不同，蓋曰孰有先其可而傳之，孰有後其不可而倦教，譬諸草木，區以別矣，亦度其可而已。此意亦善，更審其去取可也。謝說則源於程子之意，而失之遠矣。夫下學而極其道，固上達矣，然此方論下學之始爲，未遽及夫極其道而上達之意也。上達固非師之所能與，然此方論爲師教人之序，未遽及夫師無與焉之妙也。不吝之心一也，而一金、天下，則其捐之有難易之殊；不懼之心一也，而平地、高臺，則其習之有先後之序。必如謝氏之說，將使學者先獲而後難，不安於下學，而妄意於上達，且謂爲學之道，盡於灑掃、應對、進退之間，而無復格物、致知、脩身、齊家之事也。其與子夏、程子之意，正相反矣。曰：程子亦常以理無大小，而灑掃應對、精義入神者不異，何以異於謝氏之意，而以爲相反，何也？　曰：程子所謂必有所以然者，以爲同出於理之自然也。謝氏以必正心誠意而後能者，則以爲同出於心之使然也。程子所謂慎獨者，則不敢忽其小者，以求其理之所當。謝氏獨以着心爲言，則又如其論顏子克己、曾子貴道之說，初不問理之是非，而惟吾心之所欲爲也。然此其失之小者耳。程子雖以理無大小爲言，然其意則以明夫小不謹則將害其大，小不盡則不可以進於大，而欲使人謹其小者，以馴致其大者耳。如謝氏之云，則反使人恃其小者以自大，而謂夫大者之真不過如此也。此豈非相反之尤者哉？曰：其與子夏相反者，又何也？曰：子夏正以次序爲言，而謝氏以爲無次序。子夏以草木爲區別，而謝氏乃以爲曲直則一。子夏以惟聖人爲有始卒，而謝氏則無聖人衆人之分。此其相反，亦可見矣。曰：楊氏如何？曰：楊氏先傳後倦之失，同於張子。聖人所謂性與天道以下數語，雖似嚴密，然亦有但知小學而無復大學之病。尹氏説則善矣，而大小本末，皆所以爲道，雖有不同，而實無草木之别者數語爲未安，似亦未免謝氏之失也。胡氏論游、夏之學，其意亦善。胡氏曰：人之資稟不同，故夫子引而進之之術不一。味游、夏之言，子游敏於聞道，而脱略於小物，施之武城者一也。子夏從事小物，而後有得，施諸小子者一也。曰：蘇氏之説，若有未醇者，子之取焉，何也？曰：是其所言於聖門教學次序之意，固未爲知之者，然吾亦取其有以深中近世學者之弊而已。彼所謂中有以受之者，以吾能推之，則亦由其序而漸進，至於浹洽貫通而自得之之謂耳。又子夏所謂焉可誣者，專自教者而言，而以師生相欺爲説，亦其小疵。然教者既欺其徒，則受教者以欺應之，亦必然之理也。

或問：十三章之言先仕而後學，何也？曰：仕優則學，爲已仕者言也。蓋時必有仕而不學，如原伯魯者，故有是言。學優而仕，爲未仕者言也。蓋未有以明乎脩己治人之道，則未可以仕耳。子産於子皮有製錦之譏，而夫子亦悦漆雕之對，惡子路之佞。程子以少年登高科席勢爲美官者爲不幸，其意亦猶是耳。子夏此章，以先後之次推之，其本意蓋如此，而推其餘意，則又以明夫仕未優而學，則不免有背公徇私之失，學已優而不仕，則亦不免有愛身忘物之累，當時恐或兼有此意也。曰：諸説如何？曰：程子學優則仕、吕氏仕優則學之既得其正意。程子仕優，吕氏學優，得其餘意。而范氏有餘而後可以及人，楊氏念終始典于學，皆以學爲主，尤爲得其大意。侯氏暇時之説亦善，蓋非必謂其沛然充足有以過人也。謝氏别爲一意，亦過高而失子夏之意矣。此所謂學，亦學文之意耳。

或問十四章之説。曰：謝、楊之説善矣，然所引二言，皆不得已而去之意，今直以爲致哀而止，則將有直情徑行之失，其弊將有如棘子成之言者矣。其脱略小物之驗，於此亦可見也。范氏之説，則又失之，子游之言，本爲不及其情而過於文飾者耳。范氏乃以不敢過其情爲説，則於致字之義，爲無所當矣。

或問十五章之説。曰：楊氏以爲過之故未仁，詞若有未盡者，若過於厚則亦何害其爲仁耶？且子游之所謂難能者，蓋美之之辭，而有譏之之意，故又曰然而未仁，則非直以是爲未仁矣。楊氏於其語意之間，似亦未盡其曲折也。

或問十六章之説。曰：程子、范、尹得之。曾子堂堂之云，亦猶子游難能之意耳。謝氏乃以其不害爲仁，其失與楊氏前章之説正相反，然謝氏辭不謹嚴，其失爲尤甚也。而楊氏於此章，又以莊而難親爲子張之病，似亦未然。莊不害於自持，非仁之病也，以是爲病，則夫漫然無廉隅之守，使人人皆得狎而易之者，又可以爲仁乎？二家之論，皆出於氣象之偏，學者不可不審察也。難與並爲仁，則謝、楊皆謂曾子病夫子張之不可輔而爲仁也。以文意求之，蓋病其疏略簡倨，而於己無切偲之益、觀感之助耳。蓋曾子之學主於誠身，故其意雖病子張之未仁，而其言必反於己，與子游若小異焉。若曰子張之不可輔而爲仁，又何與於我而病之耶？且曾子之年輩，視子張爲先進，亦不應直譏之如此。

或問十七章之説。曰：程子之説，本爲孟子養生送死之義而發，非正以釋此章之意也。蓋曾子之意，本以通論常物之大情，而非立教喻人之語也，其與孟子養生送死之云，所指亦不同矣。而楊氏乃引以爲説，恐亦未安。謝氏所謂必信必誠者，其失亦然。惟尹氏所引親喪自盡之言，疑與曾子意合，而其下所謂「於此不誠，惡乎用其誠」者，則推曾子之意，以責夫人之當然而不然者耳，非正以此章之意爲反此也。

或問：鄧氏十八章之説，其詳可得聞乎？曰：鄧氏之言曰：「獻子歷相三君五十年，魯人謂之社稷之臣，則其臣必賢，其政必善矣。莊子年少嗣立，又與季孫宿同朝，宿父文子忠於公室，宿皆不能守而改之，莊子乃獨能不改其父之臣與父之政，而終身焉，是孔子之所謂難也。」若父之臣與父之政，有不善而不改，則是成其父之惡耳，惡得爲孝哉？曰：諸說如何？曰：范、吕蓋嫌於元祐之改熙寧也，故不及道其常，而遽以變爲正也，此雖君子之過，然心一有偏而其不可掩者如此，學者亦因可以自警省矣。謝氏之過，已論於首篇矣。楊、侯說，則考其事之未詳，而所以爲說，亦未免於隱忍遷就之失也。蓋其天資簡靜和厚，而憚於改作之煩，故其言如此，吾已論之於長府之章矣。尹氏之說，以之泛論則善矣，然於孟莊子之事，則亦考之未詳也。

或問十九章之說。曰：范氏、尹氏得之，但尹氏所謂不足喜者，其辭若以爲事小而不足乎喜之意，則非也。曾子之意，正以爲深可哀矜而有所不忍耳。今曰不足，殊不見古人怵惕惻隱之意。楊、侯氏皆引政散民流爲說，亦非是。所謂民散，特以其生業不厚，教化不脩，内則無尊君親上之心，外則無仰事俯育之賴，是以恩疏義薄，不相維繫，而日有離散之心耳。

或問二十章之說。曰：范、謝、尹氏得之，然三者之中，范氏寬平，尹氏畏謹，而謝氏少覺粗厲矣。吕、楊之說，則尤恐未安也。

或問二十一章之說。曰：聖賢之貴改過如此，論語一書，蓋屢致意焉，然亦不得已而開其自新之路耳。今謝氏乃謂德性天也，過不足以梏亡之，過而能改，則亦何傷於全德，則使學者之心，輕慢放肆，而不復有謹於其初之意矣。學者宜深察之。范、楊意亦類此，但其說不至如是之甚耳。侯、尹之說爲善，而尹氏尤精約。其論人皆見之之意，直以其過失暴著有不可掩者，最得文意。范氏以爲寡過，故人皆見之。說者又有以爲君子之過，顯白易見，無文飾掩蔽之私，故人皆得而見之，恐亦不必如此。人皆仰之，亦復其常耳。范氏以爲改而益光，楊氏以成湯之事當之，似亦非是。

或問二十二章之說。范氏於文意不切，而氣象平正，亦足以見其所存矣。楊、侯之說，則有過之者。曰：何以言文、武之道，爲周之禮樂也？曰：此固好高者之所不樂聞，然其文意不過如此，以未墜在人之云者考之，則可見矣。若曰道無適而非，惟所取而得，則又何時墜地，且何必賢者識其大，不賢者識其小，而後得師耶？此所謂人，正謂老聃、萇弘、郯子、師襄之儔耳，若入大廟而每事問焉，則廟之祝史，亦其一師也。大率近世學者，習於老、佛之言，皆有厭薄事實，貪騖高遠之意，故其說常如此，不可以不戒也。然彼所謂無適而非者，亦豈離於文章禮樂之間哉？但子貢本意，則正指其事實而言，不如是之空虚恍惚而無所據也。

或問二十三章之說。曰：范氏得之，惟聖人豈以難知而自表見云者，爲無所當耳。張暇矣。

敬夫説亦善。張敬夫曰：武叔亦豈真能知子貢者，使果知之，則於夫子之門，當求其所以入者而不

或問二十四章之説。曰：此無他説，惟范氏所謂多設不欲見者，恐非文意。而謝氏抗激之弊，尤非聖賢之心耳。大抵謝説多有此意，自首篇之旨已如此矣。日月之喻，但取其至高，范、楊説皆非是。尹氏以益見解多見，以文義考之，不若古注之訓祇也。且字書説本如此，其必有所自矣。

或問卒章之説。曰：程、張至矣，范、楊得矣。楊氏論不可階而升者甚善，而曰顔子亦見其卓爾而已，則其知顔子也亦淺矣。

論語或問卷二十

堯曰第二十

或問：堯、舜、禹之相授，皆有歷數之説，范氏之意，若以治歷明時，爲人君之事者，而謝氏以歷數有歸而言，則又若後世讖緯之學者，其論不同，奈何？曰：以文意考之，則謝氏得之矣。蓋帝王相承，其次第之數，若歷之歲月日時，亦有先後之序也。然聖人所以知其序之屬於此人，則以其人之德知之，非若讖緯之説，徒以其姓名見於圖籙而爲言也。范氏蓋避此而遷就其説，殊不知以德而言，則自無後世妖妄之嫌，而人君之事，豈特治歷明時之一端而已哉！曰：執中之説，程子、范游楊氏之説不同，如何？曰：程子備矣，蓋聖賢所言中有二義，大本云者，喜怒哀樂未發之時之理，其氣象如此也；中庸云者，理之在事而無過不及之地也。此曰「允執其中」，蓋以其在事者而言，若天下之大本，則不可得而執矣。且聖人之道，時止時行，夫豈專以塊然不動者爲是而守之哉？故程子以事事物物言之，而又曰「允執厥中，所以行之」。以是而觀，則三家之失，亦可見矣。游氏自適當其可以下文，與程子之説不異，而其取譬復兼言之，豈其擇之有未精者，遂合二者而一之與？曰：四海困窮，范氏蓋推孔氏書傳之意言之，子之不從，何也？曰：亦以文考之而知其不然也。蓋以爲戒之之辭，則辭意連屬，初無間斷空闕之處。若如孔傳之説，則困窮之下，便言天禄永終，初無丁寧付囑之意。若如范氏之説，則所謂各得其所者，於書之文，初亦未嘗有所見也。曰：述湯之語，諸説不同，何也？曰：以書考之，則張子失之，而范説爲得矣。但以簡在帝心爲以其如此，故不敢自私，則亦失之。蓋此亦謂不敢自私而聽天所命耳。曰：周有大賚之説，如何？曰：詩之序曰：「賚，大封於廟也。賚，予也。言所以錫予善人也。」蓋克商賞功之時，樂記所謂「將帥之士，使爲諸侯」者也。然則范氏亦得之矣。曰：周親之説，如何？曰：以書文考之，當然。范氏之説，因上文而以周親爲周室之親，其意亦善，但於書文爲不合耳。曰：自謹權量以下，謝、楊之説孰優？曰：是亦多相發明者，未可以優劣論。但民食喪祭，謝氏以爲民之三事，爲愈於楊，而楊引孟子之意亦佳也。寬則得衆以下，二説皆善。但楊若以爲信則民任其事者，任，倚仗也，恐失文意。而公則説之云，則亦過矣。民任説，見第十七篇第六章。公則舉措合於人心，而人自説服，如管仲奪駢邑者，蓋亦近之，未有王霸之辨也。曰：謝氏聖人存心之説，如何？曰：是其詞氣有不和者，然於學者亦有益矣。但以爲夫子歷叙數聖人之語，則不若楊氏以爲記者所載，以明二十篇之大旨者，爲得也。蘇氏疑此章有顛倒失次者，恐或有之。蘇氏曰：此章雜取大禹謨、湯誥、太誓、武成之文，而顛倒失次，不可復考，由此推之，論語蓋孔子之遺書，簡編絶亂，有不可知者。如周八士，周公語魯公，邦君夫人之稱，非獨載孔子與弟子之言行也。曰：謝氏所謂固結民心者，似未免乎有爲而爲之者，如何？曰：是其言則誠若有病，然其下文所謂「道當如此，而非違道以干之」者，足以之自解矣。程子有言：「以聖人之公言之，固至誠求天下之比，以安民也。以後王之私言之，不求下民之附，則危亡至矣。」以此觀之，則謝氏之言，固爲治者所不廢，但非所以語聖人耳。

或問五美之説。曰：惠而不費，勞而不怨，則謝氏得之矣。欲而不貪，泰而不驕，則胡氏得之矣。胡氏曰：在人上者，大欲爲多，不能窒之，則其貪無時而已，惟反是心以欲仁，則求諸己而必得，何物足以累其心，夫何貪？泰者，安舒自得之謂，近於驕矣，然君子之心，一主於敬，不以彼之衆寡小大而二其心，則其自處未嘗不安，而何驕之有？威而不猛，非作威也。蓋作威而欲人之畏己，則必至於猛；正其衣冠，尊其瞻視，以自脩而已矣，非欲人之畏己也，然百姓望其容貌顔色之儼然，而知其不可慢也，則何猛之有哉？他説亦無大可論者，但謝氏所謂泰而不驕者，則未見其泰，而反不免於驕耳。問四惡。曰：虐也，暴也，賊也，謝説得之，但所謂賊仁者非是。有司之説，則楊氏爲當。曾氏以爲如項羽「刻印刓忍不能予」之類。張敬夫以爲人上而爲有司之事，失人心而召禍亂，未必不由此，亦皆得之。然張氏之説，則唐德宗其當之乎？謝氏之説，於文義尤有所不通云。曰：謝氏之總論，奈何？曰：彼以世俗無道之政言之，固有如是者矣。然若此之流，蓋已不在可論之域，況言之至於如此，則吾之辭氣，得無亦有未平者乎？

或問卒章之説。曰：程子之言，其大旨然矣，然以樂天知命爲通上下而言，則有不可曉者。蓋通上而言，則是聖人亦知命也，而又以爲聖人不須言知命；通下而言，則是衆人亦樂天也，夫樂天之事，豈衆人之所及哉？第二説，以聖人言命，爲中人以上者設，夫中人以上，固與上智者有間，然限以中人以上而不通乎下，則中人以下者，豈可以其終不及此而棄絶之哉？第三説，謂有諸己然後知言，則能格物窮理，語意倒置，亦不可曉。蓋以序言，則曰格物窮理，然後能知言，知言而踐履以實之，然後能有諸己其可也。今其言乃如此，皆與平日之言不類，豈亦一時議論之間，記録者偶失其真而致此與？姑論而闕之可也。范氏所謂知命事天之事者，似以命爲天理之所賦。命固天理之所賦也，然有指理而言者，有指氣而言者，吾於公伯寮章已辨之矣。縱以此章所謂知命爲知理，則亦知天之事而未及乎事天也。又謂知言所以治人，亦非本文之意。謝氏知命之説得之，至以知禮爲知理則非也。蓋此章所謂禮，止指禮文而言耳。若推本言之，以爲理在其中則可，今乃厭其所謂禮文之爲淺近，而慕夫高遠之理，遂至於以理易禮，而不復徵於履踐之實，則亦使人何所據而能立耶？知言之説，亦爲得之，但所謂係其所養者，則亦近於程子有諸己之謂者。楊氏知命之説，其過甚於范氏，知禮之説則得之，至於知言之説，則又甚矣。夫此章所謂知人者，亦兼乎古今賢不肖而言，今乃言古而不及今，言聖賢而不及乎愚不肖，蓋欲牽夫三句之説而一之，又欲專乎内而不分乎外，且必欲即夫論語之書而爲之説，故其失至此耳。尹氏事天之説似范氏，動不違於理似謝氏，然曰「窮達得喪，無所動其心」，則范氏有所不及。謂「知禮則不違於理」者，亦非便以禮訓理，如謝氏之甚也。章末數句，則於讀此書者，深有所警，不可以不熟察而深念之也。此外則胡氏之説亦善，蓋合韓公、蘇公之説而爲言耳。胡氏曰：一定而不可易者，命也。人不知命，常求其所不可得，避其所不可免，斯所以徒喪所守而爲小人也。

孟子或問卷一

或問：孟子不見諸侯，此其見梁惠王，何也？曰：不見諸侯者，不先往見也。見梁惠王者，答其禮也。蓋先王之禮，未仕者不得見於諸侯。戰國之時，士鮮自重，而孟子獨守先王之禮，故其所居之國而不仕焉，則必其君先就見也，然後往見之。若異國之君，不得越境而來，則必以禮貌先焉，然後往答其禮耳。故史記以爲梁惠王卑禮厚幣以招賢者，而孟子至梁，得其事之實矣。曰：仁義之説，奈何？曰：程子至矣，而予於論語之首篇論之亦詳矣。曰：人之所以爲性者五，而獨舉仁義，何也？曰：天地之所以生物者，不過乎陰陽五行，而五行實一陰陽也。故人之所以爲性者，雖有仁義禮智信之殊，然曰仁義，則其大端已舉矣。蓋以陰陽五行而言，則木火皆陽，金水皆陰，而土無不在；以性而言，則禮者仁之餘，智者義之歸，而信亦無不在也。曰：然則其或主於愛，或主於宜，而所施亦有君親之不同，何也？曰：仁者人也，其發則專主於愛，而愛莫切於愛親，故人仁則必不遺其親矣。義者宜也，其發則事皆得其宜，而所宜者莫大於尊君，故人義則必不後其君矣。曰：然則其必爲體用，而不可混者，何也？曰：仁存諸心，性之所以爲體也；義制夫事，性之所以爲用也，是豈可以混而無别哉？然又有一説焉，以其性而言之，則皆體也；以其情而言之，則皆用也；以陰陽言之，則義體而仁用也；以存心制事言之，則仁體而義用也。錯綜交羅，惟其所當，而莫不各有條理焉。程子之言，蓋特舉其一爾。曰：義以制事而言，則固外矣，而程子非之，奈何？曰：義之爲用，則固施於外矣，若其施者，則又安得而外之乎？此其所以有體用之殊，而無内外之别，學者所宜明辨而熟察之也。曰：子謂仁義未嘗不利，則是所謂仁義者，乃所以爲求利之資乎？曰：不然也。仁義，天理之自然也，居仁由義，循天理而不得不然者也。然仁義得於此，則君臣父子之間，以至於天下之事，自無一物不得其所者，而初非有求利之心也。易所謂「利者義之和」，正謂此爾。曰：然則孟子何不以是爲言也？曰：仁義固無不利矣，然以是爲言，則人之爲仁義也，不免有求利之心焉，一有求利之心，則利不可得而其害至矣，此孟子所以拔本塞源而救其弊也。且夫利者義之和，固聖人之言矣，然或不明其意而妄爲之説，顧有以爲義無利則不和，故必以利濟義，然後合於人情者，雖其未聞大道，又有陷溺其心，而失聖言之本旨，然亦可見利之難言矣。曰：太史公之歎，其果知孟子之學耶？曰：未必知也，以其言之偶得其要，是以謹而著之耳。使其誠知孟子之學也，則豈其崇勢利、羞賤貧而不自知其非耶？曰：諸説如何？

曰：程子取字之訓，恐不若舊説之爲安，其他則皆善矣。而其所謂「欲之甚，則昏蔽而忘義理；求之極，則侵奪而致讎怨」者，則尤切於事情，學者所宜日深省也。張子以謀之遠近分主仁義，似亦未安。然其所謂「爾爲爾，我爲我，各定其分」，則得爲義之要矣。范氏之言，明白條暢，雖雜引經傳之文，而無遷就牽合之病，其體與大學傳文相似，所以告君者當如此矣。然其所謂利物之利，即所謂義之和耳。蓋未有不仁不義而能利物者，亦未有能利於物而不享其利者也。楊、尹之言，則知此矣。

或問二章之説。曰：張子不保其樂之説，尚矣。其引顔子之樂，非孟子之本旨也。其曰「聖賢言極婉順，未嘗咈人情」者，亦施於此章則可，彼或出於人情之不正者，又安可以不咈乎？楊氏樂民之樂之説，亦非本旨，合與下文通爲一條，但引起下文之意耳。曰：其以利害難易爲言者，果聖賢之心乎？曰：此非謂教君以求利，而苟幸其言之易行也，但其理自如此耳。然語意之間，深以咈其君之欲爲慮，亦若張子之云者，殆皆記者之失也與？尹氏麋鹿魚鼈遂性之言，則孟子初無此意也，亦曰民樂其然則可矣。

或問三章之説。曰：諸説皆善，但范氏論王道之始，於下文品節之事，失於不分先後詳略之序。其以狗彘食人食者，專爲豐年小民之事，恐亦未盡，然其意則詳備，而有可行之實矣。楊氏以王道之始一節，爲仁心仁聞，似亦未安。蓋不違農時以下，固已有法度之施，但未至於詳密耳。尹氏又以一章首末，皆爲王道之始，則其考之亦不詳也。曰：既曰魚鼈不可勝食矣，又曰老者然後可以食肉，何也？曰：魚鼈自生之物，養其小而食其大，老幼之所同也。至於芻豢之畜，人力所爲，則非七十之老，不得以食之矣。先王制度之節，始於略而終於詳，大率如此。曰：必五十而後衣帛，七十而後食肉，何也？曰：此先王品節之意，所以教民尊長敬老而節用勤生也。若其意則豈不欲少者之皆衣帛而食肉哉！顧其財有不贍，則老者或反不得其所當得耳。賈誼有言：「古之治天下者，至纖至悉，故其蓄積足恃。」亦此意也。曰：謹庠序以申孝弟之義，徐氏之説，奈何？徐氏曰：老者衣帛食肉而少者不予，則民固已知尊長養老之義矣。蓋方其養之，而教固已行其間。然猶以爲未也，故又爲之庠序以申之而致其詳焉。曰：孟子之意未必然，然其爲説亦密矣。

或問五章之説。曰：二説皆善，但楊氏仁者無敵之言爲過耳。

或問：孟子以梁襄王「不似人君」、「不見所畏」而譏之，然則必以勢位自高，而厲威嚴以待物，然後得爲賢耶？曰：不然也。夫有諸中者，必形諸外。有人君之德，則必有人君之容，有人君之容，則不必作威而自有可畏之威矣。苟無其德，而欲矜勢位以厲威嚴，是乃所以益見其盈滿而妄作耳。曰：言之急遽，亦何譏耶？曰：艮之六五，以中正而言有序。而吕氏之言，亦曰：「志定者，其言重以舒；不定者，其言輕以疾。」然則言貌固皆内德之符，不惟可以觀人，學者雖以自省可也。曰：孔子居是邦，不非其大夫，而孟子訟言其君之失如此，何耶？曰：聖賢之分，固不同矣。且孔子仕於諸侯，而孟子爲之賓師，其地又不同也。抑七篇之中，無復與襄王言者，豈孟子自是而不復久於梁耶？曰：或謂孟子蓋美襄王之能謙以下人，而悦其所問之大爾，非譏之也，信乎？曰：若然，則孟子之言當有贊美之意，不若是其略而易也。且果如此，曷不遂輔之以有爲耶？

或問王霸之辨。曰：董子、程子、范氏、楊氏之言備矣，然推其意，則猶有可言者。古之聖人，至誠心以順天理，而天下自服，王者之道也。後之君子，能行其道，則不必有其位而固已有其德矣。故用之則爲王者之佐，伊尹、太公是也；不用則爲王者之學，孔、孟是也。若夫齊桓、晉文，則假仁義以濟私欲而已，設使僥倖於一時，遂得王者之位而居之，然其所由，則固霸者之道也。故漢宣帝自言漢家雜用王霸，其自知也明矣。但遂以爲制度之當然，而斥儒者爲不可用，則其見之謬耳。若尹氏直以本末爲言，則固有所不盡也。曰：齊王不忍一牛之死，其事微矣，而孟子遽以是心爲足以王者，何也？曰：不忍者心之發，而仁者天地生物之心，而人之所得以爲心者也。是心之存，則其於親也，必知所以親之；於民也，必知所以仁之；於物也，必知所以愛之矣。然人或蔽於物欲之私，而失其本心之正，故其所發有不然者，然其根於天地之性者，則終不可得而亡也。故間而值其不蔽之時，則必隨事而發見焉。若齊王之興兵結怨，而急於戰伐之功，則其所蔽爲不淺矣。然其不忍一牛之死，則不可不謂之惻隱之發，而仁之端也。古之聖王，所以博施濟衆，而仁覆天下，亦即是心以推之而已，豈自外至哉！王既不能自知，而反以桓、文爲問，則孟子安得不指此而開示之耶？然戰國之時，舉世没於功利，而不知仁義之固有，齊之百姓，又未見王之所以及民之功，是以疑其貪一牛之利。非孟子得其本心之正，而有以通天下之志，盡人物之情，亦孰知此爲本心之發，而足以王於天下哉？曰：然則孟子既告之矣，而王猶不能自得其説，何也？曰：固也，是其蔽之極深，是以暫明而遽昧也。曰：君子之遠庖厨，何也？曰：禽獸之生，雖與人異，然原其禀氣賦形之所自，而察其悦生惡死之大情，則亦未始不與人同也。故君子嘗見其生，則不忍見其死，嘗聞其聲，則不忍食其肉，蓋本心之發，自有不能已者，非有所爲而爲之也。曰：然則曷爲不若浮屠之止殺而撤肉也？曰：人物並生於天地之間，本同一理，而禀氣有異焉。禀其清明純粹則爲人，禀其昏濁偏駁則爲物，故人之與人自爲同類，而物莫得以班焉，乃天理人心之自然，非有所造作而故爲是等差也。故君子之於民則仁之，雖其有罪，猶不得已，然後斷以義而殺之。於物則愛之而已，食之以時，用之以禮，不身翦，不暴殄，而既足以盡於吾心矣。其愛之者仁也，其殺之者義也，人物異等，仁義不偏，此先王之道所以爲正，非異端之比也。彼浮屠之於物，則固仁之過矣，而於其親，乃反恝然其無情也，其錯亂顛倒乃如此，而又何足法哉！曰：器成而釁之，禮也，今以小不忍而易以次牲，可乎？曰：釁鐘，禮之小者，失之未足以病夫大體；而不忍之心，仁之端也，由是充之，則仁有不可勝用者。其大小輕重之際，蓋有分矣，孟子所以急於此而緩於彼，豈無意哉！曰：所謂見牛未見羊者，豈必見之而後有是心耶？曰：心體渾然，無内外動静始終之間。未見之時，此心固自若也，但未感而無自以發耳。然齊王之不忍，施於見聞之所及，又正合乎愛物淺深之宜，若仁民之心，則豈爲其不見之故，而忍以無罪殺之哉！且觀齊王聞孟子之言，而心復有戚戚焉，則此心之未嘗亡，而感之無不應者，又可見矣。曰：老吾老，以及人之老，幼吾幼，以及人之幼，而天下可運於掌，何也？曰：天地之間，人物之衆，其理本一，而分未嘗不殊也。以其理一，故推己可以及人；以其分殊，故立愛必自親始。爲天下者，誠能以其心而不失其序，則雖天下之大，而親疏遠邇，無一物不得其所焉，其治豈不易哉！曰：諸説如何？曰：程子、張子之言皆至矣。但張子論孟子獨不言易者，則孟子於禮，猶有所未學者，恐未必如此説也。范氏諸説皆善，但以齊王不能推其所爲，不能舉斯心加諸彼，則孟子此言，正謂推近及遠者發，以明齊王能遠遺近之失，欲其於此深識其本，而善推之，非欲其反推愛物之心，以及於仁民也。其曰「心有輕重長短」，而又曰「當以心爲權度，試稱量之」，語若有病，然輕重長短之當然，固本心之正理，其爲權度而稱量之者，亦以此心之用而反求之耳。曰：有以齊王愛牛之説，明學者求仁之事者，曰「此心之發，在人不同，能察識存養而擴充之，則可以至於仁矣」。曰：此心之發，固當密察存養而擴充之矣，然其明暗通塞之幾，乃存乎平日所以涵養之厚薄，若曰必待其發見之已然，而後始用力焉，則喜怒哀樂未發之時，學者爲無所用其力可乎？

孟子或問卷二

或問：首章范、楊之説不同，何也？曰：非不同也，范氏以孟子之言爲救時之急務，而楊氏亦以爲姑正其本，則其意固皆以爲使孟子得政於齊，則夫所謂世俗之樂者，必將以漸而去之矣。但二公之説，皆有所未竟，故使人不能無疑。然從范氏之説而失之，不過爲失孟子之微意，而未害乎爲邦之正道。從楊氏之説而失之，則是古樂終不必復，今樂終不必廢，而於孟子之意，爲邦之道，將兩失之，此不可以不審也。

或問：樂天畏天之説，其詳復有可得而聞者乎？曰：予聞之亡友何叔京曰：「仁者以天下爲度，一視而同仁，惟欲使人各得其所，不復計彼此强弱之勢，故以大事小而不以爲難，如葛與昆夷之無道，湯、文殷勤而厚恤之，及夫終不可化，而禍及於人，然後不得已而征伐之，仁之至也。智者達於事變，而知理之當然，故以小事大而不敢忽，然而必自强於政治，期於有以自立功，如獯鬻與吳之方强，太王、勾踐外卑躬而事之，内則治其國家，利其民人，終焉或興王業，或刷其恥，此智之明也。使湯、文保養夷、葛，惡極而不能去，是不仁而縱亂也；使太王、勾踐惟敵人之畏，而終不能自强，是無耻而苟安也，又何取於仁智哉？」其説當矣。曰：「畏天之威，于時保之」，此周頌之言，保天下之事也。而以畏天爲言，何哉？曰：聖賢之言，各有攸當，彼以成王而言，則固以畏天而能保文、武之天下矣。且古人引詩，斷章取義，固不如是之拘也。曰：孟子之引詩、書文多與今本不同，當以何者爲正？曰：古者詩、書簡册重大，學者不能人有其藏，師弟子間類皆口相授受，故其傳多不同，要亦互有得失，不可以一概論也。諸説如何？曰：程子至矣，吕氏亦得之。尹氏論智者之心，以爲用謀而狹隘，則貶之過矣。

或問：楊氏徵招、角招之説如何？曰：巧矣，然未有以知其説之爲然也。

或問：説者或謂明堂者，齊王僭禮之所爲，信乎？曰：不然也。漢書猶言泰山東北阯，古時有明堂處，則趙氏之説不誣矣。曰：范氏、楊氏貨色之説不同，奈何？曰：范氏之説正矣，其愛君之切，而欲窒其利欲之原，其意亦已深矣。然於孟子因機納諫之權，剖析毫釐之妙，則有所未察也。蓋謂公劉、齊王同爲好貨，特以公私之異，而有厚民賊民之分，則其勢不甚相遠，而不難於矯革；若直謂此爲厚民，而彼爲好貨，則其勢隔絶，而不復可以相移矣。然此猶特爲守正而不變之論耳，至謂太王之事爲正家，則避難倉皇之際，攜其婦子而來，何以見其所謂正家者哉？是愛其君之切，欲其言之美，而不虞其説之牽强而不足以取也，其亦誤矣。至於楊氏并前章好勇者爲説，則有意乎孟子之權矣，然於孟子陳善閉邪之正，似亦未察於毫釐之際也。蓋齊王之小勇，正所以害夫達德，故孟子請其無好此勇而大之，非欲其反此小勇而大之也。好貨好色，人情所不免，但齊王專於私己，而不思及民，故孟子欲其與民同之，非欲因其邪心而利道之也。此其爲失，特辭義名言之間，有所不盡，非有甚害，然其説恐未免於曲學阿世之譏也。易所謂遇主於巷者，以程傳考之，亦不如此。後段所論，紹述則善矣，然不敢正言熙、豐之失，則意亦有所未盡者，讀者詳之。

或問進賢如不得已之説。曰：張子之説恐不然。楊氏後段之意甚善，齊王之所以無臣，正坐此耳。

或問：伐燕之事，孟子以爲宣王，史記、荀子以爲湣王。而司馬温公通鑑從孟子，蘇氏古史從史記、荀子，是孰爲得之邪？曰：此則無他可考矣。然通鑑之例，凡前史異同，必著其説於考異，而此亦無説，不知其何據也？曰：文、武之事，與齊之取燕，若不同者，而孟子引之何耶？曰：張子二條，其言詳矣，第深考之，則於文、武之心，孟子之意，其庶幾乎。

或問十一章之説。曰：范氏之説，深切而詳明矣。

或問：孟子告滕文公以太王之事，何也？曰：李氏之言得矣。李氏曰：孟子數語文公以太王之事，蓋以其國小人弱，不過能爲善以待子孫，其次則效死而已，固不以湯、文之事望之也。然當時諸侯，賢而有禮，能篤信孟子之言而力行之，未有能過之者。惜其國小人弱，非有湯、文之德，不能以興起耳。故曰：「雖有知慧，不如乘勢；雖有鎡基，不如待時。」此之謂也。

或問十五章之説。曰：程子至矣，然其曰大賢以上不可以禮法拘者，權而得中，是亦禮法而已矣。但常人未至於此，則不可輕效聖賢之所爲，寧不盡乎禮法之變，而不可失其常也。范氏論仁人所以不私其身者，不足以議仁人之心。至謂「天下之得失，不足爲憂喜」者，又失於過高。太王蓋不得已而去其先人之國，豈以非憂樂之所係而輕之哉？其論去邠世守之際，亦不如楊氏之精當。尹氏人心向背之云，亦非孟子之意也。

或問卒章之説。曰：范氏所言魯侯不可言天者甚善，蓋出於李泌君相不可言命之説。

孟子或問卷三

或問：首章諸説如何？曰：楊氏初説甚善，至斥管仲爲徒能救之於已亂，則不足以服其口矣。蓋周之衰亂，固非一日之積，而小雅盡廢，又豈桓公、管仲之罪哉？適當其時，起而救之，蓋亦仁人君子之所必爲，但責其非有至公惻誠之心，以復於文、武規模之盛，則管仲無所逃其責。而其辭意，又若有所遺者，豈記者失之與？其以專封一事，爲不尊周之驗，亦未足以見其心術之隱微。至論五霸假之、管仲知義之説，則皆得之矣。

或問：孟子之不動心，何也？曰：盡心知性，無所疑惑，動皆合義，無所畏怯，雖當盛位行大道，亦沛然行其所無事而已，何動心之有？易所謂不疑其所行者，蓋如此，而孔子之不惑，亦其事也。曰：孟施舍之於曾子，北宫黝之於子夏，奈何？曰：二人勇力之士耳，孟子特以其氣象之所似而明之，非以其道爲同乎二子也，程子之言得之矣。曰：孟子既以孟施舍爲守約矣，又曰舍之守氣，不如曾子之守約，何也？曰：守約云者，言其所守之得其要耳，非以約爲一物而可守也。蓋黝、舍皆守氣以養勇，然以黝比舍，則舍之守爲得其要，至以舍而比於曾子，則曾子之守，尤爲得其要也。今謂約爲一物而可守，而遂以守氣不如守約爲言，則是約者，孟子既以與孟施舍矣，而可又奪而歸之曾子耶？曰：如子之言，則告子之所不得者，己之言也，孟子之所知者，他人之言，二者亦不同矣，而以一説貫之，何耶？曰：是亦嘗欲一之矣。然以告子之所不得爲人之言，則與其下文心若氣者爲不類，而所謂勿求諸心者，與後所謂生於其心者，亦復不同。以孟子之所知爲己之言，則不應無一辭之合理，而常自處於詖淫邪遁之間也。是以反復推之，而得其説如此。蓋告子不自知其言之所以失，而孟子乃兼貫物我，舉天下之言所以失者而知之，是以其心正理明，而無疑於天下之故。至其由是以集義，而無不慊於心，則非義之義，亦不得以入於其間，而真無不慊於心矣。曰：或者以爲言者，名義之云也。告子之學，先求諸外，而後求之於内，如此，必先得仁之名，而後求諸心以爲仁，必先得義之名，然後求諸心以爲義。若孟子則先得諸心，而所行自無不合於仁義，不待求之於名義之間也，信乎？曰：是説美矣，而未然也。蓋夫告子之學，他雖無所考證，然以孟子此章之言，反復求之，則亦有曉然可見而無疑者。不得之言，即孟子所知之言，告子所勿求之氣，即孟子所養之氣也；以其異者而反之，則凡其先引告子之言，以張本於前，後言己之所長，以著明於後。今以其同者而比之，則告子所告子之所以失，即孟子之所以得，孟子之所以得，即告子之所以失也。是其彼此之相形，前後之相應，固有不待安排，而不可得移易者。若必曰言者名義之云，則是説截然横入於此章之中，於前何所承，於後何所起乎？就如其言，則聖賢之教，所謂學問思辨而力行之者，是亦先得其名義，而後求之於心、行之於身也。使告子專求名義，而不復求之於心，則固不可，今以其言推之，則其已得諸言者，固將求之於心也，而又何此云乎？爲是説者，求之文辭義理，而驗以躬行之實，無一可者，若從其説，則是變聖門博文約禮之教，爲異端坐禪入定之學也，豈不誣前哲而誤後來之甚乎？抑後篇告子論性數章，皆卒然立論，而辭窮即止，無復思惟辨論之意，是又吾所謂不得於言，而不求諸心之一驗。而其所謂勿求者二，亦文同而意異，蓋一以爲無益有損而不可求，一以爲理所必無而不必求，讀者審之，則得其文意，而知其所以失矣。曰：持志養氣之爲交養，何也？曰：持志所以直其内也，無暴其氣所以防於外也，兩者各致其功，而無所偏廢焉，則志正而氣自完，氣完而志益正，其於存養之功，且將無一息之不存矣。曰：程子所謂「志動氣者什九，氣動志者什一」，何也？曰：此言其多少之分也。而孟子所以猶有取於勿求於氣之云者，而不盡善之，於此亦可見矣。曰：知言養氣之説，如何？曰：程子、謝氏得之矣。蓋孟子之不動心，知言以開其前，故無所疑；養氣以培其後，故無所懾。如智勇之將，勝敗之形，得失之算，已判然於胸中，而熊虎貔貅百萬之衆，又皆望其旌麾，聽其金鼓，故爲之赴湯蹈火，有死無二，是以千里轉戰，所向無前；其視告子之不動心，正猶勇夫悍卒，初無制勝料敵之謀，又無蚍蜉蟻子之援，徒恃其所養勇，而挺身以赴敵也，其不爲人擒者，特幸而已。曰：趙氏以「至大至剛以直」爲句，而程子從之，有成説矣，子之不從，何也？曰：程子之前，固有以至大至剛四字爲句者矣，則此讀疑亦有所自來，不獨出於近世之俗師也。今以直字屬之上句，則與剛字語意重複，徒爲贅剩而無他發明；若以直字屬之下句，則既無此病，而與上文自反而縮之意，首尾相應，脈絡貫通，是以寧舍趙、程而從俗師之説，蓋亦有所不獲已耳。大抵此章文勢雖若斷絶，而意實連貫，如告子之不得於言之言，勿求於氣之氣，與孟子之知言養氣，亦是隔數十句而互相發明，與此相類。若如諸説，則間斷隔絶，都無干涉，未論義理之如何，亦不復成文字矣。曰：諸説固有以直養爲句者矣，不取其説，何也？曰：其讀雖同，而所以爲説者，不本於自反而縮之云，則非孟子之意矣。若楊氏以勿暴爲直，揠苗爲曲，則非惟不得直字之説，又并勿暴、揠苗者而亂之也。曰：何以言氣之配義與道也？曰：道，體也。義，用也。二者皆理也，形而上者也。氣也者，器也，形而下者也。以本體言之，則有是理，然後有是氣，而理之所以行，又必因氣以爲質也。以人言之，則必明道集義，然後能生浩然之氣，而義與道也，又因是氣而後得以行焉。蓋三者雖有上下體用之殊，然其渾合而無間也乃如此。苟爲不知所以養焉，而有以害之，則理自理，氣自氣，其浩然而充者，且爲慊然之餒矣。或略知道氣之爲貴，而欲恃之以有爲，亦且散漫蕭索而不能以自振矣。曰：氣所以配乎道義者也，而又曰集義所生，何耶？曰：是則程子金器土山之喻至矣。而吾所謂有理然後有氣，故必明道集義，然後能生浩然之氣者，亦詳且明矣。曰：孟子深闢義外之説矣，而其言曰集義，又似有取乎彼而集之於此者，何也？曰：義者，心之所以制事而合宜之謂也。事物之來，無不以義裁之，而必合其宜焉，是則所謂集義者也，豈曰取於彼而集於此哉？曰：有事勿正、勿忘、勿助，何謂也？曰：必有事焉，言必當有所事乎此也。如有事於顓臾，有事於上帝之類。勿正者，言不可預期其效也。春秋傳曰：「師出不正反，戰不正勝。」言其不可期也。心勿忘者，言不可忘其所有事也。勿助長者，不可强其所謂充也。大抵今人之學，或以預爲之期，而不爲其事；其或能有所爲者，則亦必期其功，期而不至，則或以爲無益而忘之，或不勝其欲速而助之，此衆人之通患也。故孟子言養氣者，惟當集義以爲事，而不可期於襲取之功，不可以集義爲無益而忘之，又不可以其氣未充而助之也。然則助長之害，甚於舍之，何也？曰：舍之之害，特不察乎義之所在，無以慊足其心而已；助之長，則知其不慊而又作爲以張之也。較是二者，其爲罪之輕重可見矣。曰：以上下文意推之，孟子之所謂有事者，集義而已，至於程子之論，則每以有事於敬爲言，何哉？曰：孟子之學，以義爲養氣之本；程子之學，以敬爲入德之門，此其言之所以異也。然義非敬則不能以自集，故孟子雖言集義，而必先之以持志；敬非義不能以自行，故程子雖言持敬，而於其門人有事於敬之問，亦未嘗不以集義爲言也。曰：程子所謂活潑潑地者，何也？曰：此所以形容天理流行自然之妙也。蓋無所事而忘，則人欲之私作，正焉而助之長，則其用心之過，亦不免於人欲之私也。故必絶是二者之累，而後天理自然之妙。得以流行發見於日用之間，若鳶之飛而戾於天也，魚之躍而出於淵也，若曾點之浴沂風雩而詠以歸也。活潑潑地者，蓋以俗語明之，取其易知而已，或者乃以此語爲原於禪學，則誤也。曰：諸説如何？曰：謝氏仁智心得其正之説，是也。他説則多可疑。至習忘之説，則所以訓其有事焉而勿正者，似或失其文義。其曰以天自處者，則失之過高，又以上下察爲察見天理，亦非字義也。或曰：上文兼言志氣，而以持志爲主，此乃專言養氣，而不及持志，何耶？曰：養氣以集義爲功，而集義以居敬爲本，此言集義，則固非持志不能矣。程子曰：「志爲之主，乃能生浩然之氣，至於浩氣已成，則又何者爲志氣之别。」正謂此也。曰：范氏知言之説如何？曰：其論正矣，然孟子以知言爲養氣之本，而彼以聽言之道，在先正心，則失其序矣。曰：張子、呂氏四辭之别，如何？曰：詖而不安，則必爲淫辭以張其説；淫而過實，則必有邪辭以離於道；邪必有窮，故必爲遁辭以自解免。凡曰異端，無不具此，故程子以爲楊、墨兼有，而張子亦以釋氏爲然，張子曰：釋氏之言，流遁失守，窮大則淫，難行則詖，致曲則邪，求之一卷之中，此弊數數。不必指一人以主一事也。曰：舊讀夫子既聖以下，方爲公孫之問，今以宰我以下，皆爲問辭，何也？曰：此林氏之說也。林氏之書，惟此義爲有功耳。昔者竊聞以下，至具體而微亦然。若以舊說讀之，則於上文皆有所不屬矣。曰：六子之不同，何也？曰：聖人之道，大而能博，門弟子不能遍觀而盡識也，故學焉而各得其性之所近。如游、夏得其文學，子張得其威儀，皆一體也。惟冉牛、閔子、顔淵氣質不偏，理義完具，故其默而識之，不言而信者，獨能具有聖人之全體，但猶役於思勉，滯於形迹，未若聖人之大而化之，無復限量之可言，故以爲具體而微爾。程子之說，蓋已得之，或者反之，以爲顔子合小大而一之，所謂微者，但未彰著之稱，則過矣〔一〕。曰伯夷、伊尹之行一不義，殺一不辜而得天下，有所不爲，何以言之也？曰：以其讓國而逃，諫伐而餓，非其道義一介不以取予於人觀之，則可見矣。曰：此章之義，諸說最詳，子之所論止此，何耶？曰：此其同異得失之際，蓋有不勝言者，虚心以求孟子之意，而後徧考而審擇之，庶乎其黑白分矣，此固不得而備論之也。

或問王霸之別。曰：以力假仁者，不知仁之在己而假之也；以德行仁，則其仁在我，而惟所行矣。以執轅濤塗、侵曹伐衛之事，而觀夫東征西怨、虞、芮質成者，則人心之服與不服可見。若七十子之從孔子至於流離飢餓而不去，此又非有名位勢力以驅之也。孟子真可謂長於譬喻也。

或問：國家閒暇，及是時明其政刑，何也？曰：國家閒暇，人心無事，日力有餘，可以從容審諦而有所爲之時也。然人情安肆則亦易以怠惰，是以因循苟且，常失其可爲之時，以至於蠱弊積而禍敗生，則倉皇迫遽，雖欲爲之而有所不及矣。故惡夫不仁之辱者，必及此可爲之時而爲之，則可以無因循之失，而有積累之功。顧乃不然，而欲及此之時，肆其荒樂，惟恐日之不足，其甚者，雖明知禍患之來，近在朝夕，而不暇顧也，若高緯、楊廣之流是矣，其國有不亡哉？曰：夫子引鴟鴞之詩，而歎其知道，何也？曰：孔子誦周公之詩，而有感於其言也。然聖人之所謂知道者如此，而近世陋儒，乃有謂釋氏之徒知道而不可以治世者，則亦異乎孔子之言矣。夫知道矣，而不可以治世，則彼所謂道者，果何物哉？

或問：孟子專論不忍人之心，而後乃及乎四端，何也？曰：不忍之心，即惻隱之心也。蓋性之爲德，無所不具，總之則爲仁義禮智，而一以包三者，仁也。情之所發，無所不通，總之則惟是四端，而一以貫三者，惻隱也。然則其言之也，又安得而無先後輕重之別耶？曰：子以四端爲情，而孟子皆以心言之，何也？曰：心統性情者也。故仁義禮智，性也。四端，情也。而皆得以心名之，蓋以其所統者言爾。曰：其不言信者，何也？曰：程子言之詳矣。蓋信之於五常，猶土之於五行也。五行非土不立，而土無定位；五常非信不有，而信非一端。故曰：「誠者物之終始，不誠無物。」此亦可以觀矣。曰：然則諸說如何？曰：是皆善矣。抑謝顯道身汗面赤，實羞惡之發也，而程子以爲惻隱之心，是亦其貫四端之一驗也與？其他如以心爲生道，分明仁愛性情之異，因其惻隱而知其有仁，內外交相養等說，其旨深矣。而呂、謝、楊、尹之說，亦皆有所發明，讀者宜深味之。但孟子方以是非之心爲智之端，又謂言性者必求其故，而謝乃引去智與故之云，以爲之說，則失其旨矣。

或問：大舜之善與人同，何也？曰：善者天下之公理，本無在己在人之別，但人有身，不能無私於己，故有物我之分焉。惟舜之心，無一毫有我之私，是以能公天下之善以爲善，而不知其孰爲在己，孰爲在人，所謂善與人同也。舍己從人，言其不先立己，而虛心以聽其天下之公，蓋不知善之在己也。樂取於人以爲善，言其見人之善，則至誠樂取，而行之於身，蓋不知善之在人也。此二者，善與人同之目也。然謂之舍己者，特言其亡私順理而已，非謂其己有不善而舍之也。謂之樂取者，又以見其心與理一，安而行之，非有利勉之意也。此二句本一事，特交互言之，以見聖人之心，表裏無間如此耳。觀其居深山中，聞一善言，見一善行，則若決江河，沛然莫之能禦，及其格於文祖，則詢於四岳，闢四門，明四目，達四聰，則其自始及終，無一毫之私，一息之間，可知所謂自耕稼陶漁，以至爲帝，無非取於人者，豈虛語哉！曰：諸說皆善，但張子之說，雖非本文正意，而其言有可玩者。謝氏尤有警於學者。曰：諸説上下疑有闕文。

或問：卒章程、張諸説，皆以爲隘與不恭非夷、惠之過，乃其流之弊耳。子之説不然，何也？曰：諸先生之意厚矣，然以孟子之言考之，則恐其意未必果然也。

校勘記

〔一〕以爲顔子合小大而一之所謂微者但未彰著之稱則過矣　以上二十三字，原作「以爲顔子合小大而所微但未彰著之稱者則過矣」，據四庫本改。

孟子或問卷四

或問：孟子本欲朝王矣，王召之，則辭而不往，何也？曰：孟子於齊，實處賓師之位，而未嘗受祿，蓋非齊王之所得臣也。其相見之節，王就而見孟子則可，孟子自往而見王則不可。王而召之，則既失禮矣，而其託疾者，又不誠也，則若之何而可往哉？或曰：楊氏之說，如何？曰：以孟子所稱成湯、桓公之事觀之，則其意不爲是矣。且以無所逃而不俟駕，有所適而不爲臣，尤非所以明君臣之義也。

或問：比化者，無使土親膚，舊說以爲及親體變化之前，無使土親其膚，其於人情合矣。曷爲不用，而別爲之說乎？曰：以其辭費而卒有所不協也。首篇比死者之云類此，而舊說於彼則以爲比合敢死之士，至此則又爲是說，而不顧夫倫類之不通也。必如集注之云，則庶乎其兩得矣。曰：不以天下儉其親，如子之說，其有稽乎？曰：王氏中說記太原府君之言曰：「一布被三十年不易，曰無爲費天下也。」文意正與此同。

或問：孟子於沈同之問，曷爲不盡其辭以告之也？曰：沈同固非能伐燕者，且其以私來問，又不言齊之將伐燕也，則直以可伐之理告之足矣。若遂探其情而預設辭以待之，則是猜防險詖之私爾，豈所謂聖賢之心哉？且齊雖無道，若能拯燕之遺民於水火之中，而無殺戮係累之暴，則其伐之也，亦何爲而不可哉？史記亦云：「孟軻謂齊王曰：『今伐燕，此文、武之時，不可失也。』」此亦當時傳之誤，而史氏輕信之耳。其曰文、武之時，則前篇所謂燕民悦則取之，燕民不悦則勿取之云爾。孟子豈直以文、武之事許齊王哉！

或問：周公、管叔之事，呂、游之説不同，何也？曰：呂氏之疑，游氏辨之詳矣，其原蓋出於程子之説，所謂天理人倫之至者，學者宜深味之。

或問：泄柳、申詳無人乎繆公之側，則不能安其身，二子之賢，其心固如是乎？曰：非謂二子之心爲然也，語其勢則然耳。若二子之心如此，則與世之回面汙行而事君側便嬖之人者，何以異乎？尹氏之説失之矣。

或問：去齊出晝諸説如何？曰：是皆善矣，熟玩之可也。楊氏齊王猶足爲善之説，尤有味，且其發於夢寐者如此，蓋可見其所存之正矣。

或問：孟子既曰憂天下之憂矣，又曰何爲不豫，何也？曰：或問文中子曰：「聖人有憂乎？」曰：「天下皆憂，吾獨得不憂。」「聖人有疑乎？」曰：「天下皆疑，吾獨得不疑。」或人退，文中子曰：「樂天知命，吾何憂？窮理盡性，吾何疑？」若孟子不忘天下之憂，而亦不害其樂天知命之樂，其幾是乎！

或問：孟子見齊王而有去志矣，而其去也，則又曰「王猶足用爲善」，何也？曰：齊王無湯、武之姿，此孟子所以有去志也。然比當時之諸侯，則猶有可取者，而況孟子居齊之久，又當有所啟發而增益於前者，且其君臣之義，亦略定矣，所以將去而不能無眷眷之情也。曰：張子之說如何？曰：禮有之曰：「仕而未有禄者，君有饋焉曰獻，使焉曰寡君，違而君薨，弗爲服也。」張子之言，蓋取此爾。

孟子或問卷五

或問：孟子道性善，而言必稱堯、舜者，何也？曰：性善者，以理言之，稱堯、舜者，質其事以實之，所以互相發也。其言蓋曰：知性善，則有以知堯、舜之必可爲矣，知堯、舜之可爲，則其於性善也，信之益篤，而守之益固矣。曰：夫子之言性與天道，子貢猶有不得而聞者，而孟子之言性善，乃以語夫未嘗學問之人，得無陵節之甚耶？曰：性命之理，若究其所以然而論之，則誠有不易言者，若其大體之已然，則學者固不可以不知也。蓋必知此，然後知天理人欲，有賓主之分，趨善從惡，有順逆之殊。董子所謂「明於天性，知自貴於物，然後能知仁義；知仁義，然後重禮節；重禮節，然後安處善；安處善，然後樂循理」，程子所謂「知性善以忠信爲本，此先立其大者」，皆謂此也。曰：世子疑孟子之言，而孟子不之拒，何也？曰：孟子之言，非當時之所常聞也，故聞者非徒不之信也，而亦莫之疑也，是其漠然如飄風之過耳，亦不可復冀其思繹而信從矣。世子復來，則豈其思之未得，而不舍於心與？故孟子之言，雖若怪之，實則喜其能思，而將有以進乎此也。或曰：孟子之言性善，非與惡對之善也，特贊美之辭耳，信乎？　曰：此亦異乎吾所聞矣。夫孟子性善之論至矣，而荀、揚、韓氏或以爲惡，或以爲混，或以爲有三品，最後釋氏者出，然後復有無善無惡之論焉。儒者雖習聞乎孟子之説，然或未知性之所以爲性，於是悦於彼説之高，而反羞吾説爲不及，則牽孟子之説以附焉，而造爲是説以文之。蓋推性於善惡之前，而置孟子於異同之外，自以爲得性之真，而有功於孟氏之門矣，而不知其實陷於釋氏之餘，直以精神魂魄至粗之質，而論仁義禮智至微之理也。且又不究秉彝之實德，而指爲贊美之空言，不察至善之本然，而別立無對之虚位，推而言之，至以天理人欲爲同體，特因其發之中節與否，而後有善惡之名焉，則亦勞力費辭，而無復彷彿孟子之遺意矣。惜乎吾不得從事於其門，以質其説，庶乎其有相長之益也。　曰：諸説如何？　曰：張子絶句之説，恐其誤矣。尹氏以聞善而從，爲信善之證，秉彝好德之論也。然專以是而信則末矣〔一〕。

或問：三年之喪，何也？　曰：人子之心無窮也，聖人以爲子生三年，而後免於父母之懷也，故爲之立中制節，使賢者不得過，不肖者不得不及也。齊疏之服，饘粥之食，何也？　曰：服美不安，而食旨不甘也。其爲大本大經，何也？　曰：自盡其心者，喪禮之大本也；三年齊疏饘粥，喪禮之大經也。孟子生於戰國分爭之際，不得見先王之全經矣，然其學得孔門之正傳，而於文、武之道，則既識其大者，故其考論制度，雖若疏闊，有如張子之所病者，而於大本大經之際，則毫釐之間，有不可得而亂者，以是爲主，而酌乎人情世變以文之，則禮雖先王未之有者，亦可以義起矣。後世議禮者，不明乎此，故常以其節文度數之小不備而不敢爲，卒以就乎大不備而後已，此劉向所以深歎之也。然無孟子之學，而强欲爲之，如叔孫通、曹褒之流，是又不免乎私意之鑿而已矣。

或問：所言井地之法，以周禮諸説考之，亦有未悉合者，何也？曰：吾於前章固已論之矣。大抵孟子之言，雖曰推本三代之遺制，然常舉其大而不必盡於其細也，師其意而不必泥於其文也。蓋其疏通簡易，自成一家，乃經綸之活法，而豈拘儒曲士牽制文義者之所能知哉？曰：三代授田之多少不同，何也？曰：張子嘗言之矣，陳氏、徐氏亦有説焉，然皆若有可疑者。蓋田制既定，則其溝涂畛域亦必有一定而不可易者，今以易代更制，每有增加，則其勞民動衆，廢壞已成之業，使民不得服先疇之田畝，其煩擾亦已甚矣。不知孟子之言，其所以若此者，果何耶？陳氏曰：夏時洪水方平，可耕之地少，至商而浸廣，及周而大備也。徐氏曰：古者民質用約，故田少而用足，後世彌文而用廣，故受田之制，亦隨時而加焉。曰：貢法大禹之遺制，而其不善若此，何也？曰：蘇氏、林氏嘗言之矣。蘇氏曰：作法必始於粗終於精，古之不爲此，非不知也，勢未及也。方其未有貢也，以貢爲善矣，及其既貢，而後知其有不善也。林氏曰：禹貢之法，九州之賦，有錯出於他等者，不以爲歲之常數；又因遊豫，則視其豐凶而補助之。周制鄉遂用貢法，亦有司稼之官，巡野觀稼，視年之上下，以出斂法，則其弊未至。如龍子之言，乃當時諸侯用貢法之弊耳。曰：先王之學教民，其效如此，後世學校，固未嘗廢，而獨未睹其效，何耶？曰：先王之學，以明人倫爲本，故自其詠歌弦誦之問，灑掃應對之際，所以漸摩誘掖，勸勵作成之者，無非有以養其愛親敬長之心，而教之以脩己治人之術，是以當是之時，百姓親睦，風俗淳厚，而聖賢出焉。後世學校雖存，而不復此意，所以教之者，不過趨時干禄之技，而其所以勸勉程督之者，又適所以作其躁競無耻之心，雖有長材美質，可與入於聖賢之域者，亦往往反爲俗學頽風驅誘破壞，而不得有所成就，尚何望其能致化民成俗之效，如先王之時哉？先生君子，蓋有憂之，故程夫子兄弟皆常建言，欲以漸變流俗之繆，而復於先王之意，顧皆屈於俗儒之陋説，而不得有所施行也。後之君子，有能深考其説而申明之，其亦庶幾矣乎！

或問：許行爲神農之言，而有君民並耕、市不二賈之説，何耶？曰：程子之言盡矣。然以易考之，二者皆神農之所爲也。當時民淳事簡，容或有如許行之説者，及乎世變風移，至於唐、虞之際，則雖神農復生，亦當隨時以立政，而不容固守其舊矣，況許行之妄，乃欲以是而行戰國之時乎？曰：禹之功大矣，而孟子以臯陶配之，何也？曰：臯陶之學，純粹精密，而其陳謨種德，明刑弼教，爲助尤多，故舜欲傳位於禹，而禹獨讓之，則其德業已盛，固聖人之偶矣。曰：尹氏之説如何？曰：是其爲説當矣，然亦必有所指，非徒言也。

或問：夷之請見者再，而孟子不許，何也？曰：孟子雖以闢邪説爲己任，然不過講明其説，傳之當世，使聞者有以發寤於心而自得之耳，固不輕接其人，交口競辨，以屈吾道之尊也。譬如蠻夷寇賊之害，聖人固欲去之，然豈肯被甲執兵而親與之角哉？曰：天之生物，使之一本，而夷子二本，何也？曰：天之生物，有血氣者，本於父母，無血氣者，本於根荄，皆出於一而無二者也。惟其本出於一，故其愛亦主於一焉。蓋一體而分，血氣連屬，眷戀之情，自不能已，固非他人之可比也。自是之外，則因其分之親疏遠近，而所以爲愛者有差焉，此儒者之道，所以親親仁民，以至於愛物，而無不各得其所也。今夷之乃謂愛無差等，則是不知此身之所從出，而視其父母無以異於路人也。雖其施之先後，稍不悖於正理，然於親而謂之施焉，則亦不知愛之所由立矣。是非二本而何哉？而説者乃或謂其施由親始之言，暗合於吾儒之一本者，愚以爲差之毫釐，繆以千里，爲是説者，亦自不知一本所以爲一本矣。又有以愛有差等爲一本者，雖無大失，而於文義有所未盡。蓋謂其一本故愛有差等則可，直以愛有差等爲一本則不可也。曰：夷子之學於墨矣，而必推其説以求合於儒者，何也？曰：天下之理，其本有正而無邪，其始有順而無逆，故天下之勢，正而順者常重，而無待於外；邪而逆者常輕，而不得不資諸人，此理勢之必然也。且胡不以近世之佛學觀之乎？夫吾所以拒彼至矣，而彼未嘗不求自附於吾儒者也，雖其陰陽離合，有不可信，要不如是，則吾知其反側而無以自安也。其理之悖、説之窮，於此亦可概見。惜乎世無孟子，無能因其所明以誘之者，是以卒於漂蕩而不反也！

校勘記

〔一〕然專以是而信則末矣　「信」，四庫本作「言」。

孟子或問卷六

或問：大丈夫之説，其詳可得聞乎？曰：廓然大公，心不狹隘，則所居者真天下之廣居矣。履繩蹈矩，身不苟安，則所立者必天下之正位矣。秉彝循理，事不苟從，則所行者皆天下之大道矣。得志與民由之，則出而推此於人也；不得志獨行其道，則退而樂此於己也。如是則富貴豈能誘而淫其心，貧賤豈能撓而移其志，威武豈能脅而屈其節哉！此其下視儀、衍之以睢盱側媚得志於一時，真可謂妾婦之爲，而所謂大丈夫者，其不在彼而在此也決矣。然此數言者，皆以居廣居、立正位、行大道爲主，而此三言者，又以廣居爲主也。今資治通鑑之書，此語乃削去廣居之云，而尹氏之於此解，亦不覺其有遺，吾皆不能識其何説。必不得已而去，則若程子所謂居廣居而行大道者，其於本末體用之間，庶乎其包舉而無遺也。

或問：君子之必仕，何也？曰：内則父子，外則君臣，人之大倫也。況君子學先王之道，必得君而事之，然後有以行其道而及於人。使其君爲堯、舜之君，其民爲堯、舜之民，是君子之所願欲也，退而窮處，蓋不得已而然耳。

或問：孟子之論食志食功之别，何也？曰：食志而不食功，則正士日遠，而苟賤不廉之人至。食功而不審其大小之分，則梓匠輪輿得以加諸爲仁義者上矣。

或問：湯爲童子復讎，而四海之内皆知其非富天下，何也？曰：聖人之心，廓然大公，表裏洞達，故一有所爲，則天下信之，如雨暘寒暑之無不感而無不通也。然書所謂葛伯讎餉者，非孟子之言，則人孰知其曲折之如此哉？陽貨歸豚亦類此。

或問：孟子之欲息邪説，距詖行，放淫辭，而必以正人心爲先者，何也？曰：此探本之言也。以聖道之不明，是以人心不正，而邪説得以乘間入之也。曰：然則亦明聖道以正人心而已矣，又何必爲此之紛紛，而涉於好辯之嫌乎？曰：邪説既入，則人心益以不正，聖道益以不明矣，此又其末之不可不理者也。故孟子之道性善，稱堯、舜，必使天下曉然知仁義之所在者，此其所以正人心，而爲息邪距詖之本也。排爲我、斥兼愛，必使天下曉然知邪詖之不可由也，此其所以息邪距詖，而爲正人心之用也。蓋其體用不偏、首尾相應如此，然後足以撥亂世而反之正，此其所以雖得其本而不免於多言也。然豈其心之所好哉？亦畏天命，悲人窮，故不得已而然耳。昔湯伐桀而誓其衆曰：「予畏上帝，不敢不正。」武王伐紂而誓其衆曰：「予弗順天，厥罪惟鈞。」夫豈好戰也哉？孟子之心，亦若此而已矣。豈得以好辯之小嫌，而遂輟不言哉？曰：其曰「能言距楊、墨者，聖人之徒」，何也？曰：吾亦既言之矣，然反其言而推之，則知不討亂賊，而謂人勿討者，凶逆之黨也；不距楊、墨，而謂人勿距者，禽獸之徒也。聖賢立法之嚴，至於如此，可不畏哉，可不畏哉！曰：諸說如何？曰：程子論楊、墨之源流，考之有未精者，吾已辨之於論語之篇矣。克己復禮之說，分而爲之，亦所未曉，豈其記録之差歟？若曰佛氏之害，甚於楊、墨，儒者潛心正道，不容有差云者，則皆至論矣。

或問：司馬公曰：「仲子以兄之禄，爲不義之禄，蓋謂其不以其道事君而得之也；以兄之室，爲不義之室，蓋謂其不以其道取於人而成之也。君子之責人，當探其情，仲子之避兄離母，豈所願耶？若仲子者，誠非中行，亦狷者有所不爲也。孟子過之何甚與？」其説奈何？曰：仲子，齊之世家，則其禄與室，非其兄不義而得之矣。設其果以不義得之，而非有悖逆作亂之大故，則夫母子兄弟之間，豈可以是而遂滅天性之恩哉？飾小行以妨大倫，是乃欺世亂俗之尤，先王之所必誅而不以聽者也。所謂狷者，則亦言行之間小過乎中而已，夫豈出於倫理之外若是其甚哉！

孟子或問卷七

或問首章之説。曰：范氏詳且明矣，但其曰事善民法與播惡於衆及沓字之訓，爲未安耳。曰：孟子告齊宣王曰：「是心足以王矣。」則仁心者，固王政之本也。今曰「有仁心仁聞而不能行先王之道」，則是所謂仁心者，初不足恃，而所謂先王之道者，又在此心之外也。曰：是心足以王者，言有是心而能擴充之，以行先王之道，如其篇末所謂制民之産云者，則可以王耳，非謂專恃此心，而直可以王也。先王之道，固亦由是而推之以爲法耳，但其盡心知性而無私意小智之累，故其爲法也，盡天理，合人心，雖聖人復起而有所不能易者。後之人君，當因吾心而擴充之，以盡夫法制之善，而充吾心之固有者，非謂心外有法而俟於他事也。後人雖有是心，然或未能無私意小智之累，苟不循是而之焉，則雖有仁心仁聞，而未免於徇私妄作之失，譬之蔑棄規矩，而欲以手制方圓，其器之不至於苦窳也幾希矣。曰：所謂陳善閉邪者，奈何？曰：君有邪心，所當閉也，然不知所以用之之道而逆閉之，則動有矯拂之患，其言不可得而入矣。故必爲之開陳善道，使之曉然知善道之所在，則所謂邪者，亦不難乎閉之矣。孟子與時君論事多類此，其自謂敬上者，豈虚語哉！

或問二章之說。曰：人之生也，均有是性；均有是性，故均有是倫；均有是倫，故均有是道。然惟聖人能盡其性，故爲人倫之至，而所由無不盡其道焉。此堯、舜之爲君臣，所以各盡其道，而爲萬世之法，猶規矩之盡夫方圓，而天下之爲方圓者，莫不出乎此也。故法堯、舜以盡君臣之道，猶用規矩以盡方圓之極，一有毫髮之私介乎其間，則蔽於人欲，而不得盡乎天理之全矣。故仁與不仁，其間不能以髮，一出乎此，則入乎彼，不可以不審其幾也。曰：程子道無無對之言，奈何？曰：此雖非正爲孟子之言而發，然其所言亦可深味，與所謂性善無對之云者異矣。予嘗與人論此而問之曰：「碁局之中，一路者孰爲對乎？」其人曰：「是所以對夫三百六十路者云爾。」其言深有會於予意，知此則程子之意，可以推之而無窮矣。

或問七章之旨。曰：范氏論之詳矣，但小國師大國一句，似失本意耳。其末所論治天下莫大於仁一節甚善，所以告君者，正當如此耳。

或問十章之說。曰：程子初說，至深切矣。第三說卻自暴自棄，最爲的當，皆宜深味也。且曠其安宅，則必放僻邪侈，而安其所不可安之居矣；舍其正路，則必行險僥倖，而由其所不可由之塗矣。安宅正路，人皆有之，而自暴自棄，以至於此，是可哀也。

或問十二章之說。曰：諸説皆善，擇焉可也。曰：亦有未盡者乎？曰：獲上、信友、悦親、誠身，皆以有道言之，則蓋有不由其道以求之者矣。若諛説苟容以求獲乎上，便佞詭隨以求信乎友，阿意曲從以求悦乎親，冥行助長而求以誠其身者，皆是也。孟子之言，固已開其所入之塗矣，而其交徑別歧，亦不可以弗之表也。曰：所以擇乎諸説者，奈何？曰：如吕氏之論明善誠身，皆有所未盡。其於明善，直以爲凡在我者，皆明其情狀，而知所從來。殊不知天下事物之理，皆有所謂善，要當明其當然，而識其所以然，使吾心曉然真知善之爲善，而不可不爲，是乃所謂明善者。若曰知在我者之所從來而已，則恐其狹而未究於理也。其於誠身，直以爲知有是善於吾身而已。是亦未知孟子所謂誠身，正謂心思言行之間，能實踐其所明之善而有諸身也。其以知至爲非思勉之所及，亦過高之失。其論誠者天道，亦有未安者，已於中庸論之矣。楊氏身不行道、所厚者薄、責善朋友之道三語，發明文意，有所未當。其論誠身而以忘機言之，似亦非孟子本意。其餘則固多可取也。

或問十四章之說。曰：范氏之説詳明，而所論重人命者尤善。楊氏之言，學者亦宜思之而爲之說。尹氏分別天理人欲於毫釐之間，尤可深味也。

或問十八章之說。曰：楊氏得之矣。徐氏引穀梁子曰：「羈貫成童，不就師傅，父之罪也。」不以不孝爲罪，而以不就師傅爲罪，亦善引据者。

或問十九章之説。曰：程子至矣，所論曾子、周公事，先儒所不及也。

或問二十章之説。曰：程子、張子、范、楊皆深得之，可詳味也。但范氏解章首兩句，非本文之意。

或問：樂正子從子敖，何也？曰：予嘗考於孟子之書，王驩，齊王之幸臣，蓋嘗欲自託於孟子以取重。故孟子使滕，則王必以驩爲介，未嘗與言行事，於樂正子之來，則又正言以折之，至其弔於公行子之家，又不與之言焉，則所以絶之者深矣。樂正子不察乎此，而輕身以從之，意者特藉其資糧輿馬以見孟子而已，故孟子以餔啜罪之。而范、尹皆以不能改於其德，爲樂正子之罪，恐非孟子之意也。必若其言，則孟子曷爲不與之言，而使之改與？

或問二十六章之説。曰：范氏之説，本孟子正意也。程子之説，又推明其一説，尤見孟子之所以去齊，其事雖不可考，疑驩以是積憾而去之也。聖人所處義理之精。然以事理度之，但其於未及告而受堯之命耳，其後固不容終不告而遂娶以歸也。

或問二十七章之説。曰：諸説皆得之矣。曰：實之爲精實，何也？曰：是有數義，有以實對虚而言者，有以實對僞而言者，有以實對華而言者，此所謂實，則以對華而爲言耳。曰：何也？曰：以實對虚而言者，曰「仁義理也，孝弟事也，理虚而事實，此孝弟所以爲仁義之實也」。然以事爲實可矣，謂理爲虛，則理豈虛而無物之謂乎？以實對僞而言者，曰「莫非仁義也，惟孝弟發於人心之不僞，此孝弟所以爲仁義之實也」。然謂孝弟爲不僞可矣，謂凡惻隱羞惡之發，皆人之所僞爲可乎？惟以實對華而言，則以爲「凡仁義之見於日用者，惟此爲本根精實之所在，必先立乎此，而後其光華枝葉，有以發見於事業之間」。此説爲得之耳。

或問二十八章之説。曰：范、呂皆得之，而李氏説亦甚善。

孟子或問卷八

或問首章之説。曰：范氏博而篤矣。楊氏以一事言之，固亦舉其大者，然恐其未盡孟子之意也。曰：此以爲舜卒於鳴條，則湯與桀戰之地也。而竹書有「南巡不反」，禮記有「葬於蒼梧」之説，何邪？曰：孟子之言，必有所據，二書駁雜，恐難盡信，然無他考驗，則亦論而闕之可也。

或問：孔子以子産之惠爲君子之道，而子以私恩小利言之，何也？曰：孔子之言，通乎巨細，故不害其爲君子之道；此承上文乘輿濟人而言，則私恩小利而已矣。曰：子産濟人之事，有仁人之心焉，其惠雖小，猶不失乎爲政之本。若孟子所謂先王之政者，乃獨以時脩橋梁而已，將不反爲治之末邪？徒謹於此，而愛人之心不至，吾恐其所以自結於民者，或反不若子産之深也。曰：子産之事，可謂有不忍人之心矣，然先王則以不忍人之心，而行不忍人之政，是以其體正大而均平，其法精密而詳盡，而其利澤之及人，如天地之於萬物，莫不各足其分，而莫知其功之所自。苟有是心而無是政，則不過能以煦濡姑息，苟取悦於目前，而結其驩虞之愛，顧其耳目之所不及，則恩惠之施，已不免於有所遺矣。况以天下國家之大，又安得人人而濟之邪？昔諸葛武侯嘗言：「治世以大德，不以小惠。」而其治蜀也，宫府、次舍、橋梁、道路，莫不繕理，是亦庶幾乎先王之政矣。曰：子産相鄭，能使都鄙有章，上下有服，田有封洫，廬井有伍，則非不知爲政者，橋梁之脩，尤非難事，乃獨有闕於此，何邪？曰：聞之師曰：「子産之才之學，於先王之政，雖有所未盡，然其於橋梁之脩，蓋有餘力，而其惠之及人，亦有大於乘輿之濟者矣。意者此時偶有故而未就，又不忍乎冬涉之艱而爲是耳。然暴其小惠，以悦於人，人亦悦而稱之。孟子慮夫後之爲政者，或又悦而效之，則其流必將有廢公道以市私恩，違正理而干虚譽者，故極語而深譏之，以警其微，亦拔本塞源之意也。」此説最爲得之。若范氏以爲子産身相小國，非深得民心，則無以抗大國，故其濟人如此其急，則恐子産之意，不專出於此也。

或問三章之説。曰：諸説皆善，但楊説引鄭忽事，以詩序而言耳，其實未必然，予於詩傳論之詳矣。

或問六章之説。曰：諸説皆善，而張子所謂真義理者至矣。其曰守禮未爲失者，尤學者之所當知也。

或問八章之説。曰：程子、張子之言皆善。楊氏引舜及孔明事，意則甚善，然亦非孟子此章之本旨也。

或問：九章所謂後患者，謂得罪於其人邪？抑恐其亦言己之不善邪？曰：是皆有之，然斯言必有爲而發，今不可知其所指矣。

或問十章之説。曰：楊氏之説甚善，然所謂本分者，乃義理之至當，非苟然而已也。學者於此，宜深察之，一有小差，則流而入鄉原之亂德矣。

或問十一章之説。曰：諸説皆善，而尹氏尤精。然所謂信果在其中者，亦言外之餘意也。

或問十二章之説。曰：程子初説，與趙注同，恐其論之未定也，其後兩説，則已密矣。曰：赤子之心，張子、吕氏以爲未發，而程子以爲已發。夫赤子之心，固不可爲未發，然豈不亦有未發之時乎？曰：程子之告吕與叔，固自以前所謂言心皆指已發者爲未當矣。夫赤子之心，衆人之心，各有未發已發之時，但赤子之心，未有私意人欲之累，故雖其已發而未必中節，要亦爲未遠乎中耳。曰：程子所謂聖人之明鑑止水，其所以異於赤子之純一無僞者，何也？曰：赤子之心，全未有知，然以其未有私意人欲之累也，則亦純一無僞而已爾。衆人既有所知，則雜乎私意人欲而失之。聖人則察倫明物，酬酢萬變，而私意人欲終無所入於其間，是以若明鑑止水之湛然不動而物無不照也。曰：楊氏之説如何？曰：程子以爲發而未遠乎中則可，而楊氏以爲發而未離乎大本則不可。蓋發乎此則離乎此，但其離有遠近之間耳，未離乎此，則豈可謂已發乎此哉？是蓋因程子之言而失，學者不可不察。且大人云者，亦對赤子而言之耳，不當限以未化之説也。如曰不爲非禮義之禮義，言行不必信果，格君心之非，正己而物正之類，聖人亦豈有以加於此哉？曰：然則程子亦言聖人之心，若以别乎大人者，何也？曰：程子蓋亦通言之，以别乎赤子耳，非以是爲化與未化之别也。

或問：君子深造之以道，欲其自得之也，何也？曰：學是理，則必是理之得於身也，不得於身，則口耳焉而已矣。然又不可以强探而力取也，必其深造之以道，然後有以默識心通，而自然得之也。蓋造道之不深者，用力於皮膚之外，而責效於旦夕之間；不以其道者，從事於虚無之中，而妄意於言意之表。是皆不足以致夫默識心通之妙而自得之。必也多致其力而不急其功，必務其方而不躐其等，則雖不期於必得，而其自然得之，將有不可禦者矣。若程子所謂「篤誠燭理，潛心積慮，優游涵養，栽培深厚」，皆其所以造之之道，而君子之所以自得者。其所謂「聞淺近事，莫非義理，有安排布置者，皆非自得，便雖放開〔一〕，不靠書册」之類，則又著夫自得之驗，而欲學者有以審之也。其曰放開，亦非惡其拘而故放使開也。曰：自得之，則居之安，何也？曰：未得之，則固無可居之地；得而不出於自然，則雖有所居而不安；惟自得之，則理之在我者，吾皆得以居之。如人有室廬之安，動作起居，種種便適，自眷戀而不去也。曰：居之安，則資之深，何也？曰：未得其所居，則無所藉以爲用；居而未安，則其所藉以爲用者，淺迫而易窮；惟居之安，則理之在我者，吾皆得藉以爲用而無窮。如富人蓄積之多，金珠穀帛，無求不獲，見其出而不見其盡也。曰：資之深，則取之左右逢其原，何也？曰：無所資者，固無本之可求；資之淺者，取之艱遠，而或值或不值也；惟資之深者，不待遠求而所取無不得，如既取諸其身之左，而值其所資之本，又取諸其身之右，而復值其所資之本。以水譬之，苟其源之盛，則滔滔汩汩，不舍晝夜，或溯或沿，無不值其來處，此君子所以欲其自得之也。曰：諸說如何？曰：程子之說，吾已論之矣。張子以爲教人之事，蓋以之字其字爲說，於理亦若可通，然以全章大意論之，則此說恐非孟子之本旨也。范氏大概亦善，然不親切，其本又專以求於心爲言，則不足以盡夫所以造之之道，要當以是爲本，而從事於程子之說焉，則庶幾其可耳。

或問十五章之說。曰：所謂約者，吾於論語已言之矣，此則正以知要而言也。然此亦上章之餘意，故記者屬之。蓋博學詳説者，以道深造之謂，其曰將以反説約者，則欲其自得之深也。曰：諸說如何？曰：程子知要之説是也，但所引顏子之事，則未然耳。張子所謂「先守至約，然後博學以明夫至約之道」，蓋欲學者先求放心，有所存主，然後博約詳説而反乎此耳。其指示學者用力之序，意則甚善，但曰先守至約，則與孟子之言相違，而不免於語病。必若程子所謂「先求放心，然後自能推尋向上去」者，則語意盡善，而次序不差矣。其曰「心之博學者，所以爲約」，亦曰由其先有所守，然後能用此心以至其博也。吕氏以約爲誠，蓋因中庸而發，誠固理之實，然非約之所以得名也。謝氏四旁中央之喻，蓋曰不極乎四旁之所至，則不足以識中央之所在，故必由四旁而識中央，如因博以求約也。此其意亦善矣，然四旁中央，終成兩處，不若以貫通言之之爲密也。范氏初説甚善，但自揚雄以下則支離矣。楊氏分别孟、揚得失，意極親切，然語亦有未盡，使讀者不能無疑。蓋所謂博約，由孟子之言，則博者所以極夫理之散殊，約則舉是散殊之理而一貫之耳，是以既博學之，又詳説之，而卒有會於約。蓋所謂博且詳者，固未嘗出於約之外，而所謂約，於其博且詳者，又未嘗有所遺也。由揚子之言，則所謂約者，乃博中之一物，方其博也，固不知此物之爲約，而茫然泛然，雜取乎其外；及其約也，則又守此一物，而於所謂博者之中，僅乃處其千萬之一焉，是亦何足以爲約而守之乎？以是推之，則楊氏之意得矣。

或問十六章之説。曰：張子得之矣。范氏引德力服人之異以明之，則亦非此章之意也。蓋彼皆言服人，而以德力分王霸；此則皆以德而服人養人，又有公私小大之不同，不當引彼以釋此也。其引政在養民者，以張子之言觀之，是亦養人之一事，然專以此言，則亦不盡本文之意矣。尹氏之失，亦猶范氏之云耳。

或問十七章之説。曰：如張子之意，則言無實不祥云者，虚引以甚之之詞也，而下句實字疊上句。如范氏之説，則言無實不祥自爲一義，而下句實字與上句不相蒙。夫此章僅三句耳，而首尾衡決遽如此，於理有不得而通矣。然張子所釋言無實不祥一句亦通暢。蓋此或有所爲而言，而無以考所由矣，姑存而闕之可也。

或問十八章之説。曰：集注備矣。仲尼歎水之旨，吾於論語亦嘗言之，取而參焉可也。曰：諸説如何？曰：張子以止於至善，爲有本原，似涉倒置。蓋止者，歸宿之義，非本原之義也。范氏謂「君子以情實爲本，名譽爲末」，亦非孟子之意。孟子之意，正以誠心實行爲本，而言其有是者，所行通達，無所不至；其無是者，雖有聲譽，終不能久耳。非以情實對名譽爲本末也。尹氏自本而往者，語雖約而意則周矣。

或問十九章之説。曰：程子、張子之言至矣，但或人之問，有未盡者。程子雖以天理告之，然不言人之所以異於禽獸者，以其稟賦有異於物，而得是天理之全也。豈或記者方且自主其説，雖聞夫子之言，而不能盡領其意與？若尹氏之説，則尤約而盡也。曰：明物察倫，而後能由仁義，程子、張子之説，何如？曰：是三言者，以學言之則有序，猶格物致知而後意誠心正也。自聖人言之，則生知安行，不可以先後言矣。二夫子言之，亦以其始終條理言之，非真以爲有先後也。曰：張子所引別生分類之説，如何？曰：是亦舉其一事耳，非謂專此一事也。曰：旁用之説，如何？曰：是極言之耳，非謂不必正用，而專欲旁用也。

或問二十章之説。曰：諸説大意皆善，但其文義之間，不能無可疑者。如程子説望道，張子説立賢，泄邇忘遠，恐未可爲定論也。曰：以而爲如，亦有據乎？曰：而、如二字，蓋通用之。詩曰「垂帶而厲」，鄭箋曰「而亦如也」，此亦以而爲如也。春秋「星隕如雨」，左氏曰「與雨偕也」，此以如爲而也。他如此類，不可殫舉，故陸氏釋文序論音讀之訛曰：「而、如靡異。」則其混讀而互用之久矣。曰：是則然矣，然其曰「求道之切」者，恐非所以言聖人之心也，奈何？曰：爲是説者，正以其德爲聖人，而心不自足如此，是乃所以深明聖人之心也。且子胡不以視民如傷者，例而觀之乎？夫文王之民，固已無凍餒者矣，而視之猶若有傷，則其於道雖已與之爲一，亦何害其望之如未見哉？若夫博施濟衆，堯、舜猶以爲病，而君子之道，夫子自謂未能，其心亦若此而已矣。如果聖人也而其心侈然，每以聖人自居焉，則亦豈所以爲聖哉？古今爲説，迂回贅附，失其文字之本意，而於聖人之心，又不能有所發明，由不察乎此而已。然則文字音讀之學，豈可忽哉？讀者細考乎此，而虛心以求之，則庶乎其無所疑也。曰：或者有謂武王之不泄邇、不忘遠，非仁也，勢不得不然也，信乎？曰：此以世俗計較利害之私心，窺度聖人者之言也。聖人之心，所以異於衆人者，以其大公至正，周流貫徹，無所偏倚，雖以天下之大，萬物之多，而視之無異於一身爾。是以其於人之疴癢疾痛，無有不知，而所以撫摩而抑搔之者，無有不及，此武王之不泄邇、不忘遠，所以爲德之盛而仁之至也。今曰迫於勢而非仁，則不知其視聖人之心爲何如，而指所謂仁者爲何物哉？蓋其學本出於權謀機變之巧，故凡其形於心術之間者，莫非計較利害之私，因以己心窺測聖人，而不自知其非也。世之學者，始則以其文字之美而悦之，及其誦習之久，而益嗜其腴，則雖端人良士，亦且與之俱化，而不自覺其心術之移矣，可不戒哉！吾爲此論久矣，近讀陳魯公集有論此者，適與鄙意合，是固德人之言也夫！

或問：詩亡而後春秋作，有以詩止於陳靈，而後孔子作春秋者，何如？曰：詩之本義不可知矣，無以考其得失，然恐謂雅亡者或近之也。諸説何如？曰：泛而取之則皆善矣，然尹氏之言尤約而盡也。

或問私淑之説。曰：張子前説得之矣。張子之文，又有自謂私淑祖考遺訓者，其用二字正如此，亦謂私善其身於其祖考之訓耳。若程子之説，則於上文之意，恐或未通，而語勢似亦倒置，故竊以張子之説爲安。但後説孔子之傳無窮，於文意爲小戾，不若前説之善也。

或問：取者貪之屬，不取者廉之屬，猶與之爲惠，不與之爲嗇，死之爲勇，不死之爲怯也。今之過取者爲傷於廉，則宜以不與爲傷惠，不死爲傷勇矣，而反以與爲傷惠，死爲傷勇，何哉？曰：過取之傷廉，過於此而侵奪於彼者也；過與之傷惠，過死之傷勇，過於此而反病乎此者也。蓋奪乎彼者，其失爲易見，而病乎此者，其失爲難知。故孟子舉傷廉以例二者，是亦孔子過猶不及之意耳。曰：然則程子傷惠之説，如何？曰：是其理則至矣，然非此章本文之意也。蓋本之上文既不同，推之下文又不類，必欲以是爲説，則傷勇亦爲害其所當勇邪？若伯子所謂義無對者，則精約有味，而楊、尹之説亦善。但楊説畏過死之傷勇也已甚，其説之流，將有咎正直而排死節之病。均之二者，皆爲不得其中，則與其貪生忍恥，終無以有益於斯世，則不若捐軀以就死，猶或有以爭救於萬一之間也。若夫過與之傷惠，推之太甚，亦恐不能無弊。予於論語子華使齊之事，既言之矣，學者詳之。

或問：二十四章程子之説，前後不同，何也？曰：前論讀書之法，後論處事之方，善讀者融會而貫通焉，則亦不見其有異矣。

或問：二十六章之説，程子以爲皆爲智而發，今以章首之言推之，恐其或爲性發，而非智之謂也。曰：不然，章首之言，所以發明天下事物，莫不各有自然之理，而是理又皆有迹而可尋，以見智之不必用而不可用，其下遂言惡夫鑿智之説詳焉，而卒又歸章首之意。使其專爲性發，則其言之詳略，豈當若是其倒置哉？曰：日至之説，或但以爲日之所躔，如何？曰：是亦可通，然非文義所係，則亦兼而存之可也。曰：程子之答張子，旁引此文以爲説邪？果有以發乎此章之意邪？曰：是固不主於此章之文義，然既通乎此，而後即其言以推之，則其於造道而入德也，用切而意廣矣。曰：他説如何？曰：其大旨則皆得之，但叔子以利爲本之云，恐未安。而楊氏之言，有不可曉者。其引列禦寇之言，以故滅命云者，乃與孟子之意正相反，且若是云，則苟求其故之説，又若何而可通也邪？嘗觀蘇氏以故爲性之所有事而失其性者，其意亦若此矣。而又以爲性至静，故不可見，天則有事於運行，故人得以度之，蓋原於佛、老之意，而又以就其前説。殊不知天之運行，是乃所爲天之性〔二〕，使天也而塊然無事於運行，則亦何以爲天也哉？此又失之遠者，聊復論以解學者之惑。

或問二十七章之説。曰：此無異論。然愚嘗聞之師曰：「陳司敗譏孔子爲有黨，而孔子受之不辭，右師以孟子爲簡己，而孟子辯之如此其力，聖賢地位，固不同也。使孟子聞右師之言，而曰禮也，足矣；無已，則曰朝廷不歷位而相與言，不踰階而相揖，則已微見圭角矣；然猶未也，而又必盡其辭焉，此所以鋒芒發露，而不及孔子之渾然也。」學者於此，宜致察焉。

或問：古之聖人多矣，必言舜爲法於天下，何也？曰：法者，人倫而已。他聖人者，因其常而處之不失，未足以見人道之盡也。惟舜極其變而不失其常，是以人道之盡於此，尤可以見焉，故特舉舜而爲言耳。然其所謂法者，亦豈舜之自爲哉？但性天之妙，人所難明，而舜之所行有以盡發其藴，使天下後世無不見聞，故舉舜以見法耳。程子所謂「觀乎聖人，則見天地」者，正謂此也。曰：楊氏以爲孟子三自反，不若顔子不校，信乎？曰：自反所以自脩，學者之事也。不校，不見可校，成德之事也。其淺深之序，信如楊氏之説矣。然自反之説，謹嚴精切，正學者所當用力處，若反之未至，而遽欲自以不校爲高，則恐其無脩省之功，而陷於苟且頽惰之域也。

或問二十九章之説。曰：程子至矣，張子所謂觀人臨時志如何者，尤有以曲盡夫聖賢之心也。楊氏答了翁書甚善，其論正心誠意者尤切，但非孟子本文之意。尹氏辭約理明，而其後説尤善也。

或問三十二章之説。曰：楊氏所論本章之義得之矣，但其論格物，而曰反身而誠，則舉天下之物在我，此則未安。學者詳考大學之序以及此書反身之説，則可見矣。

校勘記

〔一〕便雖放開　以上四字，四庫本作「雖便放開」。

〔二〕是乃所爲天之性　「所」，正德本作「以」。

孟子或問卷九

或問首章之説。曰：諸説皆善，而尹氏盡性之云，尤精。但張子所謂怨其不我愛，恐非舜與孟子之意。以舜五十而無父母，亦無所考，姑從楊氏之説可也。

或問二章之説。曰：不告而娶，已見於七篇矣。游氏之意，亦爲曲盡。象欲殺舜事，程子之言至矣。其曰「人情天理，於是爲至」者，尤爲精切，學者所宜反復而深思，未易草草領略也。其所疑萬章之言，則林氏論之爲詳，然學者止欲識得舜之心耳，此亦不足深論也。林氏曰：司馬公以爲是時堯將以天下禪舜，瞽、象雖愚，亦豈不利其子與兄之爲天下，而欲殺之乎？借使殺之，堯必誅己，宜亦有所不敢矣。蘇氏以爲舜之側微，已能使瞽、象之不格姦矣，豈至此而猶欲害之哉？以此皆疑孟子之誤。惟程子以爲此非孟子之言，乃萬章傳聞之誤，而孟子有不暇辯耳。是數説者，恐其皆未安也。蓋天下之事，有不可以常情測度者，使瞽、象而猶知利害之所在，則亦未爲甚頑且傲，而舜之所處，亦未足爲天下之至難矣。不格姦者，但能使之不陷於刑戮，若家語所謂「索而殺之，未嘗可得」，即此焚廩揜井之事也。且聖賢於世俗傳聞之事，有非實者，必辯而明之，以曉天下後世，豈有知其不然，而不暇辯者哉？　曰：張子諸說，如何？　曰：張子於過化之語，已失其文義，至施之於此，尤爲不類。　其曰與人爲善，曰隱惡，曰行其所無事，亦然。　蓋此事要切在兄弟天性處，今以他事雜之，反爲失其指歸，若因彼以及此，則可耳。　其曰「道無權正之別。　權與正一」者，語亦傷快。　若曰告而娶正也，舜不告而娶權也。　然既是當爲之事，則權與正一而無輕重之別，如此而言，則庶乎其備矣。　其曰「瞽瞍不見百官牛羊，雖使不見，亦恐無全然不知之理」，其曰「備之有素」，曰「在吾術内」者，似非所以語舜之心也。　曰：楊氏謂舜惟恐不獲於象者，如何？　曰：舜之所以然者，不爲是也，但其兄弟之愛，發於自然，不以殺己而有變耳。　若曰惟恐不獲於象而後同其憂喜焉，則是畏其殺己，而幸其寬己，亦非所以語聖人矣。

或問四章之說。　曰：程子說詩之解善矣。　范氏此數章於文義極疏，而大義則密，告君之道所當然也。

或問：舜、禹避位之說，或者疑之，以爲舜、禹之爲相，攝行天子之事久矣，至此而復往避之，有如天下歸之，而朱、均不順，則將從天下而廢其君之子邪？　抑將奉其君之子而違天下之心邪？　是皆事之至逆，而由避有以致之也。　至益不度天命而受位矣，避之而天下不從，然後不敢爲，匹夫猶且耻之，而謂益爲之哉？　是其說也，奈何？　曰：愚嘗聞之師曰：「聖人未嘗有取天下之心也。舜也，禹也，益也，於其君之老也，奉命以行其事而已，未嘗攝其位也。於其君之終也，位冢宰，總百官，以行方喪之禮而已，未嘗繼其統也。及夫三年之喪畢，則當還政嗣君，而告歸之時也。於是去而避之，亦禮之常而事之宜耳。然其避去也，其心固惟恐天下之不吾釋也，舜、禹蓋迫於天命人心而不獲已者。若益則求仁而得仁，又何耻之有哉？」論者之學不足以及此，而狃於利害權謀之習，妄意以爲聖賢之心，亦若己之心而已矣。蓋以曹操不肯釋兵歸國之心，而爲舜、禹、益謀，則宜其以爲不當去位而避朱、均；以曹丕累表陳讓之心，以爲舜、禹、益謀，則宜其幸舜、禹之得之，而以益之不得爲可耻也。嗚呼！學者能反是心以求之，則聖人之心，庶乎其可見矣。曰：程子所論外丙、仲壬之年，商書固有成湯既没，太甲元年之云矣。或以邵子皇極之書考之亦然。彼蓋以數推之，其不誤矣。曰：書序之文，本非正經，未足據也。且事之有理者可以驗，其有迹者可以證，如其不然，而又無所繫於大義，則亦論而闕之可也。數之茫昧，吾所未學，又安能必其可信，而隨人以信之邪？且魏惠、襄、哀之年，見於竹書明甚，史記蓋失其實，邵子之書，乃從史記而不取竹書，又安知其能不誤邪？

或問七章之説。曰：程子覺字之説至矣。特後段所引達可行於天下，自與前段文意相反，豈其記録之誤。若如前段之説，則此所謂天民，但言天所生之民耳；其曰天民之先覺，蓋曰天生此民之中，特爲先覺者而已。吕氏以五就桀爲無傷於先覺，蓋以論語先覺之説論之，非此章之旨也。又以五就桀爲孔子所不爲，此亦未可知。而所論學者之事，則正矣。楊氏樂堯、舜之道之説，似亦過之。夫田夫野老之所日用，固莫非堯、舜之道，然堯、舜之所以爲堯、舜者，其盛德大業之全體，非一端所能盡，而伊尹之所樂，亦豈其專在於此而已哉？此蓋生於禪者之説，昔有以此問某人，如何是堯、舜之道者，某人答云：「江上一犁春雨。」傳者悦其新奇高妙，而不深考於其實，遂取以爲説而張大之，其亦誤矣。且如其言，則伊尹之耕於野，其於堯、舜之道，固已親見之久矣，又何必堯、舜其君，堯、舜其民而後爲親見之邪？其論一介千駟之説，則善也。曰：道義一物，非其義則非其道矣，一介不妄取予，則其大者亦可知矣。而既曰非義，又曰非道，既曰一介，又曰天下千駟，何也？曰道義云者，兼舉體用而言，曰一介千駟，極其多少而言也。蓋人之氣質不同，器識有異，或務大而忽小，或拘小而遺大，故必兼舉而極言之，然後足以見其德之全耳，夫豈贅於言哉！

或問：八章之説，程子所謂「聖人非不知命，然於人事不得不盡」，此説非是者，奈何？曰：人事即天命也，人事不盡，則禍患乃其自取，而天命不立矣。故盡人事者，是乃所以順夫天命而謹守之，此知命所以不立乎巖墻之下也。若曰已知命之若彼，而姑盡其事之如此，則是乃天人義命判然二物，且聖人之知命也未嘗審，而其行事或出於苟然矣。曰：其論無義無命者如何？曰：處置者，求合乎義也；放下者，順受乎命也。曰：諸説如何？曰：義命之際，吕密而楊疏，而尹氏爲君言之，亦可謂得其要矣。

或問九章之説。曰：范氏詳且明矣，其論百里奚隱於市井，本無干繆公之意，又言聖賢未遇，不耻鄙賤之事，而惡不由其道以得富貴，此意甚正，宜深味之。所引莊子之言，亦甚善。其辯史記之失尤佳，然按左氏之言，則媵秦穆姬者，乃井百，非百里奚也。尹氏之説，則切中時俗之弊矣。

孟子或問卷十

或問：三子之偏如此，而孟子以聖名之，何也？曰：三子之聖，因其氣質之偏，而力行以造極，卒至乎不思不勉之地，而表裏洞然，無一毫人欲之私者，雖謂之聖，然於孔子則有不得而班者矣。蓋以孟子之言差之，則金玉備而巧力全者，孔子也。若顏子之博於文而約以禮，竭其才而不能及，則金聲已備，而玉有未振，巧足以中，而力有未充者與？故以所至論之，則顏子不若三子之成；以所期言之，則三子不若顏子之大；以學之序而論之，則三子皆失其所當先，故行愈力而見愈偏，而顏子循序以進，則其所至未可量也，惜乎早死，而不及見其成耳。然就三子而論之，則伊尹之學，又密於夷、惠矣。曰：諸説如何？曰：程子、張子至矣，楊氏説亦多得之，但問引知之於賢者，爲失其文義。又曰「大而化之，則雖智而忘其智」者，亦涉老、莊之流，而楊氏既不之正，又自以智爲聖人從容中道之妙，似亦有未安者。其攻王氏之失，則考之詳而論之備矣。若謂伯夷亦將爲伐桀之事，則又未必然也。尹氏專守師説，而此章獨否，豈於分畫之間，有所未達而然與？

或問：孟子所論班爵封國之制，皆與周禮不同，何也？曰：是不可考矣。蓋自孟子時已無明驗，而周禮後出，又有不可盡信者，是以諸儒之説紛然，而卒不能得其正也。曰：畿内受地之制，其有稽乎？曰：周禮所謂公邑、家邑、小都、大都者是已。而王制亦有天子縣内諸侯之數，但其多寡與周禮復不同耳。曰：陳氏以爲王之子弟，及公卿以下，其官不少也，皆受地如列國之君，則千里之畿，有所不容，疑亦視此以爲差降，非必盡如之也。此説如何？曰：以周禮考之，其制亦與孟子不同，然大都則方百里，而小都亦五十里也。但王制以爲天子縣内諸侯，禄也則國，不繼世而食之，亦無嫌於不容矣。其據土以傳世者，殆周禮之末失與？

或問孟獻子有友五人之説。曰：如舊注。范氏之論，則是五人者，爲欲挾其賢以驕人，而屈於無資，故不得已而友獻子；若亦有百乘之家，則且又將并其富貴而挾之，而不與獻子爲友也。是豈賢者之心哉？其亦必不然矣。至於張子之説則善矣，然詞亦傷巧，與孟子他文不類。而所謂亦有獻子之家者，其亦字亦未通，蓋不可考矣。姑從張子之説，而闕其疑，以俟知者可也。

或問：「殷受夏，周受殷，所不辭也，於今爲烈」，趙氏有成説矣。或者又謂若義在可受，則三代受人之天下而不辭；今禦人者，乃爲暴烈不義如此，如何而可受其饋乎？烈如詩序所謂厲王之烈者，暴烈之意云爾。或又以爲烈光也，三代相受，而烈光至今也。是三說者，擇一而從之可也，何至闕而不爲之説乎？曰：熟讀本文此十四字，自與上下文不相屬。如趙氏之説，則辭受二字，與上下文亦不相似，或者二説，亦覺費力，不若從李氏闕之之愈也。然此章之文，有可疑者，不獨此也，如獵較、簿正之屬，皆所未明，是以備論而闕之耳。

或問六章之説。曰：范氏詳矣。楊氏引周禮爲説，其義尤精也。

或問卒章楊氏之説。曰：是其説則當矣，而有所未備也。蓋孟子所謂易位者，言其理當如是耳。若三仁之事，則比干、箕子固有所不及爲，若微子之去，亦或其勢之不便也。然觀其引身而去，以全先王之世，則其計慮亦豈苟然者哉！若其力之可爲，則伊尹、霍光固以異姓之卿而行之矣，況有骨肉之親者乎？然世或疑此言有以起篡奪之禍者，則孟子豈不嘗曰「有伊尹之志則可，無伊尹之志則篡」乎？曰：尹氏後説如何？曰：如此，是初無此理，而孟子虛説此言以脅其君也，其亦不然矣。

孟子或問卷十一

或問首章之説。曰：張子言禮爲安佚之道，而不言其爲性之有也。然既爲安佚之道，則其爲性之有明矣。學者必以此意推之，然後可以破告子、荀卿之説。

或問二章之説。曰：程子以爲湍水，即揚子之説，其大指固略同矣。然告子以善惡皆性之所無而生於習，揚子以善惡皆性之所有而成於脩，此亦有小異也。張子以爲性之本原，莫非至善，是也。而曰「習而爲惡，亦性也，飲食男女，皆性也」，則反近於揚雄、告子之説。其以揚雄爲見末流而未見本原，又有取於其脩之之説，亦有不可解者。謝氏以性之爲不善者，爲非性之至，亦非是。其曰水之激躍者，非水之性，則善也。觀過知仁之説，予於論語已辯之矣。

或問：子以告子論性數章，皆本乎生之謂性之一言，何也？曰：性之爲説，吾既詳言之矣。告子不知理之爲性，乃即人之身，而指其能知覺運動者以當之，所謂生者是也。始而見其但能知覺運動，非教不成，故有杞柳之譬。既屈於孟子之言，而病其説之偏於惡也，則又繼而爲湍水之喻。以見其但能知覺運動，而非有善惡之分。又以孟子爲未喻己之意也，則又於此章極其立論之本意而索言之，至於孟子折之，則其説又窮，而終不悟其非也，其以食色爲言，蓋猶生之云爾。而公都子之所引，又湍水之餘論也。以是考之，凡告子之論性，其不外乎生之一字明矣。但前此未有深究其弊者，往往隨其所向，各爲一説以與之辯，而不察其所以失之之端獨在於此，是以其説雖多，而訖無一定之論也。曰：然則程子之説，奈何？曰：是亦精矣，獨生字之義，若有未瑩，是以吾説不免有小異者。知其所論氣質之性，理有善惡，及人物之性所以不同，如隙中日光，及以孟子之言，爲極本窮源之類，則固未嘗敢有所疑也。若其曰「論性不論氣不備，論氣不論性不明」者，則又極至之言。蓋孟子之言性善者，前聖所未發也，而此言者，又孟子所未發也。曰：然則告子固指氣質而言歟？曰：告子之所謂性者，固不離乎氣質，然未嘗知其爲氣質，而亦不知其有清濁賢否之分也。曰：張子諸説如何？曰：不通晝夜之云，已非孟子所斥之本意，其下諸説，則皆至論，而卒章所謂「今之言性者，漫無執守，所以臨事不精，學者先須立人之性，學所以學爲人」者，則尤親切也。予嘗以此章之旨，問於李先生，先生曰：「孟子之意，只恐其昧於人性之善耳。」此正張子卒章之意也。曰：楊氏所謂陰陽無不善，而人得以生，故性無不善，如何？曰：陰陽氣也，不能無不善，惟所以陰陽者，則是所謂道而無不善也。今既以陰陽爲無不善，而不能必其無不善，則又曰「善者其常，而亦有時而惡焉」，則非所以語性之善矣，豈其記者之失也歟？

或問四章之説。曰：飲食男女，固出於性，然告子以生爲性，則以性爲止於是矣。因此又生仁内義外之説，正與今日佛者之言，「以作用爲性，義理爲障」者相類。然孟子不攻其食色之云者，使彼知義之非外，則性之不止於食色，其有以察之矣。張子之説，發明仁義之意，亦親切而有味。

或問五章之説。曰：范氏詳矣，程子於易傳發明義非在外之意，尤爲有功。然彼直内之敬，與此章敬叔父敬弟之敬，若不相似也，而楊氏引以爲説，何哉？

或問：公都子問性，而孟子以情與才者告之，何也？曰：性之本體，理而已矣。情則性之動而有爲，才則性之具而能爲者也。性無形象聲臭之可形容也，故以二者言之，誠知二者之本善，則性之爲善必矣。然則程子何以言才之有不善也？曰：此以其稟於氣者言之也。蓋性不自立，依氣而形，故形生質具，則性之在是者，爲氣所拘，而其理之爲善者，終不可得而變。但氣之不美者，則其情多流於不善，才亦有時而偏於不善，若其所以爲情與才之本然者，則初亦未嘗不善也。孟子、程子之説，所以小異而不害其爲同也。曰：程、張之説，孟子初未嘗有氣質之説也，孔子雖以性之相近而言，然亦不明言其爲氣質也。

亦何所據而云乎？曰：孔子雖不言相近之爲氣質，然其於易大傳之言性，則皆與相近之云者不類，是固不無二者之分矣。但聖人於此，蓋罕言之，而弟子有不得而聞者，故其傳者止是，而無以互相發明耳。孟子雖不言氣質之性，然於告子生之謂性之辯，則亦既微發其端矣，但告子辭窮無復問辯，故亦不得盡其辭焉。孟子既没，學失其傳，吾儒之言性者，漫不省此，而支離穿鑿之説滿天下，學者方且昏迷眩瞀，不知所定，而爲釋氏者，又鼓其荒誕之説而乘之，雖其高妙虚無，若不可詰，然覈其實，則所謂蠢動含靈，皆有佛性之説，所謂作用是性之説，皆不過告子生與食色之餘論耳。至於性之爲理，與其仁義禮智之藴，惻隱羞惡恭敬是非之發，則反以爲前程妄想而棄絶之，及論智愚善惡之不齊，則舉而歸之輪迴宿習不可致詰之地，舉世之人，亦且崇信而歸往之，無有能異其説者。及周子出，始復推太極陰陽五行之説，以明人物之生，其性則同，而氣質之所從來，其變化錯揉有如此之不齊者。至於程子，則又始明性之爲理，而與張子皆有氣質之説，然後性之爲善者，無害於氣質之有不善，氣質之不善者，終亦不能亂性之必爲善也。此其有功於聖門，而惠於後學也厚矣，子尚安得以其無所據而爲疑耶？曰：孟子之言性也，情也，才也，皆未嘗不善也。而程子以來，乃有以才爲有善不善者，何也？曰：以性而言，則才與情本非有不善也。特氣質之稟不齊，是以才有所拘，情有所徇，而不能一於義理耳。至於性，則理而已矣，其純粹至善之德，不以氣質之美而加多，不以氣質之惡而爲有損，特其蔽之厚薄，隨有不同耳。曰：然則孔子之所罕言者，孟子詳言之，孟子之所言而不盡者，周、程、張子又詳言之，若是何耶？曰：性學不明，異端競起，時變事異，不得不然也。曰：佛之所謂善，空而無物之謂也。程子嘗云佛亦言性本善，然則所以異於吾說者，何也？曰：若吾之所謂善者，則彼固以爲塵勞妄想，而爲不善之尤矣。惜乎問者之不及此，而不足以盡發程子之言也。若其所謂「性即是理，而原其所自未嘗不善」者，則自孟子以來未有及此者矣。曰：比其他說如何？曰：是其得之者固多矣。獨以若爲順者，恐於文義有所未安，而謂孟子不暇分别才情之有不善，則亦與所謂言舉天下之才，與論一人之才不同，皆若有可疑者。其曰稱性之善者，則前輩固疑其不盡出於夫子之言，而所謂動爲心者，亦與心有指體指用而言，及張子心統性情之説不類，疑亦記録之或差也。其他則皆至論，而人者一條，尤爲精約也。曰：張子之說如何？曰：是其爲說多善，而所論性情歸處，惻隱殘忍之心，各自何處而來者，尤爲切要，但論韓子未當其病耳。曰：楊氏諸說如何？曰：其第一說善矣，而辭有未暢。第二說則吾已辨於第八篇矣。然此論物各有則，而曰接於外而不得遁焉者，其必有以也，則無乃空虛無實，而近於佛氏之云乎？然其於三經義辨有曰：「視聽言動，必由禮焉，此一身之則也。爲君而止於仁，爲臣而止於敬，爲父而止於慈，爲子而止於孝，此君臣父子之則也。夫婦有別，長幼有序，朋友有信，此夫婦長幼朋友之則也。」則得之矣。豈其晚歲之所得，有進於前乎？然其言亦有未瑩者，若曰「視聽言動必有禮焉，一身之則也。君之仁、臣之敬，子之孝、父之慈，朋友之信，君臣父子朋友之則也」，則庶乎盡之矣。其一說又謂「知其體物而不遺，則天下之理得，物與吾一，然後物不能亂吾之知思」者，蓋以釋夫大學物格知至意誠之旨也。以彼經文考之，恐不如是，其亦佛氏之餘乎？其辨蘇氏之說則善矣。然蘇氏性習之云，正告子湍水之論也，能焚能熟，乃其設譬之不善也。不攻其本，而詰其末，使彼而易之曰：「猶火之能熟，而能煅之。」則又將何以詰之乎？蘇氏道不可名之說則謬矣，而所以辨之者，亦未得其要領也。盍詰之曰：道未有不可名者也，以道爲不可名者，是不見道而自誣以欺世之說也。其所謂一與中者，豈以舜、禹授受之言論之乎？若是，則一者不二其心之謂，中者無過不及之名耳，皆非前所以命夫不可名之道而寄之也。至於子思之言喜怒哀樂之未發謂之中者，則所以狀性之德，而非「允執厥中」之中矣。然亦正以其無所偏倚而名之，非以其不可名而姑寄之也。若孟子之言性善，則固謂夫未發之中本無不善耳，是則中亦何自而枝乎〔二〕？若其所論孟子引詩之說，則深得古人之用心矣。曰：侯、尹如何？曰：侯氏語約，未見其失。尹氏謂愚惡非本然則可，謂賢而善者亦非本然，則爲湍水之說，而流於佛、老之言矣。曰：然則荀、揚、韓子之說，孰爲近耶？曰：是皆不知性之爲理，而以氣爲性者。荀、揚之失，蓋不難見，獨韓子以仁義禮智信爲言，則固已優於二子〔一〕，而近世諸儒亦未有及之者，但亦不察乎其所以不齊者，爲氣使之然，是以其論有所闕而不完耳。

或問：程子云「既發則可謂之情，不可謂之心」者，如何？曰：是亦記者之誤耳。程子論心，惟答吕與叔書最後一篇爲盡。而張子所謂心統性情，亦爲切要。若前所謂動爲心者，則與此正相反而胥失之矣。曰：他説如何？曰：程子理義悦心之説，程子之意也，至矣。張子理義全在天，以下文考之，天當作人。其禮文通俗之説，則不可曉。曰：吕氏所謂虚而誠者，何也？曰：此亦張子之意也，亦曰形而上者，無非實理耳。然曰善之所由出，又以性可以爲善，則亦離善於性而失之矣。其論地有肥磽，雨露之養，人事之不齊者，則密。而同然之説，與謝氏悦心之説，亦皆善也。

或問夜氣之説。曰：程子、張子皆至矣。楊、尹亦無失其旨者。曰：然則夜氣者，特休息之餘氣清明者耳，而程子遽以爲良知良能者，何哉？曰：良知良能，非指夜氣而言也，指夜氣之所存者而言也。蓋此章之説，本以仁義之良心爲主，以爲雖或流於物欲，而其莫夜既得休息，則其氣復清明而有以存夫此心耳。及其旦晝而接物也，則又梏而亡之，是以流於禽獸而不反耳。其存其亡，蓋皆以心言之，初不以爲氣之存亡也。故其下文引孔子之言，以明心之不可不操者，則其意益明矣。但日夜所息以下，只以好惡相近爲良心之萌蘖，不復更着心字，故説者反謂氣有存亡，而欲致養於氣。則此章文意，首尾衡決，而日用之間所以用其力者，亦且散漫而無可守之要矣。非程子以是明之，孰能知其旨之爲然哉？然其語意，亦頗深約，予初讀之，亦未覺其然也，後因諷誦孟子本文，忽悟其意，然後求於程子之説，乃若有契於予心者耳。雖由予之愚暗而然，然亦可見讀書之不可不熟，而前賢之説，其微詞奥義，又非一見之所能窺也。曰：程子以爲心無出入，然則其有出入者，其無乃非心之正耶？曰：出而逐物者，固非本心之正，然不可謂本心之外，别有出入之心也。但不能操而存之，則其出而逐物於外，與其偶存於内者，皆恍惚無常，莫知其定處耳。然所謂入者，亦非此心既出而復自外入也，亦曰逐物之心暫息，則此心未嘗不在内耳。學者於此，苟能操而存之，則此心不放，而常爲主於内矣。易之陽絶於外而生於内者，於卦爲復象正如此。而其彖曰：「出入無疾，朋來無咎。」則其意亦猶是也。曰：程子又以范氏不識孟子而能識心，何也？曰：是其氣質之粹美，而無逐物之心耳。若聖賢所以通天下之志，而盡人物之性者，彼固未及知也。

或問：程子所謂「聖人求道之切，須求其所以如此」者，果何謂耶？曰：聖人之所以如此，亦設詞以教人耳。然其所以欲人之如此，則豈不曰道不可以須臾離，而天理未易明，人欲未易去，幾微之間，一有間斷，則爲失其本心也耶？自此之外，則亦無以汲汲爲矣。

或問十章之説。曰：張子、呂、尹皆得之矣，張、呂之説，有相復者，則不知果誰之説，然呂氏爲詳也。程子外書所謂義無對者，意亦通此。然孟子所論宫室之美、妻妾之奉、窮乏之得我，此三者，或物欲之尤，人所易溺，或意氣之私，人所不能免者，自非燭理素明，涵養素定，而臨事有省察之功，未有不以此而易彼者也。昔程子之門人，有爲不義者，或問之曰：「是人從學之久，豈其全無知識，以至是耶？」程子曰：「謂之全無知識則不可，但義理不能勝私欲之心，即至此耳。」愚謂此言，以責人言之則恕，以教人言之則切，尤足以發明孟子此章之意。

或問十一章之説。曰：此孟子發明學者用力最緊切處，而程伯子之言至矣。其言曰下學上達，則固不以就於此而已也。其論人心之辨，析理尤精。其以仁爲就事言者，猶曰以其理而言爾。范氏之言，明白詳盡，得告君之體。楊氏孔子未嘗言仁之説，予於論語蓋已辨之。其曰「仁人心也，最爲親切」，則得之。然亦必以程子之説通焉，然後毫釐之間，無所差謬，不然，則將直以心字訓仁，而不察其名義之所主者，亦不能無失矣。

或問十二、十三、十四三章之説。曰：范氏詳矣，雖以人君之事爲言，然學則無貴賤大小之間，學者反之於身，亦未嘗不可用也。張子二説，恐皆有未安者。孟子所謂愛身，亦曰不使陷於不善，而其所以養之者，則又當養其大者，而不可惟口腹之養也。其論口腹真尺寸之膚者，亦非本文之意。

或問十五章之説。曰：程子泛言，非以釋此章之義也。尹氏之云，則失其序矣。大抵孟子此章之要，正在夫先立乎其大者之一言耳。蓋大者既立，則凡動静云爲，皆主於思，而不隨於物，其不中理者鮮矣。范氏之箴，蓋得其旨，未可以晚出而易之也。

或問：「人爵從之」，有以爲從之者，猶言其任之云爾，如何？曰：是蓋嫌其猶有意於人爵之求耳。殊不知此章之意，所以爲天理人欲之别者，特在乎求與不求之間。有意於求，則是乃所謂脩天爵以要人爵者，君子固已斥之矣。其或不求自至，則是乃理勢之必然者，而又何嫌之有哉？曰：脩天爵以要人爵者，雖曰脩之，而實已棄之久矣，何待得人爵之後，始謂之棄耶？曰：若是者，猶五霸之假仁，猶愈於不假而不脩耳。聖人之心，寬宏平正，善善蚤而惡惡遲，不如是之急迫也。且若是言，則彼直棄而不脩者，又將何以處之耶？

或問十九章之説。曰：張子敦篤虚静之云者，於學者爲有功，然比之孔子之言，則有間矣，學者審之。

校勘記

〔一〕是則中亦何自而枝乎　「枝」，四庫本作「歧」。

〔二〕則固已優於二子　「固」下，原有「必」字，據四庫本删。

孟子或問卷十二

或問首章之説。曰：禮之大體，固重於食色矣，然其間事之大小緩急不同，則亦或有反輕於食色者，惟理明義精者，爲能權之而不失耳。權之不失，是乃所以全禮之重，而深明食色之輕也。觀於寸木鉤金之喻，孟子之意亦可見矣。而范、尹於此，皆若有所回隱遷就而不欲言者，豈所謂未可與權者歟？

或問二章之説。曰：程、張至矣，張子姑舉其易者言之，而推之以至於事無巨細，莫不皆然，發明言外之旨，尤爲有功。楊氏之説，亦爲親切，但其書又有曰：「佛者龎藴有神通，并妙用運水及搬柴之説，此自得者之言，最爲達理。但其言周遮，使便通徹，亦須把來做一件事。若孟子之言，則無適不然矣。」愚竊惑之。夫釋氏之言，偶與聖賢相似者多矣，但其本不同，則雖相似而實相反也。蓋如此章孟子之言，均是行也，而一疾一徐，其間便有堯、桀之異。是乃物則民彝，自然之實理，而豈人之所能爲哉？若釋氏之言，則但能識此運水搬柴之物，則雖倒行逆施，亦無所適而不可矣，何必徐行而後可以爲堯哉？蓋其學以空爲真，以理爲障，而以縱横作用爲奇特，故與吾儒之論，正相南北，至於如此。今不察焉，而以達理自得稱之，至語其病，則以爲特在於周遮著意而已。如此，則是凡爲佛者，去此二病，而遂與吾學不殊也。且其所謂無適不然者，亦未見其有以發明孟子之意，而異於釋氏之言者，豈其記者之失與？不然，則殆於儒、佛語性之不同，亦有所未辨矣。程子有言：「以吾觀於釋氏，句句同，事事合。然以其本之不正，是以卒無一句一事之同。」正謂此爾。或問於胡文定公，曰：「禪者以拈槌竪拂爲妙用，如何？」公曰：「以此爲用，用而不妙，須是動容周旋中禮，方始是妙用處。」以此求之，楊氏之言，其得失可見矣。尹氏推説堯、舜孝弟之意亦佳，而集義未之載也。曰：學莫難於知道，故欲脩身者，必以致知爲先，今曰「道豈難知，而特患於不爲」，何哉？曰：道之精微，固難知也。然自始學言之，則如是而爲孝，如是而爲弟，如是而爲不孝，如是而爲不弟，其大體向背之間，豈不明而易知乎？致知云者，亦曰即其已行之知而推致之耳。今曹交於此，似有所未知，借曰知之，亦未必能行之也，亦何暇及乎致知之方乎？予於大學之序，必以爲因小學之成功，而後力有所施，蓋爲此耳。

或問：程子論小弁之怨，與舜不同，何也？曰：舜之怨，曰「父母之不我愛，於我何哉？」蓋反諸身以求其所未至之辭。小弁之怨，曰「何辜於天，我罪伊何？」則自以爲無罪矣。此其所以不同也歟？

或問四章楊氏之説。曰：是則然矣，然其意本非以爲君子欲求勝人，而後不言利也。疑記者小失之，讀者不可不察。

或問：儲子儀不及物，幣可反乎？曰：始交，未容逆料其不誠，既受，則不可反矣。

或問三子之説。曰：程子、張子至矣，但張子成性之説，有所未安。而其曰「徒克己而無禮，亦何所賴，又須反禮然後至」者，則亦有説焉。夫孔子告顏淵以克己復禮，而又語其目曰：非禮勿視聽言動。則是己之與禮，更爲消長，固未有不以禮爲則而能克己者，亦未有既克己而不復禮者也。而張子云爾者，豈以有若浮圖之盡屏物欲，而卒不合禮者耶？然若是者，非既克己而不復禮也，乃其克己初不以禮爲則，而徒自苦耳。其論天民，乃若王氏所謂「非一國所得容，一君所能有」者，尤不可曉。其論孔子五薦五就，則得之矣。曰：楊氏如何？曰：其論不可易地者未必然，其曰聖人無取天下之心，則至論矣。

或問：亮之爲義，諸説不同，如何？曰：考之説文，古無亮字，今以爲與諒通者，得之矣。然諒有二訓：有止訓信者，友諒之類是也；有爲必信者，貞而不諒是也。至於執字，則但爲持守之意，而未有以爲固滯者，如中庸所謂固執者是也。今程子以亮爲固執，固爲必信之意，而讀惡曰烏，則其説宜曰：「不必信，則不固滯矣。」張子亦以諒爲必信，而讀惡從去聲，則其説宜曰：「所以不必信者，惡其至於固滯也。」是雖其文勢小有不同，然以諒執爲病則同也。夫諒有二義，從其一焉可也。至於執，則無可病之理。故吾以是推之，而從尹氏之説，直以諒爲友諒之諒，言君子舍是，則無可據守也。

或問尹氏去就之説。曰：三者之去就，亦視其所遭之時如何耳。孔子皆嘗爲之，又可以上下等之耶？意者其有所未達於免死之説故歟？

孟子或問卷十三

或問：心無限量者也，此其言盡心，何也？曰：心之體無所不統，而其用無所不周者也。今窮理而貫通，以至於可以無所不知，則固盡其無所不統之體、無所不周之用矣。是以平居靜處，虛明洞達，固無毫髮疑慮存於胸中；至於事至物來，則雖舉天下之物，或素所未嘗接於耳目思慮之間者，亦無不判然迎刃而解。此其所以爲盡心。而所謂心者，則固未嘗有限量也。大概此章所謂盡心者，物格知至之事，曾子所以一唯而無疑於夫子之言者是也。所謂事天者，誠意、正心、脩身之事，曾子所以臨深履薄，而無日不省其身者是也。所謂立命者，如是以没身焉，曾子所以啟手足而知免，得正斃而無求者是也。以是推之，則一章之旨，略可見矣。曰：諸説如何？曰：程子至矣，然其言有難知者，當深思之，亦有記録傳寫之誤者，當明辨之。如曰「贊則真養之而已」者，其誤也與？其曰「無限量」與三者之名義，則至矣。其曰「才數著便不盡」者，論心之發，其大目固不外乎四端，然其間支分脈布，千差萬别，則有不容以四目盡者，是以不容遍舉而悉數也。其以運用爲意而非心者，嫌於不盡其體也。呂與叔最後一書，觀之可見矣。其議張子京師長安之説亦至論，但其所譬恐未的，若曰猶居開封而識京師則庶矣。蓋性只是心之理，天即理之自然處，初非有二物也。其論釋氏有盡心知性，而無存養之功者，正承上文譏其無下學，非上達，不連屬，而有間斷之病耳，非真以是許之也。更以後段答劉質夫之語觀之，意尤明白。其論直内方外，而曰「既無方外，則所謂直内者，其本亦不是」，意亦如此，學者深考之可也。張子之説尤詳，其曰大其心者固善，蓋欲人明理以盡心，而不梏於聞見之狹，如其下段「物出於性」一條所云者。然有大之之意，而初無用力之方，又以聖人盡性爲言，則非孟子之本意。其曰「有外之心，不足以合天心」者，程子嘗引以明自慊之意，甚善。而張子之自言，則又若有不同者。其曰「知心之所從來」，亦未免爲有病。其曰「盡人道，則可以事天」，又曰「性、原也，心、派也」，此類又皆程子所議京師之説也。其曰「性大於心」，尤深可疑。若曰「脩身養性，始能盡性」則善。然其後復有盡心，即記所謂盡己之性者，則又牴牾矣。其曰「舍此見聞，別自立見，始謂之心」，此亦可疑。大抵其説，不免有强探力取之意，不若從事於程子所謂積累貫通之説，則不期於大而大，不待離舍見聞，而心之體用，未嘗不在我也。其論夭壽不貳之説，則善。其以魚子喻天命之性，則又前原派京師長安之説也〔一〕。且魚子既受大魚之氣，則大魚之氣，今固已在是矣，不必成魚然後爲反原也。今以人性本天，而皆足以成天之性，則方其未成也，天人固不合矣，此程子所以每致疑於其説也。東見録中有語張子穿渠引源一條，正破前原派之説〔二〕。而曰後來此議必改，則其惜之深矣。今以此語説者考之書，未見其有改也，豈記録之有所遺乎？范氏篇首大意最善，至引中庸以後，則雜亂多失，不可勝論，惟曰「窮理所以盡心」者近之。至謂盡心所以窮理，則又倒置矣。吕氏即張子之説，而後段精密，有可觀者。謝氏充擴得去者得之，然其猶在貫通之後乎！其以心專爲發用，則吾於綱領之篇已辨之矣。游氏於此章首尾次序大意，甚有條理，而其所以爲説，則皆老、佛之餘也。如曰「心之地無餘藴，而性之本體見」者，如曰「守靜後本，内視反聽，致一致專」者，豈儒者之言而孟子之旨乎？其曰「至大至剛以直」，則孟子所論，乃氣之本體，而以爲養性之道，尤不可其説也〔三〕。楊氏心不可無、性不假脩之説，善矣。至論心之爲物，與其所以盡之者，則不能使人無疑。尹氏存養所以得天理者，大意可觀，而於孟子之本文，又無所與也。曰：然則存心養性，儒者之説，可得聞乎？曰：存心者，氣不逐物，而常守其至正也。養性者，事必循理，而不害其本然也。以此推之，則儒者異端之辨明矣。曰：然則心之爲物，與其盡之之方，奈何？曰：由窮理致知，積累其功，以至於盡心，則心之體用在我，不必先事揣量，著意想象，而别求所以盡之也。

或問二章之説。曰：程子至矣，其曰「桎梏死者莫非命，然聖人卻不説是命」，此最是得其文義者。若張子曰「命之於人，無不正」，則非文義。而又曰「順乃受其正」，則非文辭矣。巖墻一段則善，而其他大旨，教人毋爲不直之求，徒以自陷於不正者，警戒尤切，學者所當深念也。范氏説亦得之，所引李泌之言，於告君之道，尤爲有力。尹氏之説，出於程子，下章詳矣。

或問：三章之説，程子以求在我者爲義，求在外者爲命。以求在我爲求義乎？則下言求在外者，非求命也。謂以義而求乎？則求在外者，不可言以命而求也。又有聖人有義而無命，與下數節之説，則義命之云，似專爲求在外者設。此乃分析内外言之，何也？曰：在我者，如仁義禮智之屬，皆此理所當爲，以其求之得之，莫不有義，故曰義。在外者，如富貴利達之類，皆命有所制，以其求之雖有道，而得之則有命，故曰命。然聖人則力爲我之所當爲，而不問彼之所制，故曰有義而無命。此以所求之内外而言也。若專爲在外者言，則後段所謂求之有道者義也，得之有命者命也，是其言各有當，意各有指，然錯綜而言，則理亦無所不通也。曰：程子既曰「中人以上，不消言命」，又曰「中人以下，以義處命」矣，而又曰「聖人而言命，蓋爲中人以上者設」，何也？曰：以文考之，前説兩見皆同，而後説無他援据，當以前説爲正，後説蓋誤以下爲上耳。且其後又云，「聞命而不能安，又其每下者」，則前此固已當有下字矣。後段之誤，蓋無疑也。曰：最後一説，又以在我未盡，雖不可以言命，然富貴貧賤壽夭，是亦前定。然則人之所取，亦前定耶？曰：若是者，其貧賤而夭，固或有非人所取而得之於天者，然無以驗其必然，則君子固不謂命。若其富貴，則君子處之，固有得天下而不爲者矣，亦安得遽謂之命而安之乎？此程子言義不言命之説，所以有功於學者，其亦前聖所未發之一端也。張子説亦皆善，而後説尤詳。其言義命，似專爲求在外者言之，其曰有内有外者，是又以求在外者爲自有内外，錯綜而觀，亦無不通。楊氏所論之人，則程子所謂每下者耳。尹氏以命爲外者，亦曰制之在彼云爾。

或問四章之説。曰：萬物皆備之説，程子至矣。蓋萬物之生，同乎一本，其所以生此一物者，即其所以生萬物之理也，故一物之中，莫不有萬物之理焉。所謂萬物皆備云者，亦曰有其理而已矣。反身而誠，則張子無不慊於心，作德日休，實到實有之説爲實。若不責之處心行事之實，而但欲反心以求衆理，而想象安排，使其備於此焉，則將何所據以爲實，而其爲心亦已勞矣，尚何樂之可言哉？若程子學者先須識仁一條，則其説高矣，非所謂盡心知性不假存養者不能及也，其諸程子自道其所以入德之由乎？雖非學者之所及，然玩而繹之，其所以發人者亦深矣。强恕而行，則亦程子之説得之，但以立人達人爲仁之方，則吾於論語既言之矣。張子既誠而又强恕之説失之。其曰「誠者自謂之誠，亦有誠於惡者」，則其失又愈遠矣。楊氏之説，正是想象安排之病。尹氏雖約，然極有味。曰「强恕初不言忠，無忠何以爲恕耶」，曰「有心爲恕，則忠固在其中矣」。所謂無忠做恕不出，兩字不容去一者，正謂此也。

或問六章、七章之説。曰：舊説皆善矣。然六章李氏以爲人而無恥，則其爲恥無復可恥矣。七章亦猶謂人若不恥其不及人，則終不能及人者，於義亦通，學者擇焉可也。

或問九章之説。曰：范、尹之説皆善，而范氏所謂「孟子言道德，必以義配」者，尤有功。

或問十章之説。曰：范氏推言聖人一節，甚得言外之意。

或問十二章之説曰：去惡除害，固尹氏所引程子之説也，而程子又自有救焚拯溺之説，二者不同，子之去彼取此，何也？曰：救焚拯溺，非常有之事，所指者狹，不當以此爲説。若曰去惡除害，則正所謂辟以止辟者。彼爲惡以害人，其罪當死，吾求所以生之者不得，而後殺之，以安衆而厲其餘，凡此皆以生道殺之也，彼亦何怨之有？且或去惡如伐叛，除害如救水火，往者不幸而死，亦無所怨，此又足以兼彼之説，而彼不足以兼此也。

或問：過化存神之説，程子所説，固與張子、謝氏不同，而其後説，以無我言過化，以在己言存神，則似又若張、謝之説，何也？曰：張、謝之説，皆疑於老、佛之意，以此章上文考之，恐其指不爲是也。故程子直以所過者化爲及物，而於易傳又有「所過變化，如虎豹炳蔚」之言，其旨明矣。蓋言所過者化，則凡所經歷，物無不化，不必久於此而深治之，然後物從其化也。然其曰「經歷亦不必爲經行之地，凡其身之所臨，政之所及，風聲氣習之所被，皆所經歷也。」至於無我之説，則出於楊氏之篇，或者固疑其不皆出於先生之口也。所存者神，前説既以立之斯立等語明之，則其意亦明矣。其曰在己者，蓋以化者無意而及物，此則誠於此而動於彼，如所謂從欲以治也。但其感應之速，如影響形聲之召，有不知其所以然者，是則所謂神耳。以是推之，則程子於此，初未嘗有異説也。但張子、謝氏文意亦少異，張子過存字稍輕，而化神字實。謝氏則過者存者字實，而化神字稍輕。暢録所云，蓋同謝氏之説，以文勢論之，爲優於張子者，然其決非孟子之意則均。但近年學者，深愛此説，故不可不詳其失耳。

或問仁聲之説。曰：程子得之矣。舊説以爲先王之樂，張子從之，恐不然也。

或問十五章之説。曰：程子至矣，張子天下爲度之云，恐非孟子此章之正意。楊氏説固善，然有未盡處。蓋既曰「惻隱之心，仁之端也」，又曰「親親仁也」，則惻隱親親固仁之發，而仁則惻隱親親之未發者也。未發者，其體也，已發者，其用也。以未發言，則仁義禮智渾然在中者，非想象之可得，又不見其用之所施也。指其發處而言，則日用之間，莫非要切，而其未發之理，固未嘗不行乎其間。要之體用未嘗相離，故孟子因用以明體，正欲學者即是而默識之耳。尹氏大意得之，其曰能不識者，則又言外之意也。

或問十六章之說。曰：張子得之矣。范氏既曰聰明聖智矣，又曰積而成聖，無乃自爲矛盾耶？又謂及其爲聖人，則是舜之初，果爲野人，而後乃爲聖人也。楊氏非正解此章意者。尹氏無我之説，亦未然也。

或問十七、十八章之說。曰：范氏之言如此，亦可謂惻怛而懇至矣。誨爾諄諄，聽我藐藐，嗚呼難哉！

或問十九章之說。曰：程子至矣，然於天民之名，亦少有未盡處。其曰「天民大人，亦係乎時與不時」者，蓋天民專指潛隱未得位者，大人則其德已著，如乾之二五，通上下而言之也。張子天乎民者，尤爲未安。而論達可行於天下而後行之，則善。必先正物之説，似亦可疑，豈設辭之未決耶？呂氏論天民之異者得之。其第二說，與楊、尹說，亦皆善也。曰：然則此其不言聖人，何也？曰：大人蓋亦通言之矣，如乾之大人，豈必以爲充實光輝而未化者耶！

或問二十一章之說。曰：程子至矣，宜深玩之。楊氏以仁義禮智根於心，爲本來如此者，亦曰其所稟者然耳。蓋孟子所謂「所性」，猶性之之云也。

或問二十三章之說。曰：范氏極陳堯、舜、三代養民之法，而歸之欲治天下先治其心者，可謂至當之言矣。

或問二十四章之説。曰：程子、張子至矣，其曰無窮，又曰有本，當合之曰，言道之有本而無窮則善，其論成章亦然。張子大意得失，亦與程子相似。吕氏難爲言以上得之。楊氏所論勝物而小之者，王雱之説也，其斥之當矣。然此章雜取衆理，錯比成文，以明難明之理，猶詩之有比興也。登山觀海，流水盈科，興也。觀瀾容光，比也。學者反復而詳玩之，則可以默識於言意之表矣。

或問二十五章之説。曰：諸説皆善，而程子未接物時之論，尤能發明言外之意，學者所當深念也。然程子又嘗言：「不獨財利之利，凡有利心便不可，如作一事，須尋自家穩便處，皆利心也。」如此，則善利之間，相去毫髮，苟辨之不明，其不反以利爲善者鮮矣。此大學之道，所以雖以誠意正心爲重，而必以格物致知爲先也。

或問二十六章之説。曰：程子、張子至矣，而張子之言，尤精且詳。其論無忌憚者，所以憂後學者至矣，可深玩也。謝、楊之説亦善。吕氏論文義處得之，但所論正權以下，多所未安。如曰其體純而不雜，而以盡物之性爲權，則未見道之所以爲體者，而物性又在道體之間。其論堯、舜無能名，以爲不在彼，不在此，不在中，則恐亦非本文之正意，而近於釋氏不屬中間與内外之説。至謂「雖爲我，而與天下同其利；雖兼愛，而立愛自親始」，則其文義尤不可曉。夫既專於爲我，則安能與天下同利，能與天下同利，則不得爲爲我矣。既兼愛，則安能立愛自親始，能立愛自親始，則亦不得爲兼愛矣。兩者相攻，如水火之不相入，乃欲兩取而兼存之，推尊孟子而并容楊、墨，得無亦有不叛聖賢而兼取老、佛之微意耶？

或問：柳下惠不辭小官，楊氏既以爲和，又以爲介，何也？曰：不辭小官，和而介也，人知其爲和，而不知其爲介焉。楊氏之說，爲有功矣。曰：尹氏之訓如何？曰：詩家固有此訓，然施之於此，則有不通也。

或問三十章之說。曰：諸說皆善，但楊氏以卒能一正天下，爲久假不歸，孔子以仁許之，爲惡知非有，則誤。而胡氏以爲五霸假之未久而遽歸者，亦非是。蓋如此說，則其所以啓司馬公之疑，而來蘇氏之辨者，蓋無足怪，而予已論於辨惑之篇矣。集注二說，雖若未有定論，然皆庶幾其不悖於孟子之本意云。

或問三十一章之說。曰：程子之說，曲折詳盡，其處義精矣。楊氏以伊尹惟知有忠者，亦爲得之。然孟子但論在我者有是心，則伊尹之事可爲，一有毫髮之僞，雜乎其間，則不免爲篡賊耳。不以素行之著不著、天下之疑不疑爲可否也。其曰中道者則善。

或問三十三章之說。曰：范氏詳而盡矣，但孟子之言，乃理之當然，非有爲而言之也，所謂急於救民者，非是。

或問三十五章之說。曰：范氏所論得其大意，而楊氏之說，則又詳矣。然桃應之問，孟子之答，皆非以爲真有是事也。蓋特相與極論聖賢之心，以爲皋陶知有法，而不知有天子之父，舜知有父，而不知有天下，各盡其道，而不相悖焉耳。而楊氏以爲舜之於此，猶待於權其輕重，而計其不可以忘父也，則非所以論聖人之心矣。又謂「與之執以正法，則何以異於楚人之直躬者」，又謂「既執而後竊負以逃焉」，則皋陶之獄，何以異於灞上棘門之軍哉！是皆以辭害意之過，是以徒爲紛紛，而反病於理也。夫孟子之爲此言，或者既不之信矣，而信之者，其爲説又如此，則聖賢之心，終亦何自而明哉？予於辨惑論之已詳，讀者考焉可也。曰：然則楊氏八議之説如何？曰：是則然矣，而其説施於周世家，而不及於舜，何哉？鄉使皋陶必執而不釋，舜必去而不留，則朝廷公卿、海内臣庶之心，吾知其亦必出於此矣。蓋法非天降地出，亦生於人情而已矣。但皋陶必不爲此以私於舜，舜亦不以此祈於皋陶，此又不可不知耳。楊氏後説，以爲孟子只是論舜心者，爲愈於前，然爲舜慮而不及乎皋陶，則其説亦有所未周也。尹氏之説雖約，然極有味，學者宜深玩之。大抵當知必有渾然天理，而超然不累於物之心者焉，則天下無難處之事矣。

或問踐形之説。曰：人之生於天地之間也，莫不有形，其有是形也，莫不有色，而本其所得於天者，則是形是色莫不有所以然之故焉，莫不有所當然之則焉，是則所謂天性者也。然衆人梏於氣禀之偏，狃於習俗之蔽，而不能無人欲之私，是以視則不明，聽則不聰，貌則不恭，言則不從，蓋不能盡其形色本然之理，則雖有是形而無以踐其形也。惟聖人能盡其性，而無一毫人欲之私雜於其間，是以視則極明，聽則極聰，貌則極恭，言則極從，蓋凡形色本然之理，無一不盡，既有是形，而又可以踐其形焉。踐云者，本有是物，而又能脩其實以副之，如踐言之踐也。程子、張子、游楊尹氏蓋皆此意，但張子第一説爲可疑耳。曰：楊氏别説有之曰：「形色天性，與釋氏色空之論一也。吾聖人以爲天下固然之理，而以常事言之，故言近而聞者無怛焉。異端之學，自以爲精微之論，故累千萬言而不能竟其義，而學者莫知適從，此儒、釋之辨也。」子以其言爲如何哉？曰：予於前篇徐行後長之論，既言之矣。然天命之性，無一理之不具，天下之物，未有實於此者。而以釋氏之所謂空者同之，不亦異乎？且若其言，則是儒、釋之妙，同出於空，彼之所以爲異端者，特以其自謂精微，而多言以失之耳。若是者，予竊深有疑於其言，故不敢以列於集義之書。學者誠以程子所謂「句句同，事事合，而卒不同」者質之，則亦可見其失矣。

或問四十一章之説。曰：范氏失之。尹氏所引論語之文，亦不類也。

或問四十二章之説。曰：張子初説，於文義盡之矣。其後一説，則所以明雖天下之有道，而不求身之必顯也。范氏引守死善道，得殉字之意矣。其論人君用人之法，亦甚善。至謂以道殉人者，雖得之，無所用，則尤切中於事理矣。

或問四十五章之説。曰：程子、張子至矣，張氏推明程子所以論西銘之意，甚善。其答程子書時，未及此也，豈其晚年所見始益精詣也與？尹氏一本無僞之説，亦善。

校勘記

〔一〕則又前原派京師長安之説也 「派」，四庫本作「譬」。

〔二〕正破前原派之説 「派」，四庫本作「譬」。

〔三〕尤不可其説也 以上六字，四庫本、日本正保本作「其説尤不可也」。

孟子或問卷十四

或問：武成血流漂杵之云，乃紂之前徒倒戈之所爲，荀子以爲殺者皆殷人，非周人者是也。而孟子之不信，何哉？曰：此亦拔本塞源之論，蓋雖殺者非我，而亦不忍言也。程子以爲孟子設爲是言，蓋得其微意矣。張子教人讀詩、書之説，亦甚善。

或問：好名之人，能讓國矣，而不能忘情於小物，何哉？曰：千乘之國，辭受之間，十目所視，十手所指之地也。簞食豆羹，得失之際則微矣，人亦何暇注其耳目於斯哉！此好名之士，所以飾情於彼以取美名，而不意其鄙吝之真情實態，乃發露於所忽易而不虞之地也。趙氏舊説，不察乎此，使孟子之言，爲無所發明警戒，而若有所不必言者。范氏因之，誤矣。尹氏之言，若有今説之意，然失之太簡，無以見其必然也。

或問：民貴君輕之説，得不啟後世篡奪之端乎？曰：以理言之，則民貴，以分言之，則君貴，此固兼行而不悖也，各於其時視其輕重之所在而已爾。若不惟其是，而姑借聖賢之説，則亦何辭之不可借，而所以啟後人之禍者，又豈止於斯言乎？曰：變置社稷，程子以爲變其所配之人，諒乎？曰：以湯變夏觀之，則固有是事，然初不爲水旱也。且以水旱之故，不自省己，而遽廢其配祭之人，於理亦有未安者。若集注之説，則出於彭城陳無己之論，曰「有爲句容令多盗，改置社稷而加禮焉，既而盗止。」愚竊以爲此或有合於古人之意，故取之以爲説焉，庶乎其少安也。

或問：程子以爲夷、惠聖人，傳者之誤，今考之孟子之言此者非一，豈皆誤乎？曰：未必誤也。彼曰聖之清、聖之和，則固不思不勉而從容自中矣。但其所至，出於一偏，而不若孔子之備，所以不得班於孔子耳。曰：孟子學孔子者也，乃屢稱夷、惠而深歎仰之，何耶？曰：夷、惠之行高矣，然偏勝而易能，有迹而易見，且世人之貪懦鄙薄者衆，一聞其風而興起焉，則其爲效也速，而所及者廣，譬如薑桂大黄之劑，雖非中和，然其於去病之功爲捷，而田夫販婦大寒大熱者之所便也。若孔子之道，則廣大而中正，渾然而無迹，非深於道者，不能庶幾其萬一，如參苓芝朮之爲藥，平居有養性之益，而緩急伐病之功，未必優於薑桂大黄，非所以施於閭巷之間危急之候也。孟子屢稱夷、惠，而不及於孔子，其意殆以此耶？

或問：十六章之説，所謂合而言之者，其以人爲仁之謂乎？曰：楊氏之説如此矣，非孟子之意也。孟子此章，但論仁與道之所以名耳。故本文以言之爲説，程子亦以率性謂道，道是總名釋之也。蓋言人而不及仁，則血氣物欲之私而已。言仁而不即人之身以明之，則又徒爲虛言，而無以見天理流行之實。故必以仁之理，合於人之身而言，然後仁之爲道可見。蓋仁則性而已矣，道則父子之親、君臣之分，見於人之身而尤著。程子所謂「公而以人體之」，亦此意也。張子意亦如此，而復小異，覽者詳之。其曰「義生於仁之不得已」，則其名理當矣。游氏以人仁泯而後爲道，謝氏以道立而人仁之名亡，其皆老氏之餘乎？或曰：外國別本，人也下有「義也者宜也，禮也者理也，智也者知也」，凡十五字，信乎？曰：不可知也，姑記之以俟知者可也。

或問張子接淅之說。曰：如此，則未見其去之甚速之意，當從舊說。

或問發棠之說。曰：范氏言之詳矣，然其所以止，爲不可復之故者，雖未可以臆說定，顧其事勢則或然耳。

或問：二十四章之說，所謂性命者，何不同也？曰：性者人之所受乎天者，其體則不過仁義禮智之理而已，其發則雖食色意欲之私，亦無不本於是焉。命則因夫氣之厚薄，而賦於人之名也，不惟智愚賢否之所繫，雖貧富貴賤之所值，亦無不由於是也。故君子於食色意欲之私，則不謂之性，而安於貧富貴賤之有命；於智愚賢否之殊，則不謂之命，而勉於仁義禮智之有性也。曰：然則此其專爲貧賤愚不肖者言之耶？抑其通言之也。曰：

孟子之意，似若專爲貧賤愚不肖而言者，而其推之，則亦無不通矣。蓋富且貴者，雖所求之必得，而亦必有制度之節；聖且賢者，雖所禀之已厚，而亦未嘗不勉其所當勉也。曰：諸說如何？曰：程子至矣。張子又自爲一說，於義亦通。惟智之於賢者一句，恐未必然。其曰「付命於天，責成於己」者，則語到而意切矣。又「不以薄而不脩，不以淺而不勉」者，亦善。最後一段，性也命也以下，尤佳。范氏以「五者之命，皆爲天之所以與我者，然君子不以天既與我而不脩」，此則專主於聖賢而言，若前所推説者。然以爲推説則可，以爲正説，則有性焉一句，爲不通耳。楊氏以性中本有聲色臭味之五者，終亦未盡。蓋推其所自而本於性則可，以爲本有而直謂之性則不可，此亦當深察也。或問：以五者之命，皆爲所值之不同，如舜之於瞽瞍，則仁或不得於父子；文王之於紂，則義或不得於君臣；孔子之於陽貨，則禮或不得於賓主；子貢不能聞一知十，則智或不得於賢者；孔子不得堯、舜之位，則聖人或不得於天道。此皆命也，然君子當勉其在己者，而不歸之命。此説與張合，但賢者一句不同，於義亦可通也。

或問二十五章之説。曰：善者人之所欲，惡者人之所惡。其爲人也，處心造事，行己接物，凡其所爲，一皆可欲而不可惡，則是可謂善人矣。然此或其天質之美，或其知及而勉慕焉，未必其真以爲然，而果能不失也。必其用力之久，一旦脱然有以真知其善之在己，而不得不然，決定真實，而無一毫虚僞之意，然後可以謂之信人矣。然亦足以自信於心而已，未必其行之充足飽滿，而無歉於身也。然既信之，則其行必力，其守必固，如是而不自已焉，則其所有之善，充足飽滿於其身，雖其隱微曲折之間，亦皆清和淳懿而無不善之雜，則是所謂美人者也。然亦足以充於其内而已，而未必其能發見於外也。又如是而不已焉，則其善之充於内者，彌滿布濩，洋溢四出而不可禦；其在躬也，則睟面盎背，而施於四體；其在事也，則德盛仁熟，而天下文明，是則所謂大人者也。然大而不化，則其所謂大者，未能離乎方體形迹之間。必其德之盛者，日以益盛，仁之熟者，日以益熟，則向之所謂大者，且將春融凍解，混然無迹，而與天地合德，日月合明，四時合序，鬼神合其吉凶矣，是則所謂聖人者也。至於是，則造道入德之功，至矣盡矣，不可以有加矣，是其盛德至善之極，無聲無臭之妙，必有非耳目所能制，心思所能測者，是則所謂神者，而非聖人之上復有神人也。夫自可欲而至於大，則思勉之所及也，至於聖且神焉，則雖非思勉之所及，然非思勉之而不已焉，則亦未有至焉者也。曰：如子之説。然程子、張子之言，可欲則皆以其理言之，若與子異，何也？曰：固也。自理而言，則凡可欲而不可惡者，皆善之理也。自人而言，則亦必其知是理而志之之後，得如是之人也。二先生之以理言，欲學者知是理而志之，以求爲如是之人耳。有志於學者，不可以不熟考而深思之也。但如其言，則於文義微有不協，使可欲一句若無實者，故張子又有「善信二句，離則不可」之說，蓋推其文義，終有所未安也。故愚竊獨以人言之，庶幾不失其文義，而其理則固未嘗有違也。抑張子之言，又有所謂大能成性之謂聖者，有以大而化之爲天道神化之化者，有所謂心存無盡性之理，則皆不能無可疑者。其曰「求仁必於未惻隱之前，明善必於未可欲之際」，則欲學者用力於平日涵養之功，非欲使人求之恍惚窈冥之際也。曰：樂正子以善名矣，而以餔歠從子敖，先館舍，後長者，何也？曰：言在二者之中，則有餘於善而不足於信矣，此其所以未免於程子所謂受變於俗者歟？

或問：逃墨逃楊，果若是其有序與？抑其偶然言之，無先後也？曰：張子之言，則固以爲有彼善於此之意，然亦未可知也。

或問三十章之說。曰：此無異說。但夫子設科以下，舊說以爲孟子之言，而讀子爲予，則失之矣。又有以爲此章皆或者與館人問答之詞，恐亦或有此理，更考之可也。

或問三十一章之說。曰：張子、呂氏皆得之，但呂氏說爾汝之實與仁略義詳者，恐未然。「爾汝」，集注已言之。仁義之詳略，則不忍之心與害人之心易見，而羞惡之心、穿窬之類多端，故彼略而此詳，欲其於此有以識其推擴之端耳，非爲欲其不爲所取者設也。呂氏蓋推其說以告君，欲其有以審納之耳，故其言如此。然不先明聖賢之意，推說爲主，亦非義理之所安也。

或問三十二章之説。曰：不知道者，務爲高遠之言，則固荒唐而無餘味，然欲其近，則又鄙淺而無深遠之趣也。不知約之可守，則固泛濫而少成事，然欲其約，則又狹隘而無廣博之功也。然則所謂善言善道者，非有道之君子，其孰能知之乎？曰：諸説如何？曰：皆得之，但張子下帶之説非是。

或問三十三章之説。曰：程子至矣，其論堯、舜、禹、湯、文、武一條尤有功，非其學臻聖域，則孰能及此乎？但以經德不回，爲教人之語，則小失其文義耳。然其所謂「動容周旋中禮，盛德之至」者，兼夫經德不回以下而言，聖人之事也。「行法俟命，朝聞夕死」者，以言進學之方也，此其等級明矣。而楊氏乃以爲至盛德之地，然後能行法而任夫生死，又以哭死而哀，皆爲行法之事，則正猶尹氏之論「純亦不已，三月不違」之誤也，予亦已辨之於論語之篇矣。吕侍講説詳實，而於章内數語聖賢之分者，有所未明。又以反之爲反身而誠，則此爲復其初，彼爲反諸己，其所指亦不同矣。吕正字説皆精密，但前説乃以行法俟命，通乎上文而言，則亦誤也，謝氏所謂當然而爲之，及楊氏所謂「如惡惡臭，如好好色，出於誠心之自然，非爲人也」，其説亦善。然謝以爲當然而爲之，是爲天之道，所謂「以此贊夫聖賢，則可以此自處」，則甚乎其廣己而造大矣。尹氏不論性之之德，而專言反之之功，其意亦善，而語有未到，讀者審擇而精思焉可也。然是理也，三代以降，惟董子嘗言之，而諸葛武侯言於其君，有曰：「臣鞠躬盡力，死而後已，至於成敗利鈍，非臣之明所能逆睹也。」程子語其門人，有曰：「今容貌必端，言語必正，非欲獨善其身以求知於人，但天理當然，亦曰循之而已矣。」此三言者，所指雖殊，要皆行法俟命之意，外此則亦寂寥而無聞矣。斯道之傳不傳，考之於此，其亦可見也夫！

或問：孔子畏大人，而孟子藐之，何也？曰：程子以爲記録之誤，或然而未可必也。吕侍講敷陳詳實，反復懇至，尤得告君之體。其曰「藐之所以敬之」，則所以發孟子言外之意者盡矣。謝、楊以孔、孟之分而言，則學者所當知也。然予嘗以爲後世之畏大人，非畏大人也，畏其巍巍然而已矣，故進而君公之，退而爾汝之。孟子之藐大人也，不視其巍巍然者而已矣，故雖不肯枉尺而直尋，而齊人之所敬王，莫孟子如也[一]。特以當世之士，以道殉人，内無所守，故特發此以立其志，使其意氣舒展，無所拘束，勿畏其巍巍然爾。若夫君子以禮存心，固將無所不用其敬，豈特於大人而反藐之哉？

或問養心寡欲之説。曰：程子至矣，而其曰不必沉溺者尤密。其論荀卿之失者，尤精也。吕侍講所謂「天下之難持者莫如心，天下之易染者莫如欲」，其亦善矣。但所謂「心者，性之用，可以成性，可以失性」，則懼其不純儒者之説也。曰：周子之言不止於寡而存者，奈何？曰：語其所至，則固然矣。然未有不由寡欲而能至於無者也。語其所至，而不由其序，則無自而進；語由其序，而不要其至，則或恐其安於小成也。是以周子之説，於此爲有相發之功焉。

或問狂猖鄉原之説。曰：程子二説皆善，張子於反經尤致意焉，皆切要之語也。其曰正經能久，則儘透徹，學者當深念之。吕、范亦詳，而文義間有未安者。吕正字説反經，以事言之，固必至此然後爲盡，但孟子之意，未必遽指此也。

或問卒章之説。曰：范氏所謂七篇大意者，得之矣。但禹、臯陶之徒，本皆名世之士，伊尹、太公又湯、文之師，非必見其君而後知之也。至於湯、文、孔子，又或生知之聖，亦非必聞前聖之道而後得之也。此而曰「見而知之，聞而知之」者，蓋以同時言之，則斯道之統，臣當以君爲主；以異世言之，則斯道之傳，後聖當以前聖爲師，學者不以辭害意焉可也。至於章末二句，則孟子之致意深矣。觀其所謂「然而無有乎爾」，則雖若託於不居，而其自任之實可見。觀其所謂「則亦無有乎爾」，則雖若歎其將絶，而所以啟夫萬世無窮之傳者，又未嘗不在於斯也。學者誠能深考其言而自得之，則古人雖遠，而其志意之所存者，蓋無以異乎日相與言，而授受於一堂之上也，故於此竊以子程子之傳繫焉。後之君子，其必將有慨然有感於斯者夫！

校勘記

〔一〕而齊人之所敬王莫孟子如也　以上十二字，四庫本、日本正保本作「而齊人之敬王莫如孟子也」。

附録

論語孟子或問序

［明］張元禎

我朱子一生精力，盡在四書。四書集注章句皆有或問，大學、中庸或問附於大全、章句，學者無不得而誦之，惟論語、孟子或問，雖間載於大全各章小注，而學者未見成篇，終未得乎語意之詳也。禎爲庶士讀書中秘，時獲睹二書或問，手自抄録，間出示學者，無不惜其未能梓行，以爲四方之幸。弘治初以史事起，道南康，郭郡守瑨與語及之，欣然曰：「瑨叨續貂南康，深欲訪我文公著述之傳者傳焉。」遂授其書，俾刻置之白鹿書院。既復得中庸輯略於羅司成明仲，乃知大全所附，非章句、或問，實輯略、或問也。奉閲於提學黄僉憲仲昭，僉憲親爲校字訛缺，將併大學或問刻之，通曰四書或問云。時弘治七年歲在甲寅五月後學南昌張元禎序。（録自天一閣藏明弘治十七年刻本）

明弘治十七年重刻本四書或問序

［明］韓　重

昔文公先生嘗謂學、庸、論、孟四書爲六經之階梯，學者求道之至要，故既定爲章句集注，又各設爲或問以發明之。至中庸，則又因石氏輯略而爲之。若論、孟者，雖勉齋叙行狀略而不言，然大要有非先生不能爲是也，其嘉惠後學深矣！學士南昌張公廷祥手録是書於中秘，又得輯略於司成羅公明仲處，於是四書或問始爲全書。既梓行西江，而湖藩士子猶未獲盡見，故命工再刻之以廣其傳焉。蓋嘗考諸聖門弟子之務學，既問於師，又辨諸友。易曰「問以辨之」，中庸亦曰「審問之」，孟子所謂學問之道者，誠以學必以問，而明爲師者當有以待問，而爲弟子者當知所問也。今有志於學者，類恨以不得與先生同時，殊不知義理玄微，先生皆預爲學者先道其疑，設爲問答，若親處其地而察其心，毫分縷析，一一皆中其肯綮。況理無不同，由是推類以盡其餘，以究其極，則四書、六經，實相貫通，當自有以逢原於左右矣。雖先生復生，亦不過以是教人也。程子嘗謂學者須將諸弟子問處便作己問，聖人答者便作今日耳聞，自然有得。而陳定宇亦謂程、朱語録，皆當以此法看之，視問辭如出吾口，聽答辭如入吾耳，斯爲善學。愚於是書亦云。使或視爲陳言常語，而於先生當時設爲或問之意，不知究心，甚則謂是書無與於六經之階梯，學者求道之至要初不在是，卒蹈於玩物喪志、買櫝還珠之戒，又豈先生所望於後之學者哉！則是書前此未見者固爲不幸，而今日獲睹者抑未爲全幸也。工告成，謹僭書此，相與勵戒，以致丁寧之意云。弘治甲子季夏之吉後學古絳韓重書。

明萬曆二年朝鮮刻本論語孟子或問跋

趙 琦

右論、孟或問，文公朱紫陽所著也，刊行於中國已久，而獨不傳於東夏，實吾儒之不幸。至於我朝，募朱遺編，即出芸閣，第以本帙剜缺，多有誤字，以此爲病，遂不入梓。甲戌春，府伯金侯偉幸因鄭君雲龍得見二書於奇高峰家塾，欲與二三同志精校錯誤，倩金秀才忠考一手楷書。方欲鋟梓之際，金侯偶以軍籍事徑遞，垂成之功，幾至廢棄。適使相朴諱民獻、亞使尹諱先覺崇儒雅，重道學，乃其志也，其壽梓廣布之意，尤勤懇不已，別定尹秀才元璘等爲監刻督役，不數月而訖功，何其政效之斯速也！嗚呼，道載於書，書以明道，則書之刊出，道之斯行，金侯有志而未遂，使相與新府伯季諱仲虎樂從而孱功，此實斯文之一大幸也！萬曆二年甲戌七月生員趙璹亦在監刻之列，謹跋。（録自北京大學圖書館藏日本正保四年京都書肆風月莊左衛門刻本）

直齋書録解題卷二禮類　［宋］陳振孫

大學章句一卷或問二卷中庸章句一卷或問二卷

朱熹撰。其説大略宗程氏，會衆説而折其中，又記所辨論取舍之意，別爲或問，以附其後，皆自爲之序。至大學，則頗補正其脱簡闕文。

同上卷三語孟類　同上

論語或問十卷孟子或問十四卷

朱熹撰。集注既成，復論次其取舍之所以然，别爲一書。而篇首述二書綱領，與讀書者之要法，其與集注實相表裏，學者所當並觀也。

玉海卷三九　〔宋〕王應麟

淳熙大學章句中庸章句

朱文公撰。淳熙十六年二月甲子序大學章句，三月戊申序中庸章句。二書各有或問，中庸又有輯略。

同上卷四一　同　上

淳熙論語孟子集注或問

朱文公熹撰。淳熙四年六月癸巳成。初編次集義，輯二程之説，又取張、范、二吕希哲、大臨、謝、游、楊、侯仲良、尹氏九家，初名要義，改名精義，最後名曰集義，三十四卷。又本注疏，參釋文，會諸老先生之説，間附所聞於師友得於心思者爲詳説，舊名訓蒙口義。既而約其精粹爲集注，十卷論語。又疏其所以去取之意爲或問。十卷。其後集注删改日益精密，而或問不復釐正，故其去取間有不同者。

題四書或問小注前

［清］王懋竑

往者康熙壬申、癸酉間，余應試泰州，於書坊中見朱子或問小注一書，其序文以爲朱子所自作，余一笑而置之，其謬妄蓋不足辨。自後書坊中亦不復見。壬寅，余爲安慶教授時，鄭魚門先生督學江南。先生，余教習師也。未至安慶，先遣使以書四百部貽余，命分各學中。余發視之，即前所見或問小注本，爲之大駭……余閒一視之，其書乃老學究所纂輯，蓋自朱子文集、語類、四書大全及蒙引、存疑、淺說、達說、說統、翼注，以及近時諸家之說，皆嘗偏覽，其删併文集、語類，較輯釋、大全爲稍勝，而於諸家之說，頗能辨其得失。特自以删改文集、語類，心有所不安，遂僞撰序文與門人書，託於朱子所自作，以爲可免於大不韙之罪，而不知作僞之罪，更有甚焉。至其謬誤，已不待辨而明也……丁巳九月，寶應王懋竑書。

白田草堂存稿卷八

四庫全書總目卷三五經部四書類

四書或問三十九卷　江蘇巡撫採進本

宋朱子撰。朱子既作四書章句集注，復以諸家之說紛錯不一，因設爲問答，明所以去取之意，以成此書，凡大學二卷、中庸三卷、論語二十卷、孟子十四卷。其書非一時所著，中庸或問原與輯略俱附章句之末，論語、孟子則各自爲書，其合爲一帙，蓋後來坊賈所併也。中間大學或問用力最久，故朱子答潘恭叔問，嘗自稱諸書修得一過，大學所改尤多，比舊已極詳密。中庸或問則朱子平日頗不自愜，語類載游某問中庸編集如何，曰：「緣前輩諸公説得多了，其間儘有差舛處，又不欲盡駁難他底，所以難下手，不比大學，都未曾有人説。」又載朱子以中庸或問授黄𦈉，云「亦未有滿意處，如評論程子諸子説處尚多觕」云云，是其意猶以爲未盡安也。至論、孟或問，則與集注及語類之説往往多所牴牾，後人或遂執或問以疑集注，不知集注屢經修改，至老未已，而或問則無暇重編，故年譜稱或問之書，未嘗出以示人，書肆有竊刊行者，亟請於縣官，追索其版。又晦菴集中有與潘瑞叔書，曰「論語或問，此書久無工夫修得，只集注屢更不定，卻與或問不相應」云云。可見異同之迹，即朱子亦不諱言。並録存之，其與集注合者，可曉然於折衷衆説之由；其與集注不合者，亦可知朱子當日原多未定之論，未可於語録、文集偶摘數語，即爲不刊之典矣。

鄭堂讀書記卷十二經部四書類

［清］周中孚

四書或問語類三十七卷　浙江府署刊本

國朝陳其凝編。其凝，號秋厓，□□人。乾隆□□進士。歷官未詳。按朱子嘗撰四書或問三十九卷，其門人又統記其論經籍藝文之語，爲語類一百四十卷，俱見四庫全書著録。秋厓督學浙江時，取或問及語類之涉四書者，删其辨難之説，汰其重複之條，合爲是編，刊示諸生。考四書自朱注以後，迄於近代諸儒所作講解，以發揮四書之旨，幾無餘藴，然以後人解朱，不如即朱以求之之爲得也。此本凡大學二卷、中庸一卷、論語二十卷、孟子十四卷，各標列章名，而以或問、語類分附之，頗便於簡閲，舉業家於章句集注外，即守此一編而有餘矣。前有乾隆丁卯訥喇常安序及秋厓附記。

鐵琴銅劍樓藏宋元本書目卷一經部

［清］瞿　鏞

大學章句一卷附大學或問二卷中庸章句一卷附中庸或問二卷論語集注十卷孟子集注十四卷

宋刊本。此本不詳宋何時所刻，猶仍朱子原本之舊，其佳處往往與淳祐本合。每半葉七行，每行二十五字，注字同。匡、貞、徵、恒、桓、構、轂字皆闕筆。舊爲毘陵周氏藏書，卷首有「毘陵周氏九松迂叟藏書記」、「周良金印」、「周笈私印」、「馬晉蕃印」諸朱記。